读懂投资　先知未来

大咖智慧
THE GREAT WISDOM IN TRADING

成长陪跑
THE PERMANENT SUPPORTS FROM US

复合增长
COMPOUND GROWTH IN WEALTH

一站式证券投资学习平台

高级波段技术分析

——价格行为交易系统之区间分析

阿尔·布鲁克斯　著

牛兆强　译

山西出版传媒集团

山西人民出版社

图书在版编目（CIP）数据

高级波段技术分析：价格行为交易系统之区间分析 / （美）布鲁克斯著；牛兆强译. -- 太原：山西人民出版社，2017.5（2025.3重印）
ISBN 978-7-203-09507-1

Ⅰ．①高… Ⅱ．①布… ②牛… Ⅲ．①股票交易－基本知识 Ⅳ．①F830.91

中国版本图书馆CIP数据核字（2016）第044656号

著作权合同登记号：图字：04-2013-046

高级波段技术分析：价格行为交易系统之区间分析

著　　者：（美）阿尔·布鲁克斯
译　　者：牛兆强
责任编辑：孙　琳

出 版 者：山西出版传媒集团·山西人民出版社
地　　址：太原市建设南路 21 号
邮　　编：030012
发行营销：0351-4922220　4955996　4956039　4922127（传真）
天猫官网：http://sxrmcbs.tmall.com　电话：0351-4922159
E-mail ：sxskcb@163.com　发行部
　　　　　sxskcb@126.com　总编室
网　　址：www.sxskcb.com

经 销 者：山西出版传媒集团·山西人民出版社
承 印 厂：廊坊市祥丰印刷有限公司

开　　本：787mm×1092mm　1/16
印　　张：31
字　　数：590 千字
版　　次：2017 年 5 月第 1 版
印　　次：2025 年 3 月第 4 次印刷
书　　号：ISBN 978-7-203-09507-1
定　　价：105.00 元

如有印装质量问题请与本社联系调换

我要把这本书献给我的乖女儿苔丝·布鲁克斯（Tess Brooks）。她把人生视为充满机遇的旅程，勇往直前地到全世界去发掘这些机遇。她是一个大胆和原创的思想者，也是一个实践者。她让自己的人生充满梦想，那些其他人同样有但不敢于去追寻的梦想。

致　谢 ▬▬▬▬▬▬▬▬▬▬▬▬▬▬▬▬▬▬

　　我写这套书的主要目的是对市场价格行为做一个全面的梳理，为读者释疑解惑。大家对先前出版的拙著《逐根 K 线解读市场走势》（*Reading Price Charts Bar by Bar*）普遍感到晦涩难懂。我非常感谢读者以及网络课程学员提出的所有建设性意见，其中不少意见都极具洞察力，我已经将它们整合到新书当中。我还要感谢在线交易室的所有交易者们，是他们给我机会反复地去讲解一些事情，让我能够把我所看到的和所做的清晰地表达出来。他们还给我提了很多问题，帮助我学会找到恰当的词汇来实现有效沟通，我也把这些表述放进了这套书里面。

　　我要特别感谢维克多·布兰克尔（Victor Brancale），他花大量时间对初稿作了细致的校对工作，进行了数百处的修订或提出修订建议，功劳不小。还有罗伯特·吉耶德（Robert Gjerde），他帮我建设和管理网站，积极向我反馈聊天室和网站的意见。最后我要感谢的是《期货》杂志编辑部主任金格尔·斯扎拉（Ginger Szala），她给我提供了很多发表文章和开展网络讲座的机会，还经常指导我如何更好地融入交易圈。

目 录

引　言

为什么没有其他交易者撰写全面诠释市场价格行为的书籍呢？这其中是有缘故的。写书要耗费几千个小时，而金钱上的回报比起交易而言却微不足道。不过好在我三个女儿都在念研究生，不在身边，我恰好需要找点事做，于是干起了这件苦差事，却也乐在其中。原本我想把 2009 年出版的《逐根 K 线解读市场走势》（Reading Price Charts Bar by Bar）第一版修订一下，但真正着手之后，我的想法改变了。我决定把我如何观察和交易的细节全部写出来献给读者，就好像手把手教你拉小提琴一样。如果你想知道如何通过交易谋生，这套书里都写到了，但真正学习交易还要靠你自己，需要花费大量的时间和精力。经过一年时间在我的个人网站（www.brookspriceaction.com）回答交易者提出的大量问题之后，我感觉自己找到了更清晰地表达自己思想的方法，因此这几本书应该会比那一本读起来更顺畅一些。旧作的重点在解读市场价格行为，而这套书的核心内容则是如何利用价格行为来进行交易。由于新书的字数是第一本的 4 倍，出版社决定将其分为三册出版。第一册讲价格行为基础知识和趋势；第二册讲交易区间、头寸管理以及交易的数学基础；第三册讲趋势反转、日内交易、日线图、期权，以及所有时间级别中最佳的交易机会。这套书里的许多图与《逐根 K 线解读市场走势》中是一样的，但大部分都做了更新，解读部分也基本重写了。旧作 12 万字中，只有大约 5% 出现在这套 57 万字的新书当中，所以读者应该不会有重复感。

我写作这 3 本系列书籍的目的是描述我的理解，告诉大家如何经过精挑细选的交易带来非常不错的风险收益比，同时向大家传授从这些形态获利的方法。我希望我提供的这些内容能够让专业交易者和商学院的学生都产生兴趣，也希望能够对初学交易者有所帮助。我们一般看价格图形都是随便扫一眼，没有什么特别的目标。实际上每张图都包含着大量的信息，能够用来在交易中获利。但这些信息要想得到充分利用，交易者必须花时间去仔细揣摩，理解图上每一根K线透露出机构资金的何种动向或意图。

市场其实是机构的集合体，在大体量的市场中，90%甚至更高的交易量都是由机构产生的。从长期来看，几乎所有机构都是盈利的，那些少数亏损的机构会很快破产。既然机构就是市场，机构又是盈利的，因此你的每一单交易都有一个获利的交易者（机构集合体的一部分）作为你交易的对手方。交易的发生必须是某个机构愿意做交易的一方，而另一个机构愿意做对手方。散户的小手数交易之所以能够成交，必定是因为有机构愿意做同样的交易。如果你想在某一个价格买进，那么除非一个或以上的机构也愿意在这个价格买进，否则市场不会达到这一价位。同样，如果没有一个或以上的机构愿意在同样的价位卖出，你也不可能在任何价位卖出，因为市场只会到达机构愿意买和其他机构也愿意卖的价位。比如说，如果标普500迷你期指（本书后文将直接用Emini，不再翻译出来——译者）目前价位是1264，你是多头，保护性卖出止损设在1262，那么除非有一个机构也愿意在1262卖出，你的止损不可能会被打掉。几乎所有交易都是如此。

如果你交易的手数足够大，比如200份Emini合约，这样的手数实际上已相当于机构的交易量，而你可以被视为一家机构，有时候你能够让市场移动1~2个最小报价单位。不过大部分散户都没有能力影响市场，无论他们如何频繁地参与交易。市场不会执行你的挂单。市场可能会测试你保护性止损所在的价位，但这与你的止损本身没有关系。只有当一个或以上的机构认为在这里卖出是安全的，而其他机构认为在这里买入是有利可图的，市场才会测试这个价位。每一个最小报价单位的价格变动都有机构在买入和其他机构在卖出，而这些机构都有自己经过验证的系统，证明执行这些交易可以获利。你应该总是跟随大部分机构资金的方向，因为是它们控制着市场的走向。

当一天的行情结束，看着当天的价格走势图，你该如何判断机构这一天都做了什么呢？答案很简单：只要是市场上涨，就说明大部分机构在买进；只要是市场下跌，就说明大部分机构在卖出。再看看走势图的细节，分析市场的上涨和下跌，研究每一根K线，你很快就会发现大量重复的形态。久而久之，你将会看到这些形态在实时行情中如何展开，这将给予你信心去下单交易。有些价格走势非常微妙，所以要考虑到多种可能性。比如说，有时候当市场处于强劲上涨之中，一根K线运行到前一根K线的低点下方，但趋势依然持续向上。这时你必须假定有大资金在前一根K线的低点附近及其下方买进，实际上这也是许多交易高手的做法。他们买入的时点刚好选择在那些不坚定的交易者止损离场或其他不坚定的交易者认定市场将开始大幅下挫而进行做空之时。一旦你真正认识到强趋势行情通常会有回撤、大资金会在回撤时买入而不是卖出，那么你就做好了准备去执行一些非常成功的交易，而这些刚好是你以前认为错误的做法。完全没必要有太多顾虑。如果市场在上涨，机构就会不停地买进，即便在那些你认为如果换做你肯定会将多头头寸止损的位置。你的任务就是跟随他们的步伐，亦步亦趋，而不是用各种逻辑来否认你眼前所发生的事情。虽然有时候看起来似乎有悖直觉，也没有关系。唯一重要的就是市场在上涨，因此占优势的一方是机构买盘，那么你也应该这么做。

机构通常被认为是聪明钱，也就是说它们足够聪明、能够通过交易谋生，而且每天交易量非常大。现在电视节目依然用"机构"一词来指代共同基金、银行、券商、保险公司、养老基金和对冲基金等传统机构。这些机构过去占到市场大部分的交易量，主要是依据基本面来交易。它们的交易控制着市场日线图和周线图上的方向，以及大量的盘中快速波动。然而从大概 10 年前起，大部分交易决定和交易行为是由极聪明的交易者做出的，不过现在越来越多地由计算机来完成。它们是一些可以瞬时分析经济数据和根据分析结果立即下达交易指令的程序，完全不用人参与到交易当中。另外，还有一些机构基于对价格运行的统计分析，通过计算机程序自动交易也产生出极大的交易量。如今，计算机自动交易占到每天成交量的 70% 之多。

计算机非常擅长做决策。下围棋或者在电视智力节目《危险边缘》（Jeopardy）中获胜比股票交易更难。加里·卡斯帕罗夫（Garry Kasparov）多年来一直是世界棋王，直到 1997 年被一台更擅长做决策的计算机击败。无独有偶，肯·詹宁斯（Ken Jennings）曾经在《危险边缘》节目打遍天下无敌手，然而 2011 年也是一台计算机令其惨败。计算机作为最佳交易决策者被机构所广泛接受，应该只是时间问题。

程序化交易的风靡对市场会造成何种影响呢？由于交易程序使用客观的数学分析，它们可能倾向于让支撑和阻力区域变得更为清晰。比如说，它们会让等距运动的测算更加精确，因为市场中更多成交量是基于精确的数学逻辑发生的。另外，它还会造成一种窄幅通道延长的倾向，因为程序会在日线图上的小幅回撤中不停地买进。然而，如果足够多的程序在同一关键价位退出多头头寸或开立空头头寸，那么抛盘可能变得更猛烈和迅速。这些影响是否会颠覆市场的运行规律？也许不会，因为行情中起作用的主要力量与纯人脑时代并无不同，唯一不同之处在于，程序化交易将更多情绪从交易中剔除，市场的价格行为更容易达到数学上的完美性。随着这些新兴的程序化交易，机构越来越多地影响市场的走向，同时传统机构也越来越多地使用计算机来进行分析和下单，"机构"一词的定义变得日益模糊。对于个人交易者而言，我们可以简单地将"机构"理解成其交易量足以对市场价格行为产生重要影响的各种实体。

由于这些买入和卖出程序制造了大部分的成交量，它们是决定每张市场走势图外观呈现的主要力量，并为个人交易者创造了大部分的交易机会。没错，你知道思科（股票代码 CSCO）股价之所以上涨是因为财报不错，这没什么不好，如果你是持有股票几个月的投资者，完全可以像传统机构一样去买入思科。然而，如果你是日内交易者，那就不要去管新闻，看图就够了，因为各种交易程序所制造出来的形态纯粹基于统计数据，与基本面无关，但同样可以带来非常不错的交易机会。根据基本面下单的传统机构决定着某只股票未来几个月的方向和大致目标，但是，使用量化分析进行日内交易和其他短线交易的机构越来越多地决定着达到这一目标的路径以及走势的终极高点或低点。即便在宏观层面，基本面顶多也只是一个近似情况。我们看看 1987 年和 2009 年的崩盘，两次都是先暴跌然后暴涨，然而基本面在这么短的时间内并未发生如此剧烈的变化。这两次崩盘大盘都小幅跌破月线上的趋势线，然后急剧反转。市场下跌是因为基本面预期，但下跌的幅度是由图形决定的。

有一些大的价格形态在所有时间周期和所有市场中反复出现，比如趋势、交易区间、高潮、通道等等。除此之外，还有众多较小的可交易形态，只是由最近的几根 K 线所组成。这套书试图给交易者提供全方位的指引，帮助他们理解从图形上所看到的一切，帮助他们提高交易成功的概率和避免失败的交易。

通过这套书我最想告诉读者的一点是：关注那些最佳的交易机会，避开那些最糟糕的形态，让利润目标（回报）至少与保护性止损（风险）一样大，并学习增加交易的手数。我固然知道，对于所有价格形态，我给出的每一条理由都只是我个人的观点，而且我对某笔交易是否可能成功的推理有可能完全是错误的。不过这无关宏旨。我真正想告诉大家的是，解读价格行为是一种非常有效的交易方法，而我对某些情况之所以能够如此发生有着大量的思考。我能够以平常心来对待自己的解读，它们可以让我有信心去进行一笔交易，但实际上与我的下单交易本身是无关的，所以是否正确对我来说并不重要。就像我能够在一瞬间转变对市场运行方向的观点一样，如果找到一个更符合逻辑的理由或在我的逻辑中找到缺陷，我也可以转变对某一特定价格形态有效性的看法。我在书中向读者提供各种观点是因为它们似乎合乎逻辑，可以帮助读者更从容地去交易特定形态，甚至带来一些启发。但是对于任何依据价格行为进行的交易而言，这些观点是不必要的。

　　这套书探讨详备，难度较大，是专为那些有志于深入解读市场价格行为的严肃交易者所写的。不过这些概念对所有层次的交易者均有所助益。这套书涉及罗伯特·爱德华兹（Robert D. Edwards）和约翰·马基（John Magee）在《股票趋势技术分析》（Technical Analysis of Stock Trends）（AMACOM 出版，2007 年第 9 版）中及其他著作中所描述的各种传统技术方法，但重点放在解读每根单独的 K 线上面，以证明利用它们所传递出的信息可以大幅提高交易的收益风险比。大部分技术分析的书只是指出一张图上 3~4 个交易机会，其潜台词就是，其他部分的价格走势要么无法理解、毫无意义，要么风险过高。但我不这么看。我认为一天之中每一个细微的价格变动都在传递某种信息，一张图上好的交易机会远远不止那几个显而易见的形态，但是要发现它们，你必须理解市场的价格行为，而且不能认为任何一根 K 线无关紧要而弃之不顾。我通过成千上万次细致入微的观察和分析发现，有些最重要的东西可以是极其微小的。

　　我采取逐根 K 线的方式来解读市场走势，寻找每根 K 线所传递出的信息。它们都很重要，一根都不能少。一根 K 线收盘之后，大部分交易者都会问自己："刚才发生了什么？"对于大部分 K 线，他们的结论是眼下没有什么交易机会，所以没必要费力去理解。于是他们选择等待一些更清晰和更大型的形态出现。给人的感觉好像是他们觉得那些 K 线根本不存在，或者认为只是机构程序化交易活动的产物，不适合个人交易者操作，所以无关紧要。他们没有认识到，这些时候的 K 线也是市场的一部分，而"这些时候"构成了一天中市场的绝大部分行情。如果他们去看看成交量，就会发现，所有他们所忽略的 K 线与他们据之进行交易的 K 线所对应的成交量并无明显差别。很明显，大量交易正在发生，但他们无法理解背后的逻辑，所以假装这些 K 线不存在。这纯属自欺欺人。交易一直都在发生，作为一名交易者，你需要理解背后的逻辑并找到从中赚钱的方法，这是你对自己的一种责任。读懂市场语言要耗费大量时间和精力，也不是一桩易事，但要成为一名成功的交易者，这是最基础的东西。

　　大部分讲 K 线图的书都会让读者觉得有必要把形态背下来，我这 3 本书则不同。我在书中主要告诉读者为何某些形态是可靠的交易机会，以及讲解推理过程。书中使用的某些术语对于市场技术分析师有特定的含义，但对于交易者含义又不一样，我完全是从交易者的角度来写的。我相信许多交易者已经理解了这几本书的所有内容，只不过不会用我这种方式来描述价格行为。成功的交易者之间没有什么秘密，大家都知道一些常见的建仓形态，许多人对这些形态有自己的命名方式。他们所有人几乎都在同一时间买入和卖出、捕捉同样的波段，而且都有自己下单的理由。许多交易者纯粹靠盘感来进行操作，从来没觉得有必要去把逻辑表达出来。我希望他们在阅读我对价格行为的理解和视角之后，能够感到是一种享受，或者也可以给他们带来些许启发，让他们的交易更加成功。

对于大部分交易者而言，我们的目标是找到一种符合自己个性的交易风格和方法，实现交易利润最大化。我认为，如果交易方法不能适应自己的个性，长期稳定获利几乎是不可能的。许多交易者都想看看自己到底需要多长时间才能迈向成功，也愿意在一段时间内亏些钱交学费，甚至是几年时间。对于我而言，成为一个成功的交易者花费了超过10年时间。每个人生活中都有各种不同的顾虑和干扰，时间长短因人而异，但相同之处在于，交易者必须克服大部分障碍才能实现稳定盈利。就我自己来讲，以前有几大问题一直没有得到解决，包括抚养3个可爱的女儿。我会时刻惦记着她们，时刻想着如何尽做父亲的责任。只有当她们慢慢长大、变得更加独立之后，这个问题才得到了解决。除此之外，我还花了很长时间去接受自己的许多性格特征，认识到它们是真实存在和不可改变的，或者说我最终意识到我其实不愿改变它们。最后就是自信心的问题。表面上我在很多方面一直表现得非常自信，甚至有些自大，但凡认识我的人，如果我告诉他们我缺乏自信，他们一定会感到惊讶。然而在内心深处，我觉得自己可能永远也无法找到一种稳定的盈利方法，真正成为一个成功的交易者。我买了很多交易系统软件，编写和测试了无数的指标和系统，阅读了大量的书籍和杂志，还报了培训班，请了指导老师，参加各种交易群跟人交流。我与那些自称是成功交易者的人交谈，但从来没见过他们的交易记录，我怀疑他们大部分都只会讲课，会交易的寥寥可数甚至根本没有。在交易这一行，往往是"知者不言，言者不知"。

这些最终都给我带来很大的帮助，它们告诉我要实现交易成功，哪些是必须要避开的东西。不懂交易的人看到一张图，总觉得交易非常简单（这也正是交易的部分吸引力所在）。一天行情结束之后，任何人都可以把当天的走势图调出来，事后指出明确的入场点和出场点。但在实际交易中远没有这么简单。人都有一种自然的倾向，希望买在最低点，不希望有回撤。一旦发生回撤，交易新手会止损，以避免发展成更大的亏损，从而造成一系列亏损交易并最终导致爆仓。扩大止损可以在某种程度上解决这个问题，但采用这种方法，几乎无一例外，交易者很快就会出现几笔亏损较大的交易，让总账户转为亏损，使他们不敢继续用同样的方法进行交易。

也许有人会担心，这套书将交易成功的秘密公之于众，会不会培养出一大批技术交易高手，大家都在同样的时间做同样的事？没有后入场者的推动，市场又怎么会到达你的目标价位？这种担心是否必要？完全没必要。市场由机构所控制，它们早就拥有世界上最聪明的交易者，而这些交易者早就知道这套书中的所有东西，至少在直觉上知道。在任何一个时点上，都有一个非常聪明的机构多头出来充当一个非常聪明的机构空头的交易对手方。既然最重量级的市场参与者已经熟知市场的价格行为，让更多参与者知道并不会打破原有的平衡。因此我并不担心我的著作会使得价格行为交易方法不再有效。由于均衡的存在，任何人所占据的先机通常都非常小，而任何微小错误都会招致亏损，哪怕你非常善于解读价格走势。不了解价格行为就很难在交易中获利，但单独靠这种知识也是不够的。一个交易者学会如何看图之后，还需要花很长时间去学习如何交易。交易并不比图形分析简单。我写这套书目的就是想帮助人们学习如何更好地看图以及更好地交易，把这两件事都做好了，你才有资格把钱从别人的账户中拿到你自己的账户中来。

　　为何各种价格形态大家都看到了，依然会按照它应有的方式展开？这就是市场有效性的表现。在一个有效市场中，无数交易者在依据成千上万种不同的理由下单，但能够控制市场走势的成交量都是基于合理的逻辑而产生的。这些形态就是市场参与者集体行为的外在呈现，而且一直都是如此。同样的形态在全世界所有市场、所有时间级别都是如此这般展开，绝对不可能有某种力量在如此广的层面上瞬间操纵所有这一切。价格行为是人类行为模式的表现，实际上根植于人的基因。除非人类发生进化，否则市场的运行模式基本不会变，就好像我们在股市过去80年的走势图上所看到的一样。程序化交易可能略微改变了市场的外在呈现（尽管我找不到证据来支持这一理论），但就算有，也只是让市场走势更加流畅了，因为程序化交易是不带情绪的，而且大大提高了交易活跃度。现在大部分成交量都是计算机自动交易出来的，相比如此巨大的成交量，不理性的、情绪化的交易行为对市场而言已无足轻重，因此价格图形成了人类各种倾向性更纯粹的表现。

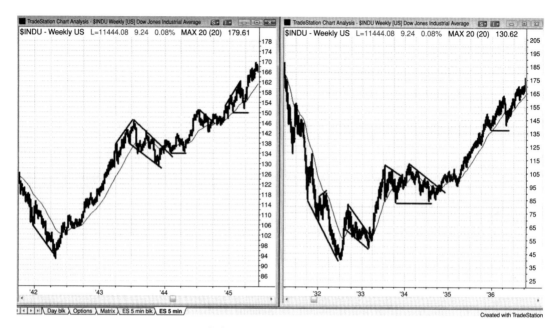

图 1.1　价格行为方式从长期来看并未发生改变

　　既然价格走势根植于我们的 DNA，那么在我们进化之前它就不会改变。我们看看图 1.1 的两张图，你的第一反应可能觉得它们只是两张普通的走势图。如果仔细看看图下部的时间，你会发现它们分别是道琼斯工业平均指数"大萧条"时期和二战后的周线图。我们可以看到，它们与我们今天在所有价格走势图上看到的形态并没有什么两样，尽管今天大部分的市场交易量都来自于计算机程序化交易。

　　如果突然所有人都变成超短线刮头皮交易者，价格走势的细部形态可能会在一段时间内有所变化，但从长期来看，有效市场将会胜出，所有交易者投票的结果将会提炼出标准的价格形态，这是大规模人群以合乎逻辑的方式行动所不可避免的结果。况且，交易不是那么容易的事情，尽管依据价格形态来进行交易是不错的方法，但在实盘交易中成功地做到这一点仍非常困难。不可能有太多的交易者同时取得交易成功，以至于对较长期的形态产生重大影响。以爱德华兹和马基的技术分析书为例。全世界最优秀的交易者数十年来一直在使用这些手段，为何这些方法现在依然管用呢？这其中的道理也是一样的——庞大的高智商人群在使用各种各样的方法和时间级别进行交易，都希望从市场上赚到更多钱，于是他们的集体行为造成了一个有效的市场，而图形就是有效市场所留下的不可变更的轨迹。举个例子，泰格·伍兹（Tiger Woods）并未将其高尔夫球技深藏不露，任何人都可以去模仿他，然而能够靠打高尔夫谋生的人依然少之又少。交易也是如此。一个交易者可能已经知道该知道的一切，但还是赔钱，因为找不到一种恰当的方法来运用这些知识实现稳定获利。

爱德华兹和马基的书非常简单，主要使用趋势线、突破和回撤来作为交易的基础，但为何那么多商学院都一直推荐这本书呢？因为它有效，过去一直有效，将来也会。现在几乎所有交易者都能够通过电脑看到日内行情数据，这些方法当中很多经过调整之后都可以用来进行日内交易，而且现在所用的 K 线图也提供了更多的信息，我们可以看到谁是控制市场的一方，从而以更低的风险及时地入场。爱德华兹和马基主要关注大趋势，我所用的也是同样的一些基础手段，但我着重研究走势图上每根单独的 K 线，以提高交易的收益风险比。另外我主要关注日内图形。

只要提升看图本领，让自己能够在行情启动的时候找到精确的入场点，那么我们就具备了巨大的优势。这一点是毋庸置疑的。这样一来，你将会有很高的胜率，为数不多的亏损也都很小。我把这作为我研究的起点，然而我最终发现，其实光是这一点就足够了，不需要把那么多复杂的东西加进来。事实上，搞得越复杂只会造成干扰，降低获利水平。道理就是这么浅显，可惜大部分人都不相信浅显的东西。

我是一个日内交易者，完全依据 Emini 日内走势来进行交易。我相信，高超的看图本领对于所有交易者而言都是无价之宝。相反，新手总觉得还需要更多其他的东西，比如拥有一套极少数人使用的复杂程序，可以让他们先人一步。在他们看来，像高盛（Goldman Sachs）这种大机构这么赚钱、这么深不可测，他们的交易员一定拥有一台超级计算机和一套绝杀软件，所以他们才能在市场中遥遥领先，将散户杀得片甲不留。于是他们开始研究各种各样的指标，反复修改参数进行优化，忙得不亦乐乎。平心而论，每个指标都会在某些时候管用，不过对于我而言，它们的主要作用是添乱。实际上，你根本不用看图，随便下一个买单，都有 50% 的胜率！

我不喜欢各种技术指标和交易系统，并不是因为我不了解它们。实际上，我曾经花了多年时间，超过 1 万小时，编写和测试各种指标、系统，所以比大部分人更应该有发言权。这段经历对于我成为一个成功的交易者帮助很大。指标对很多交易者都管用，但成功更重要的因素是一个交易者找到一种与自己个性相适应的方法。指标和系统最让我头疼的一点是，我永远无法完全信赖它们。对于每一个建仓点，我都会看到例外的情况出现，需要对系统作进一步测试。我总是希望从市场中赚到最后一分钱，无法满意交易系统带来的回报。实际上，只要添加一个新的变量进去，你总可以对系统作出改进。然而问题在于，你可以持续不断地对系统进行优化，但市场总是在不断变化之中，从强趋势进入窄幅震荡，又从震荡转为趋势，这样一来，一旦市场进入新的模式，你根据近期走势所作的优化，很快就不起作用了。也许是因为我过于执着、自我强迫和不愿轻信，我无法通过指标和自动交易系统稳定盈利。当然，我属于个性比较极端的那种，不见得大家都跟我一样。

　　很多交易者，尤其是刚入门的，往往迷信各种指标（同时也迷信形形色色的大师、专家之类），希望指标能够告诉他们什么时候入场。他们没有认识到，绝大部分指标都是从简单的价格走势衍生出来的。当我下单的时候，我根本没有那么多时间去挨个分析指标，看看它们都发出一些什么信号。举个例子，假如现在有一轮上升趋势，出现一次回调，然后展开新一轮上涨并创出新高，但最后这轮上涨出现很多重叠的K线、多根阴线、几次小幅回撤以及多根长上影线，但凡有经验的交易者一看就知道，这是对趋势前期高点的弱势回测，在上升动能强劲的情况下不会出现这些特征。因此接下来市场几乎肯定会进入区间震荡甚至转为下跌趋势，交易者根本不需要依靠摆荡指标来作出这个判断。摆荡指标还有一个问题，它们往往让交易者把注意力放在反转上面，而较少关注价格走势本身。在那些以震荡为主的交易日，比如一天之内出现2~3次持续时间超过一个小时的反转走势的情况下，摆荡指标可能是很有效的工具；但是当市场处于强劲趋势的时候，问题就来了。如果过多地关注指标，你会发现指标一整天都在不停地背离，而你可能一次又一次地逆势入场并且连续亏损。当你最终接受市场处于强劲趋势这个事实，当天行情所剩的时间已经不多，已经无法弥补前面的亏损。相反，如果单纯看K线图，你一眼就可以看出市场处于明确趋势，就不会受指标的诱惑去寻找趋势反转的机会。大多数成功的反转走势都是先以强势动能突破趋势线，然后再掉头回测前面的极端价位，如果交易者过多地关注背离，将会经常忽略这一基本事实。没有之前的逆势动能爆发并突破趋势线，就贸然单纯根据背离去做逆势，几乎注定是要亏钱的。你应该先等待趋势线突破，然后看看回测前高（或前低）的走势是最终反转还是造成原有趋势恢复，这一点我们不需要看指标也可以知道，如果出现强势反转，那么这就是一个高胜率的入场机会，至少可以做一笔刮头皮交易。背离肯定是会有的，但为何非要把指标加进来，把事情搞得更复杂呢？

　　很多专家会告诉大家，要学会综合各种方法，比如不同的时间级别、各种指标、数浪、斐波那契回撤，总之多多益善，但如果你问他应该在什么时间进场，他会告诉你必须有好的价格形态。当他们看到一个好的形态，便开始忙着找指标有没有背离、看看不同时间级别上均线的位置如何，以及数浪、画斐波那契回撤线。事实上，他们也只是单纯依据价格走势图来进行交易的"价格形态交易者"，只不过自己不好意思承认。他们把自己的交易搞得如此复杂，注定会错失大量交易机会，因为他们大部分时间都花在分析论证上面了，没有什么时间去下单，只能等待下一个交易机会出现。把原本简单的东西弄得这么复杂，是毫无必要的。不可否认，考虑的信息越多越容易做出好的决策，很多人也许有能力在下单前处理大量的信息。当然，纯粹为了追求简单而对各种数据视而不见也是愚蠢的做法。我们的目标是赚钱，交易者应该想尽一切办法让自己的利润最大化。不过对于我个人而言，我无法做到在很短的时间内既能同时处理各种指标和不同时间级别所发出的信息，还能确保准确地下单。相反，我发现仔细研读简单的 K 线走势本身对于我而言要容易赚钱得多。另外，如果依赖技术指标，我会发现自己在解读价格形态方面变得懒惰，经常错过一些明显的机会。价格走势本身比任何其他信息都要重要得多，忽视 K 线语言而从别处寻找信息，正如那句俗语所言，真是"捡了芝麻，丢了西瓜"。

交易者刚入门的时候，最大的困惑就是发现一切都是那么主观。他们想要找到一套确定的交易规则，可以让他们实现稳定获利，非常讨厌某个形态今天有效明天却失效了。市场是非常有效的，无数绝顶聪明的人在这里进行着零和游戏。要从市场中赚到钱，你的能力必须高出其中一半的交易者。由于你大部分的竞争者都是赚钱能力非常强的机构，所以你必须非常厉害才行。每当一个先机出现，很快就被人发现然后消失了。记住，你的任何一笔交易都有一个对手方，如果你拥有一套非常赚钱的交易系统，你的对手用不了多长时间就会搞清楚你的交易系统的优势所在，然后就不会再给你送钱了。交易是一种非常精细的游戏，所谓的先机往往非常小，但是发现这些稍纵即逝的机会并从中获利，无论从精神上的愉悦来讲，还是从财务上来讲，回报都是很不错的，而这也正是交易的吸引力所在。做到这一点并非不可能，但非常艰难，需要坚定不移的纪律性。所谓纪律，也就是做你不愿意做的事情。人天生具有好奇心，有一种尝试新事物的自然倾向，但顶级的交易者会抵制这种诱惑。你必须坚守你的规矩，避免情绪干扰，耐心等待最佳的交易机会出现。纸上谈兵是很容易的，在一天收盘后看着一张现成的走势图，你会觉得交易有何难哉，但在实盘交易中其实是非常难的，你必须耐心等待一根又一根 K 线，有时候是一个又一个小时。当极佳的交易形态最终出现，如果你精神不集中或是麻痹大意，机会稍纵即逝，你将被迫等待更长时间。但如果你能够培养出耐心和纪律，执行一个成熟的交易系统，你的盈利能力将会大幅提升。

交易个股或 Emini 赚钱的方法有很多种，但任何一种都需要有价格变化（期权是一个例外）。如果学会了如何看图，那么你每天都能抓住大量这种获利机会，而不必知道为什么某个机构要发动一波行情，也不必知道各种指标现在是一个什么状况、在发出什么信号。你不需要得到这些机构的操盘软件，也不需要看他们分析师写的报告，因为他们的行踪全部都暴露在你面前。赚钱的方法就是让他们为你抬轿。价格行为会告诉你他们在做什么，如果你读懂了，就可以用很小的止损提早入场。

对于我来讲，我发现当我下单的时候需要考虑的东西越少，赚钱就越容易。我所需要的只是笔记本电脑上一张简单的行情图，除了20EMA这一根均线，没有任何其他指标，不需要每天去做大量的分析论证。有些交易者可能还会看成交量，因为有时候如果出现异常的成交量放大，往往意味着一轮下跌行情接近尾声，那么下一个或两个摆动低点通常可以带来超短线的做多机会。在日线图上，当市场出现过度抛售的时候，有时候成交量也会急剧放大。不过它们的可靠性并不是那么强，不值得我去关注。

许多交易者只在做背离交易或趋势回撤交易的时候才会考虑价格行为。实际上，大部分使用指标的交易者下单时都以出现强势信号K线为前提，如果总体形态不错，不少人会在强势信号K线入场，即便指标并没有背离。他们希望市场出现一根强势收盘的很长的反转K线，但实际上这种情况是很少见的。理解价格行为最有用的工具是趋势线与趋势通道线、前期高点与低点、突破与失败的突破、K线实体与影线的长度以及当前K线与前面数根K线的关系。尤其是将当前K线的开盘、高点、低点和收盘与之前数根K线进行比较，可以很好地预测接下来的市场价格走势。走势图提供了大量关于哪一方掌握市场控制权的信息，可惜很多交易者并未意识到这一点。几乎每一根K线都对市场的运行方向给出了重要线索，如果交易者将其视为噪音而弃之不顾，无异于每天都在丢弃大量的获利机会。拙著中大部分内容都直接与下单交易有关，不过也有一小部分只是单纯地探讨某些价格行为的倾向性，还不足以得出可靠的结论来作为交易的基础。

我个人主要依据K线图来进行Emini、期货和股票的交易，但大部分信号在任何类型的走势图上都是可以看到的，其中很多信号在简单的K线图上都显而易见。书中主要通过5分钟K线图来阐述一些基本的交易原理，但也会谈到日线图和周线图。除此之外，我还交易个股、外汇、国债期货和期权，所以还会讲价格行为如何用于这些类型的交易。

作为一名交易者，我已习惯于概率思维，用灰色的眼光去看待一切。如果一个建仓形态出现，虽然算不上完美，但合理地接近于一个可靠的建仓形态，那么它最后的表现可能也是类似的。在交易中，没有必要追求完美，近似就可以了。如果市场出现一个与教科书形态类似的形态，那么最终它也可能像教科书所描述的那般演变和展开。这就是交易的艺术，你需要多年时间才能练就在"灰色地带"安之若素的本领。人们往往追求确定的东西，比如明确的交易规则或是指标体系。各种专家讲座、培训课程、投资报告会告诉他们在哪个精确的时间点入场可以让风险最小化、收益最大化，然而从长期来看没有一样是管用的。交易这种事情必须由自己负责，必须听自己的，但前提是你要学会如何进行交易决策。要想具备交易决策的能力，你必须习惯于在灰色雾霾中生存。交易这一行没有什么黑白分明的东西，我自己也是做交易很长时间之后才认识到，任何事情，无论看起来多么不可能，都可能而且将会发生。这有点像量子力学。所有你想到的事情都有发生的可能性，那些你还没有想到的事情同样如此。至于某件事情为什么发生，并不重要。等着看联储今天会不会降息纯属浪费时间，因为市场对联储的任何决定都可能有利好和利空两种解读。所以重要的是看市场在做什么，而不是联储在做什么。

大家不妨思考一下，交易是一种零和游戏，而任何一种零和游戏都不可能有一直有效的方法。如果某种方法真的一直管用，所有人都会去用，那么谁来做交易的对手方呢？所以，这样的方法是不存在的。可以有一些原则性的规矩，但不存在绝对可靠的交易方法。初学者在这一点上往往存在认识误区。他们想当然地以为，就像任何其他游戏一样，交易这种游戏只要找到了一套正确的方法，就可以赚大钱。其实所有方法都只在某些时候管用，但你可能会经常产生一种错觉，以为只要将方法稍加改进，就可以一路通杀、横行无忌。这种想法无异于想人为造出一个"交易之神"，让它来护佑你的交易。其实你不过是在自欺欺人。交易这个游戏只有艰难的解决方案才管用，不存在简单的解决方案。做交易就等于是跟世界上最聪明的一群人竞争，如果你很聪明，能够找到一种万无一失的方法，那么他们也能够找到。所有人都面临着同一个两难困境，这就是"零和游戏"。除非你足够灵活，否则不可能通过交易赚到钱。你需要时刻跟随市场的方向，而市场是超级灵活的。它可以朝任何一个方向持续运行，持续时间可能远远超过任何人最大胆的想象。它也可以不断地每隔几根 K 线就掉转方向，这种运行方式同样可以持续很长时间。最后，它能够而且必然会出现介于这两种状态之间的任何情况。不要为此感到烦恼，这就是现实，去接受它，去欣赏它的美丽。

不确定性是市场的地心引力。在交易日行情的大部分时间，任何市场都有 50% 对 50% 的方向概率出现距离相等的上涨或下跌。我的意思是，你甚至根本不用看图，随便买入任何一只股票，然后下一个"二择一"（One Cancels the Other）委托单，在买入价上方 X 美分处设止盈，在下方 X 美分处设止损，你都有大约 50% 的概率做对。同样，如果你在一天中任何时间随意卖出任何一只股票，在下方 X 美分处设止盈，上方 X 美分处设止损，你也有大约50%的概率成功和大约50%的概率失败。当然，一个明显的例外就是当X数额相对于股票价格过大的时候。比如，对于一只价格为50美元的股票，你的X不能定为60美元，因为亏损60美元的概率是零；你也不可能把X定为49美元，因为亏损49美元的概率同样微乎其微。但如果你选择一个在一定时间之内可以合理达到的X数值，前面的说法就大致是正确的。当市场上下都是50%，它就是不确定的，你不可能对其运行方向做出理性判断，这是交易区间行情的典型特征。所以，任何时候，当你觉得没把握，就可以假定市场处于交易区间之内。市场走势在某些很短暂的时候方向概率会高于50%。在强劲趋势中，概率可能是60%，甚至70%。但这种情况不会持续很长时间，因为不确定性是市场的地心引力。市场很快就会回到50%对50%的均衡状态。在这种均衡状态下，多头和空头都感到似乎有利可图。即便在趋势中，在存在某种程度的方向确定性的时候，市场也会被吸往支撑和阻力区域，然后不可避免地重回不确定性和形成交易区间，至少是在短时间内。

不要在交易时段看任何新闻。如果你想知道某个新闻事件意味着什么，眼前的走势图会告诉你。媒体记者相信新闻是世界上最重要的东西，以为市场的任何变化都是由他们报道的所谓重大新闻造成的。记者从事的就是新闻行业，不消说，对他们而言，新闻就是宇宙的中心，也必然是金融市场一切行情的原因。2011年3月中旬美股大跌的时候，新闻记者把它归咎于日本大地震，完全无视日本大地震3周前股市就已经开始下跌的事实。那年2月底我就在聊天室告诉大家，市场很可能出现深度调整，因为美股日线图在一轮强劲牛市之后连续走出15根多头趋势K线，这是一种异乎寻常的买入高潮，物极则必反。当时我不可能知道几周后会发生地震，也没有必要知道。走势图已经告诉我交易者在做什么，他们正准备了结多头和布局空头。

电视上的专家同样没什么用。几乎每次市场出现大行情，报纸和电视台就会找到某个曾经提前做出大胆预测的专家进行采访，让读者和观众误以为此人在预测市场方面具有某种超凡能力。然而实际情况是，这个专家此前有10次预测都是错误的，但报道或电视节目不会告诉你这一点。然后这个专家便借势对未来做出进一步的预测，幼稚的读者和观众信以为真，结果让自己的交易受到影响。读者和观众们可能没有意识到，有些专家一直是死多，有些一直是死空，有些则是骑墙派，两边倒，好出惊人之语。但是记者不管这些，他们只是看新闻的需要，谁蒙对了就跑去采访谁。这些采访内容对交易者可以说完全无用，甚至是有害的，因为它会影响到他们的交易，使他们质疑和偏离自己固有的方法。在重大市场行情预测方面，没有任何人准确率可以超过60%。虽然专家说起话来往往斩钉截铁、言之凿凿，但这并不能让他们的言论变得更加可靠。事实上，还有一群同样聪明、同样有理有据的人持完全相反的观点，只不过大家没有听到他们的声音。听专家夸夸其谈就好像在庭审中只听辩方一面之词，单方面的陈述听起来总是让人觉得颇有几分道理，但其可靠性很少会高于50%。

机构多头和空头每天都在不停地下单，这是市场方向永远不确定的原因。即便没有重大新闻，各种经济类频道也会一天到晚地播放各种专家访谈。每个记者都需要为他的报道挑选一位专家。但你要知道，他只有50%的概率选到一个能猜对下一个小时市场方向的专家。如果你打算依赖专家的判断来做出交易决定，他说大盘下午要跳水，结果继续上涨，那你是否还要找机会做空呢？假如他是华尔街一家顶尖机构的交易主管，你是否应该相信他的话呢？没错，他的确可能年收入超过百万美元，如果没有能力持续正确地预测市场方向，别人不可能给他这么高的薪酬。事实上他可能有这个能力，而且可能是一个很厉害的选股专家，但几乎肯定不是一个日内交易者。我们不能仅仅因为他做资产管理可以每年获得15%的回报，就相信他能够预测未来一两个小时的市场走向。这么想是很愚蠢的。我们来做一道算术题。假如他真有这个能力，那么他每天都可以赚到2~3个1%，一年滚下来可能是1000%。既然他没有这么高的回报，就说明他没有这个能力。他的投资周期可能是几个月，而你也许只是几分钟或几十分钟。既然他没有能力通过日内交易赚到钱，你为何要根据一个被证明为失败的日内交易者的观点来交易呢？既然他的身份不是一个成功的日内交易者，这个简单的事实就足以说明他无法通过日内交易赚钱。也就是说，如果他去搞日内交易，照样会亏钱。如果他擅长此道，就会去从事这一行，赚的钱可能远远高于他现在的收入。即便你也采取持仓几个月的交易策略，试图复制他所管理基金的表现，根据他的建议去做决定也是很愚蠢的。也许他下周就转变观点了，但肯定不会告诉你。管理一个现有头寸与开立一个新头寸同样重要。如果你跟着那位专家做，希望像他一样获得每年15%的回报，那么你还应该复制他的头寸管理。显然你没有能力这么做，所以采取这种策略长期来看是注定要亏钱的。当然，你偶尔可能会做一两笔很不错的交易，但说得难听一点，你任意买一只股票也可能做到这一点。所以重要的是这种方法能否在超过100次交易中赚到钱，而不是最开始的一两次。就像大人对孩子说的那样，你也应该告诫自己：不要蠢到相信电视上看到的和听到的是真的，无论它看起来多么光彩耀人、听起来多么冠冕堂皇！

正如前面所说，任何一条新闻，都会有专家认为是利多，有专家认为是利空，记者只是为了写报道随便找个专家来上电视。你会让新闻记者为你做交易决定吗？这也太疯狂了！记者要是会交易，他早就去做交易员了，收入可能是做记者的好几百倍。既然如此，为何让他们影响你的交易决定呢？可能问题在于你对自己的能力缺乏自信，或者想找一个类似父亲的角色，来爱护你。如果你容易受到记者的影响，就不应该去做那笔交易。记者选出来的专家不是你的父亲，他不会保护你，也不会保护你的钱财。即便记者选出来的专家看对了市场方向，专家也不可能手把手教你怎么管理头寸，很可能市场一次回撤就扫掉你的止损，把你震出局了。

财经新闻机构存在的目的不是为人民服务，而是赚钱。这意味着他们需要吸引更多的观众，让广告收入最大化。没错，他们也希望自己的报道有一定正确率，但主要目的还是赚钱。他们非常清楚，只有节目做得好看，才会有收视率。所以他们必须请一些有趣的嘉宾，包括那些"语不惊人死不休"的专家，还需要一些给人感觉比较专业、靠谱的嘉宾，还有一些嘉宾请他们过来只是因为长相不错。无论哪一种，其中大部分人都必须具有一定娱乐价值。尽管有些嘉宾是很厉害的交易者，但他们帮不了你。比如说，当电视采访一位全球顶尖的债券交易员，他往往只是就未来几个月的走势泛泛而谈，而且是在他建好仓几周之后。如果你是日内交易者，他的观点对你没什么用，因为月线图上的牛市和熊市放到日内图形上上涨行情和下跌行情几乎一样多，每天都有做多和做空机会。换句话说，他交易的时间级别与你大相径庭，他的交易与你的交易毫不相干。电视台也会经常采访华尔街大机构的技术分析师，不过他们的观点可能是基于周线图，而观众可能想着在几天内锁定利润。对于这些技术分析师来讲，即便未来几个月市场出现10%的深度回调，他们之前建议买入的多头趋势可能依然存在，但是观众可能早就割肉走了，因此3个月后市场创出新高也就与他们无关了。除非这些技术分析师专门针对你的目标价格和时间级别给出意见，否则无论他们说什么都是无用的。就算电视台采访一位日内交易员，他谈的也可能都是已经发生的交易，当节目播出的时候，市场可能已经反向了，属于无用的过时信息，不可能帮你赚到钱。如果他说的是依然持有的日内头寸，他也会在2分钟的采访结束后很长时间里继续管理他的头寸，显然不会在录节目的时候直播他的操作过程。就算你在他依然持有头寸的时候开始入场，当你最终必须就止损或止盈做出重要决策的时候，他也不可能再出来指导你。总而言之，无论在任何情况下，从电视节目获取交易建议，哪怕是在重要经济数据公布之后，都是赔钱的罪魁祸首，应该坚决杜绝。

你唯一需要关注的是价格走势图。走势图会告诉你需要知道的一切。让你赚钱的是图形，让你赔钱的也是图形，所以它是你交易之时唯一需要考虑的东西。如果你在交易大厅进行交易，甚至连你好朋友的操作都不要相信。他可能一边卖出大量柳橙汁期货看涨期权，另一边暗地里让经纪人以 10 倍的数量低于市价买入。你的朋友可能只是想制造一种恐慌情绪、把市场砸下来，他好通过别的方式以低得多的价格抄底。

朋友和同事免费提供的建议更不要听。偶尔会有交易者告诉我，他们发现了一个很不错的交易形态，想跟我探讨一下。但我每次都会把他们惹怒，因为我直截了当地告诉他们我不感兴趣。我这种态度让他们感觉我很自私、顽固和思想闭塞。说实话，在交易方面，我的确具有所有这些特征，甚至有过之而无不及。那些能让你赚到钱的技能，在外行看来，基本都属于缺点。为什么我不再阅读关于交易的书籍或文章，或者与其他交易者交流看法？正如我所说，图形已经告诉我所需要知道的一切，任何其他信息都是干扰。个别人对我的态度感到不满，也许是因为我拒绝了他们的善意。他们向我提供某种他们认为可能对我有帮助的东西，作为回报，他们也希望我给一点指导建议。当我告诉他们我不想听任何其他人的交易方法，他们很自然地会感到沮丧和愤怒。我告诉他们，我自己的方法都还没有达到炉火纯青的地步，也许永远都达不到，但有一点我确信无疑，那就是，完善我现有的体系，比试图将其他非价格行为的思路和方法整合到我的交易体系中来，赚的钱要多得多。我问他们，如果长笛大师詹姆斯·高威（James Galway）送给马友友一根好笛子，力劝马友友改学长笛，因为他自己吹长笛赚了很多钱，马友友是否应该接受这个建议呢？显然不应该。马友友应该继续拉他的大提琴，这样他赚的钱要比同时从头开始学长笛多得多。这个比方有点不伦不类，但道理是一样的。价格行为是我唯一想要演奏的乐器，而且我坚信比起整合其他成功交易者的理念，精通它将让我赚到更多的钱。

下面我们用例子来说明，是图形，而不是电视上的专家，能够准确地告诉你机构是如何解读消息的。

图 1.2　忽略消息

　　前一天，好市多（Costco）披露季度盈利上升 32%，高于分析师预期（见图 1.2）。当天好市多跳空高开，5 分钟图上第一根 K 线回测缺口，然后在 20 分钟内上涨超过 1 美元。接着市场转跌，测试前一天的收盘。两次反弹突破下降趋势线，但最后都归于失败，从而构成一个双顶（K 线 2 和 3）熊旗或三重顶（K 线 1、2、3）。随后股价暴跌 3 美元，跌破前一天的低点。如果根本不知道好市多的财报，你可能会在 K 线 2 和 3 对下降趋势线的突破走势失败之后做空，然后在 K 线 4 下方进一步加空（K 线 4 是跌破昨天低点之后的回踩）。你还可能在 K 线 5 大反转阳线之后空翻多（K 线 5 是跌破昨天低点之后的第二次反转尝试，同时也是对跌破陡峭的下降趋势通道线走势的高动能反转）。

　　相反，你也可能因为利好财报在开盘的时候买入。然后当股价开始崩溃，而没有像电视专家所预测的那样大涨，你变得焦虑不安，很可能在第二波跳水跌至 K 线 5 的时候砍掉多头，亏损 2 美元。

　　当任何趋势以数量很少的 K 线跨越大量点数，即 K 线很长且相互之间重叠很少，最终都会出现回撤。此类趋势动能如此之强，以至于回撤之后概率更倾向于趋势恢复和测试趋势极端价位。通常情况下，只要回撤没有演变成反方向的新趋势和超越原初趋势的起点，极端价位将会被超越。大体上说，如果回撤幅度达到 75% 或更高，那么回撤之后市场重回先前趋势极端价位的概率将大幅下降。对于下跌趋势中的回撤，在这个时候，交易者最好把回撤看成新一轮上升趋势，而非对原有下跌趋势的调整。图 I.2 中的 K 线 6 大约为前期跌势的 70% 回撤，第二天开盘之后价格重新向下测试前期跌势的高潮低点。

市场因为消息刺激跳空高开，并不意味着会继续上涨，不论这个消息看起来多么利好。

图 1.3　市场在利好消息中下跌

图 1.3 是雅虎（股票代码 YHOO）的日线图（左边）和周线图（右边）。在两图中 K 线 1 开盘之前，有消息称微软有意以每股 31 美元的价格收购雅虎，造成市场几乎直接跳空上涨到这一价位。很多交易者认为此事已十之八九，因为像微软这样的全球巨头，如果它想收购雅虎，肯定是志在必得。况且，微软手上持有那么多现金，在必要的情况下，提高收购价码也不是什么难事。然而出人意料的是，当雅虎 CEO 说雅虎价值超过每股 40 美元，微软沉默了，再也没有提出新的报价。一笔交易就这样慢慢蒸发了，一起蒸发的还有雅虎的市值。到 10 月份，雅虎股价已经比微软宣布收购前低 20%，比消息宣布当天低 50%，并且仍在下跌。所谓强劲基本面和重大利好也不过如此。但对于一个价格行为交易者来讲，熊市中的大幅反弹可能只是一个熊旗，除非随后出现一系列的低点抬升和高点抬升。它有可能接着出现一个牛旗并继续上涨，但在上升趋势得到确认之前，你必须假定周线图上大级别的趋势更加重要。

唯一表里如一的东西就是图形，你所看到的就是真相。如果看不懂图形所发出的信号，就不要交易，等待进一步明确的信号，总会来的。一旦信号出现，你必须果断入场，承担其中的风险并执行你的交易计划。不要细化到1分钟图上去操作和收紧止损。这样做很可能失败。1分钟图的确具有诱惑力，它会出现大量更小的交易机会（从而风险也更小）。但你不可能抓住所有机会，反而可能像摘樱桃一样，好坏一把抓，最终让自己的账户爆仓。如果你根据5分钟图入场，那么你的交易就应该完全基于对5分钟图的分析，止损和止盈都在5分钟图上设定，不要去管1分钟图是怎么走的。如果去看1分钟图，你的注意力就不可能完全集中在5分钟图上，你的钱就可能被某个交易高手拿走放进他自己的口袋。就像武侠小说中那样，与高手过招，你必须排除各种干扰，把全部注意力集中在你眼前的这张图上，并且相信自己这么做能够赚很多钱。听起来好像有点玄乎，但这是千真万确的，不要有怀疑。所谓大道至简，用简单的方法，做简单的事。人们总是喜欢把简单的事情搞复杂，所以一直简单地去做一件事是非常困难的，但在我看来，这是交易的最佳方法。随着交易者对价格行为的理解不断深入，交易将变得越来越轻松，甚至有些枯燥乏味，但收益却大为可观。

在外行看来，交易与赌博非常类似。我承认二者存在一定相似性，但我从不赌博，因为在赌博中概率、风险和收益的综合考量结果对我不利，而我不喜欢做一上来就处于劣势的事情。赌博是一种机会游戏，不过我要给它做一个限定：它是一种概率略微对你不利、从长远来看必然会失败的游戏。为何要给出这个限定呢？因为不然的话，所有投资和交易都可以看成赌博了。任何投资都有运气的成分，也有全部赔光的风险，无论你是创业、买房、炒股，甚至买国债（政府可能通过货币贬值来稀释债务，这样你卖出国债后所获得的现金购买力可能大大低于你最初所投入的钱）。

的确有些交易者使用简单的博弈论来进行交易。比如，在出现一次或连续几次交易失败之后，选择加大仓位（这就是所谓的马丁格尔套利策略）。21点（Blackjack）中的算牌与震荡行情交易非常类似。算牌者试图搞清楚计数是否已经朝某一个方向过度偏离，尤其是何时剩余的牌中出现花牌的概率比较高。如果算出有这种可能性，他们就会根据花牌出现的概率下注，以增加获胜的可能性。震荡行情交易者也是如此。当他们认为市场朝某一个方向运行过头，就会做一笔反向交易。

我曾经在网上玩过几次扑克牌，没有用真金白银去参与，只是想看看它与交易有何相同之处与不同之处。但我很快就觉得这种游戏我玩不下去，因为它固有的不公平让我感到恼火。这种不公平来自于运气，而我绝对不允许运气在很大程度上左右我的成败。正是从这个角度，我发现赌博和交易有本质的区别。在交易中，所有人手中的牌是都一样的，所以它永远是公平的。从长期来看，你的成败完全取决于你水平的高低。当然，有时候你做对了也可能亏钱，甚至连续发生好几次，这也许可以看成是所有可能结果的一种概率分布。有没有可能交易者水平已经很高，但出现连续亏损 10 次甚至 100 次以上？从理论上来讲是可能的，但概率微乎其微。我已经不记得上次遇到连续 4 次建仓信号失败是什么时候了，所以我愿意去冒这个险。如果你真有水平，长期来看肯定会赚钱，因为这是一个零和游戏（这里不考虑佣金因素，不过如果你选择一个好的经纪商，佣金比例应该是很低的）。如果你比大部分其他交易者都要厉害，你就能把他们的钱赢过来。

有两种类型的赌博不同于纯粹的机会游戏，所以都与交易有些相似。它们是赌球和扑克。这两种赌博都是赢其他赌客而不是赌场的钱，所以技高一筹的赌客可以创造出对自己有利的概率。不过他们所付的"佣金"要大大高于交易佣金，尤其是赌球，抽头通常是 10%，也就是说，你必须比竞争对手至少厉害 10% 才能仅仅打平，这也是为什么像比利·沃特斯（Billy Walters）这种非常成功的体育赌客极为少见的原因。成功的扑克玩家要多一些，我们从电视上各种扑克节目也可以看到。不过即便是大师级的扑克牌玩家也不可能赚到顶级交易者那么多钱，因为交易者的交易规模所受到的外在约束要小得多。

我个人之所以觉得交易没什么心理压力，是因为交易中运气因素非常小，几乎不值得考虑。不过交易与打扑克有一点是共通的，那就是都需要耐心。要想赚更多钱，作为扑克玩家你必须耐心等待最好的那一手牌再下注，而作为交易者，则必须等待最好的建仓形态出现。对于我来讲，在交易中这种等待要更容易一些，因为在等待过程中我能够看到所有其他人的"牌"，而且从市场的价格行为中寻找一些微妙的征兆，也不无思考之乐趣。

赌博这一行有一句俗话，叫"不拿好牌不出手"。这话适用于各行各业，交易也是如此。交易的时候，你必须等待好的形态出现之后才能入场，反之，如果一无纪律，二无方法，赚钱全凭运气和希望，那么你的交易无疑是某种形式的赌博。

有趣的是，很多外行认定所有日内交易者，乃至于各种类型的交易者都是上瘾的赌徒，脑子都不太正常。不可否认有些人是有瘾的，因为他们交易是为了获得快感和乐趣，而不是利润。由于偶尔成功带来的快感，这种人会去做一些概率非常低的交易，然后亏掉大把的钱。然而大部分成功的交易者其实本质上都是投资者，就像投资商业地产或收购一家小企业的投资者一样。交易与任何其他类型的投资唯一真正的差别是，交易的时间周期更短、杠杆更高。

新手往往会有"赌一把"的冲动，而且几乎无一例外地造成亏损。相反，每一个成功的交易者都是按照自己的一套规则进行交易。无论何时，无论出于何种原因，一旦交易者偏离这些规则，那么主观愿望而非逻辑就会成为交易的主导，从而沦为赌博。初学者通常会在出现几次亏损之后开始方寸大乱、赌性爆发，因为他们迫切地想要弥补亏损，所以愿意承担较高的风险，做一些通常情况下不会做的交易。由于他们在做一些自己都相信是低概率的交易，下单的动因完全是亏损带来的焦虑和忧伤情绪，所以他们只是在赌博而不是交易。赌博失利之后，他们感觉更糟了。不仅仅因为亏损进一步扩大，而且他们反思，自己明知纪律是成功的一个关键要素，却不能遵守自己的交易纪律，因此他们痛恨自己自制力差劲。

有趣的是，神经科金融学（Neurofinance）研究人员对交易者进行脑部扫描成像后发现，交易者下单前的反应与瘾君子准备注射毒品之前的反应几乎没有分别。他们还发现一种"滚雪球效应"，交易者无论其行为结果如何，想要继续交易的欲望总是越来越强烈。然而很不幸，在面对亏损的时候，交易者往往选择承担更大的风险，而不是降低风险，最终导致爆仓。沃伦·巴菲特（Warren Buffett）也许不了解神经科金融学，但他能说出下面这句话说明他对这个问题知之甚深："如果你的智商并非出类拔萃，你所需要的就是锻练控制冲动的能力。正是冲动让其他人在投资中陷入困境。"交易高手往往能够控制自己的情绪，一贯地遵守自己制定的规则。

关于赌博最后再谈一点。人们的思维存在一种自然倾向，即认定凡事都不可能永远持续下去，任何行为都会出现中值回归现象。就交易而言，他们认为如果连续出现三四次失败交易，那么下一笔交易成功的概率也许就会更大一些，就好像扔硬币的过程一样。不幸的是，这并不是市场的运行方式。当市场处于趋势之中，大部分的反转尝试都会失败；当市场处于交易区间，大部分的突破尝试都会失败。与扔硬币正、反面永远是50%的概率不同，在交易中，刚发生的事情一遍一遍地重复发生的概率可能是70%或更高。但由于脑子里根深蒂固的"扔硬币"逻辑，大部分交易者在某个时候都会开始考虑博弈论。

马丁格尔套利策略在理论上无懈可击，但在实践上行不通，因为在实践中情感与单纯的数学逻辑发生冲突。这就是马丁格尔悖论。如果你每次交易失败后反方向开仓，头寸加大一倍甚至两倍，从理论上讲你将会赚钱。就 Emini 的 5 分钟图交易而言，如果下单前慎重一点，连续出现 4 次失败的情况是很罕见的。但这种情况可能发生，发生 10 次以上也有可能（不过我不记得是否真的见过）。不论哪种情况，如果你比较习惯 10 手的头寸规模，先从 1 手做起，然后每次失败后加倍反向开仓。这样 4 次失败之后你就需要交易 16 手，8 次失败之后需要 256 手！所以基本上，4 次以上失败之后，交易的规模可能已经超出你的承受能力。任何刚开始只愿意做 1 手的交易者绝对不会愿意做 16 手或 256 手，而任何愿意做 256 手的人绝对不会愿意一开始只做 1 手。这就是这种策略存在的无法克服的内在缺陷。

既然交易具有趣味性和竞争性两个特点，人们很自然地就将其看成一种游戏，再加上涉及金钱，大家首先想到的就是赌博。其实把交易比作下象棋要恰当得多。下棋你可以清楚地看到对手在做什么，不像打牌，你根本不知道对方是什么牌，而且打牌的时候牌好牌坏完全是靠运气，但下棋每个棋子的位置都是出自你的决策。下棋一切都在明面上，最终的胜负完全取决于你的技巧比竞争对手高还是低。无论作为棋手还是交易者，读懂眼前局势并判断未来走向的能力都是一项宝贵的资产。

外行还担心市场出现崩盘（Crash），由于存在这种风险，他们依然把交易与赌博联系起来。他们担心自己没有能力处理极端情绪化的市场行情。其实在日线图上，崩盘是非常罕见的事件。"崩盘"一词主要用在日线图行情上，指短时间跌幅达到或超过 20% 以上的熊市，比如 1927 年和 1987 年，但我们其实可以把这种行情看成 K 线形态的一种。这是一种不带情绪的客观视角，更能帮助交易者保持冷静和遵守纪律。如果我们把一张走势图的时间和价格坐标隐去，只看市场的价格行为，你会发现在市场日内走势中经常出现"崩盘"，与经典意义上的崩盘在形态上几乎难以区分。如果你能够克服情绪因素，就可以从各种"崩盘"行情中赚钱，因为在所有图形上，它们都表现出一种可交易的价格行为。

Created with TradeStation

图 1.4 崩盘走势都是类似的

图 1.4 显示市场在任何时间级别上都可以出现崩盘走势。左图是通用电气（股票代码 GE）在 1987 年崩盘时期的日线图，中间是好市多（股票代码 COST）发布一份利好财报之后的 5 分钟图，右边是 Emini 的 1 分钟图。尽管"崩盘"一词基本上仅用于指日线图上短时间出现 20% 以上跌幅的情形（过去 100 年只出现过两次），价格行为交易者关注的是形态，而同样的崩盘形态在日内图形上比比皆是。既然崩盘在日内走势中如此普遍，我们就没必要再用这个带有情绪色彩的词了，因为从交易角度来讲，这种走势只是一次表现出可交易的价格行为的空头摆动。

顺便提一下，同样的形态在所有时间级别上出现，这一点可能意味着分形数学原理对于我们设计交易体系可能有所帮助。换句话说，任何形态都可以在较小时间级别中细分成标准价格形态，因此基于价格行为分析的交易决策方法适用于所有时间级别。

如何阅读这套书

我试图纯粹从交易的角度对 3 本书的内容进行分类和排序。

第一本：《高级趋势技术分析》

● 价格行为与蜡烛图基础知识。市场要么处于趋势状态，要么处于交易区间状态。这适用于任何时间级别，甚至一根单独的 K 线——一根 K 线要么是趋势 K 线，要么是无趋势 K 线（十字星）。

● 趋势线与趋势通道线。这是用来标示趋势与交易区间存在的最基础工具。

● 趋势。这是每张走势图上最显而易见和有利可图的部分。

第二本：《高级波段技术分析》

● 突破。这是市场从交易区间向趋势转变的过程。

● 缺口。突破往往造成几种类型的日内缺口，可以给交易者带来帮助，但只有使用宽泛的定义才能将此类缺口全部涵括在内，令其无所遁形。

● 磁力位、支撑位与阻力位。一旦市场突破、行情启动，价格通常会被吸引到特定价位，这些磁力位通常是反转的开始。

● 回调。它们是从趋势到暂时的交易区间的过渡阶段。

● 交易区间。它们是大致呈现水平价格运动的区域，但其中每一次波动都是一段小的趋势，而整个交易区间从更高时间级别图形上看通常是趋势中的一次回调。

● 进出场与头寸管理。交易者需要掌握尽可能多的工具，需要理解刮头皮、波段交易、加仓与减仓，以及如何通过停损委托单（Stop Order）和限价委托单（Limit Order）入场和出场。

● 交易的数学基础。所有交易都有一个数学基础。当你搞清楚价格为何会如此这般展开，交易就会变得轻松许多。

第三本：《高级反转技术分析》

● 趋势反转。反转是所有交易类型中收益风险比最佳的，但由于大部分都会失败，交易者需要有所甄选。

● 日内交易。现在读者已经理解了价格行为，可以运用这些知识来进行交易了。关于日内交易、交易第一个小时行情以及详细例子的章节将告诉大家怎么做。

● 日线图、周线图与月线图。这些图形上有一些非常可靠的价格形态。

● 期权。价格行为可以在期权交易中得到有效运用。

● 最佳交易机会。有一些价格形态尤其不错，入门者应该主要关注这些形态。

● 交易原则。有一些重要概念可以让交易者保持专注。

如果你碰到某个不熟悉的术语，可以从本书最后面的术语表找到解释。

有些交易方面的书中行情图采用交易所当地时间，但现在交易既是电子化的又是全球性的，所以不再有这个必要了。我在加利福尼亚从事交易，所以书中的图都是太平洋标准时间（PST）。书中所有行情图都来自于 TradeStation 行情软件。由于每张图都有大量重要的价格走势无法全部讲到，因此在前面的主要讨论之后，我会附上"图形深入讨论"的内容，紧接着对其中许多价格变动做出描述。也许刚开始你会不解，但第二遍阅读这套书的时候，你就会明白我的意图。对于标准形态的各种变体，如果你见得越多，就越能在实时行情的展开过程中发现它们。通常我也会在分析过程中指出图上一两个主要的交易机会。如果你愿意的话，可以在第一遍阅读的时候略过补充讨论的部分，等全部读完、感觉深入探讨部分更容易理解了，再回过头来重温图形。许多形态都是一些重要概念的极好范例，即便前面的主要讨论部分尚未详细谈及，许多读者也希望在重读的时候能够看到进一步的讨论。

本套书出版之时，我开始每天在 www.brookspriceaction.com 上贴出对 Emini 收盘的分析，并在交易时段提供实时的图形解读。

三本书上所有走势图都可以在出版社 John Wiley & Sons 的网站 www.wiley.com/go/tradingtrends 上找到尺寸更大的图。你可以把图形放大来看它的细节，也可以下载或者打印出来。由于对走势图的描述和讨论部分往往有好几页，手上拿着一张打印的图，再阅读讲解部分的内容可能会更轻松一些。

强势信号：趋势、突破、反转 K 线与反转

下面是强劲趋势通常具备的一些特征：

● 当天开盘大幅跳空。

● 出现趋势性高点和低点（即趋势性摆动）。

● 大部分 K 线都是沿着趋势方向的趋势 K 线。

● 连续数根 K 线的实体部分重叠度很低。比如说，在急速拉升行情中，许多 K 线的低点都处于或仅略微低于前一根 K 线的收盘。部分 K 线的低点处于和不低于前一根 K 线的收盘，所以那些试图在前一根 K 线收盘价位置挂限价单买入的交易者无法让自己的单子成交，不得不追高买入。

● K 线没有上下影线或非常短，反映出交易者的迫切心理。举例来说，在上升趋势中，如果一根多头趋势 K 线从低位开盘之后一路上攻，说明交易者在上一根 K 线收盘之后急切地买入。如果这根 K 线收于最高点或附近，说明交易者在继续强力买进，因为他们预计这根 K 线收盘之后会有新的买盘进入。他们之所以愿意在 K 线收盘前买进，是担心如果等到收盘之后再买，买入价可能要高出 1~2 个最小报价单位。

● 偶尔会出现 K 线实体之间的跳空缺口（比如说，在上升趋势中，一根 K 线的开盘可能会高于上一根 K 线的收盘）。

● 突破缺口以一根强趋势 K 线的方式发生在趋势的起点。

● 出现测量缺口，即突破回测与突破点不发生重叠。比如说，一次多头突破的回撤行情没有跌至突破所发生的那根 K 线高点之下。

● 出现微型测量缺口，即有一根强趋势 K 线，而这根 K 线的前后两根 K 线之间存在缺口。比如说，在一轮上升行情中出现一根强多头趋势 K 线，其后一根 K 线的低点处于或高于其前一根 K 线的高点，这就是一个缺口，属于突破回测走势，为强势信号。

● 没有出现大型的高潮走势。

● 没有出现太多长 K 线（甚至是长趋势 K 线）。相反，最长的 K 线往往出现在逆势运动中（比如上涨过程中的长阴或下跌过程中的长阳），将那些逆势交易者套牢，使之错过顺势交易机会。逆势建仓形态几乎总是要比顺势建仓形态看起来更舒服一些。

● 没有出现对趋势通道线的大幅过靶运动，而一些微小的假突破走势只是造成横向的调整。

● 突破趋势线之后进入横向调整。

● 出现失败的楔形或其他失败的反转形态。

● 连续出现 20 根均线缺口 K 线（指连续 20 根或以上的 K 线没有触碰到均线）。

● 很难找到有利可图的逆势交易机会。

● 出现为数不多的大致横向的小幅回调。比如说，如果 Emini 日均波幅为 12 个点，此类回调的幅度很可能低于 3~4 个点，而且市场往往连续运动 5 根或以上的 K 线之后才出现调整。

● 迫切感。你希望市场出现一波像样的趋势内回撤，但等了无数根 K 线还没有等到。相反，市场一直在缓慢地延续趋势行情。

● 回撤走势出现强势形态。比如说，上升趋势中的高 1 和高 2 回调出现强势多头反转 K 线，可以作为入场的信号 K 线。

● 在最强劲的趋势中，回撤行情所出现的往往是一些弱信号 K 线，使许多交易者不敢依据其入场，被迫追涨杀跌。比如说，在下跌趋势中，低 2 卖点的信号 K 线往往是 2~3 根大阳线之后出现的一根小阳线，有时候入场 K 线是外包阴线。在最强劲的趋势中，K 线的收盘价、高点、低点，或实体全部处于趋势性状态。

● 重复的两段式回撤构成顺势入场的机会。

● 没有连续两根趋势 K 线收于均线另一侧的情况。

● 趋势长途奔袭，突破多个阻力位，比如均线、前期摆动高点、趋势线，而且每次突破幅度都不小。

● 对趋势急剧反转的尝试最终失败，没有延续性走势，而是演变成趋势方向的一次旗形调整。

在向上突破走势中，越具备下述特征，说明突破可能越强：

● 突破 K 线是一根长多头趋势 K 线（长阳），影线很短或没有影线。K 线越长，突破成功的可能性就越大。

● 如果长阳突破 K 线的成交量是最近其他 K 线平均成交量的 10~20 倍，那么买盘继续涌入和进一步出现等距上涨的可能性将会增加。

● 急速上涨行情幅度很大，持续多根 K 线，突破多个阻力位，比如均线、前期摆动高点、趋势线，而且每次突破幅度都不小。

● 在第一根突破 K 线形成过程中，价格大部分时间都在高点附近徘徊，回撤幅度很小（不到形成中 K 线高度的 1/4）。

● 迫切感。你感觉自己必须买进，又想等出现回撤后再买，但回调一直没有出现。

● 突破之后的 2~3 根 K 线也是实体阳线，其实体长度至少相当于最近多根阳线和阴线实体的平均长度。即便实体较小，影线比较长，如果后续 K 线（紧跟着突破 K 线之后的第二根 K 线）是长阳，那么趋势延续的概率依然比较高。

● 当向上突破走势击穿一个重要的前期摆动高点，如果交易者在摆动高点上方 1 个最小报价单位处挂单入场做多，行情涨幅足以让其获得刮头皮利润。

● 飙升行情。持续 5~10 根 K 线，而没有出现超过 1 根左右 K 线的回调。

● 飙升过程中 1 根或以上 K 线的低点与前一根 K 线的收盘持平，或仅低于前一根 K 线的收盘 1 个最小报价单位。

● 飙升过程中 1 根或以上 K 线的开盘高于前一根 K 线的收盘。

● 飙升过程中 1 根或以上 K 线收于最高点，或收盘仅低于最高点 1 个最小报价单位。

● 多头趋势 K 线后一根 K 线的低点处于或高于多头趋势 K 线前一根 K 线的高点，造成一个微型缺口，这是强势信号。这些缺口有时候会成为测量缺口。这种缺口可能代表极小时间级别上 1 浪高点与 4 浪低点的距离，因为根据艾略特波浪理论，1 浪高点与 4 浪回调可以触碰但不能重叠。不过这一点对于交易而言并不是太重要。

● 市场整体形态使得价格有可能向上突破，比如回调之后恢复先前趋势，或是强势突破下降趋势线之后以低点抬升或低点下降的方式测试前低。

● 市场最近几个交易日均为强多头趋势行情。

● 交易区间内出现越来越强的买压，其表现是出现许多较长的多头趋势 K 线，而且多头趋势 K 线明显比区间内的空头趋势 K 线更有力。

● 第一次回调仅发生在突破后的 3 根或以上 K 线之后。

● 第一次回调仅持续 1~2 根 K 线，而且回调之前的那根 K 线并非强空头反转 K 线。

● 第一次回调没有到达突破点，没有扫掉那些突破时建仓头寸的盈亏平衡止损（Breakeven Stop）。

● 突破走势逆转了近期多根 K 线的收盘和高点。比如说，市场处于一个下降通道，然后出现一根大阳线，这根突破 K 线的高点和收盘要高于最近 5 根甚至 20 根或以上的 K 线的高点和收盘。当大量 K 线被一根大阳线的收盘所反转，比起类似数量 K 线被其高点所反转，属于更强的看涨信号。

在向下突破走势中，越具备下述特征，说明突破可能越强：

● 突破K线是一根长空头趋势K线（长阴），影线很短或没有影线。K线越长，突破成功的可能性就越大。

● 如果长阴突破K线的成交量是最近其他K线平均成交量的10~20倍，那么卖盘继续涌入和进一步出现等距下跌的可能性将会增加。

● 急速下跌行情幅度很大，持续多根K线，突破多个支撑位，比如均线、前期摆动低点、趋势线，而且每次突破幅度都不小。

● 在第一根突破K线形成过程中，价格大部分时间都在低点附近徘徊，回撤幅度很小（不到形成中K线高度的1/4）。

● 迫切感。你感觉自己必须卖出，又想等出现回撤后再卖，但回撤一直没有出现。

● 突破之后的2~3根K线也是实体阴线，其实体长度至少相当于最近多根阳线和阴线实体的平均长度。即便实体较小，影线比较长，如果后续K线（紧跟着突破K线之后的第二根K线）是长阴，那么趋势延续的概率依然比较高。

● 急跌行情持续5~10根K线，而没有出现超过1根左右K线的回调。

● 当向下突破走势跌破一个重要的前期摆动低点，如果交易者在摆动低点下方1个最小报价单位处挂单入场做空，行情跌幅足以让其获得刮头皮利润。

● 急跌过程中1根或以上K线的高点与前一根K线的收盘持平，或仅高于前一根K线收盘1个最小报价单位。

● 急跌过程中1根或以上K线的开盘低于前一根K线的收盘。

● 急跌过程中1根或以上K线收于最低点，或收盘仅高于最低点1个最小报价单位。

● 空头趋势K线后一根K线的高点处于或低于空头趋势K线前一根K线的低点，造成一个微型缺口，这是弱势信号。这些缺口有时候会成为测量缺口。这种缺口可能代表极小时间级别上1浪低点与4浪高点的距离，因为根据艾略特波浪理论，1浪与4浪可以触碰但不能重叠。不过这一点对于交易而言并不是太重要。

● 市场整体形态使得价格有可能向下突破，比如回调之后恢复先前趋势，或是强势跌穿上升趋势线之后以高点下降或高点抬升的方式测试前高。

● 市场最近几个交易日均为强空头趋势行情。

● 交易区间内出现越来越强的抛压，其表现是出现许多较长的空头趋势K线，而且空头趋势 K 线明显比区间内的多头趋势 K 线更有力。

● 第一次回调仅发生在突破后的 3 根或以上 K 线之后。

● 第一次回调仅持续 1~2 根 K 线，而且回调之前的那根 K 线并非强多头反转 K 线。

● 第一次回调没有到达突破点，没有扫掉那些突破时建仓头寸的盈亏平衡止损。

● 突破走势逆转了近期多根 K 线的收盘和低点。比如说，市场处于一个上升通道，然后出现一根大阴线，这根突破 K 线的低点和收盘要低于最近 5 根甚至 20 根或以上 K 线的低点和收盘。当大量 K 线被一根大阴线的收盘所反转，比起类似数量 K 线被其低点所反转，是更强的看跌信号。

反转 K 线是大家最熟悉的信号 K 线。一根多头反转 K 线的最低要求是收盘高于开盘（阳线实体），或收盘高于振幅中位。最强势的多头反转 K 线应该具有一个以上的下述特征：

● 开盘接近或低于前一根 K 线的收盘，收盘高于自身开盘，也高于前一根 K 线的收盘。

● 下影线很长，大约为 K 线高度的 1/3~1/2。上影线很短或几乎不存在。

● 与前一根或数根 K 线没有太多重叠。

● 信号 K 线之后的那根 K 线不是十字星内包 K 线，而是强势入场 K 线（实体较长、影线较短的多头趋势 K 线）。

● 收盘反转了 1 根以上 K 线的收盘和高点（即收于其上方）。

一根空头反转 K 线的最低要求是收盘低于开盘（阴线实体），或收盘低于振幅中位。最强势的空头反转 K 线应该具有一个以上的下述特征：

● 开盘接近或高于前一根 K 线的收盘，收盘大幅低于前一根 K 线的收盘。

● 上影线很长，大约为 K 线高度的 1/3~1/2。下影线很短或几乎不存在。

● 与前一根或数根 K 线没有太多重叠。

● 信号 K 线之后的那根 K 线不是十字星内包 K 线，而是强势入场 K 线（实体较长、影线较短的空头趋势 K 线）。

● 收盘反转了 1 根以上 K 线的收盘和低点（即收于其下方）。

强势多头反转的一些常见特征：

● 出现一根强势多头反转 K 线，阳线实体很长，影线很短或没有影线。

● 随后的 2~3 根 K 线依然是实体阳线，且实体长度至少相当于最近多根阳线和阴线实体的平均长度。

● 急速拉升行情持续5~10根K线，而没有出现持续大约1根K线以上的回调。走势反转了多根K线、摆动高点和前期下跌趋势中的熊旗。

● 急速拉升行情中1根或以上K线的低点与前一根K线的收盘持平，或仅低于前一根K线收盘1个最小报价单位。

● 急速拉升行情中1根或以上K线的开盘高于前一根K线的收盘。

● 急速拉升行情中1根或以上K线收于最高点，或仅低于最高点1个最小报价单位。

● 整体形态使得反转有可能发生，比如市场强势突破下降趋势线之后以低点抬升或低点下降的方式测试前期低点。

● 第一次回撤仅发生在3根或以上K线之后。

● 第一次回撤仅持续1~2根K线，而且其前一根K线并非强势空头反转K线。

● 第一次回撤没有到达交易者的入场位和扫掉其盈亏平衡止损。

● 急速拉升行情长途奔袭，突破多个阻力位，比如均线、前期摆动高点、趋势线，每次突破幅度都不小。

● 在反转走势第一根K线形成过程中，价格大部分时间都在高点附近徘徊，回撤幅度小于形成中K线高度的1/4。

● 迫切感。你感觉自己必须买入，想等回调之后再买，然而回调一直没有出现。

● 信号K线为过去数根K线中的第二次反转尝试（二次信号）。

● 反转始于对旧有趋势的趋势通道线的过靶后反转。

● 走势反转了一个重要的摆动低点（即击穿一个重要摆动低点之后反转走高）。

● 高1和高2回撤做多形态的信号K线为强多头反转K线。

● 一切都形成明确趋势：收盘、高点、低点和实体。

● 回撤都很小，而且大致为横向调整。

● 在此之前价格已经突破前期下降趋势线（即这并非首次表现出上涨动能）。

● 测试下跌行情低点的走势动能很弱，表现为K线重叠度很高，而且其中很多是多头趋势K线。

● 测试下跌行情低点的走势在均线和前期下降趋势线处失败。

● 突破反转了近期多根K线的收盘和高点。比如说，市场处于一个下降通道，然后形成一根大阳线，这根突破K线的高点和收盘高于最近5根甚至20根或以上K线的高点和收盘。当大量K线被一根多头K线的收盘所反转，比起类似数量的K线仅被其高点所反转，属于更强的看涨信号。

　　强势空头反转的一些常见特征：

　　● 出现一根强势空头反转 K 线，阴线实体很长，影线很短或没有影线。

　　● 随后的 2~3 根 K 线依然是实体阴线，且实体长度至少相当于最近多根阳线和阴线实体的平均长度。

　　● 急速下跌行情持续 5~10 根 K 线，而没有出现持续大约 1 根以上 K 线的回调。走势反转了多根 K 线、摆动低点和前期上升趋势中的牛旗。

　　● 急速下跌行情中 1 根或以上 K 线的高点与前一根 K 线的收盘持平，或仅高于前一根 K 线收盘 1 个最小报价单位。

　　● 急速下跌行情中 1 根或以上 K 线的开盘低于前一根 K 线的收盘。

　　● 急速下跌行情中 1 根或以上 K 线收于最低点，或仅高于最低点 1 个最小报价单位。

　　● 整体形态使得反转有可能发生，比如强势跌破上升趋势线之后以高点下降或高点抬升的方式测试前期高点。

　　● 第一次回撤仅发生在 3 根或以上 K 线之后。

　　● 第一次回撤仅持续 1~2 根 K 线，而且其前一根 K 线并非强势多头反转 K 线。

　　● 第一次回撤没有到达交易者的入场位和扫掉其盈亏平衡止损。

　　● 急跌行情长途奔袭，突破多个支撑位，比如均线、前期摆动低点、趋势线，每次突破幅度都不小。

　　● 在反转走势第一根 K 线形成过程中，价格大部分时间都在低点附近徘徊，回撤幅度小于形成中 K 线高度的 1/4。

　　● 迫切感。你感觉自己必须卖出，但想等回调之后再卖，然而回调一直没有出现。

　　● 信号 K 线为过去数根 K 线中的第二次反转尝试（二次信号）。

　　● 反转始于对旧有趋势的趋势通道线的过靶后反转。

　　● 走势反转了一个重要的摆动高点（即击穿一个重要摆动高点之后反转走低）。

　　● 低 1 和低 2 回撤做空形态的信号 K 线为强空头反转 K 线。

　　● 一切都形成明确趋势：收盘、高点、低点和实体。

　　● 回撤都很小，而且大致为横向调整。

　　● 在此之前价格已经跌破前期上升趋势线（即市场并非首次表现出杀跌动能）。

　　● 市场测试上升行情高点的走势动能很弱，表现为 K 线重叠度很高，而且其中很多是空头趋势 K 线。

● 市场测试上升行情高点的走势在均线和前期上升趋势线处失败。

● 突破反转了近期多根 K 线的收盘和低点。比如说，市场处于一个上升通道，然后形成一根大阴线，这根突破 K 线的低点和收盘均低于最近 5 根甚至 20 根或以上 K 线的低点和收盘。当大量 K 线被一根空头 K 线的收盘所反转，比起类似数量的 K 线仅被其低点所反转，属于更强的看跌信号。

数 K 线（Bar Counting）基础知识：高 1、高 2、低 1、低 2

有一个可靠的信号来判断上升趋势中或交易区间内的回撤走势已经结束，那就是当前 K 线的高点至少高于前一根 K 线的高点 1 个最小报价单位。由此我们发展出一套方法，那就是去数出此类现象发生的次数，我们称之为"数 K 线"。在上升行情或交易区间的横向或向下调整中，第一根高点高于前一根 K 线高点的 K 线被称为高 1。高 1 终结了第一波横向或向下的调整走势，不过这一波调整可能只是一波更大规模调整的一部分。如果市场没有立即转入升势，而是继续盘整或下跌，那么第二次出现的高点高于前一根 K 线高点的 K 线就是高 2。高 2 终结了第二波横向或向下的调整。

上升趋势中的高 2 和下跌趋势中的低 2 相当于 ABC 调整。第一波是 A，高 1 或低 1 是方向改变的 B，最后一波回调是 C。在上升行情的 ABC 回调中，终结 C 的是高 2 入场 K 线；在下跌行情的 ABC 回调中，终结 C 的是低 2 入场 K 线。

如果上升趋势的回调走势出现了第 3 波，那么终结这一波调整的就是高 3，通常类似楔形牛旗；如果下降趋势的回调走势出现第 3 波，终结调整的就是低 3 卖出形态，通常是一种楔形熊旗。

有些上升行情中的调整可以进一步延伸并出现高 4。高 4 的形成有时候是从高 2 开始的，只不过这个高 2 很快就夭折了，而是又出现两波下跌，形成第二个高 2。所以整个价格行为只是更高一个时间级别上的一个高 2。在其他情况下，高 4 是一轮小规模的"急速与通道"下降趋势，第一波或第二波向下推动为急速下跌，后面的向下推动走势构成一个下降通道。如果高 4 仍未能让市场恢复上升趋势，价格跌破其低点，那么市场就很可能不再是上升途中的回调，而是已经进入下跌趋势。我们需要等待进一步的价格行为才能入场交易。

　　低 1、低 2 等也是一样的，只不过对应下跌行情或震荡行情中的调整。当下跌趋势或震荡行情发生横向或向上的调整，第一根低点低于前一根 K 线低点的 K 线为低 1。低 1 终结了第一波调整，但这一终结也可能非常短暂，比如只有一根 K 线。随后再次出现的类似情况则分别为低 2、低 3 和低 4 卖点。如果低 4 失败（即在触发低 4 做空信号之后，一根 K 线涨至低 4 信号 K 线的高点之上），那么价格行为所发出的信号是空头已经失去控制权，接下来市场要么进入双向交易模式、多空交替掌权，要么多头夺取控制权。不论哪种情况，空头都可以用强力击穿一根上升趋势线的方式来宣告自己重新夺权。

第一篇

突破：进入新趋势

市场总是试图突破，然后市场又试图让每一次突破都失败。这是所有交易的最根本层面，我们的所有行为也均以此为中心。交易者所能掌握的最重要的技术之一就是准确判断突破何时会成功或失败（形成反转）。记住，每一根趋势 K 线都是突破。无论其看上去如何强劲，在每一根上涨和下跌趋势 K 线的顶部和底部均有买卖双方的存在。鉴于每一根趋势 K 线都是突破，而趋势 K 线又很普遍，交易者就必须要明白，他们需要整日评估各种 K 线组合，判断突破会继续还是会失败并在之后反转。这是交易中最根本的概念。理解这一点对交易者获得财务成功至关重要。任何突破都一样。即便是 V 形底这种高潮反转（Climatic Reversal），也只是突破和之后的突破失败。有一些交易者相信突破会成功并据此下单，另一些交易者则在相反方向下单，押注突破会失败。交易者对突破能否成功的评估愈加纯熟，交易者的职业生涯就越有希望。突破能否成功？如果能，那就顺其方向交易。如果不能（成为失败的突破，即反转），则逆其方向交易。所有的交易最终都是这种决策。

"突破"这个词具有误导性，因为"破"暗示其只是指市场试图从交易区间转入趋势，但是其也可以是买入高潮或抛售高潮试图回归相反方向的趋势。对于突破，要明白的最重要一点是，其大多数都以失败告终。市场维持现状的惯性很强，因此改变面临巨大阻力。正如大多数终结趋势的试图会失败一样，大多数终结交易区间并开启趋势的试图也会失败。

简而言之，突破就是行情越过之前的重要点位，如趋势线或前高和前低，包括前一根 K 线的高点和低点。那个点位成为突破点，如果市场随后回测该点位，该回调就是突破测试（突破回调触及突破点区域）。突破点和突破测试之间的间距就是突破缺口。重大突破能够让"始终入场"头寸明确做多或做空，并且很可能会出现至少多根 K 线的后续行情，其总是表现为一根相对较大的趋势 K 线（长阳或长阴），并且其影线较小。"始终入场"，指的是如果你需要始终入场，不管是做多还是做空，始终入场头寸就是你的当前头寸。突破是市场反转趋势或从区间开启新趋势的试图。只要市场处于交易区间，就应该认为其处于突破模式。市场中存在双边交易，直到其中一方放弃，市场严重偏向单边，形成急速行情（Spike）而成为突破。所有的突破均是急速行情，可以由单根或多根连续的趋势 K 线构成。

经常会看到各种类型的突破，在任何一张走势图上，其每隔几根 K 线就会出现。

如在第六章关于缺口的内容中所述，所有的突破均与缺口等效。既然所有的趋势 K 线都是突破（同时也是急速和高潮），其也就是缺口。很多突破都很容易被忽视，而任何一个突破也都可能同时突破很多东西。有时候市场同时出现两个方向的建仓形态（Setup），从而处于突破模式，有时候这也被称成为拐点区域（Inflection Area）。不论突破的方向如何，交易者已经做好准备跟进。因为突破是所有图表的最普遍特征之一，了解突破、突破后续和突破失败都至关重要。

前一根 K 线的高点通常是更小时间框架下的波段高点，因此当市场越过前一根 K 线的高点时，它就是在突破更小时间框架下的波段高点。同样，当市场突破当前时间框架下的波段高点时，此高点也是更大时间框架下的前根 K 线的高点。

不能将突破进入新趋势和较大交易区间里的小型交易区间突破混为一谈。举例而言，如果你屏幕上的图表处于一个大型交易区间，而市场向上突破位于屏幕下半部分的小型交易区间，此时多数交易者会假设市场依然处于较大的交易区间而尚未进入上涨趋势。市场可能仅仅是在形成对较大交易区间顶部的买入真空（Vacuum）测试。鉴于此，聪明的交易者不会在屏幕顶部附近的强势上涨趋势 K 线收盘时买入。实际上，很多交易者会卖出多仓而获利了结，还有一些交易者则会卖空，他们期望突破试图会失败。与之类似，尽管在急速行情中根据高 1 建仓形态买入可能是一笔好交易，但是其仅限于在上涨趋势中，而非在交易区间的顶部，顶部的大多数突破尝试都会失败。总而言之，如果出现强势上行突破，但其仍然低于屏幕左半部分的 K 线高点时，在你打算在急速拉升的顶部附近买入之前，先确保市场正处于强势趋势反转。如果你认为市场依然可能处于交易区间，那就只考虑买回调，而不是在急速拉升的顶部附近买入。

大型交易者并不迟疑在一段趋势的急速拉升阶段入场，因为他们预计有重大的后续行情，即便其入场后立刻就出现回调。如果回调出现，他们则加大仓位。举例而言，如果一个强势上行突破持续了多根 K 线，随着每一次价格向上跳动创出新高，越来越多的机构会确信市场已经变为始终在场多头。随着他们确信市场将会走高，他们开始买入。随着市场持续上涨，他们会买入更多而追涨。这使得急速拉升的扩大非常迅猛。他们有多种入场方式，如市价买入，回调一两个跳点（Tick）买入，在前一根 K 线的高点上方停损买入（Stop Buy），或者是在突破前期波段高点时买入。他们如何入场并不重要，因为他们所关注的是至少建立小部分仓位，然后在市场走高或回调时买入更多。由于他们会在市场走高时加仓，急速拉升可能延续很多根 K 线。交易新手看到急速拉升愈演愈烈，好奇为什么会有人在这种大行情的顶部买入。他们所不明白的是，机构对后市走高充满信心，所以会一路买入，他们不想要因等待回调而错过行情。交易新手还会担心他们的止损需要设在急速拉升的底部下方，或者至少在其中位下方，以至于止损过大。机构明白这一点，只是将仓位减小，使其承担的风险金额与其他交易一样。

在一些阻力位，先行买家止盈部分仓位，然后市场小幅回调。这时候想要扩大仓位的交易者会迅速买入，从而使初次回调的幅度很小。同时，错过前面入场点的多头会趁机介入。有些交易者不喜欢在急速拉升中买入，因为他们不想要承担过多风险（止损位通常需要设在急速拉升的底部下方）。他们想要廉价（折价）买入，因此他们等待回调形成后再买。如果所有人都想要买回调，那么为什么回调还会出现？因为并非所有人都想要买。早期买入的交易老手知道市场可能随时会转向，一旦他们认为市场已经触及某个阻力区域，可能出现获利回吐或者反转，他们就会止盈部分仓位（开始分批平掉多仓），有时候也会清空全部仓位。这些人不是准备在市场初次回调几个跳点时买入的多头。对部分仓位进行止盈的交易老手在分批平仓，因为他们担心行情反转，或者是出现更深幅度的回调，而他们可以在较低价位买回。如果他们认为回调只能昙花一现，上涨行情很快便会恢复，那么他们一开始就不会卖出。他们总是在一些阻力位止盈，如等距行情目标位（Mearused Move Target）、趋势线、趋势通道线、新的高点或上方交易区间的底部。大多数交易由计算机完成，因此所有的行情都有数学基础，这意味着止盈目标是基于屏幕上的价格。经过练习，交易者可以学会识别计算机可能止盈的价格区域，他们可以在同一价位止盈，预期后面会出现回调。尽管趋势存在惯性，经常会向上越过大多数阻力区，但是当反转最终来临时，其总是出现在某个阻力区，不管其在你眼中是否明显。

在一轮急速拉升行情中，有时候会出现一根K线或一个形态，如果激进的空头认为回调在即且有足够的获利空间，他们可能做一笔小的刮头皮交易。不过尝试这种交易的大多数人都会失败，因为大多数回调都没有足够的空间来获利，或者是交易者等式（Trader's Equation）不佳（刮头皮成功的概率乘以盈利额小于失败的概率乘以止损额）。同时，由于做空的交易者对其小额盈利期望过高，必然会错过几分钟后出现的利润丰厚的上涨行情。

取决于交易者预期突破将成功与否，他们选择顺突破方向交易或者逆突破方向交易。他们信还是不信？顺突破方向交易的方法有很多。一旦交易者感觉迫切，认为大行情可能正在发生，他们就需要入场。对很多交易者而言，在突破中入场十分困难，因为风险更大且行情迅猛。他们经常会胆怯而放弃交易。他们担心潜在的损失过大，这意味着他们对交易太过在意了。他们需要将仓位减小至"不在意"的规模，这样才能当机立断。消除恐惧的最佳方法是将默认仓位设为平时的三分之一至四分之一，并使用必要的宽幅止损。他们可能抓住一轮大行情，在小仓位上赚很多要比在正常仓位上颗粒无收好得多。重要的是不要太过放松，以至于开始交易糟糕的建仓形态，从而输钱。首先识别出好的建仓形态，然后进入"不在意"模式。

一旦交易者认为市场呈现明显的"始终入场"行情，他们相信趋势正在进行而需要尽快入场。举例而言，如果出现强势上行突破，他们可以在那根让他们确信趋势启动的 K 线收盘时买入。他们可能需要看到下一根 K 线也是以上涨收盘才行。如果他们等到这根 K 线以上涨收盘，他们可以在其收盘时立刻买入，不管用限价订单在其收盘价买入，还是以市价单买入。他们可以等待第一根停顿或回调 K 线出现，设置限价订单在收盘价、低点上方一个跳点、低点或低点下方一两个跳点处买入。他们可以设置限价订单在任何小幅回调中买入，如 Emini 上的 1 至 4 个跳点的回调，或股票上的 5 至 10 美分的回调。如果突破 K 线并非很长，那么其下一根 K 线的低点可能会测试突破前一根 K 线的高点，形成突破测试。他们可能会设置限价订单在那根 K 线的高点或高点上方一个跳点处买入，承担市场跌至突破 K 线低点的风险。如果他们试图在停顿 K 线或其下方买入而未能成交，他们可以在该 K 线的高点上一个跳点处设置停损买入订单（Buy Stop Order）。如果急速拉升强劲，他们可以在第一个高 1 建仓形态买入，即突破回调。早期时候，他们可以查看 1、2 或 3 分钟图，在前一根 K 线的低点或其下方买入，在高 1 或高 2 信号 K 线上方买入，或者用限价订单在移动平均线处买入。一旦入场，他们就应该像趋势交易一样管理头寸，等待波段行情触及等距目标时止盈，而不是以小额刮头皮离场。多头会预期空头的所有尝试均将失败，因此他们每一次都会买入。他们会在每一根下跌趋势 K 线收盘时买入，即便这根 K 线很长并收于低点。他们会在市场跌破前一根 K 线低点、前期波段低点和趋势线等任何支撑位时买入。他们同样会在市场每一次试图走高时买入，如在上涨趋势 K 线的高点附近，或者是当行情越过前一根 K 线的高点或冲上阻力位时。这与交易者在强势空头市场中的做法截然相反，那时候他们在 K 线的上方和下方卖出，在阻力位和支撑位的上方和下方卖出。他们在 K 线上方卖出（以及任何类型的阻力附近），包括强势上涨趋势 K 线，因为他们将每一轮上涨均看作反转趋势的尝试，而大多数趋势反转的试图均会失败。他们会在 K 线下方卖出（以及在任何类型的支撑附近），因为他们将每一轮下跌均看作下跌趋势延续的尝试，并预计其大多数会成功。

由于大多数突破会失败，很多交易者在突破中逆市入场。举例而言，如果上涨趋势中出现一根大型下跌趋势 K 线收于低点，大多数交易者会预计反转会失败，很多人会在该 K

线收盘时买入。如果下一根 K 线有一个上涨的实体，他们会在该 K 线的收盘价及其高点
上方买入。第一目标是下跌趋势 K 线的高点，下一个目标是向上的等距行情，其与下跌趋
势 K 线的长度相等。一些交易者将下跌趋势 K 线的长度作为最初保护止损的大体幅度，
还有一些交易者则使用其平时的止损幅度，如 Emini 上的两个点。突破中信息扑面而来，
随着后面每一根 K 线相继结束，交易者的观点通常也会越来越强。如果强势下跌趋势 K
线接二连三地出现，更多的交易者会相信始终入场头寸已经转为看跌，空头会进一步抛售。
在急速下挫中买入的多头很快就会认定市场将在接下来的数根 K 线中持续走低，因此他们
会平掉多仓。如果他们认为市场很快会走低，那就没有理由继续持有多仓。更为明智的做
法是平仓止损，当他们认为多头趋势将会恢复的时候，再以更低的价格买回。由于多头成
为抛售者，至少在接下来的多根 K 线里没有人再去接盘，于是市场跌至下一个支撑位。如
果市场在第一根下跌 K 线之后上涨，空头很快就会意识到自己判断错误并会买回空仓。如
果没有人再去做空，所有人都在买入（多头建立新多仓，空头买回其空仓），市场很可能
会上涨，至少再持续多根 K 线。

　　交易者需要评估突破与整体图形的关联，而并不只是当前的一腿行情（Leg）。举例而言，
如果市场在强势急速拉升中突破，看一下屏幕左边的图表。如果在当前价位上没有 K 线，
那就在当前 K 线收盘时买入，以急速拉升的底部为止损，这通常这是一个好策略。由于风
险较大，使用小仓位交易。不过由于强势突破至少有 60% 的可能性出现等距行情（Measured
Move），其与急速拉升的长度大体相等，其交易者等式优异（成功概率乘以急速拉升的长
度大于失败概率乘以止损幅度）。然而，如果在你查看屏幕左边的图表时，你发现当前的
突破依然低于之前 20 或 30 根 K 线的高点，那么市场则可能依然处于交易区间。交易区间
里经常出现剧烈的急速拉升，冲向区间顶部，但是却形成反转。然后市场会冲向区间底部，
突破试图同样会失败。鉴于此，在交易区间顶部附近的强势上涨趋势 K 线收盘时买入充满
风险，通常更佳做法是在回调时买入。在市场明确为趋势行情之前，交易者应该将其看作
交易区间来交易。

　　在上涨趋势中，行情越过前高通常会导致以下三种情况中的一种：更多买盘、获利
了结和卖空。当趋势强劲时，强势多头会在突破前高时买入追涨（加仓），产生某种形式
的等距行情。如果市场在突破后的上涨幅度足够大，至少能够让交易者在回调出现之前刮
头皮获利，那就认为高点处多为新买盘。如果行情横向盘整，突破呈现弱势迹象（后面进
一步论述），可以认为出现获利了结盘，多头准备在更低一点的价位再次买入。如果市场
急剧反转下跌，可以认为强势空头在新高处占据主导，市场很可能会继续下跌至少两腿和

10 根 K 线。

　　除了一些罕见的突发新闻事件之外，交易者不会突然间从极度看多变成极度看空。观点转变是循序渐进的过程。交易者的看多观点变弱，然后变为中性，最后转为看空。一旦足够多的交易者经历这种转变，市场就会转为较深幅度的调整，或者进入下跌趋势。每一家交易公司都有其衡量行情过度（Excess）的方法，当行情进展到一定程度的时候，足够多的公司会认为趋势已经前行太远。他们认为，停止在市场突破前高时买入而错过大行情的风险很小，因此他们只会在回调时买入。如果市场在前高处犹豫，说明进入双边市，强势多头就会借助新高来止盈。

　　获利了结意味着交易者依然看多并准备在回调时买入。大多数新高都伴随着获利了结。每一个新高都是潜在的顶部，但是大多数反转的试图都会失败而演变成牛旗的起点，然后市场又创出新高。如果在测试高点的上涨行情中，在腿上涨内出现多次小幅回调，大量 K 线重叠，多个下跌实体，K 线顶部有长影线，以及大多数上涨趋势 K 线疲弱，那么市场愈加成为双边市。多头在 K 线顶部止盈，只在 K 线底部买入，空头开始在 K 线顶部卖空。与之类似，多头在市场接近上涨趋势的顶部时止盈，空头则卖空更多。如果市场越过上涨高点，获利了结和卖空的行为甚至可能会更加激烈。

　　大多数交易者不喜欢反手，因此当他们预计反转信号将会出现时，他们倾向于平掉多仓，然后等待信号。这些多头缺席趋势的最后一腿上涨，这加剧了上涨至最后高点的行情的疲弱程度。如果在市场突破前高后出现强劲反转下跌，那就说明强势空头获得掌控，至少在短期内。一旦这种情况发生，想要在小幅回调中买入的多头就会认为市场将进一步下跌。因此他们等待市场出现更深幅度的回调。缺少了他们的买盘之后，空头能够将市场打压至更深幅度的调整，其持续 10 根或更多 K 线，通常至少有两腿行情。每当新趋势出现，交易者就转变观点。当上涨趋势转变为下跌趋势时，他们停止在 K 线上方停损买入和在 K 线下方限价买入，而是开始在 K 线上方限价卖出和在 K 线下方停损卖出。当下跌趋势转为上涨趋势时，他们停止在 K 线下方停损卖出和 K 线上方限价卖出，而是开始在 K 线上方停损买入和 K 线下方限价买入。

　　有一种情况，上涨趋势中的突破总是遭遇激进的空头，通常其将掌控市场。回调是大趋势里的反方向小趋势，交易者预计其将很快结束，而较大的趋势将会持续。当强劲下跌趋势回调时，市场经常在其小型上涨趋势中出现两腿上涨。当市场越过第一腿的高点时，它是在突破小型上涨趋势中的前期波段高点。然而，由于大多数交易者认为上涨只是回调，其很快就会结束，所以突破中的多数交易者通常是激进的卖家，而不是激进的新买家。小型上涨趋势在向上突破回调中的第一或第二腿高点后，通常会转回主要的下跌趋势。

下跌趋势中的新低也是如此。当下跌趋势强劲时，强势空头会在市场突破新低时加仓而杀跌（Press Shorts）。市场将会继续下跌，直到触及某个等距行情目标位。随着趋势削弱，新低处的价格行为将变得复杂，意味着强势空头利用新低区域止盈而非加仓。随着下跌趋势的进一步削弱，强势多头最终会找到一个适合建立多仓的好价位，他们将成功制造反转形态，然后引发一轮强劲上涨。

当一轮趋势发展成熟，其通常会演变成交易区间，但是在第一个交易区间形成之后，市场通常又会恢复趋势。在趋势成熟的时候，强势多头和空头会如何反应？在上涨趋势中，当趋势强劲时，其回调幅度很小，因为强势多头想要在回调时买入更多。由于他们怀疑在市场大幅走高之前可能不会出现回调，于是他们开始分批买入，但是坚持不断。他们寻找任何理由来买入。由于市场中存有如此众多的大型交易者，任何可以想象的理由都会引发一些买盘。他们设置限价订单在下方几个跳点处买入，另外还在前一根 K 线的低点上方几个跳点处，前一根 K 线的低点，以及前一根 K 线的低点下方买入。他们设置停损订单（Stop Order）在前一根 K 线的高点上方和市场向上突破前期波段高点时买入。他们也在任何上涨或下跌的趋势 K 线收盘时买入。他们将下跌趋势 K 线看作是廉价买入的短暂良机，将上涨趋势 K 线看作市场即将快速上涨的信号。

强势空头很聪明，他们知道正在发生什么。既然他们和强势多头一样相信市场很快就会走高，那么现在卖空就不是一个明智选择。于是他们在一旁观望，直到可以在高位卖空。多高？每一家机构都有其衡量超买（Excess）的标准，但是一旦市场达到一个让足够多的看空机构相信其无法继续走高的价位时，他们就会开始卖空。如果他们之中有足够多的人在同一价位卖空，市场就会出现更多且更大的下跌趋势 K 线，其顶部开始出现长影线。这些都是抛售压力的表现，它们告诉交易者多头正在变弱而空头正在变强。强势多头最终在市场越过最后一个波段高点时停止买入，反而随着市场创下新高而获利了结。他们依然看多，但是开始变得挑剔，只会在回调时买入。随着双边交易的加强，以及抛售行情出现更多下跌趋势 K 线且持续更长时间，强势多头将会只想要在正在形成中的交易区间的底部买入，并准备在区间顶部止盈。强势空头开始在新高处卖空，并愿意在更高价位分批建仓。如果他们认为市场可能会反转上涨并向上突破而创下新高，他们或许会在正在形成中的交易区间的底部止盈部分仓位，但是他们将继续寻求在新高处卖空。到了某一阶段，市场的多空力量变得势均力敌（50/50），没有一方处于掌控。最终空头主导，下跌趋势开启，相反的过程开始上演。

持久的趋势经常会出现非比寻常的强势突破，但是其可能是衰竭性高潮（Exhaustive Climax）。举例而言，在一轮持久的上涨趋势中，所有的强势多头和空头都希望看到一两根大型上涨趋势K线，尤其是特别长的那种，因为他们预计其将昙花一现，通常这是绝佳机遇。一旦市场接近强势多头和空头想要卖出的价位，如等距行情目标或趋势通道线，尤其是当市场连续经历第二轮或第三轮买入高潮时，他们会袖手旁观。最强势交易者的卖盘消失，导致市场上方出现真空。检测K线早期动能的程序发现这一点后迅速反复买入，直到动能减缓。由于很少有强势交易者卖出，结果是形成一两根相对较大的上涨趋势K线。这一轮急速拉升正是强势玩家所等待的信号，一旦出现，他们就像凭空出现一般开始抛售。多头止盈多仓，空头建立新空仓。在K线收盘时、K线高点上方、下一根K线收盘时（尤其是较弱的K线）及其后面一根K线收盘时，尤其是K线出现下跌实体时，多空双方均在大肆抛售。他们也在前一根K线的低点下方卖出。当他们看到一根强势下跌趋势K线时，他们在其收盘价和低点下方卖空。动能程序也在获利回吐。多空双方均预期较深幅度的调整。在出现至少10根K线的两腿调整之前，多头不会考虑再次买入，而且他们只会在抛售看起来疲弱的时候买入。空头预期同样的抛售行情，因此不会过早获利了结。

弱势交易者对大型上涨趋势K线的看法与此相反。他们希望在回调中轻松买入而观望已久，当他们看到市场与他们擦肩而过时，他们想要确保抓住下一腿上涨，尤其是当K线如此强劲且当日即将收盘之时。弱势空头过早卖空，可能还是分批建仓，对K线迅速突破并创出新高感到恐惧。他们害怕后续买入会源源不绝，因此买回空仓。这些弱势交易者根据情绪交易，他们在与算法中不存在情绪变量的计算机竞争。由于计算机掌控市场，弱势交易者的情绪化注定其将在一轮持续过久的上涨趋势尾部的大型上涨趋势K线上损失惨重。

一旦强劲的上涨趋势开始出现相对较大的回调（回调总是小型交易区间），其表现更像交易区间而非牛旗。突破的方向不再那么明确，交易者开始认为上行突破与下行突破的可能性一样大。新高现在是试图向上突破交易区间，其大概率会失败。与之类似，一旦强劲的下跌趋势开始出现相对较大的回调，其表现更像交易区间而非熊旗，因此新低是试图向下突破交易区间，其大概率会失败。

所有的交易区间都处于上涨或下跌趋势之中。一旦双边交易强到可以形成交易区间，趋势就不再强劲，至少在交易区间生效期间。最终区间总是会突破，如果是强势上破，市场则处于强劲的上涨趋势。如果是强势下破，市场则处于强劲的下跌趋势。

一旦空头足够强大，将回调压至在上升趋势线和移动平均线的下方很远处，他们就有足够的信心认为市场不会上涨很多，因此在市场越过前高时会激进做空。这时候，多头会决定只在深幅回调时买入。现在新思路在新高占据主导。新高不再是买点，因其不再代表强势。是的，这里有多头的获利了结盘，但是现在多数大型交易者都将新高看作卖空良机。市场已经达到临界点，大多数交易者停止在小幅回调中买入，而是准备在反弹中卖空。空头占据主导，激烈的抛售很可能引发深幅调整，甚至趋势反转。下一轮剧烈下跌之后，空头将寻找更低的高点再次做空，或者加大空仓，而在回调时买入的多头则会担心趋势或已反转，或者至少会出现一轮更深幅度的调整。他们不再奢求在新高处止盈多仓，而是在更低的高点处止盈，并且直到出现较大幅度的调整之前不准备再次买入。多头知道大多数反转试图都会失败，很多抓住了上涨趋势的人不会轻易平仓，直到空头表现出有能力将市场大幅压低。一旦这些多头看到这种惊人卖压，他们会借助反弹而最终平仓。他们的供给将限制市场的涨幅，而他们的抛售加大了激进空头的做空力量和之前把抛售当作买入机会的多头的获利回吐，这将形成第二腿下跌。

如果市场进入下跌趋势，相反的过程就会上演。当下跌趋势强劲时，交易者会在前低下方做空。随着趋势的削弱，空头会在新低处止盈，而市场很可能进入交易区间。当市场在上升趋势线和移动平均线的上方强劲上涨后，空头将在新低（译注：疑为新高）处止盈，而强势多头则会激进买入并试图掌控市场。其结果是更大的熊市反弹，甚至有可能反转进入上涨趋势。

当一轮回调的幅度足够大，以至于让交易者怀疑趋势是否已经反转时，类似的情况也会发生。举例而言，如果上涨趋势中出现一轮剧烈的深幅调整，交易者会开始猜测市场是否已经反转。他们观察前期波段低点下方的行情，不过还是以上涨趋势回调的思路看待，而非将其看作下跌趋势的一部分。他们将关注市场跌破（突破）前期波段低点时发生什么。市场是否会下跌足够深，从而让在跌破前低时停损卖出的空头获利？新低处的卖家是否多于买家？如果是，这就是空头强势和调整可能进一步扩大的信号。趋势甚至可能已经反转。

突破创下新低后的另一种可能是市场进入交易区间，这表明空头获利了结，而多头温和买入。最后一种可能是，市场在突破创下新低后反转上涨。这意味着那个波段低点的下方有强势多头，他们在等待市场测试该点位。这表明抛售行情更有可能只是上涨趋势中的一次大幅回调。在较高点位卖出的空头在市场向下突破创下新低时止盈，因为他们相信趋势依然为上。强势多头则激进买入，因为他们相信市场不会进一步下挫，而是会上涨测试前期高点。

每当市场向下突破波段低点，交易者就会密切关注多头回归或空头掌控局面的迹象。

他们需要判断新低处谁的影响更大，并且他们会根据市场表现作出判断。如果市场强势突破，那就是新的卖盘为主导。如果市场的动向不明，那就是空头获利了结和弱势多头买入，市场很可能会进入交易区间。如果市场强势反转上涨，多头的激进买盘就是最重要的因素。

有时候市场处于弱趋势，在趋势方向出现一根大型突破K线。那根突破K线经常起到急速拉升的作用，通常其后还出有多根趋势K线，但是它们经常重叠并具有影线。这些K线形成一个窄幅上行通道。与其他的急速与通道（Spike and Channel）趋势类似，市场经常会回测通道起点，在本例中就是突破缺口区域。举例而言，如果有一个相对较弱的上涨波段，然后市场以一根大型趋势K线向上突破，之后出现三四根较小的上涨趋势K线，这些K线通常起到通道作用。一旦市场跌至第一根通道K线的区域，经常会略微跌破其低点，市场因此进入由突破K线形成的缺口区域。该缺口通常既是测量缺口（Measuring Gap）也是突破缺口，市场在测试缺口后通常会恢复趋势，而不是开始反转下跌。

拐点是一个数学术语，指方向出现变化。举例而言，如果有一水平波反复上下运动，当波下行时，随着其开始形成底部，从某一点开始，其斜率从急剧下降变为缓慢下降。再举例而言，字母S的中段就是曲线的拐点，因为它是斜率开始变化方向的点位。在交易中，拐点只是你预计趋势反转的区域，其可能出现也可能不出现。鉴于行情可上可下，市场处于突破模式，交易者将做好准备追随突破的方向。无论哪种情况，市场都经常会走出等距行情，即行情长度与其之前的形态的长度大体相等。举例而言，双重顶经常引发上行突破或下行突破。突破之后，市场经常从突破点前行至等距行情目标位，行情长度与双重顶的底部至顶部的距离大体相等。突破点和首次回调之间经常会有一个缺口，而缺口的中点经常引发等距行情（测量缺口在第6章探讨）。

突破模式可以在交易区间中出现相反的表现。举例而言，如果交易区间中有一个突破模式的建仓形态，在K线下方的买家可能比卖家多，而在K线上方卖家则可能比买家多。如果当前形势的不确定性太高，交易者无法确信其拥有良好的交易等式，通常更好的做法是等待形势明朗。在交易区间的边界处可能发生三种情况：（1）反转，（2）突破失败后反转，（3）成功突破。三种情况中只有一种引发趋势。这与大多数突破的试图都会失败的理念吻合。

当出现逆势突破时，逆势交易者试图在急速行情后制造一个通道（急速与通道趋势），或者其他类型的新趋势。然而，趋势交易者通常能够在数根K线之内扭转局势，将其变成一个旗形。举例而言，如果一个下行通道中出现一两根大型趋势K线向上突破通道，多头是希望在回调之后形成一个上行通道。然而，他们通常会失败，而急速拉升最后只是成为一个熊旗。空头将急速拉升看作在高位加仓卖空的良机，对他们而言确实具有价值。

图 PI.1　新高处出现新买家、止盈者和卖空者

　　当上涨趋势突破前期波段的高点时，会有新买家、止盈者和空头出现（见图 PI.1）。如果突破之前的趋势正在启动且非常强劲，虽然会有一些获利回吐盘，如 K 线 5、12 和 17 之后，但是新的买家很快就会压过空头，趋势将迅速恢复。在趋势后期，新买盘将大量减少，而止盈盘则将大幅增加，如在 K 线 19 后。有很多评估超买的标准，一旦足够多的交易公司认为上涨趋势过度延伸，他们就会对多仓获利了结，并且只有在出现约 10 根 K 线的两腿调整之后才会再次买入。我经常使用"10 根 K 线的两腿行情"这个说法，我是在说调整将比小幅回调持续更久也更为复杂。其通常需要至少 10 根 K 线和两腿行情，有时候还会导致趋势反转。

　　每当出现突破，其可能失败并引发趋势反转。如果大环境有利且反转 K 线强劲，成功反转的几率会更大。如果引导突破的突破 K 线和急速拉升比反转 K 线更为强劲，并且高潮反转的几率不大，那么反转试图很可能会在几根 K 线之内失败，形成一个突破回调的建仓形态，然后趋势恢复。举例而言，K 线 12 是一根小型下跌反转 K 线，但其之前是十分强势的三 K 线急速拉升，并且市场在大幅向上跳空之后，整日都处于窄幅上行通道。这使得反转成功的概率不大，因此多头在 K 线 12 的低点及其下方买入。下一根 K 线是一个十字星，对空头来说是个弱的入场 K 线，因此其高点上方的买家几乎一定多于卖家。其成为一个突破回调的买入信号 K 线（这里是高 1 买入建仓形态）。下一根 K 线是上涨 K 线（阳线），更多的买家在其高点上方买入。总体而言，当交易者等待在上涨 K 线的上方买入时，买入信号的成功率会更高。K 线 14 是一根突破 K 线，但是其收于低点并形成一根下跌的十字星反转 K 线。在如此狭窄的上行通道中，这是一个弱的卖出信号。多头如此激进，他们不希望空头触发。他们在下跌 K 线的低点和低点上方设置限价订单，并且有足够多的买盘压过空头。空头从未触发，市场继续上涨。K 线 14 只是另一轮突破回调（其本身也是突破），交易者在 K 线 15 的上方买入，这又是一个突破回调的买入信号。

突破与反转的强度对比的另一个案例发生在 K 线 5 突破。K 线 5 后的下跌 K 线是 K 线 4 单 K 线牛旗突破失败和向上突破 K 线 3 失败的信号 K 线。不过与从 K 线 4 开始的三 K 线急速拉升相比，看跌的信号不足为惧，因此不太可能反转趋势。下一根 K 线是突破回调买入的建仓形态，但是其有下跌的实体，因此并非强势买入信号 K 线。其下一根 K 线有上涨的实体，因此在其高点上方买入的成功率更高。

K 线 10 是一个双内包 K 线（ii）牛旗突破，但突破 K 线却是一根下跌反转 K 线，这是一根弱突破 K 线。突破失败的几率升高。突破 K 线同时也是突破失败的信号 K 线。

有时候调整破坏上升趋势线，形成足够的卖压，从而让空头在下一个新高处变得激进，如在 K 线 25。依然有部分多头在获利了结，但是却很少有新的买盘。空头在收盘之际取得掌控。

在上涨至 K 线 19 的过程中，强势多头和空头均在期待最终的强势突破。在一轮持久的上涨趋势之后，他们想要看到一轮大型急速拉升，因为预期中的调整为双方均提供短暂的交易机会。这是自 K 线 11 的低点以来的连续第三次买入高潮（K 线 11~12 和 15~17 为前两次），期间从未出现过调整，而连续的买入高潮通常会引发两腿式调整，其持续约 10 根 K 线，并跌破移动平均线。在 K 线 19 前的双 K 线急速拉升结束时，在其高点上方，在 K 线 19 收盘时（尤其是其具有上涨的实体），以及其低点下方，强势多头和空头均在卖出。在两腿式调整结束之前，即 K 线 21 至 24 区域，多头并不准备再次买入，而空头也不会止盈空仓。抛售行情足够激烈，以至于双方开始认为，在 K 线 19 的上涨高点被更高高点或更低高点测试之后，市场或已转为下跌趋势，这引发了从 K 线 25 至收盘期间的抛售。

鉴于大多数反转会失败，交易者经常会选择淡出（Fade）交易。K 线 22 是上涨趋势中的一根强下跌趋势 K 线（即大阴线），很多交易者在其收盘时买入。其第一目标是市场运行至该 K 线的高点，这在两根 K 线之后完成，然后是向上的等距行情（Measured Move Up），其在当日收盘前完成。

　　K线5后的下跌K线是一个突破模式的建仓形态。由于它是向上突破K线3的波段高点后的下跌K线（阴线），因此它是一个突破失败的卖空建仓形态。它还是上行突破中的单K线回调，因此也是一个高1突破回调买入建仓形态。在本案例中，由于三K线急速拉升如此强劲，更可能的情况是多头在K线的上方和下方均超过空头。有人用限价订单在内包阴线的低点买入，还有人用停损订单在其上方和K线6上方买入。

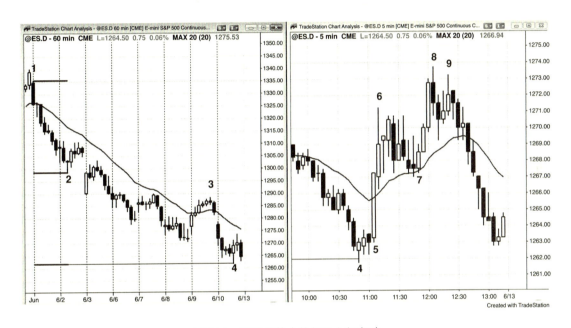

图 PI.2　下跌趋势中的低量上行突破

　　如图 PI.2 所示，Emini 在左边的 60 分钟图中为下跌趋势，很多交易者想要在向下的等距行情位买入，其长度基于从 K 线 1 至 K 线 2 间的急速下挫。空头买回空仓获利了结，激进的多头买入而建立多仓，期待趋势反转并测试下行通道的起点（K 线 2 后的较低波段高点）。市场从 K 线 3 的移动平均线缺口 K 线反转下跌，并且向上突破下降趋势线，这提高至少出现两腿上涨的概率。

　　右边的 5 分钟图显示，市场在跌破 60 分钟图上的等距行情目标位（两张图的 K 线 4 为同一时间）一个跳点后反转上涨。K 线 5 是一根影线很小的大型上涨反转 K 线，多头盼望市场强劲反转。然而，这根 K 线的成交量仅有 23000 张合约，也就是一般 5 分钟 K 线的三倍左右。当一般的 5 分钟 K 线有 5000 至 10000 张合约成交时，大多数拥有持久后续行情的上涨反转会有 5 至 10 倍的成交量，即至少 40000 至 50000 张合约。最可靠的 K 线有超过 100000 张的合约成交。交易者不需要操心成交量，因为图表将告诉他们所需要知道的，但是突破的大型趋势K线爆出巨量会提高行情延续的几率，通常至少会出现某种等距行情。当下跌趋势强劲，而反转上涨仅持续两根K线就回调，并且第二根上涨K线具有长上影线时，说明反转并不强劲。经验较丰富的交易者可以查看成交量，看到反转疲弱的另一个迹象，或者他们可以查看60分钟图，看到强劲的下跌趋势。然而，日内交易者只需要看5分钟图就可以下单交易。他们会在K线5的形成中、结束时和其高点上方买入。他们还会在移动平均线上的K线7内外内K线形态（IOI）、高4牛旗买入。鉴于他们在强劲的上涨行情中买入，他们应该假设至少有60%的可能获得至少与其风险一样大的盈利。他们可以使用两个点的止损，因其近期效果不错，这样也可以设定两个点的止盈目标。在K线5收盘时买入的交易者可能愿意承担市场跌破K线5低点的风险（约4个点），他的止盈目标可能会与其所承担风险一样大。在K线7上方买入的交易者应该将止损设在K线7的低点下方，或者是前一根K线的下方。他的风险约为两个点，他可以持仓追求两个点的盈利，也可以在市场涨至K线6的高点上方时止盈（这里同样约为两个点）。

第一章　交易突破的案例

很多交易新手感觉突破难以交易，因为市场快速运动，需要当机立断，并且经常出现大型 K 线，这意味着风险更高，因此交易者需要减小仓位。不过，如果交易者学会识别哪一种突破很可能会成功，交易者等式可以非常优异。

图 1.1　突破是可靠的建仓形态

当对一张图表的探讨持续多页时，读者可以到 Wiley 的网站（www.wiley.com/go/tradingranges）上查看图表或者将其打印，从而可以一边看图一边阅读书中内容，而无须反复翻页。

成功的突破，如图 1.1 中的上行突破，在数学上十分优异，但是在情感上可能难以驾驭。其发生速度很快，交易者在直觉上知道其风险为市场跌至急速拉升的底部（他们将保护性止损设在急速拉升中的最低 K 线的低点下方一个跳点处，如 K 线 14 下方），但是这通常超过他们平时的风险承受水平。他们想要回调，但是知道在市场在走高之前很难出现，他们害怕以市价买入，因为这是买在急速拉升的顶部。如果市场在下一个跳点转头，他们则是买在急速拉升的顶部，而其止损位又非常远。然而，他们经常没有意识到其在数学上占据优势。突破中一旦出现这种强势急速拉升，形成基于急速拉升长度的等距行情的概率至少为60%，有时候甚至能达到80%。这意味着他们有至少60%的机会赚取至少与其最初风险一样大的盈利，而且如果急速拉升在其入场后继续扩大，其风险则保持不变，但等距行情的目标位却越来越高。举例而言，如果交易者在图1.1的10年期美国国债期货5分钟图上的K线15收盘时买入，他们所承担的风险是市场跌至双K急速拉升的底部下方一个跳点处（一个点的1/64），即K线14的低点下方1个跳点处，或入场价下方7个跳点处。此时，由于交易者相信市场始终处于多头，他们认为至少有60%的可能性其将很快走高。他们也应该假设市场至少会出现一段等距上涨。由于急速拉升的长度为6个跳点，市场至少有60%的几率在回落触发其保护性止损之前先上涨至少6个跳点。

在K线19收盘之时，急速拉升已达到17个跳点。鉴于其依然为突破急速拉升，现在仍有至少60%的几率出现至少一段等距上涨。如果此时交易者空仓，他们可以按市价买入小仓位，承担市场跌至急速拉升底部的K线14下方一个跳点的风险，即18个跳点，来赚取16个跳点（如果市场上行17个跳点，他们可以赚取16个跳点）。在K线15收盘时买入的交易者依然承担市场跌至K线14低点下方7个跳点风险，但是现在市场有60%的几率在K线19的高点上方继续上涨17个跳点，这是大约28个跳点的盈利（14 32nds）。急速拉升在K线19结束，因为下一根K线是一根内包阴线（Bear Inside Bar），而并非另一根强劲的上涨趋势K线（大阳线）。这是上涨趋势的通道阶段中的一系列回调中的第一个。K线24向上越过等距行情的目标位，一个小时后的价格甚至更高。

实践中，随着急速拉升的扩大，大多数交易者会收紧止损，因此其所冒风险比我们刚才的讨论要小。很多在K线15收盘时买入的交易者会在K线17收盘时将止损移至其下方，因为他们不想看到市场跌破如此强劲的趋势K线。如果跌破，他们则会认为其假设错误，他们不想承担亏损更大的风险。当K线19收盘时，交易者看到其为一根强劲的上涨趋势K线，很多人会将保护性止损设在K线17的突破形成的微型测量缺口。K线18的低点高于K线16的高点，这种缺口是强势迹象。交易者希望市场继续上涨，而不想要市场跌破K线18并进入缺口，因此部分交易者会将其止损抬高至K线18的低点下方。很多交易老手借助急速行情来追涨杀跌。随着急速拉升的持续扩大，他们加大多仓，因为他们知道急速拉升有优越的交易者等式，而好的机会转瞬即逝。当市场提供好机会的时候，交易者需要激进行动。当机会不佳时，交易者也需要减小仓位或袖手旁观，如在窄幅交易区间中。

对大多数交易者而言，从 K 线 5 开始的急速拉升转为多头市场。当市场涨至 K 线 11 的楔形熊旗的高点上方时，其很可能出现等距上涨。K 线 15 是连续第二根强劲上涨趋势 K 线，在很多交易者的心中印证了突破。K 线 14 和 K 线 15 均为强劲上涨趋势 K 线，拥有较大的实体而无长影线。从 K 线 5 的低点开始一直有良好的买压，表现为诸多强劲的上涨趋势 K 线，K 线之间很少重叠，只有少数下跌趋势 K 线，以及没有连续的强劲下跌趋势 K 线。市场可能处于上涨趋势的初期阶段，聪明的交易者在等待上涨突破。一旦 K 线 14 和 K 线 15 突破，他们就渴望入场。在市场上涨至 K 线 19 高点的过程中，交易者不断分批买入。

交易者必须强迫自己去做的一件事是，只要他们相信市场出现可信的突破急速拉升，他们必须至少建立一个小仓位。这是最重要的事情，通常也有难度。当他们感觉自己在期待回调，但又担心在很多根 K 线之内不会出现时，他们就应该假设突破强劲。他们必须判断最坏情形的保护性止损应该设在哪里，其通常是相对较远的位置，然后将止损设在那里。因为止损幅度大，如果入场晚则应使用小仓位。一旦市场朝其方向运动并可以收紧止损时，他们可以找机会加仓，但是绝不应该超过其正常的风险水平。当每个人都希望回调时，通常很长时间都不会出现。这是因为所有人都相信市场很快会走高，但是他们不一定相信市场会在短期内走低。聪明的交易者明白这一点，于是他们开始分批买入。由于他们需要承担市场跌至急速拉升底部的风险，他们小仓位买入。如果他们的风险是平时的三倍，那么他们只会买入平时三分之一的仓位，从而将绝对风险水平控制在正常范围之内。当强势多头持续以小仓位分批买入的时候，这种买盘阻碍了回调的形成。强势空头看到趋势，他们也认为市场很快将更高。如果他们认为市场很快会更高，他们就会停止寻机做空。如果他们认为可以在数根 K 线之后以更好的价格卖空，那就没理由现在卖空。因此，为了防止很长时间内都不出现回调，强势空头不会卖空，而强势多头以小仓位分批买入。

结果会怎么样？市场持续攀升。既然你要与聪明的交易者为伍，你就需要至少以市价买入或在一两个跳点的回调中买入小量仓位，风险为市场跌至急速拉升的底部。即便下一个跳点就出现回调，大概率也是市场不会下跌很多，聪明的多头会看到价值机遇并激进买入。记住，所有的人都在等待买回调，因此当其最终出现时，其幅度将很小并且不会持续很久。所有等待买入的交易者都会将此看作期待已久的机会。结果是你的仓位很快又会盈利。一旦市场上行足够远，你可以准备止盈部分仓位，或者你可以准备在回调中买入更多，其价格很可能高于你的最初入场价。最重要的一点是，一旦你确定买回调是一个好主意，那么你就应该做强势多头所做的事情，以市价买入至少小部分仓位。

　　有些交易者喜欢在市场越过前期波段高点时买突破，在前高上方一个跳点处停损买入。总体而言，买回调的回报更高，风险更小，成功概率也更大。如果交易者在这些突破中买入，那么在他们可以盈利之前，通常需要熬过一轮回调。通常买回调要好过买突破。举例而言，在市场涨至 K 线 9 的过程中，相对于在 K 线 6 的上方买突破，在 K 线 10 的上方买回调的交易者等式很可能要更好。

　　K 线 11 越过 K 线 9 时的行情也是如此。对于每一个突破，交易者都需要判断其将成功与否。如果他们相信其将成功，他们会在突破 K 线或后续 K 线收盘时买入，在前一根 K 线的低点及其下方买入，以及在前一根 K 线的高点上方买入。如果他们认为其将失败，他们就不会买入。如果他们持有多仓，他们就会平仓。如果他们认为突破失败将引发市场下行，有足够的空间做刮头皮交易，他们可能会做一笔。如果他们认为突破失败将导致趋势反转，他们或许会卖空一个波段。在本案例中，随着市场强势冲上 K 线 9 和 K 线 11 的双重顶，有理由来买突破，但是在 K 线 15 收盘时买入的交易者差不多在同一价位入场，而且其交易依据更为充分（在强势急速拉升中的强上涨趋势 K 线收盘时买入）。

　　如果上涨趋势或突破看上去并未强到可以在急速拉升的顶部附近买入，如在最近 K 线收盘时，那么交易者等待买回调会更好。K 线 22 是一个双内包 K 线（ii）形态突破后的第二根 K 线，因此也是潜在的最终旗形反转建仓形态的起点。这很可能是一个小型买入高潮。这个时候，交易者买回调的期望优于在 K 线 22 收盘时买入。K 线 24 也是如此。当一段趋势变得更加双边时，买回调会更好。一旦双边交易足够强劲，前期回调的幅度加深并持续超过五根 K 线，交易者就可以开始卖空刮头皮，如 K 线 24 的双 K 线反转（在其后面的下跌 K 线的低点下方卖空）。在市场进入交易区间之后，空头将开始波段卖空，预期更深幅度的调整和潜在的趋势反转。

　　这一轮上涨趋势中的其他突破回调买入的建仓形态案例包括：K 线 8 高 2 牛旗（市场涨至 K 线 6 的回调，其突破了 K 线 3 到 K 线 5 的下行通道），移动平均线上的 K 线 12 高 2（K 线 11 向上突破了交易区间和 K 线 10 的高 1 牛旗，第一轮下跌是 K 线 11 的两根 K 线后形成的下跌 K 线），K 线 14 的外包阳线（交易者可以在其上涨过程中买入，但是如果他们在 K 线 14 的上方买入的成功率会更高，因为它是一根上涨趋势 K 线），K 线 20 的双内包 K 线形态，K 线 23 的高 2，以及 K 线 25 的高 2（所有的双重底都是高 2 形态）。信号 K 线有上涨实体时更加可靠。

　　总而言之，在一轮刚刚成为强劲的多头趋势中，在第一次出现回调时，交易者应该立即在急速拉升的高点上方设置停损订单买入。这是因为很多交易者害怕在前一根 K 线的低点下方或高 1 上方买入，认为市场可能出现两腿式调整。然而，如果他们等待两腿式调整，他们将错过很多最为强劲的趋势。为了防止踏空强劲趋势，交易者需要养成设置停损订单的习惯，将其作为最后手段。如果他们在高 1 买入，他们可以撤销停损买入订单。但是如果他们错过早期的入场点，至少他们还能介入趋势，这也是他们所需要做的。到 K 线 19 的时候，趋势显然非常强劲，并且很可能会继续上涨至等距行情目标，其长度为急速拉升的长度。一旦市场出现可能回调的迹象，交易者需要在急速拉升的高点上方设置最坏情形的停损买入订单。K 线 19 后的 K 线是一根下跌趋势 K 线，其可能是回调的开始。他们需要在 K 线 19 的高点上方一个跳点处设置停损买入订单，以防止趋势迅速恢复。如果他们在 K 线 20 的双内包 K 线高 1 建仓形态买入，他们会撤销在 K 线 19 上方的停损买入订单。不过，如果他们由于某种原因而错过高 1 买入，至少他们将在市场冲向新高的过程中介入趋势。其最初保护性止损应该设在最近的小幅回调下方，即 K 线 20 的低点下方。

K 线 24 是一个双 K 线急速拉升，也是连续第三次买入高潮而未经历调整。当日剩下的时间不足以完成一轮 10 根 K 线的两腿式调整，因此并没有很多空头愿意卖空，尤其是在始于 K 线 5 和 K 线 12 的上升行情中的卖压如此之少的情况下。不过有一些多头将其作为获利了结的机会，结果被证明也是一个明智决策，因为市场在当日剩下的时间里未能回到其高点上方。

交易者知道大多数趋势反转的试图都会失败，很多人喜欢淡出（Fade）这种尝试。K 线 12 的前一根 K 线是一根大型下跌趋势 K 线，其向下突破趋势线并试图反转 K 线 11 的上行突破。多头在这根下跌趋势 K 线收盘时买入，期待市场回到其高点，并很可能实现一段与该 K 线长度相等的等距上涨。一旦他们看到 K 线 12 以上涨收盘，他们在其收盘时和其高点上方买入。成功的下行突破之后通常会跟随着另一根下跌趋势 K 线，或者至少是一根十字星 K 线，如果取而代之的是一个上涨实体，即便其长度很短，突破失败的几率也会提高，尤其是在 K 线处于上涨趋势中的移动平均线上的情况下。空头希望急速下挫后形成一个下行通道，或者某种其他形式的下跌趋势，但是多头将急速下挫看作转瞬即逝的低价买入良机。急速下挫，尤其是在日线图上，可能是由新闻造成，但是大多数没有后续行情，而较长期的看涨基本面最终胜出，导致下行突破失败和上涨趋势恢复。坏消息让空头兴奋不已并满怀希望，但是新闻通常是只能影响一天行情的小插曲，与全部基本面的综合作用相比微不足道。

图 1.2　突破回调

图1.2显示，当上涨波段中出现向上突破，市场通常会回测突破缺口。市场抛售至K线8，然后反转上涨。K线12是均线缺口K线卖空的二次入场，但是失败。市场并没有测试下跌低点，而是在K线13向上突破。突破后一根K线的低点和K线11的高点突破点形成突破缺口。缺口中点或至K线11的第一腿上涨的高点可能引出一段等距上涨。在K线13的急速拉升之后，出现一个四K线的窄幅通道，其在K线15结束，然后回测通道的底部。K线19的测试同时也测试了突破缺口，在此类情况下经常会发生。

从K线5至K线8的抛售中没有回调，并且K线8的后一根K线是第一次出现K线向上越过前一根K线的高点。既然强劲趋势中的首次回调通常会失败，那么经验丰富的交易者为什么还要买回其盈利丰厚的空仓呢？因为他们已经知道，他们应该总是寻找理由来部分止盈或全部止盈，尤其是在盈利丰厚的情况下，因为盈利可能瞬间消失，尤其是一轮潜在的抛售高潮之后。这里出现了连续三轮抛售高潮（下跌至K线6、7和8的行情），并且K线7后的孕线（Inside Bar）是潜在的最终旗形。市场回调约10根K线的概率很高，很可能会碰触移动平均线，K线4的低点，甚至K线5的高点。空头将其看作是在K线8附近锁定盈利的好机会，预期市场至少上涨10根K线，然后如果在更高价位出现卖空的建仓形态，他们准备再次卖空。上涨行情如此强势，没有出现卖出形态，空头很高兴自己明智地选择了止盈，他们也不在意有没有出现再次卖空的好机会。如果他们一直持仓，其所有盈利均将变为亏损。任何强劲趋势的第一次调整都是由止盈盘引发。错过抛售行情的空头希望市场回调，从而可以卖空，但是他们未能如愿。

　　错过抛售至 K 线 4 的行情或在 K 线 4 止盈的空头想要在回调时再次卖空，他们在移动平均线上的 K 线 5 低 2 处获得机会。其具有下跌的实体，也是一个 20 缺口 K 线（20 Gap Bar）的卖空建仓形态（在本书的后面内容中有探讨）。

第 2 章　突破力度的表现

突破成功的最低标准是，交易者可以在突破时入场，至少赚到刮头皮的盈利。最强的突破将引发强劲趋势，可以持续数十根 K 线。有一些早期迹象会提高突破足够强劲而实现一段或多段等距行情的概率。举例而言，上行突破具有的下列特点越多，其突破力度就越强：

● 突破 K 线具有大型的上涨趋势实体，其影线小或没有影线。K 线越大，突破越可能成功。

● 如果其交易量为近期 K 线的平均交易量的 10 至 20 倍，出现后续买盘和等距上涨的机会提高。

● 急速拉升前行足够远，持续多根 K 线，突破数个阻力位，如移动平均线、前期波段高点和趋势线，每一次都突破很多跳点。

● 在突破的第一根 K 线的形成过程中，其大多数时间都处于高位附近，回调的幅度小（小于正在形成的 K 线长度的四分之一）。

● 有一种急迫感。你感觉你需要买入，但是你想要回调，而其从未出现。

● 接下来的两三根 K 线也有上涨实体，其至少为近期上涨或下跌实体的平均大小。即便该实体相对较小且影线突出，但是只要后续 K 线（最初突破 K 线的下一根 K 线）较长，趋势持续的几率就较大。

● 急速拉升扩大到 5 至 10 根 K 线，期间不出现超过 1 根 K 线的回调。

● 当上行突破越过一个重要的前期波段高点后，市场在高点之上的行情足够远，刮头皮者可以在波段高点上方一个跳点处停损买入而获利。

● 急速拉升中有一根或多根 K 线的低点处于前一根 K 线的收盘价或其下方一个跳点处。

● 急速拉升中有一根或多根 K 线的开盘价高于前一根 K 线的收盘价。

● 急速拉升中有一根或多根 K 线收于其高点或高点下方一个跳点处。

● 上涨趋势 K 线后一根 K 线的低点处于或高于上涨趋势 K 线前一根 K 线的高点，形成一个微型缺口，这是强势的表现。这些缺口有时候成为测量缺口。尽管这对交易的意义不大，但是它们很可能代表了较小时间框架下的艾略特波浪一浪高点和四浪回调之间的间距，其可以碰触但不可交叠。

● 大环境决定突破很可能成功，如回调后的趋势恢复，或者是市场强势突破下降趋势线后对下跌低点进行更高低点或更低低点的测试。

● 市场近期出现多个强势上涨趋势日。

● 交易区间中的买压加强，表现为很多大型上涨趋势 K 线，并且区间内的上涨趋势 K 线明显比下跌趋势 K 线更为显著。

● 首次回调发生在突破后的三根或更多 K 线之后。

● 首次回调仅持续一两根 K 线，并且其下一根 K 线不是强势下跌反转 K 线。

● 首次回调并不触及突破点，也不触发盈亏平衡处的止损（入场价）。

● 突破反转了最近很多根 K 线的收盘价和高点。举例而言，当一个下行通道中出现一根大型上涨趋势 K 线时，该突破 K 线的高点和收盘价高于最近 5 至 20 根或更多 K 线的高点和收盘价。大量 K 线被上涨 K 线的收盘价反转要比相同数量的 K 线被上涨 K 线的高点反转更为强势。

上行突破具有的下列特点越多，其就越可能失败并导致交易区间或趋势反转：

● 突破 K 线具有较短或平均长度的上涨趋势实体，在顶部有长影线。

● 下一根 K 线有下跌实体，其或者是一根下跌反转 K 线，或者是一根下跌孕线。该 K 线收于低点或低点附近，其实体约为突破前 K 线实体的平均大小（并非只有一个跳点的下跌实体）。

● 大环境决定不太可能突破，如测试交易区间日高点的一轮上涨，该上涨行情中出现下跌 K 线，很多 K 线交叠，K 线的影线突出，以及沿途出现数次回调。

● 市场已经多日处于交易区间。

● 突破后一根 K 线是强势下跌反转 K 线或下跌孕线。

● 上涨趋势 K 线后一根 K 线的低点低于上涨趋势 K 线前一根 K 线的高点。

● 首次回调出现在反转后两根 K 线。

● 回调持续多根 K 线。

● 回调后的趋势恢复停顿，市场以下跌信号 K 线形成更低的高点。

● 急速拉升向上突破阻力位，如波段高点、下降趋势线或上行趋势通道线，但仅仅突破一个跳点左右就反转下跌。

● 急速拉升勉强突破一个单独的阻力位，但是在向上突破较高一点的其他阻力位之前就回调。

● 在前期波段高点上方停损买入的交易者无法在回调出现之前刮头皮获利。

● 在突破 K 线的形成过程中，其回撤幅度超过该 K 线的三分之二。

● 在突破 K 线的形成过程中，其回撤幅度至少超过该 K 线三分之一的情况发生两次或更多。

● 回调跌破突破点。任何一根 K 线的低点和两根 K 线之前的 K 线的高点之间都没有缺口。

● 回调跌破急速拉升中的第一根 K 线的低点。

● 回调触发盈亏平衡处的止损。

● 有一种疑惑感。你不确定突破将成功与否。

对于下行突破，上述过程完全相反。下行突破具有的下列特点越多，突破的力度就越强：

● 突破 K 线具有大型的下跌趋势实体，其影线小或没有影线。K 线越大，突破越可能成功。

● 如果其交易量为近期 K 线的平均交易量的 10 至 20 倍，出现后续卖盘和等距下跌的机会提高。

● 急速下挫前行足够远，持续多根 K 线，突破数个支撑位，如移动平均线、前期波段低点和趋势线，每一次都突破很多跳点。

● 在突破的第一根 K 线的形成过程中，其大多数时间都处于低点附近，回调的幅度小（小于正在形成的 K 线长度的四分之一）。

● 有一种急迫感。你感觉你需要卖出，但是你想要回调，而其从未出现。

● 接下来的两三根 K 线也有下跌实体，其至少为近期上涨或下跌实体的平均大小。即便该实体相对较小且影线突出，但是只要后续 K 线（最初突破 K 线的下一根 K 线）较长，趋势持续的几率就较大。

● 急速下挫扩大到 5 至 10 根 K 线，期间不出现超过 1 根 K 线的回调。

● 当下行突破跌破一个重要的前期波段低点后，市场在低点之下的行情足够远，刮头皮者可以在波段低点下方一个跳点处停损卖空而获利。

● 急速下挫中有一根或多根 K 线的高点处于前一根 K 线的收盘价或其上方一个跳点处。

● 急速下挫中有一根或多根 K 线的开盘价低于前一根 K 线的收盘价。

● 急速下挫中有一根或多根 K 线收于其低点或低点上方一个跳点处。

● 下跌趋势 K 线后一根 K 线的高点处于或低于下跌趋势 K 线前一根 K 线的低点，形成一个微型缺口，这是强势的表现。这些缺口有时候成为测量缺口。尽管这对交易的意义不大，但是它们很可能代表了较小时间框架下的艾略特波浪一浪高点和四浪回调之间的间距，其可以碰触但不可交叠。

● 大环境决定突破很可能成功，如回调后的趋势恢复，或者是市场强势突破上升趋势线后对上涨低点进行更低高点或更高高点的测试。

● 市场近期出现多个强势下跌趋势日。

● 交易区间中的卖压加强，表现为很多大型下跌趋势 K 线，并且区间内的下跌趋势 K 线明显比上涨趋势 K 线更为显著。

● 首次回调发生在突破后的三根或更多 K 线之后。

● 首次回调仅持续一两根 K 线，并且其下一根 K 线不是强势上涨反转 K 线。

● 首次回调并不触及突破点，也不触发盈亏平衡处的止损（入场价）。

● 突破反转了最近很多根 K 线的收盘价和低点。举例而言，当一个上行通道中出现一根大型下跌趋势 K 线时，该突破 K 线的低点和收盘价低于最近 5 至 20 根或更多 K 线的低点和收盘价。大量 K 线被下跌 K 线的收盘价反转要比相同数量的 K 线被下跌 K 线的低点反转更为强势。

下行突破具有的下列特点越多，其就越可能失败并导致交易区间或趋势反转：

● 突破 K 线具有较短或平均长度的下跌趋势实体，在底部有长影线。

● 下一根 K 线有上涨实体，或者是一根上涨反转 K 线，或者是一根上涨孕线。该 K 线收于高点或高点附近，其实体约为突破前 K 线实体的平均大小（并非只有一个跳点的上涨实体）。

● 大环境决定不太可能突破，如测试交易区间日低点的一轮下跌，该下跌行情中出现上涨 K 线，很多 K 线交叠，K 线的影线突出，以及沿途出现数次回调。

● 市场已经多日处于交易区间。

● 突破后一根 K 线是强势上涨反转 K 线或上涨孕线。

● 下跌趋势 K 线后一根 K 线的高点高于下跌趋势 K 线前一根 K 线的低点。

● 首次回调出现在反转后两根 K 线。

● 回调持续多根 K 线。

● 回调后的趋势恢复停顿，市场以上涨信号 K 线形成更高的低点。

● 急速下挫向下突破支撑位，如波段低点、上升趋势线或上行趋势通道线，但仅仅突破一个跳点左右就反转上涨。

● 急速下挫勉强突破一个单独的支撑位，但是在向下突破较低一点的其他支撑位之前就回调。

● 在前期波段低点下方停损卖出的交易者无法在回调出现之前刮头皮获利。

● 在突破 K 线的形成过程中，其回撤幅度超过该 K 线的三分之二。

● 在突破 K 线的形成过程中，其回撤幅度至少超过该 K 线三分之一的情况发生两次或更多。

● 回调上涨越过突破点。任何一根 K 线的高点和两根 K 线之前的 K 线的低点之间都没有缺口。

● 回调上涨越过急速下挫中的第一根 K 线的高点。

● 回调触发盈亏平衡处的止损。

● 有一种疑惑感。你不确定突破将成功与否。

对交易者而言，突破意味着强势和新趋势可能开启。其发生在一段时期的双边市之后，那时候多头和空头均认为市场存在价值并愿意建立仓位。在突破期间，双方都认为市场应该在另一个价位找到价值，突破就是寻找这个新价位的快速行情。市场偏好不确定性，并为此而快速运动。突破是一段确定时期。多头和空头都认为，下行突破中的市场价格太高，或者上行突破中的市场价格太低，并且行情延续的几率通常为 60% 至 70% 左右。市场快速运动，寻找一个多空双方均认为有价值发起交易的点位。这意味着不确定性再次出现，没有人知道哪一方将获胜，并成功制造下一个突破。不确定性是交易区间的特征，因此突破是寻找交易区间，寻找不确定性，以及方向概率为 50% 的等距行情。急速拉升后的通道通常形成后面出现的交易区间的大体顶部和底部。随着市场在通道内上行，等距行情的方向概率降低，当市场运行到通道终点时，反转的概率实际上更大。这是因为交易区间的突破通常会失败，市场回归区间中点是大概率，这里的方向概率为中性。区间的中点是突破的目标位，其位置在区间形成之前无法得知。

突破以一根趋势 K 线开启，其可大可小，但是通常相对于近期 K 线来说较大一些。记住，所有的趋势 K 线均应被看作是突破、急速、缺口和高潮。当其较小时，很容易忽视其重要性，但是如果其后跟随着一些横向盘整的价格行为，然后出现一轮稳定的趋势行情，那么突破就在进行之中。最容易识别的突破是，一根非同寻常的大型趋势 K 线让市场快速冲出交易区间，并且在同一方向上很快有其他趋势 K 线跟随出现。不管突破是单根趋势 K 线还是一系列趋势 K 线，其总是一轮急速行情。如前所述，几乎所有的趋势都可以被认为是某种形式的急速与通道趋势（Spike and Channel Trend）。举例而言，如果有一根上涨趋势 K

线强势收盘，其后面的数根 K 线同样也强势收盘，其影线很小或不存在，高点和低点依次抬高（无回调 K 线），并且连续上涨趋势 K 线的实体之间很少重叠，那么在市场反转跌破突破行情的起点之前，其很可能会在某一时刻高于现价。如果趋势持续，最终其动能将放缓，通常会形成某种类型的通道。

交易中的最重要概念之一是大多数突破都会失败。鉴于此，在每一次突破时都追突破是一个输钱策略。不过经常会有一些价格行为事件提高突破的成功率。举例而言，在一轮强劲的下跌趋势中，市场以两腿行情上涨至移动平均线，在这个熊旗向下突破时卖空就是一个明智选择。然而，如果市场没有趋势，很多 K 线重叠，还有很多 K 线具有长影线，市场就处于平衡。多头和空头均有意建仓，交易区间就此形成。如果市场出现一根强劲的上涨趋势 K 线，其延伸至交易区间的顶部，甚至冲到交易区间的上方，乐意在区间中点卖空的空头在这个更好的价位将更加激进地卖空。同时，在交易区间中点乐意买入的多头对追高开始变得犹豫，反而会在区间的顶部快速平仓。多空双方的这种行为将在区间中点形成磁场引力，其结果是大多数交易将发生在区间中点。即便市场成功突破并完成基于区间高度的等距行情，磁场引力依然倾向于将市场拉回区间。这就是最终旗形反转如此可靠的原因。

查看任何一张图表，你将发现很多上涨和下跌的趋势 K 线具有相对较大的实体和较短的影线。其每一根 K 线都在试图突破，但是几乎所有的尝试都未能引发趋势，而交易区间则持续。在 5 分钟的 Emini 图表上，这很可能代表买卖程序试图推动市场。有一些算法被设计为淡出（fade）此类趋势 K 线，预期其大多数将失败。如果交易老手认为突破很可能会失败，他们也会这样做。举例而言，如果出现一个大型上涨趋势 K 线形式的突破，这些程序可能会在该 K 线的收盘价、高点上方、后面一两根 K 线的收盘价或其低点下方卖空。如果足够多的实盘程序加入淡出阵营（卖方），它们将压过那些试图发起上涨趋势的程序，交易区间将持续。最终会有一个突破将成功。突破 K 线将很长，K 线形成过程中的回调将很小，突破在接下来的多根 K 线中会有良好的后续。试图淡出的程序失败，它们将回补空头，进一步推动趋势。强势行情将吸引其他趋势交易者，其中很多人是动能交易者，他们看到动能就会迅速介入。

一旦所有人都确信市场现在处于上涨趋势，其在回调出现之前可能会前行很远。为什么会这样？考虑这样一个案例：由三根强势上涨趋势 K 线构成的急速拉升让市场突破进入强劲的上涨趋势。交易者相信市场很快就会走高，但他们并不确定市场能否在接下来几根 K 线中走低。这导致空头回补，进一步推高市场。仓位不足的多头相信市场将在短期内走高，他们认为相对于等待 8 至 10 个跳点的回调或在市场回调至移动平均线时买入，现在直接以市价买入或在两三个跳点的回调中买入将赚更多的钱。这也推高市场。既然多头和空头实际上都在市场走高中买入，回调从未出现，至少在市场远远高于现价之前不会出现 5 根 K 线以上的回调。

在第八章中有详尽探讨。在突破中，交易者愿意在任一时刻以市价买入，因为他们相信赚取至少与其风险一样大的盈利的概率高于 50%。当突破强劲的时候，其成功概率往往有 60% 至 70%，甚至可能更高。在 Emini 的 5 分钟图上，当急速拉升的顶部比底部高 4 个点时，如果他们在高位买入，那是因为他们相信市场有 60% 或更高的概率在触及其 4 个点的止损之前先上涨 4 个点。你怎么能确定？因为如果你的风险与回报等同，而成功率却低于 60%，那么其在数学上就是不明智的选择，机构也就不会做这笔交易。既然市场依然在上涨，那就说明机构在做这个交易。鉴于只要市场维持在急速拉升的底部上方，这笔交易就依然有效，因此他们承担市场跌至急速拉升底部的风险。他们知道急速拉升通常完成一段等距行情，因此其盈利目标，即他们的回报，与其风险相等。如果急速拉升在停顿之前又扩大两个点，那么其长度就是 6 个点。如果急速拉升就此结束，他们会假设市场有约 60% 的概率在下跌 6 个点之前先上涨 6 个点。这意味着所有在低位买入的多头有 60% 的几率看到市场在触及其 4 个点的止损之前再上涨 6 个点。举例而言，在急速拉升的长度为 4 个点时买入的多头，现在在一笔胜率为 60% 的赌注上承担 4 个点的损失风险来博取 8 个点的盈利，这在数学上是个好机会。他们预期市场有 60% 的几率测试急速拉升至终点的上方 6 个点处，即他们入场价的上方两个点处，为他们提供 8 个点的盈利目标。

当突破成功并引发趋势的时候，其动能在最初的快速行情之后放缓，双边交易的迹象开始显现，如 K 线重叠，影线越来越长，反方向的趋势 K 线和回调 K 线。尽管趋势可能持续很长时间，但是这一段趋势通常会被回撤，成为交易区间的一部分。举例而言，在一个急速与通道的上涨趋势形态中，急速拉升是突破，通道通常成为交易区间的第一腿，因此经常被回撤。一般情况下，市场最终会一路回调至通道起点，完成正在形成的交易区间的第二腿。在那个上行突破的案例中，市场通常会试图在支撑位反弹。这产生一个双重底牛旗，有时候会引发市场向上突破新的区间，另一些时候则演变成一个持久的交易区间，如窄幅交易区间或三角形。少数时候引发反转。

在 Emini 的 5 分钟图上，通常每天都会有多次试图突破，但是其大多数在一两根趋势 K 线后失败。他们很可能代表一些机构的程序交易启动，但是被其他机构的反向程序压过。当足够多的机构程序在同一时间交易相同方向时，他们的程序将把市场推至一个新的价位，突破就会成功。不过事无绝对，即便是最强势的突破也在约 30% 的时候失败。

当突破非常强势的时候，会出现三根或更多的趋势 K 线，其影线小且很少交叠。这意味着交易者并没有等待重大回调。他们担心市场在前行很远之前不会出现回调，而他们想要确定至少抓住一部分趋势。他们会以市价买入，或者在一两个跳点的微幅回调中买入，他们的持续买盘会加强趋势，阻碍重大回调的形成。

突破 K 线通常具有高成交量，有时候其成交量将是普通 K 线的 10 至 20 倍。成交量越高，以及急速拉升的 K 线越多，出现重大后续行情的几率就越高。在突破之前，多头和空头均在分批建仓，争夺市场的控制权，双方均试图在各自方向成功突破。一旦出现明确的突破，输的一方会很快斩仓止损，而赢的一方甚至会更为激进地加仓。结果是一根或多根趋势 K 线，通常伴有高成交量。成交量并非总是特别高，但是当其为近期 K 线平均水平的 10 倍或更高时，成功突破的概率就更高。成功突破指的是拥有多根后续 K 线。此外，在几根 K 线之内失败的突破也可能伴有非比寻常的高成交量，但是这种情况较不常见。成交量的可靠性不足以指导决策，而构成急速拉升的大型趋势 K 线已经告诉你突破是否很可能会成功。试图将成交量纳入考虑，更多时候会让你分心，妨碍你发挥最佳水平。

所有的成功突破都应被看作是急速行情，因为通常其后是通道，形成一个急速与通道的趋势形态。然而，突破也可能会失败，如果其之前的交易区间是趋势中的旗形，那么它就成为最终旗形。实际上大多数突破确实都失败，只是突破 K 线太过平凡，以至于大多数交易者甚至都没意识到市场曾经试图突破。较不常见的情况是，市场在突破后进入一个窄幅交易区间，通常之后是趋势恢复，但有时候窄幅交易区间也可能向另一方向突破，导致趋势反转。

突破可以是单独一根大型趋势 K 线或一系列的大小趋势 K 线，突破通常会成为我们之前所探讨过的趋势形态中的一部分。举例而言，如果有一轮开盘下跌趋势，其很可能是市场向下突破前一天的某个形态。如果趋势有序，其后很可能出现一个持续数个小时的窄幅交易区间，然后这一天可能在收盘时恢复下跌趋势。如果突破加速下行，每一根 K 线都形成更加陡峭的斜率，走势图呈抛物线状而形似抛售高潮，那么之后很可能出现回调，然后形成一个通道。这一天可能变成一个急剧与通道的下跌趋势日。

有时候，当市场在强劲趋势中持续了很多根 K 线之后，其在趋势的方向形成一根非比寻常的大型趋势 K 线。一般来说，这根大型 K 线或者是突破进入更陡峭也更强劲的趋势，或者至少成为趋势中的另一腿，另外还可能预示着趋势的高潮性终结。如果市场回调几根 K 线，并且对突破 K 线的回撤幅度不大，突破成功的几率较高。如果其为上行突破，交易者会在高 1 突破回调中入场（或者在下行突破的低 1 卖空）。

　　即便回调跌至突破点的下方，趋势依然可能持续。不过回调越深，突破失败和市场反转的概率就越高。在这一案例中，大型 K 线将代表趋势的高潮性终结而非突破。如果回调幅度的很深，交易者可能在短期内（1 个小时左右）犹豫是否再次入场。举例而言，如果有一根大型上涨趋势 K 线向上突破一个波段高点或交易区间，但是回调的幅度很深，可能跌至波段高点的顶部略下方，交易者将无法确定这是突破失败还是上涨过度。这种情况下的多头通常不会在 10 根 K 线左右之内买入，市场经常会进入一个小型交易区间。相对于在高 1 买入，他们很可能会选择等待高 2，尤其是当其在 1 个小时后形成时。如果交易区间保持在移动平均线之上并持续约 1 个小时，多头将会在两腿式的盘整下跌回调中买入。有时候盘整行情后出现第二腿下跌。那第二腿可能引发市场创下新高，或者趋势反转和更多抛盘。

　　一旦出现回调，即小型交易区间，交易者就希望趋势恢复。回调中的突破的最初目标是基于交易区间长度的等距行情。很多交易者会在那个区域部分止盈或全部止盈，激进的逆势交易者将建立新仓位。

　　最容易识别的突破失败是这种情况：市场迅速反转而没有试图延续突破的方向。其更可能发生在有其他证明表明可能出现反转的时候，如市场向上突破趋势通道线后以一根强势信号 K 线反转下跌。

　　突破可以是任何事情，如一根趋势线，一个交易区间，以及当日或昨日的高点或低点。是什么无所谓，因为交易方法都一样。如果突破失败，那就淡出交易；如果反转失败并成为突破回调，那就在突破的方向再次交易。只有突破非常强劲时才在突破中入场。一个案例是，强劲上涨趋势中出现一轮双 K 回调，形成一个高 1 买入的建仓形态。交易者可以在前一根 K 线的高点上方一个跳点处买入，他们还可以在前高点上方一个跳点处设置停损买入订单，在市场突破创下新高的过程中加仓。不过，通常在回调中买入好于在突破失败时卖空。

　　大多数时候，交易者将新的波段高点和低点作为潜在的淡出建仓形态。不过在强劲的趋势日，突破通常带有巨量，其回调幅度非常小，即便是在 1 分钟图上。很明显趋势交易者掌控市场。举例而言，如果一轮上涨趋势如此强劲，价格行为交易者会在高 1 和高 2 回调买入，而不是等待市场向上突破趋势中的前一个高点。他们总是试图将交易的风险最小化。然而，一旦强劲的趋势出现，以任何理由参与趋势都是好的交易。在强劲趋势中，每一个跳点都是顺势入场点，因此你可以在任意点位以市价入场，并使用合理的止损。

如果出现一个大型趋势K线的突破，且该K线尚未结束，你需要做一个决策。如果你刚刚刮头皮平掉部分仓位，而现在想要将剩余仓位做波段交易，总是要考虑一下你承担多少风险。有一个方法可以帮助你决定是否应该继续拿住波段仓位，那就是问一下你自己，如果你现在空仓的话会怎么做。如果你愿意按照波段交易的仓位和保护性止损以市价入场，那么你就应该保留现在的波段仓位。反之，如果你认为现在以市价入场的风险过大，那么你就应该以市价平掉波段仓位。

当出现突破的时候，多空双方均将其看作机遇。举例而言，如果市场创下一个波段高点后回调，多空双方均会在市场上涨越过这个前期波段高点时入场。多头会买突破，因为他们将其看作是强势的表现，他们相信市场会在其入场点上方前行足够远，让他们可以获利离场。空头也会将突破看作赚钱的机会。举例而言，空头可能会用限价订单在前期高点或其上方几个跳点处卖空。如果市场反转并下行，他们会找机会获利离场。然而，如果市场持续上涨，而他们认为市场可能回调并测试突破点，那么他们就会找机会加仓做空。由于大多数回调都会一路跌至前期的波段高点位置，他们可以在突破测试中平仓，在第一个仓位上盈亏平衡，在第二个从较高点位入场的仓位上盈利。

当交易者想到突破的时候，通常立即出现交易区间的画面。然而，突破可以是任何事情。很多交易者经常会忽视的一种突破是，旗形向意料之外的方向突破，如熊旗向上突破顶部或者牛旗向下突破底部。举例而言，在一轮较为强劲的下跌趋势中，交易者不知道是否有一个可交易的低点，他们看到一个熊旗正在形成，他们可能开始在前一根K线的低点下方买入，预计低1和低2甚至低3会失败。有时候熊旗的形状标准，触发低2卖空或楔形熊旗卖空，但是市场立即反转形成一两根上涨趋势K线。这种突破通常会形成一个测量缺口，引发一段等距上涨。交易者会在突破中和任何小幅回调中入场。由于空头被套（Trapped），在市场出现至少两腿上涨之前，他们不太可能急于再次卖空。上涨趋势中的牛旗与此相反。

有一种特别类型的突破偶尔发生在趋势日的最后一个小时。举例而言，如果市场趋势下行，且没有回调迹象，可能会出现一两根大型下跌趋势K线向下突破下行通道的底部。或许会有一轮小幅回调，然后第二次突破创下新低。其他时候，市场在收盘之际只是不断下跌，而不出现大型下跌趋势K线。在这两个案例中可能发生的情况是，交易公司的风险管理官告诉其交易员抄底做错了方向，他们需要以市价平仓。这种下挫通常没有很多后续行情，因为其大多数是被迫卖出所致。很可能有一些聪明的程序员预料到了这一点，他们设计了短暂做空的程序来把握机会，其加剧了抛售高潮的规模。动能程序也参与强劲趋势。在一两轮抛售高潮之后，当日收盘之前可能会有反弹，也可能没有。以强势急速拉升或通道而结束的交易日的情况与此相反。风险管理官正在告诉其交易员在收盘前买回亏损的空仓，随着市场快速上涨，动能程序检测到信号，只要动能持续其就不断买入。

交易者的一个目标是追随机构。很多突破由大型趋势K线构成，其拥有当日最高的成交量。这是机构交易最多的时候，他们这样做是因为他们预期行情会长久持续。尽管交易者在大型突破中容易胆怯和冲动，但机构将其看作好机会。正如交易量所展示的，你也应该如此。尝试学会交易突破，因为它们具有优异的交易者等式。如果有必要，可以交易四分之一仓位（不在意的规模），仅为积累经验。行情通常足够大，你可以赚到跟平时全仓交易时一样大的盈利。

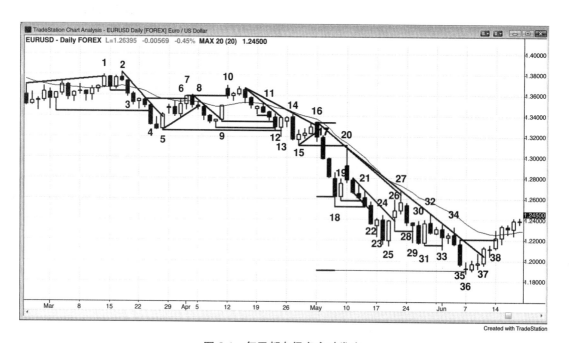

图 2.1   每天都有很多突破发生

在任何一张走势图上，每隔几根K线就会出某种形式的突破，如图2.1的欧元/美元日线图所示。严格来说，如果一根K线的高点高于之前任何一根K线的高点，或者低点低于之前任何一根K线的低点，其就是对那根K线的突破。同时，所有的趋势K线都是突破。图上标示了很多不同类型的突破和失败。

K线1向上突破趋势通道线，但是其下一根K线向下突破其低点，形成一个双K线反转，由K线3的入场K线触发。K线2是市场第二次试图向上突破上行通道，并且其向上突破了另一个双K线的反转，但是突破通道失败，市场反转下行。

K 线 4 向下突破波段低点，它是一轮始于 K 线 2 的抛售高潮中的第六根 K 线。由于该 K 线的区间较大且影线很小，其可能代表抛售高潮需要调整后才会出现后续抛售。结果确实如此，因为 K 线 5 是一根强势上涨反转 K 线，将 K 线 4 变成失败的突破。

市场以两腿行情回调至移动平均线，K 线 8 突破熊旗。

K 线 9 向上突破下降趋势线。

K 线 10 向上突破波段高点，但是当下一根 K 线跌破其低点时，突破失败。

K 线 12 跌破 K 线 9 入场 K 线及其前一根信号 K 线。

K 线 13 试图反转上涨并形成失败的（下行）突破，但是 K 线 14 的反转下跌让其失败。K 线 14 也是市场向上突破微型趋势线和上涨反转 K 线失败后的反转下跌。当失败的突破未能反转市场时，其成为突破回调。

K 线 16 向上突破下降趋势线失败，该 K 线反转下跌成为一个外吞下跌反转（Outside Down Reversal），跌破前三根 K 线的熊旗趋势线。

K 线 16 至 18 形成一个四 K 线突破，其由实体大、影线小且很少交叠的强势下跌趋势 K 线构成。在交易区间内分批建仓的多头最终投降，他们不仅停止买入，还要尽快出清其庞大的多仓，而非等待反弹。他们不确定短期内是否会出现反弹，但是他们确定市场将在几根 K 线内走低。这意味着以市价平仓或者在 K 线内的小幅回调中平仓是其最佳选择。他们清空多仓，在多根 K 线内都不会买入，这加剧了抛售行情的强度。当突破如此强劲的时候，其后通常形成一个通道，产生一段等距行情，其长度为急速下挫的第一根 K 线开盘价至其最后一根 K 线收盘价的距离。K 线 36 的低点刚刚越过等距行情的目标位，通道以此结束。然后市场通常转为上涨，测试急速下挫后的第一个合理的买入信号，即 K 线 19 的上涨孕线高点。如果市场达到那里，其下一步会测试下行通道的起点，即 K 线 20 的高点。

K 线 20 试图让四 K 线突破失败，但是当突破如此强劲的时候，其通常会有后续，让其失败的试图一般也会失败，从而成为突破回调，正如本案例。市场在刚要触及 K 线 15 的突破点和移动平均线时就反转下跌。当市场尚未触及阻力位就反转下跌的时候，表明空头非常强势，因为他们并没有等待阻力位被触及。空头担心多头无法将市场推到阻力位，因此将限价订单设在其略下方。这是空头迫切的表现。突破点（K 线 15 下方）和突破回调（K 线 20 高点）之间的缺口通常成为测量缺口，其经常是行情的大体中点。下跌趋势的起点是 K 线 2 的高点，市场最终在缺口下方的跌幅超过 K 线 2 高点与测量缺口中点之间的距离。突破和突破测试时的强势反转下跌确立了下跌趋势非常强劲，交易者在当日剩下的时间里只能寻机做空。或许会有一两次刮头皮做多的机会，但是当市场跌破前一根 K 线的低点、显示小幅回调可能正在结束时，交易者需要能够立即转手做空。顺便说一下，艾略特波浪交易者将回调看作 4 浪顶部，将突破点看作 1 浪底部。如果其中间的下跌行情是 3 浪，那么这两者之间不能交叠。3 浪通常是趋势中的最强一浪。

K 线 22 是一根大型区间下跌 K 线，向下突破了四 K 线通道的底部。其可以被认为是第三轮连续抛售高潮（第一轮是 K 线 14，第二轮是下跌至 K 线 18 的四 K 线急速下挫）。在经历两三轮连续的高潮行情后，市场通常会出现至少 10 根 K 线的两腿式调整。然而这里的情况是，那一轮四 K 线急速下挫是当日的主导特征，是一个强劲突破的起点。是的，它是一轮急速下挫，因此也是一轮抛售高潮，但是其规模如此之大，市场的特点因此而改变，任何数线都要重新开始。一旦其形成，交易者就会认为市场将出现一轮强势下跌，而通道是强势急速行情后的最常见形态。通道在调整之前通常有三段行情（Three Pushes），这一次也不例外。三段行情为 K 线 18、25 和 36，之后市场以弱势上涨收盘。

K 线 22 是一轮抛售高潮，其过靶（Overshoot）三 K 线下行通道的底部。其后面的 K 线 23 试图反转市场。然而，在大图景如此空头的情况下，仅仅根据这几根 K 线而做多是一个错误。市场总是试图反转趋势，当筑底形态实时发生时，很容易受到情绪影响；但是永远都不要忽视大图景。四 K 线的急速下挫非常强劲，始终入场头寸依然是空头。此时底部的任何试图几乎都会形成熊旗，正如本例。市场总是具有惯性，当其处于趋势时，预期所有的反转试图都会失败。

在市场向下突破 K 线 20 至 21 的通道之后，K 线 25 是第二次试图反转上涨。鉴于两次反转试图的信号 K 线均有强劲的上涨实体，市场可能会测试移动平均线。大多数交易者都不应该做这笔交易，反而应该保持做空。因为有太多时候，交易者逆势刮头皮而赚取一个点，但是没有及时反手做空，从而错过在顺势交易中赚取四个点或更多的机会。如果你刚刚才做多，现在要迅速改变思维而反手做空会很难，如果对此不能做到轻车熟路，那就不要逆势刮头皮，从而错过波段下跌。

K 线 26 向上突破通道顶部，符合预期。

K 线 27 向上突破下降趋势线和 K 线 18 的突破点，但是其未能成功而在下一根 K 线反转下跌。

K 线 28 突破一个三 K 线熊旗。

K 线 29 向下突破 K 线 26 的多头入场 K 线，但是出现买盘，表现为长影线。

K 线 32 再一次测试下降趋势线，因此是一次突破尝试，但是以失败告终。

K 线 35 是另一根大型下跌趋势 K 线，因此也可能是另一轮抛售高潮。如果市场在短期内出现第二次和第三次抛售高潮，其很可能出现至少两腿调整的反转。

K 线 36 向下突破等距行情的目标位，但是并未出现抛盘，反而交投淡静，可能显示 K 线 22 至 34 的熊旗突破失败。长期下跌趋势后的水平熊旗经常成为最终旗形，后面一般至少出现两腿行情的盘整上涨（Sideways to Up）。K 线 36 也是下行通道中的第三段下跌，其通常引发至少一次反转试图。

K 线 36 后的 K 线向上突破 K 线 36 的高点，成为多头的入场 K 线。

K 线 37 向上突破下降趋势线。

K 线 38 向上突破 K 线 35 的强势下跌趋势 K 线，这根 K 线的上方必定有空头的大量止损买入订单，因为其大型下跌实体代表了强势抛售。一旦市场上涨越过其高点，很多空头会判定市场不再有足够的力量继续做空，他们在收盘前买回空仓（空头回补）。

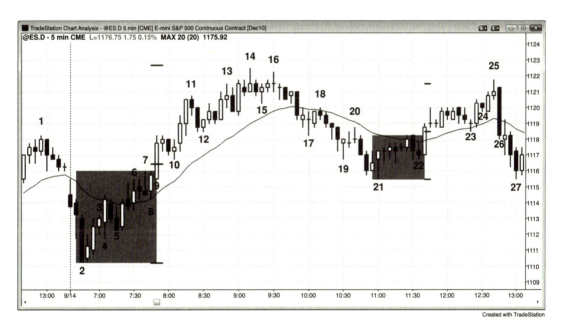

图 2.2　旗形可以向概率较小的方向突破

有时候旗形可以向意料之外的方向突破，并引发等距行情。在图 2.2 中，一个失败的楔形熊旗在 K 线 9 向上突破。K 线 7 突破点和 K 线 10 突破测试之间的测量缺口引发一段近乎完美的等距上涨。

K 线 3 是一个低 1 卖空建仓形态，但是在三个强势上涨实体和 K 线 2 的抛售高潮之后，其很可能会失败。激进的交易者会在 K 线 3 的低点或其下方用限价买入订单做多。K 线 5

是低 2 卖空的入场 K 线，但是在强劲的 K 线 4 外吞上涨 K 线之后，市场可能正在确立当日低点。同样，激进的交易者会在低 2 信号 K 线的低点或其下方做多。K 线 7 是楔形熊旗卖空的信号 K 线，但是市场处于上行通道，并且 K 线 4 的外吞上涨 K 线使得始终入场头寸做多。空头不应在 K 线 7 的下方卖空，而是应该先等待观察市场是否形成更低的高点。多头在 K 线 8 的上方做多，预计会出现一段失败的楔形熊旗的等距上涨。

然后在 K 线 22 的上方出现一个失败的低 2 熊旗买入建仓形态，入场 K 线是一根上涨趋势 K 线。该突破同样引发一段等距上涨。K 线 21 是上涨日中的下行通道底部，K 线 22 是通道突破后的突破回调，因此敏锐的交易者认为低 2 失败并引发市场测试当日高点的概率非常高。

K 线 26 的低点反转了过去 12 根 K 线的低点（其低于这些低点）和过去 13 根 K 线的收盘价。其收盘价同样反转了这些 K 线的低点，这一点很重要，因为收盘价低于前低比低点低于前低更为强势（空头趋势）。被反转的低点和收盘价越多，反转的力量就越强。在之前 12 根 K 线买入的所有交易者现在都持有亏损的仓位，他们会寻找任何小幅反弹而出清多仓。很多人在下一根 K 线卖出，导致了该 K 线顶部的影线。同时，至少在多根 K 线之内，这些多头也不太可能想要再次买入。

图 2.3　小型突破 K 线

如图 2.3 所示，尽管像 K 线 3 和 19 这样的大型突破 K 线经常引发大趋势，但是有时候像 K 线 12 这样的小型突破 K 线也可以是一段持久行情的起点。在 K 线 9 的急速下挫后，交易者好奇涨至 K 线 11 的行情是否会成为在移动平均线处的低 2 熊旗（K 线 10 和 11 是两段上涨）。然而，市场并没有向下突破，而是向上突破了 K 线 10 和 11 的双重顶（这使得上涨行情成为最终旗形，因为它是下跌趋势中的最后一个旗形，尽管其从未向下突破）。虽然 K 线 12 的突破 K 线较小，但是足以让交易抛弃涨至 K 线 11 的行情是熊旗的概念，他们开始猜测 K 线 9 是否是一轮抛售高潮，其可能调整 10 根或更多 K 线。K 线 12 后的 K 线同样很小，但是有两个强势的信号：上涨的实体和高于 K 线 11 高点（突破点）的低点。尽管涨到 K 线 14 的行情并没有覆盖很多点数，但是其持续上涨，成为两腿上涨中的第一腿（第二腿从 K 线 18 和 15 构成的双重底及由 K 线 13、15 和 18 的低点构成的三角形开始）。

第3章 最初突破

在大多数市场的 5 分钟图上，通常每天都有数次成功的重大突破。大多数突破以一根单独的趋势 K 线开启，其通常长于之前的 K 线，并且没有影线或影线很短。在最强势的突破中，会出现一系列很少重叠的 K 线。举例而言，在 5 分钟的 Emini 图上的一个强势突破中，一旦突破 K 线收盘，一些交易者就会设置限价订单在其收盘价买入。如果下一根 K 线以此价格开盘，并立即上行而没有跌破过该价格，那么限价订单很可能不会成交，这些多头就踏空市场。他们会经历一种急迫感，因为他们担心错过行情，所以会找机会尽快入场，使用市价订单或限价订单在一两个跳点的小幅回调中买入，或者转到 1 分钟或 2 分钟这样的较小时间框架图表，在高 1 或高 2 回调中买入。这在情绪上经常会很难做，如同高台跳水一般。有一种方法可能在这两种情况下有效，那就是放手去做：捏紧你的鼻子，紧闭你的双眼，绷紧全身每一块肌肉，相信自己不会严重受伤，糟糕的感觉将转瞬即逝。如果你在交易 Emini，你只要在小幅回调中买入并依赖止损。如果突破强劲，你的止损不会被触及，并且你将有很好的机会在接下来的多根 K 线中赚取 2 至 6 点甚至更多，而只承担约 2 个点的风险。

如果市场并没有连续出现多根强势上涨趋势 K 线，而是在一两根 K 线的突破后出现小型 K 线、十字星、内包 K 线、有长影线的 K 线或下跌趋势 K 线，那么突破可能失败。这可能导致市场反转回到交易区间，趋势反转进入下跌趋势，或反转失败，即市场在一两根 K 线的回调后恢复上涨。当突破成功的时候，其将形成某种形式的急速与通道趋势。

当一天结束之后，突破的入场在图上看起来如此简单，具有欺骗性。然而在实时交易时，建仓形态倾向于模糊不明或清晰但惊悚。在突破中入场或在突破 K 线收盘后入场很难做到，因为突破时的急速行情通常较大，交易者需要迅速决定承担远高于平时的风险。结果就是他们经常会选择等待回调。即便他们降低仓位，使其风险金额与其他交易相同，承担两三倍点数的风险也让他们受惊。在回调中入场很困难，因为每一轮回调都始于小型反转，交易者担心回调或是深幅调整的开始。如果反转仅为一两根 K 线，并且形成突破回调入场的建仓形态，他们也害怕入场，因为他们担心市场可能正在进入交易区间，如果市场正在向上突破，他们不想要在其顶部买入；如果市场正在向下突破，他们也不想在其底部卖出。趋势尽其所能让交易者踏空，这是让交易者整日追逐市场的唯一方法。当建仓形态简单明朗时，行情通常是一笔快速的小额刮头皮。如果行情会走得很远，其需要模糊不明并难以把握，让交易者观望而踏空，从而被迫追逐趋势。

你经常会听到专家讨论令人失望的收益报告或管理层变更等坏消息导致市场出现一两天的抛售。他们在判断消息仅仅是一轮强劲上涨趋势中的一日事件，还是会影响未来数月的股市前景。如果他们的结论是上涨趋势的概率较大，他们会在急速下挫的底部附近买入。如果他们认为坏消息太过严重，市场将在数月内持续承压，他们就不会买入，实际上还会寻找机会在下一轮上涨（反弹）中清仓。技术交易者将抛售看作下行突破，他们根据突破的力度评估股票。如果急速下挫看上去强势，他们会在上涨（反弹）中卖空，甚至可能在K线收盘时卖空，预期更大的急速下挫、急速和通道，或者其他类型的下跌趋势。如果与上涨趋势相比其看上去疲弱，他们会在下跌趋势K线的收盘价和低点买入，预期突破失败，而趋势反转的试图仅仅成为另一个牛旗。

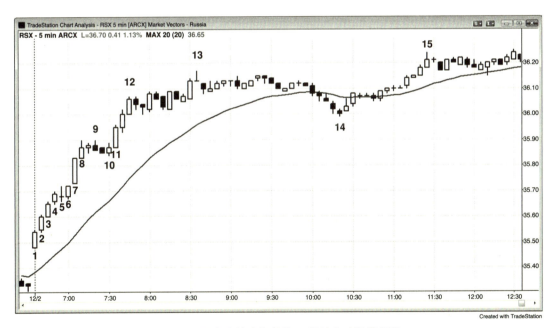

图 3.1 具有连续多根趋势 K 线的突破通常很强

最强的突破有一种迫切感，其连续出现多根趋势 K 线，如图 3.1 中的 RSX 开盘上涨趋势。

　　RSX 是 Market Vectors 的俄罗斯交易所交易型基金（ETF）。市场向上突破昨日最后一个小时形成的交易区间。注意趋势中的多根 K 线的低点并未跌破其前一根 K 线的低点。这意味着那些等待 K 线收盘后立即在收盘价限价买入的多头的订单很可能不会成交，他们将会踏空市场。市场正在离他们远去，他们知道这一点，因此会使用任何理由入场。这种迫切感让市场急剧上涨。这一系列的 K 线应该被认为是一轮急速拉升。急速拉升后通常是上行通道，它们一起构成急速拉并与通道的上涨趋势。

　　K 线 6 是一根孕线（内包 K 线），也是行情的第一次停顿。在开盘上涨趋势日（Open Bull Trend Day）中的趋势中，这通常是一个可靠的高 1 多头入场点。不过当趋势如此强劲的时候，你可以直接以市价买入，任何理由都可以买入。去年亚马逊河是否哪里下雨了？是就买。去年你孩子的高中篮球队是否拿下一分？是就买更多。你需要做多并持仓，因为市场很可能有 70% 以上的概率出现等距上涨，其长度等于或大于急速拉升的大体长度（K 线 1 的低点或开盘价至 K 线 4 或 8 的收盘或高点）。确切的概率从来都无法得知，但是根据经验，这是一个非常强劲的突破，出现等距上涨的概率很可能会超过 70%。从 K 线 1 开盘价至 K 线 4 收盘价的等距上涨目标就是市场在 K 线 8 的顶部停顿的地方。基于 K 线 1 开盘价至 K 线 8 收盘价的等距行情目标在当日收盘时被超过三美分（未显示）。

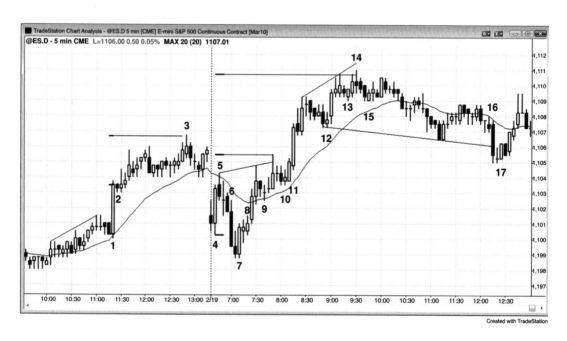

图 3.2　成功的突破需要后续

突破在 5 分钟 Emini 图上很常见，但是如图 3.2 中的 K 线 1 和 K 线 11 这种强势突破成功并延续多根 K 线的情况，一天之内通常只出现一至三次。

K 线 1 向上突破一个小型楔形的顶部，其顶部和底部的影线短，是一根大型上涨趋势 K 线。

K 线 2 是一根小型的下跌孕线，并且同时是突破失败卖空和突破回调做多的信号 K 线。记住孕线是一个单 K 线的交易区间，是向任意方向突破的建仓形态。突破经常引发等距行情，一个常见的形态是，以急速拉升的开盘或低点至急速拉升的收盘或高点的距离为长度，从急速拉升的收盘或高点开始等距上涨。这里涨至 K 线 3 的当日高点的行情就是从 K 线 1 突破 K 线的收盘价开始的等距行情。

开盘区间经常导致突破形成等距行情，但是等距行情的目标通常有多种可能，最好是先关注最近的目标。交易者应该关注 K 线 4 的低点至 K 线 5 的高点。一旦等距行情的目标达到，交易者就应该注意其他的可能性。失败的楔形经常引发等距行情，但是交易者需要考虑其所能看到的所有选择。举例而言，他们可能看到 K 线 7 的低点至楔形的顶部（K 线 9 后第二根 K 线）。不过楔形始于 K 线 4，而 K 线 7 的更低低点可以被看作是对 K 线 4 低点的过靶。市场试图形成一个始于 K 线 4 低点的楔形熊旗，其有三段上涨（K 线 5，以及 K 线 9 的前后两次急速拉升）。将 K 线 4 低点至楔形顶部之间的距离作为等距行情的长度，其在 K 线 14 的当日高点时被越过一个跳点。寻找这些等距行情目标的目的是找到合理的止盈区域，如果出现强势的反向建仓形态，可以交易相反方向。

K 线 6 强势下破创出当日新低，但是其被 K 线 7 的外吞上涨趋势 K 线所反转。当交易者看到至 K 线 8 的盘整行情时，他们会认为这可能是一个突破回调（熊旗），之后可能出现另一轮下跌。你必须总是同时考虑多空两种可能。市场并没有进一步抛售，而是迅速上涨。如此强劲的下跌趋势 K 线怎么会这么快就被反转上涨？如果机构有大量买单，他们希望以最好的价格成交。如果市场在上涨之前很可能会先测试 K 线 4 的低点下方，他们就会等待测试之后再买。当市场接近其买入区时，立即买入并没有意义，因为他们相信市场将在接下来的几分钟内走低。因此这些非常迫切的多头就袖手旁观。最强势买家的缺失导致平衡偏向卖方，因此市场需要快速下跌至有人愿意买入的价位。结果是出现一根大型下跌趋势 K 线。一旦市场跌至一个多头认为不会继续下跌的价位，他们就会凭空出现并不停地大量买入，压过空头。空头意识到正在发生什么，他们停止做空并开始买回空仓。这意味着多空双方均认为市场将会上涨，这导致有利于多头的等距行情的方向概率为 60%。换句话说，市场有 60% 或更高的概率在下跌两个点之前先上涨两个点，在下跌三个点之前先上涨三个点。实际上，很可能有 60% 以上的概率市场将向上突破开盘区间，并在出现两个点的回调之前完成一轮等距上涨，对多头来说这是一笔好交易。

K 线 9 和 10 是当日新高后的突破回调。

K 线 11 突破一个始于 K 线 5 高点的楔形。它是一轮强劲的双 K 线急速拉升，后面还出现两轮上涨。急速拉升后的上行通道经常会有三段上涨，而急速拉升的顶部就是第一段。

K 线 12 是一个强劲上涨趋势中的两腿式高 2 突破回调，它是一个出色的买入建仓形态。

K 线 13 是另一轮突破回调，鉴于其将引发第三段上涨，多头需要谨慎。一旦 K 线 14 达到多头入场价的 5 个跳点以上，很多多头会将其止损移到盈亏平衡处，因为他们好奇 K 线 14 的楔形高点是否会引发一轮持久的（10 根 K 线或更多）两腿式回调，甚至趋势反转。因此，K 线 15 对多头是一个糟糕的信号，他们预计任何上涨行情将在 K 线 14 的楔形高点下方终结，并且之后至少还有一腿下跌。激进的交易者在其高点上方卖空，因为一个很可能会失败的买入信号意味着交易者可以在经验缺乏的交易者刚刚做多的价位卖空，他们有约 60% 的概率看到市场在触及弱势多头设在 6 个跳点上方的止盈订单之前先下跌两个跳点触发其保护性止损。空头承担 6 个跳点的风险来赚取 8 个跳点的盈利，并有 60% 的把握获胜，这是一个符合逻辑的赌注。

K 线 16 向下突破头肩顶，但是由于大多数筑顶形态实际上只是牛旗，因此突破有很大的概率会失败。多头可以在其后面的那根小型十字星孕线的上方买入，但是这笔交易的风险有些高，因为十字星并不是可靠的信号 K 线。一旦他们看到 K 线 17 的上涨趋势 K 线，在楔形牛旗中买入就是成为更为可靠的形态。在一根强势上涨 K 线的上方买入提高了成功概率，因为市场已经展示部分力量。由于强势突破通常会连续出现多根趋势 K 线，而不是一根小型十字星 K 线，交易者将其看作下跌趋势疲弱的警告。

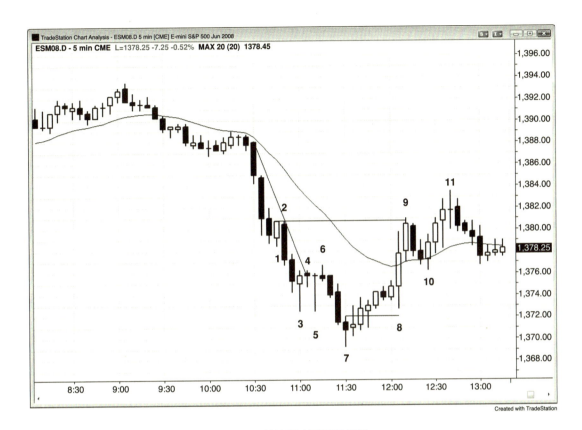

图 3.3　关注图表而不是新闻

　　如图 3.3 所示，一定是一些新闻的发布导致了太平洋标准时间早上 10：30 的激烈抛售。除了知道新闻何时发布之外，你永远也不应该去关注它，因为它在你和你需要做的事情之间形成隔阂。新闻需要思考，然后你需要将其与图表协调，这样做只会减少你的盈利。图表告诉你所需要知道的一切。有事情发生导致机构激进抛售，这就是交易者所要知道的所有信息。该寻找卖空的建仓形态了。

　　K 线 1 是一根强劲的上涨趋势 K 线，根据蜡烛图形态入场或在较小时间框架的反转中买入的先行多头被套（Trapped）。在这个 5 分钟图上甚至都没有触发买入信号，因为下一根 K 线并未越过 K 线 1 的高点。这些多头会在 K 线 1 的低点下方平仓，并且直到更多价格行为展现之前不会再次买入。在 K 线 1 的低点下方一个跳点处设置停损卖出订单，这也是上述多头设置保护性止损的位置，随着他们的平仓，其将为下跌行情提供大量能量。如果触发，你知道被套的多头会离场，并在短期内不会再次买入，而聪明的空头则会加仓做空。这时已经没有人买入，市场几乎一定会提供刮头皮的盈利空间，并且很可能远不止与此。

K线5是第三根交叠K线，它们之间至少有一根K线为十字星（三根都是）。这是铁丝网，其通常为持续形态。与交易区间一样，你永远都不应该在其高点买入或在其低点卖出。你可以在极点位置淡出小型K线，鉴于所有的水平交易区间都是磁场引力并经常成为最终旗形，你可以等待一根趋势K线突破失败，寻找市场反转回到区间的机会。这里的K线7收于其中点之上，因此满足反转K线的最低要求，并且其出现在第三次连续抛售高潮之后。后面通常会出现一轮至少10根K线的两腿调整。

K线3和5是经典的蜡烛图（K线）形态陷阱。记得蜡烛图反转形态的交易者将迫不及待地在这些拥有长下影线的大型蜡烛图上买入，因为他们将长影线和收于高点看作多头取得掌控的证据。当你在一轮下跌趋势中看到一根具有长下影线和小实体的大型K线时，它告诉你如果你在其高点上方买入，你就是买的太贵。在一轮下跌趋势中，你希望在低位买入，而不是在没有出现多头强势或趋势线突破的情况下，在窄幅下行通道中的一根具有小实体的大型K线顶部买入。K线5是比K线3更出色的蜡烛图形态陷阱，因为它是蜡烛图新手所膜拜的墓碑十字星。同时市场上涨越过其高点，似乎印证多头的强势，并且它是底部的第二次尝试（与K线3构成双重底）。但是哪里出错了呢？当你在一轮尚未出现趋势线突破的强劲下跌趋势中看到这些小实体的大型K线时，你应该兴奋，因为它们是大陷阱，因此是完美的卖空建仓形态。只要等待通常跟随其后的小型K线形成。其缺乏后续上涨让这些先行多头十分害怕。所有人都知道这些多头的保护性止损所在，这也是你应该设置停损卖出订单的地方。当你看到这些大型的十字星蜡烛图时，你也看到多头力量，但是既然市场在这些K线的高点徘徊，那就说明多空势均力敌，这些K线的高点很可能处于交易区间的中部或顶部，而不是底部。

至K线6的两腿盘整突破了趋势线。交易者现在知道多头渴望买入，因此市场突破创下新低失败将是完美的做多建仓形态。聪明的交易者只要等待市场以一两根K线向下突破K线3和K线5，然后开始在前一根K线的高点上方一个跳点处设置买入订单。如果他们的订单未能成交，他们就准备将其下移。如果市场下行太远，他们就会等待另一次趋势线突破后再买入，因为趋势已经恢复，该建仓形态未能触发。亏损了两三次的先行多头这一次会等待市场确认而入场较晚，这将在价格行为的多头入场后为上涨行情提供进一步支持。

尽管K线7有下跌的实体，但是至少收盘于中点之上，显示一些力量。可以认为，多头在K线1、3和5的入场亏损后变得有些谨慎。同时，对铁丝网的突破失败，这经常会形成一轮趋势的最终旗形。在这里做多而获利的概率较高，聪明的交易者会预想到这一点，因此没有理由错过。

入场 K 线有一个上涨实体，尽管很小，但依然具有建设性。同时它是一个孕线变体（其实体处于信号 K 线实体的内部，这是一种较弱版本的孕线），意味着空头并没有取得掌控。这时候多头感觉自信，因为他们的保护性止损并没有在入场后一根 K 线触发，先行多头也是如此。

接下来的三根 K 线都是上涨趋势 K 线，其收盘价均高于前一根 K 线的收盘价，因此其收盘价处于上涨趋势。有理由推测会出现两腿上涨，但是几乎可以肯定在第二腿之前会有一轮扫止损（Stop Run）的下跌。设在盈亏平衡处的止损并没有被 K 线 8 的急剧下跌所触及，其演变成一根上涨外吞 K 线，并成为第二腿上涨的起点（更高低点）。每当出现一根强劲的外吞上涨 K 线让市场突破进入新趋势时，其低点就是趋势的起点，所有的数线（Bar Counting）都应重置。举例而言，K 线 9 处的双 K 线反转是一个低 1 建仓形态而非低 2。

上涨目标是下跌行情中的上涨信号 K 线高点（K 线 3 和 5 的高点，K 线 2 高点可能也是）。K 线 9 越过最终目标一个跳点。动能如此强劲，K 线 8 的低点很可能只是第一腿上涨的一部分，而不是第二腿上涨的起点，因此应该会有一轮更深幅度的调整，然后出现第二腿上涨（其在 K 线 11 结束）。

K 线 11 是市场从 K 线 8 的低点开始的上涨行情的低 2 卖空建仓形态。

第4章　现行强劲趋势中的突破入场

　　当趋势强劲并出现回调时,每一次突破前期极点(高点或低点)都是有效的顺势入场点。突破通常伴有高成交量,大型突破K线（强劲趋势K线），以及持续数根K线的后续行情。聪明的资金显然正在介入突破。然而这一般不是交易突破的最佳方法,价格行为交易者几乎总是找到更早的价格行为入场点,如上涨趋势中的高1或高2。认识到这一点很重要:当一轮趋势强劲的时候,如果你使用恰当的止损,你可以在任何时候入场而获利。当交易者看到一轮趋势强劲的时候,一些交易者并不会在第一个入场点入场,因为他们期待更深幅度的回调,如市场以两腿行情回调至移动平均线。举例而言,如果市场刚刚转变为多头,最初的急速拉升中有三根短影线的大型上涨趋势K线,交易者可能担心行情进入高潮,从而决定等待高2建仓形态。然而当趋势如此强劲的时候,最初的几个入场点通常只是高1买入建仓形态。激进的交易者将在前一根K线的低点下方设置限价买入订单,预计任何反转试图都将失败。一旦市场跌破前一根K线的低点,他们会预期高1建仓形态将至少导致市场创出新高并很可能实现等距上涨,其长度为急速拉升的高度。如果交易者未能把握这两个早期入场点的任意一个,他们应该加强训练,以确保能够介入这种强劲趋势。当他们看到回调开始的时候,他们应该在急速拉升的高点上方一个跳点处设置停损买入订单,以防止回调只持续一根K线而快速反转。如果他们未能把握住早期回调入场点的任何一个,市场开始离他们远去,他们也将被动入场而不被落下。在最强势的交易中,你通常会看到向上突破急速拉升的K线通常是一根大型趋势K线,这告诉你有很多强势多头认为买新高有价值。如果对他们来说这是一个好的入场,对你来说也是如此。

　　一个快速检验趋势强度的方法是,看一下它在突破前期趋势极点时如何反应。举例而言,如果一轮上涨趋势出现回调,然后向上突破当日高点,突破时有更多买家还是卖家?如果市场上行足够远,至少可以让突破的买家刮头皮获利,那么突破时的买家多于卖家。这是强劲趋势的标志之一。相反的,如果市场创下一个新的波段高点,然后在一两根K线之内反转下跌,那么突破时的卖家就多于买家,这更像是交易区间的特点,市场可能正在进入交易区间。观察市场在新高的表现，这是强劲趋势是否依然有效的线索。如果为否，尽管趋势可能依然有效，但是其强度削弱，多头应该在新的极点止盈，甚至寻求做空，而不是在突破创下新高时买入，或者准备在小幅回调中买入。下跌趋势中的情况如此相反。

　　总体而言，如果你在新的极点处以停损订单入场，你的大多数或全部交易都应该是刮头皮，除非趋势尤为强劲。如果确实如此，你可以用大部分或全部仓位做波段交易。举例而言，如果市场处于强劲的上涨趋势，多头将在最近高点的上方用停损订单买入，但是大多数会刮头皮离场。如果市场极为强势，他们可能将大部分仓位做波段交易。如果不是，空头将在每一个新的波段高点处卖空，将限价订单设在前期波段高点或其略上方，并且他们会在更高处加仓。如果市场在其第一次入场后下跌，他们会获利离场。如果市场继续上涨，他们预计市场将在数根K线之内回调测试前高，这给他们在第一个入场上以盈亏平衡离场的机会，并在较高价位的入场上获利离场。

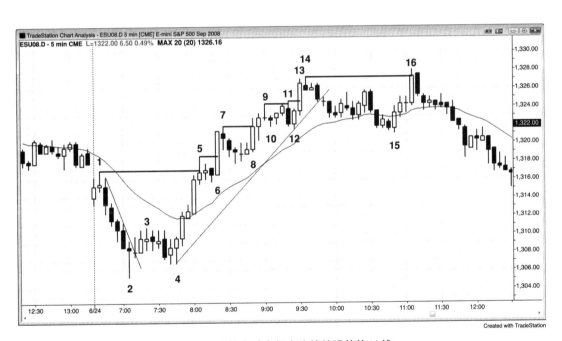

图 4.1　强势突破有很多连续的强趋势 K 线

　　如图 4.1 所示，从 K 线 4 的更高低点开始的上涨成为一轮强劲的上涨趋势（趋势线突破后的更高低点），市场以连续 7 根强劲的上涨趋势 K 线越过 K 线 1 的当日高点。在如此强劲的动能之下，所有人都认同，在市场抛售跌破 K 线 4 的上涨趋势起点之前，将首先上涨越过 K 线 5。市场处于始终入场模式，很可能会出现一段等距上涨，其长度为 K 线 4

至 K 线 5 的急速拉升，或 K 线 1 至 K 线 2 的开盘区间，因此多头可以以市价买入，在任何回调中买入，在任何 K 线的低点或其下方买入，在任何回调的高点上方买入，在任何 K 线的收盘价买入，以及在最近一个波段高点的上方用停损订单买入。

突破交易者会在每一个前期波段高点的上方买入，如 K 线 5、6、8、11、13 和 16。到 K 线 5 的时候，市场明显处于强劲的多头趋势。激进的多头使用限价订单在前一根 K 线的低点买入，预期最初回调只持续 1 根 K 线左右，市场将在高 1 反转上涨。在前一根 K 线的低点下方买入通常要比在高 1 上方买入获得更低的入场价。如果交易者倾向于使用停损订单入场，并且未在 K 线 5 的后一根 K 线的低点买入，他们会在 K 线 6 上涨越过前一根 K 线时的高 1 入场买入。如果他们希望市场出现更深幅度的回调，如跌至移动平均线而形成高 2，并且他们未能把握住上述两个入场点中的任何一个，他们需要避免错过强劲趋势，永远不应让自己踏空一轮大趋势。解决办法是在 K 线 5 急速拉升的高点上方设置最坏情形的停损买入订单。这个入场点较差，但是至少可以让他们介入趋势，其很可能会持续一段基于急速拉升长度的等距上涨。K 线 6 是一根没有影线的大型上涨趋势 K 线，显示很多多头在同一根 K 线买入。一旦交易者看到强势多头在突破创下新高时买入，他们应该放心这是一笔好交易。其最初保护性止损位于最近的小型波段低点下方，即 K 线 6 前的高 1 信号 K 线下方。

在突破回调中（即牛旗），回调交易者在每一种情况下均会提早入场——举例而言，在 K 线 6 的高 1，K 线 8 的高 2，K 线 10 的失败楔形反转，K 线 12 的高 2 和失败趋势线突破（未显示），K 线 15 的高 2 测试均线下方（第一个均线缺口 K 线的买入建仓形态）以及与 K 线 12 构成的双重底（此高 2 基于从 K 线 14 开始的更加清晰且幅度更大的两腿下跌）。突破交易者建立多仓的位置恰好是价格行为交易者清空多仓而止盈的位置。总体而言，在很多聪明的交易者卖出的时候买入并不明智。然而当市场强势的时候，你可以在任何价位买入而获利，包括在那个高点上方。不过，买回调的风险 / 回报比要远胜于买突破。

盲目买突破很愚蠢，聪明的资金不会在 K 线 11 的突破买入，因为其有可能是尤其强劲的 K 线 6 突破 K 线导致数线重置并形成第一段上涨后的第三段上涨。同样他们也不会在 K 线 16 的突破买入，因为它是市场在趋势线突破后对 K 线 14 前高的更高高点测试，趋势反转的风险太大。在突破失败时淡出或在回调后追突破要好得多。当交易者认为一个突破看上去太过疲弱而不能买入的时候，他们经常会在前期高点及其上方做空。

空头可以在市场突破前高时做空并在更高处加仓而赚钱。然后，当市场回测突破的时候，他们可以平掉空仓，在第二个仓位上获利，并在第一个仓位上大体盈亏平衡。如果空头在市场向上突破K线5、7、9和14的时候做空，该策略就会有效。举例而言，当市场从K线7的波段高点回调时，空头可以在此高点或其略上方下单卖空。他们的空单将在K线8成交。在他们认为市场可能再次开始回调时或上方几个点处加仓。他们会尝试用限价订单在其最初入场点（即K线7高点）平掉全部空仓。因为空头在突破测试中买回空仓，而多头在同一区域加仓做多，回调通常会在该价位结束，而市场再次上涨。

K线4的反转上涨是对下跌趋势的最终旗形的突破。有时候最终旗形反转来自更高低点而非更低低点。对前期极点的测试可能过靶也可能不及靶。K线15是上涨趋势的最终旗形终点，K线16的反转始于新的极点（更高高点）。

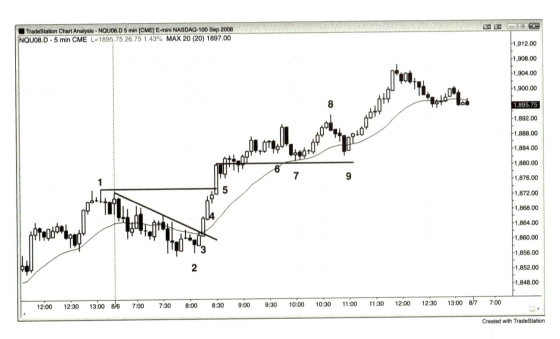

图 4.2　强劲趋势通常在第二天有后续

如图4.2所示，昨日（只显示最后一个小时）是开盘上涨趋势中的一段强劲上涨趋势，因此今日会有足够的后续行情，收盘价高于开盘价的概率较高。即便今日开盘后出现回调，上涨趋势也很可能会至少创下名义新高。交易者都在关注买入建仓形态。

K线2是高4买入建仓形态后的小型更高低点，并与昨日的最终回调构成双重底。信号K线以下跌收盘，但是至少其收盘价高于中点。错过那个入场点的交易者看到市场在接下来两三根K线里形成一轮强势急速拉升，从而判定市场现在处于多头。聪明的交易者至少以市价买入一个小仓位，以防止市场在上涨很多之前都不出现回调。

突破中有两根大型上涨趋势 K 线，两者均已以强势收盘且影线很小。如果你在 K 线 3 收盘时做多，现在你会用部分仓位做波段交易。这意味着如果你空仓，你可以以市价买入同样的仓位，与较早时候买入使用同样的止损。止损位现在应该位于 K 线 3 的强势上涨趋势 K 线下方。

K 线 4 是昨日高点略下方的停顿 K 线，在其高点上方一个跳点处买入也是一个好的入场。停顿 K 线是一个可能的反转建仓形态，因此在其高点上方买入就是在先行空头回补空仓的价位做多，这也是在早期平仓的多头买回多仓的位置。

此时，趋势明确且强劲，每一次回调均应买入。

K 线 6 后之后是一个双 K 线反转，也是第三段上涨。这是一个可以接受的卖空建仓形态，预计市场将回调至移动平均线。

K 线 8 是一个合理的逆势刮头皮交易（突破趋势线后的突破创下新高失败），因为它是一根强势下跌反转 K 线，也是一个扩散三角形顶部，但是趋势依然向上。注意目前尚未有一根 K 线收于均线之下，而市场在均线之上已运行 20 多根 K 线，这两者都是强势的表现。如果你在考虑做一笔逆势刮头皮交易，只有在趋势反转上涨时你能迅速转身的情况下才做。你不希望平掉多仓，刮头皮卖空，然后错过趋势恢复时的波段上涨。如果你无法从容应对方向转变，那就不要逆势交易，拿稳多仓就好。

K 线 9 是第一次有 K 线收于均线之下后的上涨孕线，也是一个双 K 线反转中的第二根 K 线，因此预计建仓形态向上突破后至少会测试上涨高点。

第5章　突破失败、突破回调和突破测试

突破，突破失败，趋势反转或突破回调，然后趋势恢复，这一过程是价格行为的最普遍层面之一，大多数日常交易都可以被解读为该过程的某种变体。在更大层面上，这是重大趋势反转的基础，即突破趋势线后的突破回调测试趋势极点。所有的突破均经历此过程，但是在牛旗或熊旗突破中最为常见。旗形是屏幕上的主要趋势的反方向小型趋势。

每当出现突破的时候，市场最终都会回调并测试之前的重要价位。回调的开启将突破变为失败，此时你应该将所有的突破均看作失败，即便其在后来恢复。如果失败形态成功扭转了趋势，那么突破就会失败而反转将会成功。如果反转仅持续一两根K线而突破恢复，那么反转试图就会成为突破回调（所有未能反转市场的失败突破均是突破方向的突破回调建仓形态）。举例而言，当市场上行突破时，若市场回调至入场价附近，形成一根买入信号K线并触发多头，这一轮回调就测试了突破（突破测试），并在近期大多数回调K线的上方形成买点。如果趋势恢复，突破K线通常成为一个测量缺口；如果趋势反转，上涨趋势K线则成为一个衰竭缺口，而下跌趋势K线则成为一个突破缺口（缺口在第6章探讨）。测试可以发生在突破后一根K线，也可以发生在20根或更多K线之后。具体测试什么？测试突破能否成功。市场因抛售而从突破回调。多头卖出是想要对部分仓位获利了结，空头卖出是试图让突破失败并将市场反转为始终入场空头。多空双方均评估突破的强度。如果建仓形态和入场K线强势，交易者将预期市场走高。当市场回测突破区域时，已经做多的多头，不管其是否在突破中刮头皮止盈了部分仓位，他们都会将回调看作再次买入的机会。错过最初入场点的多头也会趁机入场。在突破之前以低于该入场价的价格卖空的空头会认为市场已经空翻多，并延续上涨趋势。因此他们会借助回调以小幅亏损买回空仓。在突破中卖空的空头将看到突破强劲，而让突破失败的试图乏力，他们会买回空仓，不管是以小幅盈利或亏损还是盈亏平衡。由于空头现在相信突破将会成功，市场也将会上涨，在市场走高之前他们不会再想做空，除非出现卖空信号。

如果建仓形态或突破疲弱，并在突破后出现一根强势下跌反转K线，交易者会预期突

破将失败，而下跌趋势将开启或恢复。多头将清空其多仓，并且至少在多根 K 线之内不会再次寻求买入，而空头将会建立新的空仓或加仓做空。结果是市场跌破上行突破的入场价，对该价位的测试会失败，下跌趋势至少还有一腿盘整下跌。

如果突破和反转几乎同样强势，那么交易者就会观察反转信号 K 线的下一根 K 线。如果其以强劲下跌收盘，并且是一根强势下跌趋势 K 线，那么继续下跌的概率提高。如果其是一根强势上涨反转 K 线，突破失败的概率较小，这根上涨反转 K 线将成为在其高点上方一个跳点买入的突破回调信号 K 线。

记住，在每一根 K 线收盘之后，交易者所做的最重要判断就是，在前一根 K 线的上方和下方的买家和卖家谁更多。突破和突破失败的情况尤为如此，因为其后面的行情通常决定始终入场头寸的方向，因此将持续很多根 K 线，而不只是刮头皮。

在所有的时间框架下，同样的过程每天都在重复上演。突破可能仅仅是市场平静越过前一根 K 线的高点，而回调可以在下一根 K 线开启；当出现这种情况时，突破可能是更小时间框架图上的 10 根 K 线突破。突破也可以很大，如 10 根 K 线的急速拉升，而回调可以在 20 根或更多 K 线之后才出现。当过程涉及很多 K 线时，它是更大时间框架图上的小型突破，而突破和回调在那个图上仅持续数根 K 线。

上行突破之后，回调经常抵达的一些价位：

● 突破点（突破开始的价位）。

● 急速与通道上涨趋势中的急速拉升顶部。一旦市场向下突破通道，通常会下测急速拉升的顶部，最后测试通道的底部。

● 最终旗形突破中的急速拉升顶部。一旦市场在突破一个潜在的最终旗形后开始回调，通常会测试旗形之前的波段高点。

● 阶梯形态中的最近波段高点。上涨阶梯中的回调通常至少轻微跌破最近的波段高点。

● 上涨趋势交易区间日中的较低交易区间顶部。如果市场并未在此反转向上，其可以回撤至该较低交易区间的底部。

● 当市场上涨至潜在楔形中的第三段上涨（上升的收缩通道）时，其将测试第二段上涨顶部的概率非常高。一旦市场反转，其通常测试楔形底部（第一次回调的底部，即楔形通道的底部）。

● 信号 K 线的高点。即便突破 K 线向上突破 10 根 K 线之前的波段高点，但是市场经常还是会测试突破 K 线前一根 K 线的高点。

● 入场 K 线的低点。如果市场跌破入场 K 线，其经常是以一根强势下跌趋势 K 线的形式，从那开始的下跌行情通常足够大，至少可以刮头皮。

● 腿上涨起点处的波段低点底部。市场有时候会跌破入场 K 线和信号 K 线，并回撤到腿上涨的底部，在这里经常形成双重底牛旗。

● 任何支撑区，如移动平均线、前期波段低点、趋势线和趋势通道线（如市场形成一个楔形牛旗）。

每当突破出现，交易者都需要判断其将引发趋势还是会失败并反转。由于每一张图表上都有很多突破，因此精于此道就很重要。突破可能持续数根 K 线，但是在某一时刻会出现回调。逆势交易者会把回调看作突破失败的迹象，他们假设市场将会反转，至少有足够的空间刮头皮，并据此入场。顺势交易者将止盈部分仓位，但是他们预计失败的突破不会持续很久，而是很快会形成突破回调，然后趋势将恢复。举例而言，在一个上行突破中，第一根低点低于前一根 K 线低点的 K 线就是回调。不过交易者需要判断其是否为失败的突破而将导致市场反转下跌。突破拥有的强劲趋势特点越多，其就越有可能出现后续行情。如果它没有或只有很少这些特点，其失败并反转下跌的概率提高。强劲趋势的特点在《高级趋势技术分析：价格行为交易系统之趋势分析》中有详尽探讨，不过其重要特征是连续多根上涨趋势 K 线，实体之间很少交叠，影线很短，以及在交易日早期就展现上涨力量。然而，如果第二根 K 线是一根相对较强的下跌反转 K 线或下跌孕线，而突破 K 线并非很长，突破又是第三段上涨，并且突破 K 线反转跌至趋势通道线的下方，那么突破失败并出现做空机会的概率较大。如果你在那根 K 线的低点下方做空，而下一根 K 线是一根强劲的上涨反转 K 线，那么你通常应该重新做多，因为突破失败的形态可能正在失效，反而形成一个突破回调的买入建仓形态。

突破之后，最终会出现一轮回调来测试突破发起者的力量，测试的成功与否取决于交易者是否在该区域二次入场。最强势的突破通常不会一路跌回突破点，但是有一些突破可以回撤至突破点之外很远，但其后面依然出现强劲趋势。举例而言，在一个上涨阶梯形态中，每一次突破创下新的波段高点之后都会出现一轮深幅的突破回调。该突破回调保持在前面的更高低点之上，形成一轮高点和低点依次抬升的上涨趋势。如果突破回调回到入场价的几个跳点之内，其就是突破测试。测试可以发生在突破的下一根 K 线，也可以发生在20 根或更多 K 线之后，或者两者兼具。测试 K 线是一根潜在的信号 K 线，聪明的交易者在其上方一个跳点处设置停损买入订单，以防止测试成功而趋势恢复。这是一个尤为可靠的突破回调建仓形态。

在上行突破中，突破的价格区域很可能有大量买盘，买家压过卖家。在突破回调中，市场再次回到该价格区域，测试买家是否将再一次压过卖家。如果是，结果很可能是至少出现两腿上涨，突破就是第一腿。但是如果卖家压过买家，突破就会失败，很可能会出现一轮可交易的下跌行情，因为剩下的多头将被套，而新的多头在突破失败后将不愿再次买入。买家已经两次试图从该价位推动市场上涨，但均以失败告终，因此市场现在很可能会反向运动，至少出现两腿下跌。

如果在突破的一两根K线之内出现回调，突破已经失败。然而，即便是最强势的突破也会有一两根K线的失败，实际上只是突破回调而非反转。一旦趋势恢复，失败的突破也会失败，所有的突破回调均是如此。突破回调就是反转突破的试图失败。连续失败是二次入场点，因此有很高概率成为一笔有利可图的交易。突破回调也被认为是一个杯柄形态（Cup and Handle），其也是最为可靠的顺势建仓形态之一。

突破回调可以发生在并未实际突破的时候。如果市场强势上涨至前期极点附近，但是并未越过，然后平静回调一至四根K线，这很可能和突破回调完全等效，应将其看作实际突破后的回调来交易。记住，当市场接近于教科书形态时，其通常也像教科书形态一样表现。

如果当日早期出现一轮强劲行情，那么当日后期出现的顺势突破就更有可能成功，失败形态不太可能扭转趋势，其将成为突破回调。然而，如果当日大部分时间都没有趋势，两个方向各有一两根K线的突破，那么突破失败导致反转的概率提高。

最初行情过后，很多交易者对部分仓位止盈，然后在剩余仓位上设置盈亏平衡的止损。盈亏平衡止损并不一定恰好就是每一笔交易的入场点。根据股票不同，交易者可能愿意承担10至30美分或更大的风险，尽管交易者会输钱，但其依然被认为是盈亏平衡的止损。举例而言，如果谷歌（GOOG）报价750美元，一个交易者刚刚止盈一半仓位，他想要保护剩余仓位，但是GOOG最近扫掉很多10至20美分的盈亏平衡止损，却很少达到30美分，那么交易者可能在突破点的30美分之外设置盈亏平衡止损，尽管其将导致至少30美分的亏损，并非完全盈亏平衡。

在过去一年左右的时间里，苹果（APPL)和Research in Motion（RIMM）一直非常尊重确切的盈亏平衡止损位，其大多数突破回调测试实际上在距离入场价约5美分的时候就结束。相反的，高盛（GS）则总是在回调结束之前清扫止损，因此如果交易者试图拿稳仓位则需要愿意承担一点风险。另一种选择是，他们也可以在盈亏平衡处离场，然后在测试K线外一个跳点处以停损订单再次入场。但是不可避免的是，他们的成本价将比最初入场价差60美分或更多。如果价格行为依然良好，持仓熬过突破测试而承担或许10美分的风险要比离场然后以更差价格（60美分）再次入场更有意义。

　　大多数重大的趋势反转都可以被看作突破回调交易。举例而言，如果市场正处于下跌趋势，然后以一轮上涨向上突破下降趋势线，回调至更低低点或更高低点就是一个突破回调买入的建仓形态。需要意识到的一点是，突破回调可以越过前期极点，因此在上涨反转中，在市场向上突破之后，回调可以跌破下跌低点，而上涨反转可以依然有效并掌控价格行为。

　　有时候，一轮趋势的最后一轮回调可以成为反向新趋势的第一腿。举例而言，如果有一轮下跌趋势，后面出现一轮缓慢上涨，可能持续 10 至 20 根或更多 K 线，然后市场出现一轮抛售高潮并反转上涨进入上涨趋势，容纳最终旗形的价格通道如果其向右上方延伸，有时候也会大体容纳新的上涨趋势。事后来看，那个最终熊旗实际上可以被看作是新上涨趋势中的第一轮上涨。那一轮暴跌可以被看作是新的上涨趋势中的更低低点回调。如果你认出该形态，你应该用大部分仓位做波段交易，而不是速战速决。一旦新的上涨趋势越过熊旗的高点，其将触及空头的保护性止损，他们将熊旗看作是市场尝试上涨的疲弱信号，因此认为其不太可能是下跌趋势中的最后一个更低高点。在市场反转上涨越过该高点之后，空头在短期内不会再次寻机做空。这通常导致市场在越过熊旗之后很少或不出现回调，上涨行情可以长久持续。同样的现象在楔形旗形的形成过程也很常见。举例而言，一个楔形熊旗有三段上涨。在第一段上涨之后，其经常会向下突破而形成更低低点。通常在该低点之后还会出现两段上涨来完成楔形熊旗。一旦熊旗完成，市场通常会向下突破，并形成新的趋势低点。

　　突破经常失败，失败可以发生在任何时候，甚至在第一根 K 线刚刚结束之时。对于窄幅交易区间的单 K 线突破，其失败并返回区间的概率与延续趋势的概率一样大。持续几根 K 线的开盘急剧突破通常会失败并导致反方向的趋势日。

　　在日线图上，由于出人意料的新闻事件，经常会出现急剧的逆势突破。然而，通常情况并不是急速行情出现后续（如通道）而突破成功，而是突破通常会失败，急速行情则只是成为短暂回调的一部分。举例而言，如果一只股票处于强劲的上涨趋势，但在昨日收盘之后公布的收益报告意外的糟糕，其股价可能在今日下跌 5%，让交易者猜测趋势是否正在反转。在大多数情况下，多头会在急速下挫的低点和结束价附近激进买入，其总是跌至如趋势线这样的支撑位。他们正确押注下行突破失败而上涨趋势恢复的概率较大。他们将抛售行情看作短期甩卖，让他们有机会以大幅折扣买入更多，而这样的机会在几天内就会消失。不用一个星期左右的时间，所有人都会忘记糟糕的消息，这只股票通常也会回到急速下挫的顶部上方，处于创下新高的途中。

有时候趋势末端的突破可以是衰竭性高潮并导致反转，另一些时候其可以是突破并引出另一个通道。所有的高潮都以交易区间终结，其可以像单根K线一样短暂。在交易区间中，多空双方继续交易，两者均试图引发在其各自方向的后续行情。在图 5.1 中，在跌至 K 线5 的抛售高潮和涨至 K 线 19 的买入高潮中，多头均赢得斗争。

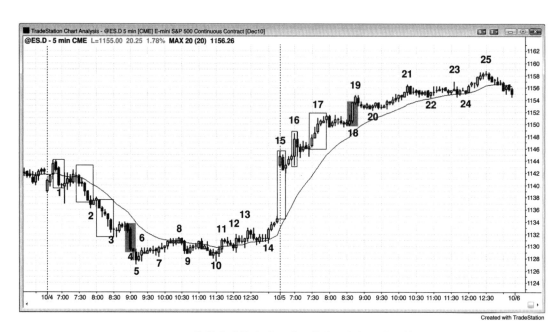

图 5.1　趋势末端的突破导致反转或开启新一波行情

K 线 1、2、3 和 5 终结了急速下挫，而连续的抛售高潮通常导致一轮持续至少 10 根K 线并拥有至少两腿的调整。K 线 4 是下跌趋势中的最大一根下跌趋势 K 线，因此其可能代表最后的弱势多头终于放弃抵抗而在不计代价离场。很可能就是这种情况，市场以两腿式调整收盘，其第一腿在 K 线 8 结束，第二腿在当日最后一根 K 线结束。

第二天，K 线 15、16、17 和 19 是买入高潮。市场跳空急速拉升至 K 线 15，形成一个上行通道，以三段上涨在 K 线 17 结束。然后市场成功向下突破该通道。然而，每当调整是横盘而非下跌时，说明多头强势，他们能够让市场向上突破三段上涨的顶部。尽管大型上涨 K 线可能由最后的空头终于放弃抵抗所致，但是在本例中它是由激进的多头成功让市场向上突破楔形顶所造成。这一轮急速拉升后形成一个价格通道，其试图在 K 线 21 结束，但是最终延伸至 K 线 25。

如图 5.2 所示，K 线 8 是一个潜在的失败突破，但是该突破强劲，由三根下跌趋势 K 线构成，其影线短且很少交叠，覆盖了当日的大部分区间。市场回调至移动平均线，并在 K 线 10 形成一个低 2（或小型楔形熊旗）卖空信号，它是第二根下跌趋势 K 线。突破回调是最可靠的建仓形态之一。

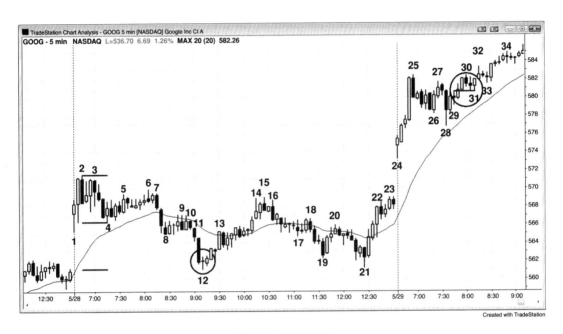

图 5.2　突破回调

K 线 12 也是一个潜在的失败突破，其创下当日新低。这是第二次连续抛售高潮后的反转上涨，而连续高潮之后的反转通常导致至少 10 根 K 线和两腿行情的回调。尽管 K 线 12 是一根十字线而非上涨反转 K 线，但其下影线长于上影线，显示了一些买盘力量和多头削弱的迹象。同时，K 线 8 至 K 线 10 的熊旗是一个窄幅交易区间，因此具有磁场引力，突破被拉回该价位的概率提高。K 线 11 是一根突破 K 线，因此形成一个突破缺口。突破缺口通常会被测试，正如突破点一样。K 线 1 的低点是突破点。空头希望回调保持在 K 线 1 下方，而多头与其相反。多头希望市场起码回到并维持在 K 线 1 的低点上方，从而让大多数交易者认为突破失败。这很可能会终结下跌趋势。最后，前几个小时的交易区间约为日均波动区间的一半大小，这导致市场向上或向下突破之后出现一个同样大小的交易区间的概率提高，这将形成一个趋势交易区间日。因此预计多头将在 K 线 12 附近入场，这里是当日等距下跌目标位。

一轮小幅上涨行情向上突破了一个小型波段高点，并且差一点创下当日新高，K 线 31

是其回调。当市场差点突破后回调时，其和真正的突破一样表现，因此也是一种突破回调。K线31的突破回调仅仅跌破K线29信号K线的顶部2美分，当股票报价为580美元的时候，这几乎正好是一个完美的突破测试，因此是一个可靠的做多建仓形态。三根K线之前的突破点处再次出现强势买家。旗形突破的回调是最可靠的建仓形态之一。

当市场真的突破创下当日新高时，其在K线33形成一个突破回调的多头入场建仓形态。

尽管在一天内关注很多不同的时间框架并不值得，但是在更小的时间框架图上经常会有可靠的突破测试建仓形态，而在你交易的时间框架上却并不明显。举例而言，如果你用3分钟图交易，你会看到K线6的高点是对形成K线3上方高点的那根3分钟K线的测试。这意味着如果你看3分钟图，你会发现与5分钟图上的K线6相对应的3分钟K线形成对与5分钟图上的K线3对应的3分钟K线的低点的完美突破测试。

K线28是一根强势下跌K线，是市场试图向下突破。在其形成过程中，其一度是一根大型下跌趋势K线，其最后的价格位于其低点并低于前面8根K线的低点，形成一个强势下行突破和反转。但是在K线收盘时，其收于K线26的交易区间低点上方。大多数逆势突破的试图都会失败并被强势交易者淡出（Fade），他们明白急速下挫在上涨趋势中很常见，但是其后往往创出新高。当K线28还处于其低点的时候，交易新手将其看作一根非常大的下跌趋势K线，认为趋势正在急剧反转为强势下跌。他们忽视了图表上的其他K线。交易老手将急速下挫看作短暂的大减价，认为这是在上涨趋势中折价买入的好机会。当这样的急速下挫发生在日线图上时，其通常是由一些新闻事件所致，在当时看起来事态严重，但是经验丰富的多头知道，其相对于股票的总体基本面而言微不足道，仅仅只是强劲上涨趋势中的一根下跌K线。

很多股票经常表现很规律，它们会精确回测突破点，如雷曼兄弟（LEH)在一天之内发生了四次（见图5.3）。由于很多交易者会在信号K线外一个跳点处以停损订单入场，精确回调将恰好越过盈亏平衡止损位一个跳点。不过在测试K线外一个跳点处再次入场通常是一笔好交易（如在K线2低点下方1美分处卖空）。交易者的另一个选择是，他们可以在回调时承担几美分的风险，避免被突破回调清扫出场。在趋势恢复之后，他们可以将止损移至那根测试K线的略上方。

卖家在K线1、2和3的高点再次入场。当市场在K线4跌至买家最初压过卖方的当日低点时，买家再次宣示力量。这个更高低点是买家第二次试图在此价位掌控市场，并且他们取得成功，因此预计至少出现两腿上涨。

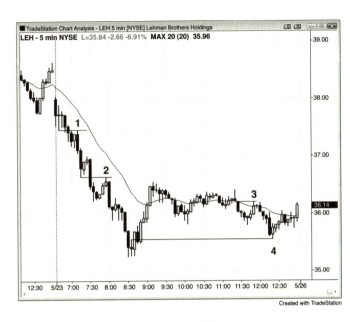

图 5.3　突破测试

在过去一年里，高盛（GS）因清扫盈亏平衡的止损而著称，但是只要你知道你所交易市场的倾向，你可以作出有利可图的调整（见图 5.4）。

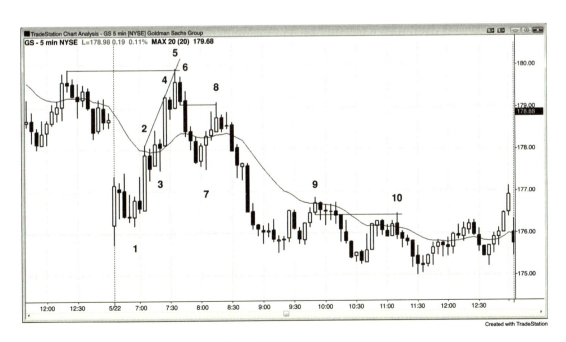

图 5.4　突破回调可能触及盈亏平衡的止损

K线8向上越过K线6信号K线的低点6美分。

K线10向上越过K线9信号K线的低点2美分，比确切的盈亏平衡止损位高3美分。交易者可以在出现成功的突破测试之前承担约10美分的风险，从而避免被清扫出局，从而需要在下方50美分处再次卖空。一旦市场跌破突破测试K线，将保护性止损移至其高点上方1美分处。

K线5的高点越过昨日最后一小时的波段高点2美分，之后市场在该价格区域第二次反转下跌。买家两次试图推动市场从该区域上涨，但两次均已失败告终，形成一个双重顶，因此市场至少会出现两腿下跌。其还过靶（Overshot）从K线2到K线4划出的趋势通道线，并且向下突破上升趋势线而跌至K线7，之后是K线8是对上涨极点（K线5）的更低高点测试，引发一波下跌。

K线8是由向下突破上升趋势线（未显示）的四根下跌K线构成的急速下挫的回调。交易者争论突破将成功与否。多头看到K线7的外吞上涨K线（其与K线3构成双重底），认为其是下行突破将会失败的迹象，并在其外吞上涨的过程中和K线7的高点上方买入。空头看到急速下挫强势，准备在回调中卖空。他们在K线8后的下跌孕线的低点下方卖空（其与K线8形成双K线反转）。

K线1、K线2的下一根K线，K线3，以及K线4的下一根K线，它们都是单K线的突破回调买入建仓形态。

即便强如涨至K线9的三根K线急速拉升，交易者也不能忽视前面始于K线8的抛售行情更为强劲。交易新手经常只看到最近几根K线，而倾向于忽视其左边一点的更为显著的K线。K线9仅仅是下跌趋势中的低2均线测试。K线10是均线处的双重顶（与四根K线之前的K线高点构成），因此是另一个低2卖空。交易新手很可能会再次将涨至均线的三根强势上涨K线看作趋势反转，再次忽视强劲的下跌趋势在起作用。K线10只是下跌趋势中的另一个更低低点之后的更低高点均线测试。

当市场在楔形顶中突破后，回调并不一定是更低的高点。在图5.5中，有两个楔形顶向下突破，这两例中市场均回调至更高的高点（在K线6和K线11）。

在向上突破之前，市场在8月至10月之间处于交易区间，这里有大量双边交易。这是一个趋势交易区间形态，一旦市场反转下跌，其至少测试较低区间的K线6高点的概率较大。一旦市场跌入较低区间而并未立即反转上涨，其下一个测试点就是较低区间的底部。

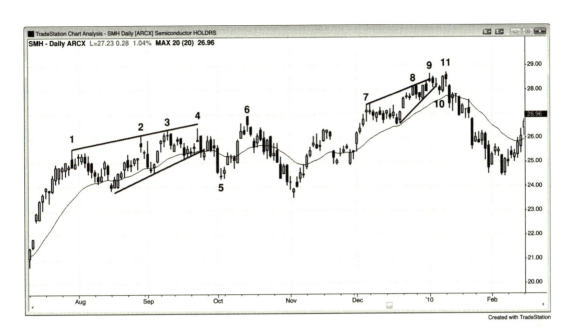

图 5.5   顶部的突破回调可以是更高高点

在图 5.6 中，谷歌形成了一系列的突破回调入场点。开盘后的市场急剧上涨越过 K 线 1 的昨日波段高点，而 K 线 5 的回调甚至未能触及移动平均线或突破点。当动能强劲时，在高 1 回调买入是一笔好交易。信号 K 线是一根小型十字星孕线，显示大型下跌趋势 K 线后的抛压缓解。市场向下突破微型上升趋势线失败，成为向上突破昨日高点的回调。K 线 6 是多头的二次入场点，它是一个高 2。在强劲的趋势中，有时候高 2 入场点高于高 1 入场点（这里是三根 K 线之前）。

K 线 7 是市场上涨至更高高点过程中的第三轮强势急速下挫。这代表抛售压力，其总是逐步积累，并显示空头的力量越来越强。

K 线 8 的突破测试差 2 美分触及信号 K 线的低点。K 线 9 的突破测试差 4 美分触及 K 线 8 的信号 K 线的低点。这些仅是观察，不需要在 K 线 8 和 9 的突破回调中做空。

K 线 9 是一个均线低 2 卖空建仓形态，它也是一根下跌趋势 K 线，这是一种可靠的组合。其后面有一根孕线，在 K 线 10 形成另一个突破回调卖空的入场点。这也是第一个清晰的更低高点，有可能是下跌趋势的起点。

K 线 11 向下突破 K 线 5 的回调，并在均线上的 K 线 12 形成突破回调卖空。K 线 12 是另一个更低高点，其与 K 线 9 形成双重顶熊旗。双重顶并不一定要一样高。K 线 12 也是市场急速下挫至 K 线 11 的回调，还是一个下降通道的起点。通道中出现多次急速下挫。

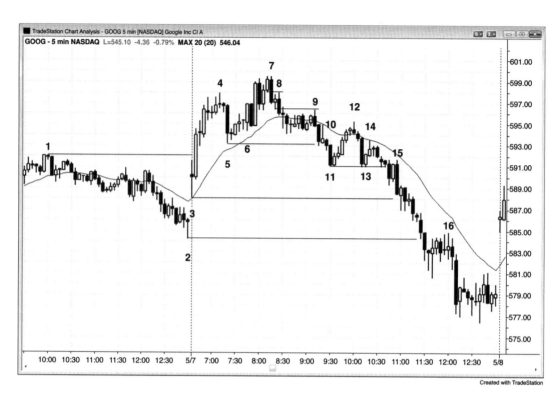

图5.6　突破回调建仓形态

　　K线13仅仅向下突破K线115美分，但是很快在K线14的低1处形成一个突破回调的卖空入场点。由于K线14有上涨的实体，因此更为谨慎的交易者会等待二次入场。K线14后的十字线是一根可以接受的入场K线，但是在十字线之后的外吞K线卖空则更好，因为它是一个低2。为什么是一个低2？因为它出现在一个小型的两腿上涨之后。K线14是第一腿上涨，而两根K线之后的外吞K线向上越过小型十字线，形成第二腿上涨（以及低2卖空入场点）。

　　在市场向下突破K线11和13后的回调中，K线15也是一个外吞K线卖空入场点。这个机会尤为出色，因为多头被套，他们在双K线上涨反转中买入，认为市场向下突破K线11和13的双重底失败。每当市场向下突破双重底后试图反转而失败，其就形成失败的楔形形态，经常会出现等距下跌。双重底形成前两段下跌，而向下突破双重底是第三段下跌。由于从K线14开始出现四根下跌趋势K线，聪明的交易者在做多之前希望看到一个更高低点的回调。

　　K线16是市场向下突破昨日的K线2波段低点后的低2回调。

　　这些交易中很多都是小型刮头皮，不应该成为大多数交易者的焦点。其意义在于展示一种普遍行为。交易者应该致力于交易更大的转折点，如 K 线 4、7、9 和 12。

如图 5.7 所示，在 EWZ（iShares MSCI Brazil Fund ETF）的 60 分钟图上出现数个牛旗和熊旗的突破失败。一旦趋势中出现旗形突破失败并反转，该旗形就是趋势的最终旗形。

最终牛旗可以在更高高点后反转下跌，如 K 线 3 和 9；也可以在更低高点之后，如 K 线 5 和 10。最终熊旗可以在更低低点后反转上涨，如 K 线 6、11 和 13；也可以是在更高低点之后，如 K 线 1、8 和 14。

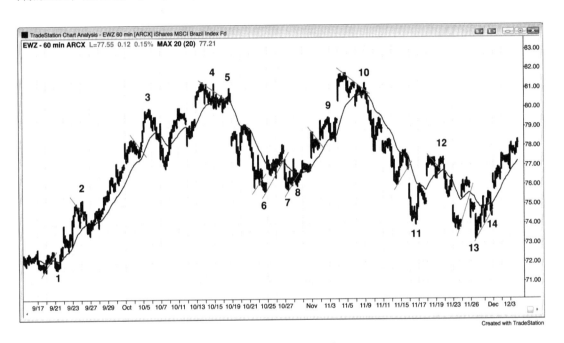

图 5.7　失败的突破

有时候最终熊旗同时也是下一轮上涨趋势的第一腿上涨（见图 5.8）。在印度汽车制造商塔塔汽车（TTM）的 120 分钟图上，有一个熊旗在 K 线 5 结束并成为抛售行情的最终旗形。K 线 6 的更高低点引发市场急剧上涨至 K 线 7，其高于 K 线 5 的更低高点，因此是一个更高高点，也是上涨行情强势的表现。

如图 5.9 所示，在 5 分钟 Emini 图上，市场以强劲下跌趋势跌至 K 线 1，之后是一个低动能的圆形熊旗在 K 线 2 结束。然后市场急剧抛售至 K 线 3，其测试了 K 线 1 的低点。尽管其高了几个跳点，但也是对下跌低点的双重底测试。以后见之明来看，至 K 线 2 的上涨是最终熊旗，实际上也是新上涨趋势的第一腿，而至 K 线 3 的抛售则是上涨行情的突破回调，也是对熊旗的突破失败。始于 K 线 3 的急速拉升动能非常强劲，其冲过 K 线 2 的

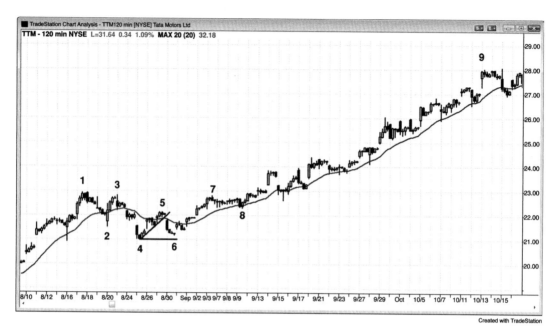

图5.8　最终旗形

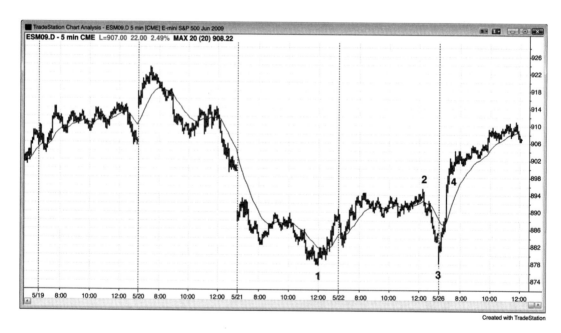

图5.9　双重底

熊旗而没有停顿。这通常预示着还有上行空间，因此交易者不应过早平掉全部多仓。首次回调发生在 K 线 4 的高 1，远高于 K 线 2 的高点。

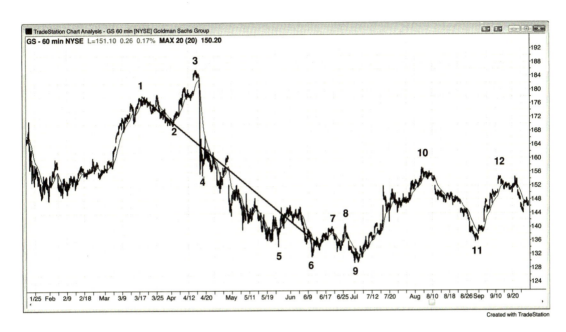

图 5.10 最终旗形的斜率可以预测新趋势的斜率

　　有时候一轮趋势的最终旗形的斜率与市场反转之后的新趋势斜率大体相等（见图5.10）。在这张高盛（GS）的60分钟图上，K线1至K线2之间有一个最终牛旗，其斜率与反转之后的下跌趋势大体相等。市场知道抛售行情的下降速率大体会是多少，但是抛售行情被反转至K线3的最后一个更高高点所打断。从K线1至K线9的整个形态是一个下行通道，也就是一个牛旗。反转至K线3的上涨是向上的假突破。

第6章 缺　口

　　缺口就是两个价格之间的间隙。在日线图、周线图和月线图上，传统的缺口随处可见。举例而言，如果市场处于上涨趋势，而今日的低点高于昨日的高点，那么今日就是跳空（缺口）上涨。这些传统缺口在趋势开启时形成就是跳空缺口或突破缺口，在趋势中段形成就是测量缺口，而在趋势尾段形成就是衰竭缺口。在其他时候形成的缺口，如在趋势的急速拉升阶段或交易区间之内，其就只被称为缺口。通常在看到市场的下一步行动之前，交易者无法对缺口进行分类。举例而言，如果市场在日线图上向上突破一个交易区间的顶部，而突破K线是一根大型上涨趋势K线，其低点高于前一根K线的高点，交易者就会将其看作强势表现，认为它是一个潜在的跳空缺口。如果新的上涨趋势持续数十根K线，他们回顾该缺口时无疑会称其为跳空缺口。反之，如果市场在几根K线之内就反转下跌而进入下跌趋势，他们就会称其为衰竭缺口。

　　如果上涨趋势在5或10根K后再次跳空（缺口），交易者会认为第二个缺口可能会成为上涨趋势的中点。他们会将其看作潜在的测量缺口，一旦市场完成等距上涨，很多交易者就会对多仓获利了结。等距上涨的长度为上涨趋势底部至缺口中点的距离，而等距上涨从缺口中点开始。此类缺口通常出现在一轮趋势的急速行情阶段，其让交易者获得信心以市价入场或在小幅回调中入场，因为他们相信市场会完成一段等距行情。

　　当上涨趋势持续几十根K线之后，其触及一个阻力区域，并开始显露出可能反转的迹象时，交易者将密切关注下一次跳空上涨。如果真的出现跳空上涨，他们会将其看作潜在的衰竭缺口。如果市场在大幅上涨之前先跌破缺口前一根K线的高点，交易者会将其看作弱势迹象，认为缺口可能代表衰竭，即买入高潮的一种类型。直到市场出现至少10根K线的两腿调整之前，他们通常不会再次寻求买入。有时候衰竭缺口在趋势反转之前就出现。正是由于这个原因，每当出现一个潜在的衰竭缺口时，交易者就会观察整体价格行为，判断交易者等式是否支持做空。如果出现反转，形成反转的趋势K线就是突破缺口（K线可以起到缺口作用），还可能是反向趋势的起点。

由于所有的趋势 K 线均为缺口，交易者可以在日内图上看到日线图上非常普遍的传统缺口的等效形态。如果有一轮上涨趋势处于阻力区域并很可能反转下跌，但是却形成最后一次突破，那根上涨趋势 K 线就可能成为一个衰竭缺口。有时候这根 K 线是一根非常大的上涨趋势 K 线，其收于高点附近。最后一次突破偶尔也会由两根非常大的上涨趋势 K 线构成。这是潜在的买入高潮，它提醒敏锐的交易者卖出。多头卖出止盈，因为他们认为市场很可能出现约 10 根 K 线的两腿下跌，可能有机会在低很多的价位再次买入。他们也知道衰竭性买入高潮和趋势转势的可能，不想要将任何盈利还给市场。激进的空头也知道这一点，他们会卖出而建立空仓。如果在接下来的几根 K 线之内出现一根强势下跌趋势 K 线，并且始终入场头寸的方向转为空头，那根最后的上涨趋势 K 线就被确认为衰竭缺口，而那根下跌趋势 K 线则成为突破缺口。下跌趋势 K 线前的上涨趋势 K 线是一个高潮反转（Climatic Reversal），也是一个双 K 线反转。如果这两根趋势 K 线之间有一根或更多 K 线，这些 K 线就构成一个岛形顶。岛形顶的底部是下行突破缺口的顶部，和所有的缺口一样，其可能会被测试。如果市场测试并再次反转下行，突破测试将形成一个更低的高点。如果最初的反转下跌强劲，那么在市场测试岛形顶和再次反转下跌时，多头和空头均会卖出，因为双方更加确信市场将下跌约 10 根或更多 K 线。多头将卖出锁定盈利，如果他们在上涨趋势 K 线的形成过程中以更高价格买入，他们现在则要限制亏损。空头将卖出建立空仓。一旦市场下行多根 K 线，获利回吐者（空头回补）将会出现，导致市场回调或进入交易区间。如果市场再次以一根下跌趋势 K 线向下突破交易区间，该 K 线就是一个潜在的测量缺口，交易者会试图拿稳部分空仓，直到市场完成等距下跌。

随着市场转为下跌，交易者将观察下跌 K 线的强度。如果有一两根大型下跌 K 线收于其低点附近，交易者会假设始终入场头寸的方向可能转为空头。他们会观察在接下来的几根 K 线里是否形成一根高 1 买入信号 K 线。如果其形成且疲弱（相对于抛售而言），如一根小型上涨十字线或一根下跌 K 线，更多的交易者将会在其高点上方卖空而非买入。记住，这是曾经的上涨趋势中的高 1 回调，但是现在交易者预期约 10 根 K 线的盘整下跌，因此更多的交易者会在高 1 买入信号的上方卖空而非买入。如果他们判断正确，高 1 买入信号将会失败，并形成一个更低的高点。如果反转下跌强劲，交易者也会在更低高点的下方和高 1 买入信号 K 线的下方卖空。如果市场继续盘整下跌，然后形成一个高 2 买入建仓形态，那么空头会假设其也会失败，并在其高点及其上方设置限价订单卖空。其他空头将使用停损订单在高 2 买入信号 K 线的下方卖空，因为这是在高 2 买入的多头的保护性止损所在。一旦这些多头被清扫出场，他们至少在多根 K 线之内不会再次寻求买入。多头的缺席和空头的出现可能引发下行突破。如果突破疲弱，多头或许能够形成一个楔形牛旗（高3买入建仓形态）。如果突破强劲，下跌行情很可能会持续至少两小腿，并完成一段等距下跌，其长度为交易区间的高度（上涨高点至高2上涨信号K线的底部）。突破K线就成为一个测量缺口。如果多头成功让市场在高3（楔形牛旗）反转上涨，那么测量缺口将被关闭而成为一个衰竭缺口。

在任意一张走势图上，这样的过程每天都发生很多次。交易者总是在问自己，突破是否很可能会成功（将突破K线变成一个测量缺口），还是更有可能会失败（将形成突破的趋势K线变为一个衰竭缺口）。标签并不重要，但是其含义重要。这是交易者作出的最重要决策，任何交易都要作此判断：在前一根K线的上方和下方的买家和卖家谁更多？只要他们认为存在失衡，他们就获得优势。在那个上行突破的案例中，当突破失败的信号K线最终出现时，交易者将判断该K线下方有更多的买家还是卖家。如果他们认为突破强劲，他们会假设买家更多，并且他们会在该K线的下方买入。其他人则会等待观察下一根K线是否只下跌几个跳点。如果是，他们将设置停损订单在其上方买入，他们会将其看作突破回调的买入建仓形态。其缺口则很可能成为一个测量缺口。空头则会将突破失败的信号K线看作强势卖出信号，他们会在其低点下方卖空。如果他们判断正确，市场会出现抛售，填补上涨缺口（将其变成衰竭缺口），然后很快跌破上行突破K线的低点，并且他们希望市场继续大幅走低。

有时候你会听到"所有缺口都会被填补"的说法，但是这种说法很少会对交易者有所帮助。市场总是会回测之前的价格，因此"所有前期价格均会被测试"更为准确。然而，由于有足够多的交易者关注缺口，因此它们起到磁体的作用，尤其是当市场回调至其附近的时候。市场与磁体的距离越近，磁场引力就越强大，市场触及磁体的概率就越高（这是买入和卖出真空的基础）。举例而言，如果在一轮上涨趋势中出现一个跳空缺口，一旦市场最终出现调整或反转，市场跌破该缺口前一根K线高点（填补缺口）的概率可能会比其跌破上涨中的任意一根K线高点的概率略高一点。不过，既然缺口是磁体，交易者可以在市场与其接近时寻找交易机会，正如市场接近任何磁体时一样。

一根K线的低点高于前一根K线的高点，或者一根K线的高点低于前一根K线的低点，这种类型的缺口在高流动性产品的日内图上罕见，除非是当日的第一根K线。然而，如果使用广义定义，其他类型的缺口在5分钟图上每天都会出现很多次，它们有助于交易者理解市场动向并制定交易计划。在5分钟图上，偶尔会有一根K线的开盘价高于前一根K线的收盘价，这通常是市场强势的细微表现。举例而言，如果在连续的上涨趋势K线中出现两三个此类缺口，很可能代表多头强势。日线图、周线图和月线图上的此类缺口同样意义重大。

因为缺口是价格行为的重要元素，因此日内交易者应该使用广义定义，将趋势 K 线看作日内缺口的等效形态，因为它们具有同样效果。如果交易足够清淡，在日内图上出现一系列趋势 K 线时就会形成实际的缺口。记住，所有的趋势 K 线都是急速、突破和高潮，而突破是缺口的一种变体。当 Emini 上的开盘首根 K 线向上大幅跳空时，标准普尔 500 现货指数将是一根大型上涨趋势 K 线。这是缺口与趋势 K 线代表同样行为的案例。当趋势开启出现一根大型趋势 K 线时，其就形成一个突破缺口。举例而言，如果市场从一个低点处反转上涨或突破交易区间，那根趋势 K 线的前一根 K 线的高点和其后一根 K 线的低点之间就形成突破缺口。你也可以直接把整个趋势 K 线的实体看作缺口，或许还有一些交易者会把其他的近期高点看作缺口底部。经常会有多种选择，但是这并不重要。重要的是市场出现了突破，意味着出现了缺口，即便在图上看不到传统的缺口。市场经常会跌破趋势 K 线前一根 K 线的高点一两个跳点，但是只要回调并不跌破这根趋势 K 线的低点，交易者就会认为突破依然有效。总而言之，如果市场跌破其前一根 K 线的高点多个跳点以上，交易者就会对突破丧失信心，或许就不会出现大量后续行情，即便市场并未反转。

每当潜在的上行突破中有一根趋势 K 线时，总是观察其前一根 K 线的高点和后一根 K 线的低点。如果它们之间没有交叠，其间隙可能起到测量缺口的作用。如果趋势继续上行，在等距行情（其长度为牛腿的低点至缺口中点的距离）的目标位寻找止盈迹象。有时候缺口的底部会是数根 K 线之前形成的波段高点，或者是急速拉升中的一个高点，但是其出现在那根趋势 K 线的数根 K 线之前。缺口的低点（译注：疑为高点）可能是突破 K 线的多根 K 线后形成的波段低点。熊腿（Bear Leg）突破的下跌趋势 K 线也是如此。总是寻找潜在的测量缺口，最明显的是下跌趋势 K 线前一根 K 线的低点与其后一根 K 线的高点之间的缺口。

如果一轮上涨趋势已经持续 5 至 10 根或更多 K 线，然后又出现另一根上涨趋势 K 线，其可能成为一个普通缺口、测量缺口或衰竭缺口。在看到下面数根 K 线之前，交易者无法确知。如果出现另一根强势上涨趋势 K 线，其为测量缺口的概率就较大，多头会持续买入，预期上涨行情将完成一段基于缺口中点的等距上涨。

另一种常见的缺口是 K 线的高点或低点与移动平均线之间的间隙。在趋势中，其可以为市场测试趋势极点的波段交易提供好机会；在交易区间中，其经常提供市场碰触均线的刮头皮机会。举例而言，如果有一轮强劲的下跌趋势，市场最终反弹至移动平均线上方，反弹中低点位于均线上方的第一根 K 线是第一根均线缺口 K 线。交易者会在其低点下方一个跳点处设置停损卖出订单而做空，预期市场测将测试下跌行情的低点。如果停损卖出订单未能触发，他们会不断将订单上移至刚结束的 K 线的下方一个跳点处，直到空单成交为止。有时候市场涨至信号 K 线上方而将他们清扫出场。如果这种情况发生，他们会再次尝试在前一根 K 线的低点下方一个跳点处卖空。一旦其订单成交，信号 K 线就是第二个均线缺口 K 线的卖空信号。

均线缺口每天都出现很多次，其大多出现在没有强劲趋势的时候。如果交易者精心挑选，这类缺口 K 线中有很多可以提供市场回归至移动平均线的淡出交易机会。举例而言，假设当日是一个交易区间日，市场已经在移动平均线上方运行 1 个小时左右。如果市场抛售跌破移动平均线，但是出现一根高点低于均线的强势上涨反转 K 线，如果该 K 线的高点与均线之间的距离足够刮头皮做多，那么交易者经常会在其高点上方做多。

所有时间框架图上的突破，包括日内图和日线图，经常会形成与传统形式不同的突破缺口和测量缺口。突破点与市场第一次停顿或突破回调之间的间隙是缺口，如果其出现在一轮潜在强劲趋势的初期，其就是一个突破缺口，是强势的表现。尽管其经常引发等距行情，但是其目标位通常太近而获利空间不大，因此交易者应该忽视这个等距上涨目标。反之，他们应该只把缺口看作强势表现，而不能将其作为构建止盈目标的工具。举例而言，如果 Emini 的日均区间约为 12 个点，当日开盘约一个小时后的区间仅为 3 个点，而突破形成的缺口的等距行情只能让当日区间扩大至约 6 个点。如果趋势刚刚启动，区间更有可能达到 12 个点的平均水平，而不是仅为 6 个点，因此交易者不应在等距上涨的目标位止盈。

当一条腿（Leg）的起点至突破缺口（跳空缺口）的距离约为日均区间的三分之一至一半时，该中点经常会引发等距行情，交易者可能会在其目标位止盈，有时候甚至会反手。举例而言，如果市场处于交易区间，然后以一根大型上涨趋势 K 线向上突破交易区间，区间顶部的波段高点就是突破点。如果市场在下一根 K 线横盘或上涨，该 K 线的低点就是突破测试的第一考虑，该 K 线的低点与突破点之间的中点经常成为牛腿的中点，其缺口是一个测量缺口。如果该区间约为最近日均区间的三分之一至一半大小，用牛腿的底部作为起点，测量一下起点与测量缺口中点的距离，从中点开始等距上涨。然后观察市场升至等距行情目标位上方一个跳点时如何反应。如果市场在突破的几根 K 线之内回调至缺口内部，但是之后再次上涨，那就将这个回调低点作为突破测试，而测量缺口就是该低点和突破点之间的间隙，这是强势表现。一旦市场涨至等距行情的目标位，很多交易者就会对其多仓进行部分或全部止盈。如果上涨疲弱，一些交易者甚至可能会在等距行情的目标位设置限价订单卖空，尽管只有交易老手才应考虑这种交易。

艾略特波浪交易者认为，大多数此类缺口都是由维持在一浪高点上方的小型四浪回调形成，他们预计后面会出现第五浪。根据艾略特波浪理论，这里的交易量不足以让其成为价格行为的重要成分，但是每当回调未能跌破突破点时，所有的交易者都会将其看作强势表现，并预计市场将测试趋势的高点。回调是一个突破测试。

如果回调跌至突破点略下方，这是缺乏力量的表现。尽管回调跌至突破下方，但是你依然可以使用其低点和突破点之间的中点。当这种情况发生时，我倾向于将这种缺口称为负值缺口（Negative Gap），因为其数学差值为负数。举例而言，在上行突破中，如果你用突破测试K线的低点减去突破点高点，结果是负数。负值测量缺口引发等距行情的可靠性要低一些，但是依然可以非常精确，因此也值得关注。顺便说一下，阶梯形态在每一次新突破后都产生负值缺口。

小型测量缺口也可以在任何趋势K线附近形成。这些微型缺口出现在趋势K线前一根K线与其后一根K线并不交叠的时候。和任何缺口一样，其可以引发等距行情。通常来说，如果趋势K线起到突破作用，等距行情就会更加精确。举例而言，牛腿中的强势上涨趋势K线突破就是如此。如果该K线后一根K线的低点位于或高于该K线前一根K线的高点，其间隙就是缺口，它可以是一个测量缺口。测量牛腿起点至缺口中点的距离，将其向上投射，看一下如果缺口是牛腿中点的话市场需要涨至多高。这是多头可能获利了解的位置。如果还有其他理由支持在此做空，空头也会卖空。当这些微型缺口出现在一轮趋势的前几根K线时，市场的发展通常会大大超过基于这些缺口的等距行情。不要用这个缺口来寻找止盈区域，因为市场很可能会前行很远，而你不想在一段大行情中过早离场。不过这些缺口在趋势的早期阶段依然重要，因为它们让趋势交易者对趋势的强度更有信心。

每一天都会发生大量突破，但是其大多数都会失败而市场反转。然而，当其成功时，其提供的潜在回报是风险的数倍，且其成功率可以接受。一旦交易者学会判断突破是否很可能会成功，这些交易就应该被考虑。在第八章的等距行情内容中有测量缺口的其他案例。

使用这种缺口的广义定义，交易者可以发现很多交易机会。一种非常普遍的缺口类型出现在任意图表上的任何三根连续趋势K线上。举例而言，如果这些K线以趋势上涨，而K线3的低点等于或高于K线1的高点，这里就有缺口，其可以作为测量缺口或跳空缺口。K线1的高点是突破点，其被K线3的低点测试，这成为突破测试。在更小时间框架图上，你可以看到K线1顶部的波段高点和K线3底部的波段低点。这个建仓形态很容易被忽略，但是如果你研究图表，你会发现这些缺口经常在接下来的多根K线中被测试，但是不会被填补，因此其显示买家强势。

当市场在趋势中运行很多根 K 线后形成一根非同寻常的大型趋势 K 线时，一个相关的缺口就会出现。举例而言，如果市场在数个小时里持续上涨，但是现在突然形成一根非常大的上涨趋势 K 线并收于其高点附近，尤其是当这根 K 线的高点或接下来的数根 K 线中的一个高点延伸至趋势通道线上方时，拥有一个或多个突破点和突破测试的一个或多个重要缺口就此形成。在极少数情况下，这根 K 线成为新一轮更陡峭的上涨趋势起点，但是更常见的情况是，其代表一轮过度延伸而衰竭的上涨趋势的买入高潮，数根 K 线之内就会出现盘整下跌调整，其可能持续约 10 根 K 线，很多时候甚至成为趋势反转。交易老手等待这些 K 线出现，他们的等待导致卖家离场而形成买盘真空（Buy Vacuum）而将市场快速拉升。一旦他们看到这种情况，多头就会获利了结，而空头会在该 K 线的收盘价、K 线上方和接下来一两根 K 线的收盘价（如果其疲弱）卖空，或者在这些 K 线下方设置停损订单卖空。观察买入高潮的前后 K 线。第一个要考虑的缺口是其前一根 K 线低点与其后一根 K 线高点之间的间隙。如果市场继续上涨数根 K 线，然后回调并再次上涨，突破测试就是那一轮回调的低点。如果市场跌破买入高潮 K 线前一根 K 线的高点，那么缺口就会被关闭（填补）。如果市场继续下跌成为一轮大型腿下跌（Leg Down），该缺口就成为衰竭缺口。

同时观察上行突破之前的 K 线，寻找其他可能的突破点。其通常是波段高点，可能有数个要考虑。举例而言，几根 K 线之前可能有一个小型波段高点，但是几个小时之前可能还有几个更高的波段高点。如果突破 K 线强势突破上述所有高点，那么它们都有可能是突破点，你可能需要考虑其每一个缺口的中点引发的等距上涨。如果某一个目标位上出现阻力汇聚，如趋势通道线，更高时间框架的下降趋势线，或者是根据交易区间幅度等其他指标计算出的等距上涨目标，获利了结者将在此出现，同时还会有一些空头。一些空头会刮头皮，另一些空头则会建立波段仓位并在更高处加仓。

有一个被广为接受的信念是，大多数缺口都被填补，至少突破点会被测试，这是事实。每当什么事情很可能会发生时，就有交易机会。当出现一个急速下挫与通道的形态时，市场经常会调整回到通道顶部，也就是缺口的底部，并试图形成一个双重顶下跌测试。当有一根买入高潮 K 线向上突破一个重要的波段高点时，通常会有一轮回调测试那个波段高点，因此交易者应该寻找可能引发测试的卖空建仓形态。然而不要太过心急，确保建仓形态可信，并且有其他证据表明回调很可能即将发生。其可能是一个盘整牛旗，其突破并延续多根 K 线，然后出现一根强劲的反转 K 线，将牛旗变成一个潜在的最终旗形。最终旗形之后通常至少出现一轮两腿调整，测试旗形的底部，其跌幅经常与旗形顶部至底部的距离相等，有时候会引发趋势反转。上述过程也适应于下行突破。

　　除了趋势开启时形成的突破缺口和趋势中途形成的测量缺口之外，衰竭缺口在趋势试图反转时形成。当趋势后期出现一个缺口，然后市场反转并填补缺口时，该缺口就成为衰竭缺口。和所有衰竭迹象一样，之后市场通常进入交易区间，不过有时候也会引发反转。交易日线图的交易者更为重要，但是日内交易者对开盘跳空引发开盘反转的事情早已司空见惯。日内交易者认为其只是失败的开盘跳空，但是它们是衰竭缺口的一种类型。在日线图上，如果一个衰竭缺口之后出现一个反方向的突破缺口，而在突破 K 线收盘后缺口依然未被填补，这就构成一个岛型反转形态。举例而言，如果一轮上涨趋势中出现跳空上涨，然后在下一根 K 线或数十根 K 线后出现跳空下跌，这两个缺口之间的 K 线就被认为是岛形顶。图 18.4（第 18 章）展示了一个日线图上的岛形顶案例。

　　每当价格通道中出现一根趋势 K 线收于前一根 K 线的极点之外时，交易者就应该注意是否有缺口形成。举例而言，如果有一个上行通道或一个熊旗，下一根 K 线收于其前一根 K 线的高点上方几个跳点处，该突破 K 线就可能成为一个测量缺口。观察下一根 K 线的低点，看一下其是否维持在前一根 K 线的高点之上。如果是，这根突破 K 线就可能是一个测量缺口。如果缺口被填补，该趋势 K 线就可能是一个衰竭缺口，而急速拉升可能引发反转下跌。

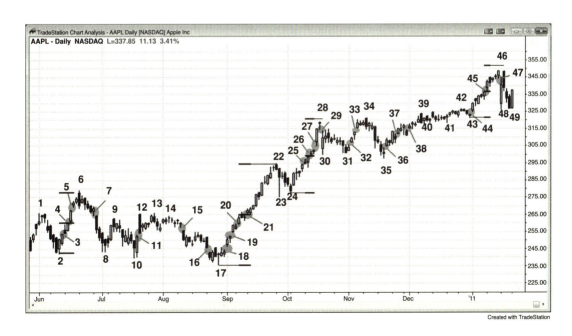

图 6.1　日线图上的多种缺口类型

日线图上的传统缺口分为突破缺口（跳空缺口）、测量缺口、衰竭缺口和普通缺口。大多数时候其分类并不重要，一个缺口刚开始看起来像是一种类型，后面可以被认为是另一种类型。举例而言，图 6.1 的苹果（AAPL）日线图上的缺口 5 可能是一个测量缺口，但是最终却成为一个衰竭缺口。同时，当市场处于强劲趋势时，经常会形成一系列缺口，其中任何一个都可以成为测量缺口。交易者需要知道每一种可能性。举例而言，缺口 4、21、25、26、27 和 45 都是潜在的测量缺口。缺口 4 是一个测量缺口，至 K 线 6 的高点几乎是一段完美的等距行情。K 线 2 至缺口中点的距离与缺口中点至 K 线 6 顶部的距离一样大。获利回吐者在 K 线 6 顶部出现，新的强势空头也是如此。获利回吐盘出现在基于缺口 26 和 45 的等距行情目标的略下方。

突破缺口经常扭转始终入场头寸的方向，因此是一个重要的强势迹象。大多数交易者都会将下列缺口定义为突破缺口：缺口 3、7、11、15、18、29、32、36、44 和 47。 当出现突破和缺口的时候，把缺口看作是强势表现，而不是将其作为寻找等距行情目标的工具。当一轮趋势刚刚启动时，过早止盈是一个错误。不要将突破缺口的合理候选当作测量缺口。

至 K 线 22 的上涨向上突破了 K 线 6 的高点，而至 K 线 23 和 24 的回调是突破测试。市场再次上涨的起点 K 线 24 的低点与 K 线 6 高点之间的间隙是突破缺口。这里由于 K 线 24 的低点低于 K 线 6 的高点，该突破缺口为负值。由于它是一个大型交易区间的突破，其有很高的概率也是一个测量缺口。

一些交易老手会淡出突破并在 K 线 22 的下方卖空，期待市场测试突破点，出现一轮快速的刮头皮下跌行情。多头在期待同样的事情，他们已经做好准备以市价大量买入，或者在回调测试进入缺口内时用限价订单买入。多头最初在市场上涨至 K 线 22 的突破中买入，他们在同样价位再次买入的渴望使得新上涨趋势得以恢复并至少完成某种等距上涨（举例而言，其可能基于从 K 线 22 的高点至 K 线 23 的低点的回调长度）。

在趋势持续一段时间之后，交易者将开始寻找更深幅度的回调。调整之前通常会有一个缺口，这种缺口就是衰竭缺口，如缺口 5、16、27、33 和 45。

当缺口出现在急速行情中或交易区间内时，其通常不被定义，大多数交易者只是称其为缺口，如缺口 19、20、37 和 38。

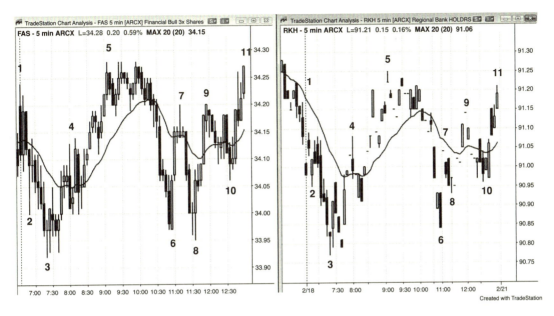

图 6.2　趋势 K 线与缺口等效

通常只有在交易量极为清淡的时候，才会在 5 分钟图上看到日线图上的传统缺口。图 6.2 展示了两个相关的交易所交易型基金（ETFs）。左图上的 FAS 今日交易量为 1600 万股，而右图上的 PKH 只交易了 98000 股。RKH 图上的所有缺口都是 FAS 图上的趋势 K 线，而 FAS 图上的很多大型趋势 K 线都是 RKH 图上的缺口，这表明趋势 K 线是缺口的一种变体。

图 6.3　趋势 K 线是缺口

日内图有其独特类型的缺口。每一根趋势 K 线都是急速、突破和高潮，既然每一个突破都是缺口的变体，那么每一根趋势 K 线都是一种缺口。开盘缺口在大多数 5 分钟图上都很常见。在图 6.3 中，K 线 2 从昨日最后一根 K 线的低点向下跳空，形成开盘缺口。

市场在 K 线 5 反转上涨，在反转发生之际，考虑到其底部牢固，它有很大概率成为一轮上涨趋势的起点。由于它是一轮上涨趋势的起点，因此是一个突破缺口。有些交易者将其实体看作缺口，另一些交易者则认为 K 线 4 高点和 K 线 6 低点之间的间隙为缺口。

K 线 6 和 K 线 7 也是趋势 K 线，因此它们也是缺口。趋势途中经常会有缺口出现，这也是强势的表现。

K 线 11 是突破 K 线 9 至 K 线 10 的牛旗，并且向上突破开盘区间。由于开盘区间约为日均区间的一半大小，交易者预计区间将扩大一倍，这使得 K 线 11 很可能同时成为测量缺口和突破缺口。

在收盘前的昨日高点区域，市场在 K 线 12 和 K 线 13 之间徘徊了三根 K 线。一些交易者将其看作今日开盘区间的顶部。K 线 13 是一根下跌反转 K 线，由于市场可能一度跌至其下方，空头将其看作是突破失败的信号 K 线（对 K 线 9 高点和昨日收盘高点的突破）。由于突破如此强劲，更多的交易者假设突破失败的卖空信号不会成功，因此他们设置限价订单在该 K 线的低点及其下方买入。这些激进的多头在 K 线 14 成功将市场反转为快速上涨。然后 K 线 14 的低点形成测量缺口的顶部，而 K 线 9 的高点则是其底部。由于 K 线 14 是一根外吞上涨 K 线，它是突破回调买入的入场点，随着市场向上突破前一根 K 线（K 线 13）的高点而触发买入信号。上涨趋势的发展远远超过等距行情的目标位。如果之前空头成功将市场反转为下跌，K 线 11 则会成为一个衰竭缺口而非测量缺口。只要回调不跌破 K 线 9 的高点超过 1 个跳点，交易者就依然会将缺口看作测量缺口，他们会考虑在等距行情的目标位止盈部分仓位（市场急剧拉升，以至于很多交易者错过在目标位止盈）。如果市场进一步下跌，交易者就不会信任基于 K 线 11 缺口的任何等距行情，而是会寻找其他方法来计算等距行情的目标。这个时候，将 K 线 11 称作测量缺口或衰竭缺口已失去意义，交易者也不会再用这些术语对其定义。只要抛售行情不跌破 K 线 10 的高点，多头就会认为突破成功。如果其跌破 K 线 10 的高点或低点，交易者则会认为市场处于交易区间；如果抛售强劲，交易者甚至可能认为其进入下跌趋势。K 线 14 是对 K 线 11 缺口的突破测试。市场还差 1 个点触及 K 线 9 的突破点就反转上涨。通过阻止市场跌破 K 线 9 的高点或 K 线 12 的低点，多头在展现其力量。

市场在 K 线 15 时再次突破，这意味着 K 线 15 是突破缺口和潜在的测量缺口。一些交易者会使用开盘区间的高度作为等距行情的长度（K线4低点至K线13高点），另一些交易者则使用K线13突破点和K线15回调之间的缺口中点作为等距行情中点。

K线15和K线16也是上涨趋势中的缺口，因此也是强势的表现。

K线17是一轮持续10或20根K线的趋势中的一根特别大的上涨趋势K线，因此其很可能是衰竭类型的趋势K线，并且可能是一个衰竭缺口。买入高潮有时候会引发市场反转，但是更多的时候只是引发市场调整，其持续约10根K线，经常有两腿行情。

K线19是另一个潜在的突破缺口，因为它向上突破一个小型牛旗，但是在一轮买入高潮之后，调整的可能性更大。

K线20试图成为一个下行突破缺口，但是其实体太小，该K线并未跌破正在形成的交易区间（K线19前一根K线的低点）。

K线22是一个突破缺口，空头希望它引发一段等距下跌（从而成为一个测量缺口）。其有一个大型下跌实体，并且向下突破一个五根K线的窄架（Ledge）和交易区间的底部。然而，在一轮强劲的上涨趋势中，其可能只是市场测试均线的一部分，可能只是因为多空双方等待略低一点的价格而形成的卖盘真空所致。多头等待建立新的多仓，空头等待止盈空仓。

K线23延伸了突破，但是没有后续，如同上涨趋势中的大多数反转试图和下行突破试图一样，其以失败告终。在认为市场转为始终入场空头之前，大多数交易者希望再看到一根下跌趋势K线。这是一种常见情况，也是激进多头在K线23这样的K线收盘时买入的原因，他们预期空头无法将市场反转为空头市场。这使得多头能够在调整的底部附近入场。

K线24是一根上涨均线缺口K线，也是市场从K线17的买入高潮开始的两腿调整结束的信号K线。尽管K线22可以被认为是一个衰竭缺口，因为它是一轮小型下跌趋势的终点，但是大多数交易者依然将市场看作是多头行情，认为趋势依然向上，因此并没有一轮重大的下跌趋势来衰竭。这是上涨趋势中的一轮回调，而不是一轮新的下跌趋势。因此K线22只是一个失败的突破。

K线25是另一个突破，鉴于市场正从上涨趋势的回调中反转上行，因此其向上突破牛旗（K线23之后的上涨孕线是牛旗的入场信号K线）。K线25是市场急速下挫至K线23后的潜在熊旗。一旦K线25的收盘价远远高于K线24的高点，空头极有可能放弃市场将出现第二腿下跌的假设。该收盘使得K线25有可能成为测量缺口，当K线26在一根K线的停顿之后再次将市场反转上涨时，其的确成为测量缺口。上涨行情远远超过等距上涨的目标，而 K 线 25 成为一个跳空缺口。

一些交易者依然在猜测下行通道是否正在形成，但 K 线 26 向上越过其前一根下跌 K 线和 K 线 22 的高点（下行突破缺口）时，下跌的理论对大多数交易者而言已经不能自圆其说。

K 线 27、29、32 和 40 同样也是上涨突破缺口。

K 线 36 是一个突破缺口，但是其下一根 K 线反转下跌。因此一些交易者将 K 线 36 看作衰竭缺口，其可能是上涨行情的终点和交易区间或更大调整的起点。

K 线 37、38 和 39 是下跌缺口，也是空头强势的表现（卖压）。

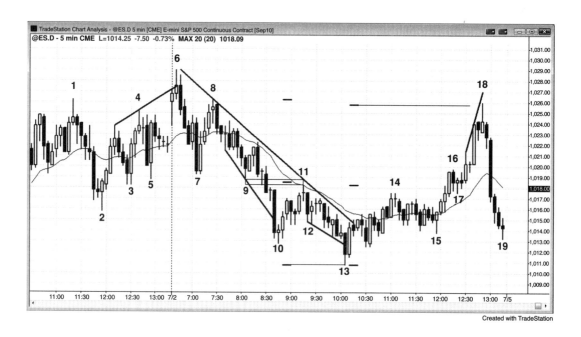

图 6.4　日内缺口

图 6.4 的 5 分钟 Emini 图上显示了若干缺口。唯一的传统缺口发生在开盘时候，当日的第一根 K 线的低点从昨日最后一根 K 线的高点向上跳空。然而，由于第一根 K 线并未跳空至昨日的高点之上，因此在日线图上没有缺口。

市场趋势性下跌至 K 线 13，然后反弹至移动平均线之上，并突破了下降趋势线。注意 K 线 14 的低点处于移动平均线之上，这也是几个小时内出现的第一根此类 K 线。这是一个移动平均线缺口，这类缺口经常引发市场测试下跌的低点，然后出现两腿上涨，尤其是在市场上涨至缺口 K 线时向上突破了下降趋势线的情况下，正如这里所发生的。这里它引发了 K 线 15 处的更高低点趋势反转，然后市场出现第二腿上涨至 K 线 18。

K 线 6 向上突破 K 线 1 和 K 线 4 的高点，其成为突破点。这些高点与 K 线 6 低点之间的间隙就是缺口，其在 K 线 6 的下一根 K 线被填补。日内交易者认为其只是跳空上涨和开盘反转下跌，但是它是衰竭缺口的一种形式。

K 线 10 的前一根下跌趋势 K 线开盘于高点附近，收盘于低点附近，并且有一个相对较大的区间。由于其形成于市场趋势性下跌多根 K 线之后，因此它是一个抛售高潮，这是最后的卖盘，回调结束之前已经没有人愿意卖出，而回调通常有两腿。那根突破 K 线向下突破了很多波段低点（K 线 2、3、5、7 和 9），而 K 线 11 成为突破测试。K 线 10 的高点与移动平均线之间也有一个大型缺口，该缺口被一轮两腿行情所填补，其形成了一个低 2 卖空建仓形态。

K 线 9 突破点和 K 线 11 突破测试之间的缺口中点引发一段从 K 线 8 的通道顶点至 K 线 9 的行情的等距下跌。下方的横条（Hash Mark）和 K 线 10 低点的右边一根 K 线是两条更高处的横条的等距下跌位。这个缺口成为测量缺口。市场并没有像往常一样在过靶通道趋势线后反转上涨，反而向下突破，其底部恰好位于等距下跌的目标位。由于你永远无法事先知道哪一个潜在的等距下跌目标会起作用（如果有的话），一个好方法是画出所有你能看到的，观察它们是否出现反转。这些是空头止盈的合理区域。如果还有其他理由支持做多，在等距行情目标位做反转交易而获利的概率会提高。举例而言，这里市场向下突破趋势通道线和当日前低，并恰好在一个等距行情的目标位反转上涨。

尽管至 K 线 11 的上涨接近 K 线 7 和 9 的突破点，但是缺口未被填补。这是空头强势的迹象，之后市场创新的下跌低点。

K 线 13 是一轮持久下跌趋势中的另一根大型下跌 K 线，因此也是第二次抛售高潮。下一根 K 线填补了 K 线 10 下方的缺口。

K 线 14 是市场对 K 线 7 和 9 的双重底的第二次突破测试，这里也是突破点。不过市场并没有下跌，而是盘整至 K 线 15，形成一个楔形牛旗。这引发了一轮上涨并填补了缺口，使市场对 K 线 7 和 K 线 9 的下行突破失败。当日试图成为一个反转日，趋势交易区间日有时候会这样，但是上涨趋势未能在当日后期维持掌控。

K 线 17 是一个突破回调，测试了 K 线 14 高点的突破点，并引发一轮强劲上涨，在 K 线 13 底部至 K 线 11 顶部的等距行情目标位的上方两个跳点处结束。等距行情的横线标记位于 K 线 13 的右边一点，底部横线与中部横线之间的距离向上投射至顶部横线。

K 线 18 是大型均线缺口的另一个案例，该缺口在数根 K 线之内被填补。

还有很多其他小型缺口，如 K 线 6 低点和 K 线 8 高点之间。尽管其高点与 K 线 6 的低点是同一价位，但它是一个缺口，是市场向下突破 K 线 6 的突破测试。与此类似，K 线 15 反转 K 线的高点是两根 K 线之后的突破测试 K 线的突破点。

注意有三根 K 线的实体最大，它们是 K 线 7、K 线 10 前一根 K 线和 K 线 18 前第二根 K 线，三根 K 线均引发市场反转。记住，大多数突破都不会前行很远，它们通常会反转，至少进入回调。当一轮趋势持续一段时间后出现一根大型趋势 K 线时，其通常代表一方投降（Capitulation）或趋势衰竭。举例而言，K 线 18 的两根 K 线之前的大型上涨趋势 K 线形成于一个非常强势的牛腿。空头急切离场，担心市场上涨很多后才会出现回调，没有机会在较低价格离场。其他空仓的交易者也惊慌失措，担心自己错过收盘前的一轮大趋势，因此他们以市价买入，也担心回调不会出现。这种激烈买盘由心急如焚的交易者所致，在其买入之后，剩下还愿意买入的交易者只会买回调。高位已经没有买家接盘，市场只能盘整或下跌。

有多个微型测量缺口。举例而言，K 线 6 之后的下跌趋势 K 线形成一个，K 线 10 后的上涨趋势 K 线和 K 线 15 后的上涨趋势 K 线也是。所有行情均越过等距行情的目标位。

K 线 6 后一根 K 线的低点和 K 线 7 前一根 K 线的高点形成一个微型测量缺口，而 K 线 7 的低点恰好是等距下跌的目标位。中间的趋势 K 线向下突破创下当日新低，也是一根强劲的下跌趋势 K 线，收盘于其低点。

K 线 15 的后一根 K 线突破了一个小型楔形牛旗。该 K 线后一根 K 线的低点测试了 K 线 15 的高点，也就是突破点。该测试精确到位，只要突破测试不跌破突破点超过 1 个跳点，测试就是强势表现。如果突破测试下跌更多，其将是突破不够强势并更有可能失败的表现。突破点与突破测试之间的间隙是微型测量缺口。由于它是一个突破缺口，只能将其作为突破强度的表现，而不能用其测算等距行情。最初突破通常引发大行情，交易者不应过早止盈。微型缺口通常为负值缺口，意味着突破测试 K 线的低点比突破点 K 线的低点（译注：疑为高点）低一两个跳点。一旦突破 K 线收盘，激进的交易者可以设置限价订单在前一根 K 线的高点上方一个跳点处买入，承担约三个跳点的风险。成功率或许只有 40% 左右，但是回报是风险的数倍，因此交易者等式非常有利。

图 6.5　一根 K 线的开盘价与其前一根 K 线收盘价之间的缺口

　　如果一根 K 线的开盘价高于或低于前一根 K 线的收盘价，就会出现一个缺口。有时候其可能完全由低成交量造成（例如出现很多十字线的时候），但是其他时候其可能显示市场强势。图 6.5 上的 8 个缺口中有 7 个为上涨缺口，只有 K 线 2 是下跌缺口。当同一方向连续出现两个或更多缺口且其 K 线具有趋势实体时，这就是强势表现。在这 7 个上涨缺口中，大量交易者在 K 线的收盘价设置市价订单，订单以卖价（Offer）成交，说明市场需要上涨才能找到足够的卖家来促成订单成交。如果卖家只愿意以更高价格卖出，而多头愿意以卖价买入，市场很可能会继续上涨，至少在短期内。

　　K 线 1 由其前一根 K 线的高点和其后一根 K 线的低点形成一个微型测量缺口。市场上涨至太平洋时间早上 7∶35 的波段高点的行情恰好是从当日第二根 K 线的开盘价开始的等距行情。等距行情通常始于一段急速行情中的第一根趋势 K 线开盘价。如果市场越过其目标位，那就用急速行情的底部做起点，看一下市场是否在其目标位开始调整。

　　下跌缺口在第二根 K 线反转上涨，因此它是一个衰竭缺口。日内交易者则只是将其看作开盘跳空下跌失败和开盘反转上涨。

第二篇

磁体：支撑和阻力

有两种磁体：支撑和阻力。磁体位于市价之下就是支撑位，意味着这是多头建仓和空头止盈的区域；磁体位于市价之上就是阻力位，意味着这是多头止盈和空头建仓的区域。支撑和阻力是将市场向其拉近的磁体。当你发现在当前价格不远处有磁体时，在其被触及之前只顺其方向交易。当市场触及磁体时，你需要判断其会反转还是会盘整，或者是无视磁体而延续趋势。磁体告诉你市场的可能目的地，而不是路径，途中也可能出现大幅回调。同时，市场也可能在磁体的攻击范围之内进入交易区间并持续数十根K线。尽管你应该关注磁体，但是在市场决定其是否将测试磁体和以何种方式测试的过程中，多空两个方向依然可以出现可靠的交易。

交易者时刻关注支撑和阻力。市场存在惯性，并有强烈的倾向维持其现状。当市场处于趋势之中时，大多数反转试图都会失败。举例而言，如果市场处于下跌趋势，大多数支撑位都无法让市场止步或反转。不过所有的上涨反转都发生在支撑位（所有的下跌反转都发生在阻力位），因此如果市场开始反转上涨，其潜在回报通常数倍于风险。即便成功的概率通常只有40%，但是交易者等式依然有利，因此反转交易在数学上合理。惯性也意味着当市场处于交易区间时，大多数突破的试图都会失败，市场将不断在区间底部的支撑位反转上涨，在区间顶部的阻力位反转下跌。尽管大多数反转趋势的试图都会失败，但所有的趋势反转和回调均始于支撑位和阻力位，因此了解其位置所在可以让交易者在最优点位止盈和反手。

Emini上的大部分交易由计算机完成，其算法基于逻辑和数字。它们买回调或卖反弹是因为它们计算出在某个特定价位进行交易符合逻辑。如果有足够多的算法使用相似的价格，市场可以反转，至少持续一两根K线，经常足够交易获利。尽管有一些算法并不直接使用Emini价格图上的数据（比如它们可能使用期权市场或其他相关市场的数据），但是除非有大量程序得出近似结论，否则不太可能有足够的力量来改变市场的方向。当市场反转时，其总是发生在支撑位和阻力位。通过练习，个人交易者通常可以识别它们。由于部分此类反转提供交易获利的机会，也因为这些价位是合理的止盈区域，因此知道潜在的转折点会十分有用。

关注磁体的一个重要原因是，它们是对部分仓位或全部仓位止盈的合理区域。相对于反手交易，止盈总是更快。这意味着反手比止盈需要更强的建仓形态。如果市场向磁体的运动疲弱，并且与大趋势的方向相反，那么你也可以找机会反向交易，预期市场会反转。市场通常会过靶（Overshoot）磁体，至少会越过一点。如果市场向磁体的运动并非强劲趋势，那么市场通常会反转，至少持续一两根 K 线。如果趋势恢复，并在越过磁体后进一步前行，然后第二次反转，那么这通常是反向交易的可靠建仓形态，尤其是在出现一根强势反转 K 线的情况下。

任何重要的价格行为都可以形成支撑或阻力，常见案例有：

● 趋势线

● 趋势通道线

● 任意时间框架下的任意类型移动平均线

● 等距行情目标

● 前期波段高点或低点

● 多头入场 K 线的低点和空头入场 K 线的高点

● 多头信号 K 线的高点和空头信号 K 线的低点

● 昨日高点、低点、开盘和收盘

● 任何 K 线的高点、低点、开盘和收盘，尤其是当 K 线为大型趋势 K 线时

● 日轴点（Pivot）

● 斐波那契回撤位和投射位

● 任何类型的区间（Band）

交易者创造支撑和阻力的术语，是用来描述任何拥有足够的数学优势而让其交易获利的价位。这些术语的创造初衷是帮助交易者发掘交易机会。每一个时间框架下的每一根 K 线的高点都处于某种阻力位，每一根 K 线的低点都处于某种支撑位，其收盘价之所以不高不低恰好处于那个位置，是因为计算机出于某种理由将其安置于此。阻力和支撑或许并不明显，但是既然计算机掌控一切，而它们又用逻辑决策，因此所有事情都有含义，即便其通常难以理解。图表上每一个价位都一定的数学优势，但是优势通常太小而无法交易，除非是高频交易（HFT）程序，其很多被设计为刮头皮盈利 1 美分。根据定义，一个价位只有在其方向概率失衡时才是支撑或阻力。举例而言，如果市场跌至一个支撑位，交易者相信市场有 60% 或更高的概率会出现一轮反弹，其幅度足够刮头皮，这也是所有交易者的

最小（Minimal）交易。如果其概率只有 52% 或 53%，交易者极有可能会认为其不足以使用该术语，而是认为该价位稀疏平常。如果市场处于交易区间的中点，从一般字义来说，前一根 K 线的低点至少为最小支撑区，但是这并不意味着预期的反弹足够交易获利。如果预期的反弹仅为数个跳点，那么在交易者眼中其就不是支撑。如果当前 K 线正在形成，且其处于低点位置，并比前一根 K 线的低点高一个跳点，那么市场可能有 53% 的概率在下跌两个跳点之前先反弹两个跳点。然而，这种优势太小，价格的运动幅度也太小，不足以让交易者下单交易（尽管高频程序可能做这笔交易），因此交易者不会称其为支撑。阻力的情况与此相反。

支撑和阻力的存在是因为市场有记忆。一旦市场回到某个前期价位，则倾向于重复之前在此价位上的行为。举例而言，如果市场跌破一个交易区间的底部，然后又反弹至这个交易区间的底部，其通常会再次抛售，因为这就是上一次市场在该价位的行为。未能平掉多仓而持仓熬过熊腿的交易者将十分渴望获得第二次以较小损失离场的机会，他们会持仓到市场反弹并测试突破。这时候他们会清空多仓，这将形成抛压。同时，在抛售行情的底部止盈的空头将渴望在反弹中再次卖空。空头卖盘和多头清仓的共同作用将为市场的进一步上涨造成阻力，通常会将市场拉回。

当市场跌回至某一价位，对其多次碰触，并且每一次都反弹时，市场就在该价位找到支撑。如果市场上涨至某个价位而持续跌回，该区域就是阻力。任何支撑或阻力都起到磁体作用，将市场向其拉近。随着市场接近，其进入磁场，离磁场越近引力就越强。这提高了市场触及其价位的概率。磁场引力增强的部分原因是真空效应。举例而言，如果市场出现一轮熊市反弹，向一条下降趋势线迈进，但是尚未触及，卖家通常会观望并等待测试。如果他们相信市场将触及趋势线，那么他们就没有理由在其略下方卖空，而不等待更高一点的价位。卖盘的缺失导致买盘失衡，从而形成真空效应，快速拉升市场。结果通常是一根上涨趋势 K 线。然后，多头刮头皮者清仓止盈，而空头建立新仓。由于低点处并没有出现明确的上涨反转，大多数多头只是刮头皮买入，预期市场只是回调，然后又会恢复下跌趋势。

一旦市场抵达目标，交易者便认为市场现在更可能下跌，其幅度足够交易获利，于是他们仿佛凭空出现一般不断激卖空，推动市场下跌。在那根强势上涨趋势 K 线的顶部买入的弱势多头对没有后续行情而大吃一惊，他们错误解读了那根上涨趋势 K 线的意义。他们以为交易者突然确信市场将向上突破趋势线并形成一条牛腿。他们忽视了真空效应，未想到空头只是在等待市场涨高一点。强势上涨趋势 K 线的形成是因为空头暂时观望，而不是因为他们回补空仓。持续买入的多头需要找到空头做其对手方，而他们只能在更高的价位找到。空头认为市场将在此处开始反转。市场将持续下跌至中性区域，通常会穿过它，以至于现在多头拥有数学优势。这是因为市场在前行太远之前永远无法得知其已经前行够远。然后其在中性区域上下波动，随着多空双方能够对其更好地定义，其波动幅度也越来越小。在某一时刻，双方均认为价值有误，然后市场再次突破并开始寻找新的价值。

每一轮逆势急速行情都应被看作是一轮真空效应回调。举例而言，如果 5 分钟图上出现一轮剧烈的急速下挫，然后市场突然反转形成一条牛腿，说明在低点处有一个支撑区，不管你是否事先发现。多头袖手旁观，直到市场抵达他们认为存在高价值的点位，而这个以好价格买入的机会将转瞬即逝，他们入场并激进买入。聪明的空头知道这个磁体，他们将其作为止盈空仓的机会。结果是市场在 5 分钟图上筑底，该底部与所有的底部一样，出现在某个更高时间框架图上的支撑位，如上升趋势线、移动平均线或大型牛旗底部的下降趋势通道线。重要的是，如果 5 分钟图上的反转强劲，你会根据这个反转而买入，不论你是否在日线图或小时图上看到支撑。同样，除非 5 分钟图上有证据表明其在筑底，否则你不会在那个低点买入，即便你在更高时间框架图上看到支撑。这意味着你不需要为了寻找支撑位而翻阅大量不同的图表，因为 5 分钟图上的反转告诉你它就在那里。如果你能够追踪多重时间框架，你将在市场抵达之前就发现支撑位和阻力位，这可以提醒你在市场触及磁体时，在 5 分钟图上寻找建仓形态。然而，只要你认真追踪 5 分钟图，它便会告诉你所需要知道的一切。

总而言之，如果市场对一个支撑区域测试四五次，那么其突破该支撑的可能性提高，在某一时刻，突破比不突破的可能性更大。如果将市场从该价位拉高的买家无法再次拉升市场，在某一时刻他们会放弃并被卖家压过。举例而言，如果市场在一根平行的移动平均线上方逗留，交易者将在其每次碰触均线时买入，预期市场上涨。如果市场持续盘整，上涨幅度甚至无法刮头皮获利，那么在某一时刻他们会卖出多仓，从而形成卖压。他们也会停止在市场碰触均线时买入。买盘的缺失将提高市场跌破均线的概率。多头判断均线的价格不够低，因此只有在市场进一步下跌时他们才会激进买入。如果市场在跌破均线后的10 至 20 根 K 线之内都没有找到买家，那么市场通常会趋势下跌或进入交易区间，不过这一次将在均线下方。交易者将开始在至均线的上涨中卖空，这提高了市场形成更低高点的概率，并且移动平均线将开始趋势下行。一旦市场跌破支撑，其通常成为阻力；而一旦市场上破阻力，其通常成为支撑。

这也可以发生在趋势线或趋势通道线上。举例而言，如果一轮上涨行情回调至趋势线四次或更多次，并且其在趋势线上方的涨幅不大，那么在某一时刻多头将停止在市场测试趋势线时买入，他们将开始卖出多仓，形成卖压。这对空头的抛售而言可谓是火上浇油，并且由于多头已停止买入，市场将跌破趋势线。不过有时候市场会突然加速上涨，空头将停止在每一轮小幅反弹中卖空，而是会买回空仓，推动市场走高。

机构交易由主观交易者和计算机完成，而计算机程序交易越来越重要。机构交易基于基本面或技术信息，或者两者兼具，并且这两种类型的交易都是由交易者和计算机完成。总体而言，大多数主观交易者主要依据基本面信息决策，而大多数计算机交易者则根据技术数据决策。由于现在的大部分成交量出自高频交易公司之手，并且大多数交易基于价格行为和其他技术数据，因此大多数程序交易都是基于技术面。在 20 世纪后期，运行大型程序的单独一家机构就能影响市场，其程序会形成一个微型通道，交易者将其看作程序运行的表现。现在，Emini 在大多数交易日都有十几个微型通道，其中很多的成交量超过100000 张合约。Emini 现在的成交量约为 1200 张合约，这相当于 60 亿美金，超过单独一家机构在单独一笔小交易上的交易量。这意味着单独一家机构无法影响市场很大或持续很长时间，而图表上的所有行情都是由众多机构同时交易同一方向所致。同时，高频交易程序分析每一个跳点，并且整日不停下单。当它们检测到一个程序时，很多会顺着该程序的方向分批建仓，在微型通道（程序）的进行过程中，它们经常占据大部分成交量。

主要根据技术面信息交易的机构无法一直推动市场向一个方向前进，因为到了某一个程度，根据基本面交易的机构会认为市场开始提供价值。如果技术面机构将价格推得太高，基本面机构和其他技术面机构会认为市场处于一个清空多仓和建立空仓的好价位，他们将压过多头技术面交易并推动市场下跌。当技术面交易形成一轮下跌趋势时，到了某一时刻，基本面机构和其他技术面机构会认为市场明显被低估。买家会入场并压过负责抛售的技术面机构，将市场反转上涨。

所有时间框架上的趋势反转总是发生在支撑和阻力位，因为技术面交易者和程序将其看作停止追涨杀跌而开始获利了结的地方，很多人还会开始反向交易。由于它们都是基于数学，创造 70% 的总成交量和 80% 的机构交易量的计算机算法知道其位置所在。同时，机构的基本面交易者关注明显的技术因素。他们将图表上的重要支撑和阻力看作价值区域，在市场抵达时反向交易。根据价值交易的程序通常也会找到同样的价位，因为不管按照什么标准，重要的支撑和阻力附近几乎总是存在重大价值。大多数程序基于价格决策，这里没有秘密。当有一个重要价位时，所有人都会看到它，不管他们使用什么逻辑。基本面交易者（人和机器）等待价值，一旦发现则大力出手。当他们认为市场便宜时就想要买入，当他们认为市场昂贵时就想要卖出。举例而言，如果市场正在下跌，但是接近一个机构认为便宜的价位，他们会凭空出现一般激进买入。这一幕最为精彩，经常发生在开盘反转中（反转可上可下）。空头将买回空仓止盈，而多头将买入建立新仓。没有人擅长把握市场是否已经前行够远，但是大多数交易老手和程序通常对其判断市场是否前行太远的能力十分有信心。

因为直到市场明显超卖之前机构会一直在等待机会买入，所以在潜在的底部上方区域缺乏买家，因此市场能够加速下跌至一个他们确信便宜的价位。一些机构依赖程序决定何时买入，还有一些机构则靠主观判断。一旦有足够多的机构买入，市场通常会上涨至少两腿和约 10 根 K 线，不管其发生在什么时间框架。在市场下跌时，机构一路做空，直到他们判断市场很可能已经抵达目标位并不太可能继续下跌，这时候他们获利了结。市场超卖越严重，成交量中基于技术面的比例就越大，因为当基本面交易者和程序认为市场便宜而买盘应该很快出现时，他们不会继续卖空。随着市场接近重要的支撑位，买盘的相对缺乏经常导致抛售行情加速跌向支撑位，这通常会形成卖盘真空，以一轮抛售高潮将市场带到支撑位下方，这时候市场急剧反转。大多数支撑位无法阻止一轮下跌趋势（大多数阻力位也无法阻止一轮上涨趋势），但是当市场最终反转上涨时，其将发生在一个明显的重大支撑位，如长期趋势线。抛售底部和反转上涨通常放出巨量。在市场的下跌过程中，其将多次反弹至阻力位并多次抛售至支撑位，每一次反转都发生在足够多的机构判断市场已经前行太远并提供反向交易价值的时候。当足够多的机构在同一价位行动时，重大反转就会发生。

有基本面和技术面的方法来判定支撑（和阻力）。举例而言，可以通过计算来估测，如标准普尔 500 指数的市盈率倍数理论上应为多少，但是这种计算从来都无法做到足够精确而让足够多的机构认同。然而传统的支撑和阻力区域更加明显，因此更有可能引起众多机构的注意，并且它们更加清晰地定义市场应在何处反转。在 1987 年和 2008~2009 年的崩盘中，市场暴跌至月趋势线的略下方，然后反转上涨，形成重大底部。市场将会持续上涨，期间多次向下测试，直到其前行太远，而这总是发生在某个重大阻力位，只有这个时候，机构才会确信清空多仓和建立空仓存在明显价值，然后市场反转下跌。

基本面（买卖的价值）决定总体方向，而技术面决定实际转折点。市场总是在寻找价值，即超买超卖（Excess），而其总是位于支撑位和阻力位。任何时候，报告和新闻都可以改变基本面（价值认知）至足够大，让市场趋势上涨或下跌几分钟至几天。持续数月之久的重大反转的基础是基本面，其开启和结束都发生在支撑位和阻力位。所有市场和所有时间框架均是如此。

当市场从重大顶部开始反转下跌后，新闻依然会报导基本面看涨；而当市场从重大底部反转上涨后，新闻依然会报导基本面看跌，认识到这一点很重要。媒体认为市场看涨或看跌并不意味着机构这样想，要根据图形交易而不是新闻。价格是真相，而市场总是领先新闻。实际上，新闻总是在市场顶部时最为看涨，而在市场底部时最为看跌。记者陷入兴奋或绝望的情绪而不知所措，他们寻找愿意解释趋势为何如此强劲并将持续很久的专家，他们会忽略最聪明的交易者，甚至很可能根本就不知道他们是谁。这些交易者的兴趣是赚钱，而不是上新闻，他们也不会去接触记者。当一名记者搭乘出租车去工作时，司机告诉他刚刚清空了所有股票并抵押了房产来买黄金，记者就会十分兴奋，迫不及待地找到一个看多的专家，将他请到演播室来证实记者对黄金牛市的深刻见解。"想一下，市场如此强势，连我的出租车司机都在买黄金！因此所有人都会卖光其他资产而买入更多黄金，市场还将继续上涨数月！"对我而言，当最弱的交易者都最终入场时，已经没有人还会买入。市场需要一个更大的傻瓜，他原意在更高价位买入，从而让你以盈利卖出。当剩下无人之时，市场就只有一个方向，那就是新闻告诉你的相反方向。很难抗拒电视上那些巧如舌簧的专家的无休止洗脑，他们鼓吹黄金无法下跌并将在未来一年内再次翻倍。不过你需要明白，他们只是为了自我宣传和娱乐效果。电视网络需要娱乐来吸引观众和广告收入。如果你想知道机构真正在做什么，只要看图就好。机构的规模太大而无法隐匿行踪，如果你知道如何读图，那么你就会发现他们的踪迹和市场的动向，而其通常与你在电视上看到的毫不相关。

大多数重大顶部并非出自于由大型 K 线和高成交量构成的高潮行情，其在重大底部时更常见。更多的时候，顶部产生于交易区间，如双重顶或头肩顶，后面是急速下挫形式的突破。不过顶部也可以是高潮行情，而底部也可以是交易区间。

交易者将在通道或其他形式的交易区间的底部附近买入，然后在市场测试通道或交易区间的另一个边界时止盈和反手。

在强劲趋势中，市场越过大多数磁体。举例而言，在一轮上涨趋势中，交易新手会发现，上涨行情不断越过每一个等距行情的目标位和他们画出的每一根趋势通道线。这些新手会错误地在每一个感觉上的阻力位做空，但是发现其损失一路扩大。他们一直错误地在看似出色实则糟糕的顶部卖空，并拒绝在看似糟糕实则出色的回调中买入。然而一旦市场最终出现回调或反转，其总是发生在阻力位。即便在强劲趋势中，等距行情的目标位也经常十分精准。显然，部分原因是计算机可以对其准确计算。计算机掌控市场，其止盈位一

定设在某个计算过的价位，而这总是在一些磁体位置。此外，如果一笔交易是最低限度的
"出色"，则意味着如果其策略有利可图，那么回报至少需要和风险一样大，从而形成有
利的交易者等式。其结果通常是回报一旦达到风险大小，市场就会出现一些获利了结，因
为如果其策略有利可图的话，市场至少需要达到这个水平。随着市场被真空效应拉向磁体，
小型波段经常会在精确的等距行情目标位结束，并且有很多强劲趋势也会在重要的等距行
情目标位结束，误差不超过 1 个跳点。

图 PII.1　道琼斯工业平均指数月线图

道琼斯工业平均指数的月线图（图 PII.1）展示了多种类型的支撑和阻力（均为
磁体）。

趋势线和趋势通道线是重要的支撑和阻力区域。K 线 18 是 2009 年崩盘的底部，其从
1987 年崩盘低点至 1990 年 10 月回调而画出的趋势线的下方反转上涨。同时它也处于一
根由 K 线 8 和 K 线 12 画出的趋势通道线上（形成一个对决线形态，在后面的章节中探讨）。
熊市中的所有重大反转上涨都发生在支撑位，所有的顶部都出现在阻力位，但是大多数支
撑和阻力无法阻止趋势。然而，当支撑或阻力位出现一个强劲的反转形态时，机构会获利
了结，很多甚至还会反向交易。市场底部更多来自于抛售高潮，如 1987 年和 2009 年的崩
盘。市场顶部通常来源于交易区间，如 K 线 9 和 K 线 15 附近。

K线15的高点接近基于K线12至K线13的急速拉升高度的等距行情目标。

移动平均线不断起到支撑作用，如在K线3、4、6、8、14和20；也起到阻力作用，如在K线11和K线17。

交易区间起到支撑和阻力作用。K线9交易区间的下行突破成为K线11上涨的阻力位，K线15交易区间是K线17上涨的阻力位。一旦市场上涨至K线15，K线16在K线9交易区间的顶部找到支撑。

波段高点和低点起到支撑和阻力的作用。K线12在K线8的低点找到支撑并形成双重底，K线13与K线11形成双重顶，但是市场横向盘整，很快又向上突破阻力。

图PII.2　支撑可以变为阻力，阻力可以变为支撑

图PII.2的Emini五分钟走势图显示支撑变为阻力和阻力变为支撑。移动平均线和趋势线均是如此。

在市场上涨至移动平均线时，在K线1、2、5、6、17、18、19和20处出现卖家；在市场小幅回调至移动平均线时，在K线7、8、13、15和16处出现买家。

K线12、13、15和16是市场对移动平均线的反复测试，但买家并未获得回报，于是他们很快停止买回调。然后市场跌破移动平均线，而空头开始在至均线的小幅反弹中卖空，形成一系列更低的高点和低点。

那根趋势线是一根最佳适应线，其按照尽可能让更多 K 线测试的目标而画出。买家明显是在趋势线区域买入，其被测试数十次，但是市场从未急剧上涨而脱离趋势线。缺乏加速导致多头愈发谨慎，最终他们变得不愿在趋势线区域买入。一旦市场跌破趋势线，多头就会犹豫，并开始卖出多仓，而空头则将变得更为激进。更低的高点和低点形成，交易者开始画出下降趋势线，并在线上卖空反弹。

顺便说一下，任何向上倾斜的通道都应被看作是熊旗，即便其本身为上涨趋势的一部分，因为最终市场会向下突破趋势线，所以从交易角度而言，市场的表现与通道在熊旗时一样。与之类似，任何向下倾斜的通道都应该被看作牛旗，其最终的突破应该像牛腿正在启动一样来交易。

第7章　基于第一腿（急速行情）长度的等距行情

等距行情是一个波段，其与同方向的前一轮波段行情的高度相等。你可根据市场的第一轮行情的幅度来评估其第二轮行情的幅度。为什么等距行情有效？如果你在寻找等距行情，那么你会知道始终入场头寸的方向，这意味着你对行情的发生很可能至少有60%的把握。等距行情通常由急速行情或交易区间的长度而定，而最初的保护性止损通常位于第一轮行情的起点之外。举例而言，如果有一轮强劲的买盘急速拉升，那么最初的保护性止损位于急速拉升的底部下方的一个跳点处。如果急速拉升的幅度巨大，交易者很少会承担这么高的风险，不过依然有利可图，但是其理论止损依然位于急速拉升的下方，同时其概率通常超过60%。如果急速拉升的高度约为4个点，那么其风险也约为4个点。既然你认为等距行情将会出现，并认为在急速拉升的顶部买入的策略可靠，那么你就是在一笔胜率为60%的交易中承担4个点的风险。数学决定只有当你的回报至少和风险一样大时，你的假设（再胜率为60%的情况下策略有效）才会正确（这在第25章的交易数学内容中探讨），这意味着，要想让策略有效，你需要有60%的把握至少赚取4个点，即等距行情的目标。换句话说，只有当等距行情的目标位有60%的概率被触及时，该策略才会有效。由于趋势交易是最可靠的交易形式，因此如果有什么策略有效，那么它一定是其中之一，这就是等距行情有效的原因吗？没有人确切知道，但这是一个合理解释，也是我能想到的最佳解释。

大多数等距行情都基于急速行情或交易区间。当等距行情基于急速行情时，其通常导致交易区间；而当其基于交易区间时，通常导致急速行情。举例而言，如果有一个双重顶（交易区间的一种类型），当市场向上或向下突破而抵达等距行情的目标位时，交易者通常会止盈部分仓位。交易者寻找突破，即急速行情，一旦急速行情抵达等距行情的目标区，他们通常会预期市场将出现一些获利盘。如果突破中有一轮强劲的急速行情，并且市场在等距行情的目标位没有出现重大停顿，那么这轮急速行情本身就会经常引发一轮基于其自身高度的等距行情，一旦市场抵达目标，交易者经常会开始止盈，通常导致交易区间。

一旦有一轮强劲行情出现回调，通常在其同一方向还会出现第二腿，其大小经常与第一腿接近。有一些用来预测第二腿终点的可能目标的可靠技巧，而该概念是其基础。等距行情的目标区域是对趋势仓位止盈的合理位置，然后你可以等待下一轮回调来重新建仓。如果出现一个强势反转的建仓形态，你也可以考虑逆势交易。

当市场出现一轮大行情后回调时，其经常会有第二腿，而第二腿的大小经常与第一腿接近，这是腿 1= 腿 2 行情，也经常被称作 ABC 行情，或 AB=CD。这种字母术语令人费解，还是直接称其为腿 1 和腿 2，而腿 1 后的回调就称为回调。字母标签的困惑之处在于，在 AB=CD 形态中，B、C 和 D 点对应的是 ABC 行情中的 A、B 和 C。ABC 行情中的 B 腿是回调，其在市场概况（芝商所集团的价格和时间信息图）中形成一个密集区（Thick Area）。密集区的中点经常引发等距行情，这里其目标与基于 AB=CD 的目标一致。举例而言，对于上涨趋势中的 AB=CD，如果你从 A 点开始，计算 AB 腿的长度（即 B–A），然后将其加到 C 上，你得到 C+（B–A）。对于密集区，你从 A 点开始，计算 AB 腿的长度（即 B–A），然后回到密集区的中点（因此减去 BC 腿的一半），然后加上 B 的高度与 BC 密集区一半高度的差值，得出从 BC 密集区中点开始的等距上涨高度。两个等式的结果均为 C+(B–A)，因此得出同样的等距行情。这太过复杂，也是次要的，因为你不应该仅凭斐波那契扩展位或等距行情或其他磁体而使用限价订单淡出（Fade）行情，它们只提供指导，让你保持顺势交易，直到其被触及，那时候你也可以考虑反方向的建仓形态。

除了引发等距行情的回调入场点之外，有时候还有更加巧妙的情况同样有效，如市场处于一轮强劲趋势，然后出现一轮较大的回调，然后又形成一个交易区间，交易者可以用区间的大体中点来投射第二腿回调的可能目标。在区间的形成过程中，随时将（参考）横线调整至你估测的区间中点，一旦第二腿回调完成，这个区间中点通常就是整轮回调的中点，它可以帮助你预测两腿回调的终点以及趋势恢复的交易时机，你可以直接用腿 1= 腿 2 的标准。举例而言，在一个两腿牛旗中，计算第一腿下跌的长度，然后从回调的顶部减去该长度，从而找到第二腿下跌的终点。

在急速与通道的趋势中有一种变体，通道的高度经常与急速行情的高度大体相等。当急速行情强劲的时候尤为如此，比如说出现特别大的趋势 K 线，或者数根具有小影线且很少交叠的强势趋势 K 线。当有一轮强劲的急速行情时，市场通常会等距上涨或下跌，但通常为顺势方向，其长度基于急速行情的第一根 K 线和最后一根 K 线的开盘价、收盘价、高点和低点的某种组合。举例而言，如果有一轮大型急速拉升，数一下其第一根K线的开盘价至最后一根K线的收盘价之间的点数，然后将其加在急速拉升的最后一根K线的收盘价上，后面的通道通常会在该区域遭遇一些阻力，然后市场经常会调整下跌至通道的底部。在这个等距行情的目标位，你可以止盈多仓。有时候市场的等距行情是急速行情的第一根K线的低点至其最后一根K线的收盘价或高点，或者是第一根K线的开盘价至最后一根K线的高点，因此有必要关注所有可能。少数时候，市场不会形成上行通道，而是反转跌破急速拉升的底部，然后形成等距下跌。

记住大多数时候市场处于某种交易区间，因此一轮等距行情的方向概率为50%，这意味着市场上涨X点和下跌X点的可能性一样大。当趋势存在时，趋势方向的概率较高。当有一轮强劲的急速行情时，行情后续的概率可能为60%，如果整体图表形态与强劲趋势行情相符，那么其概率有时候甚至高达70%。同时，当市场处于交易区间的底部时，上涨的概率较大；当市场处于区间顶部时，下跌的概率较大。这是因为市场有惯性，即市场倾向于维持其现状。如果其处于趋势，趋势延续的概率就较大，如果其处于交易区间，突破试图失败的概率就较大。实际上约有80%的趋势反转试图都会失败，这就是为什么你应该等待市场出现回调，然后再顺势入场。同样，交易区间中80%的突破试图会失败，相对于在交易区间的顶部附近的大型上涨趋势K线买入和在其底部附近的大型下跌趋势K线卖空，在交易区间的顶部和底部淡出更有数学意义。

这里有一个使用多种假设的等距行情案例。有一轮强势急速拉升，由向上突破交易区间的三根上涨趋势K线构成，下一根K线是一根小型十字线，这种停顿意味着急速拉升已在前一根K线结束，即连续上涨趋势K线的最后一根。突破很强劲，因为K线之间很少交叠，每一根K线的开盘价均等于或高于前一根K线的收盘价。这些K线中影线最长的只有两个跳点，并且多根K线的底部没有影线。第一根K线的高度为3.5个点（14个跳点），第二根K线的高度为10个跳点，第三根K线的高度为8个跳点，而第四根K线有一个高度为1个跳点的实体，但是其底部有长为3个跳点的下影线，顶部有长为2个跳点的上影线。十字线是市场第一次缺乏动能，表明急速拉升已在前一根K线结束。急速拉升的第一根K线的开盘价比第三根（最后一根）K线的收盘价低8个点，因此急速拉升的长度至少为8个点。你可以使用第一根K线的低点至第三根K线的高点，甚至也可以到第四根十字线的高点，但是为了保守，在最初预测中使用较小的数字，如果第二腿越过该目标，那就寻找其他目标。

如果你在急速拉升的过程中买入，你的止损应该设在急速拉升的底部下方。为了便于比较，假设你承担市场跌破急速拉升第一根 K 线 1 个跳点的风险。如果你在急速拉升的高度为 3 个点的时候在其最高报价以市价买入，那么你将承担约 3 个点的风险来赚取至少 3 个点。这时候你相信市场会出现一轮与急速拉升高度相等的等距上涨，也就是上涨 3 个点。你知道你的止损所在，但是尚不知急速拉升的顶部会在哪里，不过你知道其至少会和你的买入价一样高。由于你相信市场处于趋势，因此你认为市场在下跌并触发下方 3 个点处的止损之前，其先上涨 3 个点的概率高于 50/50。

　　随着急速拉升继续扩大至 7 个点，你改变了自己的评估。现在你认为，既然市场依然处于趋势，那么市场在下跌 7 个点之前先上涨 7 个点的概率至少为 50/50。这个时候，你已经获得 4 个点的浮盈，而这笔交易本来是你承担 3 个点的风险而期望盈利 3 个点。如果你愿意，你可以在急速拉升的高位买入更多，其现在仍在进行之中，那么你的风险将是 7 个点（或许要多几个跳点，因为你很可能会希望承担市场跌破急速拉升第一根 K 线底部 1 个跳点的风险），你的获利目标也将比现在高 7 个点。然而对于你的最初多仓，你依然承担 3 个点的风险，但是现在有 50% 以上的概率赚取共 11 个点的盈利（从你的入场点至急速拉升的当前顶部为 4 个点，然后还有 7 个点）。

　　一旦第四根 K 线形成，其为十字线，你就知道急速拉升已在前一根 K 线收盘时结束，第四根 K 线比急速拉升的第一根 K 线的开盘价高 8 个点。这时候你会认为，市场有超过 50% 的概率在下跌 8 个点至急速拉升的开盘价或底部下方之前先从急速拉升的收盘价上涨 8 个点（或许下跌时要多一两个跳点，因为最安全的止损要设在急速拉升的起点下方）。由于急速拉升如此强势，其概率很可能超过 60%。

　　一旦急速拉升结束，双边交易就开始了，此时不确定性提高，市场以盘整下跌的形式调整，然后开始通道上涨。尽管市场可能从回调的底部开启一轮腿 1= 腿 2 的上涨行情，其中急速拉升为腿 1，而通道为腿 2，但是当急速拉升非常强劲时，更为可靠的目标是基于急速拉升的第一根 K 线的开盘价至其最后一根 K 线的收盘价的等距上涨，随着市场上涨，继续走高的概率缓慢下降。当上行通道完成等距上涨的约一半时，等距行情的方向概率降至约为 50%~55%，不确定性再次变得很高。记住，市场在上行通道之后通常会下跌至通道底部，然后至少出现一轮反弹，因此上行通道实际上是一个尚未形成的交易区间的第一腿。一旦市场达到等距行情的目标区域，其很可能成为刚刚形成的区间的高点，此时市场下跌的概率较大，所有交易区间均是如此，这是止盈多仓的绝佳区域。由于众多交易者在等距上涨的目标位止盈，市场开始回调，在市场回撤至通道底部附近之前（通常形成双重底），大多数交易者都不会再次激进买入。该区域也是一个磁体。多头开始再次买入，而在通道顶部卖空的空头则会止盈。由于市场现在处于正在形成的交易区间的底部附近，其方向概率略偏向于多头。

一旦市场进入交易区间，只要其接近区间中点，等距行情的方向概率就再次成为50/50。如果你承担 X 点的风险，你就有 50% 的概率在止损被触发之前先赚到 X 个点，也有 50% 的概率在止盈目标被触及之前先亏损 X 点，这是市场处于相对有效状态的副产品。大多数时候市场都有效，在亏损 X 点之前先盈利 X 点的概率接近 50/50。最佳交易出现在概率优于 50/50 的时候，但这通常发生在急速行情中，其充满情绪波动且行情变化迅速，难以入场。交易者明白这一点，这就是为什么急速行情增长如此迅猛而没有回调的原因。交易者一路持续加仓，因为他们知道，在急速行情结束之前，他们赚取与其风险一样大的盈利的概率优于 50/50，只有在进入通道之后其概率才降至约 50/50。当急速拉升正在进行时，他们不知道市场在走高之前是否会出现回调，但是他们确信其将在短期内走高。与其等待可能永远都不会到来的回调而错过一笔绝佳交易，不如以市价买入或在一至四个跳点的回调中买入，承担市场跌至急速拉升底部附近的风险。这种急迫感是急速拉升的背后原因，而风险的提高让众多交易者望而却步，大多数新手不愿意承担三至七个点的风险，但是他们应该买入一个小仓位，或许为其平时仓位的四分之一大小，承担这个风险，因为这就是机构所做的事情。它们了解数学，因此对这笔交易毫无畏缩。

这种向 50/50 市况的运动是所有等距行情的交易基础。其概率失衡，而向等距行情目标位的运动试图重建不确定性，市场将不可避免地过靶，需要掉头返回 50/50 市况。等距行情的目标区域是概率过靶（Overshoot），它们可能暂时有利于空头，一旦市场回撤至通道底部，其概率再一次过靶，这一次则有利于多头。当市场反弹回到正在形成的交易区间的中点时，其概率再次回到 50/50 左右，市场重归平衡。

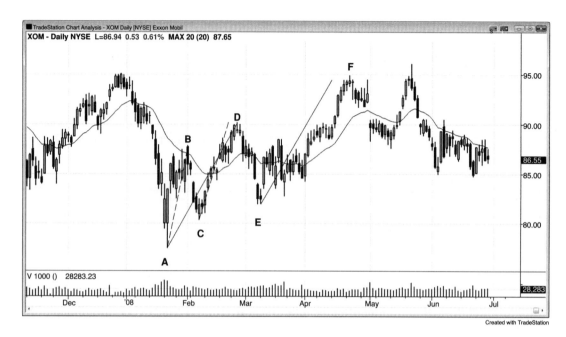

图 7.1　腿 1= 腿 2

在图 7.1 的埃克森美孚（XOM）日线图上，K 线 A 至 K 线 B 为第一轮强势腿上涨，因此交易者在 K 线 C 的更高低点买入，期待腿 1= 腿 2 的上涨行情，K 线 D 与目标位略差一点（虚线顶部）。很多交易者认为市场在抛售至 K 线 A 之后可能出现一轮两腿熊市反弹，一旦市场达到目标区域，交易者就看到其猜测应验。如果你要使用 ABC 标签，那么 K 线 B 是 A 点，K 线 C 是 B 点，而 K 线 D 是 C 点。由于这种比较混乱，更好的方法是直接将市场上涨至 K 线 B 的行情称为腿 1，将市场抛售至 C 的行情称为回调，而将市场上涨至 D 的行情称为腿 2。

一旦在 K 线 E 形成更高的低点，并且市场向上突破 K 线 D，交易者可以将 AD 看作第一腿，其包含两小腿（AB 和 CD），然后在市场完成等距上涨之前保持做多（AD=EF，目标为实线顶部）。

斐波那契交易者也关注其他的扩展位（138%，150% 和 162% 等），将它们作为寻找反转的有效区域，但是这太过复杂和模糊。一旦市场出现明显的双边行为，根据强势信号低买高卖一样可靠。

图 7.2 腿 1= 腿 2 的变体

有时候腿 1= 腿 2 的等距行情中的腿 1 并非最初抛售的绝对低点。从第一腿下跌开始的上行调整通常是一轮两腿行情或一个楔形熊旗，但是回调中经常跌破调整行情的起点，如图 7.2 的案例，当 K 线 9 似乎形成第一腿下跌的回调终点时，敏锐的交易者接受这样的可能——上行调整至 K 线 9 的行情始于 K 线 4 而非 K 线 6，因此认为第二腿下跌的长度可能等于 K 线 1 至 K 线 4 的第一腿下跌，而非 K 线 1 至 K 线 6 的第一腿下跌。K 线 12 的底部是基于 K 线 4 为第一腿终点的完美腿 1= 腿 2 等距行情。如果市场继续下跌，那么交易者则需要观察市场跌至基于 K 线 6 为腿 1 终点的腿 1= 腿 2 区域时发生什么。

为什么要考虑腿 1 在 K 线 4 结束的可能？交易者在寻找第二腿下跌之前的两腿式回调，而 K 线 6 至 K 线 9 的上涨行情处于一个通道，因此起点很可能只是一腿。艾略特波浪交易者知道，上行调整中可以出现回调跌破最初下跌低点的情况，他们将这种横盘调整称为平台（Flat）。这里的平台是市场上涨至 K 线 5，下跌至 K 线 6，然后上涨至 K 线 9，同时，上涨至 K 线 5 的行情是一轮较为强劲的急速拉升，因此其有可能是调整的起点。从那一轮急速拉升的顶部回调至 K 线 6 是一轮更低低点回调，而更低低点回调很常见。因此，随着调整的进行，交易者不会因为这种解读而困扰。

K 线 5 和 K 线 8 形成一个潜在的双重顶熊旗，但是市场向上突破至 K 线 9，从而消除了这种可能性。不过每当市场向上突破双重顶时，交易者就会观察其是否失败，如果失败，这实际上就是一个楔形顶。其三段上涨为 K 线 5 和 K 线 8 的双重顶，以及后面至 K 线 9 的失败突破。

一旦市场在突破失败后急速下挫至 K 线 10，交易者就认为从 K 线 1 高点开始的下跌行情第二腿已经开启。

这张图上还有一些其他值得注意的特点。K 线 12 是一个扩展三角形底部，K 线 4、6 和 12 是其三段下跌（Three Pushes Down）。

第一天开盘急剧上涨至 K 线 3，然后急剧抛售跌至 K 线 6，其跌破开盘价的幅度与 K 线 3 越过开盘价的幅度相当。尽管区间很小，但是约为近期的日均水平（12 月末经常出现小型区间日），当一个交易日的区间为平均水平，而其开盘位于区间中点时，市场经常会在开盘价附近收盘。交易者知道这一点，这就是为什么 K 线 7 后的窄幅交易区间有很大的机会突破测试当日的开盘价，这一天在开盘价上方一个跳点处收盘，在日线图上形成一根近乎完美的十字线蜡烛图。

至 K 线 9 的上涨是 K 线 3 下方的抛售行情的突破测试，至 K 线 23 的抛售是 K 线 13 上方的上涨行情的突破测试，其差一个跳点触及盈亏平衡的止损位，它还精确测试了当日的开盘价。

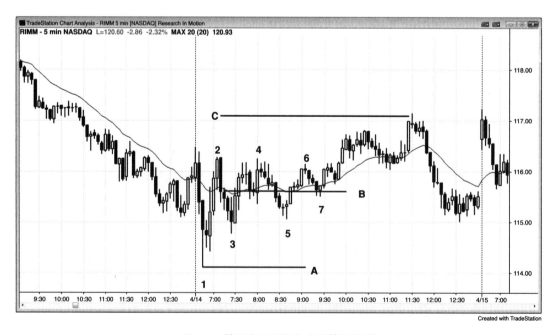

图 7.3 基于交易区间中点的等距行情

在图 7.3 中，Research in Motion（RIMM）开盘后从昨日的低点下方反转，急剧上涨至K 线 2，然后回调至 K 线 3。由于一轮强劲的三 K 线急速拉升之后很可能出现第二腿上涨，因此交易者想知道其终点所在，他们可以一直将 B 线调至正在形成的交易区间的中点。一旦市场突破，他们可以画出一条平行线（C 线），将其上移至 A 线的等距上涨目标位，他们可以在此计划止盈。尽管市场处于交易区间，但是上行突破的概率略大，因为交易区间之前的行情为上涨，并且交易区间内的大多数 K 线为上涨趋势 K 线，代表买盘压力。

直到市场上涨越过 K 线 6 从而突破三角形之前，交易者可以交易任意方向，任何交易区间都是如此。由于交易区间是多空双方均认同存在价值的区域，因此大多数远离中点的测试会失败，市场将被拉回区间。最终市场会脱离磁场，并在另一个价位找到价值。

图 7.4　基于急速下挫的等距行情

当新闻发布导致一轮急速行情时，急速行情经常会引发一段等距行情，交易者可以在其目标位止盈。在图 7.4 中，在 K 线 1 时，市场受惊于总统提议新的银行监管的声明，这导致了两根大型下跌趋势 K 线。一旦出现一根停顿 K 线，如十字线，底部有长影线的 K 线，或拥有上涨实体的 K 线，你就知道急速下挫已在前一根 K 线结束，这里的急速下挫持续了两根 K 线，交易者期待市场从其最后一根 K 线的收盘价开始等距下跌。他们预计其高度将与急速下挫的第一根 K 线的开盘价至最后一根 K 线的收盘价的高度一致，有时候急速下挫的第一根K线高点至最后一根K线的低点成为等距行情的高度，但是交易者总是会先寻找最近的可能目标，只有在第一目标未能止住市场时才会寻找更大行情。该目标很适合对波段仓位进行最后的止盈，然后准备在回调中再次卖空。如果在该测试区域出现强势反转信号，可以考虑逆势交易。

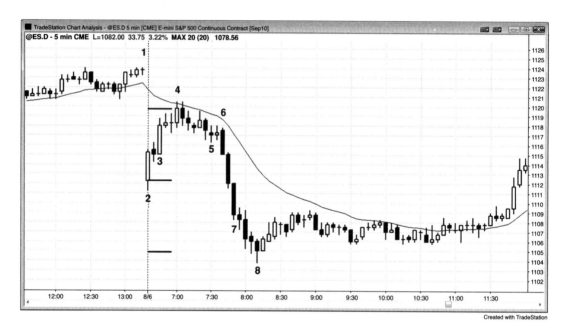

图7.5 急速行情可以引发等距上涨或下跌

急速行情之后可能出现一段等距上涨或下跌。在图7.5中，开盘出现六根K线的强势上涨，但是在这个大幅低开的交易日，市场未能越过移动平均线，最终抵达等距下跌的目标位，该行情基于急速拉升的第一根K线的开盘价至其最后一根K线的收盘价。尽管大多数急速拉升在出现一根暂停K线时就已结束，但是如果停顿过后继续上涨，就有可能和急速拉升起到同样效果，在更高时间框架图上其本身就很可能是急速拉升。

第8章　基于缺口和交易区间的等距行情

缺口在日线图上很常见，即一根K线的低点高于前一根K线的高点，或者一根K线的高点低于前一根K线的低点，如果市场的方向确定，缺口的中点通常会成为趋势的中点。随着市场接近最近的等距行情目标，交易者将密切关注确切的目标位，并且经常会在该区域对部分仓位或全部仓位止盈，还有一些交易者将开始建立反向仓位。这通常导致市场停顿、回调或反转。

当突破发生在日内图上时，只有少数时候才会出现这种类型的缺口。不过经常会出现一些东西与其一样可靠，也就是突破点和第一次停顿或回调之间的缺口。举例而言，如果市场向上突破一个波段高点，并且突破的K线是一根相对较大的上涨趋势K线，而下一根K线的低点位于突破点之上，那么其低点和突破点之间就有一个缺口，此缺口经常成为测量缺口。如果突破后的下一根K线也是一根大型上涨趋势K线，那么等待第一根小型上涨趋势K线、下跌趋势K线或十字线，其低点就是缺口的顶部。如果突破点或突破回调不明确，市场则经常会将突破K线的中点作为缺口中点。在这种情况下，等距行情将基于上涨行情的起点至突破K线的中点，然后预计市场将上涨同样距离。

如果市场在突破后的几根K线之内就回调，而回调的低点位于缺口之中，那么缺口现在变小，但其中点依然可以用来寻找等距行情目标。即便市场进一步回调，甚至略微跌破缺口，突破点和回调之间的中点依然可以用于预测。鉴于此时突破回调和突破点之间的差额为负数，因此称之为负值缺口，当等距行情基于负值缺口时，其可靠性降低。

在市场轮廓图中，这些市场运动迅速的日内测量缺口是两个分散区（distribution）之间的清淡区，代表单边市。分散区是"肥"区域，即双边市的交易区间。交易区间是价格认同区，其中点是多空双方所认同的合理价位的中点。缺口同样也是一个认同区，它是多空双方均认为不应该发生交易的区域，其中点就是该区域的中点。在这两个案例中，简单来说，如果这些价位是多空双方认同的价格中点，那么它们大体指出其所处的腿行情的中点。一旦其形成，会将你顺势交易的部分或全部仓位做波段交易。达到目标后，如果有好的建仓形态，考虑逆势交易。大多数交易者以之前的交易区间高度为标准，这样做也可以，因为不论你怎么做，其距离只是近似值（除非你是一名斐波那契或艾略特波浪交易者，拥有不可思议的能力让自己确信市场总是形成完美形态，尽管有压倒性的证据反驳这一点）。要点是只做顺势交易，但是一旦市场抵达等距行情的目标区域，你可以开始逆市交易。然而，只有当前面有一轮逆势行情强到突破趋势线时，才会形成最好的逆势交易。

如果市场在完成等距行情后停顿，那两段强趋势的腿行情可能只是更高时间框架上的一轮调整的终点，如果看起来像是这种情况，那就用部分逆势仓位做波段交易。两腿通常完成一轮行情，该行情之后通常至少是一轮持久的逆势行情，其至少拥有两腿，并且有时候成为一轮新的反向趋势，逆势行情经常会回测突破点。

有时候等距行情分毫不差，但是大多数时候市场过靶或不及靶，这种方法只是帮助你交易市场正确的一边。

图 8.1 测量缺口

缺口中点经常引发等距行情。在图 8.1 中，Emini 在 K 线 3 跳空上涨，升至昨日高点 K 线 2 上方，并且该缺口中点是上涨行情的潜在中点。交易者计算 K 线 1 的上涨底部至缺口中点的距离，然后向上投射。K 线 4 处于目标位的几个跳点之内，但是很多交易者认为，除非市场达到目标位的一个跳点之内，否则 Emini 上的目标就不算被充分测试，这让交易者有信心在第二天市场开盘后急跌至 K 线 5 时买入，当日的高点超过等距行情的目标位两个跳点。市场在下一个交易日抛售至 K 线 7，但是再次上涨测试了等距行情目标的略下方。多头在下一个交易日放弃，形成一个向下的大型缺口，然后又是一轮抛售。一定是有新闻公布，电视上的专家用其解释所有行情，但实际上行情基于数学，新闻只是市场用来做其本来就要做的事情的借口。

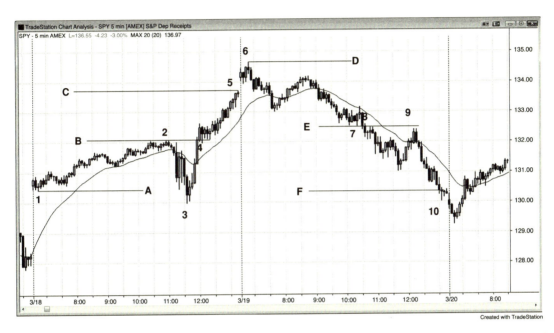

图 8.2　测量缺口

图 8.2 中的两个交易日出现了基于交易清淡区（Thin Area）的等距行情。交易清淡区是突破区域，其 K 线之间很少交叠。

在太平洋标准时间上午 11：15，联邦公开市场委员会（FOMC）的报告让市场从 K 线 3 大幅上涨，并突破 K 线 2 的当日高点。K 线 4 处的旗形以两腿式横盘调整测试了突破，并且在 K 线 2 的顶部和 K 线 4 的突破测试底部之间形成一个小型负值缺口，用 K 线 4 回调的低点减去 K 线 2 突破的高点，得出的缺口高度为负数。尽管负值缺口的中点有时候形成完美的等距行情，但是更为常见的情况是，等距行情的终点将等于突破点的顶点（这里是 K 线 2 高点）减去最初交易区间的底部（这里是 K 线 1 的低点）。你也可以使用 K 线 3 的低点来计算等距行情，但是最好是先寻找最近的目标，只有当市场越过较低目标时再考虑更远的目标。市场恰好在当日最后一根 K 线触及 A 线（K 线 1）至 B 线的等距上涨目标 C 线，并在下一日开盘时刺破 K 线 3 至 B 线的等距上涨目标 D 线。尽管 K 线 1 高于 K 线 3，但是如果将抛售至 K 线 3 的行情看作对 K 线 1 的实际行情低点的过靶，其依然可以认为是等距行情的底部。

第二天，在 K 线 7 的下方和 K 线 8 的上方有一个缺口，其目标线 F 在收盘前被穿过。另外，在 K 线 8 和 9 处还有一个双重顶熊旗。

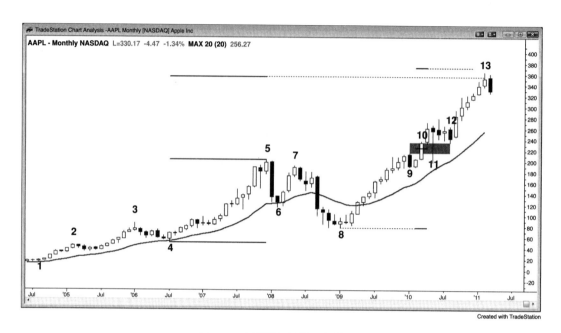

图 8.3　在等距行情的目标位止盈

如图 8.3 所示，苹果（APPL）的月线图处于强劲的上涨趋势。每当有一轮趋势，交易者就会寻找可以止盈部分仓位或全部仓位的合理价位，他们通常会关注等距行情。K 线 13 刚好越过基于 K 线 4 至 K 线 5 的强势上涨的等距上涨目标位。

K 线 10 是一根上涨趋势 K 线，其向上突破 K 线 9，K 线 9 是市场试图向上突破 K 线 5 的回调。每一根趋势 K 线都是突破 K 线和缺口 K 线，这里的 K 线 10 起到突破缺口和测量缺口的作用。尽管 K 线 11 急速下挫至 K 线 10 下方，但是作为一根失败的突破 K 线，下跌行情不太可能有很多后续，因为信号 K 线是连续第三根强势上涨趋势 K 线，其动能太强，所以这不是一个可靠的做空机会。市场在 K 线 12 再次测试 K 线 9 上方的缺口，这次回调形成一个潜在的测量缺口。市场在 K 线 13 反转下跌，而 K 线 13 比基于 K 线 8 的低点至缺口中点的上涨行情的等距上涨目标约低 3%，它可能正在形成一个双 K 线反转，能引发更深的调整，可以拥有多腿行情并持续 10 根或更多 K 线。鉴于 K 线 13 是第六根连续上涨的趋势 K 线，上行动能依然强劲。在一轮持久的上涨趋势后出现这么大的动能，有时候其代表趋势的高潮性衰竭，之后便出现大幅调整。这是多头止盈部分或全部仓位的合理区域，但是尚不足以让交易者根据这张月线图卖空。然而，由于尚未出现明确顶部，市场可能再次上涨，升至基于 K 线 10 缺口的等距上涨目标。

　　尽管为时尚早，但是交易者可能用 K 线 8 的低点至 K 线 9 的高点来测算等距行情的目标。虽然未显示，但其目标位于基于 K 线 4 至 K 线 9（译注：应为 K 线 5）的急速拉升的目标位的略下方，市场已经越过该价位。交易者需要看到更多 K 线后才能知道其高点是否出现，或者市场是否将触及基于 K 线 10 缺口的等距上涨目标，如果是，市场可能出现获利回吐者和卖空者，也可能不出现，但是既然它是一个明显的等距行情磁体，两者在此出现均合理。

图 8.4　等距行情

　　如图 8.4 所示，至 K 线 3 附近的突破回调熊旗的下跌迅猛，从行情顶点（K 线 2）至旗形的大体中点（C 线）是一个合理的等距行情标准，向下投射得到 D 线，市场越过该线，引发一轮均线测试。你也可以从 K 线 1 的高点开始测量，但是通常你应该从当前波段中寻找首个目标。在 D 线目标被触及之后，以 K 线 1 为起点的 E 线目标很快也被触及。注意从 K 线 2 跌至 K 线 4 是一轮强劲的下跌趋势，期间没有重大趋势线的突破，因此最好保持顺势交易。

　　K 线 4 附近的小型楔形熊旗多为水平运动，因此它可能是一个最终熊旗，但是既然尚未出现大幅拉升（如加权移动平均线上方出现缺口K线），逆势交易只能刮头皮（如果非要做的话）。除非你足够优秀，能够在顺势交易出现时立即反手，否则你不应该逆势交易，而是应该尽力顺势交易。完成等距行情并不是逆势交易的充分理由，你需要看到市场在其之前表现出逆势力量。

第二天，当市场向上突破K线8之后，在K线10附近形成一个旗形，对双重底牛旗的突破向上投射出H线。第一个底部是从K线7开始的急速拉升中的单K线回调。如果你使用K线7的当日低点，其目标在下一个交易日的开盘跳空上涨中很快被触及。

一旦出现一个突破旗形，明智的做法是用你的部分顺势仓位做波段交易，直到完成等距行情，那个时候，如果有好的建仓形态，可考虑逆势交易。

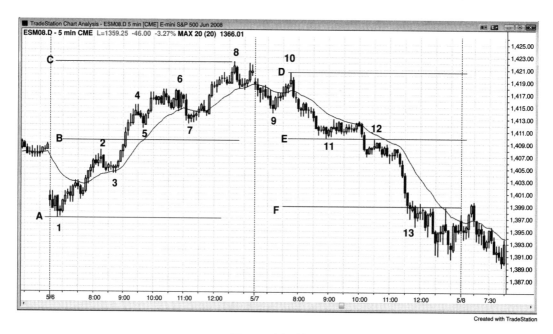

图8.5　测量缺口

如图8.5所示，B线是突破点（K线2高点）与第一次回调低点（K线5低点）之间的交易清淡区的中点，市场在K线8恰好完成等距上涨。

E线是交易清淡区的中点，而市场大幅过靶其目标位的F线。市场突破K线12的熊旗后下跌至K线13，形成一个巨大的交易清淡区，但是当日已经很晚，从其中点开始的等距下跌不太可能完成。然而，现在这一天已经明显是一个下跌趋势日，交易者只应做空，除非出现明显且强势的多头刮头皮机会（在最后一个小时里出现过几次）。至K线13的五 K 线急速下挫引发了一轮等距下跌，而当日低点与其目标位仅差一个跳点。

顺便说一下，至 K 线 7 的行情突破一条趋势线，显示空头正在壮大，而至 K 线 9 的行情突破一条重大趋势线，是为 K 线 10 对趋势极点（K 线 8）的更低高点测试及其后的下跌趋势做铺垫。

第9章　反转经常结束于前期失败反转的信号K线

　　前面失败反转的入场价经常是后面成功反转的磁体。举例而言，有一轮下跌趋势，途中出现数个多头入场点，但是它们随着市场的继续抛售而失败，然而一旦市场最终反转成功，其每一个入场点和每一根信号K线的高点都将成为目标。在出现重大回调之前，市场经常会一路上涨至最高的信号K线高点。很可能有一些在高位入场的交易者在市场下跌的过程中分批建仓，他们可以将其最初入场点作为最后的止盈目标，在入场最差的交易上以盈亏平衡离场，而在其他低位入场的交易上获利。可能是因为聪明的交易者相信这一点，所以他们在这些目标位清空多仓，或许这也可能是所有伟大交易者都知道的诸多暗号之一，他们在此平仓只是因为他们知道回调在前面的入场点附近结束是一个重复出现的可靠模式。对交易者而言，这也可能是一个"感谢上帝，我再也不会这样做了！"的价格。他们没有平掉亏损的交易，在期待回本的过程中，亏损在不断扩大，当最终如愿时，他们平仓并发誓绝不再犯。

　　交易中发生的几乎所有事情都有数学基础，尤其是在大量成交由基于统计分析的软件算法所创造的情况下。在那个下跌趋势反转上涨的案例中，最早的买入信号经常出现在下行通道的起点。当下行通道开启时，等距行情的方向概率至少为60%。这意味着市场在上涨10个跳点之前先下跌10个跳点的概率约为60%。行情可以是任意大小，只要处于近期波动的合理范围之内，要点是市场有下跌的偏向。随着市场的下跌和动能的缓和，当下跌行情完成近半时，方向概率降至50%左右，但是通常在市场形成交易区间之间，这个中性区域的价格无法得知。随着市场继续下跌至一些重要的磁体位置，其方向概率过靶中性区域，实际上变为偏向多头。交易区间中点存在不确定性，但是一旦市场触及底部，参与者就会一致认为市场走得太远。这时候方向概率偏向于多头，然后市场将会上涨并形成一个交易区间。在交易区间的底部，方向概率总是偏向于多头，而其底部将处于某个重要的技术位。在市场下跌的过程中，有很多价位可供选择，但是大多数不会产生明显的买入建仓形态，一些公司会编写基于一个或多个技术支撑位的程序，另一些公司则会使用其他数据。当足够多的重要技术位在同一区域聚集时，就会有足够多的交易量押注市场反转，从而改变其方向。这时候数学对你有利，因为你是在即将形成的交易区间的底部买入。反转点永远无法在事先明确知道，但是其将伴随某种反转形态而出现。当市场处于重要的技术位时，关注这些形态十分重要，如等距行情的目标位，趋势线，甚至还有更高时间框架下的移动平均线和趋势线。通常不需要查看很多图表来寻找建仓形态，因为如果你耐心、敏锐并熟悉形态，每一张图上都会出现合理的建仓形态。

　　一旦市场反转上涨，通常将试图形成一个交易区间，即将形成的交易区间的顶部最有可能是之前的多头入场点，市场将试图涨至那些上涨信号K线的顶部。随着市场的上涨，其方向概率回落至50%，并且随着市场进一步接近区间顶部，其概率会继续下降。由于顶部无法事先预知，方向概率为中性的交易区间中点也无法事先预知，因此市场将过度反应，直到其触及某个技术位，让交易者相信市场已明显过靶。这经常发生在前面的那些买入信号处。记住，市场上一次位于该价位时，其方向概率偏向于空头，当其再次抵达这里时，通常还是会偏向空头，这就是市场经常在此反转下跌的原因，也是卖家掌控市场的价位。这一轮上涨经常会与之前的一根入场K线形成双重顶，然后随着交易区间的进行而反转下跌，至少是暂时的。市场经常会寻找不确定性而上下波动，不确定性的意思是50%的中性方向概率。到某一时刻，市场会认为该区域不再为多空双方同时提供价值，而是成为其中一方的糟糕价位，然后市场将再次启动趋势，直到其找到一个多空双方均认为适合建仓的好价位。

图9.1　早期入场点是回调目标

SPY（一个与 Emini 对应的交易所交易型基金）的月线图上有一轮强劲的上涨趋势于 2000 年结束，但是在市场的上涨过程中，其多次试图反转为下跌趋势（见图 9.1），每一个下跌信号 K 线的低点（K 线 1、2 和 3）都是下跌途中的调整目标。

与此类似，于 2003 年结束的下跌趋势途中出现多次失败的上涨反转试图（K 线 4、5 和 6），每一个上涨信号 K 线的高点都是之后上涨行情的目标。

同时，从 2003 年开始的上涨中有多个失败的下跌试图（K 线 7、8、9 和 10），每一个都是在 2009 年年初结束的下跌趋势中的目标。那轮抛售中有多次筑底企图，其每一根买入信号 K 线（K 线 11、12 和 13）的高点都是当前上涨行情的目标。最后，上涨至 K 线 17 的行情中有多次试图筑顶（K 线 14、15 和 16），每一根卖出信号 K 线的底部都是抛售行情的磁体。

这些目标都不需要被触及，但是每一个都是强力磁体，经常将市场向其拉回。

第 10 章　其他磁体

有很多其他价格磁体倾向于将市场向其拉近而测试。当市场向磁体趋势运动时，谨慎的做法是只做顺势交易，直到磁体被测试，最好是过靶。不要在磁体处逆势交易，除非之前出现过一些逆势力量，如趋势线突破，或者当前行情是更高时间框架下的趋势回调，这里有一个部分清单，其中很多在本书的其他内容中有探讨。

（1）趋势线。

（2）趋势通道线。

（3）包括腿 1= 腿 2 的任何等距行情目标。

（4）急速与通道：通道起点通常在短期内被测试。

（5）昨日高点、低点、开盘和收盘。

（6）过去几根 K 线或交易日的波段高点和低点，经常形成双重底牛旗和双重顶熊旗。

（7）突破点。

（8）任何形式的缺口，包括移动平均线缺口。

（9）所有类型的回调后的趋势极点（参考第 11 章的首次回调序列内容）。

（10）当日早期或之前交易日的交易区间，包括窄幅交易区间和铁丝网，其极点和中点经常被测试。

（11）一个交易区间日的大体区间中点，尤其是当该区域（肥区域）有一个日内交易区间时。

（12）最终旗形：当市场从旗形突破之后，其回到旗形，然后通常向另一方向突破。

（13）铁丝网。

（14）入场 K 线和信号 K 线的保护性止损。

（15）入场价格（突破测试）。

（16）大型趋势 K 线的反向极点（大型上涨趋势 K 线的低点和大型下跌趋势 K 线的高点）。

（17）刮头皮交易和波段交易的常见止盈目标：苹果上为 50 美分和 1 美元；在五分

钟 Emini 图上，5 至 6 个跳点的行情完成一笔 4 个跳点的刮头皮，3、4 和 10 个点的行情完成一笔波段交易。

（18）与所需的保护止损相等的行情：如果一笔 Emini 交易需要你使用 12 个跳点的保护性止损来避免被清扫出局，预计行情最终将向你的方向运行 12 个跳点。

（19）日线、周线和月线的波段高点和低点，K 线高点和低点，移动平均线，缺口，斐波那契回撤位和扩展位，以及趋势线。

（20）整数价位，如股票上的百元关口（如苹果位于 300 美元）和道琼斯工业平均指数（道指 12000 点）。如果一只股票从 50 美元迅速涨至 88 美元，其很可能会试图测试 100 美元，并且在回调之前通常会涨至 105 或 110 美元。

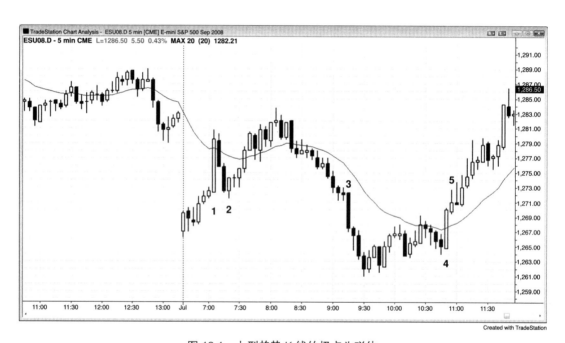

图 10.1　大型趋势 K 线的极点为磁体

当有一根影线很小的大型趋势 K 线时，在该 K 线或其后附近入场的交易者经常会将保护性止损设置在该 K 线的上方或下方。市场经常会向这些止损位运动，然后反转为趋势 K 线的方向。

图 10.1 中的 K 线 1 是一根大型上涨趋势 K 线，其底部没有影线。市场从后面的那根下跌孕线开始反转下跌，并形成一个更高的低点，但是在此之前先扫掉趋势 K 线低点下方

的保护性止损。聪明的交易者会在那根下跌孕线做空，但是他们随时准备在 K 线 2 的上涨反转 K 线上方做多，其触发了止损并将让市场转回上涨。

K 线 3 和 4 也是影线很小的大型趋势 K 线，但是两者之后都未出现立即回调而清扫止损。

第三篇

回调：趋势转入交易区间

即便图表处于强劲趋势，它也会有双边市的时候，但是只要交易者相信趋势将会恢复，这些就只是回调。这些交易区间足够小，交易者将其看作趋势的短暂停顿，而并非图表的主要特征。在你正在查看的图表上，所有的回调都是小型交易区间；而在更高时间框架图上，所有的交易区间都是回调。不过在你面前的图上，大多数交易区间突破的试图都失败了，但是大多数回调突破的试图都会成功。在更高时间框架图上，该交易区间只是一轮回调，如果你交易那张图表，你可以将其看作普通回调。由于更高时间框架图上的 K 线更大，你的风险也更大，因此你需要减小仓位。大多数交易者倾向于在单个时间框架下交易，而不是根据时间框架来回切换不同的仓位，并使用不同的止损大小和止盈目标。

如果市场正处于强劲趋势，所有人都预期趋势持续，为什么回调还会发生？要想知道原因，考虑一个上涨趋势的例子。反转下跌进入回调是由多头止盈所致，空头的刮头皮也起到部分作用，多头会在某一时刻止盈，这是因为他们知道这在数学上最优。如果他们一直持仓，市场几乎总是会跌回其入场价，并且最终还会大幅走低，造成大幅亏损。他们永远都无法确定最优的止盈点在哪，所以他们用阻力位作为其最佳评估。对你来说，这些价位可能明显也可能不明显，但是它们可以为交易者提供机遇，因此需要不断寻找它们。趋势刮头皮者、波段交易者和逆势刮头皮者预期回调会出现，并据此交易。当市场达到一个目标位，有足够多的多头认为应该止盈时，新买盘的缺乏和他们的清仓将导致市场停顿。这个目标位可以是任何阻力位（在本书第二部分中的支撑和阻力章节中探讨），或者是一根重要的信号 K 线上方的一定距离（如 Emini 上的 6、10 或 18 个跳点）。该 K 线的实体可能比其前一根 K 线的实体小，其顶部可能有上影线，或者其下一根 K 线可能是一根具有下跌实体的小型 K 线。这些都是多头在波段顶部的买入意愿下降、部分多头止盈和空头开始刮头皮卖空的迹象。如果足够多的多头和空头抛售，回调就会扩大，当前 K 线可能跌破前一根 K 线的低点。在强势急速拉升中，交易者预期上涨趋势会立即恢复，因此多空双方均会在前一根 K 线的低点附近买入，这形成一个高 1 买入信号，通常后面市场创出新高。随着一轮上涨趋势的成熟并弱化，会出现更多的双边市，并且多空双方均会预期回调的幅度加深并持续更久。市场可能会形成一个高 2 买入信号、三角形或楔形牛旗，这会形成一轮小型下跌趋势，当其触及某个数学目标时，多头会再次买入，而空头将会止盈并买回空仓。在市场上涨足够高而再次重复该过程之前，双方都不会再次卖出。

随着多头变得不愿继续在 1 至 3 个跳点的回调中买入，部分买盘也开始枯竭。他们变得谨慎，怀疑更深幅度的调整即将出现。由于他们相信可以在高点下方 6 至 10 个跳点或更低处买入，因此他们就没有动机以高价买入。同时，他们有动机止盈部分或全部仓位，因为他们相信市场很快会走低，而他们可以再次买入，并在市场上涨测试最近高点的过程中赚到额外利润。动能程序检测到动能损失，它们也将止盈，并在任意方向的动能回归之前不会再次入场。空头也发现趋势削弱，他们开始在 K 线高点和波段高点上方卖出而刮头皮，并在更高价位加仓（scale in）。一旦他们看到更多抛压，他们还会在 K 线的低点下方卖空，预期市场出现更大回调。

对于大多数多头而言，平仓所需要的信号可以弱于卖空所需要的信号。他们最初希望在强势中止盈，如波段高点和前一根 K 线高点的上方，或者是在一根大型上涨趋势 K 线的收盘价。当其在强势中止盈后，他们就会准备在弱势中止盈剩余仓位，并开始在下跌反转 K 线的下方清空多仓，他们怀疑回调将会扩大。大多数交易者不会加入卖空阵营，因为他们无法熟练反手（Reverse）。他们一直认为市场在上涨，通常需要在平仓几分钟后才能说服自己应该反手。如果他们认为市场只是回调而非反转，那么一旦他们认为回调结束，他们就应该买回多仓。由于大多数人无法或不会反手，他们不想要在准备买入的时候持有空仓。如果他们刮头皮卖空，他们很可能无法反手做多，最后发现自己为了蝇头小利而踏空上涨波段。为了在一笔低概率的卖空交易中赚取一个点而错过在一笔高概率的做多交易中赚取两至四个点，这在数学上不划算。

在上涨趋势中，有一系列更高高点和更高低点。当趋势强劲时，多头会以任何理由而买入，很多人会使用追踪止损。如果市场创下新高，他们会将止损位提高至最近的更高低点下方。如果有足够多的空头卖空和足够多的多头止盈，反转可能强于交易者的最初预期，这经常发生在趋势后期，在市场出现过多次回调而又创出新高之后。然而，多空双方均相信市场将在最近的波段低点上方反转上涨，通常双方均会在该低点或其上方买入，结果是形成一个双重底牛旗或另一个更高低点。抛售可能很激烈，但是只要有足够多的交易者相信上涨趋势依然完整，交易者就会买入，而市场就会测试前高，多头会在那里止盈部分或全部仓位，空头则会再次卖空。

随着上涨趋势的成熟，交易者只会在更深调整中买入。他们预期市场出现两腿式调整，并且第二腿会跌破第一腿的低点。价格行为告诉交易者这种更深调整很可能在何时发生，当他们信服时，他们不会再将止损移至最近的波段低点下方，他们会在更高价位止盈，如最近波段高点的上方，然后在最近低点附近再次买入，从而重新建立多仓。既然他们相信市场很可能出现一轮两腿调整，那就不能将止损设在最近的更高低点下方，因为市场将跌破该低点，他们会在其发生之前平掉大部分或全部仓位，但是依然看多。上涨趋势不再形成更高高点和更高低点。然而在更高时间框架图上，这个更低低点通常依然高于最近的更高低点，因此更大的上涨趋势依然完整。这一轮两腿调整是一个大型的高 2 买入建仓形态。随着趋势成熟，回调变大并有细分结构。如果趋势真的已经反转，会出现一系列更低的高点和低点，但是通常会有一个明确的反转形态。如果没有明确反转，两腿下跌就只是一种牛旗，通常后面还会创出新高。举例而言，第一腿下跌可能是一轮小型急速下挫，而第二腿下跌是一个小型下行通道。如果下跌行情强劲，即便其处于一个复杂的窄幅通道而并非急速下挫，交易者依然会预计其为至少两腿下跌中的第一腿。在回调中买入的多头会在趋势高点下方止盈，而空头则会在前期高点下方激进卖空，预计形成更低的高点和第二腿下跌。

下跌趋势中的情况与此相反。回调最初是由空头在新低止盈所致，但总是有一些激进的多头买入，他们认为市场将上涨足够高而让其刮头皮获利。一旦市场涨至某个阻力位，通常是在低 2 或低 3 形态中，多头会清空多仓止盈，空头则会再次卖空。空头希望市场继续形成更低的高点和低点。每当他们看到一轮急剧上涨，他们就会在市场接近最近的更低高点时激进卖空。有时候直到市场触及最近的波段高点后他们才大力做空，这就是双重顶熊旗如此普遍的原因。只要市场继续形成更低的高点，他们就知道大多数交易者会认为下跌趋势完整，因此其后很可能形成另一个更低低点，他们可以在那里止盈部分或全部空仓。最终有一轮回调演变成一个交易区间，一些反弹将越过最近的更低高点。在更高时间框架图上，依然有更低的高点和低点，但是在你交易的图上，这个更高高点是下跌趋势丧失部分力量的迹象。随着下跌趋势的成熟和削弱，其经常形成两腿上涨，其中会有一个更高的高点和一个更高的低点，但是下跌趋势依然完整，这是低 2 卖空建仓形态的基础，也就是一轮两腿上涨。区间内会有一些形态告诉多空双方下跌趋势很可能会恢复，而其总是出现在某个阻力位，如等距行情目标或趋势线，这使得多头在区间顶部附近买入的意愿降低，而空头则更加愿意一路持续抛售至区间底部，然后市场向下突破，多头刮头皮者停止买入，多头波段交易者清空多仓，然后市场大体完成一轮等距下跌，空头将在那里开始止盈，而激进的多头则会再次开始买入。如果多空双方的买盘足够强劲，市场会出现回调、交易区间或趋势反转。

回调的最后一腿经常是一个逆势微型通道（牛旗尾部的下行微型通道或熊旗尾部的上行微型通道），对微型通道的突破通常只持续一两根 K 线就出现回调，尤其是当微型通道拥有四根或更多 K 线时。如果趋势强劲，经常不出现回调，因此在突破微型通道时入场是一笔合理的交易。当趋势并非很强时，对微型通道的突破通常在一两根 K 线内失败。与所有的突破一样，交易者需要评估突破的力度与突破失败的信号 K 线的力度。如果突破强劲很多，尤其是当大趋势强劲时，反转试图很可能会失败，并形成一个突破回调的建仓形态，给交易者第二次顺势入场的机会。如果突破相对疲弱，如具有长影线的小型趋势 K 线，且反转 K 线强劲，尤其是当大环境很可能导致反转时（如交易区间顶部略下方的牛旗），反转试图极有可能会成功，而交易者应该做反转交易。如果突破和反转的强度不相上下，也没有强劲的大趋势，交易者则需要评估下一根 K 线的强度。举例而言，如果在一个交易区间中间出现一个牛旗，突破旗形的那根上涨趋势 K 线后是一根同样强劲的下跌反转 K 线，且市场跌破该 K 线的低点，那么交易者将评估那根下跌入场 K 线的形态；如果其变成一根上涨反转 K 线，他们会假设市场只是形成牛旗突破后的回调，并且会在该 K 线的高点上方买入。反之，如果它是一根强势下跌趋势 K 线，尤其是当其收于低点且位于上行突破 K 线的低点下方时，交易者会将此形态看作下行突破并伺机做空，或者他们早已在下跌反转 K 线的下方卖空。

从最严格的定义来说，回调是一根 K 线逆势运动而越过前一根 K 线的极点。在上涨趋势中，回调至少跌破前一根 K 线的低点一个跳点。然而，一个更为广泛的定义更加有用——趋势动能的任何停顿（包括孕线、反向趋势 K 线或十字线）都应被看作是回调，即便市场只有盘整行为而并没有实际后退。就算是最强劲的趋势，在其运行中的某一时刻也会给出回调将有多深的线索。最常见的是一个双边市区域，举例而言，在一个急速与通道形态的上涨趋势中，急速行情过后，市场停顿或回调，形成通道的起点。一旦趋势通道结束而抛售（回调）开始，其总是会下测通道的底部。这是空头开始卖空的地方，随着上行通道越过其卖空入场价，他们开始害怕。随着上涨趋势的进行，他们和其他空头卖出更多，但是一旦趋势反转下行进入回调，这些空头将非常乐意在其最早和最低的卖空入场价平掉所有仓位，也就是通道的起点处。一旦他们空仓，他们就不会在该区域再次卖空，因为他们看到市场在其最初卖空后涨至多高，不过如果他们依然看空，他们会在反弹中再次卖空。如果反弹在前高的下方结束，其会形成一个更低的高点，通常会引发第二腿下跌。如果空头尤为强势，那个更低的高点可能成为一轮新下跌趋势的起点，而不仅仅是一个正在形成的交易区间中的第二轮回调。

趋势末期的楔形也是如此。如果下跌趋势形成一个向下倾斜的楔形，那么市场会尝试调整至楔形的顶部，最早的多头在这里开始买入。如果市场能够触及其最早的入场价，他们就可以在这笔交易上盈亏平衡，而在其他更低价位入场的交易上获利，并且直到市场再次下跌之前，他们不太可能想要买入。他们从其第一笔交易中认识到其买入价过高，他们不喜欢在市场持续下跌的过程中忍受浮亏的感觉，不想要再次经历。这一次他们会等待回调，希望市场形成一个更高的低点，或者更低的低点。他们预计楔形的最初低点将是任何后续回调的支撑，在该价位附近买入并在其略下方设置止损让他们以确定且有限的风险入场，他们喜欢这一点。

市场在趋势中有测试最早的双向市区域的倾向，这让富有洞察力的交易者能够预测回调将在何时出现及其幅度会有多大。他们不想要在首次出现双边市的迹象时逆势入场，但是这告诉他们逆势交易者开始建仓，市场很可能在不久之后回调至该价位。在趋势通道、楔形或阶梯形态开始出现反转迹象之后，他们将逆势交易，并准备在双边市开启的区域（通道起点）止盈。

由于回调是一轮趋势，尽管相对于其要回撤的大趋势而言只是小趋势，但是和所有趋势一样，其通常至少有两腿。一条腿和三条腿的回调也很常见，就像小型通道和三角形一样，但是所有的回调都相对较为短暂，交易者预期趋势很快会恢复。有时候只能在较小的时间框架图上看到腿形态，还有些时候腿较大，每一腿都可细分为两条小腿。由于交易者预计主趋势很快会恢复，他们会在回调中淡出突破，举例而言，如果一轮强劲的下跌趋势最终出现一轮两腿上涨的回调，随着市场向上突破第一腿上涨的高点，通常此时的空头远远多于多头。尽管市场在一轮上涨趋势中向上突破波段高点，但是买突破的多头通常会被卖空的空头压过，因为他们预期突破会失败，而下跌趋势将很快恢复。他们会在波段高点及其上方用限价订单和市价订单卖空。他们将此突破看作是一个以更高价格重新建立空仓的短暂良机。由于80%的反转试图都会失败，因此概率严重偏向于空头，强劲趋势中的首次两腿回调尤为如此。

任何拥有两腿结构的行情都被当作回调来交易，即便是顺势行情。有时候一轮趋势的最后一腿将是一轮两条腿的顺势行情，在上涨趋势中创下更高或更低的高点，或者在下跌趋势中创下更低或更高的低点。举例而言，如果一轮上涨趋势出现一轮抛售，其跌破上升趋势线，然后出现两条腿的回调，该回调只是测试前期极点，甚至也可以越过旧的极点。这意味着趋势线突破后的回调可以形成更低的高点，甚至更高的高点，但是其依然处于向新的下跌趋势的转变过程。严格来说，在最终高点出现之前下跌趋势并未开始，但是那个最终高点经常是向下突破上升趋势线后的更高高点回调。

怎样算是两腿？你可以绘制一个基于收盘价的线图，经常能够清晰看到两腿行情。如果你使用棒线图或蜡烛图，最容易发现的两腿行情是一段逆势行情之后出现一轮较小的顺势行情，然后又出现第二段逆势行情（教科书般的 ABC 回调）。为什么行情经常在第二腿后反转？参考上涨趋势中的两腿回调案例，多头将在新低（C 腿）买入，认为第二腿调整将是趋势的终点。同时，期待两腿调整的空头刮头皮者将买回其空仓。最后，在第一腿下跌（A 浪）的低点买入的激进多头将在市场创下更低低点时加仓。如果这些买家压过在市场向下突破第一腿下跌时卖空的新空头，市场将会上涨，通常至少测试旧的高点。

然而，很多时候两腿行情仅在较小时间框架图上明显，而在你正在查看的图上则需要推断。由于交易单张图表要比整日翻看多张图表轻松得多，因此如果仅凭推断就可以发现图上的两腿结构，交易者将获得优势。

在上涨行情中，有一系列的上涨趋势 K 线，如果出现一根下跌趋势 K 线，则可以将其看作回调的第一腿（A 腿），即便该 K 线的低点高于前一根 K 线的低点。如果你查看较小时间框架图，逆势行情可能会很明显。如果下一根 K 线顺势收盘，但是其高点低于终结上涨行情的 K 线的高点，那么这就是 B 腿。如果再出现一根下跌 K 线或一根低点低于前一根 K 线低点的 K 线，这将形成第二腿下跌（C 腿）。

需要推断的越多，形态就越不可靠，因为很少交易者能识别，或者对其有信心。交易者很可能会投入更少的资本并更快地平仓。

有一点很明确，如果正在回调的趋势已经在一轮高潮行情或一个重大的趋势反转形态中结束，那么趋势已转向，你不应该在旧趋势的回调中入场，其已经结束，至少在接下来的 10 根或更多 K 线中，或许当日剩下的时间都是如此。因此在一轮强劲上涨之后，如果市场跌破上升趋势线后形成一个楔形顶或一个更低的低点，你应该寻找卖空建仓形态，而不是在旧的上涨趋势中买回调。当趋势反转并不明确时，两个方向的建仓形态都可能有效，至少是对于刮头皮交易。趋势反转已经发生的可能性越大，避免交易旧趋势的重要性就越高，因为现在很可能在新方向上出现至少两腿行情。同时，这一段行情的时间和点数通常会与反转的清晰度大体呈正比。当你获得一个出色的反转建仓形态时，你应该用部分仓位做波段交易，少数情况下甚至应该动用全部仓位。

所有的回调均以某种类型的反转开始。其通常足够强劲来诱使逆势交易者建立逆势仓位，但不足以成为一个可靠的逆势建仓形态。由于建仓形态和回调不足以改变始终入场交易的方向，因此交易者不应逆势交易。相反，他们应该寻找预示回调或已结束的建仓形态，然后顺势交易。然而，由于回调始于反转，很多交易者会过度谨慎，说服自己放弃了一笔绝佳交易。你永远无法对一笔交易 100% 确定，但是当你对一笔看似不错的交易比较有信心时，你需要相信数学，做这笔交易，接受有时候你会输的现实，这只是这项生意的特点，除非你愿意承受损失，否则你将无法交易为生。记住，一位失败率高达 70% 的大联盟棒球击球手就被认为是天皇巨星，只凭借 30% 的成功率赚取数百万美元。

当市场处于一轮弱趋势或从交易区间向趋势转变的早期阶段时，经常会形成一个旗形，然后旗形突破，再然后回调，回调变成另一个旗形，有时候在强势突破出现之前，市场会多次重复此过程。

一两根 K 线的停顿要比持续多根 K 线并真正从极点回撤的回调更难交易。举例而言，如果有一轮强势上涨行情，其最后一根 K 线是一根小型 K 线，高点只比其前一根 K 线的高点低一两个跳点，而这根 K 线是一根大型上涨趋势 K 线，前面还有一两根大型上涨趋势 K 线，如果你在这根 K 线的高点上方一个跳点处买入，你就买在当日的高点。由于很多机构淡出每一个新高，行情反转并在触及你的盈利目标之前先触发你的止损的风险很大。然而，如果趋势非常强劲，那么这就是一笔重要的交易。这笔交易如此难做的原因之一是，你只有很少的时间来分析趋势的强度、寻找趋势通道线过靶或其他可能导致交易失败的原因。

更难交易的停顿是一根小型十字线，其高点高于前一根大型上涨趋势 K 线的高点一个跳点。在十字线的高点上方买入有时候也是一笔好交易，但是对于大多数交易者而言，快速评估风险的难度过大，最好还是等待更为清晰的建仓形态。反对在停顿 K 线突破时买入的一个原因是，如果最后一根或两根趋势 K 线有较长的影线，其显示逆势交易者能够施加一些影响，同时，如果之前的顺势入场点出现在较大回调之后，如一个高 2，那么你应该三思而后行，因为每一轮回调的幅度通常越来越大而非变小。不过，如果市场刚刚突破，出现三根上涨趋势 K 线，并且均收于高点附近，那么你在这些 K 线之后的停顿 K 线上方买入而刮头皮成功的几率较高。总而言之，这些强劲上涨趋势的早期阶段的高 1 多头（或下跌趋势中的低 1 空头）是大多数交易者所应该考虑的唯一停顿 K 线入场点。同时，记住单 K 线突破后的停顿 K 线也可能是反向入场点，因为单 K 线突破经常失败，尤其是当其逆势时。

如果回调相对于趋势较小，通常在其结束时入场就是安全的。如果它是一轮足够大而可以交易的强劲逆势行情，那么最好等待第二信号。举例而言，如果在一轮强劲的上涨趋势中有一个持久的下行通道，相对于在市场首次反转上涨时买入，等待突破后的回调并在突破回调中买入更加安全。

所有上涨回调的结束都有原因，而其原因总是市场触及某种支撑。有时候它们平静结束，但是还有时候会形成与主趋势相反的强劲趋势 K 线并差点扭转趋势。大型回调和小型旗形突破的一两根 K 线回调均是如此。即便是 1987 年和 2009 年的股市崩盘，也在月线图上的上升趋势线结束，因此也只是上涨趋势中的回调，并且大多在支撑汇聚区结束，尽管很多交易者可能并未看出其中一些或全部。一些交易者在上涨趋势中买回调是因为他们关注某一个支撑位，不管是上升趋势线，牛旗底部的通道线，前期高点或低点，一些移动平均线，还是任何其他类型的支撑，而其他人买入则因为他们在同一区域看到了不同的支撑。一旦有足够多的多头入场而压过空头，趋势将会恢复。下跌回调也是如此，它们总是在阻力汇聚区结束，尽管很容易与市场看到不同的阻力。一旦市场接近重要价位，真空效应经常成为主导。举例而言，如果买家相信市场正接近一个重要的支撑位，他们经常会在袖手旁观而等待市场到位，这可能形成一轮非常强劲的急速下挫，但是一旦支撑位被触及，多头就会入场并不断激进买入。制造回调的空头也是如此，他们也看到支撑位，市场离其越近，他们就越加确信市场将抵达那里，结果是他们不停地激进卖空，直到该价位被触及，然后他们瞬间停止卖空，并迅速买回空仓。回调可能以一根大型下跌趋势 K 线结束，看上去像是要将始终入场交易反转为空头，但是在接下来的 K 线中没有出现后续抛售，反而上涨趋势恢复，有时候缓慢开始，多空双方都在买入，反转可能急剧并持久。真空效应总是存在，即便是在最剧烈的反转中，如 1987 年和 2009 年的股市崩盘。在这两个案例中，市场均呈自由落体状态，但是一旦市场跌至月趋势线的略下方，就会开始强势反转上涨，不管这两次崩盘有多激烈，其只是真空效应发挥作用的案例。

一两根 K 线的旗形突破回调也出现同样的行为。举例而言，如果在一轮强劲的下跌趋势中，移动平均线上出现一个低 2 熊旗并触发卖空，其入场 K 线后可能有一根上涨趋势 K 线，这代表突破失败，可能是一轮上涨趋势或一轮较大的熊市反弹的起点。然而其经常会失败，当一个失败形态失败时，便成为更大趋势的回调，这里它成为一个突破回调卖空的建仓形态。交易者会预期其失败，而激进的空头会在其收盘价和高点附近卖空。更为保守的交易者会等待市场确认这根下跌趋势 K 线仅仅是熊旗突破的回调。如果回调持续更久一点，他们会在下跌 K 线或其后面一两根 K 线的低点下方用停损卖出订单做空。

既然回调只是趋势的停顿而非反转，一旦你认为一段行情是回调，你就会相信趋势会恢复，市场将测试趋势的极点。举例而言，如果有一轮上涨趋势，然后市场抛售多根 K 线，如果你将抛售看作买入机会，那就是你相信它只是上涨趋势中的回调，你在预期市场测试上涨趋势的高点，需要注意的是，测试并不需要创出新高。确实，其经常是更高的高点，但是也可以是双重顶或更低的高点。测试之后，你将判断上涨趋势完整还是已经转为交易区间，甚至进入下跌趋势。

回调经常是强劲的急速行情，让交易者开始怀疑趋势是否已经转向。举例而言，在一轮上涨趋势中，或许会出现一根或两根大型下跌趋势 K 线，其向下突破移动平均线，并可能跌破交易区间数个跳点，交易者就会猜测始终入场方向是否正在转为空头，他们所需要看到的是后续抛售，或许只是另一根下跌趋势 K 线，所有人都将密切关注下一根 K 线。如果是一根大型下跌趋势 K 线，大多数交易者会相信反转被证实，他们将会市价卖空或在回调中卖空。反之，如果该 K 线以上涨结束，他们会怀疑反转试图已经失败，而抛售行情只是一轮短暂而剧烈的降价，因此是买入良机。交易新手看到强势急速下挫，但是却忽视强劲上涨趋势的背景，他们在这根下跌趋势 K 线的收盘价卖出，在其低点下方卖出，在接下来的数根 K 线中的小幅反弹中卖出，以及在任何低 1 和低 2 的卖空建仓形态中卖出。聪明的多头是这些交易的对手方，因为他们明白正在发生什么。

市场总是试图反转，但是其中 80% 的反转试图失败而成为牛旗。当反转试图发生时，那两三根下跌 K 线可能非常有说服力，但是没有后续抛售，多头会将抛售行情看作在一轮短暂的抛售高潮的低点附近再次买入的良机。经验丰富的多头和空头等待这些强劲的趋势 K 线出现，有时候在其形成之前就袖手旁观，然后他们入场买入，因为它们将其看作抛售行情的高潮性终结。空头买回空仓，而多头重新建立多仓，这与趋势末期的情况相反，那时候强势交易者在等待一根大型趋势 K 线。举例而言，当一轮强劲的下跌趋势处于支撑位附近时，经常会出现一个后期突破，其形式为一根非同寻常的大型下跌趋势 K 线。这个时候，双方均在抛售高潮中买入，因为空头将其看作止盈空仓的好价位，而多头将其看作低价买入的好机会。

如果交易者认为其看到的只是回调，那就是他们相信趋势依然完整。当他们评估交易者等式时，概率永远无法确知，但是既然他们顺势交易，他们可以假设等距行情的方向概率为 60%。可能还会更高，但是却不太可能低很多。否则他们会认为回调持续太久，已经丧失预测价值而成为一个普通的交易区间，其最终向上和向下突破的概率大体相等。一旦他们决定其风险水平，他们就可以设置一个至少与其风险一样大的盈利目标，并合理假设其将有 60% 或更高的成功概率。举例而言，如果他们在高盛（GS）突破牛旗时买入，其保护性止损位于牛旗的下方，比其入场价约低 50 美分，他们可以假设有至少 60% 的概率在多仓上赚取至少 50 美分。他们的止盈目标可能是对上涨高点的测试，如果是，而那个高点比其入场价高 2 美元，那么他们很可能依然有约 60% 的成功概率，但是现在的潜在回报达到风险的四倍，从交易者等式而言，这是一个非常有利的结果。

一旦你相信市场已经反转，那么在新趋势展开之前，其通常会回测之前趋势的极点。举例而言，假设有一轮下跌趋势，之前的回调足够强劲而向上突破下降趋势线，市场对下跌趋势的底部进行了更低低点测试后反转上涨，这有可能是趋势反转进入上涨趋势。如果第一腿上涨是以强势急速拉升的形式，你就会相信反转的几率甚至更大。第一腿强劲上涨的回调通常会形成一个更高的低点，但是也可以和下跌低点构成一个双重底，甚至也可以形成一个更低的低点。市场已经跌至更低低点，为什么你还能相信趋势已经反转为上涨？更低的低点是下跌趋势的标志，绝不是上涨趋势的一部分。是的，这是传统观点，但是作为一名交易者，使用更为广泛的定义才能赚更多的钱。如果市场跌破旧的下跌低点，你的多仓可能被止损出局，但是你可能依然相信多头真正掌控市场。那一轮急速拉升是对旧的下跌趋势的突破，并将市场转为上涨趋势。突破回调跌破下跌低点并不重要，假设市场恰好在旧低处止步而不是跌破一个跳点，你认为这很重要吗？有时候确实是，但是通常差不多足以。如果两样东西相似，那么它们将会表现一样，急速拉升的底部与回调的更低低点哪一个是上涨趋势的起点也并不重要。严格来说，急速拉升是第一次试图反转，但是一旦市场跌破急速拉升的底部，其已宣告失败。然而，它依然是显示多头掌控市场的突破，而回调跌至更低低点和空头暂时重获掌控并不是很重要，重要的是现在多头获得掌控，并且很可能会持续很多根 K 线，因此你要买回调，即便第一次回调跌至更低的低点。

上涨趋势中回调至更低低点或下跌趋势中回调至更高高点，这种现象在每一张图上的小型腿中都很常见。举例而言，假设有一轮下跌趋势，然后形成一个窄幅通道上涨至移动平均线，其持续约八根 K 线。由于通道紧凑并强势，意味着第一次下跌突破很可能会失败，即便其与趋势方向一致。交易者在做空之前通常会等待回调，不过其回调经常是以更高高点的形式，在下跌趋势中形成 ABC 回调。他们会在前一根 K 线的低点下方卖空，确信均线处的低 2 卖空是强劲下跌趋势中的好交易。很多交易者并不认为这个 ABC 形态是下跌突破（B 腿向下突破构成 A 腿的通道），然后突破回调至更高高点（C 腿），但是如果你想一下，实际上就是如此。

有一种特殊类型的更高高点或更低低点，在重大的趋势反转中常见。举例而言，如果一轮上涨趋势中出现一轮强劲下跌，跌破上升趋势线，然后以一轮弱势上涨（如楔形）创下新高，这个更高高点有时候就是新的下跌趋势的起点。如果趋势就此反转下跌，那么这一轮弱势上涨至更高高点的行情就只是那一轮突破上升趋势线的急速下挫的回调，那一轮急速下挫是下跌趋势的真正起点，尽管其回调涨至急速下挫的上方，并在上涨趋势中创出了新高。在下跌趋势持续 20 根或更多 K 线之后，大多数交易者会回顾这个更高高点，将其看作下跌趋势的起点，这是一个合理的结论。然而在趋势的形成过程中，敏锐的交易者会猜测市场是否已经反转为下跌趋势，他们并不关心急速下挫后的上涨是否以更低高点、双重顶或更高高点的形式测试上涨高点。从严格的技术角度来说，一旦空头在急速下挫中掌控市场，趋势就已经开启，而并非在测试上涨高点时。一旦市场从更高高点处剧烈抛售，趋势反转就得到确认。尽管更高高点实际上只是急速下挫的回调，而且你认为哪个高点才是下跌趋势的起点并不重要，因为你将以同样的方式交易市场，在更高高点的下方卖空。当一轮下跌趋势在强劲上涨而突破下降趋势线后从更低低点开始转为上涨趋势时，情况也是如此。多头在向上突破下降趋势线的那一轮急速拉升中掌控市场，但是大多数交易者会说新的上涨趋势始于更低的低点。然而，那个更低低点只是强势急速拉升的回调。

　　如果一轮趋势在很少几根 K 线之内覆盖大量点数，说明其有大型 K 线以及 K 线之间很少交叠，最终都会出现回调。这些趋势的动能如此强劲，大概率是回调之后趋势恢复，然后测试趋势的极点。只要回调并没有将市场转为反方向的新趋势并越过原趋势的起点，通常极点就会被越过。总体而言，如果回调的幅度达到 75% 或更高，回调回到之前趋势极点的概率就会大幅降低。对于下跌趋势中的回调，这个时候交易者最好将其看作新的上涨趋势，而不是旧的下跌趋势的回调。

　　等待回调是最让人受挫的事情，有时候它似乎永远都不会到来。举例而言，在一轮上涨中，你确信买回调很明智，但是市场一根 K 线接一根 K 线地上涨也不回调，直到其涨至太高，现在你认为可能是反转而不是回调了。为什么会这样？每一轮上涨趋势都是买入程序而形成，它们使用任何可以想象的算法，强劲趋势就发生在众多公司运行同一方向的程序时。一旦你确信上涨趋势强劲，那么所有人都是如此。交易老手明白正在发生什么，他们意识到任何回调几乎肯定会被买入，然后市场将创出新高。鉴于此，与其等待回调，不如追随机构。他们以市价买入，并在当前图表上并不明显的微小回调中买入，或许他们在买一两个跳点的回调。程序将一直买入，因为大概率在触及某个技术位之前不会停止，那时候数学将偏向于反转。换句话说，数学过靶中性区，现在偏向于反转，因此这些公司将激进交易相反方向，而新趋势将一直持续，直到其再一次过靶中性区，概率再次偏向于相反方向。

　　举例而言，如果苹果从 280 美元上涨 4 美元，并且在五分钟图上连续上涨 7 根 K 线，那么其极有可能会上涨 8 根 K 线，甚至更多。交易者愿意在 280 美元买入，因为他们懂得等距行情的方向概率的逻辑。由于他们确信市场将在不久后走高，但他们并不确定其将很快走低，因此他们以市价买入或者在小幅回调中买入。尽管他们可能并不以方向概率的角度思考，但是所有的趋势交易均以此为基础。当苹果处于强劲的上涨趋势时，他们宁愿在 280 美元买入，因为他们相信市场在跌回 279 美元之前将先达到 281 美元。他们很可能也相信市场在下跌 1 美元之前会先达到 282 美元或 283 美元。他们可能不会以数学的角度思考，并且相信概率从不确定，但是在这种情况下，苹果很可能有约 70% 的概率在下跌一美元之前先上涨两三美元。这意味着如果次次这笔交易你做 10 次，你将 7 次赚到两美元共盈利 14 美元，3 次输掉 1 美元，你的净利为 11 美元，或平均每笔交易盈利超过 1 美元。

如果他们等待 1 美元的回调，这在苹果达到 283 美元之前可能不会出现，然后他们可以在 282 美元买入，但是如果他们早一点以市价买入，就会比现在低 2 美元。

如果在他们以 280 美元买入之后，苹果跌至 279 美元，很多交易者会买入更多，因为他们相信有 70% 以上的概率其将上涨至新高，而他们可以以盈亏平衡平掉第一个多仓，而在以更低价格入场的仓位上赚取 1 美元。

对于等待在回调中入场的交易者而言这很重要，当趋势强劲时，以市价入场经常会好于等待回调。

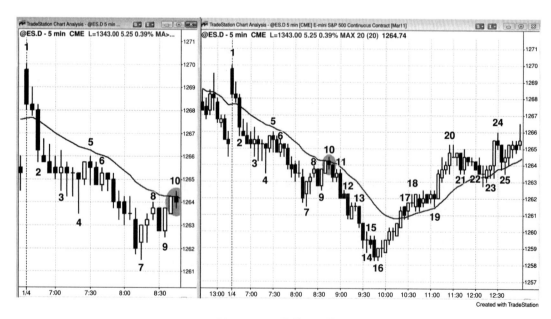

图 PIII.1　回调始于反转

所有的回调均以反转开启，而且经常足够强劲，以至于在最终形成时，交易者不敢采纳顺势的信号。如图 PIII.1 所示，左图显示了移动平均线处的 K 线 10 低 2 卖空建仓形态在五分钟图上的样子，右图则显示了整日行情。K 线 7 是一根强劲的上涨反转 K 线，后面是一个强劲的双 K 线反转形态和 K 线 9 的更高低点。然而，市场已经超过 20 根 K 线没有碰触到移动平均线，显示下跌趋势强劲，空头很可能想要在至均线的两腿上涨中卖空，尤其是在出现一根下跌信号 K 线的情况下。当完美的建仓形态最终形成时，很多新手执迷于 K 线 7 和 K 线 9 而忽视了前面的下跌趋势，忘记了拥有下跌信号的均线低 2 卖空是可靠的建仓形态的事实。上涨行情由空头止盈和多头刮头皮所致，双方均计划在市场以两腿行情回调至均线附近的过程中卖出，多头止盈而空头重新建立空仓。没有什么东西可以 100% 确定，但是当下跌趋势中的均线低 2 有一根下跌信号 K 线时，对于在 K 线 10 下方 1 个跳点处以停损订单卖空的空头而言，通常成功的可能性至少有 60%。在这个特定案例中，信号 K 线的高度仅有 3 个跳点，因此空头将承担 5 个跳点的风险来追求市场测试下跌低点，其在下方约 2 个点处。很多空头用限价订单在均线下方一个跳点处卖空这一轮至均线的回调。其他空头将其看作下跌趋势中的第一轮两腿上涨，因此预计将失败。当他们看到 K 线 9 的反转上涨时，他们在 K 线 8 的高点或其上方设置限价订单卖空，订单在市场上涨至 K 线 10 的过程中成交。他们预计任何反转都将成为熊旗的起点，认为任何上行突破都是在更高价位重建空仓的短暂良机，他们激进地把握机会，压过在市场向上突破 K 线 8 时买入的多头。

K 线 10 低 2 熊旗以一根强劲的下跌趋势 K 线突破，但是下一根 K 线拥有一个上涨的实体，这是让突破失败的试图。多头希望市场形成一个失败的低 2，然后上涨，并转为多头行情。然而，交易者知道大多数反转试图失败，很多人在上涨 K 线结束时卖空，并在其高点上方设置限价订单卖空。因为多头并不知道市场是否会涨至该上涨 K 线的高点上方，如果他们希望在此 K 线或其上方卖空，但是又想确保能够建立空仓，即使其在上方的限价订单并未成交，很多人还会在其低点下方一个跳点处设置停损订单。如果他们在该 K 线上方的限价订单成交，很多人会撤销其停损入场订单。如果限价订单未能成交，该 K 线下方的停损订单将确保其建立空仓。大多数人在低 2 突破时已经做空，但是一些人会在市场向其方向运动时加仓，计算机化的程序交易犹如为此，随着市场的持续下跌，很多程序会持续卖空。

顺便说一下，交易反转的一个基本原则是在市场第二次试图恢复趋势的时候离场。在本例中，期待 K 线 7 成为一个持久的底部还为时尚早。一旦市场在移动平均线处形成低 2，尤其是当 K 线 10 信号 K 线有一个下跌实体时，所有的多头必须离场。很少有人能够反手卖空，缺乏这种能力的人会平掉其刮头皮做多的小仓位，却错过卖空的大机会。在一轮下跌趋势中，耐心等待在市场反弹至均线时卖空要比刮头皮做多好得多。

一旦上涨趋势明确，交易者预期第一轮两腿回调会失败。当他们看到 K 线 21 后的上涨趋势 K 线，他们就在 K 线 21 的低点处设置限价买入订单，因为他们预期市场向下突破 K 线 21 会失败，其将是强劲上涨趋势中的首轮两腿下跌，而强劲趋势中的第一轮大多会失败。他们还相信移动平均线将是支撑位，那里会有激进的买家。随着市场跌向均线，其限价买入订单成交。其他多头在 K 线 23 上方以停损买入订单入场，因为它是上涨趋势中的高 2 买入建仓形态，并且均线处有一个上涨的信号 K 线，这是一个非常强劲的买入建仓形态。

K 线 24 的下跌反转 K 线的底部有长影线，相对于 K 线 20 至 K 线 23 前一根 K 线的微型下行通道的上行突破而言，其强度较弱一些。突破 K 线是一根大型上涨趋势 K 线，其前面有两根上涨 K 线。一些交易者在 K 线 24 的下方卖空，预期上行突破失败。其他人则等待观察接下来数根 K 线如何表现。空头入场 K 线是一根强劲的下跌趋势 K 线，但是其处于上涨趋势 K 线的低点上方，因此市场尚未反转为始终入场空头。下一根 K 线有一个上涨实体，因此并未确认抛售，多头在其高点上方买入，相信它是上涨趋势或正在形成的交易区间中的牛腿中的均线处的突破回调买入建仓形态。

图 PIII.2　所有回调均始于反转

所有回调均始于某种反转形态。很多顺势交易者需要看到反转形态而开始止盈，逆势交易者需要反转形态来建立交易。是的，随着顺势机构的止盈和逆势机构开始分批建立反转交易，机构制造了反转形态。然而，还有很多机构和交易者在等待反转的早期信号出现后才交易，所有交易者的累积效应形成回调。如果趋势强劲而反转形态疲弱，回调有时候只持续一两根K线，如图PIII.2中的K线3、9和19。有时候其只是停顿并形成一轮盘整回调，如K线7。

市场以一轮四K线急速下挫而跌至K线2，但是其第三根和第四根K线的下跌实体缩小，显示动能损耗。K线2上的影线是双边市的迹象，一些交易者认为其可能预示开盘反转和当日低点，因此他们在K线2的上方买入。

从K线5开始的五K线急速拉升足以让大多数交易者相信始终入场交易已经转为多头。他们预期市场将走高，相信任何回调都会被激进买入，从而形成更高的低点。然而，至K线8的行情有三段上涨（Three Pushes Up），而这个楔形顶可能引发两腿下跌，这导致一轮单K线的回调，然后又一轮强势上涨。由于从K线5开始的上涨如此强劲，很多交易者相信任何回调都将被买入。

一旦所有人都相信下面有强势买家，他们就会以市价买入，他们不知道市场是否很快会出现回调，但是他们确信不管其是否回调，市场都将很快走高。为了避免错过太多趋势行情，他们开始以市价买入，而且他们将持续买入，直到他们认为市场可能最终开始回调时。

在一轮急速与高潮的上涨趋势中的抛物线行情之后，K线10后面出现多根十字线，K线5后的五根K线形成急速拉升，也是当日新高。一些交易者认为其可能是当日高点，他们在这里卖空，但只是引发另一轮回调。

一些交易者认为K线18可能与K线10形成双重顶，他们在那根孕线信号K线的下方卖空。由于有连续七个上涨实体，大多数交易者预期上涨趋势持续，因此他们在该信号K线的低点下方买入而不是卖空。

K线26是一根下跌反转K线，可能是市场反转下跌穿过K线16的交易区间底部后的更低高点。然而，大多数交易者相信当日是一个强劲的上涨趋势日，他们在K线26的低点或其低点下方买入。

图 PIII.3　突破回调

　　当通道陡峭时，最好不要在突破趋势线时进入反转交易，而是等待观察是否会出现突破回调而形成第二个信号。如图 PIII.3 所示，至 K 线 2 的急速拉升太过陡峭，不能在其第一次跌破趋势线时卖空。反之，只有出现突破回调测试了急速拉升的高点之后，交易者才能考虑卖空。测试可以是更低高点、双重顶或更高高点，这里是均线略下方的 K 线 4 下跌反转 K 线的更高高点。

　　至 K 线 6 的急速拉升同样太过强劲，因此不能在市场向下突破 K 线 6 时卖空。空头希望市场成功向下突破上升趋势线，并有大量后续下跌，但是交易者在考虑做空之前应该先等待突破回调。这里 K 线 6 的下一根 K 线成为一根外包上涨 K 线，它是对 K 线 5 至 K 线 6 的窄幅上行通道高点的更高高点测试，后面是一根下跌孕线，形成一个内外内（IOI）的更高高点卖空建仓形态。

　　K 线 8 至 K 线 9 的上行通道中有连续四根上涨趋势 K 线，因此市场太过强势而不能在其第一次向下突破通道时卖空。相反，交易者应该等待观察突破回调如何表现。其在 K 线 11 形成一个更低的高点，他们可以在其低点下方一个跳点处卖空。

　　从 K 线 12 至 K 线 14 的上行通道非常紧凑，因此交易者不应该在市场向下突破趋势线时卖空。反之，他们应该等待观察市场是否出现好的突破回调卖空建仓形态。K 线 16 形成对通道高点的更低高点测试，交易者可以在 K 线 16 跌破其前一根 K 线的低点而成为一根外包下跌 K 线时卖空，他们也可以等待该 K 线收盘。一旦他们看到有一个下跌实体并收于前一根 K 线的低点之下，他们就可以在 K 线 16 的外包下跌 K 线的低点下方卖空。在这里做空的赢率更高，因为 K 线以下跌收盘，会让他们进一步确认空头强势。

至 K 线 17 的抛售处于一个窄幅通道，七根 K 线中没有一根以上涨收盘。趋势太强而不能在市场第一次试图向上突破时买入。突破回调是 K 线 20 处的更低低点，买入建仓形态是一个内内（II）形态。

至 K 线 21 的上涨处于一个陡峭的上行通道，七根 K 线均创下更高的高点和低点，这太过强势而不能在市场第一次向下突破上行通道时卖空。至 K 线 23 的突破回调与 K 线 21 的通道高点形成一个双重顶，下一根 K 线是一根强势下跌孕线，也是一个出色的突破回调卖空信号 K 线。

跌至 K 线 5 的行情是一个牛旗，后面市场突破，然后回调至 K 线 8，它是另一个牛旗的底部。然后市场向上突破至 K 线 9，形成另一轮回调至 K 线 12，这是另一个牛旗的买入建仓形态。市场经常突破引发回调又变成旗形，这通常发生在较弱的趋势和交易区间中，正如此例。

尽管 K 线 5 和 12 是强劲的下跌趋势 K 线，试图将始终入场头寸反转为空头，但是它们的结果和大多数此类试图一样——以失败告终。为了能够说服交易者短期趋势为下而市场很可能在接下来的数根 K 线内走低，空头需要市场再出现一根强劲的下跌趋势 K 线。当形势明朗，多头不断买入而空头无法打压市场时，他们就买回空仓。空头的买盘和将强劲下跌趋势 K 线看作低价买入良机的多头的持续买盘导致上涨趋势恢复。多头希望看到强劲的下跌趋势 K 线跌至支撑区，他们知道其代表空头试图扭转趋势，但大多数转瞬即逝，他们经常袖手旁观而坐等其成，他们将其看作回调的可能终点，这给他们一个低价买入的短暂机会。交易老手可以在下跌趋势 K 线收盘时买入，在其低点或其下方买入，或者在接下来的多根 K 线收盘时买入。不过大多数交易应该等待上涨反转 K 线出现并在其高点上方买入，或者等待反转上涨，然后在牛旗突破后的回调上方买入（如在 K 线 13 突破 K 线 12 的高 2 牛旗后的双 K 线盘整回调的上方）。

第 11 章　首次回调序列：K 线、小型趋势线、移动平均线、移动平均线缺口、重大趋势线

　　趋势中可能出现多种类型的回调，一些幅度小而另一些幅度大，可以根据其幅度进行划分和排序。其中任何类型回调的第一次出现都是该类型的首次回调，每一次后续回调都将是较大类别回调的第一次，通常每一次回调后市场都会测试趋势的极点，因为强势行情通常至少有两腿，因此每一种回调的首次逆势行情后都很可能出现趋势的第二腿。回调不一定要完全按照一样的顺序发生。举例而言，如果趋势在高 2 之后加速，有时候高 1 可能会发生在高 2 之后。

　　随着一轮上涨趋势的进行，其最终会丧失动能，变得更为双边波动，并开始出现回调。回调变大并演变成交易区间，最终交易区间会转为下跌趋势。在最终反转之前，市场在每一轮逆势行情后通常都会创下趋势新高。因此，每一个弱势信号在理论上都是一个买入建仓形态，其可以在清单上的其他信号出现之前发生数次。同时，一个信号出现之后，在其他信号出现后还可以再次出现。

　　这是上涨趋势中的疲弱信号的一般发生顺序：

　　（1）上涨实体变小。

　　（2）影线开始出现在 K 线顶部，并且后续 K 线的影线变长。

　　（3）K 线与其前一根 K 线的重叠程度加大。

　　（4）K 线拥有很小的实体或十字线实体。

　　（5）K 线有下跌实体。

　　（6）当前 K 线的高点处于或低于前一根 K 线的高点。

　　（7）当前 K 线的低点处于或略高于前一根 K 线的低点。

　　（8）当前 K 线的低点低于前一根 K 线的低点。

　　（9）出现一条腿的回调（高 1 买入建仓形态），其 K 线的高点低于前一根 K 线的高点。

（10）出现两条腿的回调（高 2 买入建仓形态），持续约五至十根 K 线。

（11）出现三条腿的回调（楔形牛旗或三角形），持续约五至十五根 K 线。

（12）市场突破小型上升趋势线。

（13）K 线触及均线（一个 20 缺口 K 线买入建仓形态）。

（14）下一轮上涨至新高的行情有一根或多根下跌趋势 K 线和一两轮回调。

（15）一根 K 线收于均线之下。

（16）一根 K 线的高点位于均线之下。（均线缺口 K 线）

（17）市场突破大型上升趋势线。

（18）一旦有一根 K 线的高点位于均线之下，在市场回到均线上方之前，就还会有第二腿下跌。

（19）上涨至新高的行情有两轮或更多回调，每一轮回调持续两三根 K 线，并有更为突出的下跌实体。

（20）出现一轮幅度更大的两腿回调，持续超过 10 根 K 线，其第二腿跌破一个显著的更高低点，形成一个更低低点。

（21）市场进入交易区间，多空双方势均力敌。

（22）市场向上突破交易区间并回到交易区间，形成一个更大的交易区间。

以下这是下跌趋势走弱的顺序：

（1）下跌实体变小。

（2）影线开始出现在 K 线底部，并且后续 K 线的影线变长。

（3）K 线与其前一根 K 线的重叠程度加大。

（4）K 线拥有很小的实体或十字线实体。

（5）K 线有上涨实体。

（6）当前 K 线的低点处于或高于前一根 K 线的低点。

（7）当前 K 线的高点处于或略低于前一根 K 线的高点。

（8）当前 K 线的高点高于前一根 K 线的高点。

（9）出现一条腿的回调（低 1 卖出建仓形态），K 线的低点高于前一根 K 线的低点。

（10）出现两条腿的回调（低 2 卖出建仓形态），持续约五至十根 K 线。

（11）出现三条腿的回调（楔形熊旗或三角形），持续约五至十五根 K 线。

（12）市场突破小型下降趋势线。

（13）一根 K 线触及均线（一个 20 缺口 K 线卖出建仓形态）。

（14）下一轮跌至新低的行情有一根或多根上涨趋势 K 线和一两轮回调。

（15）一根 K 线收于均线之上。

（16）一根 K 线的低点位于均线之上。（均线缺口 K 线）

（17）市场突破大型下降趋势线。

（18）一旦有一根 K 线的低点位于均线之上，在市场回到均线下方之前，就会有第二腿上涨。

（19）抛售至新低的行情有两轮或更多回调，每一轮回调持续两三根 K 线，并有更为显著的上涨实体。

（20）出现一轮幅度更大的两腿回调，持续超过 10 根 K 线，第二腿上涨至一个显著的更低高点之上，形成一个更高高点。

（21）市场进入交易区间，多空双方势均力敌。

（22）市场向下突破交易区间并回到交易区间，形成一个更大的交易区间。

大多数首次回调都是小行情，依然属于更大趋势的第一腿。然而，随着逆势交易者变得更加愿意建仓而顺势交易者会更加迅速地止盈，每一轮回调都倾向于扩大，逆势交易者开始在新的极点处取得掌控。举例而言，在一轮上涨趋势中，逆势交易者开始在新高反转时卖空而获利，而顺势交易者开始在突破新高时买入而亏损，到某一时刻，逆势交易者将压过顺势交易者，趋势就会反转。

强劲趋势中的第一轮小型回调由一两根 K 线构成，市场总是在其后创出新的极点。举例而言，如果有一轮急速拉升持续四根 K 线，K 线之间很少交叠，并且其影线很小，这说明趋势强劲。如果下一根 K 线的低点低于前一根 K 线的低点，此低点就是这一轮上涨趋势中的首次回调。交易者会在其上方一个跳点处设置停损买入订单，因为他们预计市场至少还有一段上涨。如果他们的订单成交，这就是一个高 1 多头入场点（这在本书的第 17 章中有详尽探讨）。激进的交易者会在前一根 K 线的低点下方设置限价买入订单，预期回调将转瞬即逝，他们希望其入场价低于那些等待在回调 K 线上方用停损订单买入的交易者。下一轮回调可能有三至五根 K 线，很可能会突破一根小型趋势线，然后市场创出新的极点。如果这一轮回调有两小腿，那么买点就是一个高 2 多头（一轮两腿回调，通常称为 ABC 回调）。尽管这第二轮回调可以是一个高 2 建仓形态，但是如果趋势非常强劲，其可以是另一个高 1（一条腿的回调）。如果市场从一个或两个高 1 入场点开始，然后出现一个高 2 入场点，并且看上去其正在形成另一个高 1，那么明智的做法是等待观望。在一连串的盈利交易之后，你应该对市场没有出现较大回调就恢复强势的情况而感到怀疑，这种强势可能是一个陷阱，如最终旗形。等待更多的价格行为而错过一个可能的陷阱，这要好于自我欺骗而感觉所向披靡和无所畏惧，如果你执意交易，很可能会输钱。

强劲下跌趋势中的情况与此相反，其第一轮回调通常是一个一两根 K 线的低 1 卖空入场点，而后期回调则有更多 K 线和更多腿。举例而言，一轮 ABC 回调有两条腿，形成一个低 2 卖空入场点。

如果趋势强劲，市场可能远离均线长达两个小时或更久，但是一旦其触及均线，则很可能会形成另一个顺势建仓形态，导致市场再次创下新的极点，或者至少测试旧的极点。在上涨趋势中，当市场回调至均线时，很多交易者认为价格已经足够便宜而买入，在上方卖空的空头将会买回空仓止盈，在高处止盈的多头则会再次买入，一直观望等待更低价格的交易者会认为均线是支撑，价格也足够便宜，可以重新建立多仓。如果市场在 10~20 根 K 线之内无法升至均线之上，很可能是因为交易者希望看到更大折扣后才会激进买入，目前的价格不够低，无法吸引足够的交易者来拉升市场。结果是市场需要进一步下跌才会有足够多的买家回归，拉升市场测试旧高，所有的支撑位都发生同样的过程。

如果回调远离均线，则将形成第一个均线缺口建仓形态，举例而言，在一轮强劲的上涨趋势中，最终会出现一轮回调，其有一根 K 线的高点位于加权移动平均线下方。之后市场通常会测试极点，并很可能创下新的极点。最终会有一轮逆势行情突破重大趋势线，其经常是回调至第一根均线缺口 K 线的行情。之后市场将测试极点，且可能不及靶（下跌趋势中的更高低点或上涨趋势中的更低高点）或过靶（下跌趋势中的更低低点和上涨趋势中的更高高点）旧的极点，然后即便趋势没有反转，至少也会出现一轮两条腿的逆势行情。反转之前的每一轮回调都是顺势入场点，因为每一次都是某种回调类型（K 线、小型趋势线、均线、均线缺口或重大趋势线）的第一次出现，而在任何类型的回调首次出现之后，市场通常至少会测试极点，并且通常会创下新的极点，直到重大趋势线突破。

尽管在五分钟图上交易时不值得查看更高时间框架图，但是五分钟图上的较大回调很可能在 15、30 或 60 分钟图甚至日线、周线或月线图上的重要点位结束，如加权移动平均线（EMAs）、突破点和趋势线。同时，市场通常有一种倾向，即回调至 15 分钟图均线后测试趋势的极点，然后回调至 30 分钟或 60 分钟图上的均线，之后很可能再次测试趋势极点。由于更高时间框架图上的重要点位相对稀少，所以花费时间等待市场测试这些点位会让交易者分心，从而错过太多五分钟图上的信号。

如果趋势强劲，你已经多次交易获利，但是现在出现多根盘整 K 线，对下面的入场点要谨慎，因为实际上这是一个交易区间。在上涨趋势中，你可以在区间底部附近出现的建仓形态中买入，但是在突破交易区间的高点时买入要慎重，因为空头可能愿意在新高卖空，而多头可能在高点开始止盈。

持久下跌后的熊旗也是如此，盘整 K 线意味着多空双方均很活跃，因此你不想要在市场突破旗形底部时卖空。然而，如果在旗形顶部附近出现卖空建仓形态，你的风险就会很小，值得交易。

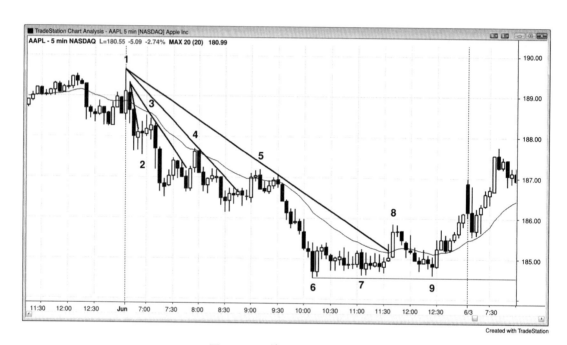

图 11.1　后续回调倾向于扩大

趋势中总会有回调，趋势持续越久，回调就倾向于越大。然而，直到反抓出现之前，每一轮回调都应该至少测试前期极点（如图 11.1 所示，在一轮下跌趋势中，当日的前期低点），而测试通常会形成一个新的极点。

K 线 1 是上升趋势线突破之后的一轮两腿行情创下的更高高点。它在一个双 K 线反转中转为下跌。这个时候，聪明的交易者在潜在的下跌趋势中寻找卖空入场点，而不是在之前的上涨趋势中寻找做多入场点。

K 线 3 是双 K 线回调至均线后的卖空点，它是从昨日高点上方反转下跌的双 K 线急速下挫后的首次回调，它是市场向下突破昨日的波段高点后的突破回调。

K 线 4 是市场第一次突破下降趋势线和移动平均线，尽管只突破约一个跳点，后面又创出新低，其向上越过一个小型波段高点，因此是一个小型的更高高点，但是其未能站上移动平均线、K 线 3 后的急速下挫顶部或 K 线 3 之前的波段高点。大多数交易者将其做看作一个简单的双 K 线反转和均线上的低 2 卖空建仓形态。这个 ABC 形态中的每一腿都只有两三根 K 线，很难让交易者将这一轮小幅上涨看作趋势反转。

K 线 5 是另一次均线测试，这一次有两根 K 线收于均线上方，但是比较勉强，并且回调之后市场又创出新低。市场并未向上越过 K 线 4 后的小型波段高点，而是以一个跳点与其失之交臂，并形成了一个双重顶。交易者将 K 线 4 看作一个重要的更低高点，因为后面市场已创下新的下跌低点。一旦市场在 K 线 5 后跌至新低，K 线 5 就成为最近的一个重要的更低高点，空头将保护性止损从 K 线 4 上方移至 K 线 5 上方。

K 线 8 突破一条重大趋势线，并形成第一根均线缺口 K 线（一根 K 线的低点高于加权移动平均线）。第一根缺口 K 线后市场通常会测试低点，但是有时候会出现第二个入场点。突破重大趋势线的行情可能是新趋势的第一腿，但是之后市场通常会测试低点，可能会过靶或不及靶，然后出现一轮至少两腿的逆势行情（在下跌趋势中为上涨）。此时交易者需要寻机买入，而不是继续交易之前的下跌趋势。K 线 8 后的停顿 K 线形成一个卖空点，因其导致向上突破下降趋势线失败。

至 K 线 8 的上涨也向上突破 K 线 6 和 K 线 7 之间的小型高点，在 K 线 8 形成一个小型的更高高点，不过 K 线 8 依然是较大的下跌趋势中的更低高点。市场下跌多根 K 线至 K 线 9，在这里测试了 K 线 6 的下跌低点，不过 K 线 9 并未创下新的下跌低点，而是形成一个更高的低点。大多数空头会将其保护性止损移至 K 线 8 的略上方。他们很可能很快就会离场，因为当市场从 K 线 9 的更高低点以双 K 线急速拉升时，或者当市场越过两根 K 线之后的双 K 线牛旗时，他们就判定市场已经反转为多头行情。一旦市场向上越过 K 线 8 并形成一个更高的高点，他们预期市场将进一步走高。

市场在 K 线 7 和 K 线 9 形成一个双重底牛旗，K 线 9 跌破 K 线 7 一个跳点，清扫止损，但是未能创下新低。多头在保护其多仓，在下跌中激进买入（收集），第二腿上涨在下一个交易日完成。

对比 K 线 4、5 和 8 的均线测试，注意 K 线 5 的穿越程度高于 K 线 4，而 K 线 8 的穿越程度高于 K 线 5，这在预期之中，但是当其发生时，需谨慎做空，因为会有很多聪明的空头只会在更高价位卖空，有很多多头会对买下跌而充满信心，这减少了抛压，会让你的卖空交易充满风险。

图 11.2　均线回调

　　如图 11.2 所示，市场在 K 线 1 的更低低点反转，在上涨至 K 线 4 的过程中，市场多次回调至 20 根 K 线的加权移动平均线，但是之后又创出新高。

　　K 线 4 是趋势通道线过靶，引发市场急剧调整至 K 线 5，测试了 15 分钟图的 20 根 K 线 EMA（点线），然后市场测试趋势高点（K 线 6 是一个更高高点）。

　　市场跳空下跌至 K 线 7，尽管市场最初表现为空头，但是这一轮下跌是第一次回调至 60 分钟图的 20 根 K 线 EMA（虚线），之后市场在 K 线 8 创出新高。

第12章　双重顶熊旗和双重底牛旗

上涨趋势通常以双重顶结束，而下跌趋势通常以双重底结束。由于上涨趋势中的回调是一轮小型下跌趋势，因此这一轮小型下跌趋势可能以双重底终结。由于它是上涨趋势中的回调，因此它是一个牛旗，也可以被称为双重底牛旗。它是上涨趋势中的一轮两腿下跌，因此也是一个高2买入建仓形态。它是一个尤为可靠的高2买入建仓形态类型，因此一般称其为双重底，从而区别其他的高2形态。与之类似，下跌趋势中的回调是一个熊旗，也是一轮小型上涨趋势，这一轮小型上涨趋势可能以双重顶终结，如果这样，该双重顶就是一个双重顶熊旗。

在上涨趋势中，多头经常会将其保护性止损移至最近的更高低点下方，因为他们希望趋势继续创出更高低点和更高高点。形成双重底牛旗的部分原因是多头保卫其位于最近的波段低点下方的追踪止损，如果市场跌破最近的波段低点，交易者会认为上涨趋势削弱，甚至可能结束，那将形成一个更低的低点，他们会担心市场之后形成更低的高点而不是更高的高点，如果这样，市场可能会形成一轮两条腿的调整（一个大型高2买入建仓形态），甚至趋势反转。鉴于此，如果多头对趋势充满信心，他们将在最近的波段低点或其略上方大力买入，形成一个双重底牛旗。下跌趋势中的情况与此相反，空头希望市场持续创出更低的高点和低点。很多人会将其追踪止损移至最近的更低高点的略上方，而强势空头会在市场上涨至最近的更低高点时激进卖空，这会形成一个双重顶熊旗。

上涨趋势或下跌趋势中的任何回调都可能成为一个双重底牛旗或双重顶熊旗。有时候两者在同一轮回调中都出现，然后这个小型交易区间就将市场置于突破模式。如果市场向上突破，交易者将会将此形态看作双重底牛旗；如果市场向下突破，他们会将其看作双重顶熊旗。如果在该形态之前有向上或向下的大量动能，那么交易区间只是持续形态的概率提高。举例而言，如果在交易区间之前有一轮强劲的上涨行情，那么市场将更有可能向上突破，交易者应该在区间底部的双重底反转上涨时买入。如果之后市场向上突破，交易者会将此形态看作一个双重底牛旗。如果在交易区间之前市场处于一轮急速下挫，交易者应该在该形态内的双重顶反转下跌时卖空，预期市场将向下突破。如果这种情况发生，交易者会将交易区间看作一个双重顶熊旗。

当一轮上涨趋势中出现一轮两条腿的回调，两条腿均为急速下挫，这可能看上去稀疏平常，空头会希望市场维持在第一腿下跌之后的更低高点下方，他们会通过卖空而试图将趋势反转为下跌。多头总是希望相反的结果，因为交易是一场零和游戏——对空头有利就对多头有害，反之亦然。从第二腿下跌开始的上涨经常会在那个更低的高点处或其略下方止步。多头希望市场升至这个更低高点的上方，清扫空头的保护性止损，然后创出新高。空头则会激进卖空以阻止其发生，他们经常愿意在更低高点处或其下方一两个跳点处大力卖空，这就是为什么市场在反转下跌之前经常一路上涨至那个更低的高点，这是空头的最后防线，他们将在此竭尽全力。如果空头胜出而市场下跌，这将形成一个双重顶熊旗，然后形成一个下行通道。在更低的高点和对其的双重顶测试之后，空头希望市场创下一个更低的低点，然后形成一系列更低的高点和低点。

不管从第二腿下跌开始的上涨在更低的高点处还是在其上方或下方停顿，如果之后市场再次抛售，则可以与回调的底部形成一个双重底。如果出现合理的买入建仓形态，交易者会买入，预期该双重底是一个牛旗，后面市场将在上涨趋势中创出新高。很多在两腿下跌的底部买入的多头会将其保护性止损设在回调的略下方。如果市场开始上涨但再次跌回，多头将在第一腿下跌的底部上方一两个跳点处激进买入，试图将市场转为上涨。他们不希望市场在更低的高点之后形成更低的低点，因为这是空头强势的迹象，提高了市场进一步下跌或盘整而非上涨的概率。如果他们成功，他们或许能够恢复上涨趋势。如果市场跌破第一腿下跌的底部一两个跳点，则有可能扫掉多头的保护性止损，然后市场以等距下跌的形式向下突破。

两条腿的回调在任何趋势中都很常见，其经常为横盘，两条腿在同一价位附近结束。有时候在趋势恢复之前，回调可能持续数十根 K 线。盘整行情经常以小型腿开启和结束，其极点价位非常接近（第二轮急速行情可能过靶第一轮或不及靶），每一条腿中的趋势恢复都是试图扩大趋势。举例而言，如果有一轮下跌趋势出现回调，然后市场再次抛售，空头是在追求更低的低点和下跌趋势的扩大。然而，如果市场在下跌低点的上方找到更多买家而非卖家，并形成一个更高的低点，那么空头未能将市场推至新低。如果这第二腿上涨未能引发一轮新的上涨趋势，而空头重新获得掌控并形成一个低 2 卖空入场点，他们会再次将市场推向下跌，试图让市场突破创下新低。如果与上次一样，多头再次在同一价位附近压过空头，那么空头在同一价位失败了两次。如果市场试图做某件事情失败两次，那么其通常会试图做相反的运动。这两轮下跌在同一价位附近结束，略高于下跌的低点，形成一个双重底牛旗。它是一个更高的低点，有两个底而不是一个。它是失败的低 2 的一种类型，在这种情况下是一个可靠的买入建仓形态。

与之类似，如果在一轮上涨趋势中出现抛售，然后多头再次取得掌控，并试图将市场推升至前高之上却失败，然后空头成功将市场再次推向下跌并形成更低的高点。如果多头再次获得掌控，试图创下新高而再次推高市场，而空头再次像之前一样在同一价位附近压过多头，那么这将形成一个双重顶。由于市场两次试图突破创下新高而失败，因此其很可能试图反向运动。在前高处没有足够的多头让市场创出新高，因此市场会走低来寻找足够的多头。这一轮回调并未成为上涨趋势中的 ABC 回调（高 2 买入建仓形态），而是未能找到足够多的多头来形成新高，结果是形成一个由双重顶构成的更低的高点。

一种常见的形式发生在急速与通道的趋势中。举例而言，如果在一轮急速拉升之后出现回调并形成一个上行通道，市场通常最终会调整下行来测试通道的起点，并在这里再次试图反转上涨。这一轮对通道底部的测试与其形成一个双重底，可能相隔数十根 K 线，但是由于处于上涨趋势（急速与通道的上涨趋势），因此是一个双重底牛旗。

头肩顶持续形态是其另一种变体，右肩上的急速拉升或急速下挫形成双重顶或双重底。

与双重顶是上涨行情顶部的反转形态不同，双重顶熊旗是正在进行中的下跌趋势的持续形态，两个双重顶均引发抛售。由于双重顶熊旗的作用和任何其他双重顶一样，因此很多交易者就简单称其为双重顶，认为是已经转为下跌的市场中的上行调整行情的顶部。与之类似，双重底牛旗是下跌趋势底部的上涨行情的持续形态而非反转形态。双重底牛旗就是一个双重底，如所有的双重底一样，它是一个买入建仓形态。

新的上涨趋势中的第一个更高低点经常以双重底牛旗的形式出现，而新的下跌趋势中的第一个更低的高点经常是一个双重顶熊旗。

当一个双重顶熊旗或双重底牛旗失败，市场向错误方向突破时，观察突破是否成功。如果其在一两根 K 线之内失败，市场经常会形成一个楔形旗形的变体。举例而言，如果一个双重底牛旗形成，但是市场立即反转并跌破双重底，或许会出现一轮基于失败的双重底高度的等距下跌，这经常是一个卖空建仓形态，交易者在双重底的下方一个跳点处设置停损卖出订单。然而，如果下行突破在一两根 K 线之内失败，市场越过前一根 K 线的高点，那么这就是一个三段底部入场点（与楔形一样的效果），形成双重底的两根 K 线构成前两段下跌，而失败的突破是最后一段下跌。任何楔形的关键特征是三段行情，而并非完美的楔形形状。

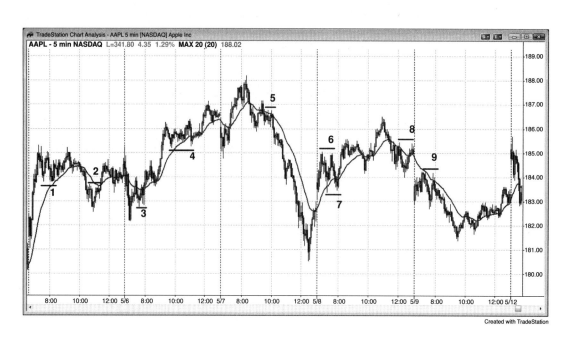

图 12.1　牛旗

　　一个顺势牛旗在前一根 K 线的高点上方一个跳点处形成一个停损买入的多头入场点，其最初保护性止损位于那根信号 K 线的下方一个跳点处。在入场 K 线收盘之后，如果它是一根趋势 K 线，则将止损移至信号 K 线的下方一个跳点处；如果它是一根小型 K 线，那么在出现与你方向一致的趋势 K 线之前，不要收紧止损。

　　尽管众所周知，双重底是熊市底部的反转形态，但是这些旗形是上涨趋势中的顺势建仓形态。通过终结回调，即小型下跌趋势，虽然它们是在反转市场，不过最好将其看作顺势形态。

　　如图 12.1 显示，K 线 2 处的双重顶熊旗失败，是提供了一个做多机会（成为一个小型的头肩底）。

　　K 线 7 是一个刚刚形成双重顶熊旗的小型交易区间内的双重底牛旗的建仓形态。由于交易区间之前的行情动能强劲，因此大概率是这个形态将向上突破并成为一个双重底牛旗，而不是向下突破并形成一个双重顶熊旗。上行或下行突破的最低目标是基于小型交易区间高度的等距行情。

图 12.2 双重底牛旗

如图 12.2 所示，高盛（GS）从 K 线 3 急速拉升至 K 线 4，然后回调至 K 线 5，之后市场以通道上涨至 K 线 6，然后又回调至通道的底部附近。K 线 5 和 K 线 7 形成一个双重底牛旗，尽管中间有一个 K 线 6 的更高高点。K 线 5 是上涨趋势中的最后一个更高低点，而 K 线 7 可能是下跌趋势或交易区间的第一个波段低点，在这种情况下，如果从 K 线 7 开始的上涨未能向上越过 K 线 6，那么市场就可能形成了一个头肩顶。不管什么情况，双重底牛旗都是一个可靠的建仓形态，至少可以刮头皮。同时，由于大多数头肩顶和所有的顶部一样都会失败并成为持续形态，因此在上涨趋势中的任何交易区间底部附近买入总是明智的。在趋势中，大多数反转形态失败，而大多数持续形态成功。

在 K 线 3 的低点之后还有一个小型双重底牛旗，是由 K 线 3 之后的第三根 K 线和第七根 K 线形成，这是一个失败的低 2 卖空建仓形态，通常会变成一个双重底牛旗。

本图的深度探讨

图 12.2 中的 K 线 1 是一根强劲的上涨反转 K 线，其反转了市场对移动平均线和昨日收盘之际的小型交易区间的下行突破。市场以一轮双 K 线的急速行情下跌至 K 线 3，然后随着多空双方争夺通道的方向，市场进入盘整。由于急速拉升行情更大（一些交易者认为

急速拉升在 K 线 1 的高点结束，另一些人认为其在 K 线 2 结束），多头形成上升通道的几率较大，而空头在急速下跌之后将无法如愿获得后续行情。K 线 3 之后的双重底牛旗是一个更高低点的买入建仓形态，其形成一个楔形通道，在 K 线 6 结束。由于它是一个楔形，因此市场很可能会出现两腿下跌；因为它也是一个急速与通道的形态，市场也很可能会测试通道的起点 K 线 3 区域。有时候测试耗时超过一日，但是一旦形成，市场经常会与通道的起点形成一个双重底。由于至 K 线 2 和 K 线 6 的急速拉升如此强劲，市场或许不会回到 K 线 3 区域，而是可能形成一个楔形牛旗，而 K 线 5 和 K 线 7 是其前两段下跌，实际上正是这种情况，高盛在下一个交易日跳空上涨。

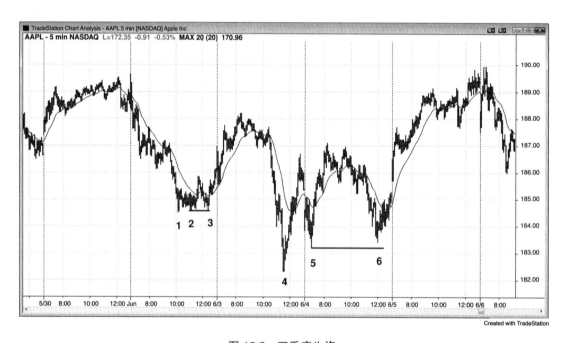

图 12.3　双重底牛旗

如图 12.3 所示，K 线 2 和 K 线 3 及 K 线 5 和 K 线 6 分别形成双重底牛旗。K 线 3 和 K 线 6 均略高于其第一腿的底部，不过很少有完美形态。

当双重底刚好在趋势低点附近形成时（如 K 线 2 和 K 线 3 的情况），该形态经常是一轮小型急速拉升和交易区间，其在更高时间框架图上经常是一个内内（II）形态。

从 K 线 4 开始的上涨几乎为垂直，因此是一轮急速拉升；从 K 线 5 开始的上涨是一个通道，也是接近于垂直。这一轮上涨趋势由一轮急速拉升和一个高潮性急速拉升与通道的形态构成。在急速与通道形态中的通道阶段之后，市场通常会测试通道的底部，并形成一个双重底牛旗，正如这里的K线6。市场通常从这里反弹至交易区间的四分之一高度，之后形态完成，交易者应该寻找下一个形态。

始于K线5的上涨行情在始于K线4的上涨的顶部附近停顿，一些交易者将其看作双重顶熊旗而卖空，然后市场抛售，在K线5回调附近的K线6处找到支撑。很多在双重顶卖空的交易者在市场测试K线5的低点时止盈，而强势多头通过激进买入来捍卫该低点，这形成一个双重底牛旗信号，上行突破大体持续一轮等距上涨。

图12.4 头肩顶或双重底

如图12.4所示，高盛的日线图可能正在形成一个头肩熊旗，也可能正在形成一轮的双重底回调。市场急速拉升至K线2，然后回调至K线3的更高低点，几周后的K线4再次测试该点位，然后市场形成一个上行通道至K线5，然后在K线6测试了通道的底部，在这里与K线4的低点形成双重底牛旗。反弹的最低目标是K线5至K线6的抛售行情的25%高度。

对于空头而言，左肩是K线2，右肩是K线7。空头希望市场跌破根据K线3、4和6的低点画出的颈线。然而多头看到由K线4和K线6构成的双重底，他们希望市场上涨，并且会在市场回调跌至K线8时买入。如果他们成功将市场转为上涨，这将是一笔双重底回调的多头交易。

先行空头在 K 线 7 的右肩下方卖空，而不是等待市场向下突破颈线，如果市场升至 K 线 7 右肩上方，他们会买回空仓，这将形成一个失败的头肩顶，其最小上涨目标将是基于 K 线 6 低点至 K 线 7 高点的等距上涨。

至 K 线 2 的上涨足够强劲，会让大多数交易者相信市场很快将走高（他们相信市场已经转为多头行情），也会让交易者犹豫是否在几个周之后形成的双重顶熊旗卖空。然而，当市场可能在 K 线 1 见底并强势上涨至 K 线 2 后，他们预计市场还会涨至更高，因此他们在 K 线 4 的双重底牛旗买入。

图 12.5　失败的双重底

如图 12.5 所示，市场形成一轮五 K 线的急速下挫，然后在 K 线 2 形成一轮双 K 线的急速拉升。

K 线 4 试图与 K 线 3 的前一根 K 线和 K 线 2 后的多头入场 K 线构成一个双重底牛旗，K 线 5 和 K 线 6 也试图完成筑底。市场经常会向下突破底部约一个跳点，让多头踏空并套住空头，正如 K 线 5 的情况。K 线 6 精确测试了 K 线 5 对 K 线 4 低点的假突破，也是一个双重底牛旗的外包入场 K 线或信号 K 线，其引发 K 线 7 向上突破交易区间，但是很快在双 K 线反转中失败。

市场在 K 线 8 第二次向下突破交易区间一个跳点时要注意，只要市场跌破其低点一个跳点，交易者就会开始假设空头正取得掌控。他们会认为这实际上是发生在楔形底的突破失败，K线4是第一段下跌，K线5的一个跳点突破是第二段下跌，而K线8的下一次一个跳点突破是第三段下跌。一旦市场跌破K线8，其目标就是一轮基于楔形（K线6低点至K线3高点）高度或交易区间（K线8低点至K线7高点）高度的等距下跌。这种类型的三段形态可以出现在任何市场，下行突破也并非一定就是一个跳点。举例而言，如果有一支股票在200美元附近波动，与本图中的K线5和K线8类似的突破可能为20美分或更多。

一些交易者会把始于K线6的反转上涨看作对区间底部的突破失败，然后将K线7看作对区间顶部的突破失败。很多人会在顶部的双K线反转下方卖空（K线7是其第一根K线），因为他们知道交易区间的强势突破经常会快速失败。一些交易者会在市场涨至K线9时以盈亏平衡离场，但是他们会在K线9的更低高点下方第二次卖空。

其他交易者会以突破模式交易市场，他们准备在市场向下突破K线6的低点时以停损订单卖空，而在市场向上突破K线7时以停损订单买入。在失败的下行突破中有空头被套，然后在失败的上行突破中有多头被套，当多空双方均有人被套时，下一次突破通常会形成可观的波段。尽管至K线9的上涨强劲，但是空头会在其下方卖空，因为他们将其看作K线8突破的回调。

与第11章中的图11.1相比，市场开盘后强势急速下挫，然后形成一个类似的交易区间，但是趋势未能恢复，市场反转上涨。

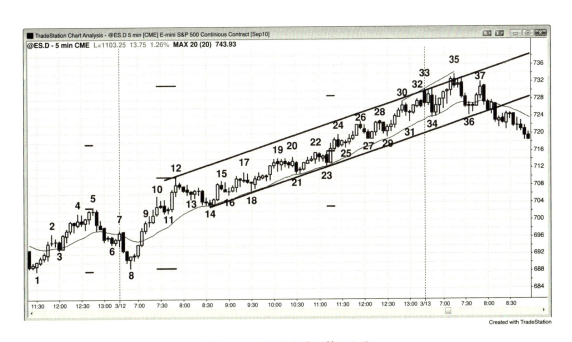

图12.6　双重底牛旗和等距上涨

双重底之后，从第二个低点开始一轮急剧上涨，然后市场在突破之后停顿，这经常会引发一轮非常强劲的趋势。图 12.6 中并未显示昨日是一个上涨趋势日，但不论一个双重底是反转形态还是持续形态（如本例），其表现应该一致，K 线 1 和 K 线 8 形成一个双重底牛旗。上涨至 K 线 10 的行情比下跌至 K 线 8 的行情强劲得多，其每一根 K 线的开盘价、收盘价、高点和低点均高于其前一根 K 线。这种强势向交易者发出警告，这个双重底牛旗可能引发一轮强势上涨。在向上突破 K 线 5 之后，市场盘整而未回调，这个形态非常强势也十分常见。在急速拉升至 K 线 12 之后，市场回调至 K 线 14，与 K 线 11 形成一个双重底牛旗，之后形成一个上行通道，在当日剩下的时间里一直持续。

K 线 18 与 K 线 16 形成一个双重底牛旗。记住，低点并不一定要完全一致。如果一个形态看起来像是一个教科书形态，那么其很可能有相似表现。K 线 29 与 K 线 27 又形成一个双重底牛旗，在强势上行通道中再次形成高 2 买入。高 2 就是一轮两条腿的回调，所有的双重底均是如此。

本图的深度探讨

如图 12.6 所示，昨日收盘前市场出现一轮强劲上涨，然后回调至移动平均线的略下方，多头将在这里寻找更高的低点和之后的第二腿上涨。跌至 K 线 6 的下行通道非常陡峭，因此交易者不应在开盘时的 K 线 7 外包上行突破中买入。K 线 8 是一根强劲的上涨反转 K 线，也是一个大型交易区间里的更高低点和高 2，它还是连续抛售后的反转上涨。第一次抛售高潮是 K 线 5 上行通道后的三 K 线急速下挫，第二次抛售高潮由 K 线 7 的上涨反转试图后的两根强劲下跌趋势 K 线构成。连续高潮之后通常出现至少两条腿的逆势行情，并且经常是反转。由于这发生在开盘后第一个小时内，其可能正在形成当日低点，因此多头应该用大部分多仓做波段交易。

至 K 线 10 的急速拉升后出现一根大型上涨趋势 K 线，形成一轮急速拉升和高潮类型的急速与通道的上涨趋势。市场调整下跌至 K 线 14，即短暂通道的起点，在这里形成预期的双重底牛旗。

从 K 线 14 开始的持久上行通道出现在一轮急速拉升之后。一些交易者认为急速拉升是从 K 线 8 至 K 线 10 的行情，而回调是从 K 线 10 至 K 线 11 的行情，这里形成一个微型趋势线高 1 做多点。市场小幅向下突破窄幅交易区间而跌至 K 线 11，之后回调至 K 线 12

形成更高的高点，然后以第二腿下跌至 K 线 14。

其他交易者，尤其是那些使用更高时间框架图的人，认为从 K 线 8 至 K 线 12 的行情是急速拉升，而 K 线 14 处的两腿均线测试是回调，其引发一个大型上行通道。

K 线 12 下方的做空点也是始于 K 线 11 最终旗形的反转，是从昨日高点开始的第二次反转。

在 K 线 14 的两根之前有一根大型下跌趋势 K 线，因此是一轮急速下挫。由于在其不久之前有一轮急速拉升（九根 K 线之前），因此形成一轮买入高潮（上涨趋势 K 线后跟随一根下跌趋势 K 线）。尽管可能并不明显，但是你可以查看不同时间框架，在某一个时间框架图上其整个形态就是一个双 K 线反转（实际上在三十分钟图上）。这并非必要，因为你可以从五分钟图上推断，每当出现一轮高潮行情，市场很快就会变得不确定，因为多空双方均会加仓，试图制造与其相同方向的通道。不确定意味着市场处于交易区间之中，一些交易者认为从 K 线 14 开始至 K 线 17 的略微更高高点的两腿上涨仅仅是 K 线 14 急速下挫的更高高点回调。鉴于行情中出现很多十字线，这是一种合理解读。然而，多头制造一轮从 K 线 14 开始的双 K 线急速拉升，会导致 K 线 14 的两根 K 线前形成的下跌 K 线成为抛售高潮。同样，一根上涨趋势 K 线不久之后出现的下跌趋势 K 线是一个抛售高潮，你可以看到它在某个时间框架图上是一个双 K 线反转上涨。

K 线 18 形成一个失败的低 2 买入，然后交易者需要评估上行突破的动能，判断是否更有可能出现至少两条腿的上涨，还是仅仅再出现一段上涨，然后形成一个楔形顶（低 3）。由于 K 线 10 之后的价格行为是双向波动，这是交易区间的表现，所以有理由寻找低 2 卖空建仓形态（在一轮强劲的上涨趋势中不应该这样做）。

市场以一根大型上涨趋势 K 线突破涨至 K 线 19，这提高了从 K 线 18 失败的低 2 处出现一轮至少两条腿的上涨的概率。K 线 18 至 K 线 19 的上行通道紧凑，有连续 6 个上涨实体。当通道强劲时，最好不要在市场向下突破通道时做空，这意味着不要在低 3 卖空（楔形顶），而是应该观察突破回调是否像一个出色的卖空建仓形态，突破回调将是第二次入场的卖空信号。上涨至 K 线 20 的行情可能是这样的建仓形态，但是它有五根连续的上涨趋势 K 线，同样过于强劲。这个时候，大多数交易者会认为从 K 线 14 开始的行情是一轮强劲的上涨趋势，尽管其依然处于通道之中。他们会像在任何强劲的上行通道中一样交易，以任何理由买入，避免被回调清扫出局。

每当出现一轮强劲的急速行情，你应该预计其是否有后续，可以用等距行情目标来寻找合理的止盈价位，由于它们通常十分可靠，因此机构也必定在使用，第一个等距目标应该基于双重底。在 K 线 5 的高点加上 K 线 1 至 K 线 5 或 K 线 5 至 K 线 8 的高度寻找第一个止盈区域，这两个目标均在 K 线 24 被越过。由于此时的通道依然陡峭，因此市场很可能继续上涨，多头应该继续持有部分多仓，并伺机加仓。

下一个更高的目标来自于将急速行情的高度加倍，使用 K 线 10 或 K 线 12 作为急速行情的顶部。如果你将 K 线 8 至 K 线 12 之间的点数加在 K 线 12 的顶部之上，那么其目标在下一日的第一个小时被略微越过，然后在接下来的几个小时里会出现一轮 16 个点的回调。

K 线 24 是通道内的第四段上涨，当市场在 K 线 24 之后的低 4 未能反转时，其向上突破。总体而言，交易者不应该在这里使用低 4 这个术语，因为这是上涨趋势而非交易区间或下跌趋势，不过 K 线 23 之后的突破显示很多交易者将失败的低 4 作为扎平多仓的理由。突破在 K 线 22 高点的突破点与 K 线 25 低点的突破回调之间形成一个缺口，一轮强劲行情之后的缺口经常成为一个测量缺口，正如本例。当前的行情始于 K 线 24 的通道低点，你可以数一下低点至缺口中点间的点数，将其加在缺口中点上，从而找到等距行情目标，多头可能在这里止盈。市场在收盘前的上涨中差两个跳点触及目标，但是在第二天开盘时短暂下跌。

交易者应该关注趋势线和趋势通道线，并且随着通道的推进而重绘。如果你看到市场突破通道顶部失败，那么则可能引发反转，第二次突破失败则是更加可靠的卖空建仓形态。如果你从 K 线 14 的低点至 K 线 23 的低点划出一条上行趋势线，并绘制一根平行线，然后锚定 K 线 12 急速行情的顶部，你就获得一个包含价格行为的通道。K 线 35 是第二次突破区间顶部失败，因此是一个合理的卖空建仓形态。最低目标是刺破通道底部，然后是从通道下方的突破点减去通道高度的等距下跌行情。

通道通常在第三段行情后调整。K 线 15、17 和 19 是三段行情，但是通道如此陡峭，只有在出现强势下行突破并回调之后，你才能寻求卖空。K 线 24、26 和 28 的三段上涨也是如此。反转失败在 K 线 29 上方形成一个高 2 多头，之后出现五根上涨趋势 K 线，构成一轮急速拉升。

K 线 30、33 和 35 形成另一个三段顶部形态，这个可能成为当日高点。在第一个小时，反转可能就是当日高点，因此你要更加激进。下跌至 K 线 24 的行情中有两根强劲的下跌趋势 K 线，因此空头正在壮大。K 线 35 是一根强劲的下跌反转 K 线，也是突破上行通道顶部后的第二次反转下跌，其位于一轮基于K线8至K线12的急速拉升高度的等距上涨的略上方。

强势的趋势通道可以出现大量双边市，回调看上去从来都不够强势来买入，今天就是一个很好的案例。其中出现很多下跌趋势K线，引发空头寻找第二腿下跌而卖空被套。然而，市场每一次测试均线时都有多头回归，也从来都没有出现一轮好的突破回调来卖空，这告诉交易老手只能寻求买入。出现过几个逆势刮头皮的机会，但是只有在交易者能够在下一个买入建仓形态出现时重回多头阵营的情况才能考虑。如果他们错过下一个买入机会，说明他们不够优秀，不能在这样的交易日做空，因为在他们反复等待一笔有利可图的卖空刮头皮交易时，他们很可能会错过太多的做多机会。他们在数学上站到了错误的一边，由于缺乏纪律也无法最大化其盈利潜力。

整个通道如此陡峭，你应该假设其在更高时间框架图上也形成一轮大型的急速拉升行情（实际上其在60分钟图上形成一轮强劲的八K线急速拉升），因此后面也应该跟随着一个更高时间框架图的上行通道。这意味着在接下来两三天内，五分钟图上很可能会出现后续买盘，事实也确实如此。当五分钟图上通道是更高时间框架的急速行情的一部分时，其最终出现的回调通常只会测试更高时间框架图上的通道低点，而非五分钟图上的通道低点。

出现了多次突破测试，精准测试了之前的突破，清扫在其波段仓位上使用盈亏平衡止损的交易者。举例而言，如果交易者在K线11高2买入，持仓渡过K线12的失败旗形（不推荐，因为这是当日一个不错的卖空建仓形态），如果他们使用盈亏平衡止损，他们将恰好被清扫出局。不过，认出这个强劲的双重底形态的交易者，在K线14的两条腿均线测试上方做多之后，他们会在其波段仓位上使用较宽的止损，预期当日为一个强劲的上涨趋势日。看一下移动平均线。在最初急速拉升至K线10之后，没有一根K线收于移动平均线之下，因此不要因为害怕损失一两个跳点而使用紧止损。实际上，交易者应该做好准备在明日收于均线下方的第一根K线买入，然后在均线下方的首根均线缺口K线上方再次买入。

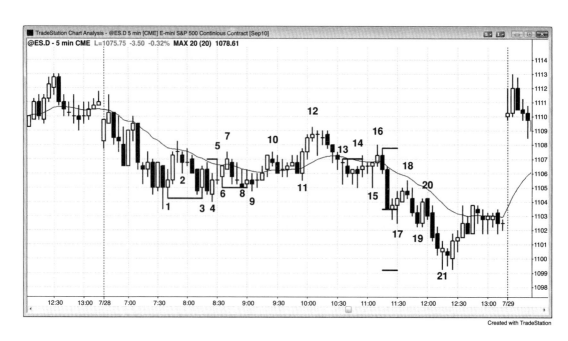

图 12.7　失败的双重底突破是一种楔形变体

　　如果一个双重底牛旗向下突破，但是立即反转上涨，则变成一个楔形牛旗的变体。如图 12.7 所示，K 线 3 与 K 线 1 信号 K 线构成一个双重底，但是市场立即反转下跌。但是市场向下突破双重底失败，在 K 线 4 再次反转上涨，形成一个楔形牛旗（你也可以称其为三角形），三段下跌是 K 线 1、3 和 4 底部的影线。在这一个特别案例中，K 线 2 也是一个可以接受的第一段下跌。由于市场在 K 线 1 至 K 线 3 之间处于交易区间，因此在 K 线 1 顶部买入的风险很大，因为你将买在交易区间的顶部附近。大型上涨反转 K 线在交易区间中并没有反转 K 线的作用，因为没有行情可以反转。在这种情况下，更好的做法总是等待观望，确定是否有突破回调，然后出现第二次入场的机会。K 线 4 是一个更低的低点，也是一根更为安全的做多信号 K 线。

　　K 线 6 和 K 线 8 试图形成一个双重底牛旗，但是其从未触发，与之相反，市场在 K 线 9 向下突破，然后在几根 K 线之后又反转上涨，这是另一个楔形牛旗，三段下跌为 K 线 6、8 和 9。然而，K 线 7 之后的下跌 K 线是第一段下跌的另一个选择。对于任何楔形，只要有至少三段下跌，是否有多重选择并不重要。

　　K 线 13 和 14 构成一个双重顶，尽管 K 线 14 高一个跳点。市场在 K 线 15 反转上涨，但是上行突破失败，而 K 线 13、14 和 16 则成为一个楔形熊旗卖空建仓形态。

本图的深度探讨

图 12.7 中的 K 线 13 和 14 双重顶形成于均线略下方的铁丝网。看跌铁丝网（Bear Barbwire）经常会有一个失败的低 2，交易者可以在低 2 信号 K 线的下方买入，预期下行突破失败，这是刮头皮。由于突破铁丝网的第一根趋势 K 线通常会失败，交易者可以找机会在 K 线 16 下方卖空。

K 线 19 可以被认为是一个高 2 做多建仓形态（它是一个双 K 线反转，但是市场从未行至上涨 K 线之上），但是由于市场现在很可能因为强势向下突破交易区间而处于下跌趋势，因此你不应该寻求高 2 买入建仓形态，它们只在上涨趋势和交易区间中成立。交易区间大多数时候处于均线下方，并且市场在进入交易区间之前为下跌，因此下行突破的可能性更大（趋势恢复）。交易者会预期高 2 买入失败并套住多头，然后这些交易者会想要在 K 线 20 的低 2 建仓形态下方卖空，被套的多头将在这里清仓。

下行通道以第三段下跌至 K 线 12 而结束，第二天大幅跳空高开在通道起点 K 线 18 的上方。通道之前是 K 线 16 之后的一轮双 K 线急速下挫，有一轮完美的等距下跌，从急速下挫的底部下行急速下挫的幅度。

K 线 19 是另一轮双 K 线急速下挫，其导致 K 线 20 至 K 线 21 的下行通道。通道呈抛物线状，因为它有一个大型下跌 K 线形式的加速阶段，然后有一个实体变小形式的减速阶段，最后一根 K 线甚至以上涨收盘。从 K 线 20 开始的三根下跌趋势 K 线构成一轮急速下挫，也就是一轮抛售高潮，这是第三次连续的抛售高潮，后面通常有至少两条腿的调整，持续至少 10 根 K 线。K 线 16 之后的双 K 线急速下挫是第一次抛售高潮，结束于 K 线 19 的三K 线急速下挫是第二次抛售高潮。

第13章　二十缺口 K 线

当市场在均线的一边滞留 20 多根 K 线而没有触线时，说明趋势强劲，但已过度，很可能很快回调至均线，形成一个二十缺口 K 线的建仓形态。如果回调之前没有明显的趋势反转，那么第一次触线将是一笔高胜率刮头皮交易，预计市场将会测试趋势极点。有交易者会用限价订单或市价订单在均线或其附近入场，但是最好是等待价格行为的入场点（反转回到趋势方向并以市价订单入场）以防止回调大幅偏离均线。二十根 K 线并无特别之处，只是用于提醒你趋势强劲，你可以随意挑选一个大的 K 线数目，通常会形成同样的建仓形态，并且在其他时间框架图上也会有效。一轮趋势可以极为强劲，但是依然每隔三十分钟碰触一次均线，一轮趋势也可以远离均线长达四个小时，但是却突然转势。当其发生在五分钟图上，市场至少有两个小时没有碰触均线时，我习惯称之为"偏离均线两小时"的建仓形态或 2HM。由于同样的概念适用于所有的时间框架，因此用 K 线数指代比用小时数要方便得多。二十 K 线可以发生在一天内的任何时间，不一定要在刚开始两个小时。

一旦你发现二十连续缺口 K 线，准备淡出其有对均线的所有碰触时，在一次或多次均线测试之后，很可能会出现一轮测试穿过均线，形成一个均线缺口，该 K 线完全处于均线的另一边，因此在该 K 线和均线之间存在一个缺口，准备淡出第一根缺口 K 线（在一轮上涨趋势中，如果前一根 K 线的高点位于加权移动平均线下方，那就在其上方一个跳点买入）。如果第一个入场点失败，那就在第二个入场点再次买入（如果有的话）。和所有的建仓形态一样，如果前两个建仓形态失败，那就不值得在第三个建仓形态中买入，因为此时市场很可能处于通道之中，并不是形成反转。由于你在顺势交易，你应该将部分仓位做波段交易，因为市场的发展可能远远超过你的想象。移动平均线的测试在股票上尤为可靠，经常会提供出色的入场点。然而，如果第一根均线缺口 K 线在趋势强劲反转之后形成，其很可能会失败，因为趋势已经反转，而该缺口 K 线是之前趋势的建仓形态，已经结束。

图 13.1　二十缺口 K 线

当一轮趋势非常强势，有二十多根 K 线没有触及均线时，很多交易者打算在市场第一次回调至均线时入场，并持仓到市场测试趋势的极点。如图 13.1 所示，K 线 11 是二十多根 K 线以来首次碰触均线，并且由于下跌趋势未形成明显底部，因此交易者在均线及其附近设置限价订单卖空。尽管至 K 线 11 的上涨由连续六根上涨趋势 K 线构成，但是在 K 线 10 处并未形成明显底部，因此交易者准备在均线附近卖空。卖空导致 K 线 11 之后形成一根小型的下跌孕线，而不是一根强劲的下跌趋势 K 线，这意味着现在大多数交易者认为趋势太强而不能卖空。不过空头在第二个卖空入场点 K 线 13 的下方变得激进（第一个入场机会是一根 K 线之前）。由于上涨至 K 线 13 的行情如此强劲，交易者预期市场形成更高的低点，然后第二次测试上涨，因此大多数空头在 K 线 14 对 K 线 10 的下跌趋势低点的更高低点测试附近离场。

K 线 8 并未触及均线，但依然是一轮两条腿的均线测试。空头迫切卖空，他们在均线下方两三个跳点处设置限价订单，因为他们不确定反弹是否能触及均线。如果他们有信心，他们可以在均线下方一个跳点处设置限价订单卖空，从而在市场触及均线时成交。当市场在均线的略下方反转时，说明空头非常激进，当测试转变成一根大型下跌趋势 K 线时比现象尤为明显，正如本例。

K 线 7、9 和 10 形成一个下跌旗形，这是一个反转形态。K 线 10 信号 K 线的强度不足以让交易者相信市场正在反转上涨，因此他们依然在均线附近寻找卖空建仓形态。底部足够强劲，形成第二腿上涨至 K 线 15，市场在此处与 K 线 13 形成一个双重顶熊旗。

本图的深度探讨

如图 13.1 所示，市场以一根下跌趋势 K 线跳空下跌，因此突破可能成为一轮开盘下跌趋势。两根 K 线之后，突破失败，但是建仓形态的强度不足以买入。空头反而应该离场观望。K 线 4 与 K 线 3 形成一个双重顶熊旗，并与其后一根 K 线形成一个双 K 线反转。交易者可以在 K 线 4 下方以停损订单卖空双重顶，或者他们也可以等待。下一根 K 线是一根下跌趋势 K 线，跌至 K 线 4 下方，使 K 线 4 成为波段高点。由于现在已经有一个波段低点和一个波段高点，并且开盘区间小于近期日均区间的三分之一，因此市场处于突破模式。多头会在交易区间上方停损买入，而空头会在区间下方一个跳点处停损卖空。突破应该会有后续，而当日经常成为一个趋势日，正如本例。

尽管前半日的空头强势，但是多头突破了多根下降趋势线。至 K 线 13 的上涨向上突破一条下降趋势线，然后市场出现扫止损行情，急剧下跌至 K 线 25，其与 K 线 21 形成一个双重底，之后多头成功推动市场上涨，这也是市场突破 K 线 21 至 K 线 24 的熊旗的最终旗形买入建仓形态。K 线 13 还是下跌趋势中的第一根均线上方的缺口 K 线，因此也是一个卖空建仓形态（见下一章）。

图 13.2 二十缺口 K 线并非总是买入建仓形态

如果市场在 20 根或更多 K 线之内没有触及均线，但是最早有一轮高潮行情，那么二十根缺口 K 线的建仓形态可能不会导致市场反弹并测试极点，如图 13.2 所示，RIMM 有一轮抛物线状的上涨趋势涨至 K 线 10。由于抛物线行情无法持续，因此它是一种高潮，而高潮之后通常有一轮至少两条腿的调整，其持续至少 10 根 K 线，甚至可能趋势反转，因此在市场以单条腿调整至均线时做多会充满风险。

本图的深入探讨

如图 13.2 所示，尽管多头可以在均线处的 K 线 13 以限价订单刮头皮做多而小幅获利，但是在高潮之后的急速下挫中买入却充满风险，因为预计市场至少有两条腿的下跌。K 线 15 是一个更好的建仓形态，因为它是第二腿下跌，并且有一根不错的上涨反转 K 线，但是其在 K 线 16 的低 2 处失败，K 线 16 还与 K 线 14 形成一个双重顶熊旗。由于市场处于一个窄幅交易区间，因此这并非一个强势的卖空建仓形态。

至 K 线 10 的上涨中有很多 K 线很少交叠并收于高点附近。从 K 线 7 至 K 线 10 的整轮上涨如此陡峭，因此它是一轮急速拉升，急速拉升后是停顿或回调。这里，回调以三根下跌趋势 K 线开始，形成一轮急速下跌至 K 线 13。当一轮急速拉升之后出现一轮急速下挫，这就是一个高潮反转，是双 K 线反转的一种类型（不过可能只在更高时间框架图上明显）。随着多头持续买入而试图创造一个上行通道，空头持续卖出而试图形成下行通道，市场通常会盘整，这里空头获胜，市场跌破 K 线 13 和 K 线 15 的双重底，完成一轮等距下跌。当市场的某个动作失败两次时，其通常会反向运动。

尽管其未显示，但是多头成功创造一个从 K 线 20 低点开始的强劲上行通道，而且从 K 线 20 开始的一腿上涨与 K 线 4 至 K 线 10 的第一腿高度完全相等，形成一轮腿 1= 腿 2 的等距行情。至 K 线 10 的急速拉升远大于至 K 线 13 的急速下挫，其在更高时间框架上也是一轮急速拉升。急速下跌行情在这个五分钟图上形成通道，然后第二天急速拉升在更高时间框架图上形成通道（未显示）。

高潮行情也有一个小型楔形顶。尽管 K 线 12 低于 K 线 11，但是这依然起到楔形的作用，可以认为空头十分激进，他们阻止了第三段上涨越过第二段。一些交易者认为 K 线 10 的后一根 K 线是第一次向下突破上行通道，然后 K 线 11 是突破回调至更高高点。其强度虽不足以做空，但是足以让多头减仓或离场。K 线 12 是一个双 K 线反转的第一根 K 线，它是一个更低高点，或者与 K 线 11 构成双重顶。交易者可以在第二根 K 线的下方卖空，其是一根强劲的下跌趋势 K 线，而最小目标为测试移动平均线。K 线 17 是移动平均线之下的第一根缺口 K 线，但是上涨趋势已经演变为交易区间（市场已经盘整 20~30 根 K 线），这已经不再是一个可靠的买入建仓形态。

第14章　第一根均线缺口 K 线

通常市场在形成二十缺口 K 线的建仓形态后测试极点，而下一轮均线测试的穿越程度会更大。一根 K 线可能完全在均线的另一侧形成，这是一根均线缺口 K 线，有时候也可能是一个二十缺口 K 线回调的建仓形态。缺口是一个总体概念，简单来说就是图上的两个点之间的间隙。举例而言，如果今日的开盘价高于昨日的收盘价，这就是一个跳空缺口。如果开盘价高于昨日的高点，日线图上就会显示缺口。使用广义定义可以发掘更多交易机遇。举例而言，如果有一根 K 线的高点位于均线下方，那么在 K 线与均线之间就有一个缺口。在牛市或盘整市中，市场填补缺口的概率很高。有时候一根 K 线会越过前一根 K 线的高点，然后在一两根 K 线之内，该回调恢复下跌。如果市场再一次越过前一根 K 线的高点，这就是第二个均线缺口 K 线的建仓形态，或者是上涨趋势中第二次试图填补均线缺口，有很高的概率从该建仓形态开启一轮可供交易的上涨行情。与之类似，均线上方的缺口倾向于在下跌趋势或盘整行情中被填补。

如果有一轮强劲趋势，而这是趋势中第一根均线缺口 K 线，后面市场通常会测试趋势极点。这种至缺口 K 线的回调通常足够强而突破趋势线，在市场测试趋势极点之后，通常会形成一轮两条腿的调整，甚至重大趋势反转。举例而言，如果有一轮强劲的上涨趋势，最终出现一根 K 线的高点低于均线，然后下一根线越过该 K 线高点，那么市场将会试图形成对上涨趋势极点的更高高点或更低高点测试。交易者将买入做波段交易，预期市场将接近或越过旧高。如果均线下的回调继续下跌，一些交易者会分批加仓（这在第 31 章的分批建仓和离场中探讨）。如果市场上涨测试旧的高点，然后反转下跌，通常会形成一轮更为持久的调整，一般至少有两条腿，经常引发趋势反转。

大多数图上的大多数 K 线都是均线缺口 K 线，因为大多数 K 线都不碰触均线。然而，如果没有强劲趋势，交易者做淡出交易（如在均线上方的 K 线低点下方一个跳点处卖空），他们通常只是想要刮头皮，会在市场运行至均线时止盈。只有在市场与均线之间有足够的空间获利并在当前的价格行为下合理的时候，交易者才会做这笔交易。因此，如果有一轮强劲趋势，第一根均线缺口 K 线倾向于提供波段交易的机会，如果没有强劲的趋势，而交易者做了均线缺口 K 线的交易，他更可能是在刮头皮。

图 14.1　均线缺口，第二信号

　　如图 14.1 所示，K 线 2 是市场第二次试图填补盘整市中的均线下方的缺口。下跌动能较强，也可以说市场在今日并非盘整，但是由于昨日的强势收盘，移动平均线基本平行。同时，有多根 K 线与其前面一根或两根 K 线交叠，并且 K 线 2 是由当日第三根和第四根 K 线构成的双 K 线急速下挫后的第三段下跌。多头在 K 线 2 高点上方一个跳点处设置停损买单做多，准备在市场测试均线时刮头皮止盈。

　　K 线 3、4 和 8 也是第二次尝试（第一次可以只是一根上涨趋势 K 线），或第二个均线缺口 K 线入场点。

K线5是一根均线缺口K线，但是交易者不会预计其跌至均线而刮头皮卖空，一方面是因为没有足够的刮头皮空间，另一方面是因为其跟随在一根强劲的反转上涨K线和一个更高的低点之后，在K线4的更低低点反转上涨之后，很可能出现第二腿上涨。

K线6和K线9是第二个均线缺口K线的卖空建仓形态。一旦市场向上突破K线9，就形成了一轮上涨趋势，因为两次下跌试图均失败（K线9是第二个均线缺口K线的建仓形态，意味着它是第二次试图关闭其与均线之间的缺口）。

K线7是一个均线缺口K线的建仓形态，但是由于其至均线的空间太小，交易者不太可能单凭其为线缺口K线而刮头皮做多。

本图的深入探讨

市场在图14.1中向上突破，但是当日第一根K线是一根小型K线，因此并非一个突破失败做空的可靠信号。第三根K线是一根强劲K线，因此是潜在的开盘下跌趋势的更好建仓形态。

K线6是一轮急速与通道的上涨趋势中的一根外包下跌反转K线，这一轮上涨始于K线4之后的急速拉升。

K线8是始于K线7低点的小型扩展三角形的信号K线，也可以被看作是一个楔形，因为市场向下突破小型双重底并失败。K线8还是K线4底部之后的楔形牛旗，三段下跌分别是K线5后一根K线、K线7和K线8。最后，K线8是K线4的更低低点后的急速拉升至K线5之后的更高低点。

K线9上方的突破对象是一个失败的楔形熊旗，因此很可能出现一轮等距上涨。三段上涨分别是K线8的两根K线之前，K线9之前的波段高点和K线9。

图 14.2　均线缺口和极点测试

　　第一根均线缺口 K 线可以引发市场测试趋势极点。如图 14.2 所示，K 线 1 和 K 线 2 均为强势趋势中的第一根均线缺口 K 线，之后市场测试了趋势极点。K 线 1 是下跌趋势中的第一根低点位于均线上方的 K 线（K 线与均线之间存在缺口），之后市场以更高低点测试了下跌低点，K 线 2 后市场创出新的趋势极点。

第15章　形成突破和反转的当日关键转折时点

市场经常在太平洋标准时间早上 7:00 和 7:30 前后一根 K 线之内的经济报告时间和早上 11:30 时突破或反转，发生在早上 11 点和中午的时候较少。在强劲的趋势日中，经常会有一轮强劲的逆势恐慌行情吓跑很多人，这通常发生在早上 11:00~11:30，不过也可以早一些或晚一些。一旦形势明朗，你被强劲的逆势行情所愚弄，趋势通常已经回到原先的极点，你和其他踏空的贪婪交易者将会追逐市场而推波助澜。什么导致了这种行情？机构受益于急剧的逆势行情，因为他们可以在更好的价位加仓，预期趋势在收盘前恢复。如果你是一名机构交易者，想要在收盘前建仓，你希望以好价格入场，你会去制造或助长能够导致短暂恐慌的传言，其可以清扫止损并导致市场刺破一些重要价位。传言和新闻是什么并不重要，是否有机构散播谣言牟利也不重要，重要的是，清扫止损行情让知道正在发生什么的交易者有机会搭上机构的便车，并从失败的趋势反转中获利。

清扫止损的回调通常突破一根重大趋势线，因此至新极点的行情（趋势线突破后的更高高点或更低低点测试）促使聪明的交易者在第二天的第一个小时内寻找反向交易。

这种类型的陷阱在交易区间日也很常见，市场在一个极点附近徘徊数个小时，看似即将突破，但是却急剧反转而突破另一个极点，而这一次反向突破经常在美太平洋时间早上 11:30 左右失败，这让之前做好突破准备的交易者踏空，又套住了在市场向另一个方向突破时入场的新交易者，大多数交易区间日收盘于中点附近。

图 15.1　尾盘扫止损

如图 15.1 所示，尾盘的清扫止损行情中有两个二十缺口 K 线的建仓形态。K 线 5 是美太平洋时间早上 11:25 之后的入场点，也是均线缺口建仓形态的第二入场点（第二个均线缺口 K 线做多建仓形态，K 线 4 急速下挫的后一根 K 线上方是第一个入场点）。注意有大型实体并收于低点附近的下跌趋势 K 线有多强劲，这根下跌突破 K 线让弱势交易者认为市场已经转为下跌趋势。聪明的交易者则将其看作绝佳的买入机会，预计将是一轮衰竭性的抛售高潮和一次失败的突破。这种清扫止损行情通常突破重大的趋势线，并且由于后面通常创出新的趋势极点，因此其经常为下一日第一个小时内的反向交易奠定基础（这里是突破上行趋势线后创下更高的高点），并与上行通道的起点 K 线 2 形成一个双重底牛旗。在这两个交易日中，在市场两次或多次测试均线之后，均线缺口 K 线的淡出交易出现。在逆势交易者多次成功将市场拉回均线之后，他们建立了大力下注的信心，在均线远处形成一根缺口 K 线。然而，第一次远离均线的突破通常会失败，为预计的趋势恢复提供了一个绝好的淡出机会。

第一天，市场试图在早上 7 点反转下跌，猜测是因为报告。由于那个时候当日处于开盘上涨趋势中，而单 K 线的抛售是趋势中第一次回调，因此是一个买入建仓形态。反转失败之后出现一轮三 K 线的急速拉升，然后是一个通道。

第二天，早上 7 点的反转成功，成为一轮三 K 线的急速下挫，之后是一个下行通道。

　　第三天，市场试图从中午的最终熊旗反转上涨，但是反转在 K 线 10 的均线缺口卖空建仓形态中失败。

图 15.2　尾盘多头陷阱

　　如图 15.2 所示，市场开盘进入下跌趋势，无法行至均线上方，交易者在期待美太平洋时间早上 11:30 出现多头陷阱，结果今日准时发生。K 线 3 也是下跌趋势中的首根均线缺口 K 线。通常陷阱是一轮强劲的逆势行情，让满怀希望的多头激进买入，结果却是随着市场迅速反转下跌而被迫清仓，然而，始于 K 线 2 的上涨由重叠的大型十字线构成，显示交易者对两个方向均感到紧张。如果没有明确方向，交易者为何被套？ K 线 3 的前一根 K 线试图形成一个双重顶熊旗，却被 K 线 3 越过 K 线 1 的高点而破坏，这使得很多交易者放弃空头观点，迫使空头清仓，并且在突破时套住了一些多头。突破前的动能疲弱，因此很可能并没有太多的多头被套。然而，未与 K 线 1 形成完美的双重顶而让空头踏空。由于它是一个陷阱，随着踏空的空头需要在更低处卖空并追逐市场，以及被套的多头需要清仓，市场有下跌的理由。始于 K 线 3 的下跌行情的疲弱与始于 K 线 2 的上涨行情的疲弱相符，不过结果符合预期——收于当日低点，这是一个下跌趋势恢复日，但是由于趋势恢复如此之晚，之前又是一个窄幅交易区间并有强势的双边交易（相互交叠并具有长影线的大型 K 线），导致现在的下跌弱于开盘时的抛售。

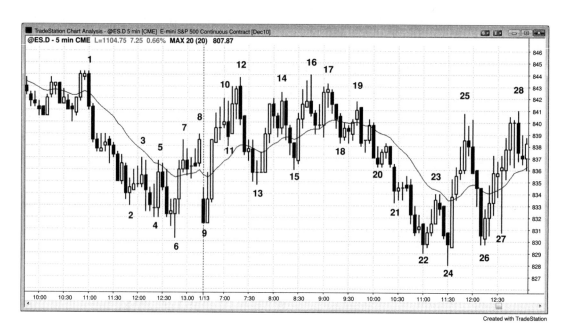

图 15.3 交易区间日的尾盘陷阱

交易区间日的美太平洋时间早上 11:30 也经常出现陷阱（如图 15.3 所示）。这里，市场在当日区间的上半部分运行数个小时之后，跌破当日低点，让多头踏空并套住新空头。市场于早上 11:35 在 K 线 24 上方给出一个二次入场的高 2 做多点。市场两次试图向下突破 K 线 9 的当日低点，但是均以失败告终，因此很可能会尝试反向运动。大多数交易区间日收于其中间的某个价位。

当日从第一根 K 线开启上涨趋势，在早上 7:00 回调至 K 线 10 信号 K 线下方，很可能是因为某种报告。由于有三根大型盘整 K 线，且影线突出，因此其代表小型交易区间，在其上方买入充满风险。市场因报告而暂时下破，套住空头，然后上破 K 线 11，套住多头并让空头踏空，然后又在 K 线 12 第二次反转下跌。当有多空双方被套或踏空时，下一个信号通常至少可以刮头皮。

本图的深入探讨

在图 15.3 中，昨日收盘前的上涨是从一个楔形底开始的反转上涨，很可能至少有两腿。K 线 9 的更高低点反转上涨足够接近于双重底，而美太平洋时间早上 7：40 的 K 线 13 更高低点是一轮双重底回调。由于从开盘时开始的上涨是一轮强势急速拉升，因此市场很可能试图在回调后形成一个通道，但是因 K 线 12 和 K 线 1 形成双重顶而失败。在接下来几个小时内出现多次急速下挫，最终形成一个下行通道，在早上 11:30 的 K 线 24 处反转上涨。早上 11:00 的 K 线 22 的反转试图失败。市场处于一个非常陡峭的下行通道，因此第一次通道突破后很可能是突破回调，并形成一个胜率更高的做多点，K 线 24 就是信号 K 线，也是第二次试图从当日新低反转上涨。

拉升至 K 线 12 的行情形成一个楔形熊旗，K 线 5 和 K 线 8 是前两段上涨。市场的涨势太猛，因此不能在 K 线 11 突破始于 K 线 9 的窄幅上行通道时卖空，但是在突破回调至 K 线 12 的更高高点时卖空合理。更安全的做法是等待 K 线 12 的外包下跌 K 线收盘，看下空头是否能够掌控该 K 线。收盘于低点附近确认了空头强势，因此在其下方的后续行情开始时卖空是一个好的入场。

第 16 章　趋势和交易区间数腿

趋势通常有两腿。如果反转之后的第一腿动能强劲，多空双方都会猜测其是否能够形成一轮新趋势的多条腿中的一条。鉴于此，多空双方均会预期对旧的趋势极点的测试将失败，而顺势（旧趋势）交易者将很快离场。举例而言，如果在一轮持久的下跌趋势后出现一轮强劲上涨，这一轮上涨行情至行均线上方和下跌趋势的最后一个更低高点的上方，并且拥有多根上涨趋势 K 线，那么多空双方均会假设会有一轮低点测试，其维持在低点上方。一旦这第一腿上涨的动能削弱，多头会部分或全部止盈，空头则会卖空，以防空头能够维持对市场的掌控。空头不确定其趋势是否结束，因此他们愿意建立新的空仓。市场将会走低，因为在出现更多看涨的价格行为之前，多头不愿买入。随着多头在测试低点的回调中回归，新的空头将迅速离场，因为他们不想要在交易中亏损。空头回补的买盘将会助涨，然后市场会形成一个更高的低点。空头不会考虑再次卖空，除非这一腿行情在第一个腿上涨的高点附近削弱（潜在的双重顶熊旗）。如果应验，新的多头将迅速离场，因为他们不想亏损，而空头则会变得更加激进，因为他们会意识到第二腿上涨已经失败，最终有一方会胜出。每天这样的交易都在所有市场中上演，形成大量两条腿的行情。

实际上，在市场向一个方向运行一段时间之后，其最终会试图反转那一段行情，并且经常会尝试两次。这意味着每一轮趋势和逆势行情都很可能分为两条腿，而每一条腿都会试图再分成两条更小的腿。

在你寻找两条腿的行情时，你发现两条腿处于一个较为紧凑的通道之中（如楔形），它们实际上可能是第一腿的细分，而通道实际上可能只是两腿行情中的第一腿。如果这两条腿中的 K 线数目相对于其所调整的形态不足，那么这种情况就尤为可能。举例而言，如果有一个楔形顶持续两个小时，然后出现一轮三 K 线的急速下挫，再然后是一个三 K 线的通道，那么急速下挫和通道很可能只是第一腿下跌，在看到至少另一腿下跌之前，交易者将不愿重仓买入。

图 16.1　两条腿的行情

如图 16.1 所示，至 K 线 6 的下跌趋势以两条腿的形式出现，而第二腿又细分为两条更小的腿。至 K 线 9 的上涨也有两条腿，与至 K 线 12 的下跌一样。根据定义，所有的急速与通道形态均是两腿行情，因为先是一个高动能的急速阶段，然后是一个较低动能的通道阶段。

K 线 12 是对上涨行情起点的完美突破测试，其低点恰好等于 K 线 6 信号 K 线的高点，以一个跳点清扫 K 线 6 多头的平保。每当出现一轮完美或近乎完美的突破测试，市场将有很高概率出现一轮等距行情（预计始于 K 线 12 低点的上涨行情和 K 线 6 至 K 线 9 的上涨行情点数相同）。

市场以一轮两条腿的行情上涨至 K 线 15，但是当其高点被越过之时，随着新的空头回补其在 K 线 15 处的失败低 2 建立的空仓，市场以急速拉升的形式快速上涨。K 线 9 与 K 线 3 形成一个双重顶熊旗，其在始于 K 线 16 中失败，也助涨了上行突破。

图 16.2　双重顶看跌旗形

　　如图 16.2 所示，苹果在五分钟图上表现规范，其在 K 线 2 形成一个双重顶熊旗（低于 K 线 1 的高点 1 美分），而下跌行情超过了交易区间两倍长度的大体目标。K 线 2 还是下跌趋势中一轮至均线的两条腿行情，在均线处形成一个低 2 卖空，这是趋势中的可靠入场点。很多股票中的趋势都很尊重均线，意味着均线一直提供以有限的风险顺势入场的机会。K 线 2 后的第四根 K 线形成一个双重顶回调卖空。

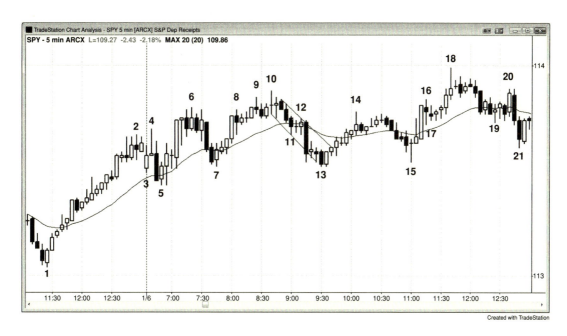

图 16.3　楔形顶

如图 16.3 所示，SPY 由 K 线 4、6 和 10 形成一个楔形顶，后面通常会有一轮两条腿的横盘下跌调整，有一条三 K 线的熊腿在 K 线 11 结束，第二腿下跌则在 K 线 13 结束。这一段行情处于一个通道之内，其仅是更高时间框架下的单独一腿，规模与从 K 线 7 至 K 线 10 的牛腿相近，因此大多数交易者无法确定其是否包含足够多的 K 线来调整大型楔形。市场出现第二轮横盘调整至 K 线 15，略高于 K 线 13 的低点，形成一个双重底，然后市场以急速和通道上涨至新的趋势高点。

第17章 数K线：高和低1、2、3和 4形态及ABC调整

　　所有的市场都是分型，这是一个数学概念，意思是每一个市场都与所有的更低和更高时间框架图具有同样的整体形态。如果你将时间和价格的标注在图上移除，通常你将无法分辨其是三分钟图、五分钟图、小时图还是月线图。唯一能够分辨一张图是什么时间框架的情况是其平均K线的长度只有1~3个跳点时，因为图上大部分将是十字线，这只会发生较小的时间框架或者成交量稀少的市场，你应该避而远之。

　　由于每一张图上的每一轮行情都倾向于有两条腿，每一轮调整也倾向于有两条腿，而每一轮调整的调整也倾向于有两条腿，因此懂得这种倾向的交易者将发现大量机会。

　　上涨趋势或交易区间中的回调结束的一个可靠信号是，当前K线的高点至少高过前一根K线的高点一个跳点，这引出一个计算这种情况发生次数的有用概念，叫做"数K线（Bar Counting）"。在上涨趋势或交易区间中的盘整或下跌行情中，第一根高点高于前一根K线高点的K线是高1，其终结盘整或下跌行情的第一腿，尽管这可能是更大回调中的小行情。如果市场并未反转上涨，反而继续盘整或下跌，那就将下一根高点高于前一根K线高点的K线标记为高2，其终结第二腿。在高1和高2之间至少需要有一个小型趋势线的突破，显示趋势交易者依然活跃。如果不满足这一点，暂时不要买入，因为这个高1和高2更可能只是一轮通道下跌行情中的一部分，其正在形成复杂的第一腿下跌。

　　在强势上涨行情中，高2入场可以高于高1入场；在强势下跌行情中，低2入场可以低于低1入场。顺便说一下，上涨趋势中的高2和下跌趋势中的低2经常被称为ABC调整，其第一腿是A，形成高1或低1入场的逆势行情为B，而回调的最后一腿是C。从C的突破是上涨ABC调整中的高2入场K线和下跌ABC调整中的低2入场K线。

　　上涨趋势中的高2与交易区间中的高2之间和下跌趋势中的低2与交易区间中的低2之间有一个重要的不同之处。举例而言，当上涨趋势中出现高2建仓形态时，其

通常位于均线或均线上方，并且趋势足够强劲，让你在当日高点附近买入。你是在趋势中的持续形态中买入，因此可以在趋势的顶部附近买入。然而，当你在交易区间中的高 2 买入时，通常你是想在反转中买入，其建仓形态位于均线之下或区间底部附近。如果你认为市场处于交易区间，那么在均线上方和交易区间的高点附近买入则充满风险。实际上，既然这笔交易很可能会失败，那么你应该考虑使用限价订单在高 2 信号K 线的高点或其上方卖空。如果高 2 很可能会失败，为什么还会被触发？其触发原因是空头想要在 K 线的上方卖空，而在 K 线高点略下方卖空的意愿小一些。他们在前一根 K 线的高点及其上方设置限价订单卖空。由于愿意在 K 线高点略下方卖空的空头相对缺乏，因此多头前行无阻，能够将市场推至前一根 K 线的高点上方，他们希望有大量多头会用停损买入订单入场。这根 K 线的高点起到磁体作用，K 线上方的拉升是一轮小型买盘真空。多头发现有压倒性数量的空头准备在那里做空，结果是高 2 触发，但市场立即反转下跌，在最后几个跳点中买入的多头很快便看到前一根 K 线高点上方的上涨乏力。因为市场表现不符合其预期，因此他们离场，并且至少数根 K 线之内不会再次买入。他们的清仓加剧了抛售，交易区间中的低 2 与此相反。你只应在均线上方或交易区间顶部附近卖空高 2，因为你是在交易反转而非持续形态。你试图在一腿上涨的终点卖空，因此是对一轮小型趋势的逆势交易。如果其在交易区间底部附近形成，而你相信市场目前处于交易区间而非下跌趋势，那么最好在低 2 信号 K 线或其下方买入，预计低 2 失败并形成某种双重底。这类预期中的失败通常发生在市场看似处于趋势但你认为其已进入交易区间之时。

取决于其在趋势中的位置，上涨趋势中的高 1 和下跌趋势中的低 1 可以具有不同的风险 / 回报比。举例而言，如果市场正在筑底，形成一个失败的低 1，在该 K 线上方买入就是在新的上涨趋势中的第一个高 1 买入，其胜率或许仅有 50/50，但是其风险小且潜在回报大，你有一个小机会来赚取大利润。在新上涨趋势的最初急速拉升后的高 1 做多，至少是一笔成功的波段交易的概率很高，风险小而潜在回报和成功率高。然而，如果市场正形成连续第三个高 1 建仓形态，出现波段行情的概率较小，交易者应该刮头皮，这意味着风险和潜在回报均较小，其胜率也低于首个高 1。

一些牛市回调可能进一步扩大，并形成高 3 或高 4。当高 4 形成时，其有时候始于一个高 2，而该高 2 未能前行很远。后面反而出现一个下行突破，形成另外两腿下跌和第二个高 2，而整段行情只是更高时间框架上的高 2。其他时候，高 4 是一轮小型的急速与通道的下跌趋势，其第一段或第二段下跌是一轮急速下挫，而下一段下跌是一个下行通道。

如果高 4 未能恢复趋势，且市场跌破其低点，那么很可能市场已经不再形成上涨趋势中的回调，而是处于一轮下跌行情。下单之前等待更多的价格行为表现。

当一轮下跌趋势或盘整行情正在调整盘整或上涨时，第一根低点低于前一根 K 线低点的 K 线就是低 1，终结调整的第一腿，最短可能就只是这一根 K 线，再次出现就称为低 2、低 3 和低 4 入场。如果低 4 失败（在低 4 卖空触发之后，一根 K 线向上越过低 4 信号 K 线的高点），价格行为显示空头失去掌控，其结果或者是市场将处于双向波动，多空双方轮流掌控，或者是多头将取得掌控。不管哪种情况，空头表现其重获掌控的最好方法是以强劲动能突破一根上升趋势线。

如果市场处于明显的上涨趋势，不要寻找低 1 或低 2 卖空，因为它们只是下跌趋势和交易区间的建仓形态；如果市场处于明显的下跌趋势，不要寻找高 1 或高 2 买入，因为它们只在上涨趋势或交易区间的建仓形态。实际上，如果市场处于下跌趋势，你经常可以在前一根 K 线的高点上方找机会卖空，因为下跌趋势中的高 1 买入是一笔低胜率交易。这意味着如果做多成功的概率只有 40%，那么 60% 的概率是其在触发止盈订单之前先触发保护性止损。如果你在五分钟的 Emini 图上刮头皮，在市场触及信号 K 线上方五个跳点处的限价订单之前，其有 60% 的概率先下跌并触发两个点的止损。如果市场有 60% 的概率在上涨五个跳点之前先下跌两个点，那么这就是一个出色的空头建仓形态。与之类似，在强劲下跌趋势或下行通道中，你可以在任意 K 线的高点上方卖空；在上涨趋势中，你可以在低 1 买入；在上涨趋势或上行通道中，你可以在任意 K 线的低点下方买入。

在你数回调的时候，你经常会看到市场继续调整而非反转，这种情况下你需要改变观点。如果你认为市场处于交易区间，只是强势创出新高，然后你看到旧高上方形成一个低 2（卖空建仓形态），但市场并未下跌而是继续上涨，你应该开始寻找高 1 和高 2 买入点。很可能多头足够强势，你只能做多。在空头展现出足够的力量来引发一轮可供交易的下跌行情之前（如市场测试波段高点失败后突破上升趋势线），你应该停止寻找低 1 和低 2 卖空。

注意在交易区间中，经常会看到高 1、高 2、低 1 和低 2 在 10 根 K 线左右之内全部出现，尽管高 2 看涨而低 2 看跌。由于市场处于盘整，多空双方均无法长时间掌控价格行为，因此双方均会试图夺取掌控，随着双方试图宣誓主权，多空形态就会形成。在交易区间中很容易看到大量高 1 高 2 和低 1 低 2 形态，不过克制交易非常重要。当市场多为盘整，有大量 K 线交叠，且该区间并非强势趋势中的小型旗形时，大多数交易者都应观望而不做任何交易。为什么这样？如果你在寻找高 2 或低 2，那么你是准备用停损订单在一个窄幅交易区间的顶部或底部入场，而这与机构的做法完全相反。当市场在窄幅交易区间中越过前一根 K 线的高点时，他们在止盈多仓或卖空，因此你不想要买入。你的工作是追随机构，而不是忽略他们的动向，误以为你有某种神奇的建仓形态，只要一直交易就会赚很多钱。在非常强劲的趋势中，窄幅交易区间可以以小型旗形的形式出现，而当其出现时，在区间突破时停损买入是一种合理做法。举例而言，如果有一轮四 K 线的强势急速下挫，在市场盘整 10 根 K 线的过程中没有出现高潮或反转，那么在下跌趋势 K 线的下方卖空有道理。但是如果当日是一个交易区间日，而窄幅交易区间处于当日区间的中间三分之一处，那么大多数交易者都不应该根据数线下单。

当市场处于窄幅交易区间时，其经常反复转向，因此如果你在每一个高 1、2、3 和 4 买入，并在每一个低 1、2、3 和 4 卖空，那么在一个小时的时间里，你将输掉上个星期赚到的所有钱（这一点在第 22 章的窄幅交易区间章节中详细探讨）。没有神奇的建仓形态，每一个建仓形态都有数学赋予其优势的环境，也有失败的环境，根据数 K 线交易需要市场有波段行情。如果市场处于窄幅交易区间，不要交易，除非你是一名交易老手，能够从容在前一根 K 线的高点上方卖空而不是停损买入，在前一根 K 线的低点下方买入而不是停损卖空。

这种计数有变体，但是目标依然是协助发现两条腿的调整。举例而言，在一轮强劲的上涨趋势中，一轮两腿调整可以只有一个高 1，但是起到两腿调整的作用。你可以从其在五分钟图上的形态推断，可以通过查看更小时间框架图来确认，尽管这并不必要。只要你明白市场正在做什么，称其为当前图上的高 1，高 2 变体，或者是更小时间框架图的高 2 都无所谓。如果出现一根 K 线以下跌收盘（或者两根），这可能代表第一腿下跌，即便下一根 K 线并不向上越过下跌 K 线的高点。如果下一根 K 线以上涨收盘，但是其高点依然低于趋势高点，而下一根 K 线又是一根下跌趋势 K 线，那么这根 K 线就成为第一腿下跌的终点。如果下一根 K 线跌破其低点，在接下来的几根 K 线之内寻找一根越过其前一根 K 线高点的 K 线，终结第二腿下跌。将每一根 K 线都看作潜在的信号 K 线，在其高点上方一个跳点处设置停损买入订单，一旦成交，你就获得一个高 2 变体。严格来说，这根入场 K 线只是一个高 1，但是将其作为高 2 对待。回调开启时的那根下跌 K 线后有一根上涨 K 线。在更小时间框架下，这几乎一定是一轮小型下跌后出现一轮上涨而形成一个更低的高点，最后市场再一次下跌至高 2 终结第二腿的地方。

回调经常会扩大并演变成更大的回调。举例而言，如果有一轮上涨趋势，其高 1

做多入场未能创下新高，反而形成一个更低的高点，然后又是另一轮下跌，那么交易者将寻找高 2 建仓形态买入。如果高 2 触发，但是上涨行情并未前行很远，市场会再次跌至高 2 信号 K 线的下方，那么交易者会准备在高 3 买入（楔形或三角形）或在高 4 回调买入。每当市场向下突破高 2 或楔形（高 3）买入信号 K 线，其通常至少还会再下跌两段。如果向下突破高 2 信号 K 线的行情并不强劲，而整段行情呈楔形状，并且从趋势通道线反转上涨，那么高 3 正在形成一个楔形牛旗，这经常是一个可靠的买入建仓形态。记住，这是上涨趋势中的回调，而不是下跌趋势中的反转试图，在这种情况下，交易者在寻求买入之前需要先看到市场清晰展现出上涨力量。如果向下突破高 2 买入信号 K 线的行情在第二段下跌后反转上涨，而这四段下跌处于某种通道，其看上去不太强，那么这就是一个高 4 买入建仓形态。一些高 4 买入建仓形态只是更高时间框架上的高 2 买入建仓形态，其两条腿均可以细分为两条更小的腿。如果向下突破失败的高 2 的行情动能强劲，并且始于抛售顶点的整轮回调都处于一个相对较为紧凑的通道之中，那么在高 3 买入就充满风险，交易者则应该等待观望市场是否向上突破下行通道并形成突破回调。每当交易者好奇通道下跌的行情是否太过强劲而不能在高 3 或高 4 信号 K 线买入时，他就应该将像对待其他通道突破一样对待该建仓形态。买入之前先观察上行突破的力度，如果突破强劲，交易者可以买回调；如果突破非常强劲，形成一系列上涨趋势 K 线而没有回调（这种情况有可能发生但比较少见），那么市场将变为多头行情，交易者可以任性买入，包括在任何强劲趋势 K 线收盘时。由于止损位于急速拉升的底部下方，可能离市价很远，因此应该使用小仓位。反之，如果如市场跌破 K 线 4 信号 K 线的低点，那么市场很可能处于下跌趋势，交易者应该在反弹卖空而不是继续买入。

熊市反弹中的情况与此相反。如果低 2 卖空失败，而市场继续上涨，那么观察从失败的低 2 开始的上涨行情的动能，如果其不是很强，且市场处于通道之中，尤其是当其为楔形形状时，准备在低 3 卖空，它将是一个楔形熊旗。如果上涨动能非常强劲，如从失败的低 2 开始一轮两三根 K 线的强势急速拉升，预计至少还有两腿上涨，不要在低 3 卖空。只有在整体图景支持时才在低 4 卖空，如果你认为市场已经进入上涨趋势就不要卖空。

当交易者预期市场反转下跌时，他们经常会寻找高 1、高 2 或三角形（高 3）形态，他们预计其将失败并成为牛腿的最终旗形，然后在买入信号 K 线的上方卖空。由于突破是对高点的测试，因此其形成双重顶（突破可能形成更低的高点或更高的高点，但是它是第二段上涨且正在转跌，因此它是一种双重顶）。当一个人在高 2 买入信号 K 线的上方卖空时，他是在预期市场下跌进入交易区间或新的下跌趋势。由于双重顶是两段上涨，并且交易者预计其处于交易区间或新的下跌波段的顶部，因此其也是一个低 2 卖空建仓形态（在形成双重顶的 K 线的低点下方卖空），几乎所有的反转下跌均源于某种形式的双重顶。如果顶部位于交易区间中的一轮小型上涨之后，该双重顶经常会只涉及少数 K 线，是一个微型双重顶，大多数底部也是如此。他们形成于失败的低 1、低 2 或三角形（低 3）突破，其形成双重底和最终旗形反转上涨。由于交易者预期市场上涨进入交易区间或新趋势，因此双重底也是一个高 2 买入建仓形态，其入场点位于引发最后一段下跌至双重底行情的 K 线的高点上方一个跳点处。

高 3 和低 3 形态应该被当作楔形来交易（或者传统的三角形，如果形态大部分为横向运动），因为它们的作用一样。不过，为了保持术语的一致性，最好在其作为反转形态时称之为楔形，因为根据定义，高 3 是上涨趋势或交易区间中的回调（楔形牛旗），而低 3 是下跌趋势或交易区间中的楔形熊旗。举例而言，如果有一轮上涨趋势或一个交易区间，高 3 意味着有三腿下跌，在信号 K 线的高点上方形成一个买入信号。如果是下跌趋势，你应寻找低 1、2、3 和 4 建仓形态，而不是高 1、2、3 和 4 形态。如果下跌趋势出现明确的楔形底，你应该买反转，但是由于其处于下跌趋势，你应该称其为楔形底而非高 3。与之类似，如果有一轮下跌趋势或一个交易区间，低 3 意味着有三段上涨，你应该将其当作楔形顶来交易。如果是一轮上涨趋势，你不应该寻找低 3 卖空，不过在楔形顶下方卖空则可以被接受。

失败的高 / 低 4 也有变体。如果高 4 或低 4 的信号 K 线特别小，尤其是当其为十字线时，有时候入场 K 线会很快反转成一根外包 K 线，扫掉刚入场的交易者的保护性止损。当信号 K 线很小时，为了规避市场拉锯，最好是将你的保护性止损设在信号 K 线的一个跳点之外（或许为 3 个跳点，但是在 Emini 的平均区间约为 10 个点时，止损与入场价的距离不要超过 8 个跳点），并且即便在形态实际失败时（尽管只偏差一个跳点）也依然将其看作有效。记住，所有的事情都是主观判断，而交易者总是寻找接近完美的东西，但是永远不要期待完美，因为罕有完美。

注意五分钟图上的复杂调整经常只是更高时间框架图上的高 / 低 1 或 2 调整。由于交易在五分钟图上明显，寻找罕见信号可能会让你分心而错过太多五分钟图的信号，因此没必要查看更高时间框架图。

高1买入建仓形态是市场试图反转下跌而失败，低1卖空建仓形态是市场在下跌趋势中试图上涨而失败，因为强劲的趋势总是持续，因此反转的试图几乎总是失败。你可以通过押注其失败而获利。你就在那些被套的淡出者（逆势交易者）止损离场的地方入场。其离场位就是你的入场位。

最可靠的高1和低1入场点出现在趋势中急速拉升阶段的微型趋势线假突破时，这是趋势中的最强部分。交易者看到一轮急速拉升，就开始准备在高1买入，但是他们忽视了高1买入建仓形态的第二个要素。这最后的要素是一个过滤器——不要交易重大买入高潮后的高1，也不要交易重大抛售高潮后的低1。是的，你需要一轮急速拉升，但是你也需要一轮强劲的上涨趋势。交易者所犯下的最常见错误之一是，他们根据希望交易，在每一个高1都买入，期待趋势恢复。然而正确的做法是，他们应该强迫自己等待上涨趋势形成，然后再寻找高1。如果急速拉升强劲，但是依然位于图表上的前期高点下方，那么市场很可能依然处于交易区间，因此在高1上方买入的风险较大。这个高1买入建仓形态很容易成为大型调整或反转前的上涨行情的最终旗形。这一轮急速拉升可能是由于市场真空测试交易区间的高点形成，而并非是一轮新的上涨趋势。如果多空双方均预计交易区间的顶部将被测试，那么一旦市场接近顶部，多头就会不断地激进买入，确信市场将上涨至略上方的磁体位置。强势空头看到同样的事情而停止卖空，既然几分钟之内就可以以更好的价格卖空，那么为什么要现在卖空？结果就是出现一轮非常强劲的急速拉升，但一旦触及交易区间的顶部附近则引发反转，这时候聪明的交易者不会在强势上涨趋势K线收盘时或高1买入建仓形态中买入。实际上很多人会使用限价订单卖空，因为他们预计该突破试图会像大多数强势突破试图一样失败。要让交易在高1买入，他们需要一轮强势急速拉升和一轮上涨趋势，而不是仅有交易区间内的一轮急速拉升。同时，如果急速拉升太过强势而成为一轮买入高潮，他们也不应该在这个高1买入。

低1卖空也是如此。等待下跌趋势，而不仅仅是交易区间中的急速下挫，然后寻找具有低1卖空建仓形态的急速下挫。不要在每一轮急速下挫后都卖空，因为大多数急速行情发生在交易区间中，而在交易区间底部的低1卖空是一种输钱策略，因为该低1建仓形态有很大的几率成为一轮下跌的最终旗形，然后市场可能出现一轮大幅调整，甚至反转上涨。如果交易者要在高 1 买入或低 1 卖空，他们只能在趋势中的急速行情阶段这样做，而如果有证据表明行情可能发展为高潮时，他们就应该放弃。举例而言，如果你准备在高 1 建仓形态买入，你是在赌回调会很小且只有一条腿。很多高 1 建仓形态是三至五根 K 线的急速拉升后的一两根 K 线的回调，而其他建仓形态则是持续五至十根 K 线的极为强劲趋势中至均线的四至五根 K 线回调，其幅度可能有点过大且速度过快。如果你在如此短暂的回调中买入，你是相信市场非常急迫，这一轮回调可能是你在一轮非常强劲的上涨趋势的高点下方买入的唯一机会。如果市场盘整五根 K 线并形成数根小型十字线，那么市场已经不再急迫，在买入之前最好先等待。如果有高 2 形成，那将是更为安全的买入建仓形态。

交易者未能在高 1 回调中买入的最常见原因是，交易者期待更大的调整。然而，在强劲上涨趋势中入场做多很重要，交易者应该在前期波段高点的上方设置停损买入订单，以防止回调转瞬即逝而上涨趋势迅速恢复。强劲下跌趋势也是如此，如果卖空低 1 的三个条件满足（强劲的下跌趋势，强劲的急速下挫，以及未形成抛售高潮），交易者则必须卖空。如果他们在决定是否在低 1 信号 K 线下方下单卖空，他们应该在波段低点下方一个跳点处设置卖空订单。这样即使他们未能在低 1 卖空，而市场快速下行，他们也能介入这一轮强劲的下跌趋势，这比在一旁观望而等待下一轮回调要好得多。如果他们在低 1 卖空，他们可以取消波段低点下方的卖空订单。

如果该高 1 是一轮强劲上涨趋势中的急速拉升阶段中如此可靠的买入建仓形态，那么为什么在机构知道有 80% 的概率趋势将恢复并会创出新高的情况下其还会形成？如果他们相信市场将走高，那么为什么还会允许回调出现？这是因为他们制造的回调。急速拉升由众多公司同时不停买入而形成，这意味着他们在买入程序中分批建仓。到某一时刻，每一家公司都将开始分批平仓，而一旦有足够多的公司停止买入并开始清仓，就会形成一根低点低于前一根 K 线低点的 K 线。还有很多公司会在市场跌破那一根 K 线的低点时买入，但是如果趋势并非特别强劲，他们就只会刮头皮。从这时候开始，所有公司都将分批平仓，鉴于此，高 1 建仓形态的上行突破经常只提供刮头皮机会。在最强劲的趋势中是波段机会，在更高价位上可能还有一两个高 1 建仓形态，然后是一些高 2 买入建仓形态，但是在所有情况中，回调都是由在更低点入场的机构部分获利所致。他们在做赚钱的生意，意味着他们需要在某一时刻获利了结，而当足够多的人在同一时间开始止盈部分仓位时，他们就形成了牛旗，如高 1、高 2 或更大的回调。下跌趋势中的情况与此相反。

这是一个重要的观察，因为现在你知道，只有在趋势非常强的时候才能在高 1 建仓形态买入，这通常是急速拉升阶段和市场明确处于趋势时。最后，不要在高潮或反转后的高 1 买入，不要在交易区间顶部的高 1 回调买入，因为上涨趋势尚未爆发。强劲急速拉升顶部的高 1 买入建仓形态和强劲急速下挫底部的低 1 卖出建仓形态在交易区间中很常见，其通常是陷阱，实际上它们经常是出色的淡出建仓形态。举例而言，如果高 1 在交易区间顶部形成，尤其是当信号 K 线为十字线时，在高 1 买入信号 K 线的顶部或其上方设置限价订单卖空通常是一种明智做法。由于你预计高 1 多头会失败，因此你认为在市场上涨六个跳点并触及一个点的刮头皮止盈之前，其将反转并触及两个点的止损。当你预计高 1 多头会失败时，你相信在止盈订单被触及之前，有 60% 的概率先触发保护性止损。如果你在信号 K 线的高点上方设置限价卖出订单淡出，预计其不会上涨 6 个跳点，因此你可以使用 6 个跳点的保护性止损。由于你认为这是一个糟糕的买入建仓形态，因此你相信其将跌破你的入场价 7 个跳点，也就是跌破那些在信号 K 线上方一个跳点处停损买入的多头的入场价 8 个跳点，这意味着你可以用 6 个跳点的限价订单止盈你的刮头皮卖空交易，在承担 6 个跳点的风险时有至少 60% 的概率赚取 6 个跳点，这是一笔好交易。如果低 1 形成于交易区间的底部，而你相信低 1 卖空将会失败，你也可以在其信号 K 线的低点或其下方设置限价买入订单。

如果交易区间顶部的高 1 如此强劲，那么为什么急速拉升没有强到可以大幅向上突破交易区间并获得数根 K 线的后续？市场在告诉你急速拉升并不是非常强劲，而你应当倾听。一轮急速拉升有四根上涨趋势 K 线并不意味着其就是一轮强劲上涨趋势中的急速拉升阶段。看一下整体图形，确保急速拉升是强劲趋势的一部分，而不仅仅是交易区间顶部的陷阱。记住，市场经常在交易区间顶部形成强劲的急速拉升，因为强势交易者袖手旁观，在市场抵达交易区间顶部或者突破一两根 K 线之前并不出手，然后多头清仓止盈，而空头建立新仓。这种真空快速拉升市场，但是与趋势无关。交易者非常渴望卖空，但是当其认为市场将继续上涨而测试区间顶部时，没有理由现在就卖空。反而，他们停止卖空而等待市场到位，然后他们从而天降，而强劲的上涨就此反转，套住在当日高点附近买入的新手。高 1 只是明确上涨趋势中的买入建仓形态，而在交易区间顶部的急速拉升中却并非如此，低 1 只有在明确的强劲下跌趋势中才是卖空建仓形态。

高 1 和低 1 形态都是顺势的建仓形态，因此如果发生在趋势回调中，但是其为回调方向而非趋势方向，那就不要交易。相反，等待其失败，然后在突破回调中顺势入场。举例而言，如果在一轮上涨趋势中，在均线或其上方形成一根四 K 线的下降微型趋势线，不要在市场上行突破趋势线失败时卖空。你不想要在均线附近的回调底部卖空一轮上涨趋势，因为回调经常会在此处结束。反而要关注这个失败形态失败并变成突破回调，其将是顺势方向（上）。市场向上突破微型下降趋势线失败，而市场在突破失败后短暂下跌，但是未能前行很远而又反转上涨。一旦其反转上涨，则是最初上行突破微型趋势线的突破回调入场位。不过，如果下跌行情有四根或更多连续的下跌趋势 K 线，且失败的微型趋势线建仓形态位于均线下方，那么其很可能是一笔有利可图的刮头皮卖空，即便当日可能是一个上涨趋势日。

趋势中的高点和低点依次抬高或降低。在上涨趋势中，每一个低点通常高于前一个低点（更高低点）而每一个高点都会更高（更高高点）；在下跌趋势中，则有更低的高点和更低的低点。总体而言，更高高点和更高低点的术语用于描述上涨趋势存在或正在形成中，更低低点和更低高点暗示下跌趋势可能正在进行。这些术语暗示至少会有小型趋势线突破，因此你要考虑在上涨趋势或下跌趋势（逆势但可能是反转）中的更高低点买入（回调），并在上涨趋势或下跌趋势中的更低高点卖出。逆势交易时，你的大部分或全部仓位都应该是刮头皮，除非反转强劲。

一旦高 2 多头在上涨趋势或交易区间中触发，如果之后市场在上涨至少可以让刮头皮者获利的幅度之前就反转并跌破形态低点，那么高 2 买入就已经失败。与之类似，如果低 2 卖空入场在下跌趋势或交易区间中出现，而市场跌幅未能让刮头皮者获利，而是向上突破形态顶部，那么低 2 卖空已经失败。高 2 或低 2 失败的最常见原因是，交易者拒绝接受趋势反转的现实，而依然交易旧趋势的方向。

高 2 或低 2 是最可靠的顺势建仓形态之一。如果交易失败，该形态通常会演变，又形成一腿或两腿调整。举例而言，如果市场在上涨趋势或交易区间中的回调中下跌并形成一个高 2，但是在一两根 K 线之内，出现一根 K 线跌破信号 K 线的低点，那么高 2 未能向上突破牛旗而反转市场。当这种情况发生时，下跌行情通常会试图在高 3 或高 4 再次反转上涨。高 3 代表三段下跌，因此是一个楔形变体。如果市场更有可能继续走低，你在高 3 买入将被止损出局。然而，如果你一直等待高 4，你又将错过很多出色的高 3 多头交易。至于哪一种情形更有可能，市场通常会给出一些线索，线索就是失败的高 2 后的动能。如果那一轮下跌后市场动能未有重大变化，那么市场更有可能在高 3 反转上涨，形成一个楔形牛旗买入信号（向下突破高 2 成为一个衰竭缺口而非测量缺口）。反之，如果出现一两根大型下跌趋势 K 线，形成一轮至少两条腿的下跌的几率提高，交易者在买入之前应该先等待高 4。在这种情况下，突破 K 线很可能会成为测量缺口，并引发一轮等距下跌。每当出现一轮强劲的急速行情，很多交易者就会重新计数，预计在其想要买入之前至少还有两腿下跌。第一腿后的反转上涨是市场第一次试图向上突破陡峭的下降趋势线，因此很可能会失败。第二次试图上涨是那次突破后的突破回调，由于它是突破回调（不管是更低低点还是更高低点），因此更有可能成功。如果市场在失败的高 2 之后从高 4 反转上涨，通常该形态只是一个复杂的高 2，其两条腿均由两条更小的腿组成。这通常在更高时间框架图上显而易见，经常能够清晰看到简单的高 2。如果那个高 4 失败，市场很可能处于下跌趋势而并非只是上涨趋势的回调，那么交易者在做任何交易之前都应该首先评估市场的强度和方向。

下跌趋势或交易区间中的上涨行情与此相反。如果低 2 触发卖空入场，但是在一两根 K 线之内出现一根 K 线向上越过信号 K 线的高点且其动能稀疏平常，那么形成有利可图的低 3 建仓形态（楔形熊旗）的可能性较大。然而，如果出现多根大型上涨趋势 K 线，那么突破强劲，市场很可能出现至少两条腿的上涨，因此交易者不应在低 3 卖空，而是应该等待观察是否形成低 4。如果低 3 之后的上涨动能非常强劲，市场很可能处于一个陡峭的上行通道，那么最好不要在这个低 4 卖空，因为它是对强劲上行通道底部的第一次突破，交易者应该等待观察是否形成更高高点或更低高点的回调。如果形成，这就是第二次卖空入场，其风险也更低。然而，如果上行通道并非很紧凑，也有一些理由支持摸顶，如低 3 是一个小型最终旗形，或市场上涨至一个波段高点上方后第二次试图反转下跌，或市场从更高时间框架的下降趋势线反转，那么交易者可以在低 4 卖空。低 4 信号 K 线经常很小，这时候市场经常快速反转上涨，清扫低 4 信号 K 线上方的保护性止损，然后再次反转下跌，形成一轮标准的下跌波段。鉴于此，当出现一个小型的低 4 或高 4 信号 K 线时，在 Emini 上使用约 2 个点的资金管理止损，而不是设在信号 K 线外的价格行为止损。

理解高 / 低 2 建仓形态概念的关键是记住其本意，理念是市场倾向于在所有事情上均尝试两次，在其试图调整时，经常会两次试图反转趋势。在上涨趋势中的高2回调买入的优势是其牵扯到的思考很少且容易做到，困难在于当调整有两次试图却并未形明显的高2或低2时。这就是需要关注变体的原因——你可以通过交易两条腿的回调而赚钱，即便其并不提供完美的高2或低2建仓形态。

最明显的两条腿行情中有两个清晰的波段，中间有一个逆向的波段突破小型趋势线，通常在上涨趋势中形成高2回调，或者在下跌趋势中形成低2回调（ABC调整）。然而，有一些不太明显的变体也提供同样可靠的交易，因此识别它们也很重要。只要你能在一轮调整中推断出两条腿，你就发现了一个可以接受的形态。不过与理想的形态相差越大，其表现也就越不理想。

上涨趋势中的高2比在交易区间中更为可靠。上涨趋势沿途有回调，由多头获利了结和空头激进卖空所致。大多数时候，顶部看起来足够刮头皮，这就吸引了期待反转的新空头。或许会形成一些看上去不错的下跌反转K线、楔形、买入高潮或其他形态，让他们相信市场有较大的几率反转，因此他们卖空。如果市场回调，他们会感觉自信。如果市场形成一个高1买入，很多人会继续持有空仓，因为他们希望的是一轮下跌趋势，或者至少是上涨趋势中的大幅回调，他们接受高1可能是一个更低的高点，后面市场将继续走低。当市场从那个更低的高点处反转时，他们会更加自信。不过，如果市场再次反转上涨，他们不会一直持有空仓。如果确实如此，其将是一个高2做多入场点。多头会将此形态看作两次试图压低市场而均失败，因此他们会在高2买入。空头的观点也是一样，如果两次试图均失败，他们会放弃并回补空仓，在再次卖空之前先等待另一个信号。在接下来一两根K线里，空头相对缺席而多头热情重燃，使得高2成为上涨趋势中的可靠建仓形态。大多数时候，是在均线或其附近形成。

下跌趋势中的低2与此相反，其低2建仓形态比在交易区间中更加可靠。在下跌趋势中会有回调，不可避免的，回调开始时让人困惑，多头猜测其是否为趋势反转，因此他们开始买入，而空头则猜测其是否会引发更大幅度的向上调整，因此他们开始获利了结，买回其空仓。多空双方的买盘导致市场上涨，但是此时双方均不知道将是反转还是熊旗。早期多头可能会容忍市场以低1的形式向其不利方向运动一次，因为可能形成一个更高低点，但是如果市场向其不利方向运动两次，他们就不会一直持有多仓，他们会在低2离场，并且至少在多根K线之内不会再次买入。同时，空头将会卖空低2，其卖空与多头的抛售（他们在清空多仓）和新多头的缺席导致市场平衡偏向于空头。正如上涨趋势中的高 2 一样，下跌趋势中的低 2 通常在移动平均线或其附近形成。

三段上涨顶（Three-push Top）经常是一个低 2 变体，尽管其实际上是低 3。每当第一腿强劲或其规模与力度远远强于后面两腿时，其看上与楔形足够相似，因此表现也相似。强劲的第一腿后的低 1 后有两个较小腿，其经常可以被看作是一条腿由两个较小的部分组成。入场点在低 3，在楔形完成的地方，也可以认为是低 2。不过数字标签并不重要，因为你面对的是一个三段上涨形态，其应该和楔形反转一样表现，不管你称其入场点为低 3 还是低 2，这里不要在学术方面花费太多时间。记住，大多数真正聪明的学者不会交易，因此如同理智主义和完美一样理想，如果你反抗市场并坚持认为其应该像教科书描述的一样完美表现时，你将输钱。

三段下跌底的情况与此相反，其第二腿经常可以分解为两部分，其看上去像一个高 3，但是像楔形和高 2 一样表现。换言之，市场应该上涨，至少可以刮头皮，而不论你选择如何数腿。

一些交易者寻找与强劲趋势反向的逆势刮头皮。举例而言，如果有一轮强劲的下跌趋势，然后形成一根上涨反转 K 线，过于热衷的多头可能会在该 K 线上方买入。由于他们在逆势交易，因此他们经常会容忍一轮回调，如低 1 卖空。他们预计低 1 失败并成为更高的低点，他们可能会拿稳多仓来验证其是否成真。然而，如果市场并未触及其止盈目标，反而形成一个低 2 建仓形态，那么大多数交易者将不会容忍趋势第二次恢复，他们将在低 2 触发时清空多仓。如果低 2 并未触发，而市场又一次小幅上涨并形成一个低 3，这便是一个楔形熊旗，如果其触发，多头会离场。他们知道，只要市场并未跌破那个小型更高低点，他们的交易就可能依然有效，但是他们意识到希望渺茫。交易老手不会在那轮反转中买入，而是会等待在低 2 或低 3 信号 K 线的下方卖空，这是下跌趋势中非常强劲的建仓形态。随着市场跌破那个更高的低点，下跌趋势经常会加速，因为最后的多头放弃并清空其多仓。总而言之，如果买得早，一定要在市场触发低 2 或低 3 卖空时离场或反转，尤其是出现一根强劲的下跌信号 K 线时，因为这是最可靠的卖出建仓形态之一。与之类似，如果你在一轮强劲的上涨趋势中卖空，总是在高 2 或高 3 触发时离场，尤其是在出线一根强劲的上涨信号 K 线时，其形成最强势的买入建仓形态之一。如果你能够在情绪上从容反转，你就应该去做。

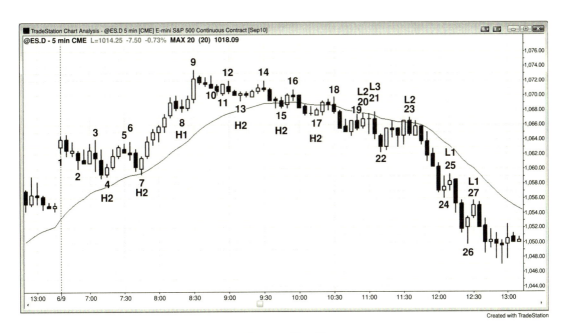

图 17.1　数 K 线

不要忘记数 K 线的目标。关注回调，而不是关注高 1、高 2、低 1 和低 2。大多数时候当市场处于上涨趋势或交易区间时，你准备在两条腿的回调中买入，如图 17.1 所示的 K 线 4、7、13 或 17 上方的高 2 处，但是即便如此你也不应该每次都机械买入。举例而言，跌至 K 线 15 的行情为两条腿，第一腿是跌至 K 线 13 的下行通道。然而，K 线 15 是连续第四根下跌 K 线，其前面第二根 K 线是一根强劲的下跌趋势 K 线。同时，第二腿远小于第一腿，因此可能还有下跌空间。当建仓形态存在问题时，最好是等待。

为什么 K 线 10 不是一个好的多头建仓形体？因为它出现在一轮上涨行情尾部的买入高潮和最终旗形（K 线 8）之后，市场很可能会横盘下跌调整，持续至少 10 根 K 线和两条腿。当市场趋势上行一段时间之后出现一个相对较大的上涨趋势 K 线时，其可能代表趋势暂时衰竭。如果一轮趋势可能衰竭，那么它就不再是一轮强劲的上涨趋势，因此高 1 就不是好的买入建仓形态，这也是 K 线 11 不是好的买入建仓形态的原因。由于市场依然处于买入高潮后的调整阶段，也就是处于交易区间，而在交易区间中的均线上方的高 2 买入充满风险。

K 线 17 是一个更好的高 2 多头建仓形态，其位于一轮复杂的两腿调整尾部，每一腿均细分为两腿，其大型腿的规模相近，小型腿的规模也相近，因此形态不错。同时，尽管事后来看市场已经进入下跌趋势，但是此时依然有足够多的双向交易，可以认为市场处于交易区间，因此在高 2 买入合理。大型第二腿下跌始于 K 线 14 并终于 K 线 17，高 2 可以有三种看法：（1）是一个高 4；（2）是两条大型腿的高 2，K 线 13 是其第一腿的高 1 终点；（3）是两条小型腿的高 2，K 线 15 是其第一腿的终点。

尽管高 1 和低 1 很常见，但是其很少是出色的建仓形态，除非是在最强劲的趋势中。由于高 1 通常发生在一条腿的顶部附近，因此只有当这一条腿处于上涨趋势的急速拉升阶段时，你才应该买入。K 线 8 是一个出色的高 1 案例，因为它形成于一轮强劲的上涨趋势，前面有连续六根上涨趋势 K 线，每一个上涨实体均与其前一根 K 线很少或没有交叠。几乎所有上涨趋势中的高 1 和下跌趋势中的高 2 回调都是微型趋势线突破。

与之类似，K 线 25 和 27 是急速下挫中出色的低 1 卖空建仓形态。有一轮强劲的下跌趋势，一轮强劲的急速下挫，并且没有强劲的抛售高潮，至少在 K 线 24 就是如此。有时候用数 K 线形态之外的称呼更有说明性，K 线 27 就是一个很好的案例。它确实是强劲下跌趋势中的低 1，但是一些交易者会担心 K 线 26 的强劲上涨反转 K 线。他们会认为下跌趋势已经不再足够强劲，因此不能在低 1 卖空。然而，他们可能会好奇市场是否开始进入交易区间，因为这是其第二次试图反转上涨，然后他们可能猜测 K 线 26 实际上是否是即将形成的交易区间的底部的高 2，而 K 线 24 形成高 1。他们依然会在 K 线 27 低 1 的下方卖空，但是并非因为它是低 1。他们卖空是因为他们将其看作下跌趋势中的失败高 2，他们知道在强劲的 K 线 26 反转 K 线之后，高 2 将会套住一些多头。

由于市场在 K 线 25 时处于强劲的下跌趋势，因此你不能在前一根 K 线的高点上方买入，你可以在前一根 K 线（K 线 24）的高点上方卖空，并且你可以在 K 线 25 的下方加仓。

本图的深入探讨

图 17.1 中的 K 线 1 试图成为大幅跳空日的开盘上涨趋势的趋势起点，但是在下一根 K 线时它就失败了，成为一个多头陷阱（将多头套在亏损交易中）。由于下跌反转 K 线向上越过 K 线 1 并转为下跌，其可以被认为是一个失败的高 1，这使得 K 线 2 成为一个高 2 多头建仓形态，但是在多头陷阱之后，在考虑再次买入之前，最好是等待第二腿下跌，并至少出现一个良好的上涨实体。同时，下跌至 K 线 2 的行情是一个微型通道，而突破通道的行情很可能出现回调，因此在准备买入之前最好等待回调出现。不要担心这种不明确的数 K 线，而是专注于寻找两条腿的调整来买入。这里值得注意的是，很多时候当一个交易日的第二根 K 线向上越过第一根 K 线之后市场反转下跌时，第二根 K 线经常成为高 2 买入建仓形态中的高 1，如果建仓形态看起来不错，你应该做好准备在高 2 买入。尽管 K 线

2高2的提供了一笔有利可图的刮头皮交易，但是如果K线2是一根上涨反转K线，其将是一个更强的买入建仓形态，尤其是当其低点低于移动平均线的时候。

K线20是一轮至均线的两条腿调整（两根K线之前的上涨趋势K线是第一段上涨），因此是一个合理的卖空建仓形态。然而，市场在两根K线之后的K线21向上越过入场K线和信号K线，这形成了第三段上涨，套住在失败的低2买入的多头，并将在K线20卖空信号K线的高点上方卖空的空头清扫出局，这是一个楔形熊旗的案例。每当市场运行于均线下方时，交易者就寻求做空，当多空双方都被困时，卖空信号成功的概率升高。多头会自行止损出局，他们平仓时的抛售将有助于推动市场进一步下跌，刚刚被止损出局的空头现在将陷入恐慌而愿意追逐市场的下跌，加剧抛压。

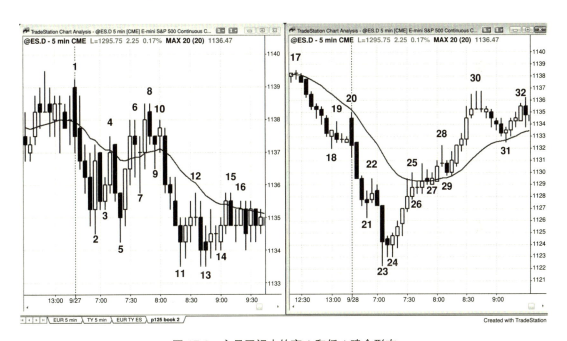

图17.2 交易区间中的高1和低1建仓形态

如图17.2所示，左图中的高1和低1建仓形态在交易区间中形成，因此不是好的交易，而右图中的建仓形态则处于明显的上涨和下跌趋势，因此是出色的建仓形态。仅仅因为市场有一轮强劲急速拉升和一个高1买入建仓形态并不意味着你应该买入，并且除非有强劲的下跌趋势，否则绝不要在低1卖空。

至K线7时，市场已经出现五次反转，该区间较小，大多数K线与之前的K线交叠，当日处于交易区间，显然不是强劲的上涨趋势。两根上涨趋势K线形成一轮始于K线5的更低低点的强劲急速拉升，其向上突破K线4的更低高点。多头希望当日向上突破并形成一轮上涨趋势，若非市场惯性其或许可如愿。趋势倾向于持续，而反转通常失败，交易区间保持盘整，而突破试图通常失败。K线7是一轮强劲急速拉升后的高1买入建仓形态，但是其处于一个交易区间日，还有一根十字线信号K线，代表双边交易。这是一个糟糕的买入建仓形态，实际上激进的交易者预期其会失败，并在K线7的高点及其上方用限价订单卖空。

K线9是均线上方的高2建仓形态，并且处于交易区间之中，因此很可能会失败。

K线11是一轮急速下挫中的第四根下跌趋势K线，其向下突破并创出当日新低。然而这是一个交易区间日，有可能发展成一个趋势日，但是目前还不是，因此当日低点处的低1很可能会失败，尤其是在有一根十字线信号K线的情况下。激进的多头在K线11的低点或其下方买入，预计空头将会被套。

将这些建仓形态与右图中的做对比。市场从开盘起就处于趋势，由三根影线短且很少交叠的大型下跌趋势K线构成，大幅向下突破昨日的低点，这是一轮明确且强劲的下跌趋势，并且非常紧急。K线22是一轮单K线的回调，交易者在该低1卖空建仓形态的下方激进卖空。实际上交易者非常确信市场将跌破急速下挫的低点，因此很多人在K线21的高点及其上方设置限价订单卖空。

还有一轮抛售高潮跌至当日低点，其后通常有一轮两条腿的调整，有时候是趋势反转。

图17.3 数K线有时很难

六根上涨趋势 K 线构成一轮上涨至均线的行情，其 K 线之间很少交叠，具有大型实体和短影线。买盘紧迫，所有人都在等待这一轮潜在的新上涨趋势中的强劲急速拉升的回调。K 线 26 有一个单 K 线的停顿，形成了一个出色的高 1 多头。

图 17.3 是比较难数的一天（但是比较容易交易），显示了数回调中的众多玄机。第一腿陡峭且其调整仅为几根 K 线（如至 K 线 2 的停顿），然后形成一个高 2 建仓形态，在一两根 K 线后（如 K 线 3 处）又形成一个，没有重大趋势线将要被突破，因此你不应该在高 2 买入，这很可能是一轮下跌趋势而非交易区间或上涨趋势的回调，因此你不应该在高 1 和高 2 买入。

尽管市场两次试图上涨，但是第一次太过疲弱。你总是希望市场在你的买入建仓形态之前有强势表现，否则假设市场依然处于第一腿下跌。如果 K 线 3 后的 K 线上涨越过 K 线 3 的高点，其将是一个激进的多头入场点，但是如果第一腿下跌（高 1）后的上涨能够展示更多力量会更好。

在市场穿越趋势通道线并反转上涨之后，其有时候会再次下跌并形成高 3，这是楔形反转（三条腿和突破趋势线通道线失败），在 K 线 4 处就形成一个。注意 K 线 2 和 K 线 3 均未向上越过其前一根 K 线的高点，但是它们都终结了一轮小型下跌。在 1 分钟图上，几乎一定有一轮清晰的行情和小型调整上涨，构成 5 分钟图上的上涨趋势 K 线。

K 线 4 是一根高 3 多头入场 K 线，也是一根下跌趋势 K 线。由于它只是上涨中的第二根 K 线，而楔形底后的上涨通常至少有两腿上涨，因此它不是一个好的低 1 卖空建仓形态。记住，这些反转试图出现在较长且较强的趋势线突破后更加可靠。如果前面一腿行情中没有重大趋势线突破（如 K 线 2 的反转试图），那么下一腿行情中的反转试图将没有很大的说服力（K 线 3），你在买入之前应该等待额外的价格行为，如 K 线 4 的楔形底。

K 线 5 可以被看作是一个低 1 或低 2，但是当市场从高潮底部（楔形是一种高潮）调整上涨时，在你寻求再次卖空之前，确保给市场的横盘向上调整的空间。关于如何才算是充分调整，没有严格的标准，但是总体来说，调整应该至少有清晰的两腿行情，并且至少有楔形一半多的 K 线。这一轮抛售也是一轮急速与通道的下跌趋势，因此上涨行情应该至少测试通道的起点 K 线 2 附近。

严格来说，K 线 6 是一个低 2，但是由于在低 1 没有重大趋势线突破，因此你不应该卖空。市场依然处于窄幅交易区间，因此你也不应该寻找低 1 或低 2 卖空。通道在进行过程中通常有多轮回调，但是在出现突破和反转之前，通常至少有三条腿。K 线 7 是第三段上涨。它是均线测试的第二个卖空入场点，其与通道的顶部 K 线 2 形成双重顶，并且它是一个双

K线反转中的第一根K线，在其后面的下跌趋势K线下方卖空是一笔合理的交易。不过，由于市场自K线6开始就处于窄幅交易区间，因此并没有很多交易者在交易，反而他们应该会等待突破，然后再开始寻找交易。

K线8是一个高1，但是其发生在一轮弱势上涨顶部的六根盘整K线之后，而不是发生在一轮强劲急速拉升中。

尽管K线11是一个高1变体，但是因为它并未向上越过前一根K线，因此它也是一个均线下方的低2卖空建仓形态。低1卖空建仓形态是两根K线之前的双K线反转，其也形成一个失败的高2（K线10是高2入场K线），它是市场第二次试图让K线10高2多头失败，大多数在K线10上方买入的交易者会在这第二次失败时离场，这也是均线下方的低2卖空有效的原因之一。这里正好是过早入场的多头将会离场的地方，随着他们的清仓，抛压加剧，并且他们在至少一两根K线之内不会再次买入。

K线12是一根上涨反转K线，也是一个交投淡静日中的高2（K线11是高1），并且还是当日的新低，使其成为一笔高胜率的交易，至少对于刮头皮而言。如果没有高1，下跌行情将有约六根下跌趋势K线，交易者在考虑做多之前要先等待突破回调（二次入场）。K线12是一轮较大的两腿回调中的一轮等距行情的终点（接近），其第一腿在K线10结束；还是从当日高点开始的一轮更大的等距行情的终点，其第一腿在K线4结束。最后，K线12还是一个下行趋势通道过靶后的反转上涨。这根线并未显示，但是其锚定K线10前一根K线的低点，是从K线7开始的下降趋势线的平行线。

K线13可以是一个窄幅交易区间的起点，因为它是连续第三根小型十字线。两根K线之后，窄幅交易区间明确，因此大多数交易者不应继续通过数K线寻找建仓形态。然而，交易老手可以将K线13看作第一段下跌，接下来四根K线中的两根下跌K线则是两外两段下跌，然后他们可以将这个窄幅交易区间看作一个楔形牛旗（在第18章中探讨），然后准备买突破，预计在强劲的K线12急速拉升之后形成一个上行通道。由于至此当日基本还处于交易区间，而这个窄幅交易区间又处于当日区间的中点，因此数K线并不可靠。不过，由于刚有一轮强势急速拉升，在一根上涨趋势K线的上方买入很合理，而不论数K线如何。

K线14是一个低2，终结了第二腿上涨，始于K线12的急速拉升是第一腿上涨。它还与K线7形成双重顶熊旗，因此是市场第二次（试图上涨至当日高点而失败）。在一个缺乏趋势的交易日中，在双重顶熊旗之后，你应该寻找两腿下跌。第一腿在K线15的高1结束，后面有两小腿上涨，在移动平均线处的K线16低2结束。

第二腿下跌在K线17的高2结束，但是K线17是一根下跌趋势K线之后的下跌趋势 K 线，其前面是至 K 线 15 的第一腿下跌，且第一腿非常强劲。K 线 17 依然是一个有效的买入，但是其不确定性产生了 K 线 18 高 2 处的第二个入场机会。第二入场的出现是因为有很多交易者对第一入场感到非常不舒服，这让他们等待第二个建仓形态。只看实体的话，它也是一个内内形态的变体。在后面的章节中，你将学到其也是一个双重底回调做多的建仓形态。K 线 17 与 K 线 15 的前一根 K 线或后一根 K 线形成双重底，而 K 线 18 之前的盘整 K 线是回调。

　　K 线 19 的低 2 之前有强劲的上涨动能，但是其依然是一个有效的卖空点。不过其导致 K 线 20 处的五跳点失败（在后文中阐述；意思是始于 K 线 19 的下跌行情只有五个跳点，因此很多空头依然被套，未能获得刮头皮的盈利）。

　　K 线 20 形成一个失败的低 2，其套住了空头，因此是一个好的入场点，尤其是当上涨动能强劲时。当一个失败的低 2 形成时，后面是低 3 楔形或低 4。它还是区间内均线上方的高 2，但是市场正处于一轮急速与通道趋势中的通道阶段，因此是一个顺势买入建仓形态，即便其依然处于交易区间的顶部下方。

　　由于始于 K 线 20 的急速拉升如此强劲，市场很可能至少还有两腿上涨，因此在 K 线 21 的高 1 买入是一笔可靠的交易。这一腿下跌有可能演变成一轮两条腿的回调，出现一根低点低于 K 线 21 低点的 K 线（形成一个高 2 买入建仓形态），但是其几率不大，只因市场太强。

图 17.4　SDS 在分析 SPY 时有用

图 17.4 中的左图是五分钟 Emini 图，右图是五分钟 SDS 图，这是一个交易所交易型基金（ETF），其与 SPY（与 Emini 对应的 ETF）反向，但拥有两倍杠杆。在 Emini 图上，市场在 K 线 1 跌破上升趋势线，然后在 K 线 3 以更高高点测试了旧的趋势高点，之后在 K 线 5 形成一个高 2。这可能是趋势反转，下跌动能强劲，且 K 线 4 处的高 1 疲弱，其刺破从 K 线 3 高点开始的微型趋势线而立即反转下跌，显示多头疲弱而非强劲。在 K 线 5 的高 2 买入将很不明智，除非其显示出非比寻常的强势，如拥有一根强劲的上涨反转信号 K 线，并且没有之前的双 K 线急速下挫。同时，信号 K 线太长，迫使交易者在弱市中追高，而且信号 K 线是一根十字线，几乎完全处于前两根 K 线之内（两者均为下跌趋势 K 线）。

当有三根或更多 K 线大面重叠且其中一根或多根 K 线为十字线时，发起交易之前最好先等待更多的价格行为。多空双方势均力敌，任何突破都很可能会失败（如 K 线 5 处的高 2 买入信号），显然你不应该在其高点上方买突破，尤其是在下跌行情中。大多数交易区间为顺势，而其以前的行情为下跌。

每当你怀疑一个信号是否足够强劲时，从不同的角度研究图表会有所帮助，如使用线条图或者反向图。总体而言，你感觉需要进一步研究的事实已经告诉你，这不是一个明显且强劲的信号，因此你不应该做这笔交易。

即便你禁不住诱惑想要在 Emini 图的高 2 买入，但是没有人会想要在右边 SDS 图上的 K 线 5 低 2 卖空，因为其上涨动能如此强劲。由于这两张图实际上只是对方的反向图，因此如果你不会在 SDS 上买入，那么你也不应该在 Emini 上卖空（疑似原文反了，Emini 买，SDS 卖）。

注意 Emini 上的 K 线 7 是一个高 4，其通常是一个可靠的买入信号。然而，在高 1、2 和 3 均未有上涨力量的情况下，你不应该做这笔交易。仅凭数 K 线并不足够决策，你需要市场在之前表现出强势，以一轮相对较强的行情突破至少一根小型趋势线，这是一个由急速下挫和楔形通道（K 线 4、5 和 7 终结三段下跌）构成的高 4 的案例。

注意之前有一轮强劲的上涨趋势，在市场突破上行趋势线之前，低 2 卖空是糟糕的交易，并没有强劲的下行动能，但是市场盘整约 10 根 K 线，显示空头足够强势而能够长时间牵制住多头。这种空头力量的展现十分必要，让交易者有信心在市场突破最终旗形而涨至 K 线 3 的当日新高时卖空。

K 线 4 是 Emini 图上的一个可以接受的微型趋势线卖空，尽管当日在此之前是一个上涨趋势日。在至 K 线 3 更高高点的最终旗形形成后，你需要考虑趋势或已转为下跌。这种类型的反转之后应该至少有两腿下跌——多空双方均会有此预期。同时，入场点位于均线上方，这也是你在低1信号K线下方卖空时所希望看到的。

一旦市场似乎处于下降趋势且下跌动能良好，你就可以通过在前一根K线的高点或其上方几个跳点处设置限价订单而卖空高1、2、3和4。K线4、5和6是这类卖空的入场K线的案例，它们也是在其低点下方一个跳点处卖空更多的信号K线。

图17.5 失败的低2经常最后成为低4卖空

如图17.5所示，K线2是一个失败的低2，因此预计还将有一条腿或两条腿的上涨。尽管K线2上方的突破并不强劲，但是上行通道太过紧凑而不能在低3卖空。一个低4终结了熊市反弹，另一个则终结了至当日低点的抛售。K线A的高1出现在前一腿的低4之前并不影响。

K线1是一个微型趋势线低1卖空，适合刮头皮。然而，美太平洋时间早上8：00的小型十字线和低1卖空点的十字线信号K线则意味着市场可能正进入窄幅交易区间，这使得这笔交易充满风险，不做这笔交易很可能会更好。

K线B是一轮强劲行情穿过均线后的均线回调低1卖空的经典案例，它还是一个微型趋势线突破失败的卖空。

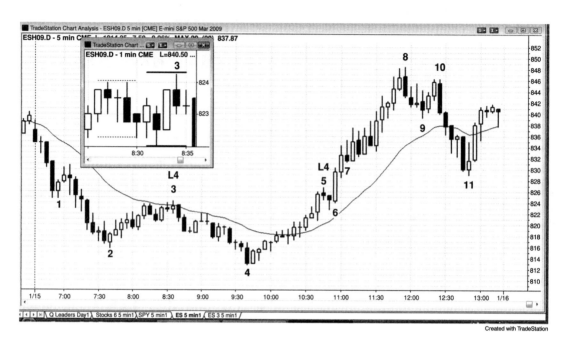

图 17.6　失败的低 4

如图 17.6 所示，两个失败的低 4 展示了重要的观察。触发 K 线 3 卖空入场的低 4 建仓形态有一根小型十字线。在这种情况下，总是将止损放在信号 K 线高点上方两三个跳点处，因为在你建立空仓之后，市场经常迅速拉升至信号 K 线上方一个跳点处来扫止损，正如这里所发生的。查看 1 分钟图的插图，5 分钟图上的信号 K 线由虚线间的五根 1 分钟 K 线构成，而入场 K 线由实线间的五根 K 线构成。你可以看到，市场在入场 K 线的第二分钟触发卖空，但是在抛售跌至 K 线 4 之前，在第四分钟上涨越过信号 K 线一个跳点。

第二个低 4 由 K 线 5 的建仓形态触发。始于 K 线 4 的上涨几乎全是上涨趋势 K 线，而之前市场突破一根重大下降趋势线后在 K 线 4 形成更低的低点。趋势已经转为上涨，你不应该继续寻找熊市反弹，也不应该寻找低 1、2、3 和 4，它们是交易区间和下跌趋势中的建仓形态，尤其是在始于 K 线 4 的上涨行情缺乏做空力量时，如上升趋势线未被突破时。实际上，不是寻找反转来卖空，而是应该寻找回调来买入，你甚至可以在 K 线 5 的低点或其下方设置限价订单买入。看一下低 4 在入场后一根 K 线失败时发生了什么，不出所料，所有人最终都接受了这是牛市的现实，市场迅速拉升至 K 线 8，其约为 K 线 4 至 K 线 5 的整个低 4 形态的等距行情。突破在突破点（K 线 5 高点）和突破回调（K 线 7）之间形成一个测量缺口（这种类型的测量缺口在第六章的缺口内容中探讨）。

注意K线7是市场三次试图转回下跌中的第一次，因此它成为后面的上涨回调的磁体。它是失败的K线4上方的双K线突破急速拉升后的上行通道起点。至K线11的两腿下跌（在市场突破上升趋势线并形成K线10的更低高点之后）触及之前的三根下跌反转K线的低点下方，这很常见。在如此强劲的上涨面前，很难相信市场会跌回这些价位，但是如果你知道如何解读价格行为，不跌回反而会让你更加惊讶，尤其是在这样的高潮上涨之后。K线7后是一个窄幅交易区间，但这处于一轮强劲的上涨趋势。尽管这个窄幅交易区间让数K线的可靠性降低，但是鉴于这是强劲的上涨趋势，交易者应该寻找机会在上涨K线的上方买入，并将保护性止损设在信号K线的低点下方。

顺便说一下，K线7和接下来四根K线中的两根下跌反转K线构成三段下跌。当一轮由两根上涨趋势K线构成的突破让其失败时，楔形上方出现另一个测量缺口，引发一轮等距上涨，而当日高点越过其目标几个跳点（失败的楔形经常引发等距行情）。

在K线8的数根K线后有一个高1买入建仓形态，尽管其位于一轮强势急速拉升并处于一轮上涨趋势中，但是其发生在一轮买入高潮之后，因此并非一个好的买入建仓形态。在K线6的双K线急速拉升之后，市场进入一个抛物线状的上行通道。

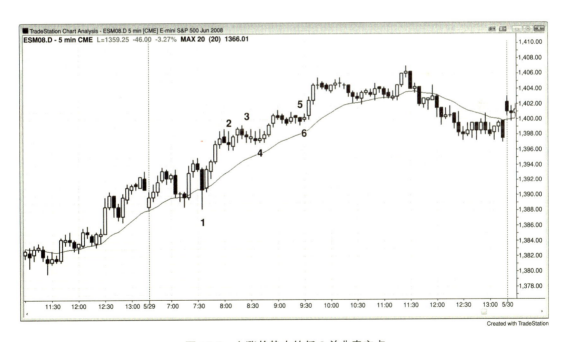

图 17.7　上涨趋势中的低 2 并非卖空点

　　如果之前没有强势趋势线被突破，那么低 2 建仓形态并不是逆势交易的充分理由。实际上，它几乎总是会失败并成为一个绝佳的顺势入场点，如高 2 买入，正如在图 17.7 中的 K 线 4 和 K 线 6 上所发生的，低 2 是交易区间或下跌趋势中的建仓形态而绝不是在上涨趋势中，而这是一轮上涨趋势，因此交易者不应该寻找低 2 建仓形态。在一轮强劲的上涨趋势卖空之前，你首选需要看到空头愿意激进行动。你要在他们第二次试图压低市场时卖空，而不是第一次，因此第一次通常失败。当上涨趋势非常强劲时，你甚至可以考虑在前一根 K 线的低点下方买入，预计任何低 1 和低 2 都会失败。举例而言，你可以在 K 线 2 的前一根反转 K 线下方设置限价订单买入，或者你可以在 K 线 5 跌破其前一根 K 线的低点时买入，预计低 2 会失败。总体来说，在前一根 K 线的高点上方用停损订单买入更加安全；但是当上涨趋势强劲时，你基本上可以在任意时间以任何理由买入。在前一根 K 线的低点下方买入符合逻辑，因为你预期大多数反转试图都会失败。

　　至 K 线 4，市场处于窄幅交易区间，因此数 K 线变得混乱。这时候你应该忽略它，既然上涨趋势如此强劲，但是只要在任何上涨 K 线的上方停损买入就行，如 K 线 4 的下一根 K 线。

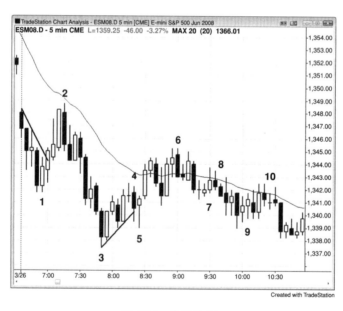

图 17.8　失败的低 2

　　如图 17.8 所示，今天市场跳空下跌突破，然后突破回调至均线略下方的 K 线 2 双重顶，之后又创出新低。至此，交易者并不知道至 K 线 3 的两腿下跌是行情终结还是中继（第一腿是从昨日的收盘价跌至K线1）。尽管K线4的低2卖空完成了刮头皮的盈利目标，因此从技术上来说其不算失败，但是市场向下突破趋势线而反转上涨，使其很可能表现为失败的低2，市场至少还有两腿上涨，然后试图形成一个低4卖空建仓形态。

K线4的低2卖空有几个问题。首先，其发生在趋势线突破之后（上涨至K线2的行情），意味着K线3可能是当日的低点（糟糕的卖空点位），因为当日的高点或低点通常在第一个小时内形成；其次，该低2距离均线太远，因此并非好的均线测试。通常第二次均线测试要比第一更接近均线或穿越幅度更大，而K线2处的第一次测试显然更近。除非回调触及或进入均线的一个跳点范围之内，否则很多交易者会对顺势入场感到不舒服。如果在此之前就开始反转，市场就少这些空头的支持。

K线6形成一个低4建仓形态，并且是均线之上的第二段上涨。然而，在这一轮上涨中有很多相互交叠的K线和多根十字线，显示多空双方基本势均力敌，不太可能出现大幅度的快速下跌。因此，对于喜欢盈利潜力大的高胜率交易的交易者而言，这时候可能不值得交易。解决方案？或者是等待更多的价格行为，如果你足够耐心，好的建仓形态总会出现，或者是现在就卖空，但是做好准备忍受回调，如入场后一根K线的那一轮。

K线9是连续第五根重叠K线，而此时市场处于窄幅交易区间。窄幅交易区间中的数K线的不确定性太高，因此在突破之前，大多数交易者都不应该据此交易。

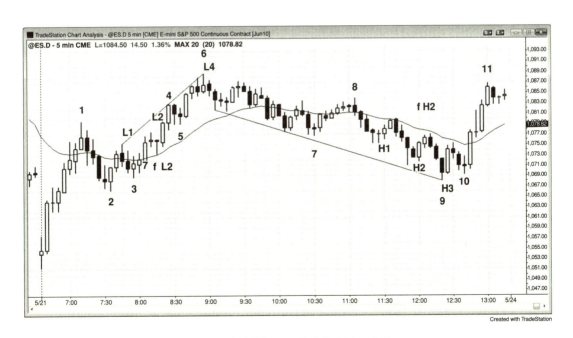

图17.9　失败的低2可能演变成低3或低4

　　根据失败的低 2 后的上涨动能不同，其可以形成楔形顶（低 3）或低 4 顶。有时候可以直接变成一轮上涨趋势。如图 17.9 所示，对失败低 2 的上行突破由两根具有大实体和小影线的上涨趋势 K 线构成，而始于 K 线 3 的上涨行情处于一个窄幅通道其正是开盘至 K 线 1 的强劲急速拉升后的通道。同时，低 2 在单独一根 K 线后就反转上涨，这种强劲的上涨动能使得在 K 线 5 的内内形态下方卖空的风险过大。有理由预计该低 2 会失败，因为它处于上行通道的初期阶段，而通道经常有回调套住选错方向的交易者。目前多头强势，表现在通道的紧凑程度，上涨趋势 K 线的数量，以及相邻 K 线之间较少交叠。这些是稳健上行通道的表现，因此预计低 2 会失败。

　　尽管市场并未跌破 K 线 5 而触发低 3，但是其依然是从 K 线 2 开始的第三段上涨，因此其与低 3 起到同样作用。由于突破的动能强劲，因此预计至少还有两腿上涨。K 线 6 的前一根 K 线向上小幅刺破趋势通道线并以下跌收盘，而 K 线 6 再次测试边界线。这是一个合理的低 4 卖空建仓形态，预计至少会有两腿下跌。

　　当日的晚些时候，高 2 失败，但是市场在高 3（楔形形式）而非高 4 后反转上涨，始于高 1 和高 2 的上涨均持续数根 K 线，显示多头有些力量。尽管失败高 2 的下行突破强劲，但是它是一轮衰竭性抛售高潮。急速下挫中的 K 线实体越来越大，这是衰竭的迹象，并且其发生在通道趋势线上并处于 K 线 2 的低点区域。由于 K 线 2 是上行通道起点，因此预计其将被测试，正如这里发生的。测试之后，市场通常至少上涨至正在进行的交易区间的 25% 高度。由于至 K 线 9 的三 K 线急速下挫展示了强劲的下跌动能，因此可能至少还有一腿下跌。由于抛售高潮，出现至少两条腿的调整至上涨的概率更大，这使得在 K 线 10 的更高低点买入是一笔高胜率的交易，尤其是在市场测试了 K 线 2 的上行通道底部之后很可能形成交易区间的情况下。

本图的深入探讨

　　如图 17.9 所示，今日以失败的突破开盘，市场在向下跳空突破之后反转上涨。出现了一根强劲趋势 K 线的急速拉升，然后是一个窄幅通道上涨至 K 线 1，整段行情很可能是更大时间框架图上的一轮急速拉升。当动能如此强劲时，回调之后出现第二腿上涨是大概率，因此一旦市场回调至 K 线 2 的上行道起点区域时，有理由寻找买入建仓形态。

　　这也是一轮开盘上涨日的趋势，K 线 2 是第一次回调做多的建仓形态，K 线 3 是 K 线 1 至 K 线 2 的牛旗突破后的突破回调买入建仓形态。

交易者认为从 K 线 6 开始的整轮下跌很可能是上涨趋势中的回调，其高 2 足够接近于底部，但是交易者并不确定。不管哪种情况，他们都准备买入，同时注意到从 K 线 6 高点开始的每一个新低都很快被反转。交易者在买新低，因此买家在整个下跌过程中都很活跃。尽管从失败的高 2 开始的下跌强劲，但是有三根逐步扩大的下跌 K 线，是一轮小型抛售高潮。交易者可以在 K 线 9 的上方买入，假定 K 线 9 的低点将会守住（楔形低点），但是最好是等待回调，它出现在 K 线 10 的更高低点，随着开盘时的多头恢复买入，收盘之前出现一轮强劲上涨。

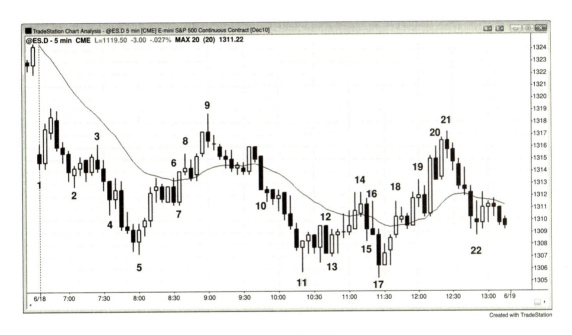

图 17.10　高 2 变体

如图 17.10 所示，K 线 16 十字线在顶部有一根很长的上影线，显示市场在该 K 线内上涨并下跌。那轮上涨是第一腿下跌的结束，因此 K 线 17 应该表现为高 2，这里确实如此。

K 线 12 是均线下方的低 2 卖空建仓形态，但是市场正在形成一个交易区间，因此这不是一个可靠的卖空。实际上在 K 线 12 的低点买入更有意义，但只有交易老手才会尝试。每当均线略下方出现一个卖空信号，而信号 K 线很长且大多数时候与两根或更多 K 线交叠时，市场就处于一个小型交易区间，在其底部卖空通常是一种输钱策略。

本图的深入探讨

图 17.10 的交易日以大幅向下跳空开盘，因此是一个下行突破。尽管 K 线 1 是一根下跌趋势 K 线，但是其依然可以是开盘上涨趋势日的一轮趋势中的第一根 K 线，不过如果它是一根上涨趋势 K 线，可能性会更高，交易者因为突破失败上涨而在 K 线 1 的高点上方买入。上涨仅持续两根 K 线，然后根据突破回调卖空和开盘下跌日的可能趋势，空头在第二根上涨趋势 K 线和双 K 线反转（下跌入场 K 线的低点）的下方卖空。大幅向下跳空增加了其成为下跌趋势日的几率，交易者应该尝试把握所有合理的卖空建仓形态来卖空一轮波段下跌。

K 线 4 是当日的第三段下跌，但它是一轮急速下挫中的第三根 K 线，因此并非是一个可靠的做多信号 K 线，交易者在做多之前应该等待市场突破并回调。下一根 K 线是一根上涨趋势 K 线，其向上越过 K 线 4 并形成一个双 K 线反转，但是市场并未越过这两根 K 线的顶部，而是向下突破。K 线 2 之前的三根下跌 K 线有强劲动能，因此很多交易者会重新数 K 线，并认为 K 线 2 是第一段下跌。

当 K 线 4 形成时，一些交易者认为其是第三段下跌，而另一些人则认为只是第二段下跌，没有人知道哪一方正确。疑惑之时，置身事外，等待第二信号。

K 线 5 是一根上涨趋势 K 线，也是一个双 K 线反转中的第二根 K 线，它还是一轮始于 K 线 2 急速下挫的通道中的第三段下跌。急速行情通常是第一段行情，正如本例。此时，急速与通道的多头买入，预计还有两段上涨，而从 K 线 2 的急速拉升重新数 K 线的楔形交易者也在第三段下跌中买入。猜测 K 线 4 是否为第三段下跌的交易者在寻找突破回调，然后发现了 K 线 5 是更低低点的突破回调，此时所有的交易者均相信这些因素在起作用，因此很可能出现一轮两腿上涨。

K 线 5 后是一轮至均线的四 K 线急速拉升，并且这有可能是第一腿上涨的终点。

K 线 6 是一个低 2 卖空建仓形态，但是考虑到很可能有第二腿上涨，因此最好不要刮头皮卖空，而是寻找一个更低高点的多头建仓形态或该牛旗的突破。K 线 6 和之前的第二根 K 线是下跌 K 线，形成两小腿下跌，因此它们在 K 线 6 的高点上方形成一个高 2 买入。

K 线 8 是一根小型十字线，但是其可能是那个结束于 K 线 6 的四 K 线牛旗的失败突破的最终旗形卖空建仓形态。然而，从 K 线 5 至 K 线 8 的上涨处于一个相当紧凑的上行通道，因此 K 线 8 是否为第二腿上涨并不明确，疑虑之时，等待第二信号。K 线 8 之后的 K 线是一根下跌趋势 K 线，对于空头而言是一个好的卖空点，不过他们会在该下跌趋势 K

线的上方买回空仓。很多交易者在K线6的上方做多，因为这里有空头被套，其现在也是一个失败的低2，而K线6是第一段下跌。

K线9是一根反转下跌K线，它是第二个均线缺口K线和看跌楔形的顶部，K线8是第一个建仓形态。从K线5开始的急速拉升顶部是第一段上涨，K线8是第二段。楔形反转通常至少有两腿下跌，正如本例，第一腿在K线11结束，第二腿在K线17结束。从K线5的楔形底部寻找两腿上涨的交易者如愿，从K线5开始的上涨为第一腿上涨，从K线6底部开始的通道上涨是第二腿上涨。

K线10之后的三根K线试图与K线7的上行通道底部形成双重底，但是以失败告终。

K线10是一轮急速下挫，后面市场以高潮通道跌至K线11。

K线11是一根十字线，但是其发生在市场从K线9急剧下跌之后，由于下跌动能强劲，市场在反转上涨之前很可能会先盘整。

K线12是一个低2卖空，但是其为一根大型信号K线，并且其之前的三根K线大面重叠，因此这很可能是一个空头陷阱而不是一个好的建仓形态。失败的低2导致一轮六K线的急速拉升涨至K线14，但是相邻K线之间交叠很多，并且上涨行情处于一个非常紧凑的通道。尽管通道向上倾斜，但是其紧凑程度提高了下行突破不会走很远而市场将被拉回至通道区域内的几率，因此这可能是一个最终旗形，有可能引发上涨反转。

市场急速下挫至K线17，而K线17是一根大型下跌趋势K线，因此这是一轮抛售高潮。

后面的上涨孕线是一轮至少两条腿的上涨的出色建仓形态，依据是最终旗形反转，当日第三段下跌（其与K线5和11构成一个大型楔形牛旗），以及向下突破开盘低点K线5后的第二次试图以更低低点反转上涨。

K线17也是一个缩减阶梯形态，因为它跌破K线11两个跳点，而K线11跌破K线5六个跳点，这是下跌趋势丧失动能的迹象。

K线19是一个低2建仓形态，但是对于卖空而言，上涨动能太过强劲而信号K线太过疲弱。入场K线是一根强劲的下跌趋势K线，但是市场立即反转上涨，敏锐的交易者会预料到低2失败，他们在这根下跌入场K线的上方做多。

K线20是从K线17低点开始的第三段上涨，也是一根强劲的下跌趋势K线，但是卖空从未触发。还有一段上涨至K线21，而反转下跌被一些交易者视为低4，被另一些交易者视为楔形顶，而K线18是其第一段上涨，K线19则是第二轮。还有交易者则将其视为一个大型的低2，K线14是其第一段上涨。

图 17.11　高 2 变体

如图 17.11 所示，K 线 3 和 K 线 4 在一个上涨波段中形成一轮两腿调整，尽管 K 线 3 的下一根 K 线是牛腿的终点，但由于这是一轮两腿调整，因此 K 线 4 是一个高 2 做多信号 K 线。

K 线 7 是一根下跌趋势 K 线，因此并不是一个可靠的高 1 信号 K 线，但是 K 线 8 与其形成一个双 K 线反转，你在 K 线 8 的上涨趋势 K 线上方买入的成功率要高于在 K 线 7 的下跌趋势 K 线上方买入。尽管一些交易者将 K 线 7 看作 K 线 3 的第一腿上涨后的低 2 入场，但是上涨行情如此强劲，这可能依然是一轮上涨趋势，因此在低 2 卖空是一笔低胜率的交易。

K 线 8 是一个失败低 2 的买入建仓形态和一个高 1 做多点。

一些交易者可能会在 K 线 9 的下方卖空，但是上行通道如此陡峭，信号 K 线也太过疲弱，此时不能卖空。

K 线 10 是一个高 2 做多点（K 线 8 是高 1），因为它出现在市场两次试图在当日高点（K 线 7 和 K 线 10）抛售之后。两次试图下跌与两条腿的调整一样，因为它不仅是一个高 2 做多建仓形态，还是一个失败低 2 的买入建仓形态，并且很可能有空头被套，他们在 K 线 10 的上方买回空仓。同时，一些在 K 线 8 信号 K 线卖空的空头可能会容忍一段上涨，但是几乎所有人都会在第二段上涨中回补空仓，这也是高 2 买入建仓形态在上涨趋势中如此可靠的原因之一。

一些交易者认为 K 线 12 是高 1 买入建仓形态，还有人则将其看作高 2 买入建仓形态，其前一根十字线显示第一段小幅下跌的终点。由于上涨至 K 线 11 的行情是一个楔形通道，其很可能会有一轮两条腿的盘整下跌调整，因此在这里买入并非高胜率的交易。K 线 12 突破了上升趋势线，后面可能形成更低的高点或更高的高点，无论哪种情况，空头都很可能会在反弹中卖空，至少会刮头皮。

以上分析都只是大概，但是其目标重要。交易者需要寻找两条腿的回调，因为它们形成出色的顺势入场点，还有不要在上涨趋势中寻找低 2 卖空建仓形态。

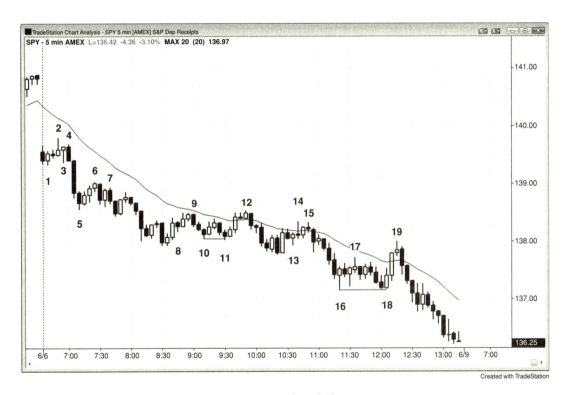

图 17.12　低 2 变体

如图 17.12 所示的 SPY 图展示了很多低 2 建仓形态的变体，但是如果你仔细琢磨，其每一个都是一轮两腿下跌调整的合理终点。由于该图明显看跌（处于下降的加权移动平均线下方），因此交易者在寻机卖空，只要与低 2 接近的建仓形态就足够好。

K 线 3 是一个低 1，其高点被 K 线 4 越过，使 K 线 4 成为第二次试图上涨，并且是下一根 K 线触发的低 2 卖空建仓形态。

K线6是一个低1建仓形态，两根K线之后出现一根上涨趋势K线，显示一腿上涨。K线7是下一根K线的卖空信号K线，尽管其入场点低于低1，其依然是一轮两条腿的调整。

K线8是一轮上行调整中的一根小型下跌孕线，因此其构成一轮小幅调整，终结第一腿上涨。K线9出现在另一根上涨趋势K线之后（实际上是两根），因此是市场第二次试图下跌，实际上也是一个均线附近的低2卖空。

K线11低于K线10，因此是上涨至K线12的行情的起点。为什么K线12顶部后的K线是一个低2？K线12的上涨外包K线在其刚形成时向下跌破前一根K线，尽管你在本图上看不到，但是你可以在1分钟图上确认（未显示），这使得K线12成为一个低1。一根外包K线在两个方向上突破了其前一根K线，你不知道它先突破哪一边，但是其实体方向通常可靠，举例而言，上涨实体通常暗示上行突破后发生，因为其收盘时方向为上。K线12的后一根K线向下突破K线12，这是始于K线11的上涨行情中第二次有K线跌破其前一根K线，因此它是均线上的低2卖空。K线12是低2卖空建仓形态也是因为K线9是第一轮上涨，K线12是第二轮上涨。

K线13是一根低1卖空入场K线（也是第一个低2，三根K线之前的下跌K线是低1），但是在两根强劲的上涨趋势K线之后，这笔交易的风险过高，因为很可能再出现一轮上行调整。

一旦出现第二腿上涨（K线14是一个更高高点，因此它很明显是一个小型的第二腿），任何低点低于前一根K线的K线都是低2卖空。K线15变成一根低2卖空信号K线，尽管它是两腿上涨的高点下方的小型波段高点（它是一轮预计至少有两条腿的下跌行情的更低高点）。同时，如下一章将探讨的，K线15也是一个基于三段上涨的楔形熊旗入场点，K线14是其第三段上涨，而K线13之前的两根上涨趋势K线是前两段上涨。

K线17是一个低2建仓形态，但是其出现在两根具有长影线的上涨反转K线之后，因此交易者开始在此区域买入，这使得在此卖空充满风险，该K线下方的买家很可能也要多于卖家。你对市场处于窄幅交易区间越加确定，你对数K线就越不确定。总而言之，在窄幅交易区间中最好不要凭借数K线而交易，除非你对自己的数K线非常有信心，而且相信其足够发起交易。

K线18与K线16形成一个双重底，也是从K线17开始的两段小幅下跌的高2。

本图的深入探讨

如图 17.12 所示，当日大幅向下跳空，因此是下行突破。第一根 K 线是一根下跌趋势 K 线，可能是当日的低点，因此它是一个可以接受的卖空建仓形态。然而，市场在下一根 K 线反转上涨成为一个突破失败的做多建仓形态，而当日可能成为一个开盘上涨趋势日。大幅向下跳空依然对空头有利，除非多头用一轮强劲的急速拉升和后续来明确掌控市场。

一旦市场向下穿过 K 线 2，市场就在当日第一根 K 线之后有了一轮急速下挫和一轮急速拉升，而当日的区间小于近期平均日区间的三分之一。这一天可能是一个趋势日，而开盘区间处于突破模式，交易者在当日高点上方设置停损买入订单以在上行突破中做多，在 K 线 1 的低点下方设置停损卖出订单来把握下行突破，向下突破 K 线 1 的大型下跌趋势 K 线显示了交易者的卖空有多激进。抛售很可能要归功于美太平洋时间早上 7∶00 的报告。然而，更可能发生的情况是机构早就计划在今天卖空，而大客户因为看跌报告而临时决定卖空却不大可能。机构已经决定寻机卖空，但是希望报告引发一轮上涨，从而可以在更高价位卖空，而报告让他们确信上涨不会出现，因此他们需要在报告后卖空，并且他们当日一直卖空。

K 线 18 是窄幅交易区间的下跌趋势 K 线突破的终点，并且由于窄幅交易区间的磁力作用，其很可能会反转上涨，经常成为最终旗形。

K 线 19 是下跌趋势中的第一根均线缺口 K 线，因此是一个不错的卖空点。它是一个不错的空头陷阱案例，其经常发生在下跌趋势日的最后一两个小时，位于一轮强劲的急速拉升的顶部，其向上突破 K 线 17 的波段高点，套住多头而让空头踏空。所有的急速拉升都是高潮和突破，它们有时候会失败并导致市场反转下跌而非反转上涨。在急速拉升形成之时，担心错过一轮重大反转的情绪化交易者在第二根上涨趋势 K 线的形成过程中买入，在其向上突破 K 线 17 的更低高点时买入，以及在该 K 线收盘于其高点时买入，强势空头袖手旁观而任由多头表现。这些空头知道在当日收盘之前出现一轮上涨反转试图的概率很高，因此他们等待市场形成一根强劲的上涨趋势 K 线。一旦他们看到这根 K 线，他们相信市场无法在此处坚持很久，因此他们激进卖空，由于他们和多头都知道空头掌控当日行情，因此空头有信心将市场压至当日新低。多头刮头皮获利离场，因为他们并不相信这一轮反转上涨足以形成趋势反转，之前没有下跌趋势线被强势突破，而市场在当日任何时间都没能维持在均线上方。

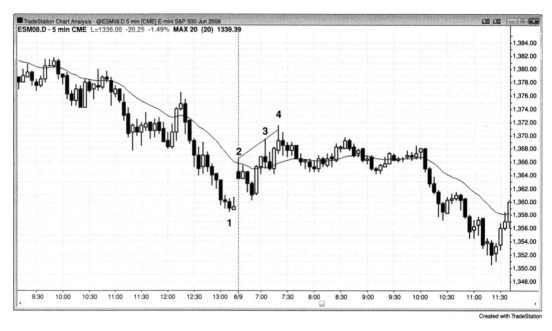

图 17.13　急速与通道形态是两条腿的行情

　　当有一轮急速与通道的回调时，急速拉升可以被看作是第一腿上涨，而通道则可以被看作第二腿。如图 17.13 所示，开盘跳空上涨至 K 线 2 是急速拉升，其也是三段上涨中的第一段。上行通道经常在调整之前还有两段上涨，整个形态在图上形成一个楔形顶。大多数形态都有多种解读，一些交易者基于某种解读交易，另一些交易者则更依赖另一种解读。一些交易者将上涨至 K 线 4 的行情视为一个楔形顶，而另一些交易者则视其为一轮两腿调整，其中跳空急速拉升至 K 线 2 是第一腿，而通道内至 K 线 4 的两段上涨是第二腿。

第18章 楔形和其他三段回调

上涨趋势中的回调是牛旗，下跌趋势中的回调是熊旗，其经常被一条聚拢的趋势线和趋势通道线包含其中。当这种情况出现且其为水平运动时，它就是一个三角形，可以向任意方向突破。然而，当它在上涨趋势中下降或在下跌趋势中上升时，它被称为楔形。和所有的回调一样，通常按趋势方向突破；和其他类型的三角形一样，它拥有至少五条腿，但是与一般三角形所不同的是，其第二腿经常越过前一个波段点。其可以是一个简单的三段楔形，也可以是一个急速行情后的通道。又可以呈现不规则形状，看上去与楔形一点不像，但是拥有三段逆势行情，这也是三角形的所有要求。或者如果倾斜，那就是楔形类型的三角形，或者直接就是楔形。

楔形回调是一个顺势建仓形态，只要市场转回趋势方向，交易者就可以在第一信号入场。楔形也可以是一个可靠的反转形态，但是与楔形回调不同，楔形反转是逆势建仓形态，因此通常最好等待第二个入场信号。举例而言，除非一个楔形顶极为强势，否则交易者应该等待市场下行突破，然后评估其强度。如果强劲，他们就可以寻找突破回调的卖空建仓形态，回调可以是更高的高点，也可以是更低的高点。如果突破疲弱，交易者应该预期其将失败，然后寻找买入建仓形态，他们可以在失败的下行突破中入场，把握上涨趋势的恢复。

如果楔形反转在上涨趋势中形成，楔形将向上倾斜，这与上涨趋势中的楔形回调向下倾斜不同。下跌趋势中的楔形底向下倾斜，与下跌趋势中的楔形熊旗向上倾斜不同。同时，楔形旗形通常是较小的形态，大多数持续 10~20 根 K 线。由于它们是顺势建仓形态，因此不需要完美，有很多难以分辨，看上去与楔形或其他类型的三角形毫不相似，但是有三轮回调。反转通常需要至少 20 根 K 线，并且明确突破趋势线才能扭转趋势。

楔形也可以在交易区间形成，当其形成时，通常享有一些楔形旗形和楔形反转的特点。如果楔形强劲，并且有明显的双边交易，那么在第一信号入场通常有利可图。然而，如果你有任何合理的疑虑，就等待第二信号。

当楔形作为趋势中的调整时，在趋势恢复后，楔形突破将逆势行为反转回趋势方向。记住，楔形通常是一轮趋势的终点，而回调是一轮小型趋势（但是与较大的趋势反向），因此可以将楔形回调与楔形反转视为一类。总而言之，如果一个楔形向右上方倾斜，不管是下跌趋势中的回调还是上涨趋势的顶部，都可以被认为是一个熊旗，即便之前并无下跌趋势，因为它通常向下突破。这是因为其突破行为和突破后续与强劲下跌趋势中的熊旗无异。如果其向右下方倾斜，则可以被认为是一个牛旗，不管它是一个真的牛旗还是处于下跌趋势的底部，其通常导致上行突破。正如后面所将探讨的，低 3 与楔形顶具有同样效果，实际上也经常是楔形，而高 3 则应被当作楔形底交易。

强劲趋势有时在中午出现一轮三条腿的回调，其持续数个小时而并没有太多动能。有时候它是一个急速与通道形态，这是一种常见的楔形回调。通道经常是平行线而非楔形形状，但是其依然是可靠的顺势建仓形态。不管你称其为回调、交易区间、旗形、三角旗、楔形还是其他任何东西都无所谓，因为具体的形状并不重要，而这些回调都具有同样的意义。重要的是，第三个波段将逆势交易者在一笔糟糕的交易之中套牢，因为他们错误假定第三腿是一轮新趋势的起点，这是因为大多数回调都以两腿结束，每当出现第三条腿时，交易者机会猜测趋势是否已经反转。

图 18.1　楔形熊旗和扩展三角形

　　强劲趋势后经常有一轮三波段的回调，通常为低动能。如图 18.1 所示，K 线 4、6 和 8 是 K 线 3 新低后的三轮回调的顶部，而每一轮回调都是一个上涨趋势波段（更高的低点和高点）。由于有很多 K 线与其前一根 K 线交叠，很多 K 线具有影线，以及有多根下跌趋势 K 线，因此上行动能疲弱，这会让交易者在每一个新高卖空。

　　还有一个扩展三角形（K 线 1、2、3、8 和 9），多头入场建仓形态是 K 线 9 之后的孕线，但这是当日最后一根 K 线。然而，下一日跳空上涨至信号 K 线上方（不要在向上跳空中买入，只有在入场 K 线开盘低于信号 K 线的高点然后才穿越你的买入停损订单时才入场），因此下一日的 K 线 10 突破回调之前没有入场点。

图 18.2　楔形熊旗

　　如图 18.2 所示，K 线 9、15 和 22 形成一个大型熊旗，并形成 QQQQ 的 5 分钟图上的三轮波段行情的中间一腿，整个形态横跨三天时间（一轮下跌趋势，之后是三段上涨，然后测试下跌趋势的低点）。尽管上行动能良好，但是相对于之前的下跌趋势较小，因此下跌趋势的低点几乎一定会被测试。低点测试发生在第三天开盘时，至 K 线 22 的楔形上涨仅仅是一个大型熊旗，在 15 分钟或 60 分钟图上显而易见。

　　K 线 4 处的楔形反转试图太小，无法形成重大反转，交易者只能刮头皮，并且仅限于市场创出更高的低点之后，然而，K 线 6 的更高低点出现太晚，当日无法交易。

　　随着市场进入大型交易区间，有很多楔形回调提供刮头皮的机会。由于市场处于交易区间，交易者可以在反转时入场，而无须等待第二信号。不过当楔形陡峭时，通常最好等待。举例而言，K线11、13和15的楔形处于一个相当紧凑的上行通道，一些交易者会选择等待在K线17的高点下方卖空，把握预计的第二腿下跌。

在市场强劲上涨至K线15之后，K线14、16和18形成一个楔形牛旗，交易者可以在K线18的上方买入。然而，由于它是连续第七根下跌K线，有些交易者会选择等待在K线20的更高低点上方买入。

图 18.3　跳空上涨和楔形牛旗

如图18.3所示，苹果的大幅跳空上涨实际上是一条陡峭的牛腿（急速拉升）。后面是三轮回调，第三轮是一个失败波段（未能跌破前低）。基于便利原因，尽管它并没有良好的楔形形状，但也可以称其为楔形。跳空上涨是急速拉升，至K线3的盘整是回调，引出上行通道，这是一个趋势恢复日的变体，其第一条牛腿是开盘跳空上涨。

本图的深入探讨

如图18.3所示，交易者在K线3入场后应该用其部分或全部多头仓位做波段交易，预计市场大体完成一轮等距上涨，其高度等于跳空急速拉升的高度（昨日最后一根K线的低点至今日第一根K线的高点）。等距行情也可以是腿1=腿2类型，K线3是第二腿上涨的底部。

图 18.4　楔形熊旗

如图 18.4 所示，雷曼兄弟控股（LEH）在 K 线 1 有一个大型反转日，其成交量巨大，被广泛报道为强劲支撑和长期底部。

K 线 8 是楔形回调（K 线 4、6、7 和 8）的终点，属于一个小型的三段形态（K 线 6、7 和 8），它还与 K 线 2 形成双重顶熊旗（K 线 8 高了 24 美分，但是在日线图上足够接近）。

K 线 1 是一轮抛售高潮，即一轮急速下挫出现一轮急速拉升。市场经常在此之后盘整，因为多头继续买入而试图创造一个上行通道，空头则继续卖空而试图创造一个下行通道。这里空头获胜，多头需要清仓，从而加剧了卖压。该股很快跌破了 K 线 1 的巨型反转 K 线，而雷曼作为美国第三大投资银行，在几个月之内破产。

K 线 1 是一个单 K 线岛形底的案例，其前面有一个衰竭缺口，其后面有一个突破缺口。

图 18.5　楔形熊旗的更高高点突破回调

如图 18.5 所示，有一轮两条腿的调整上涨至 K 线 6，其第一腿在 K 线 5 结束。K 线 5 是一个楔形，但是正如很多时候一样，它实际上有两条腿，第二腿由两条更小的腿（K 线 4 和 5）组成。上涨至 K 线 1 的行情是一轮小型急速拉升，然后 K 线 2、4 和 5 是通道内的三段上涨。始于 K 线 5 的抛售向下突破上行通道，而突破回调是 K 线 6 处的更高高点。

第二轮三条腿的调整上涨从 K 线 7 开始。不管你将其看作是三角形还是两条腿——其中一腿是从 K 线 7 至 K 线 8，另一腿从 K 线 9 至 K 线 11，而第二腿由两小腿构成。三条腿的调整在趋势中很常见，有时候它们实际上就是两条腿，第二腿由两条更小的腿构成。当其变得如此复杂时，除了趋势和市场无法在均线上方前行很远之外无需多虑。如果这些想法让你找到理由逃避下单，那就寻找卖空入场点，不要过于担心数腿。

图 18.6　急速与通道形态作为楔形牛旗

有时候回调可以是一个小型的急速与通道形态，形成一个楔形牛旗（见图 18.6）。这里先是一轮上涨，然后小幅急速下挫至 K 线 1，这是急速下挫中的第一段下跌，后面还有两段下跌。急速行情后的通道经常以三段行情结束，而这一次成为一个楔形牛旗并创下当日的更高低点。第二段上涨从 K 线 3 开始，它与从开盘低点开始的上涨几乎同样大小（腿 1= 腿 2 的等距行情）。

当第一段和第二段下跌均有强劲动能时，不要太急于在第二腿下跌后的高 2 处买入。第一轮急速下挫强劲经常意味着你应该容忍一轮可能的楔形调整，等待市场向上突破高 2 信号 K 线后的回调（这里的 K 线 2 双 K 线反转）。第二入场建仓形态可以是一个更高低点，也可以是本案例中的更低低点，其形成一个楔形牛旗。

和所有的急速与通道形态一样，其最低目标是通道起点，即 K 线 1 后的高点，这里有足够的空间刮头皮做多。市场越过最低目标并测试了开盘上涨的高点，形成一个大型双重顶熊旗，引发了一轮下跌趋势持续到收盘。

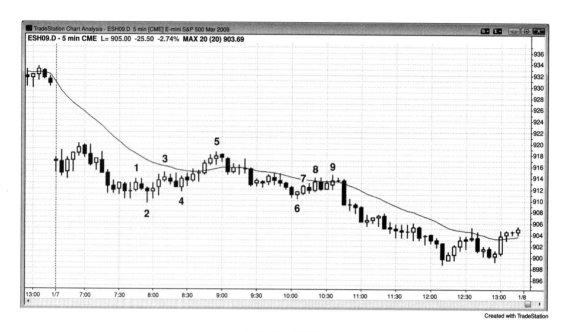

图 18.7　楔形旗

　　三段回调经常形成可靠的顺势入场点（如图 18.7 所示）。K 线 1 是一个低 2，其成为熊市反弹中的三段上涨第一段。K 线 2 低于引发 K 线 1 上涨的 K 线低点并不重要，实际上当一个最终旗形演变成更大的形态时，这种情况经常出现。这里，更大的形态是一轮三段上涨的熊市反弹，其在第一个均线缺口 K 线的 K 线 5 处结束。它也是一轮小型的急速与通道上涨趋势，上涨至 K 线 3 的行情是急速拉升，从 K 线 4 至 K 线 5 的上涨是通道。小型的急速与通道形态经常是一轮两条腿的上涨，鉴于其出现在 K 线 1 的上涨之后，这两条腿是楔形熊旗的第二腿和第三腿。

　　开盘的跳空下跌是一轮急速下挫，下跌至 K 线 2 的行情是通道。K 线 5 测试了通道的顶部，并与其形成双重顶。

　　K 线 7 至 K 线 9 形成一轮三段回调，它是一个略微上涨的窄幅通道，在移动平均线处停顿。总而言之，只有经验非常丰富的交易老手才会考虑在窄幅交易区间内下单，因为它们难以解读，压低交易胜率。

图 18.8　三段形态

在图 18.8 的 5 分钟 Emini 图上有多轮楔形回调。K 线 2、4 和 10 处的三段下跌形成一个典型的楔形反转形态，但是由于它是一轮在 K 线 1 见顶的上涨趋势中的大型调整，因此是一个楔形回调。这一轮回调持续时间够长，构成一轮小型的下跌趋势，但是这一轮下跌趋势仅仅是一轮较大的上涨趋势的回调。

K 线 5、7 和 9 是通道内的三段上涨，并且形成 K 线 3 至 K 线 4 的强劲下跌的回调。你可以使用 K 线极点或实体顶底部来画线。由于楔形回调的形状经常不规则，因此不精确的趋势线和趋势通道线是惯例而非特例。

K 线 12、14 和 16 在一轮始于 K 线 10 的上涨行情的盘整调整中形成三段下跌，三角形是三段形态的一种形式。注意 K 线 13 的高点越过 K 线 11 的高点，第一段下跌之后的上涨经常越过其之前的波段高点。

一旦 K 线 9 成为一根下跌反转 K 线，你可以在其与 K 线 5 的高点之间画出一条最适应趋势的通道线，K 线 7 的高点高于通道线并不妨碍。与之类似，一旦市场在 K 线 10 之后形成一根上涨孕线并出现楔形底买入信号，你可以连接 K 线 2 和 K 线 10 的底部来描绘楔形，而 K 线 4 第二段下跌跌破通道线也不妨碍。

图 18.9　失败的楔形牛旗

如图 18.9 所示，5 分钟 Emini 图试图形成一个楔形牛旗，但是结果失败。K 线 5、7 和 9 是三段下跌，形成一个楔形牛旗多头，但是在 K 线 9 附近并没有可靠的做多信号 K 线。其本可以与 K 线 3 后的回调形成一个双重底，但是市场并没有形成一个强劲的上涨反转建仓形态，而是进入一个小型的窄幅交易区间。K 线 11 的下行突破显示楔形底失败，导致市场可能出现等距下跌，K 线 11 成为一轮延续到收盘的持久下行通道的急速下挫。

第19章　对决线：楔形回调至趋势线

当一轮回调受限于趋势通道线并在更高时间框架的支撑或阻力线处结束时，这就是一个对决线形态，经常形成较大趋势方向的可靠交易。它是一轮短期趋势（回调）在一轮长期趋势的支撑（上涨趋势中）或阻力（下跌趋势）处结束。所有的回调均以对决线形态结束，尽管支撑或阻力线并非总是明显。任何类型的支撑或阻力都可以是强手入场并终结回调的区域。每当交易者看到回调接近趋势线、趋势通道线、移动平均线、前期波段高低点或其他重要价位，他们就应该注意能够结束调整并恢复趋势的建仓形态。当他们看到这个建仓形态，他们就有机会做一笔好交易。记住，交易日渐被数学控制，因此回调的结束都事出有因。上涨趋势中的回调总是在支撑位结束，而下跌趋势中的回调总是在阻力位结束，因此所有的回调均是对决线形态。不过我将此术语留给那些交易者看到支撑或阻力，这样交易者可以预测可能的趋势恢复并下单交易。最可靠的形式是回调处于通道，有楔形形状或三段行情，回调结束的信号K线刺破趋势线并反转。举例而言，如果有一轮上涨趋势，出现一轮楔形回调，其在上涨趋势线处结束，而楔形牛旗下方的趋势通道线则下降，并且与正与上涨的上升趋势线相交，这时回调正形成一个买入信号。支撑线可以是一根水平线，如横穿一个前期的波段低点，其可能在楔形结束的过程中形成一个双重底买入信号，支撑也可以是移动平均线的形式。当这种情况发生时，如果有一个充分的建仓形态，寻找机会介入趋势方向。

作为另一个案例，观察下行通道中是否有一腿上涨。如果有，则看一下其是否为三段。如果熊市上涨在测试从其高点画出的趋势通道线时也在测试下降趋势线，那么上涨行情结束而市场将反转下跌测试通道下边界的概率很高。如果市场此时确实下跌，那是因为其同时测试两根阻力线，尽管其中一根上涨而另一根下跌。两种类型的阻力同时影响市场，提高了交易胜率。

图 19.1　对决线回调

　　所有的回调均在对决线形态结束，即便长期支撑并非显而易见。回调是较大趋势中的反向小趋势。所有的回调结束都事出有因，牛市回调总是在一些长期支撑位结束，如趋势线、等距行情目标或前期波段高低点。如图 19.1 所示，从 K 线 3 至 K 线 5 画出的下行通道趋势线形成 K 线 6 的支撑，在画趋势线和趋势通道线时，所有的波段点位都应该考虑，即便出现前一轮趋势。K 线 3 是上涨趋势中的一个波段低点，K 线 5 是一轮可能的新下跌趋势调整的波段低点，下跌至 K 线 6 的行情成为牛市中的一轮大型两腿调整。在 K 线 6 处有一个对决线形态（相反方向的上涨趋势线和下跌趋势线），市场在交汇处反转，这很常见。由于下跌至 K 线 6 的行情急剧，因此有理由等待 K 线 7 更高低点处的第二入场，在其高点上方一个跳点处停损买入。

　　下降趋势通道线还可以基于 K 线 4 高点后的两个波段高点的趋势线，然后将其平移锚定 K 线 5。目标是观察整体形状，然后选择能够容纳价格行为的趋势通道线，之后，观察市场穿过通道线后如何反应。

　　图 19.1 中的 K 线 6 是一个楔形牛旗。在市场下跌至 K 线 6 之前，还有一个双重顶熊旗，而上涨顶点后的双重顶熊旗可以被认为是一个更低的高点，其拥有两个极点。

图 19.2 对决线

如图 19.2 所示，K 线 5 测试了下降趋势线，并在那里穿过了一根较小的趋势通道线（K 线 3 至 K 线 4），在对决线形态形成一个卖空刮头皮的机会。K 线 6 的名义更高高点处有第二入场。由于上涨至 K 线 5 的行情如此强劲，在市场向下突破陡峭的上行通道并测试均线后突破回调至 K 线 6 的更高高点并不意外，通道并未显示，其在急速拉升至 K 线 3 之后。

图 19.3 对决线变体

图 19.3 是一个对决线的变体，其长期支撑以前期波段低点处的水平线的形式出现，结果是一个双重底，其在该交易区间日的当日新低处引发反转上涨，开盘抛售是急速下挫，K 线 4 至 K 线 6 的行情是通道。

本图的深入探讨

市场在图 19.3 中向上突破一个波段高点，但是今日第一根 K 线是一根下跌趋势 K 线，形成一个失败的突破卖空。这也是一个扩张三角形顶部，不管使用昨日美太平洋时间 11:05 还是 11:55 的 K 线作为第一段上涨。有一轮急速拉升至 K 线 4，之后是更低低点回调至 K 线 5，其与 K 线 1 形成双重底牛旗，这引发了一轮持续三个小时的上涨（K 线 4 急速拉升后，从 K 线 5 开始的通道上涨），然后在收盘前抛售。尽管这是一个交易区间日，但是其在日线图上显示为下跌趋势日，因为它开盘于高点附近并收盘于低点附近。

第 20 章　反转形态：双重顶和底 及头肩顶和底

　　由于趋势不断形成反转形态，而除了最后一个之外其余均会失败，因此将这些经常讨论的形态看作反转形态具有误导性。更为准确的做法是将其看作持续形态，其很少会失败，但是当其失败时则会引发反转。将每一个顶底都看作出色的反转建仓形态是一个错误，因为如果你把握了所有这些逆势入场，你的大多数交易将会亏损，而你偶尔的盈利将无法弥补亏损。然而，如果你精挑细选并寻找其他趋势可能反转的证据，这些也可以是有效的建仓形态。

　　所有的头肩顶和底实际上都是头肩持续形态（旗形），因为它们是交易区间，如同所有的交易区间一样，它们向趋势方向突破的可能性要大很多，而只有很少时候会出现反转趋势，双重顶和底也是如此。举例而言，如果上涨趋势中有一个头肩顶，其向下突破颈线通常会失败，市场最可能的是反转上涨并顺势向上突破右肩。如果形态多为水平运动，其就成为一个三角形；如果其稍微向下倾斜，其就是一个楔形牛旗。三段下跌是左肩、头部和右肩之后的熊腿，右肩是市场试图在头部向下突破上升趋势线后形成一个更低的高点。由于从头部开始的下跌通常向下突破上升趋势线，因此右肩成为一个更低高点的突破回调。同时，如果熊市中正形成一个交易区间，该交易区间呈现头肩顶形状，那么向下突破颈线就是熊旗的顺势突破，很可能会导致市场走低。

　　与之类似，头肩底也是顺势建仓形态。下跌趋势中的头肩底通常是三角形或楔形熊旗，应该会向下突破右肩。上涨趋势中的头肩底是牛旗，应该向上突破颈线。

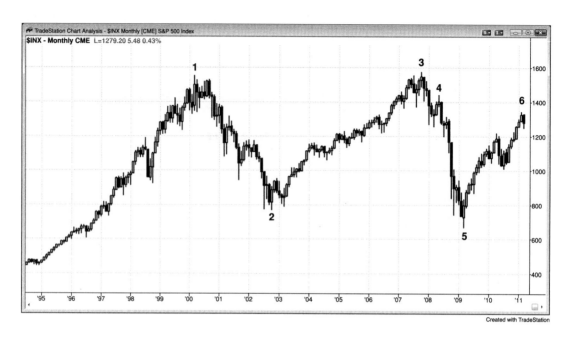

图 20.1　12 年交易区间的标准普尔现货指数月线图

如图 20.1 所示，标准普尔现货指数的月线图有一个大型双重顶。在 2007 年夏，当市场测试 2000 年的高点时，那些在 K 线 1 区域买入的交易者都想要拿回他们的钱。他们在市场跌至 K 线 2 的过程中忍受了毁灭性的亏损，然而，到 K 线 3 时，他们已经搬回亏损，不想要承担再次遭遇抛售的风险，他们平仓离场，在重大回调出现之前不想再次买入。大量的买家离场，空头获得掌控并压低市场。正如经常所发生的，当交易者想要买回调时，回调幅度如此深且剧烈，因此他们改变注意。这些买盘的缺乏有时候导致抛售加速。其原因显然要比这复杂得多，因为有无数的参与者根据无数理由而行动，但这是要素之一。

市场经常在前低区域找到支撑。这里，在 K 线 2 区域卖空的交易现在回本，他们的离场引发反弹，此时市场处于交易区间，其可能持续短期或长期。一旦出现突破，其可以向上也可以向下。双重顶的标准入场是在双顶之间的下跌低点的略下方停损卖出，然而这很少会成功，因为 80% 的突破都会失败。那一轮下跌是 K 线 2，向下突破其低点发生在六年之后，并且以失败告终。始于 K 线 5 的上涨出现之后，很明显双重顶导致交易区间而非下行突破，将其视为大型双重顶的交易者中很少有人等待在 K 线 2 的下方卖空。大多数人会在 K 线 3 或 K 线 4 的更低高点附近和七个月后形成的低 2 卖空。

在未来几年，市场可能在一个双重顶回调卖空建仓形态后向下测试 K 线 5 附近，甚至可能形成一个头肩顶，其左肩仅略低于头部。由于大多数顶部失败，后面很可能会出现一轮上涨，整个形态将是一个大型楔形牛旗，然后在未来 10~20 年之内，市场将向上突破形态顶部并完成一轮等距上涨。

顺便说一下，还有一些成功的小型双重顶。K 线 1 楔形之后的更低高点与 K 线 1 形成双重顶。同时，至 K 线 3 楔形的第二段上涨与 K 线 3 形成双重顶，尽管其略低于 K 线 3 的高点。

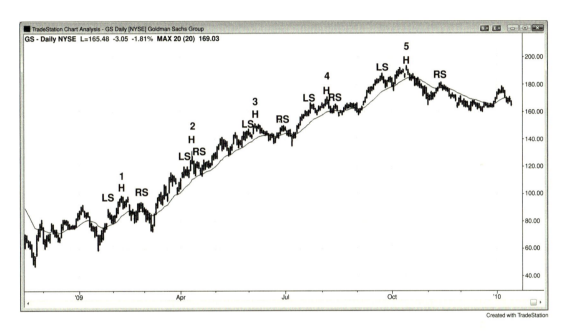

图 20.2　大多数头肩顶是牛旗

图 20.2 的高盛日线图上有多个头肩顶。头肩顶形态对初学者造成的损失很可能高于任何其他形态，这很可能是因为有如此众多的专家称其为反转形态，而实际上其几乎总是为持续形态。头肩顶实际上是三角形或楔形牛旗，是可靠的买入建仓形态。它们是楔形是因为有三段下跌，第一段位于左肩之后，第二段位于头部之后，而第三段位于右肩之后。由于它们是上涨趋势中的水平交易区间，因此它们也应该像上涨趋势中的其他交易区间一样表现，并引发上行突破。有时候和所有的持续形态一样，它们未能导致顺势突破，而是出现反转，因此将顶、底和反转这样的术语加给它们具有误导性。这些术语让交易者做的事情与其应该做的相反，因此最好不要使用。当你在上涨趋势中看到它时，最好是将其看作楔形牛旗并以此称呼，因为这样你就会寻求在上涨趋势的停顿中买入，这是一个有利可图的策略。你不应该称其为头肩顶，因为它一定不是一个顶部。如果你在下跌趋势中看到

一个头肩底，更准确的做法是称其为三角形或楔形熊旗，因为这让你寻求卖空，而这是在下跌趋势中赚钱的最好方法。

市场总是试图反转，而反转试图通常在其正要反转始终入场头寸时停止，上述所有头肩顶均是完美案例。很多向下突破，但是这不足以让交易者相信趋势已经反转。交易者还想看到后续。由于交易老手知道大多数下行突破不会有后续，因此它们将此视为买入良机。就在过于着急的弱势空头在向下突破颈线的强劲下跌趋势K线中卖空而引发头肩顶"反转"时，强势多头入场并激进买入，正确地判定下跌反转将会失败而仅仅成为一个牛旗。

图 20.3　头肩顶和低熊旗

如图 20.3 所示，苹果上有一个失败的头肩底熊旗和一个头肩顶熊旗，市场处于开盘下跌趋势并试图形成一个头肩底（左肩、头、头肩）。但不出所料，其未能反转市场，而是演变成一个较大的熊旗，楔形熊旗的第三段上涨成为头肩顶熊旗的顶部。该头肩顶的头部是一轮两腿上涨的终点，其在美太平洋时间早上 11:15 的第一根均线缺口K线结束。市场在头部之后试图形成一个更高的低点，但是结果失败，而小幅上涨成为右肩，它是上涨至头部的通道的突破回调。突破导致市场测试下跌低点，在强劲下跌趋势中的第一根均线缺口K线之后，这在预期之中。

第四篇

交易区间

交易区间的最广泛和最实用的定义是，它是一个双边交易的区域。其可以小到单独一根K线（十字线），也可以大过你屏幕上的所有K线；其可以多为水平运动，显示多空双方势均力敌，也可以略微倾斜。如果向上倾斜，说明多头更加激进；如果向下倾斜，说明空头更加强大；如果倾斜幅度过大，其应被看作趋势通道而非交易区间。交易区间可以有非常大的波段，持续多根K线；也可以非常紧凑，每一个波段只持续一根K线，形成一个窄幅通道。当水平运行时，将其容纳在内的线是支撑线和阻力线，支撑线在下而阻力线在上。

交易区间的术语通常用于图表上不处于趋势且多为水平运动的部分，但是广义定义对交易者更加有用，因为一旦你知道有双边交易，你可以寻找两个方向的交易机会。很多交易新手太热衷于寻找反转，在市场从趋势转为交易区间之前就忍不住交易。不过，一旦有足够的证据表明市场正在转变，经常会有高胜率的逆势刮头皮甚至波段建仓形态；关键在于等待证据充分再下手。有一些形态通常不被认为是交易区间，但是实际上符合图表上有双边交易发生的区域的广义定义，即大多数时候。趋势中有短暂的急速行情，其中很少双边交易，但趋势中的大多数价格行为都有双边交易发生，因此是某种类型的交易区间。

回调是交易区间，交易者相信趋势将很快恢复。传统的交易区间是一个不确定性的区域，趋势可能恢复或反转，但是大多数突破试图会失败。上涨趋势中的上行通道和下跌趋势中的下行通道是倾斜的交易区间，因为两者均有双边交易，但是趋势交易者比逆势交易者更加激进，它们也是一个尚不明显的交易区间中的第一腿。举例而言，在市场以一系列只有短影线且很少交叠的大型上涨趋势K线急速拉升之后，其很快进入另一阶段，出现更多交叠K线、较长影线、一些下跌实体、更小斜率和一些回调，即便其只持续单独一根K线。这是一个上行通道，但是所有的通道基本都是交易区间，因为它们代表双边交易。如果通道陡峭上行且回调幅度很小，说明空头存在但被多头压制。通道由一系列小型交易区间构成，每一个区间之后都是一轮小型突破，引出另一个小型交易区间。随着通道的成熟，多头变得更加缓和而空头更加激进，因此波段扩大，市场将会向下突破通道，然后通常会测试通道底部。届时市场将有一腿上涨（上行通道）和一腿下跌（测试通道底部），大多数交易者会将整个形态看作交易区间。其可能形成一个双重底牛旗，或者在某一时刻，空头将取得掌控，市场将会出现一轮急速下挫，该过程反转。

以下是交易区间内常见的一些特点：

● 对于即将出现的突破的方向有不确定感。实际上不确定性是交易区间的标志，每当大多数交易者不确定时，市场就处于交易区间（趋势有一种确定性和紧迫感）。不过，通常交易区间最终是一个趋势恢复的建仓形态，意味着它只是更高时间框架图上的回调。

● 几乎所有的交易看上去都没有55%以上的确定性。

● 有效的多空建仓形态同时形成。

● 你面前的图形多次变向。

● 整体价格行为多为水平运动，屏幕左边缘和右边缘的K线处于屏幕上下的中间三分之一内。

● 大多数K线位于屏幕中间，而顶底部附近有急剧反转。

● 市场不断扫止损，经常是以强劲趋势K线的形式，但是之后又在下一根K线反转。举例而言，市场出现两根下跌趋势K线，跌破一个强劲的波段低点，然后又在下一根K线反转上涨。

● 有很多上涨和下跌趋势K线，但是很少有连续三四根上涨趋势K线或下跌趋势K线。

● 很多K线有突出的影线。

● 很多K线与其前一根K线交叠50%或更多。

● 出现很多区域，其有三根或更多K线，每一根都与前面K线的区间交叠50%或更多。

● 有很多十字线，可大可小。

● 移动平均线较为平坦。

● 左边屏幕外的价格行为也处于交易区间。

● 刚有一轮令人印象深刻的买入或抛售高潮。

● 出现真空效应，导致顶部出现强劲急速拉升和底部出现强劲急速下挫，但是两者均未能突破，而是反转回到交易区间。

● 很多腿可分解为更小的腿，然后反转为一轮反方向的两腿行情。

● 底部的低1和低2卖空建仓形态与顶部的高1和高2买入建仓形态通常失败。

● 信号K线经常看上去疲弱，即便是第二入场。

任何双边交易区域，即便其只持续单独一根K线，也是一个交易区间。当你将一个交易区间称为回调时，你相信大概率是趋势很快恢复，因此你很可能只交易趋势方向。每一个交易者都有不同的标准，但是总体而言，如果你认为在你下单之后趋势恢复的概率约有60%或更高，那就是你相信该形态为回调。反之，如果你不太确定下单后是否有突破，那么该形态就是交易区间。交易区间只是回调持续太久，丧失了短期预测力，而80%的上行或下行突破试图都会失败。如果你在底部附近买入，市场极有可能会涨至顶部，但是市场不会突破，而是会出现卖空建仓形态，并回到你的多仓入场点。如果你在顶部卖空，市场很可能下跌，足够刮头皮获利，但是之后上涨回到你的入场价。最终，交易区间之前的趋势恢复的概率更大，因为交易区间仅仅是更高时间框架下的回调，然而，如果其在你交易的图表上持续数日之久，而你只做顺势交易并等待突破，你将错失很多交易机会。尽管你可以将其作为更高时间框架图上的回调交易，但是大多数交易者发现，如果只关注和交易单独一张图，赚钱会更容易，尽管他们了解更高和更低时间框架图上的建仓形态。

在回调中，通常你只能交易趋势方向，除非回调的幅度可能很大，足够逆势刮头皮。大多数交易依然应该等待顺势建仓形态，因为除了经验最丰富的交易老手之外，逆势刮头皮对所有人来说都是输钱的策略。如果你要做逆势交易，只能在当你相信市场将进入交易区间而并非只是回调时进行。在交易区间中，你可以交易任意方向，只要知道大多数向上和向下的突破试图都会失败。不过，如果在一轮上涨趋势中的交易区间底部有一个特别强劲的建仓形态，你可以考虑将你的全部或部分交易做波段。与之类似，如果在一轮强劲下跌趋势后的交易区间顶部有一个强劲的卖空建仓形态，你应该考虑用你的部分或全部空仓做波段。

上涨趋势中的大多数交易区间的最后一腿下跌是一个下行通道，这是空头创造顶部和新的下跌趋势的最后一搏。下行通道是牛旗，多头可以在交易区间底部的反转上涨中买入，或者在其后通常很快会出现的突破回调中买入。当交易区间处于牛市时，上涨的倾向强于回调，尤其是当交易区间接近尾声时。此外，每一轮回调都起到旗形的作用，下一轮上涨是对该牛旗的突破，下一轮回调是一个突破回调建仓形态，也是另一个牛旗。这些牛旗中有一个将是最终旗形，其突破将成为上涨趋势恢复的下一腿上涨。由于所有的交易区间都是更高时间框架图上的回调，因此突破也将是更高时间框架图上的牛旗突破。下跌趋势中的交易区间与此相反，其最后一腿通常是一个上行通道，即熊旗。

通道通常最终演变成交易区间，交易者总是寻找最早的转变信号，因为通道是趋势，交易者不太愿意与其对抗，而在交易区间中交易者可以交易任意方向。一旦交易者相信其成为一个交易区间，反方向的急速与通道就会出现。有时候趋势会反转（大多数反转形态都是交易区间），但是更有可能的是，市场将在交易区间内持续至少10~20根K线。

所有的通道都有双边交易，通常也是交易区间的起点。然而，只要高点和低点保持趋势，通道就依然有效，市场也尚未演变成交易区间。举例而言，在上行通道中，当市场接近最近的更高低点时，多头将会激进买入所有的回调，因为他们想要所有人都看到市场依然处于通道，即上涨趋势的一种类型，而不是处于交易区间，这将导致其他交易者更有可能买入，上涨更有可能持续，而他们的盈利扩大。有时候市场将会跌破一个小型的更高低点并找到买盘，这个新低将是一条更加平缓的新趋势线（从通道底部）和一个更平缓且更宽阔的通道的基点，它显示价格行为变得更加双边，因此更像交易区间，但是依然处于通道。一旦市场明确进入交易区间，交易者将开始在上涨中卖空，这削弱了多头持续推高市场的能力，也限制了其获利能力。只要他们能够维持市场趋势上涨，他们就知道大多数交易者只会寻求买入。市场经常会回调至最近的更高低点，形成一个双重底牛旗，这对多头来说可以接受，因为他们知道这是一个看涨的建仓形态，如果该建仓形态被触发（上涨越过信号K线的高点），市场将会预期一轮等距上涨，至少他们将对市场能涨至多高有些概念，这将给他们一个获利目标。

当市场处于趋势中的急速阶段时，其严重偏向于单边交易，回调由机构止盈所致，而非其交易相反方向。随着回调加深，逆势交易者开始刮头皮，一旦回调演变成交易区间，更多的逆势交易者刮头皮，还有一些人分批建立空仓。顺势交易者对趋势的信心下降，他们从波段交易转向刮头皮，这就是交易区间中多空双方的刮头皮占主导的原因。双方都在低买高卖，底部的买盘由多头建仓和空头止盈所致，而顶部的卖盘由空头卖空和多头止盈所致。由于交易者的工作是跟随机构，因此他也应该刮头皮，在交易区间的底部附近买入而在顶部附近卖空。每当市场处于交易区间，交易者应该立即想到"低买高卖刮头皮"。

交易区间有双边交易，多头在底部附近更加强势，而空头在顶部附近更加强势。交易区间里的每一轮上涨实际上都是一个熊旗，而每一轮抛售实际上都是一个牛旗。鉴于此，交易者按照下跌趋势中的熊旗的交易方法来交易区间顶部，他们在K线的上下方、阻力上方和支撑下方卖空。他们在K线上方卖空，包括强劲的上涨趋势K线，并在任何类型的阻力上方卖空，因为他们将每一轮上涨都看作市场试图向上突破交易区间的顶部，而他们知道大多数突破试图会失败。他们在K线下方和所有类型的支撑下方卖空，因为他们将每一轮下跌等同于市场在下跌趋势中向下突破熊旗的底部。他们预计向上突破交易区间的试图会失败，而熊旗突破将会成功，市场很快就会反转下跌，测试交易区间的底部。

他们以交易上涨趋势中的牛旗的方式交易区间底部。他们在K线的上下方、阻力区上方和支撑区下方买入。他们在K线下方买入，包括强劲的下跌趋势K线，以及所有类型的支撑下方，因为他们将每一轮下跌都看作市场试图向下突破交易区间，而他们知道大多数突破试图都会失败。他们在 K 线上方买入，在所有类型的阻力上方买入，因为他们认为每一轮上涨都相当于突破上涨趋势中的牛旗顶部。他们预计向下突破交易区间的试图会失败，而对牛旗的突破将会成功，市场很快会反转上涨，测试交易区间的顶部。

当走势图处于趋势时，交易区间相对较小，最好被描述为回调，因为它们只是趋势中的短暂停顿，之后市场会测试趋势的极点。如果极点测试并未出现而市场反转，那么最初看上去的回调已经演变成反转形态。如果走势图由整个屏幕上的上涨波段和下跌波段构成，那么多空双方均未占据主导，他们轮流掌控市场，因此市场处于交易区间。每一个波段都是一轮小趋势，有交易的潜力，尤其是在较小时间框架上。在更大时间框架图上，该交易区间将是趋势中的一轮回调。举例而言，5 分钟图上的交易区间很可能只是 60 分钟图趋势中的一轮回调，而 60 分钟图上的交易区间将是日线图或月线图上的一轮回调。

很多交易者使用描述性的名称，如旗形、楔形旗或三角形，但是名称无关紧要，重要的是双边交易发生。市场处于突破模式，在某一时刻将向某一个方向突破而进入另一轮趋势。多空双方均认为该价位有良好价值，双方都在建仓。价值存在于极点位置。市场或者过于便宜，如在支撑时；或者过于昂贵，如在阻力时。区间中点也是多空双方的价值区域，因为双方均将其视为极点。多头相信市场正在筑底而处于低位，空头则认为其在筑顶而处于高位。如果市场小幅下跌，空头将会减少卖空，而多头则会在这个更好更极端的价位上更加激进，这倾向于将市场拉回区间中点。如果价格接近区间顶部，多头将会减少买入，因为他们会认为市场有一点贵。相反，空头在这个更好的价位将会更加热衷于卖空。

甚至陡峭的通道也代表突破模式。举例而言，如果有一个陡峭的上行通道，市场可以向上突破通道的顶部，趋势可以加速上行。当这种情况发生时，突破通常会在一两次试图之后失败，通常在五根 K 线之内，如果市场反转回到通道，其通常刺破通道的另一边界，之后经常是一轮更大的调整或反转。即便突破的急速拉升持续数根 K 线，通常很快就会有一轮回调测试通道，然后再次进入通道，突破另一边界，最后出现一轮至少两条腿的调整，有时候趋势反转。

在 5 分钟 Emini 图上，市场处于一个相对紧凑的交易区间，其波段只有两只四根 K 线长，然后市场反转走向区间的另一边界，其意义通常要比表象复杂得多。很容易将这种价格行为简单归因于交易清淡之下的随机波动，但是如果你看一下成交量，你经常会发现其 K 线的平均成交量达到 10000 张合约或更多，这不是交易清淡。事实很可能是，很多机构在区间内运行买入程序，而其他机构则在运行卖空程序。当市场接近区间顶部时，卖空程序更加激进，当其接近底部时，买入程序压过卖空程序。没有一方能够获胜。在某一时刻，或者是买入程序在交易区间顶部压过卖空程序，导致市场上行突破进入一轮上涨；或者是卖空程序在区间底部压过买入程序，导致市场下行突破。然而，在其发生之前，交易区间内可能出现多个上涨或下跌波段，由于这些突破试图在最后一次成功之前都会失败，赌其失败要比在每一次突破试图中入场好得多。正如第一部分的突破章节中所探讨的，突破在每一张图上都很常见，但是大多数会失败，理解这一点很重要。

交易区间总是试图突破，正因为如此，向顶部或底部运行的波段经常拥有强劲动能，出现一两根小影线的大型趋势K线，有时候甚至有三四根。在市场测试区间底部的时候，空头试图创造足够的动能来恐吓多头并吸引其他空头，从而形成拥有后续行情的突破。然而，随着熊腿的开启，多头看到下行动能积累，预测可以再次激进买入的最佳价位，空头也在寻找好价位止盈。有什么能比数根大型下跌趋势K线跌破波段低点更好？尤其是当其位于另一个支撑区域时，如趋势线或等距行情目标。多头双方均等待市场测试区间底部，不关心其过靶还是不及靶。在市场跌向区间底部的过程中，多空双方均预计其将进一步前行而形成明确测试，当他们相信如果多等一会就可以以更加便宜的价格买入时，他们就没有动机现在买入。当这些机构交易者如此袖手旁观时，市场出现相对失衡，在市场下跌过程中动能经常加速，这是真空效应，迅速将市场拉至区间底部。一些大型程序交易者交易动能，在动能强劲的时候激进卖空，并且持续卖空，直到下行动能结束，这形成大型下跌趋势K线，之后是反转上涨。在市场测试区间低点的过程中，经常会看到一两根大型下跌趋势K线。一旦市场触及一个支撑位，通常是一个小型的等距行情目标位，买家就会入场并激进买入。空头回补止盈，多头建立新仓，这停止了动能，导致动能交易者也停止卖空并买回空仓，有如此众多的交易者不断激进买入，市场开始波段上涨。

如果你是一名机构多头或空头，这很完美。你想要现在买入，市场正处于区间底部，还有什么能比一根过长的下跌K线更适合作为你的买入信号？你强烈认为市场将会上涨，而这里市场急速下挫，显示极端的空头力量，这是一个买入良机，因为你相信其价值出色，你知道如果你判断正确，市场只会在此低位短暂逗留，机构投资者将会凭空出现而激进买入。一些机构会在那根大型下跌趋势K线收盘时买入，而另一些机构则会等待观察下一根K线是否为停顿K线。如果该K线以上涨收盘，他们会更有信心。如果它是一根停顿K线，他们会认为这是空头无法维持抛售的更多证据，因此空头弱势。他们或许还会等待市场上涨越过前一根K线的高点并实际反转。在所有时间框架下的所有这些信号上均会有大型多头和空头买入，他们将获得所有可以想象的信号来告诉他们入场。

　　一些空头在市场走低的过程中分批止盈，这使得其平均入场价格也下降，让他们能够在市场反转上涨至其平均入场价之前激进买回所有空仓，确保其可以获利离场。由于空头在买入而非卖空，而多头现在正激进买入，因此出现了相对的买盘失衡，市场再次上涨至区间顶部。交易区间顶部的情况与此相反，强劲的上涨趋势K线经常引发多头止盈和空头建立新仓的卖盘。

　　这就是为什么交易区间总是冲向顶部和底部，总是看上去像是要突破但是却反转。它还解释了为什么交易区间的大多数突破失败，以及为什么上涨趋势K线突破顶部和下跌趋势K线突破底部。市场越是接近区间的顶部或底部，就有越多的交易者相信其将越过旧的极点，至少是一两个跳点。交易区间的顶部和底部有一种磁场引力，市场越是接近顶部或底部，引力就越强大，因为预期市场反转的大型交易者只是在等待最佳价格，然后他们突然激进入场，反转市场。所有的交易区间均是如此，包括上行与下行通道、三角形和牛熊旗。

　　永远不要被冲向交易区间顶部和底部的强大动能爆发所套住。你需要跟随机构，他们的做法是在交易区间顶部的强势上涨K线卖空，在交易区间底部的强势下跌趋势K线买入，恰恰是在市场看似有力量突破时。只有在读图上经验非常丰富的交易者才应该在突破K线收盘时淡出市场，对于几乎所有的交易者，如果他们等待在市场反转回区间时用停损订单入场，成功率会更大。同时，他们应该只在信号K线并非很长的时候入场，因为他们需要在区间的极点附近入场，而不是在中间。

　　最终会有一个突破成功，但是之前的5~10次看起来都很强劲却失败。由于这种数学，预期突破失败要好得多。当一个成功的突破发生时，准备在回调中介入新趋势，或者是在突破看起来足够强劲而大环境也决定其很可能会成功时，在突破途中介入。但是在此之前，跟随机构，一旦他们在区间顶部或底部附近形成反转（失败的突破），把握反转入场。在本书第一部分，关于突破的章节探讨了成功的突破通常是什么样子。

　　由于上涨趋势中的交易区间是牛旗，其只是更高时间框架图上的回调，因此交易者可以用停损订单买突破，并在交易区间的下方远处设置保护性止损。任何一次突破的成功率约为20%，但是市场最终向上突破的概率约为60%。然而，在上涨趋势恢复之前，其可能向上和向下突破数次，因此如果交易者买突破而不想被扫止损，他们需要将其保护性止损设置在交易区间下方足够远，从而不会被反复失败的下行突破所清扫出局。很少有交易者愿意承担如此高的风险并等待如此之久，因此对于大多数人而言，大部分的交易区间突破都不应该交易。有时候上涨趋势中交易区间上行突破很适合用停损订单买入，但是只能在上涨趋势在突破之前就明显开始恢复的情况下。即便如此，通常更好的做法也是在上涨趋势恢复的时候在交易区间内入场，或者是等待突破，如果突破明显强劲则在突破后买入，也可以在突破回调最终形成时买入。

媒体让其听上去像是交易者在恐惧和贪婪之间摆动，对于新手而言很可能是这样，但是交易老手并非如此，这两种情绪他们都很少感受。另一组情绪对他们而言更加普遍，也实用得多——不确定性和紧迫感。趋势是一个确定区域，或者至少相对确定。你的个人雷达可以告诉你市场是否更可能处于一轮趋势而非交易区间内的一腿强势行情。如果你有一种不确定感，那么市场更有可能处于交易区间。反之，如果你有一种紧迫感，你希望回调，那么市场更有可能处于趋势。每一轮趋势都由一系列的急速行情和交易区间构成，而急速行情转瞬即逝。当其存在时，概率上存在方向偏向。这意味着在上涨趋势中的急速拉升阶段，市场在下跌 X 跳点之前先上涨 X 跳点的概率高于 50%，如果趋势强劲其可能达到 70% 或更高。多空双方均认同市场需要运行到一个新价位，不确定性将在那里回归。交易区间就是那个不确定性区域，每当你对市场方向感到不确定时，市场就很可能处于交易区间。在交易区间的中点，市场向上或向下运动 X 跳点的概率在大多数时候都是 50% 左右。这种概率存在短暂波动，但是其大多数的持续时间太短而无法交易获利。这种对不确定性的追寻是等距行情的基础。市场将继续向高概率的方向运动，直到其概率跌破 50/50，意味着反转很可能发生（市场现在反向运动的概率更大）。大多数时候，其将发生在一些支撑和阻力区，如前期波段点位、趋势线和趋势通道线，并且大多数时候将位于一些等距行情区域。反转是向将要成为交易区间中点的位置运行的行情，那里市场在反向运动 X 跳点之前先上涨或下跌 X 跳点的概率为 50%。

当你对一个交易区间的看法完全中性时，等距行情的方向概率为 50%，市场所处区域将是交易区间的中点位置。随着市场向区间顶部运动，市场下跌的概率更大，市场在上涨 X 跳点之前先下跌 X 跳点的方向概率约为 60% 或更高。区间底部与此相反，其方向概率偏于上涨。如果是一轮强劲的上涨趋势引出的交易区间，并且目前尚未有明显的顶部，那么方向概率偏向于多头，即便市场处于交易区间的中点位置。如果趋势非常强劲，那么交易区间中点的方向概率可能为 53%~55%，不过永远无法确知。只要记住交易区间是更高时间框架图上的持续形态，如果其之前有一轮强劲的上涨趋势，而目前尚未有明确的顶部，那么上行突破的概率会更大。在一轮强劲的上涨趋势之后，当市场跌至区间底部时，等距行情的方向概率高于下跌趋势之后的交易区间底部，因此并非是 60% 的概率偏向于上涨，其可能是 70%~80%。实际上，在抛售 X 跳点之前先上涨两三倍跳点数的概率甚至可能达到 70% 或更高。举例而言，如果交易区间为 50 个跳点的高度，你在一轮至区间底部的两腿回调的上涨反转 K 线上方买入，该 K 线高 8 个跳点，那么市场就可能有 70% 的概率在触发你设在入场价下方 10 个跳点处的止损之前先上涨 20 或 30 个跳点。与之类似，在区间顶部，等距行情的方向概率低于下跌趋势后的交易区间，市场在上涨 X 跳点之前先下跌 X 跳点的概率不是 70%~80%，而更有可能是 60%。再次强调，没有人能够知道确切的概率，但是了解其偏向很有帮助，因为这对你的交易决策应该有所影响。在一轮大型牛市中，相对于在交易区间的顶部卖空，你应该更加倾向于在交易区间的底部买入。

多空双方都不知道突破的方向，但是双方均对区间内交易满意。由于在区间顶部附近多头倾向于买入更少而空头倾向于卖空更多，并且在底部与此相反，因此市场大多数时候都处于区间中间。这个舒适区域有一种磁场引力，每当市场远离它时就会被拉回，即便出现一个成功的突破持续数根 K 线，其通常还是会被拉回区间，这就是最终旗形的基础。有一种情况也很常见：某个方向的突破持续数根 K 线，然后市场反转，再然后向相反方向突破，最后又被拉回区间。交易区间的磁体效应可以影响市场数日之久，经常会看到市场以趋势行情远离强势交易区间，如一个持续 10 根 K 线或更久的窄幅交易区间，但是两三天之后却又回到区间之内。

是什么导致区间内的多头或空头改变观点，最终允许突破成功？少数时候是新闻事件，如某一天的特定时间公布联邦公开市场委员会（FOMC）报告，但是大多数时候的突破在预料之外。电视上总是会给出与新闻相关的突破原因，但是大多数时候其与事实无关。一旦市场突破，CNBC 就会找来一些专家，他们自信地解释这是某些新闻事件的直接影响。如果市场是向另一个方向突破，专家就会对同样的新闻事件作出相反的解释。举例而言，如果市场在 FOMC 降息后上行突破，专家就会说更低的利率有利于市场；如果在同样的降息后市场下行突破，专家就会说降息是联储认为经济疲弱的证据，因此市场高估。这两种解释都无关紧要，与事实也毫无相干。没有那么简单的事情，不论如何，与交易者也没有关系。每天的大多数成交量都由程序创造。在突破时和突破前有数十个大型程序在运行，它们由不同的公司独立设计，每一个程序都试图从其他程序手中抢钱。程序背后的逻辑无法得知，因此也不相干。对交易者而言，唯一重要的是净结果。作为交易者，你应该跟随机构，如果它们正在推涨市场，你应该追随它们而做买家；如果它们正在打压市场，你应该追随它们而做卖家。

几乎不可避免，突破在最终成功之前，将在 10 根或更多的 K 线中展开，其可能是新闻公布前一个小时。市场早已对突破的方向下定决心，而不论新闻将如何，如果你会解读价格行为，你可以经常在突破之前最好准备。

举例而言，如果多头开始失去耐心，他们便会清仓，因为他们认为市场应该早就上破。这将加强空头的抛压。同时，这些多头很可能只有在市场大跌之后才会再次寻求买入，其买盘的缺失导致区间底部丧失买盘，结果是市场跌至更低价位，直到多头再次发现价值，另一个区间将会形成。上行突破的过程与此相反，空头不想继续在区间内卖空，他们会买回空仓，这加剧了多头的买压。他们只会在高很多的价位再次寻求卖空，这形成一个交投清淡区域，多头以上行突破的形式快速拉升市场。市场将继续在上涨趋势中快速上行，直到其触及一个空头再次相信存在卖空价值而多头开始止盈多仓的价位，然后双边交易将会恢复，另一个交易区间就会形成。

如果盘整的价格行为已经持续约 5~20 根 K 线，并且区间非常紧凑，那么交易者应该尤为谨慎，因为多空双方处于一种非常紧凑的平衡。在这种情况下交易突破可能代价不菲，因为每一轮短暂的上涨行情都被空头所激进卖空，而新的多头则迅速离场，这导致区间顶部的 K 线顶部出现影线。与之类似，每一轮急剧下跌都被迅速反转，这在区间底部附近的 K 线底部形成影线。不过有一些方法可以在这种类型的市场中交易获利，一些公司和很多交易者在每下跌几个跳点时分批建立多仓并分批退出空仓，每上涨几个跳点时做相反的动作。然而对于散户而言，这太过枯燥，获利也极为有限。一旦最终成功突破，他们会发现自己疲惫不堪。

总体而言，所有的交易区间都是持续形态，这意味着它们更有可能向之前的趋势方向突破，它们还倾向突破远离均线。如果其位于均线下方，通常向下突破；如果其位于均线上方，其倾向于向上突破。当交易区间位于均线附近时尤为如此。如果它们远离均线，它们可能正在酝酿对均线的回测。如果有一个上涨波段以交易区间停顿，其最终向上突破的概率更大。不过，在最终突破之前，可能会有数个对顶部和底部的失败突破，有时候市场也逆势突破。同时，交易区间持续越久，就越可能成为反转形态（熊市交易区间中的筹码收集，牛市交易区间的筹码派发），这是因为顺势交易者会开始担心其无法恢复趋势，他们将开始平仓并停止加仓。由于这些不确定性，交易者需要谨慎行事，寻找低风险的价格行为建仓形态。有些交易区间在 5 分钟图上持续数个小时，有很多大型波段且晦涩难懂，而其在 15 分钟或 60 分钟图上可能是干净易懂的小型交易区间，因此有时候查看更高时间框架图会有所帮助，实际上很多交易者交易更高时间框架图。

你屏幕上的走势图大多数时候都处于交易区间，多空双方基本认同当前价值。交易区间内有小型趋势，在这些趋势中又有小型交易区间。当市场处于趋势时，多空双方同样认同价值，其共识是价值区域另在别处。市场向交易区间快速运动，在那里多空双方均认为有价值，他们将为此斗争，直到市场明确表明一方正确而另一方错误，然后市场将再次进入趋势。

一些交易区间日由两三个大型的趋势波段构成。在这些波段中，市场像强劲趋势一样表现。然而，第一次反转通常在第一个小时后才开始，而在那之前当日通常还是一个趋势日，当一轮趋势开启过晚时，当日有很大的概率成为一个交易区间日，至少会有第二次反转，并且测试区间中点。

一个交易日的中间三分之一时间，从美太平洋时间早上 8:30 左右至 10:30，在没有明确趋势的日子里，对交易者而言可能很困难。如果市场处于当日区间的大体中点（或者仅仅是当日区间内的交易区间的中点），并且现在是当日交易时间的中段，那么形成窄幅交易区间的概率很高，其有交叠 K 线、长影线和多次小型反转。对于大多数交易者而言，明智的做法是克制交易。在这种情况下，通常要放弃不够完美的入场机会，而是等待市场测试当日的高点或低点。当市场在交易时间中段时处于当日区间中点时，尚未成功的交易者不应该交易，单此一点就可能是赢家和输家的分别。

有时候 Emini 在当日中段时间形成一个非常漂亮的形态，你在入场时会遭遇一个跳点的滑点。如果市场没有在几秒钟之内冲向你的盈利目标，那么你上当受骗的概率就会很高。在这种情况下，设置限价订单在盈亏平衡处离场几乎总是最好的办法。如果看上去太过美好而令人难以置信，显然所有人都会想要介入，那么其与表象恰恰相反的概率就很高，也就是不可信。

每当市场在急速拉升后又急速下挫（反之亦然），市场就形成了一轮高潮反转。急速行情之后通常是通道。由于出现了两个方向的急速行情，多空双方将继续激进交易，试图压过对方而形成其各自方向的通道。这种高潮后的双边交易通常是交易区间，其可以短暂如一根 K 线，也可以持续数十根 K 线。最终的突破通常会引发一轮等距行情，大约为急速行情的高度。

有时候一个交易区间看上去像反转建仓形态，但实际上只是趋势的一个停顿。举例而言，如果在 60 分钟图上有一轮强劲的上涨趋势，而在 5 分钟图上有一轮强势急速下挫，其持续数根 K 线，之后是一轮持续数根 K 线的回调上涨，然后市场再次急速下挫数根 K 线，那么该形态可能在 5 分钟图上强烈看跌，但是它可能只是 60 分钟图上的一个高 2 或双重底买入建仓形态。当 ABC 在 60 分钟图上的均线结束时尤为如此，你不需要查看 60 分钟图，但是你总是应该知道交易区间之前的趋势方向，这让你在下单时有更多信心，这里是一个大型的高 2 买入形态，而不是一轮新下跌趋势的起点。

有时候，一个下跌趋势日的低点，尤其是高潮性低点，可能出自一个拥有大型 K 线（经常有长影线或大型反转实体）的小型交易区间。这种反转在顶部较不常见，其高潮性倾向于弱于底部。这些交易区间经常也是其他信号，如双重底回调或双重顶熊旗。

尽管交易区间是更高时间框架图上的旗形，通常向趋势的方向突破，但是有一些向相反的反向突破。实际上大多数反转形态都是某种交易区间，头肩形态就是一个典型。双重顶和双重底也是交易区间，但是重要的是意识到趋势内的大多数交易区间向趋势方向突破而不是引发反转，因此，所有的反转形态实际上都是持续形态偶尔未能持续而反转。正因为如此，当你看到反转形态时，寻找顺势入场要比寻找反转入场好得多。这意味着如果上涨趋势中正形成一个头肩顶，在市场试图向下突破的过程中寻找买入信号要比在突破中卖空好得多。

所有的趋势都包含不同大小的交易区间，有一些趋势主要就是交易区间，如趋势交易区间日。你应该知道，市场经常会试图在最后一个小时反转最后的交易区间，因此如果当日是一个下跌趋势交易区间日，在当日最后一两个小时里，在当日低点处寻找买入建仓形态。

一些交易老手擅长知道一轮趋势在何时演变成交易区间，一旦他们认为其正在发生，他们会分批建立逆势交易的仓位。举例而言，如果当日是一个上涨趋势交易区间日，而突破已经触及基于较低的交易区间高度的等距行情目标，如果上涨行情处于一个相对较为疲弱的上行通道，那么空头将开始在前一个波段高点的上方卖空。他们还会关注相对较大的上涨趋势K线，并在其收盘时或高点上方卖空，因为其可能是买入高潮，是上行通道的终点或者位于其附近，因此接近交易区间的顶部。只有交易老手才应该尝试这种交易，其中大多数人也会使用小仓位，若市场继续上涨则可以分批建立空仓。如果市场确实走高而他们分批入场，一旦市场回调至其第一次入场的价位，一些人会止盈全部仓位。另一些人会以盈亏平衡平掉第一笔入场，持有剩余仓位等待市场测试通道底部。随着上行通道的进行，交易新手将只看到一轮上涨趋势，而交易老手会看到正在形成的交易区间的第一腿。一旦当日结束，交易新手回溯行情，他们会发现交易区间，并认同其始于上行通道的底部。然而，在上行通道的进行过程中，交易新手却未能意识到市场同时处于上行通道和交易区间。作为交易新手，他们不应该在上涨趋势中卖空，只有在出现强劲信号时才应该考虑在交易区间内交易，最好是第二信号。卖空的交易老手在刮头皮，因为他们认为市场正进入交易区间而不是反转为下跌趋势。当市场处于交易区间时，交易者总体上只应刮头皮，直到下一轮趋势开始，届时他们可以再次用部分或全部仓位做波段交易。

在交易区间内交易的最困难层面是交易区间困境。由于大多数突破失败，因此你的盈利目标有限，意味着你在刮头皮。然而，当你降低回报而保持风险不变时，你需要一个高很多的胜率才能满足交易者方程。否则你就是在交易一种保证最终会爆仓的策略（即余额跌破你的经纪商允许交易的最低保证金要求）。困境是你需要刮头皮，但是刮头皮需要非常高的胜率，而如此高的确定性无法在交易区间内长存，因为根据定义不确定性是主导。如果区间尤为紧凑，胜率甚至会更低，提高胜率的一种方法是在市场对你不利时用限价订单入场。举例而言，一些交易者会在区间顶部的疲弱高1高2、波段高点或上涨趋势K线上方卖空，他们也可能在区间底部的疲弱低1低2、波段低点或下跌趋势K线下方买入。另一种方法是使用较小的初始仓位，在市场向你不利的方向运动时分批加仓。

如果区间足够大，大多数交易者试图在区间顶部的小型下跌反转K线卖空，在区间底部的小型上涨反转K线买入，尤其是在有第二入场的时候，如在区间顶部的低2卖空或在区间的高2买入。记住，尽管高2和第2建仓形态在交易区间内有效，但是其交易方法与在趋势中不同。当有一轮上涨趋势，交易者将在行情顶部附近的高2买入，但是当有一个交易区间，他们只会在区间底部的高2买入。与之类似，空头会在下跌趋势的底部卖空低2，但是在交易区间中，只有当低2位于区间顶部时他们才会卖空。

由于交易区间只是一个水平通道，因此你使用通道的交易方法。如果波段小，你就刮头皮；如果波段大，你可以刮头皮或者用部分仓位做波段，持仓到另一边界。如果交易区间非常大并持续数日，那么整日行情都可能是强劲趋势，但是依然处于交易区间。当这种情况发生时，将其作为趋势日交易。如果波段很小，交易区间就是一个窄幅交易区间，这在第22章探讨。区间越窄，你的交易就应该越少。当区间是窄幅交易区间时，你应该很少做任何交易。

当市场处于交易区间时，准备在区间底部附近买入并在区间顶部附近卖空。总体来说，如果市场下跌5至10根K线，那就只准备买入，尤其是在市场处于区间底部附近之时。如果市场上涨5至10根K线，那就只准备卖空，尤其是当市场处于区间顶部附近之时。只有当波段足够大而可以获利时才在区间中间交易。举例而言，如果区间高为10个跳点，你不想要在区间底部上方6个跳点处买入，因为市场继续上涨6个跳点的概率不是很大，而这是你赚取4个跳点的盈利所需要的空间。如果交易区间高为6个点，你可以在一个更高低点处买入并在区间中间入场，因为在市场遇到区间顶部的阻力之前，上面有足够的空间刮头皮获利。

大多数K线将处于区间中间，市场在极点位置的逗留时间很短。当其处于极点时，通常以强势趋势K线的形式抵达那里，这让很多交易者相信突破将成功且强劲。经常会有三根或更多的大型交叠 K 线，其中有一根信号 K 线迫使多头在高位附近买入，这通常是陷阱。举例而言，假设市场刚刚以数根强劲的下跌趋势 K 线冲至区间底部，但是之后盘整数根 K 线，稳定在均线略下方，现在出现一根强劲的下跌反转 K 线，但是其大部分与之前的 K 线交叠，并且其入场价位于熊旗底部的一个跳点之内。这种情况不要交易，这通常是一个空头陷阱，在那根下跌反转 K 线的低点处设置限价订单买入要比在其低点下方一个跳点处设置停损订单卖空要好得多，只有当你对读图经验丰富时才能做这种淡出交易。

最好的入场点是区间顶部或底部的第二入场，其信号 K 线是一根对你有利方向的反转 K 线，其不太大也不与前面的 K 线交叠很多。不过信号 K 线在交易区间中没有在趋势反转中那么重要。区间顶部的卖空建仓形态的信号 K 线经常有上涨实体，而区间底部附近的买入建仓形态经常有下跌实体。强劲的反转 K 线通常并非必要，除非交易者准备在强劲趋势中做反转交易。

对大多数交易而言，刮头皮会输钱，即便他们能在 60% 的交易中获利，当其风险约为潜在回报的两倍时尤为如此，这意味着交易者需要对交易区间内的交易额外谨慎。鉴于 80% 的突破试图失败，区间交易者需要限制其盈利目标，很多最佳交易将是大的刮头皮和小的波段交易。举例而言，如果近期 Emini 的日均区间约为 10~15 个点，那么保护性止损将平均约为两个点。如果交易者在一个高至少 6 个点的交易区间顶部的强劲下跌信号下方卖空，尤其是当其为第二信号时，他们有至少 60% 的机会承担两个点的风险而赚取两个点，这形成了最低标准的交易者期望，因此是一个成功的策略。如果看上去行情有望下跌 4 个点，那么交易者可以在两个点时止盈四分之一至一半仓位，然后将剩余仓位做波段获利约 4 个点。在将部分仓位以两个点止盈之后，他们可以将止损移至盈亏平衡位，或者他们可以将其从两个点收紧至一个点（4 个跳点）或 5 个跳点。此时他们承担 5 个跳点的风险赚取 4 个点，即便其胜率只有 40%，他们仍有盈利的交易者方程。一些交易者在两个点时止盈部分或全部仓位后会在其最初入场价设置限价订单再次卖空，但是这一次只承担 5 个跳点的风险。根据大市状况，他们可能尝试获利 2~4 个点。如果入场 K 线或其下一根 K 线成为一根强劲的下跌 K 线，他们将倾向于持仓把握更大行情。

如果交易区间只有三或四个点的高度，用停损订单入场通常是一种输钱策略。该交易区间就是一个窄幅交易区间，只有交易老手才应该交易，这一点在后面会探讨。大多数交易需要用限价订单入场，交易新手永远不应该在市场下跌时买入和上涨时卖空，因为他们将不可避免地选择行情运行太远的情况，他们会受惊害怕而止损离场。

不管交易区间有多高，如果你想要交易，而正在测试窄幅交易区间顶部和底部的行情是一个窄幅通道，那么最好等待突破回调，即第二入场。因此，如果市场上涨了10根K线并处于交易区间的顶部附近，而这10根K线处于一个微型通道，那么不要在前一根K线的低点下方卖空，其上行动能太强，而是等待观望这一个微型通道突破是否有回调。回调可以是任何对通道顶部的测试，包括更低的高点、双重顶或更高的高点。然后准备在前一根K线的低点下方卖空，并在信号K线的高点上方设置保护性止损。如果信号K线是一根良好的下跌反转K线，尤其是当其并不太长的时候，其建仓形态更为可靠。如果信号K线过长，其很可能会与一根或多根K线交叠过多，你的卖空价位将会离区间高点太远。当这种情况发生时，通常在做空之前最好等待回调。

如果有其他证据表明强势空头在之前10根K线内入场，如该价位附近有两三根顶部有长影线的K线，或者最近几根K线具有强劲的下跌实体，卖空建仓形态也会更加可靠。这代表卖压积聚，交易成功的概率提高。与之类似，如果你想要在区间底部买入，该价位附近有数根底部有长影线的K线，或者数根K线具有上涨实体，那么多头则会变得激进，这种买压提高了多头交易获利的几率。如果在你的入场价附近有支撑或阻力，如对角线形态，交易成功的概率提高。

交易区间总是看上去像是在突破，但是大多数突破试图失败。极点经常被大型趋势K线测试，如果你是一名交易老手，你可以在其中一根K线收盘时淡出。尽管等待突破失败后再入场更加安全（突破和失败在第一部分探讨），但是如果你确信那根趋势K线只是在清扫波段高点或低点外的止损，那么你可以在其收盘时入场，尤其当你可以在市场对你不利时分批建仓的情况下。举例而言，如果市场在过去三个小时内处于平静的交易区间，刚刚以一轮两条腿的行情跌破一个前期波段低点，并且收盘于该K线的低点位置，那么你可以考虑在该K线收盘时以市价买入。如果大多数上涨行情的动能强于下跌行情，那么其概率更高，如果该趋势K线正测试趋势线、通道趋势线、等距行情目标或其他支撑位则更好。

由于不是所有的波段都触及区间极点，因此你可以考虑分批建仓。举例而言，如果市场上涨了8根K线，正在交易区间的顶部下方形成一个低3，你可以考虑在低3建仓形态卖空，在Emini的日均区间约为10个点的时候使用4个点的宽幅止损。如果低3成功，你交易获利，那就离场。如果低3失败，很可能很快就会有一个低4并将成功。如果确实如此，你可以在入场点上方某个价位卖空，或者在前一根K线或波段高点的上方卖空，或者在低4信号用停损订单卖空，通过这种方式分批建仓。然后你可以在区间底部或第一笔空单的入场点全部平仓。第一次入场将是一笔盈亏平衡的交易，而第二次在更高价位的入场将会获利（分批建仓和分批离场在第31章中探讨）。

　　因为交易区间是双边交易，因此回调很常见。如果你在交易区间内交易，你需要忍受回调。然而，如果交易区间可能正在转向趋势，若市场对你不利你应该离场并等待第二信号。如果你有能力在市场向对你不利的方向运动时分批建仓，那么你成功的概率会更高。

　　如果市场处于区间底部而下行动能疲弱，并且市场反转上涨一两根 K 线，其可能正在形成一个低 1 卖空。由于你只能在下跌趋势的急速下挫中卖空低 1 而不是在交易区间中，因此这个低 1 不太可能获利，然后你相信在前一根 K 线的低点下方卖空的结果大概率是市场在下跌 6 个跳点之前会先上涨 8 个跳点，这意味着有理由在前一根 K 线的低点或其下方几个跳点处设置限价订单买入，预计低 1 卖空会失败并形成一个更高的低点。同时，如果你相信市场正在形成一个上行通道，你预计低 2 也会失败，因此你可以设置限价定价在低 2 信号 K 线的低点或其下方买入。在区间顶部，随着市场转为下跌并形成一个低概率的高 1 和高 2 买入建仓形态，你可以做相反的操作，在高 1 或高 2 信号 K 线的高点或其略上方设置限价订单卖空。

　　由于交易区间的一条腿经常细分为两条较小的腿，你可以淡出前一腿的突破。在波段高点上方买突破通常只有在强劲的上涨趋势中才会获利，在波段低点下方卖空通常只有在强劲的下跌趋势中才能获利。如果市场刚刚从交易区间内的第一腿下跌回调，你在市场突破第一腿底部时入场卖空的胜率很小。反而，你可以考虑在那个低点下方几个跳点处设置限价订单买入刮头皮。

　　由于大多数突破失败，因此永远不要因为期望突破成功而在任何交易上停留太久。以刮头皮的盈利目标或在市场测试区间顶部时平掉多仓，用限价订单在刮头皮的盈利目标处止盈空仓，或者在市场测试区间底部时平仓，永远不要依赖马丁格尔交易（这在第 25 章中探讨，它是一种赌博技巧），如果你刚刚在前一笔交易中亏损，那么在下一笔交易中使用双倍或三倍的仓位。如果你一直输，你就一直使用两倍或三倍仓位，直到你盈利为止。几乎不可避免的，当你思考这种策略时，市场处于窄幅交易区间，很可能会有连续四次或更多次亏损，你会中途放弃，因为它要求你交易的合约量远远超过情绪所能应付的上限，这将导致巨额亏损。突破或盈利从来都不是理所当然，市场维持不可持续行为的时间可以远远长于你可以维持你的账户。要精挑细选，只做合理交易，永远不要基于该有一笔好交易了的想法而入场。

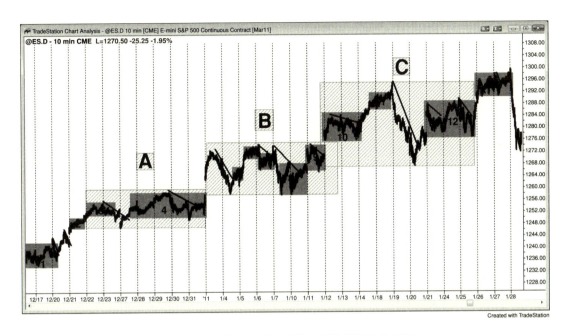

图 PIV.1 走势图上的大多数 K 线均处于交易区间

市场由交易区间构成，其被短暂的趋势所分隔，每一个交易区间又由更小的趋势和交易区间构成。图 PIV.1 是 Emini 的 10 分钟图，显示了大约六个星期的价格行为。如果交易者只看 5 分钟图，大约为一天半的数据，很容易忽视大图景。其中一些交易日是小型交易区间日，但是其处于大牛市的背景之下。大型交易区间用字母标记，小型交易区间用数字标记（数字指的是交易区间而非 K 线）。尽管交易区间不断试图突破顶部和底部，而80% 的试图会失败，但是当突破真的来临时，其通常与之前的趋势方向一致。大多数反转形态是交易区间，如最右边的区间（13），但是大多数反转试图演变成旗形并向趋势方向突破。

当市场处于交易区间时，交易者可以交易两个方向，在每一笔交易上寻求小额盈利，但是当上涨趋势中的交易区间底部出现一个强劲的买入建仓形态时，交易者可以用部分或全部仓位做波段交易。举例而言，在大型 B 交易区间内，有三段下跌，形成一个三角形，而每一段下跌都测试了大型 A 交易区间的顶部。小型 8 交易区间也有一个双重底，并且是从 6 交易区间跌下来的牛旗。日内交易者可能波段持仓至当日收盘，但是愿意持仓过夜的交易者认为这是一个出色的买入建仓形态，而这笔交易可以持续数日。

注意大多数交易区间里的最后一腿下跌是一个下行通道，这是空头试图形成顶部和新的下跌趋势的最后一搏。下行通道是一个牛旗，多头可以在交易区间底部的反转上涨买入，或者在其后通常很快出现的突破回调中买入。下跌趋势中的交易区间与此相反，其最后一腿通常是一个上行通道，也就是一个熊旗。

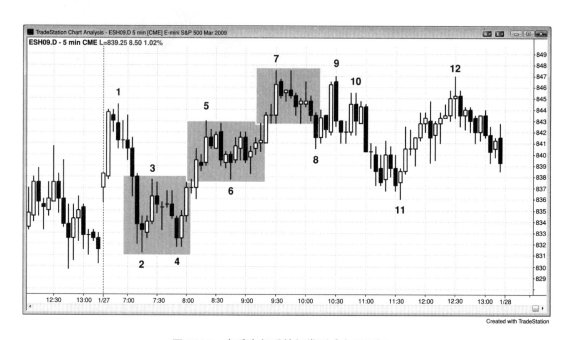

图 PIV.2　多重先行反转经常形成交易区间日

最初几个小时的多重反转通常导致交易区间日。大型交易者经常在开始交易时预期当日为一个交易区间日，当足够多的人这样想的时候，其刮头皮和反手经常会导致交易区间日的形成。如图 PIV.2 所示，今日上行突破，但是在 K 线 1 反转下跌，然后在 K 线 2 反转上涨，反转在 K 线 3 失败，但是下行通道试图在 K 线 4 失败，市场再次反转上涨。至 K 线 5 的急速拉升途中有两次停顿，显示市场犹豫。急速拉升之后，市场盘整约 10 根 K 线，并在牛旗内出现多次小型反转，还有五个下跌实体，再次显示市场的双边交易非常频繁，这是交易区间的特征。K 线 7 是创下当日新高的上涨趋势 K 线，但是之后立即出现一根下跌孕线，而不是两三根上涨趋势 K 线。然后市场形成多根大型十字线，其中两根 K 线的顶部有长影线，显示交易者在这些 K 线的收盘之际激进卖空（卖压）。这表明空头在当日高点位置十分强势，这在交易区间中常有发生。等距行情的方向性概率更有利于空头，在这种情况下，市场在上涨两个点之前先下跌两个点的概率可能为60%。尽管无法知道确切的概率，但是交易者相信空头占据优势，至此大多数交易者都怀疑当日是一个交易区间日，市场跌至区间中点下方的概率很高。如果交易者在 K 线 7 之后卖空，承担 2~3 个点的风险，他们很可能有约 60% 的机会看到市场测试当日中点下方，即下方 5~8 个点，取决于其卖空的位置，在 60% 的胜算下承担两个点的风险赚取 5 个点是一笔好交易。

交易区间日的中点是磁体，通常在当日被反复测试，包括在市场突破创下新高之后。同时，由于交易区间日通常收盘于当日区间中间，因此在市场测试极点时淡出（Fade），如 K 线 7、9、10 和 12。交易者在波段高点上方卖空，如 K 线 1、3 和 5 上方，并且他们在加仓，或许在上方一两个点处。如果他们加仓，很多交易者会在市场回到其最初入场价时平掉部分或全部仓位，这将是一笔盈亏平衡的交易，但是他们在更高价位的入场将获利。如果市场立即向对其有利的方向前进，他们会刮头皮平掉大部分或全部仓位，因为在交易区间日最好是刮头皮，除非你恰好在当日的顶部卖空或在底部买入（原文应该错误），这时候你可以用部分仓位做波段交易，等待市场测试当日中点，甚至测试另一个边界。多头在 K 线 6 和 8 下方买入，很多人愿意在市场走低时加仓。

总体而言，与你在趋势日的做法截然相反是有效的，尤其是当你可以分批建仓的时候。一旦交易者相信当日为一个交易区间日，他们会根据这种信念来下单交易。不是寻求在高点附近的高 1 或高 2 买入，而是在这些信号 K 线的上方卖空；不是寻求在交易区间底部附近的低 1 或低 2 卖空，而是在这些 K 线的下方买入。交易者以限价订单和市价订单入场。一些人查看较小时间框架图，等待反转 K 线出现，然后在反转中用停损订单入场。交易者整天都做刮头皮，预期几乎所有的行情没有走很远就会再次反转。他们会在前面 K 线的高点上方卖空，并在市场继续走高时加仓；他们会在前面 K 线的低点下方买入，并在市场继续下跌时加仓。他们还会在正在发展中的交易区间顶部和底部附近的大型趋势 K 线上淡出。多头将 K 线 1 的两根 K 线之前形成的大型上涨 K 线看作在高位止盈的短暂机会，空头也怀疑不会有后续买盘而卖空。多空双方均在大型上涨趋势 K 线收盘、其高点上方、后面两根下跌 K 线收盘及其低点下方卖空。

一旦市场形成 K 线 2 之前的大型下跌趋势 K 线，测试了当日低点下方和昨日低点附近，多空双方均开始买入。空头买回空仓，多头建立新仓，双方均在这根 K 线的收盘价及其低点下方买入。K 线 2 的底部有一根长影线，显示交易者热衷买入，下一根

K线以上涨收盘，他们在其收盘价及其高点上方买入。交易者在创下新高的K线7收盘时卖空，尽管它是一根上涨趋势K线。他们确信当日是一个交易区间日，因此他们等待市场上涨越过开盘高点后卖空。随着市场上涨，他们相信当日很可能创下新高，既然他们相信市场还能上涨一些，那么在几分钟后就以更好的价格卖空的情况下，没有理由现在卖空。最强势卖家的缺席形成真空效应，快速拉升市场。由于他们确信新高将失败，因此他们非常乐意在强劲上涨趋势K线收盘时卖空。多头清空多仓止盈，空头卖空建立新仓。双方都想要在市场最强势时卖出，因为它们相信其应该会下跌。交易者在K线7后的下跌孕线及其低点下方卖空。下一根K线是一根小型十字线，它是一个疲弱的高1买入建仓形态，很多交易者在其高点上方卖空，预期其将失败。他们还在高1入场K线的低点下方卖空，因为它是一根单K线的更低高点。两根K线之后，他们认为高2买入建仓形态的十字线信号K线是一个疲弱信号，在其高点上方卖空。一旦高2入场K线收于其低点附近，他们就在其低点下方卖空，因为这是一个失败高2的卖空信号。

那根强劲的上涨趋势K线是一根高4入场K线，但是它也是一个趋势交易日高点附近的大型上涨趋势K线。多头刮头皮者清空了其多仓，空头该在K线收盘和K线9更低高点的双K线反转下方卖空，这导致跌至K线8的行情成为一个最终旗形。

一旦市场跌至区间中点，尤其是在其向下突破K线6的波段低点之后，多头认为突破会失败。总体而言，大多数突破失败，尤其对于交易区间日，在当日中段和区间中点时。交易者开始在下跌K线收盘时买入，在市场跌破前面K线的低点时买入。至K线11，共识明确，市场形成了一根上涨反转K线，显示有上涨冲动。下面已经没有人愿意卖空，因此市场需要上涨到一个空头再次相信有卖空价值的点位，这个点位就是他们在当日早期激进卖空的地方，他们的再次卖空在K线12形成一个双重顶。

K线12有一个上涨实体，对于反转交易而言是一个糟糕的信号，但是在交易区间中（或者是在下跌趋势中的熊市反弹末端），信号K线通常不强，但是依然可以接受，至少其在顶部有影线，有一个小型的上涨实体，并且收盘于中间位置。

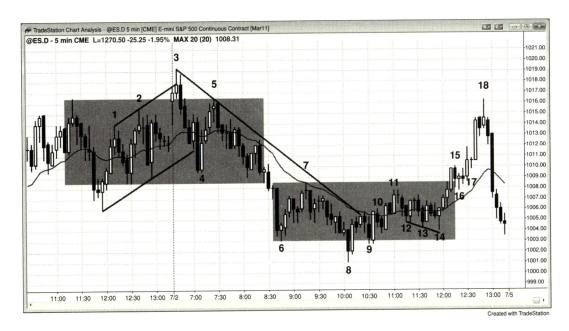

图 PIV.3 交易区间内的波段交易

在图 PIV.3 中，有两个交易区间，交易者可以将其部分仓位做波段交易，把握市场可能突破进入趋势的机会。在上面的区间中，交易者可以在 K 线 3 的低点下方卖空，也就是昨日高点处的楔形反转的信号 K 线。由于下跌至 K 线 4 的行情向下突破了上升趋势线，因此市场可能会形成一个更低的高点，然后反转进入下跌趋势，这使得交易者可以在 K 线 5 的低点下方再次卖空，远远早于市场向下突破交易区间的底部。

然后市场形成下面的交易区间。K 线 11 上涨至区间顶部，突破了下跌趋势线，因此交易者应该寻找更低的低点或更高的低点，然后趋势可能反转上涨。市场在 K 线 14 的更高低点处形成一个楔形牛旗，而 K 线 14 是一根强劲的上涨反转 K 线。这使得多头可以在突破实际发生的多根 K 线之前买入，在 K 线 16 和 17 处有一个高 1 突破回调的多头建仓形态。

总体而言，趋势越强，信号 K 线对反转交易就越重要。交易区间内的信号 K 线经常不太完美，卖空建仓形态的信号 K 线有上涨实体也可以接受。与之类似，买入建仓形态的信号 K 线也可以有下跌实体，案例包括 K 线 3、5 和 7，以及 K 线 11 和 K 线 18 后的 K 线。

交易老手认为市场向下突破跌至 K 线 6 很可能意味着交易区间日演变成趋势交易区间日。激进的多头在 K 线 8 收盘买入，因为它是下区间的等距目标区域的一根大型下跌趋势 K 线，其他多头在 K 线 8 跌破 K 线 6 的低点时买入，另一些人则在 K 线 6 下方的固定距离买入。一些人在下方一个点处买入，并试图在下方两个点、三个点甚至四个点处买入更多。

一些人认为突破或许是一个五跳点的失败突破，并将其作为在下方四个跳点处买入的理由。一些交易者在 K 线 6 下方卖空突破，并在刮头皮的止盈目标处反手做多，也就是其入场价的下方一个点处。另一些人在 K 线 8 跌破由昨日低点和 K 线 6 构成的通道趋势线（未显示）时买入，或者在市场跌破通道趋势线后从 K 线 8 的低点反弹几个跳点之后买入。由于这些多头相信市场正演变成一个趋势交易区间日，并正在形成较低的交易区间，因此他们处于刮头皮模式，正如大多数交易者在市场处于交易区间时的做法一样。今天的波段相对较大，因此很多多头在做三四个点的刮头皮，而不只是一两个点。由于风险较大（刮头皮的多头很可能承担四至六个点的风险），他们做相对高风险（低胜率）的交易时需要获得足够多的回报。由于交易老手相信市场处于交易区间，因此空头刮头皮者在正在形成的交易区间顶部附近的上涨中卖空，如 K 线 7 或 K 线 11 附近。由于 K 线 14 可能是市场回测上区间内部的起点，并且后面出现多根上涨趋势 K 线，因此这时候大多数空头会停止寻求卖空。

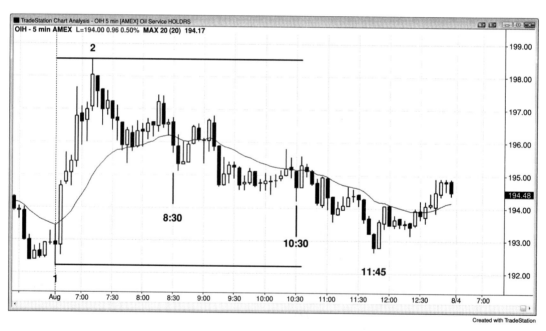

图 PIV.4　当日或区间的中间三分之一

当一个交易日不是明显的趋势日时，在当日中间三分之一的时间里市场处于当日中间的三分之一区间时，交易者应该额外谨慎。如图 PIV.4 所示，有很多交叠 K 线、小型十字线和微型失败突破，使得价格行为难以读懂，这是一种铁丝网类型的窄幅交易区间（在第22 章中有进一步探讨）。有了经验之后，交易者可以在这些情况下成功交易，但是绝大多数交易者很可能会将其在开盘几个小时内赚到的大多数或全部利润都还回去，目标是赚钱，有时候不交易而是等待强势建仓形态对你的账户更加有利。在上面的图中，盘整行为持续到美太平洋时间早上 11:45，在当日相对较晚。时间参数只作为指导。最重要的因素是价格行为，交易区间中的最佳交易是淡出当日的高点和低点，但是这需要耐心。

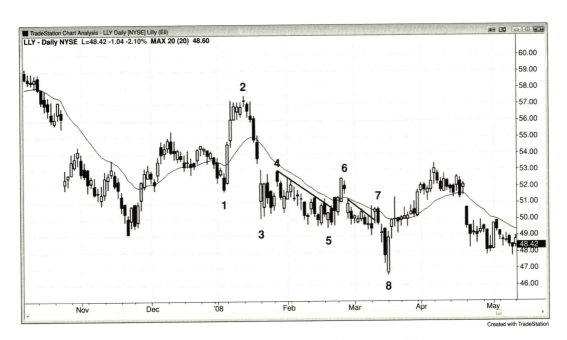

图 PIV.5　急速拉升后又急速下挫通常导致交易区间

　　每当市场出现一轮急速拉升后又出现一轮急速下挫，或者反之亦然，随着多空双方争斗来创造其各自方向的后续行情，市场倾向于进入交易区间。如图 PIV.5 所示，Eli Lilly(LLY) 的日线图显示一轮急剧上涨在 K 线 2 结束，然后是一轮急剧下跌行情。

　　没有出现明显的买入形态，而是在 K 线 4 出现一个低 2 突破回调入场。K 线 6 和 7 是市场短暂突破下降趋势线后的卖空信号 K 线（K 线 6 是第一根均线缺口 K 线）。这一轮急速与通道的下跌趋势中的 K 线 8 低点并不太算是一轮等距行情，之后市场测试了下行通道的起点 K 线 4。

　　急速上涨后急剧下跌，如至 K 线 2 的上涨和之后的下跌，这是高潮反转，是一些更高时间框架图上的双 K 线反转。在更高的时间框架图上，它甚至只是单独一根反转 K 线。K 线 8 是一轮抛售高潮，也是一个双 K 线反转，这一轮行情在一些更高时间框架图上将是单独一根反转 K 线，之后是一个交易区间，其演变成一个上行通道。

图 PIV.6 回调可以演变为交易区间

　　如图 PIV.6 所示，强劲趋势后的回调可以演变成交易区间，有时候反转。这里，ViroPharma Inc.（VPHM）的日线图有一轮强劲的上涨趋势，之后是一轮强劲的下跌趋势，整个图形演变成一个大型的交易区间。大涨之后大跌是买入高潮，随着多空双方继续交易，均试图创造其各自方向的后续行情，后面通常形成交易区间。

　　在 K 线 1 底部后的某一个时刻，动能交易者掌控了市场，将其推高至远远超过基本面所能支持的程度，然后市场急剧下跌至 K 线 9，形成一个三段形态（楔形变体），导致市场以急速与通道的形式上涨至 K 线 13，这实际上形成了一个大型交易区间。K 线 13 过靶趋势通道线，而向上突破通道的试图失败。急速与通道的上涨趋势，不管其看上去有多强势，之后通常会测试通道的起点，即 K 线 12 的低点。

　　K 线 10 是突破回调后的更高低点，是第二次介入机会。

　　很多动能交易者在市场从 K 线 4 向下突破上升趋势线后的上涨中清空多仓，之后多头成功将市场推至 K 线 5 的新高，但是在这里遭遇激进的卖家，随着他们将市场打压至 K 线 6 的低点，市场向下突破了重大上升趋势线，K 线 7 是对 K 线 5 的趋势高点的更低高点测试，也是大型反转下跌的开始，反转下跌始于至 K 线 7 的三段上涨。此时动能交易者已经离场并寻找其他股票。至 K 线 7 的上涨中有数个波段，显示双边交易，因此其动能弱于前几轮上涨和至 K 线 6 的抛售，这一轮回调引出市场急速下挫至 K 线 6 后的下行通道。

　　市场继续抛售，直到价值交易者认为该股基本面足够强劲，在 K 线 9 附近是便宜货。K 线 9 还是一个三段下跌买入，它还可能位于某个斐波那契回撤位附近，但是这无关紧要。你可以看到回调很深，但是并没有深到完全消除始于 K 线 1 的上涨行情的力量。多头依然有足够的剩余力量来拉升股票，尤其是在价值交易者回归的情况下。他们认为该股根据基本面来说便宜，意图在股票继续下跌的过程中持续买入（除非跌幅过大）。

　　牛市中的交易区间里的最后一腿下跌经常是一个下行通道，正如本例。一些交易者将 K 线 3 至 K 线 9 的整段行情看作一个楔形牛旗，即一个下行通道。其他人认为下行通道始于 K 线 5、K 线 7 或 K 线 8 后的大型急速下挫之后。急速下挫引发一轮三段下跌和一个楔形下行通道，交易者在 K 线 9 上方和 K 线 10 与 K 线 12 的突破回调买入。

图 PIV.7　交易区间可以是反转建仓形态

　　交易区间可以是反转的建仓形态，尤其是当 K 线底部有影线并出现双 K 线反转的时候，双 K 线反转是更高时间框架图上的反转 K 线。如图 PIV.7 所示，昨日有一轮急速下挫，然后剩余时间则是一个低动能的上行通道。所有的上行通道都是熊旗，这一个在今日开盘时向下突破。然而，市场三次试图（K 线 8、9 和 12）向下突破昨日的低点，但是每一次都遇到买家而非卖家。K 线 9 至 K 线 12 的小型交易区间引发反转而非下行突破，K 线 12 处的失败低 2 是今日的强劲上涨趋势的建仓形态。

　　尽管交易者只需要看一张图就可以交易成功，但是注意大图景通常也有所帮助。正如 15 分钟图的插图所示，市场在大型交易区间中运行四天，数字相同，但是 15 分钟图比 5 分钟图的开始更早也结束更晚，并且数字更多。由于持续四天的交易区间之前有一轮上涨趋势，因此交易者寻找上行突破。牛市中的交易区间的最后一腿通常一个下行通道，也是空头试图反转市场的最后一搏。大多数反转形态都是交易区间，但是大多数都失败，正如本例。通道的起点有多种选择（K 线 6、7 和 8），不同的交易者有不同的观点。不过他们都同意 K 线 10 和 12 是合理的买入建仓形态。K 线 10 是市场向下突破昨日低点后的第二次试图反转上涨，K 线 12 是 K 线 11 向上突破下降趋势线后的突破回调，也是一个更高的低点。强劲的上涨趋势 K 线是买压的表现，在你想要买入时总是好事。

本图的深入探讨

　　如图 PIV.7 所示，昨日从 K 线 5 至 K 线 6 的上行通道突破了下降趋势线，因此今日的更低低点可能是趋势反转。

　　昨日的熊旗成为下跌趋势中的最终旗形（下跌趋势处于牛市中的一个持续四天的交易区间之内）。每当出现一个相对平行的熊旗，或者一个处于窄幅通道的倾斜熊旗，其将对市场产生磁力，这经常阻止突破前行很远。窄幅交易区间是多空双方的舒适区域，双方均认为该价位有价值，交易者明白这一点，在突破之后寻找反转上涨的迹象。K 线 12 处的失败低 2 也是一个双重底回调买入的建仓形态。其他交易者则视其为三重底或三角形反转。大多数反转形态都有多种解读，不同的交易者倾向于用各自的方法来描述。你称它为什么无所谓，重要的就是你知道这可能是反转并找理由介入。

图 PIV.8　买入高潮，然后交易区间

如图 PIV.8 所示，FOMC 报告在美太平洋时间早上 11:15 分公布，5 分钟 Emini 图在 K 线 1 形成一根大型上涨外包 K 线，但是其高点从未被越过。后面是一根大型下跌趋势 K 线，形成一轮买入高潮，之后通常会是一个交易区间。交易区间可以短如一根 K 线，也可以持续数十根 K 线。没用多久空头就压过多头，形成一轮四 K 线的急速下挫，尽管报告可能引发大幅波动，但是价格行为可靠，因为不要被情绪挟持，寻找合理的入场。

K 线 5 开启了拥有大型双 K 线反转和长十字线的交易区间。每当一个交易区间有多个位于当日极点的大型反转时，通常最好是寻找反转入场而非顺势的建仓形态。大型交叠 K 线和影线显示双边交易，当有强劲的双边交易时，在当日高点买入或低点卖出并不谨慎。始于 K 线 5 的窄幅交易区间由大型 K 线、具有下影线的 K 线和双 K 线反转构成，均显示多头愿意变得激进，这是一个双边交易强劲的区域，因此多空双方均认为这里存在价值。如果市场价格随着下行突破而走低，买家会将更低的价格视为更高的价值，他们会激进买入。空头在区间内看到价值，他们不太愿意在其下方卖空。空头的相对离场和多头的买盘增加通常导致突破失败。市场通常回到磁体区域，有时候会反转。

所有的急速行情都是突破和高潮。始于K线3的四K线急速下挫中的实体不断缩小，显示动能消耗。抛售高潮之后出现一个单K线的停顿，然后在K线4又出现另一根大型下跌趋势K线，形成连续抛售高潮。当情绪化的卖家在短时间内卖空两次，通常只剩下极少数卖家愿意在低位卖空，底部经常已经接近。收盘之前出现第三轮抛售高潮，然后市场在第二天开盘上涨。

本图的深入探讨

图PIV.8中的K线2是一个高2做多入场K线，但是该建仓形态有一个问题：每当有三根或更多K线几乎完全交叠，而它们处于移动平均线的略上方，并且出现一个买入信号，其入场接近该交易区间的顶部，这大概率是一个空头陷阱。如果你要做交易，在前一根K线的高点上方卖空更有意义，因为这是一个小型的窄幅交易区间，而大多数交易区间的突破都失败，这确实是一个高2，但却是一个永远都不应买入的高2。

K线3是一个失败的高2，因此在当日高点位置有多头被套，它也是一根强劲的下跌趋势K线，形成一个出色的卖空入场。由于市场此时处于交易区间之中，那两段小幅上涨使K线3成为一个低2卖空建仓形态。由于它位于当日高点附近，因此是一个寻求卖空的好价位。最后，它是一根大型下跌趋势K线后的双重顶熊旗，也是一个高潮反转。

K线6是一个低1卖空建仓形态，但是它出现在连续抛售高潮之后，市场形成一轮两条腿的盘整上涨调整的风险重大。市场形成更高低点和第二轮调整的概率更大，但是该K线足够长，提供了卖空刮头皮的空间，尽管其很可能形成一个更高低点。

K线7是一个双K线反转的第一根K线，最好是在这两根K线的较高一根的上方买入，而不是在上涨K线上方买入就行，这是一个操之过急的多头被套的案例。由于此时市场出现多根大型盘整K线，因此其处于交易区间，最好是在区间顶部附近寻求卖空而非买入，低买高卖是交易区间的最佳交易方法。

K线8将多头套在一个糟糕的高2买入中，他们会在K线8下方的低2离场，其信号K线足够小，有卖空刮头皮的空间，但是在一对双K线反转之后和信号K线为一根十字线的情况下，这是一个高风险的卖空。

K线10是另一个多头陷阱，弱势多头在一根充满诱惑的大型十字线顶部买入。再一次，聪明的空头会寻找卖空入场的小型建仓形态，因为多头将被迫抛售，市场中将不再有买家，这使其迅速触及卖空刮头皮的盈利目标。由于这是第三段上涨，市场将会预期其起到楔形顶作用，其后面是一条熊腿持续至收盘。由于这是一个交易区间，因此反转形态并无用武之地，并且在区间顶部的长K线上方买入很可能导致多头被套，聪明的空头依然在区间顶部附近的前一根K线上方和小型K线下方卖空。

该交易区间成为一个最终旗形，在第二天开盘时反转上涨，在当日第三根K线形成一个高2入场，实际上你可以将这一整天上涨至报告公布时的行情看作一个最终旗形。市场在报告公布之前向上突破，在报告公布之时遭遇抛售，然后再次试图从交易区间向上突破。当市场两次尝试但均失败时，通常其会尝试相反的方向，这使得市场在K线1的买入高潮之后很可能向下突破。

K线10之后的大型下跌趋势K线形成第三轮连续的抛售高潮，后面有很高的概率出现一轮至少两条腿的上涨，不过有时候只出现一轮两条腿的盘整调整。

图 PIV.9　交易区间引发反转

有时候交易区间可能引发趋势反转而非持续，图PIV.9中的SPY月线图上就有四次（反转形态在第三本书中有更加详尽的探讨），本图的目的在于展示交易区间可以是反转形态。

K线4、6和8（或9）是三段下跌，K线9的两根K线后形成的低2卖空建仓形态导致一个更高低点而非新低。K线4、6和8都是大型下跌趋势K线，因此它们形成连续三轮抛售高潮，这意味着在这三根K线中，交易者在任意价位激进卖空，而不是在回调卖空。这些是迫切渴望卖空的交易者，尽管他们大多数是最终放弃的多头，但是其中有一些人是反应迟钝的弱势多头，他们刚刚认定市场不会出现重大回调，他们对错过下跌趋势如此之多而心痛，他们决意不再错过，因此他们以市价卖空并在小幅回调中卖空。一旦这些情绪化的空头卖空，情绪化的多头放弃并抛售，市场就只剩下极少数交易者愿意在下跌趋势的底部卖空。在三轮抛售高潮之后，只有在市场大幅上涨并有出色的卖空建仓形态时交易者才会卖空。他们得到了上涨，但是并没有得到卖空建仓形态，直到市场上涨太久而成为一轮持续五年的新上涨趋势。

K线8及其后一根K线均在底部有长影线。K线9是一根上涨反转K线，也是一个双K线反转中的第二根K线，该双K线反转是更高时间框架图上的一根底部有影线的反转K线。K线10及其前一根K线的底部也有突出的影线，这意味着多头在这些K线的收盘买入，他们在该价位压制空头。多头认为该价位的做多价值高，空头认为价格太低而不能激进卖空。一些交易者将K线8、9和10看作三重底，另一些交易者则将其看作头肩底。其他人则认为K线8和9形成一个双重底，而K线10成功测试其低点，还有一些人认为K线9上方的行情是突破，而跌至K线10的行情是一轮更高低点的突破回调。只要你看到市场在告诉你多头正在取得掌控，不管你如何描述正在发生什么都无所谓。在三轮抛售高潮和一轮如此持久的下跌趋势之后，大概是至少出现一轮至均线的两腿回调，并且有可能测试K线5和K线7的通道起点。从K线2开始的整轮下跌行情都处于通道，而下行通道是一个牛旗。通道经常在第三段下跌后反转，因此聪明的交易者知道这个从K线8至K线10的交易区间可能是反转而非熊旗。

从K线20开始的三段上涨和至K线22的下跌行情构成一轮买入高潮，尽管K线22以上涨收盘。一旦市场从K线23的双重顶反转下跌，空头希望K线23是市场急速下挫至K线22之后的更高高点回调，他们一直卖空，试图形成一个下行通道或一轮急速下挫。多头持续买入，希望形成一个交易区间，然后市场再上一程。K线24的急速下挫令人信服，因此大多数交易者认为市场在接下来的数根K线里更有可能下跌而非上涨。

多头再次试图在K线24、25和27筑底，但是市场刚刚从一个急速与通道的顶部反转，其很可能会出现两腿下跌，并测试K线12的通道底部。同时，K线24的急速下挫很可能让市场进入下跌波段。很可能会有某种下行通道形式的后续行情，因为 K 线 24 强势下破 K 线 22 的双重顶颈线。与下跌 K 线相比，K 线 25 相对较小，并有一个下跌实体。市场再次急速下挫至 K 线 27，下行动能太过强劲，不能在 K 线 27 的上方买入，尤其是考虑到 K 线 27 只是一根小型十字线而非强劲的上涨反转 K 线。下行动能如此强劲，买家不会愿意在更低低点的上方买入，但是他们或许愿意在一个强劲的更高低点上方买入。两根 K 线之后买家放弃，市场以抛售高潮崩盘，跌至 K 线 29 和 K 线 31。

K 线 29 及其前一根 K 线和 K 线 31 均在底部有长影线，再次显示多头在其每一根 K 线的收盘之际激进买入，这是一个小型的三段下跌形态（在日线图上明显），始于 K 线 30 的急速下挫是市场以大型抛售高潮跌至 K 线 29 后的一轮抛售高潮。连续抛售高潮通常引发回调，至少回调至均线，持续至少 10 根 K 线并有至少两条腿，有时候可能引发趋势反转。多头曾在底部的 K 线 8、9 和 10 激进买入，现在这些买盘刚好在其略下方出现。市场试图在向下突破那个波段低点后反转上涨，这在交易区间中常见。实际上整张图就是一个大型交易区间，尽管几轮强劲趋势持续长达五年。由于大多数突破试图失败，因此当市场跌破 K 线 9 的低点时，可以预料买盘会出现。

本图的深入探讨

如图 PIV.9 所示，随着市场跌破 K 线 1、2 和 3 的头肩顶，交易者开始转为始终入场空头。一些人开始在 K 线 3 的下跌趋势 K 线和形成更低高点的双 K 线反转下方卖空。在急速下挫扩大至 K 线 4 的过程中，其他人以各种理由卖空。尽管 K 线 5 是一根上涨反转 K 线并向上突破双 K 线反转，但这是市场第一次试图向上突破始于 K 线 3 的窄幅下行通道，因此很可能会失败。多头需要看到数根上涨趋势 K 线形式的强势迹象才会变得激进。空头将 K 线 5 看作一个微型通道低 1 卖空，希望市场出现等距下跌。急速下挫的起点 K 线 3 的开盘价至急速下挫的最后一根 K 线（4）的收盘价有一轮等距下跌，K 线 8、9 和 10 的底部位于其目标价的略下方。这也促使空头在此区域获利了结和多头买入。

K 线 10 是一个双重底回调的买入建仓形态。

在至 K 线 11 的上涨中，随着上涨行情的推进，越来越多的交易者转为多头操作。到市场在 K 线 12 停顿之时，几乎所有人都确信上行动能如此强劲，市场很可能进一步上涨。一旦始终入场交易转向，交易者就应该尝试介入。如果没有回调，那么至少买入一个小仓位，使用宽止损，如设在急速拉升的底部下方，这就是机构所做的。他们在上涨中分批买入，因为他们不确定回调是否会到来，但是他们确信市场将在短期内走高，并且想要确保从强劲的趋势中获利。如果他们等待回调，那么也可能是发生在多根上涨趋势K线之后，而那一轮回调中的入场可能远高于现价。

　　作为一条总体原则，只要交易者认定现在有一轮上涨趋势，他们就应该至少以市价买入一个小仓位，或者是在K线内的小幅回调中买入，也可以在更低时间框架图上的回调中买入，因为等距行情的方向概率很可能至少为60%。举例而言，如果他们相信始终入场交易在K线10之后的第二根上涨趋势K线转为多头，那么他们就应该假定市场至少有60%的概率完成一轮等距上涨。交易者测量急速拉升的K线9底部至K线11顶部之间的高度，将其加在K线11急速拉升顶部。SPY交易者也测量急速拉升的第一根K线（K线10后一根K线）的开盘价至急速拉升的第二根K线的收盘价之间的距离。如果SPY交易者在第二根上涨趋势K线收盘时买入，他们会将止损设在第一根上涨趋势K线（前一根K线）的低点下方，其风险约为12个点。随着急速拉升的持续扩大，等距上涨的目标也不断提高，而其风险则固定在12个点，并且在某一时刻他们可以将止损移至盈亏平衡处。如果他们持仓到市场在K线17反转，他们将盈利约50个点，而其最初风险为12个点，并且在其入场后的几根K线后风险变为盈亏平衡。随着趋势前进创下新高，他们可以将止损追踪至最近的波段低点下方。举例而言，在市场上涨越过K线11之后，他们的止损将移至K线12的下方，从而确保约有9个点的盈利。

　　在急速拉升继续扩大两三根K线之后，交易者可以部分止盈，将其止损移至盈亏平衡，并假设市场在跌破急速拉升的低点之前先急速拉升完成等距上涨的方向概率约为60%或更高。

　　至K线11的上涨是一轮急速拉升，至K线17的通道上涨有三段，并且是一个楔形形状，这可能是通道的终点，但是市场上行突破而非下行突破。通常上行通道中的上行突破在5根K线之内就反转下跌，但是这一次持续了约10根K线。如果市场向上突破楔形顶，那么等距上涨也常见。K线13、15和17形成一个楔形顶，而K线23的高点位于在从K线12低点至K线17高点的等距上涨目标的略下方。同时，急速拉升经常引发一轮基于第一根K线开盘价或低点至最后一根K线的收盘价或高点的等距行情。K线23的牛腿顶部是一轮等距上涨，即将K线9低点至K线11高点之间的点数加在K线11的高点之上。多头通常在等距上涨的目标位部分或全部止盈，而激进的空头在该价位开始卖空。

　　K线23与K线19和K线21形成一个扩散三角形顶部。

　　K线20、24和27形成一个楔形牛旗，但是因为下跌趋势K线的数量和大小而疲弱。

当市场跌破 K 线 27 的楔形底时，其跌幅超过等距下跌。

从 K 线 10 至 K 线 23 的整段行情是一个上行通道，因此是一个熊旗。还有交易者认为通道始于 K 线 12。在这两种情况下，交易者都相信市场应该至少向下测试 K 线 12 低点区域。K 线 24、25 和 27 的影线显示有一些买盘，但是下行动能过于强大，多头无法反转市场。从 K 线 23 至 K 线 27 的下跌行情中很少有上涨实体，并且其相对较小，行情处于一个相对紧凑的下行通道。多头不会在市场首次向上突破下行通道时买入，而是会等待更高低点形式的突破回调，他们希望先看到数根强劲的上涨趋势 K 线，然后才会愿意变得激进。将这个底部与 K 线 23 的顶部对比，市场并未变成始终入场空头，直到强劲而令人信服的 K 线 24 下行突破，并且很多空头在出现更低的高点之前不会卖空，市场在 K 线 26 形成对均线的低 2 更低高点测试，并且下跌激烈。

K 线 29 抛售高潮后的孕线是最终旗形的优异候选，尤其是在突破是另一轮抛售高潮时，这是 K 线 31 反转的另一个因素。

第21章　区间交易案例

当市场处于交易区间时，交易者应该遵循"低买高卖"的教条指导。同时，将你的交易看作刮头皮而非波段交易，计划赚取小额利润，而不是持仓期待突破。至顶部的上涨通常看上去像是要成功突破进入上涨趋势，但是其中80%会失败，区间底部的强劲抛售中也有80%无法突破进入下跌趋势。尝试让你潜在回报至少和风险一样大，这样你的赢率不需要超过70%或更高。由于市场处于双边交易，因此在你入场之后和出场之前经常会有回调，如果你不愿意忍受回调就不要做这笔交易。如果市场在交易区间中已经上涨5~10根K线，通常最好是只做空和止盈多仓。如果市场已经下跌一段时间，准备买入或止盈空仓。不要在区间的中点用停损订单入场，不过有时候可以用限价订单入场。

在最佳交易的建仓形态中，交易新手应该专注于使用停损订单的入场，从而确保在入场时市场向对其有利方向运动：

（1）在区间底部附近的高2买入。这通常是市场第二次试图在底部反转上涨，如双重底。

（2）在区间顶部附近的低2卖空。这通常是市场第二次试图在顶部反转下跌，如双重顶。

（3）在交易区间的底部买入，尤其是当其为市场向上突破下降趋势线后的第二入场。

（4）在交易区间的顶部卖空，尤其是当其为市场向下突破上升趋势线后的第二入场。

（5）在底部附近的楔形牛旗买入。

（6）在顶部附近的楔形熊旗卖空。

（7）在市场向下突破区间底部的波段低点之后，在一根上涨反转K线或一个最终旗形这样的反转形态中买入。

（8）在市场向上突破区间顶部的波段高点之后，在一根下跌反转K线或一个最终旗形这样的反转形态中卖空。

（9）在区间底部附近的上行突破后的突破回调中买入（举例而言，如果市场上涨并回调，在前一根K线的高点上方买入）。

（10）在区间顶部附近的下行突破后的突破回调中卖空（举例而言，如果市场下跌并回调，在前一根K线的低点下方卖空）。

使用限价订单入场需要更为丰富的读图经验，因为交易者是逆市入场。一些交易者使用较小的仓位，如果市场运动继续对其不利，他们则会分批加仓，但是只有成功的交易老手才能尝试。这里有一些现价订单或市价订单的交易建仓形态案例：

1. 在区间底部时，在一轮急速下挫中以市价买入，或用限价订单在前一个波段低点或其下方买入（在急速行情中入场需要更宽的止损，并且急速行情发生迅速，这种组合对很多交易者都会造成困难）。

2. 在区间顶部时，在一轮急速拉升中以市价卖空，或者用限价订单在前一个波段高点或其上方卖空（在急速行情中入场需要更宽的止损，并且急速行情发生迅速，这种组合对很多交易者都会造成困难）。

3. 在区间底部附近的一根大型下跌趋势K线的收盘价或其低点下方买入，因为这经常是一轮衰竭性抛售高潮和区间内抛售行情的终点。

4. 在区间顶部附近的一根大型上涨趋势K线的收盘价或其高点上方卖空，因为这经常是一轮衰竭性买入高潮和区间内拉升行情的终点。

5. 在交易区间底部用限价订单在低1或低2的弱势信号中或其下方买入。

6. 在交易区间顶部用限价订单在高1或高2的弱势信号中或其下方卖空。

7. 在一个强劲上涨波段开启时的一根下跌K线收盘买入。

8. 在一个强劲下跌波段开启时的一根上涨K线收盘卖空。

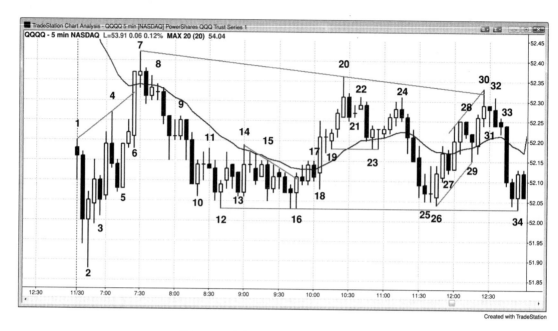

图 21.1　在交易区间的极点刮头皮淡出

　　区间交易日有很多交易方法，如图 21.1 所示的 QQQ 走势图，但是总体而言，交易者应该只在极点淡出，并只做刮头皮。尽管有很多信号，但是交易者不应该想要把握全部或大多数，交易者只需要一天中有几个好的建仓形态就可以开始盈利。

　　我有一位朋友已经交易数十年，他就特别擅长这样的交易日。我曾经看过他实时交易 Emini，他能在这样的交易日里做出约 15 笔一个点的刮头皮，全都基于淡出。举例而言，在 K 线 10 至 K 线 18 区域，他会尝试用限价订单在任何东西的下方买入，如在市场跌破 K 线 10 时，在 K 线 13 跌破其前一根 K 线时，以及在 K 线 15 跌破其前一根 K 线时，如果市场跌破 K 线 13 他还会加仓。如果市场跌破 K 线 15，他会买入更多，如果市场跌破 K 线 12，他还是会试图买入。重要的是，他是一名交易老手，有能力识别具有 70%~80% 胜率的交易。很少有交易者具备这种能力，这也是为什么交易新手不应该为一个点的刮头皮而承担约两个点的风险。最低限度，只有当他们相信一段等距行情的成功率至少为 60% 时，他们才能在交易区间内交易，由于他们在该图上承担约两个点的风险，因此只有在他们持仓赚取至少两个点的盈利时才能交易。这意味着他们应该在区间底部买入和在顶部卖空。

　　如果交易者在区间底部附近买入，他们应该在区间顶部附近止盈。他们还应该在区间顶部附近卖空，在市场运行至底部时止盈。反手对于大多数交易者而言难度过大，他们应该止盈离场，然后再寻找反方向的交易机会。举例而言，如果他们在 K 线 16 上涨越过其前一根 K 线的高点并触发双重底牛旗入场时买入，他们可以用卖出限价订单在市场上涨至 K 线 20 的行情中以 10、15 或 20 美分的盈利离场。离场之后，他们可以再寻找卖空建仓形态，如 K 线 22 的更低高点下方或 K 线 24 的更低高点下方。后一个建仓形态更好，因为它有一根强劲的下跌反转 K 线，并且与 K 线 22 形成一个双重顶熊旗。

那么交易者何时得出这是一个交易区间日的结论？每个人都不同，但是经常会有一些早期线索，随着越来越多的线索积累，交易者更加确信。从第一根 K 线开始就出现双边交易的迹象，后面几乎每一根 K 线都显示更多迹象。当日第一根 K 线是一根十字线，提高了当日为交易区间日的概率。市场在 K 线 3 反转上涨，但是在上涨至 K 线 4 的行情中的后续疲弱。前三根 K 线在低点有影线，K 线 2 与其前一根 K 线约有一半重叠。K 线 3 在多头入场之后立即反转下跌，其下一根 K 线则反转上涨。市场在 K 线 4 再次反转下跌，并在 K 线 5 又再次反转上涨，在移动平均线处的 K 线 7 再次下跌。每当市场在第一个小时里出现四五次反转时，这一天成为交易区间日的概率提高。

K 线 6 是一根强劲的上涨趋势 K 线，但是没有后续行情。其在移动平均线处停顿，并且下一根 K 线是一根十字线，而不是另一根强劲的上涨趋势 K 线收盘于均线上方远处。下一根 K 线是一根下跌趋势 K 线，两根 K 线之后依然未能收于均线上方。尽管强劲拉升，但是多头并未取得掌控，市场处于双边交易。

K 线 2 是一轮双 K 线的急速拉升的起点，后面是一个三段上涨的上行通道涨至 K 线 7。由于 K 线 2 是市场跳空下跌并抛售之后的强劲上涨反转 K 线，因此它是一个出色的开盘反转并有可能是当日低点。这一天本可以成为一个强劲的上涨趋势日，但是却横盘，不过其从未跌破入场 K 线的低点。

K 线 2 是一轮双 K 线急速拉升的第一根 K 线，K 线 4 和 7 是急速拉升后的楔形通道中的第二段和第三段上涨。急速与通道形态中的通道是交易区间的第一腿，因此大多数交易者此时会假设市场将在接下来 10~20 根 K 线处于交易区间，当日剩下的时间可能都是如此。他们想要在一轮测试 K 线 3 或 K 线 5 低点的两腿抛售中买入，因为这些 K 线形成了上行通道的底部。即便他们相信当日可能成为一个趋势日，但是暂时也将其看作交易区间，因此只会刮头皮。其刮头皮加强了交易区间，因为当很多交易者在高点附近卖出而在低点附近买入时，市场也很难突破进入趋势。

交易者会在 K 线 2 上方买入，预计市场至少测试均线。一些交易者会当日新高处的 K

线 4 下跌反转 K 线卖空，但是大多数交易者会假设始于 K 线 2 反转 K 线、双 K 线急速拉升和 K 线 4 前一根上涨 K 线的买压足够强劲，可以推动市场测试均线，即便有回调出现。正因为如此，很多交易者设置限价订单在 K 线 4 的低点及其下方买入，而他们会将保护性止损设在 K 线 2 后的入场 K 线的下方，甚至在 K 线 2 的信号 K 线低点下方。一些交易者会使用定额资金止损（Moeny Stop），如约为今日目前为止的 K 线的平均长度，可能是 10~15 美分，一些交易者可能会认为空头可以在从 K 线 4 开始的下跌行情中卖空刮头皮赚取 10 美分。这将要求市场从 K 线 4 下方下跌 12 美分，因此他们可能使用 13 个跳点的止损。他们会假设卖空是刮头皮，因此空头将会在 K 线 4 下方 11 美分处用限价订单买回空仓，从而可以在其于 K 线 4 下方一个跳点处用停损订单入场的空仓中赚到 10 美分。

敏锐的交易者会设置停损订单在 K 线 4 后的下跌入场 K 线上方做多，因为他们知道 K 线 4 信号 K 线足够强劲而吸引空头，而这些空头将会担心市场反转上涨至均线。他们会将保护性止损设在入场 K 线的上方，并且在市场触及均线之前不会再次寻求卖空，这使得在入场 K 线的上方买入是一笔出色的做多刮头皮。

多头怀疑 K 线 5 后一根 K 线是否为一个可靠的卖空，因此他们在其上方一个跳点及其低点和低点下方下单买入，预期其将是一个失败的更低高点。只有低点上方一个跳点处的买入限价订单被成交，意味着多头非常激进，结果是一根强劲的上涨趋势 K 线抵达均线。这是一个强劲的上行突破，但是交易者好奇为什么其在均线停顿而没有上行很远。他们需要马上看到后续行情，否则他们会怀疑这是否会是一个开盘高点上方的失败突破，或许 K 线 6 只是一个买盘真空，由强势交易者暂时离场观望所致。如果他们认定市场将测试均线，那就没必要在均线略下方卖空，强势多头和空头的缺席使得市场能够迅速拉升。不过，一旦市场抵达一个他们认为涨势很可能结束的区域，他们就会凭空出现并激进卖空，压制弱势多头。强势多头清空多仓获利了结，强势空头卖空建立新的空仓。认为今日很可能是一个交易区间日的空头会在 K 线 6 向上越过均线时用限价订单卖空，而其他人会在其收盘时卖空。有一些人会愿意在更高价位分批加仓，尤其是在下一根 K 线的疲弱后续之后。

随着市场下跌，大多数交易者都明白多空双方都很强势，市场很可能在双方争夺掌控时维持双边交易，这意味着很可能形成交易区间。当市场抵达顶部附近时，多头开始担心买入太过昂贵，空头则认为有很高的卖空价值，这使得市场下跌。在顶部附近热衷卖空的交易者并没有兴趣在底部附近卖空，因此卖盘干涸。愿意在区间中间买入的交易者认为区间底部提供更高的价值，他们在此激进买入，拉升市场。

空头愿意在测试均线的 K 线 7 下方卖空。如果多头强势，移动平均线上方应该有一轮强劲的行情而不是这种停顿。K 线 7 使得 K 线 6 看上去更像是衰竭而非强劲突破，其他空头则在 K 线 8 的内内形态或 K 线 7 后的下跌 K 线下方卖空。从内内开始的双 K 线急速下挫比较强劲，但是其低点有影线，显示有一些买盘。到现在为止，市场经历了一轮从当日低点至 K 线 7 的强劲急速拉升，现在又出现一轮强劲的急速下挫，交易者预期交易区间。

K 线 9 是一个多头陷阱。大多数交易者将其前面的十字孕线看作急速下挫之后的糟糕买入信号，很多人在该十字线的高点设置限价订单卖空。他们期待市场回调至 K 线 5 低点附近的上行通道底部区域，这也是 K 线 2 信号 K 线的高点位置，它是突破测试的磁体。多头希望市场在 K 线 3 或 K 线 5 的低点区域形成一个双重底牛旗，但是他们同样希望守住最初的入场 K 线低点（K 线 2 后一根 K 线的低点），否则他们会放弃当日依然可能成为一个上涨趋势日的观点。

K 线 10 是从 K 线 7 高点开始的第三段下跌，并且是一根上涨趋势 K 线。多头担心下跌处于窄幅通道，第一次突破试图可能失败。很多多头会等待突破回调后再买入，一些多头买入了小部分仓位，如果市场下跌而进一步靠近 K 线 3 的低点，他们计划在第二个上涨信号加仓，其在 K 线 12 出现。另一些人认为很多交易者会在其多仓上设置 10 美分的止损，因此他们设置限价订单在下方 10 美分处买入更多，正好是这些弱势多头将会离场的位置。然后他们可能会在 K 线 2 后的入场 K 线或 K 线 2 的下方 10 美分处设置保护性止损。那些愿意忍受市场创下当日新低的交易者可能会使用更小的仓位，从而可以在市场跌破其最初入场 10 美分之后第二次分批买入。

K 线 12 的上涨反转 K 线与 K 线 3 或 K 线 5 的低点形成近似双重底，并且它是第二信号，这使得其成为交易区间底部附近的高 2，它是从当日高点开始的第四段下跌，一些交易者将其看作高 4 牛旗。对很多交易者而言，从 K 线 8 开始的急速下挫是第一段下跌，而 K 线 12 是第三段。很多急速与通道的形态以第三段下跌结束，然后市场试图以一轮两条腿的上涨测试下行通道的顶部，其位于 K 线 9 的高点附近。一些交易者认为至 K 线 12 的下跌行情处于一个过于紧凑的通道而不能买入，他们会等待明确的第二信号。很多人在看到 K 线 12 低点附近出现一根相对较小的 K 线之前不会买入。这些交易者可以在 K 线 16 的双重底牛旗买入，K 线 14 足够强劲而向上突破下降趋势线，然后市场出现一轮两腿回调。K 线 16 也是一个楔形牛旗的入场点，而 K 线 10 是其第一段下跌，K 线 12 是第二段下跌。另一些人将 K 线 13 看作第一段下跌，将 K 线 15 看作第二段。它也是一个下降三角形，K

线 16 是上行突破。由于它是一根强劲的突破 K 线，因此交易者寻求在突破回调中买入，他们会设置限价订单在前一根 K 线的低点或其下方买入，他们会在 K 线 18 获得成交。其他人则在 K 线 17 的下跌 K 线收盘时买入，因为他们认为突破回调和市场创下更高低点的可能性大于突破失败和市场跌破 K 线 16 的区间底部。

交易者使用同样的逻辑在 K 线 12 后的 K 线下方买入，认为它是一个糟糕的低 2 卖空，因为它位于交易区间的底部，并且在第二轮反转上涨之后，这两轮反转都具有很好买压（出色的上涨反转 K 线）。一些人会在 K 线 12 后的下跌 K 线收盘或 K 线 13 的下跌 K 线收盘买入，预期 K 线 12 的低点不破。其他人则会在 K 线 13 的上方买入，认为有被套的空头，市场会在空头回补中迅速上涨。

这是一个窄幅交易区间，是多空双方均看到价值的区域。双方都愿意在这里发起交易。对于多空双方而言，这是一个确立的价值区域，突破通常无法前行很远就被拉回区间，这里有强大的磁力，空头会在上方大力卖空，多头会在下方大力做多。

K 线 18 是一根大型上涨趋势 K 线，向上突破过去一个小时左右的交易区间。然而，由于当日整体处于一个较大的交易区间，而市场现在正位于该区间的中间，因此交易者犹豫是否买入，这形成一个内内形态。一些交易者在 K 线 12 收盘时和市场向上突破 K 线 12 时买入，另一些人在内内形态中和 K 线 19 的上涨孕线上方买入。交易者试图用限价订单在 K 线 18 后的孕线低点及其下方买入，但是并未获得成交，这使得他们更加愿意在市场向上突破 K 线 19 时买入，他们看到其在下方的订单未能成交，认为这是多头迫切的表现。

K 线 18 的突破急速拉升之后，市场以一轮抛物线状的小型高潮涨至 K 线 20，在这里形成一个双 K 线反转。入场点位于两根 K 线中的较低 K 线下方，直到三根 K 线之后才被触发。认为当日是一个交易区间日的交易者准备在市场强势上涨至当日高点附近时卖空。K 线 21 是一根小型十字线，因此是一个疲弱的高 1 买入建仓形态，尤其是其出现在一轮买入高潮之后。空头在其高点上方卖空，其他人在 K 线 22 的下方卖空，多头在这里清仓。他们在交易区间的顶部买入，希望市场向上突破，当其未能发生时，他们迅速离场。在其行动中，他们触发了 K 线 20 高点的双 K 线反转卖空。

市场跌至移动平均线，并与一根上涨反转 K 线形成一个高 2 买入信号。这是上涨趋势中的非常可靠的建仓形态，但是大多数交易者依然将当日看作交易区间日。很多人在 K 线 23 的上方买入，希望当日成为一个上涨趋势日，但是如果没有强劲的上行突破出现，他们则计划迅速离场。他们对 K 线 23 的后一根 K 线是一根十字孕线而感到担忧，因为他们希望市场紧迫而非犹豫不决。

他们平掉多仓，空头在 K 线 24 的下跌反转 K 线下方卖空，而 K 线 24 与 K 线 22 形成一个双重顶熊旗。一些人认为其与 K 线 22 构成低 2 卖空，其他人将其看作一个楔形顶，其中 K 线 20 是第一段上涨，K 线 22 则是第二段。

市场强势急速下挫至交易区间底部，但是 K 线 25 有一个小型的下跌实体，显示市场犹豫。多头无法创造突破，结果至形成交易区间。交易区间未能摆脱 K 线 10 至 K 线 16 的窄幅交易区间的磁力。如果这是一轮强劲的下跌趋势，市场一旦回到当日早期的窄幅交易区间就不会犹豫，而是会以一系列的强劲下跌趋势 K 线跌至其下方，这告诉交易者空头并不强势，而这可能只是一轮卖空真空。强势交易者可能在袖手旁观，预期市场测试交易区间的底部。一旦市场到位，他们就开始不断激进买入，多头建立新的多仓，空头对其空仓止盈，他们决意要将市场维持在交易区间的低点上方。K 线 26 是交易区间底部的一个高 2，也是一根强劲的上涨反转 K 线。K 线 25 是一个高 1 建仓形态。K 线 25 至 K 线 26 区域与 K 线 12 与 K 线 16 区域形成一个双重底牛旗。这第二个底部也是 K 线 10 至 K 线 17 的窄幅交易区间的突破回调。

K 线 26 在下一根 K 线有良好后续，交易者预期这一次向下测试会失败。一些人在 K 线 27 的下跌趋势 K 线收盘时买入，其他人设置限价订单在 K 线 27 的低点及其下方买入。买盘非常激进，市场甚至无法触及 K 线 27 的低点。敏锐的交易者看到后迅速设置停损订单在 K 线 27 的高点上方买入，这导致两根上涨趋势 K 线形成突破。

K 线 28 是一根下跌孕线，但是从 K 线 26 开始的上涨行情处于一个窄幅通道，因此第一次下跌试图应该会失败。多头设置限价订单在 K 线 28 的低点及其下方买入，至 K 线 26 的下跌是一轮大型的两腿行情，K 线 23 是第一腿终点。这是一个大型牛旗，至 K 线 28 的上涨行情是突破。K 线 29 是该突破的回调，它也是对 K 线 26 至 K 线 28 的微型通道底部的失败突破。

K 线 30 是一个对决线形态，多头在市场向上越过两条线的时候止盈，形成了顶部的影线。其他人在 K 线弱势收盘时离场，还有一些人在 K 线 31 的双 K 线反转顶部下方离场。

K 线 31 是一根十字线，因此也是一根疲弱的高 1 信号 K 线。同时，从 K 线 26 至 K 线 30 的急速拉升并没有强到可以在第二个高 1（K 线 29 是第一个）买入，而且当日是一个交易区间日而非明确的上涨趋势日，空头将其看作交易区间顶部的糟糕高 1，他们在 K 线 31 的高点上方卖空。

其他空头在 K 线 32 的下跌反转 K 线下方卖空。一些人将 K 线 30 和 31 看作一个双 K

线反转，另一些人忽略 K 线 31，将 K 线 30 和 32 看作双 K 线反转，这也是一个微型双重顶。市场在 K 线 30 上涨，在 K 线 31 下跌，然后在 K 线 32 再次上涨，又在该 K 线收盘时再次下跌。市场还在当日完成三段上涨，K 线 7 和 20 是前两段，因此当日是一个大型三角形。K 线 32 后的入场 K 线向下突破 K 线 26 至 K 线 29 的上升趋势线（尽管未显示），市场在趋势线下方的第二根 K 线急剧抛售至收盘。

K 线 10 至 16 之间有很多上升三角形。由于形态形成于至 K 线 7 的急速拉升的底部上方，因此很多交易者认为可能会有一个上行通道，至少测试 K 线 7 的高点。交易区间内还有数轮急速拉升，形成买压并向多头证明市场试图形成一个更高低点。由于没有一个三角形完美明确，因此无法让所有交易者都同意市场变为多头行情。K 线 10、12 和 16 是三段下跌，形成一个下降三角形。K 线 13、15 和 16 也是三轮下跌和三角形，一些交易者将其看作楔形牛旗，另一个楔形牛旗由 K 线 14 后的下跌 K 线、K 线 15 和 16 构成。

第 22 章　窄幅交易区间

窄幅交易区间是一个常见形态，有多种名称，但是没有一个术语能够充分达意。它是由两根或更多 K 线构成的盘整通道，其中有很多交叠 K 线，多次反转，很多十字线，突出的影线，以及上涨和下跌的实体，可以扩展至十几根或更多 K 线。大多数停损入场导致亏损，应该避免使用。如果 Emini 的日均区间约为 10~15 个点，那么任何高度为 3 个点或更低的交易区间很可能都是窄幅交易区间。如果其 K 线很长，有时候 4~5 个点的区间也可以表现为窄幅交易区间。

多空双方势均力敌，交易者等待突破，以及突破后的市场反应。突破是否继续，或许在一轮小幅回调之后，或者回调是否成为反转，然后市场很快突破交易区间的另一边？仅仅是因为市场处于盘整，不要假设机构大部分停止交易。每一根 K 线的交易量依然很高，尽管低于之前趋势中的 K 线。多空双方均在激进发起新的交易，因为双方争夺在其各自方向创造突破。一些交易者刮头皮进出，但是另一些交易者在加仓，最终达到其最大仓位。最终一方获胜而另一方放弃，一轮新的趋势行情开启。举例而言，如果有一个窄幅交易区间持续了很长时间，很多多头的仓位达到上限，然后市场开始测试区间的底部，这时候没有足够多的多头将市场拉回至区间的中间或顶部。然后市场开始向下突破，这些无法或者不愿继续加仓的多头只能希望还有其他多头有足够的购买力来逆转下行突破。市场每下跌一个跳点，就有更多的多头清仓止损，并且他们至少在多根 K 线之内都不会再次买入。这种抛压推动市场进一步下跌，导致更多的多头清仓止损。随着剩下的多头放弃、清仓并等待另一个可能的底部，抛售可能加速。这种过程在所有的交易区间中都发生，也为趋势交易区间日的后期突破做出贡献。举例而言，如果出现上行突破，其部分原因是有太多空头无法或不愿继续加仓，没有足够的空头来抵御市场对交易区间顶部的下一次测试。市场突破，空头开始买回空仓，并且至少在数根 K 线之内不愿再次卖空。空头卖盘的消失，以及其回补空仓的买盘，形成单边市，迫使剩余的空头回补空仓。这种空头回补，加上多头的买盘，经常形成一轮持久的上涨波段。

　　失败的突破和反转很常见。通常最好不要在突破中入场，而是等待强劲的后续行情，然后以市价入场；或者等待突破回调，然后顺势入场；亦或者等待突破失败，然后介入相反方向。尽管没有人知道高频交易（HFT）公司的宽客使用了何种算法，但是巨额成交和大量反转的小行情很可能是程序试图不断刮头皮获利1~4个跳点所致。数学家甚至都不需要看图，他们设计程序来把握小幅波动。对于聪明的程序员而言，窄幅交易区间看上去是完美的环境。

　　窄幅交易区间里的每一轮回调都是由微型的买盘或卖盘真空所致，正如在所有交易区间顶部和底部附近发生的一样。很多多头和空头准备在高点下方的一定跳点数处买入，而另一些人则准备在前一根K线的低点下方的一定跳点数处买入。这些是想要买入但是不想以现价买入的交易者。空头想要买回其刮头皮空仓，多头想要发起新的刮头皮多仓。一旦市场抵达其价位，他们就突然激进买入，导致市场反转上涨。空头对其空仓止盈，而多头建立多仓。一旦市场抵达区间顶部，该过程逆转。多头止盈而清空其刮头皮多仓，空头则建立新的空仓。同样的过程发生在所有类型的通道中，不管是水平（如窄幅交易区间）还是倾斜（如急速行情后的通道）。

　　对于在窄幅交易区间内使用停损订单入场和离场的交易者而言，数学对其不利，但是要判断限价订单入场的交易者方程在何时有利，对于大多数交易者而言难度过大。大多数交易者的最佳选择是简单等待突破，然后判断其是否很可能会成功或失败，然后再寻找交易。窄幅通道也是如此，其只是倾斜的窄幅交易区间。尽管市场大多数时候都处于通道之中，不管是盘整通道还是倾斜通道，但是当通道紧凑时，在通道内交易尤为困难。当一个通道或交易区间紧凑时，只有最稳定盈利的交易者才应该交易，而这些交易者将使用限价订单入场。大多数交易者几乎只能使用停损订单入场。由于这与窄幅通道的交易之道完全相反，因此大多数交易者不应该交易它们。他们应该等待急速行情或更宽阔的通道再交易。

　　窄幅交易区间通常是一个持续形态，但是当其在一轮高潮反转（即便是一轮小型高潮）后形成时，市场向任意方向突破的概率相当。这是因为高潮反转产生了相反反向的动能，你无法知道这种反向动能是否会持续并引发突破，还是之前的趋势会恢复。在没有高潮反转的情况下，如果一个窄幅交易区间在一轮趋势行情后形成，如果趋势强劲，那么市场向趋势方向突破的概率可能高达55%。然而其概率很可能也不会比这更高，否则市场也不会形成窄幅交易区间。如果趋势较弱一点，其概率可能仅有53%。即便市场逆势突破，其形态通常也会演变成一个更大的交易区间，最终大概率还是会顺势突破。记住，所有的交易区间都只是更高时间框架图上的回调。然而，如果一个交易者在窄幅交易区间中顺势入场并使用非常宽的止损，允许市场演变成一个更大的交易区间，那么交易者方程将难以确定。其风险、回报和胜率变得难以评估，这种情况最好不要交易。因此，使用宽止损并持有长时间通常并不是一个好的策略。如果一名交易者在窄幅交易区间中顺势入场，预期趋势恢复，但是市场向错误的方向突破，通常最好是离场，等待更大的交易区间形成，然后再试图做顺势的波段交易。

由于窄幅交易区间是交易区间，因此当市场接近其顶部时出现抛售或接近区间底部时出现拉升的概率为60%或更高。然而，由于区间狭窄，通常没有足够的空间来交易获利，因此这种概率没有意义。更好的办法是，如果区间位于一轮上涨行情之后，那就假设向上突破的概率为51%~55%，如果区间位于一轮下跌行情之后，那就假设向下突破的概率为51%~55%。

窄幅交易区间优先一切，尤指交易时的所有重大理由。你在图上还看到什么都无所谓。一旦市场进入窄幅交易区间，市场会令你丧失方向，向任意方向突破的概率永远不会超过55%。由于它依然是一个交易区间，因此恢复之前趋势的可能性略高，但是根据之前趋势的强度和窄幅交易区间之前是否有强劲的反转，交易者应该假设其概率依然只有51%~55%。窄幅交易区间由多轮反转构成，每一轮反转都由失败的突破试图形成。会有很多"出色"的买入和卖出信号K线，其中一些会有很强的支持逻辑。举例而言，如果有一个出色的卖空信号触发，但是市场在一两根K线之内形成一根更加出色的上涨反转K线，那么多头或许会认为空头在一个强劲信号中被套，因此至少在多根K线之内都不愿再次卖空。这意味着短期内的空头减少，市场高概率成功向上突破并持续数根K线。逻辑不错，但是你需要回到"窄幅交易区间优先一切"的教条，这包括所有美妙并合乎逻辑的理由。反转显示机构在K线上方用限价订单卖空并在K线下方用限价订单买入。你的工作是追随它们，永远都不要做与其相反的事情，用停损订单在窄幅交易通道中进出是一种输钱策略。由于你无法像高频交易公司一样在窄幅交易区间中刮头皮1~3个跳点而获利，因此你需要等待。他们创造了这些窄幅区间里的大多数交易量，而他们使用的方法你无法用来交易来获利。你需要等待，有时候这非常难做，有时候一个窄幅交易区间可以延伸至20根或更多K线，然后真正成为一个没有预测价值的建仓形态。由于猜测从来都不是一种理智的交易方法，因此价格行为交易者在决定行动之前需要先等待突破。在大多数情况下，突破的一两根K线之内会出现失败，如果你基于失败而非突破入场，你交易获利的几率会更高。在大多数情况下，反转的试图失败并成为突破回调。一旦突破出现回调，在突破恢复的过程中用停损订单顺突破方向入场。在上行突破中，等待回调K线收盘，然后在其高点上方一个跳点处用停损买入订单入场。如果预期中的回调 K 线引发反转并跌穿窄幅交易区间的另一个边界，或者在接下来的数根 K 线中有一根跌穿区间底部，那么你可以在交易区间下方一个跳点处用停损订单入场卖空，或者你可以等待突破回调卖空。

由于交易区间日里的持久窄幅交易区间突破后的行情经常并不强劲，因此市场经常在当日剩余时间里保持基本无趋势状态。然而，如果窄幅交易区间之前是一轮强劲的趋势，市场的表现将大为不同，因为该交易日经常会变成一个趋势恢复日。这里，第一个小时内有一轮强劲趋势，然后是一个窄幅交易区间可能持续数个小时，最后市场按最初趋势的方向突破区间。这种突破经常会引发第二轮趋势，其规模与第一轮大体相等。不常见的情况是，突破为相反方向，逆转之前趋势的大部分或全部。

窄幅交易区间中通常两个方向的建仓形态，但是对于大多数交易者而言，一旦他们相信市场进入窄幅交易区间，他们就不应该做任何交易。如果他们刚刚建仓，市场进入窄幅交易区间，最佳选择是以盈亏平衡离场，或者承担一个跳点的损失，然后等待突破再决定下一笔交易。举例而言，如果交易者因为相信市场有 60% 的概率在上涨 10 个跳点之前先下跌 10 个跳点而卖空，但是市场现在进入一个窄幅交易区间，其数学已经改变。交易者现在只有约 50% 的胜率，只要其风险和潜在回报不变，他们现在就是输钱策略。他们的最佳补救方法是以盈亏平衡离场，如果幸运，或许能带走一两个跳点的盈利。

不管你看到何种形态，总是有一些形态在形成过程中看上去很棒，你需要考虑概率，即等距行情的概率为 50%。只有当盈利几率乘以潜在回报的结果远远大于亏损几率乘以风险时，你才能交易获利，但是鉴于窄幅交易区间是如此强力的磁体，其内部的行情很小，突破通常失败，即便突破成功，其通常也不会前行很远就被拉回区间。这使得赚取两三倍于风险的盈利的机会渺茫，因此在 K 线上方买入或在 K 线下方卖空等突破策略在长期会输钱。

由于窄幅交易区间是通道，因此可以像任何通道一样交易，但是由于其行情很小，需要多根 K 线才能抵达盈利目标，因此非常乏味。对于大多数交易者而言，如果他们相信市场已经进入窄幅交易区间，他们应该避免任何交易。有时候一个窄幅交易区间的顶底之间有足够点数，可以在顶部的小型反转 K 线卖空刮头皮或在底部的小型上涨趋势 K 线上方买入刮头皮。激进的交易者在前一根 K 线的低点下方买入，或者在前一根 K 线的高点上方卖空，在获得小额盈利时刮头皮离场。如果窄幅交易区间之前是一轮趋势，那么顺势交易更有可能盈利，部分仓位可以持有做波段。举例而言，如果市场在一轮强劲拉升后进入一个窄幅交易区间，而区间维持在移动平均线的略上方，多头会在前面 K 线的低点下方买人。尽管他们可以在区间顶部附近刮头皮离场，但是他们也可以持有部分仓位来把握波段上涨。其他交易者（多为高频交易公司）在区间中点下方及其每往下一两个跳点分批建立多仓。空头在区间中点及其每向上一两个跳点卖空。双方均在区间中点附近止盈，在其最早的入场以盈亏平衡离场，而在最近的入场以获利离场。

交易者应该专注于最好的建仓形态，他们总是应该避免最差的，而窄幅交易区间就最差。窄幅交易区间是交易新手的最大问题，也是目前为止阻止其交易获利的最大障碍。举例而言，交易新手记得数 K 线在过去几日的趋势中非常可靠，于是他们将其用在区间内的入场上，预期市场很快突破，但是却一直未能如愿。他们将每一次反转都看作新的信号，而每一个信号在其下单时看上去都不错，或许会有一根强劲的下跌反转 K 线从一个看上去不错的低 2 卖空建仓形态突破。但是其依然处于窄幅交易区间，后面出现 14 根重叠 K 线，并且移动平均线平坦。区间之内，或许之前出现过 6 次反转，但是没有一次行情能走很远，甚至不足以刮头皮获利。约一个小时之后，交易者变得沮丧，因为他们发现刚刚连续输掉六笔交易。尽管是小额亏损，但是他们现在亏损 7 个点，而当日只剩下一个小时。在数小时之内，他们就输掉了过去三天里所赚到的一切，他们向自己承诺再也不会犯下同样的错误。但是不可避免的，他们在两天内就会再犯，然后在数月里每周都要犯下至少几次，直到账户里剩下的保证金已经不足以开单。

其账户里的本金是送给自己的礼物。他们给自己一个机会，看一下能否为自己和家人创造一种美妙的新生活。然而，通过交易窄幅交易区间，他们不断地让自己打破交易中的最重要规则。相信自己解读市场的能力很强是一种狂妄，毕竟他们已经连续三天赚钱，需要有一定技术才能做到。他们相信在连续六次亏损之后会迎来盈利，因此平均法则对他们有利。实际上他们应该接受现实，盈利从来都不是理所当然，市场总是持续做其刚做的事情，这意味着第七次亏损的可能性大于盈利，当日剩下的时间里也不太可能有很好的交易。他们确实在过去几天的大波动中表现极为出色，但是市场的特性每天都在变化，这就要求你也改变方法。

交易者经常不承认市场已经进入窄幅交易区间，直到其在三四根 K 线之内在两三个信号上亏损，即便如此，他们甚至还会犯下更加昂贵的错误。有一种自然倾向，认为没有东西可以永久持续，任何行为都会向均值回归。如果市场连续出现三四笔亏损交易，那么下一笔交易一定大概率盈利，正如抛硬币一样，不幸的是，市场不是这样运行的。当市场处于趋势时，大多数反转试图失败；当其处于交易区间时，大多数突破试图失败。这与抛硬币的概率总为 50/50 相反。在交易中，刚刚发生的事情一再发生的概率更接近于 70% 或更高。由于抛硬币逻辑，大多数交易者在某一时刻开始考虑赌博理论。

他们的第一个想法是马丁格尔方法，就是在每一次亏损后将下一笔交易的仓位加为两倍或三倍。如果他们尝试，他们很快就会发现马丁格尔方法实际上是马丁格尔悖论。如果你起手交易一张合约，然后在亏损后交易两张合约，每一次连续亏损后都加倍仓位，你知道你最终会赢。一旦你盈利，你最后的大型下注将收复之前的所有损失，让你回到盈亏平衡。还有更好的，每一次亏损后用三倍仓位，一旦你最终获胜，你将获得净盈利，尽管之前亏损。马丁格尔方法在数学上不错，但是无法用于实践。为什么会这样？如果你以一张合约起手，在连续六次亏损且加倍后，你将交易 32 张合约。如果你交易每一个反转，那么至少每周都会经历一轮连续六次亏损，通常比六次还多。悖论是一个交易一张合约的交易者永远不会交易 32 张合约，而一位交易 32 张合约的交易者从来不会以一张合约起手。

交易者接下来考虑等待连续三次亏损（甚至更多）后再交易，因为他们相信连续四次刮头皮亏损并不经常发生。实际上几乎每天都有发生，市场经常会有六次或更多次连续反转失败，当这种情况发生时，其总是处于窄幅交易区间。一旦他们发现连续六次或七次亏损有多常见，他们便抛弃这种方法。

一旦你看到市场处于窄幅交易区间，不要交易，而是简单等待好的波段回归，通常在下一个交易日之前。你的工作不是下单交易，而是要赚钱，如果你继续亏损多于盈利，你将无法每月赚钱。如果市场看似在上下波动，你下单交易，但是在接下来的几根 K 线之内，市场开始形成重叠的小型十字线，那就假设市场正在进入一个窄幅交易区间，尤其是当其发生在当日中间三分之一时间的情况下。尝试以盈亏平衡离场，或者承担小额亏损，等待波动回归，即便你需要等到明天。你不能根据亏损是交易的一部分的假设而将钱送回去，你必须将你的交易限制在最出色的建仓形态中，即便这意味着你有时候会在数个小时内不交易。

尝试以盈亏平衡离场的另一种选择是持仓但使用区间外的宽止损，但是这种方法在数学上没有那么优秀。最差的选择是在形态内多次入场并维持损失，即便是小额亏损。如果你在下跌趋势中的窄幅交易区间中买入，而市场形成一个低 2，你应该离场，或许反手做空。如果你在那个熊市窄幅交易区间中卖空，而市场形成一个高 2，你应该离场，或许反手做多，但是只有在信号 K 线是区间底部的一根上涨趋势 K 线并且至形态顶部有足够的空间刮头皮获利的时候。然而，这很少会是一笔好交易，只有交易老手才能尝试。盯盘数个小时而不交易非常困难，但是这比遭受三四次亏损而当日所剩时间不足以回本要好得多，要有耐心，好的建仓形态很快就会回归。

有一种重要的窄幅交易区间类型通常出现在当日中段时间和当日区间中点，并且通常位于均线附近，但是其可以出现在任何时间和任何位置，由于其大型十字线和影线的尖锐外貌而被称为铁丝网。如果你看到三根或更多 K 线大部分交叠，并且其中一根或多根 K 线有一个很小的实体（十字线），这就是铁丝网。至于交叠多少才够，看一下三根 K 线中的第二根，通常这根 K 线相对较大，显示更多情绪和更多不确定性。如果其一半以上的高度处于其前后 K 线的区间之内，你应该将这三根 K 线看作铁丝网。在你成为一名强大的交易者之前，不要触碰铁丝网，否则你将会受伤。小型实体显示市场远离 K 线开盘价，但是持相反观点的交易者在 K 线收盘前将市场拉回。同时，与前一根 K 线大部分交叠的盘整 K 线意味着没有人掌控市场，因此你也不应该押注市场的方向。

与所有的交易区间一样，顺势突破的概率较大，但是铁丝网因剧烈拉锯并不断给过于心急的突破交易者造成损失而声名狼藉。铁丝网在成功突破之前通常会有一个失败的低 2 和一个失败的高 2。总体而言，当铁丝网在均线附近形成时，其通常向远离均线的方向突破。如果其形成于均线的略上方，那么上行突破的概率就较大；如果其形成于均线的略下方，通常会出现下行突破。在横跨均线这种不太常见情况下，你需要关注价格行的其他层面来找到可供交易的建仓形态。由于所有的窄幅交易区间都是多空双方达成协议的区域，因此大多数突破都失败。实际上当一个窄幅交易区间出现在趋势中时，其经常成为趋势的最后一腿，而突破经常反转回到窄幅交易区间，这种反转通常引发一轮至少两条腿的回调，有时候甚至趋势反转。

然而，如果回调穿过均线，然后铁丝网大部分在均线的另一侧形成，这种回调足够强劲，因此很可能出现第二腿，或者是你读图错误，趋势可能已经反转。无论哪种情况，突破都很可能是该形态之前的行情方向，而不是这一轮均线回调之前的更大行情的方向。举例而言，如果一轮下跌趋势中出现一轮 10 根 K 线的拉升向上穿透均线，并在均线上方形成大部分铁丝网，那么上行突破的概率就较大。铁丝网是上涨行情的牛旗，而不是较大的下跌行情的熊旗。

尽管铁丝网很难交易，但是如果仔细分析 K 线，交易老手便能够有效交易。这一点很重要，因为有时候后面出现在一轮持久的趋势行情，尤其是当其作为突破回调时。举例而言，假设市场抛售至交易区间的底部并形成铁丝网，如果一个低 2 在均线的略下方形成，并且其信号 K 线是一根强劲的下跌反转 K 线，那么这可以是一个强劲的卖空建仓形态。如果铁丝网内的影线并非太长，这一轮下跌的顶部有强劲反转，并且铁丝网的下方远处有合理的目标，那么其成功突破的概率较大。

有时候铁丝网在第一个小时的数根 K 线的急速行情结束时形成。当其发生在上涨趋势的支撑区域时，可以成为反转形态和当日低点；当其发生在第一个小时的急速拉升后的阻力区域时，可以成为当日高点。铁丝网较少在当日后期形成反转形态。

交易铁丝网的核心规则是永远不要在突破中入场，而是等待一根趋势 K 线突破形态。这根趋势 K 线是第一个有说服力的信号，但是由于市场处于双边交易，突破失败的概率很高，因此做好准备淡出。举例而言，如果有一根上涨趋势 K 线向上突破数个跳点以上，一旦该趋势 K 线收盘，在这根突破 K 线的低点下方一个跳点处设置订单卖空。有时候这种卖空入场会失败，因此一旦卖空且入场 K 线收盘，在卖空入场 K 线的高点上方一个跳点处设置订单反手做多，其将成为一个突破回调的买入入场，第二个入场通常不会失败。如果突破有两根或更多连续的趋势 K 线，不要淡出突破，因为这提高了突破成功的概率。这意味着任何试图将市场反转回到铁丝网的行为都很可能会失败并形成突破回调。一旦市场开始形成趋势 K 线，多空双方很快就会有一方掌控。当一个顺势突破在几根 K 线之内失败且市场反转时，铁丝网就成为之前趋势的最终旗形。

如果有入场点，你还可以淡出铁丝网顶底附近的小型 K 线。举例而言，如果在高点附近有一根小型 K 线，尤其是当其为下跌反转 K 线时，用停损订单在该 K 线的低点下方一个跳点处刮头皮卖空。你也可以寻找 3 分钟图的小型 K 线淡出。一般不要淡出 1 分钟 K 线，因为 3 分和 5 分钟的 K 线提供更高的胜率。

由于铁丝网在成功突破之前可能有多根毛刺（Spikes），交易老手有时候会在前一根 K 线的低点下方设置限价订单买入，不过这根 K 线需要在区间底部附近，而不是在区间中间或顶部。空头将在区间顶部的前一根 K 线的高点上方卖空，而不是在区间下半部分的前一根 K 线的高点上方。毛刺越长，策略有效的概率就越高。同时，如果其 K 线至少与当日的平均 K 线一样大，效果会更好；如果 K 线太小而区间太紧，成功刮头皮的概率将更小，交易者应该等待，这是枯燥乏味的工作，大多数交易老手通常会等待胜率更高和潜在回报更大的行情。由于铁丝网内的交易量经常不错，高频交易公司很可能活跃，正如他们在所有的窄幅交易区间中一样，刮头皮赚取 1~3 个跳点。计算机不会疲惫，枯燥乏味不是问题。

如果铁丝网位于一轮强劲趋势中的均线回调终点，你需要把握强劲趋势方向的第二入场。举例而言，如果一轮上涨趋势出现一轮均线回调，你会在高 2 买入，即便其在铁丝网中形成。尤其是在信号 K 线是一根上涨反转 K 线并且铁丝网内的十字线和影线并不突出的时候，你必须查看整张图表并看到上涨趋势。不要只看前面十根 K 线就得出市场处于下跌波段的结论，如果市场维持在强劲上涨趋势中的上升均线上方，这个结论则不切实际。

每当你不确定之时，最好的办法总是等待，当你迫不及待时则很难做。这就是聪明交易者的一贯做法，因为交易低胜率的建仓形态没有意义。一个非常好的规则是，如果有一个交易区间正在形成，其位于移动平均线附近，绝不要在其K线大多位于均线下方时买入，也绝不要在其K线大多位于均线上方时卖空。常年下来，这条规则将为你省下大量金钱。

微型通道有时候也表现出铁丝网的特点。举例而言，在一个下跌趋势日，经常会在微型通道中看到小型拉升。然后可能会有一个下行突破，其在一两根K线之内失败。这不是一个买入建仓形态，因为其几乎总是位于下跌趋势日的均线下方，而当市场上涨5~10根K线时，你只能寻找卖空建仓形态。等待失败的突破形成一个更高高点或更低高点的突破回调，然后在那根K线的下方卖空。你将正好在被套的多头止损的时候卖空，他们在那根向下突破上行通道的K线上方买入。这种形态通常有影线，可以是铁丝网，它们套住逆势交易者，像铁丝网一样。

图22.1　窄幅交易区间

如图22.1所示，到K线4的时候，很明显市场已经进入窄幅交易区间。K线1是三根K线之内的第二次试图反转下跌，之后K线2试图在一个双K线反转中反转上涨，五根K线之内三次转向显示市场处于强双边市。当市场在K线3后形成一根小型十字线时，交易者需要怀疑其是否很可能进入窄幅交易区间。当后面的两根K线也是十字线时，窄幅交易区间已经生效。

　　K线5和K线6均未向上突破顶部，窄幅交易区间演变成一个三角形，其通常也是一个顺势形态。由于上一轮趋势是从当日低点开始的上涨，因此上行突破的可能性更大，尤其是当所有K线均维持在均线上方时。在两次突破失败之后，第三次突破成功的概率大为提高。同时，K线7是从K线5高点开始的高2回调，其有一些动能，激进的交易者会在这个高2买入。

　　下一个符合逻辑的买点是市场向上突破K线5的高2时，第一个失败的突破，你也可以在当日高点的上方一两美分处买入。总体来说，在窄幅交易区间的突破中买入是低胜率的交易。然而，该交易区间形成于一轮从当日低点开始的强劲上涨反转之后，并且市场在两个小时内都没有一根K线收盘于均线下方一个跳点以上，显示多头非常强势。

　　胜率最高的入场是K线9的首次回调，其仅跌破下跌反转K线的低点一个跳点就反转上涨，套住空头并让多头踏空。

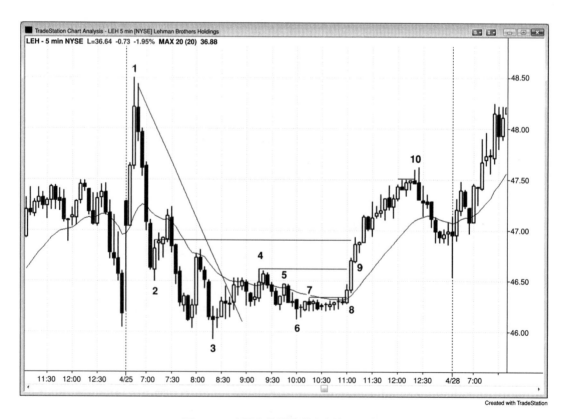

图22.2　牛腿和熊腿中的窄幅交易区间

另一个高胜率的买点是均线上的 K 线 10 高 2。入场点在 K 线 10 的上方，而 K 线 10 是一个双 K 线反转的第二根 K 线。两根 K 线之前有一个微型下行通道突破，因此 K 线 10 也是一个更低低点的突破回调买入建仓形态。高胜率交易经常导致较小的回报，但是根据定义，其成功率通常高很多。

有时候一个窄幅交易区间可能同时是一轮上涨趋势和一轮下跌趋势的回调。如图 22.2 所示，K 线 6 至 K 线 8 的窄幅交易区间是 K 线 3 至 K 线 4 的上涨行情的牛旗还是跌至 K 线 3 的下跌趋势的熊旗？两种可能均符合逻辑，每当看涨和看跌的解读都有效时，就有不确定性，意味着市场处于交易区间并处于突破模式。

上涨至 K 线 4 的行情突破下降趋势线之后，雷曼兄弟在 K 线 6 形成一个更高的低点，然后进入一个窄幅交易区间。由于跌至 K 线 3 的行情是一个楔形，因此后面很可能出现一轮至少两条腿的盘整上涨调整，尤其是在市场从昨日低点反转上涨之后。尽管交易区间突破经常失败，但是这里的上行突破可能会有第二腿上涨，其可能与 K 线 3 至 K 线 4 的行情一样大。甚至还可能是一个趋势反转，尤其是在至 K 线 1 的上涨如此强势的情况下。上行目标包括 K 线 4 的最后更低高点，K 线 2 和 K 线 3 之后的波段高点，第二腿与第一腿等长的等距上涨目标位，甚至测试 K 线 1 的急速拉升顶部。

上涨至 K 线 4 的行情被很好地容纳在一个通道中，因此其很可能只是盘整上涨的两条腿中的第一条，其上涨实体比下跌实体更为突出，这是买压的表现。K 线 6 与 K 线 3 低点之后的第三根 K 线形成双重底。交易者知道，如果 K 线 6 的低点不破，市场可能在 K 线 4 上方完成一轮等距上涨，其长度与 K 线 6 低点至 K 线 4 高点之间的距离相等。由于出色的风险报酬比，激进的多头在窄幅交易区间内买入。在一笔 50/50 的押注中，他们承担市场跌破 K 线 6 的低点约 20 美分的风险来赚取 1 美元或更多，这是一笔出色的交易。

到 K 线 8 收盘之时，市场变为明显的多头行情，当其下一根 K 线是一根强劲的上涨趋势 K 线时，这更加确定。多头以市价买入，在小幅回调中买入，在前期波段高点上方买入，并在急速拉升的三根 K 线的每一根 K 线收盘时买入。现在有约 60%~70% 的概率出现一轮从三 K 线急速拉升的第一根 K 线的开盘价至第三根 K 线的收盘价的等距上涨，而市场最终的上涨幅度超过该目标。

突破后的首次回调是 K 线 9 处的小型上涨孕线，因此在 K 线 9 的高点上方一个跳点处的高 1 买入是一笔高胜率的多头交易。

至 K 线 10 的上涨大约是始于 K 线 1 的下跌趋势的 65% 回撤。斐波那契交易者会将上涨至 K 线 10 的行情称为 61.8% 回调，宣称其足够接近，但是每一轮回调都与某个斐波那契数字足够接近，使得斐波那契数字实际上在大多数时候都没有意义。

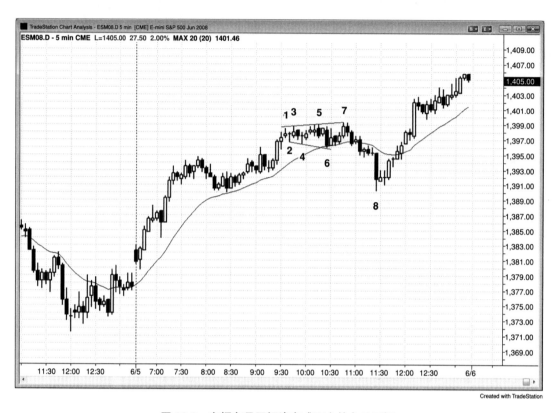

图 22.3　窄幅交易区间演变成更大的交易区间

由于上涨趋势中的窄幅交易区间是交易区间，因此也是一个牛旗，其首先向下突破的概率约为 45%~49%。然后该形态有时候演变成一个更大的交易区间，其通常向顺趋方向突破（在图 22.3 中，向上）。对于在窄幅交易区间中的 K 线 1 后买入的大多数交易者而言，或者在市场向下突破 K 线 5 时离场，或者在市场向下突破 K 线 7 后的下跌孕线时离场，几乎所有人都会在市场向下突破 K 线 6 时离场。另一种选择是持有多仓并使用宽止损。然而，尽管市场并未跌破三个小时之前的美太平洋时间早上 8:25 的波段低点，但是交易者需要承担 7 个点或更大的风险来维持多仓。大多数在窄幅交易区间内买入的交易者会在 K 线 8 的低点形成之前止损。在其入场之时，忍受一个较大交易区间所需承担的风险太大，而达到足够的盈利目标来让交易者方程有利可图的概率太低。在这种情况下，最好是离场，然后寻找另一笔交易，不管是哪一个方向。对于承担小额亏损并在 K 线 8 的失败下行突破后的上涨 K 线上方买入的交易者而言，其交易者方程合理。这里他们是在一个双重底买入，因此也可能是上涨趋势中的较大交易区间的底部。

到K线3的时候，铁丝网出现，因为三根盘整K线中至少有一根为十字线。这意味着大多数交易者应该等待突破，评估其是否强劲或者是否很可能失败。激进的交易老手可以在前一根K线的低点下方买入，在前一根K线的高点上方卖空，在底部的小型上涨反转K线上方买入，并在顶部附近的小型下跌反转K线下方卖空。

K线6是一个下跌趋势K线突破，之后是一个均线处的内内建仓形态，引出一笔做多刮头皮。市场已经超过20根K线没有碰到均线。市场正在接近均线，几个小时之前其与均线以一个跳点而失之交臂，多头认为这次很可能会碰上。由于多头相信市场将跌至均线，因此他们不愿意在其略上方买入，而其拒绝买入让市场成为单边。结果是市场以强势急速下挫的形式跌至均线，这时候多头回归并激进买入。

K线7是第一次下行突破失败后的上涨趋势K线突破失败，反方向的突破失败是第二入场点，因此尤为可靠。K线7处的双K线反转形成一个小型的扩展三角形卖空。K线5也是一个扩展三角形卖空，但是此时的区间对于向下刮头皮来说太窄。

扩展三角形是激烈的双边交易，因此对突破有磁力，导致大多数突破失败，如K线6和K线7。即便在成功突破之后，市场也经常会被拉回，因为这是一个多空双方均认为有建仓价值的区域。K线8是一根大型下跌趋势K线，成为另一个失败的突破。

本图的深入探讨

如图22.3所示，K线8是一个抛售高潮，一个失败的突破，并且与始于美太平洋时间早上8:15左右的上行通道的底部形成双重底，其后面的K线还是第一根均线缺口K线建仓形态（实际上是第二次试图，第一次在四根K线之前）。

图 22.4　在铁丝网中用市价单入场代价高昂

　　图 22.4 展示的走势图看上去人畜无害，对不对？但是如果你仔细观察 K 线 1 至 K 线 2 的铁丝网，你会发现有 8 次连续反转，都无法刮头皮获利。一旦你看到均线附近有交叠 K 线，你就需要非常谨慎。总体而言，最好是只考虑顺势入场（这里是做多，因为形态大部分位于加权移动平均线上方），并且只有当你可以在形态底部附近买入或者一方已经明显被套时。尽管其影线不像大多数铁丝网形态中的一样长，其实体也不像大多数铁丝网形态中的一样小，但是均线上的交叠 K 线会形成危险局面。

　　在 15 分钟图上，这个 5 分钟图的铁丝网就只是一轮至均线的高 2 回调。当 5 分钟图上出现铁丝网形态时，在 15 分钟图上交易肯定合理。对于大多数交易者而言，最好的办法就是等待，在形态突破和新形态形成之前不要交易。有一些情况没有低风险的建仓形态，正如本例。K 线 2 是一个糟糕的卖空，因为交易者是在一个上涨日的交易区间底部的大型信号 K 线下方卖空。同时，窄幅交易区间内的下跌反转趋势 K 线没有东西可以反转，因此其并不起到反转 K 线的作用，这里它是一个双 K 线反转上涨中的第一根 K 线。那根外包上涨 K 线是第二根 K 线，入场点在外包上涨 K 线的上方，它是这两根 K 线的较高那根。只是因为其看起来像是一根反转 K 线，并不意味着它就有同样作用。同时，有些东西可以像完美的双 K 线反转一样有效，即便其看上去不像。不断思考正在发生什么的交易者能够把握这些交易。很可能其他时间框架的图表看上去不同——下跌反转 K 线并不存在，而双

K 线反转看似完美。然而，如果你明白你眼前的图表上正在发生什么，你永远也不需要去寻找完美的时间框架。

图 22.5 市价单会造成连续 10 次亏损

刮头皮连续亏损十次，对那些自认为可以在铁丝网内交易获利的交易者发出警告。这是一个极端案例，如果交易者不去努力理解价格行为而是决定完全机械交易，在每一根反转其前一根 K 线的 K 线处反手，他们会遇到严重问题。如图 22.5 所示，K 线 1 是一个多头刮头皮，将会导致亏损。如果交易者在 K 线 2 反手，他们会再次亏损。如果他们一直在亏损后反手，他们将连亏 10 次，最后一次发生在 K 线 10 的卖空。如果他们的首个仓位是一张合约，使用马丁格尔方法，在每一次亏损之后加倍仓位，从而在最终获胜时回到盈亏平衡，那么第 11 次入场要求他们交易 1024 张合约，什么样的一手交易者能够做到？如果他们采用更加激进的马丁格尔方法，决定在每一次亏损之后使用三倍仓位，从而在最后一笔刮头皮盈利时弥补之前的连续亏损并整体获利，他们的第二笔交易将是三张合约，第三笔交易将是 9 张合约，第 11 次入场将是 37179 张合约，这就是马丁格尔技术不切实际的原因。如果你的账户足够大，可以交易 1024 张合约，你永远不会以 1 张合约起手，而如果你只以 1 张合约起手，你永远不会交易 1024 张合约。

在这一个夏季的周五，从 K 线 A 的做多开始至 K 线 B 的卖空结束，连续亏损八次。

交易者可以在四五次亏损之后开始交易，提高成功率并降低整体风险，但是只有少数情况下可以这样做，也只有能够快速准确解读价格行为的交易者才能做。聪明的交易者会避免在铁丝网中使用该方法，尤其是当其演变成一个持久的窄幅交易区间时。任何人在亏损之后盲目加倍就是在赌博而非交易，而赌博是娱乐，总是要花钱。这10笔亏损交易中没有一个具有足够强劲的建仓形态可以在铁丝网中交易，因此最好是等待。你无法承受在铁丝中不断亏损，指望你在当日早期的盈利能够覆盖亏损。不可能，你的账户将不可避免地萎缩，直到没有足够的保证金来交易，你会爆仓。

一旦你成为交易老手，你就可以考虑在区间底部附近的K线低点下方和波段低点下方买入，在区间顶部附近的前一根K线的高点上方或波段高点上方卖空，但是这比较枯燥乏味，要求精力集中，而大多数交易者无法维持。

图22.6　倾斜的窄幅交易区间

当一个窄幅交易区间略微向上或向下倾斜时，其依然是一个窄幅交易区间，应该同样对待。多空双方势均力敌，通常最好是等待突破失败和突破回调。总而言之，所有的窄幅交易区间均是持续形态，如图 22.6 中在 K 线 1 结束的交易区间。

始于 K 线 2 的区间发生在两轮急剧下跌之后，预计其将持续很久，并很可能引发两腿上涨（至 K 线 3 的行情成为两腿中的第一腿）。这些形态难以交易，经常出现假突破。明智的做法是尽量少交易它们，甚至完全不交易，耐心等待，清晰的形态终将再现。这是一个微型通道，一旦出现突破，大概率为失败。市场向下突破，却在收盘前反转上涨。

本图的深入探讨

所有的交易区间都是磁体，尤其是窄幅交易区间，突破通常被拉回区间。当一个趋势后的水平区间持续了 20 根或更多 K 线时，该交易区间通常是趋势的最终旗形。突破经常会失败，市场回到区间之内。有时候趋势反转。

如图 22.6 所示，在 K 线 1 附近结束的那一轮至均线的两腿回调成为一个最终旗形，市场在收盘之前被拉回该价格区域。

在 K 线 3 结束的窄幅交易区间也是一个最终旗形，其突破形成一个更高低点，然后市场反转上涨至窄幅交易区间上方，这是至当日低点的抛售高潮后的第二腿上涨。

很多交易者认为跌至 K 线 2 的行情只是一轮大型的两腿抛售，他们还认为在 K 线 1 附近结束的窄幅交易区间可能是一个最终旗形。在当日低点处的抛售高潮之后，很多交易者预期市场出现两腿上涨并测试回到交易区间之内。由于行情为逆势，他们愿意拿稳在 K 线 2 上方的第二入场买入的多仓，并且在 K 线跌破其前一根 K 线的低点时，他们都没有离场。在数根强劲的上涨趋势 K 线之后，他们开始将止损追踪上移至强劲的上涨趋势 K 线的低点下方，很快就将止损提高到了盈亏平衡位附近。

图 22.7　有内外内（ioi）形态的铁丝网

　　如图 22.7 所示，K 线 1 是一根大型外包 K 线，之后是一根十字孕线。尽管 IOI 形态经常是一个可靠的突破建仓形态，但是这里最近 K 线的影线太过突出。当出现三根盘整 K 线而其中至少有一根为十字线时，没有人掌控市场，最佳办法是等待一方获得掌控，表现为一根趋势 K 线明确突破，如果突破看似疲弱并形成反转，那就淡出突破。出自这类形态的大多数趋势 K 线会失败并成为反方向的建仓形态，这种入场也经常失败，这是二次入场的信号。第二次入场通常不会失败，大多数交易者都很难实时运用这种类型的数 K 线，如果他们等待形势明确，赚钱的可能性会更高。

　　K 线 2 突破 IOI 形态，但是在大型交叠 K 线的上方买入，尤其是在铁丝网中，通常是一个多头陷阱。实际上交易老手经常会在那根孕线的高点及其上方设置限价订单卖空，预期上行突破是陷阱，而市场将迅速反转下跌。

既然多头在 K 线 2 的上方被套，那么在 K 线 2 的下方卖空是否合理？毕竟这些多头需要清仓。你面临同样的问题。每当出现三根或更多大型 K 线而其中一根是信号 K 线迫使你在窄幅交易区间的顶部买入或在底部卖空，你输钱的概率较大，因为机构很可能正在做相反的事情。

K 线 3 的后一根 K 线是一根上涨孕线，并且正在形成一个高 2 买入，K 线 2 是高 1。该 K 线并不像其之前的数根 K 线一样大，并且你是在一根测试均线的上涨趋势 K 线上方买入，这通常是一笔好交易。尽管这是一笔合理的交易，但是市场依然处于铁丝网中，最好是等待第二信号或突破回调。K 线 5 是均线处的一根上涨趋势 K 线，它是三根 K 线之内的第二次入场，并且与第一次入场的价格相同。所有这些因素都提高了成功率，到该 K 线收盘时，多头非常高兴看到一根底部没有影线而顶部影线很小的大型上涨突破 K 线，大概率是至少出现一轮从急速拉升起点至结束的等距上涨。入场 K 线之后是另一根非常强势的上涨趋势 K 线。

图 22.8　铁丝网失败突破

当铁丝网在当日区间的中间形成时，几乎不可避免地会碰到 20 均线，最好是在失败的突破入场。如图 22.8 所示，市场在一个高 2 中向上突破顶部，随即在失败的高 2 中反转向下突破底部。交易者在市场向下突破窄幅交易区间、K 线收盘及其低点时卖空。然而，你需要考虑到上行突破失败的可能才会布置空单。记住，那一轮上行突破在前一两分钟的某一时刻是一根强劲上涨趋势 K 线，其上涨强度让很多交易者只考虑做多，这些交易者让自己踏空卖空交易。你必须时刻思考，尤其是当市场开始启动之时，你不仅需要寻找机会入场，同时还要考虑如果最初的行情失败并很快走向另一边时会发生什么。否则你将错过绝佳的交易，而陷阱就是最佳交易之一。

图 22.9　窄幅交易区间作为旗形

当一个窄幅交易区间在突破之后的当日极点位置形成时，其通常变成一个持续形态。寻找顺势入场，有时候其发生在任意方向的假突破之后。在图 22.9 中到 K 线 13 左右的时候，大多数交易者相信市场向上突破 K 线 8 的急速拉升顶部后正进入一个窄幅交易区间。多头在前一根 K 线的低点及其下方买入，持有部分或全部仓位来把握很可能出现的上行突破。窄幅交易区间内的大多数 K 线都有上涨实体，并且区间维持在均线上方，两者都是买压的表现，市场偏向于上行突破。尽管这些 K 线较小且为横盘走势，但是通常依然有大量成交。其中很多 K 线有 5000~10000 张合约交易，代表每分钟交易约 100 万股。

在市场形成一个更低低点之后，有一轮急速拉升涨至 K 线 8，然后六根上涨趋势 K 线突破至 K 线 12 的新高。市场进入窄幅交易区间，在 K 线 14 向上突破，但是突破立即失败。然而，反转下跌只持续了一根 K 线，成为一个突破回调的做多建仓形态，引发一轮强劲的上涨趋势。K 线 14 的反转套住空头并让多头踏空，当这种情况发生时，下一轮行情通常持续至少数根 K 线。

图 22.10　窄幅交易区间熊旗

窄幅交易区间可以是趋势中的可靠旗形。如图 22.10 所示，K 线 1 是市场急速下挫至当日新低后的铁丝网内的低 2 卖空形态的入场点。它是一轮两条腿的盘整突破回调，其 K 线相对较大并重叠，影线突出，并且形态内有多根十字线。

市场形成一个持久的窄幅交易区间，其在 K 线 2 处以一轮两条腿的均线盘整测试结束。有一根下跌反转 K 线，这对于在下跌趋势中的均线处低 2 卖空总是喜闻乐见。同时，该 K 线很小并位于窄幅交易区间的顶部，因此风险很小。由于它是趋势中的入场点，其潜在回报很大。

如果仔细观察该形态，会发现这笔交易还有额外支持，因为它是一个盘整的低4，尽管在这里并非特别重要。有一轮五K线的两腿盘整调整，然后是一轮调整下跌（四K线，两腿），再然后是第二轮两腿上涨（六K线，盘整上涨），以小幅向上突破均线而结束。

图 22.11　铁丝网反转

如图22.11所示，至K线10当日低点的两腿下跌中的每一腿底部都有铁丝网形成，第一个成为熊旗，第二个是反转。

今日开盘高于昨日的高点，但是市场立即形成一轮五K线的急速下挫，跌至均线的略上方。始终入场头寸明显为下，意味着市场很可能会在涨至急速下挫的顶点上方之前先跌破K线2的低点。现实是，考虑到强劲的动能和均线与昨日收盘的磁体略上方的停顿，其概率更有可能是90%而不是51%。

跌至K线5的行情处于一个窄幅下行通道，因此在市场第一次试图向上突破通道时买入的风险过高。第一腿下跌测试了昨日的收盘价，但是下跌动能如此强劲，市场进一步向下测试的概率较大，很可能会测试昨日的低点区域。尽管重叠的大型K线、十字线、长影线和双K线反转均显示多头开始买入，但是铁丝网内没有强劲的买入建仓形态。

K线8是均线处的扩展三角形卖空建仓形态。扩展三角形熊旗有三段上涨，并且通常还有一个低 3 信号 K 线，正如本例。

由于铁丝网内有强劲的双边交易，因此当铁丝网在一轮抛售后形成时，经常成为下跌趋势的最终旗形。市场通常会回到铁丝网的价格区域，因为多空双方均认同这里有发起交易的价值。

当市场跌破价值区域时，多头会看到更高价值，空头则认为其价值降低。结果是多头激进买入而空头停止卖空。那么为什么铁丝网下方的突破由当日的两根最强下跌趋势 K 线构成？这是因为一旦第一个铁丝网未能在市场测试昨日收盘价时形成底部，下一个支撑位就是昨日的低点。多头非常渴望买入，但是他们在等待，直到其相信市场不会进一步下跌时，他们在始于 K 线 10 的铁丝网中回到市场。这是当日连续第三次抛售高潮（至 K 线 2 的下跌和从 K 线 3 至 K 线 5 的下跌是前两轮）。在三轮连续抛售高潮之后，市场通常以盘整上涨的形式调整，持续至少 10 根 K 线和两腿。抛售高潮是情绪表现，通常显示多头在崩盘时迫切想要以任何价格离场，甚至是以市价。一旦弱势多头跑光，剩下的多头甚至愿意忍受更多抛售。多头不再清仓，市场就出现买盘失衡。同时，在三次连续抛售高潮之后，空头不愿意进一步卖空，他们现在只会在重大回调后卖空。

K 线 11 是一个 IOI 形态，其中一根上涨孕线为激进的多头形成一个可以接受的做多点，尤其是当其原意在更低价格分批买入时。不过对大多数交易者而言，在做多之前应该先等待更高的低点。K 线 14 的更高低点有一个上涨实体，并且是 K 线 10 和 K 线 12 的双重底的回调。

本图的深入探讨

每当市场出现大型趋势 K 线，这些 K 线就是急速、高潮和突破。其突破要素经常引发等距行情，空头将在目标位部分或全部止盈，而激进的多头会开始买入。如图 22.11 所示，K 线 2 下方的突破以从 K 线 3 至 K 线 5 的五 K 线急速下挫的形式出现。市场以 K 线 7 至 K 线 8 的四根 K 线测试了突破，K 线 2 低点的突破点与 K 线 7 突破回调之间的间隙是缺口，其可能成为一个测量缺口。从 K 线 1 的高点至缺口中间的行情的等距目标是一个市场可能找到支撑的位置，这里市场会跌破那个目标位。等距行情的目标位总是有多种可能的选择，并且很多都不明显。从当日高点至测量缺口中的 K 线 4 十字线的中点的行情给出的目标位比当日低点低一个跳点。一旦市场跌破第一目标，交易者就会寻找其他的可能目标。如果他们找到一个合理的目标，他们将更有信心，认为至少在一两个小时内的底部将出现。

K线1的后一根K线至K线2底部的急速行情也可能引发一轮等距行情。第一根K线的开盘价至最后一根K线的收盘价通常是等距行情的长度，而第一个铁丝网形态的低点只差一个跳点触及目标。

图 22.12　铁丝网作为低2

如图22.12所示，市场在前三个小时内处于一个小型区间，因此突破很可能发生。K线1、2和3是横盘走势且相互交叠。由于K线1和2是十字线，因此这是一个铁丝网形态，然而K线3、4和5有不错的实体和小影线，这意味着市场正从铁丝网转变为一个下跌趋势中的普通低2卖空建仓形态，其引发一轮双K线的急速下挫，然后形成一个窄幅下行通道。大多数分批建仓的多头会在下跌趋势中的低2卖空中清仓，尤其是当有一根下跌信号K线时。然后他们通常在多根K线之内不会再次寻求买入。这就是低2卖空在下跌趋势中如此有效的原因，多头袖手旁观，空头变得更加激进。

第 23 章　三角形

　　三角形是交易区间，因此也是通道，因为其价格行为被限制在两条线之间。一个交易区间被称为三角形的最低要求是有三段上涨或下跌，它们或者是更高的低点，或是是更低的高点，也可能两者兼具，如在扩展三角形中，它们也有一些趋势特点。楔形是上升或者下降的三角形。当它们几乎不倾斜时，交易者称其为三角形，而当其倾斜较大时，他们通常称其为楔形。牛旗或熊旗可能是楔形，通常成为持续形态。楔形也可以发生在趋势尾部并形成一个反转形态。因为它们的表现更像是旗形或反转形态而非传统的三角形，因此它们将在相关章节中探讨而非此处。

　　扩展三角形被限制在两条发散线之间，这两根线实际上都是趋势通道线，因为上线处于上涨趋势的高点上方（更高高点），下线处于下跌趋势的低点下方（更低低点）。OO 形态是一根外包 K 线后跟随着一根更大的外包 K 线，它是一个小型扩展三角形。收缩三角形被限制在两根趋势线之内，因为市场同时处于一轮小型下跌趋势和小型上涨趋势。II 形态通常是更低时间框架图上的小型三角形。上升三角形在上方有一根阻力线而在下方有一根上升趋势线，下降三角形在下方有一根支撑线而在上方有一根下降趋势线。楔形是一个上升或下降通道，其趋势线和趋势通道线聚拢，它是一种三角形的变体，因此也是通道的一种类型。所有的三角形都在一个方向上有至少三条腿并另一个方向上至少有两条腿，任何有三条腿且形状酷似楔形的平行或倾斜形态都是三角形。与趋势通道和交易区间可以无限延伸不同，当市场处于三角形时，其处于突破模式，意味着突破在即。突破可强可弱，可以后续并形成趋势，也可以失败并反转，还可以盘整而演变成一个更大的交易区间。

　　和所有的交易区间一样，三角形是趋势的停顿，突破通常是其之前趋势的方向。上涨趋势中的三角形通常向上突破，下跌趋势中的三角形通常向下突破。楔形可能更加复杂，下跌楔形是一个向下倾斜的楔形，如同所有的下行通道一样，它是一个牛旗。当一个向下倾斜的楔形发生在一轮更大的上涨趋势中时，上行突破是较大趋势的方向，符合预期。然而，一个大型下跌楔形可以填满整个屏幕，这种情况下屏幕上的 K 线就处于一轮下跌趋势。

这样上行突破就是反转，与屏幕上的趋势方向相反的突破。屏幕左边是否有一轮清晰的大型上涨趋势与此无关。任何下跌楔形都会像上涨趋势中的回调一样表现，意味着其将表现为牛旗。上行突破是屏幕上的下跌趋势的反转，但是其方向符合预期，因为任何下行通道，不管其边界线是否聚拢并形成楔形，都起到牛旗的作用，应该被看作是一个牛旗。实际上大多数都是更高时间框架图上的牛旗。

任何有三段行情的交易区间都与三角形等效。大多数都是三角形，但是有一些并没有明显的三角形形状。然而，由于它们完全和三角形一样表现，因此应该被当作完美的三角形来交易。因为它们比一段式回调（高 1 和低 1 回调）和两段式回调（高 2 和低 2 回调）更加复杂，因此代表更强的逆势压力。由于反方向的交易者正在变强，这些形态倾向于发生在趋势和波段的后期，并且经常成为最终旗形。如果一个三角形有超过三段行情，大多数交易者会开始将这一轮调整看作交易区间。

如果一个形态倾斜并有三段行情，很多交易者会错误地将其看作楔形并寻找反转。然而，正如在第 18 章的楔形内容中所探讨的，如果三段行情处于一个窄幅通道，该形态通常会像通道一样表现并无限延续，而不是像楔形一样表现并反转。如果一个楔形有三段行情，不能仅凭这一点就交易相反方向。当交易者不确定楔形是否正要反转时，他们不应该在突破时入场。举例而言，如果有一个下行通道非常陡峭，其趋势和趋势通道线聚拢但非常接近，交易者不应该在第一次反转上涨或楔形的上行突破买入。他们应该等待上行突破发生，然后评估其强度。如果突破强劲（强劲突破的特点在第二章中有探讨），他们应该等待回调，然后在回调结束时买入（突破回调买入）。如果数根 K 线之内都没有回调，那么市场正在形成一轮强劲的急速拉升，在大多数交易者眼里几乎认定为多头行情。他们可以像交易其他强劲突破时一样来交易。他们可能在 K 线收盘时买入，在前一根 K 线的高点上方买入，用限价订单在任何小幅回调中买入，或者等待回调。

由于大多数三角形相对平行，多空双方处于平衡，意味着他们均在该价位看到价值。正因为如此，突破通常无法前行很远就会反转回到区间之内，而三角形经常是趋势中的最终旗形。如果突破失败，市场通常会被拉回交易区间，有时候还会向另一边突破，成为一轮两腿调整，甚至趋势反转。这种交易区间行为在第四部分的交易区间内容中有进一步探讨。

由于上升、下降和对称三角形具有同样的交易含义，因此并不需要对其加以区分，它们都可以被称作三角形。这些三角形大多数为水平形状，它们倾向于向其之前的趋势方向突破的概率略大，但是不足以单凭这一点交易。由于每一个是交易区间的一种类型，因此每一个都是不确定的区域，最好是等待突破后再下单交易。不过，如果形态足够大，你可以将其当作交易区间而淡出极点，在底部附近买入并在顶部附近卖空。突破经常会失败，和任何通道的突破一样，如果市场反转回到通道之内，其通常会测试另一个边界。如果其向任意一个方向突破，突破通常引发一轮等距行情，其长度与通道的高度大体相等。如果其越过目标，那么市场很可能处于趋势。

扩展三角形可以是趋势终点的反转形态或趋势中途的持续形态。一旦它们突破，突破经常会失败，然后市场反转，突破另一边，形成一个更大的扩展三角形。扩展三角形反转然后就成为持续形态，而扩展三角形持续形态就成为反转。举例而言，如果在一轮下跌趋势的底部有一个扩展三角形，其就是一个反转形态。一旦市场上涨并向上突破三角形，突破经常会失败，然后市场再次反转下跌，结果是一个大型的扩展三角形熊旗。有时候扩展三角形可以引发重大反转，但是其表现通常更像是交易区间，并演变成一些其他形态。

图 23.1　三角形有很多画法

大多数交易者认为三角形只是一个拥有三段或更多上涨或下跌行情的交易区间。如果有超过五段行情，大多数交易者会停止使用三角形的术语而直接称其为交易区间。你称其为什么并不重要，因为所有的交易区间都表现类似。

大多数 II 形态，如图 23.1 中的 K 线 5、K 线 24 和 K 线 25 前一根 K 线，都应该被看作是小型三角形，因为大多数都是更小时间框架图上的三角形。

K线4、7和9的低点是一个盘整形态中的三段下跌，其形成一个三角形；K线4、6和8的高点形成三段上涨，因此也形成一个三角形。

K线3、11的低点（或者是其前面两根K线）和K线13、15或18的一根形成三段下跌，一些交易者将每一段都看作三角形。K线26是K线24突破K线3至K线18的大型三角形的双K线反转突破回调买入建仓形态。

K线18、K线19和K线20的后一根K线的低点形成三段下跌；K线18后的十字线、K线19后的上涨K线和K线20的高点形成三段上涨并构成一个三角形；K线23是K线22向上突破三角形的回调。

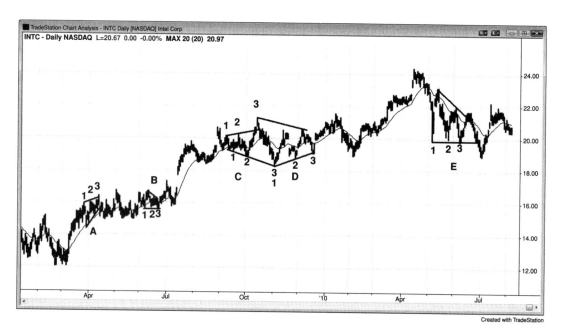

图23.2　三角形

图23.2中展示的英特尔（INTC）日线图中有很多三角形，但并不完美。三角形A是一个上升楔形。突破没有动能，形态演变成窄幅交易区间。当市场在上涨行情中向上突破上升三角形，但是横盘而非下行，这是强势迹象，多头很可能回归。如果空头在上涨趋势中看到上升三角形而他们无法让市场反转下跌，他们很快就会买回空仓，并在再次卖空之前线等待。这使得市场进入单边，上行突破持续到一个空头愿意再次卖空而多头愿意卖出部分或全部仓位止盈的价位。

三角形 B 和 E 都是下降三角形，B 向上突破。三角形 E 最初向上突破，但是突破失败，然后其向下突破，而突破再次失败。

三角形 C 是一个扩展三角形。交易者可以在 K 线 3 的高点卖空。扩展三角形顶通常演变成扩展三角形底，反之亦然，这一次也不例外，交易者可以在 K 线 3 的低点上方买入。

三角形 D 是一个不完美的对称三角形。由于对称三角形只是交易区间，交易者可以在市场测试下面的上升趋势线时买入，在测试上面的下降趋势线时卖空。

第五篇

订单和交易管理

只知道如何读图并不意味着你可以以交易为生。你需要有一个出入场的计划，并不断对持有的仓位做出决策。

第24章 刮头皮、波段、交易和投资

投资者根据基本面购买股票并计划持股六个月至多年，通过时间让有利的基本面反应到股价上。如果股票走势对其不利，投资者经常加仓，因为他们相信该股票在当前价位具有价值。交易者使用日线图，对收益报告和产品发布等短期基本面事件进行交易，目的是抓住一轮快速行情，持续一天至多天。交易者会在市场第一次停顿时止盈部分仓位，然后将止损移至盈亏平衡位，他们不愿意让盈利变为亏损。交易者有时候被称为刮头皮者，但是该术语通常指的是日内交易者的一种类型。顺便提及，坚持你的时间框架很重要。造成亏损的一个常见原因是，执行一笔交易，看着它变为亏损，未在计划的止损位离场，而是说服自己可以将交易变为投资。如果你做的是交易，那就将其作为交易而离场并承担损失。否则你将不可避免地持仓过久，其损失将比你最初设想的最坏情形高很多倍。更重要的是，这将不断让你分心，干扰你执行和管理其他交易的能力。

在使用日线至月线时间框架的交易者和投资者眼中，所有的日内交易都是刮头皮。然而在日内交易者的眼中，刮头皮是持仓1至15分钟左右，通常以限价订单在止盈目标离场，试图把握其交易的时间框架上的一小腿行情。总体而言，其潜在回报（至盈利目标的跳点数）与风险（至保护性止损的跳点数）的规模大体相等。刮头皮者不想要任何回调，如果其交易在触及目标之前就折返，他们会迅速以盈亏平衡离场，因此刮头皮者与日线图的交易者类似。日内波段交易者会持仓熬过回调。他们试图捕捉当日的两至四个较大的波段，每个仓位持有15分钟至一整天。他们的潜在回报通常至少为风险的两倍。他们与日线图上的投资者类似，他们愿意持仓熬过回调。

在90年代，媒体和机构投资者嘲笑日内交易者，认为他们是赌徒而不创造任何价值。当时的日内交易者大多为刮头皮者。批评者完全忽视了所有交易者都提供的一个重要功能，即提高流动性从而降低买卖价差，让所有人的交易都更便宜。大量批评很可能出自华尔街上的成名机构投资者。他们认为掌控了游戏，自己就是国王，任何不按照其方式参与游戏的人都不放在眼里。他们努力获得MBA学位。一个高中辍学生在理论上只要花几个月学习简单的交易技巧就可以发财，他们认为这不公平。他们享受被万众敬仰的感觉，并在某种程度上憎恨这些学历不高的新贵所获得的关注。一旦高频交易公司成为华尔街上交易量最高的交易者，并创造了远远好于传统机构交易者的业绩记录，媒体给与他们的关注和尊重超过那些自华尔街创立以来就开始统治的恐龙。CNBC 的 FAST MONEY 节目每天都有经常刮头皮的交易者，他们被描绘为令人敬重的成功交易者。现在的整体感觉是，作为交易者赚钱非常困难，如果你能做到，你就应该得到大量尊重，尤其是来自于其他交易者，而不管你怎样交易。重要的只是业绩，这也是资本主义社会所应有的样子。成功的投资者、交易者、日内波段交易者和刮头皮者都应该得到同样的尊重和敬畏，因为他们都在做特别的事情，需要非凡才华和大量努力才能做到。

正如第 25 章关于交易者方程的内容中所探讨的，波段交易者是所有刮头皮者的对手方，但是他们也是反方向的波段交易的对手方。刮头皮者的回报与风险接近，但是有高胜率。不可能有一个反方向的刮头皮交易具有同样的风险、回报和胜率。举例而言，市场不可能同时具有 60% 的概率在下跌两个点之前先上涨两个点和 60% 的概率在上涨两个点之前先下跌两个点。看一下上涨趋势，如果一位多头交易者在 Emini 上的可靠回调中的一根强劲信号 K 线上方一个跳点处买入，他的入场价是 1254，那么他的两个点止损就是 1252，而他的盈利目标是 1256。多头只有在认为其很可能会成功的时候才会做这笔交易，暗示他需要至少有 60% 的把握，意味着市场跌至 1252 而触发他的止损的概率为 40% 或更低。如果一位空头刮头皮者是这笔交易的对手方，他在 1254 卖空，他的止损在 1256，盈利目标在 1252。由于市场跌至 1252 的概率为 40% 或更低，该空头有 40% 或更低的概率达成盈利目标。实际赢率总是会更低，因为要让其止盈限价订单成交，市场通常需要越过目标一个跳点，其可能性甚至更低，因为这是更大的行情。

由于这种数学，刮头皮交易的对手方会有更低的胜率。由于在非常有效的市场中，机构掌控价格行为，发生的每一笔交易中都有一家或多家机构愿意做一个方向而一家或多家机构愿意做另一个方向（没有什么事情是绝对的，但是这非常接近）。这意味着对于一笔合理的刮头皮交易的对手方，如果他要获得有利的交易者方程，他需要回报大于风险（你需要假设他能，因为他是机构，或者在追随机构）。这使得他成为一名波段交易者。由于波段交易的胜率经常为 40% 或更低，波段交易者可以做刮头皮的对手方并依然有正的交易者方程。如果市场下跌两个点的概率为 40%，试图赚取两个点以上的波段空头有不到40% 的概率成功。然而如果他正确管理交易，他依然可以使用该策略稳定盈利。举例而言，在分批建仓章节后的讨论中，你将看到他可以使用比两个点大很多的止损，他可能愿意在市场走高时分批加仓多次。如果这样，他的胜率可能达到60%或更高。一旦市场最终下跌，他可以在最初入场位1254平掉全部仓位。如果他在最初的卖空入场价位平掉全部仓位，他将在第一笔入场中盈亏平衡，而在从更高价位卖空的交易中获利。

要在5分钟Emini图上有效刮头皮，在目前日均区间为8至15点的情况下，你需要承担约两个点的风险，你的盈利目标通常在一至三个点之间。在一个点的刮头皮中，你需要胜率超过67%才能盈亏平衡。尽管部分交易者可以做到，但是对于大多数人并不现实。作为一条整体规则，只有在潜在回报至少与风险一样大并且你对这笔交易有信心时才做。如果你有信心，你要相信胜率至少为60%。在Emini中，两个点的止损目前是大多数基于5分钟图的交易的最可靠止损（日均区间为10至15点），这意味着你的盈利目标至少也应该为两个点。如果你认为两个点的目标不现实，那就不要交易。顺便提及，我在多年前有一位朋友习惯一次交易100张Emini合约，每天约做25笔交易，每一笔交易刮头皮赚取两个跳点。鉴于他住在一栋12000平方英尺的房子里，我想他做得不错。不过这属于高频交易领域，大多数交易者难以成功。我的另一个朋友曾经告诉我，一位我们都认识的人曾在华尔街上做律师赚了数百万美金，而做交易几乎全部输光。他很可能认为自己比那些做交易赚取数百万的客户都要聪明，自己也应该至少做到同样水平。在刚开始几年，他刮头皮交易100张Emini合约，输掉200万美金。他可能很聪明，但是却并不明智。看起来简单并不意味真的简单。

所有人都想过精挑细选（Cherry Picking）的问题。与其担心每天做20笔交易并试图每次赚1个点，为什么不只做当日最好的三笔刮头皮交易并试图每次赚1个点呢？理论上可行，但现实是如果你等待完美的交易如此之久，如此努力地研究长期学习识别这种出色交易的必要技能，你需要确保你获得足够的回报，一个点不够。举例而言，如果你相信你正要买入当日最好的一两个建仓形态之一，你应该假设市场认同该建仓形态强势。这意味着行情很可能明确转为多头，市场很可能会出现至少两腿上涨，抵达某个等距上涨目标或磁体区域，并且这一轮行情应该至少持续10根K线。不要在承担两个点的风险时刮头皮赚取一个点，而是要至少赚取两个点甚至四个点，这样要有意义的多。如果你的情绪应付不了，你发现自己总是在第一轮回调时的盈亏平衡位离场，你或许可以尝试在入场后设置一个OCO环订单，你的保护性止损为两个点，止盈目标也是两个点。一旦其中一个订单成交，另一个订单就会自动撤销。然后出去散步，一个小时后再回来。重复几次之后，你可能会尝试使用三四个点的盈利目标而不是两个点，你可能很快就会发现自己每天在这些交易上平均赚取四个点。

　　一些刮头皮者只做刮头皮交易，但是很多交易者会根据情况而决定刮头皮还是做波段。第二组刮头皮者的刮头皮概念是他们并非交易明显的始终入场情况。如果他们在刮头皮，他们一定是认为没有明显的趋势，或者是他们在逆势交易，否则他们会做波段交易。即便市场处于趋势中且交易者在回调入场，如果他们刮头皮，他们就是认为趋势即将结束，至少是短期内。举例而言，如果他们在一个牛旗中买入，但是却刮头皮离场，他们是怀疑市场正要进入交易区间。如果他们不这么认为，他们会持仓追求更大利润。每当交易者看到市场在信号 K 线后回调三至四个跳点，这是大型交易者相信市场不会走很远的表现。鉴于此，交易者只会考虑区间交易或逆势交易，而不是趋势交易。这意味着市场很可能处于交易区间，交易老手会倾向于刮头皮而非波段交易，准备低买高卖。

　　当交易者逆势交易时，他们经常会交易较小仓位，如半仓，因为他们愿意在市场走势对其不利时加仓。如果他们这样做，他们可能会在市场回到其第一次入场的价位时离场。这样他们在第一笔入场中盈亏平衡而在第二笔交易上刮头皮获利。每当交易者刮头皮，其盈利目标经常只有波段交易的最小目标的一半左右，但是其风险通常一样。这意味着其回报和风险大体相等，因此他们需要至少 70% 的成功率，否则这种方法就是一种输钱策略。分批建仓可以提高胜率，但是权衡是风险增大，因为你的仓位变大。尽管刮头皮看上去简单诱人，但是很难交易获利。

　　如果你在盈利几个点后部分止盈，然后使用盈亏平衡的止损将部分仓位做波段交易，这降低了所需的赢率。如果你在入场 K 线收盘后将止损从信号 K 线的极点移至入场 K 线的极点（两者下方一个跳点处），然后在五个跳点的行情之后将其移至盈亏平衡位，这进一步降低了当日盈利所需的赢率。还有一些刮头皮者使用三至五个点的较宽止损，在市场向对其不利方向运动时加仓，然后使用较宽的盈利目标，这也进一步降低了所需的赢率。总而言之，如果你看到一个建仓形态，认为它是一笔胜率很高的交易，该交易很可能是刮头皮而非大型波段。这是因为每当出现这种明显的失衡时，市场就会快速修正，因此非常高胜率而相对低风险的情况不会持续超过一两根 K 线。

　　波段交易者与刮头皮者使用同样的建仓形态和止损，但是每天专注于几笔交易，其很可能有至少两腿。他们通常可以在每笔交易的部分仓位上净赚四点或更多，然后将止损移至盈亏平衡位。多数交易者允许交易向对其不利的方向运动，并且会在更好的价位加仓。然而，他们总是至少会有一个心理止损，如果市场达到那个点，他们会认为其思路不再有效，他们将止损离场。总是寻找刮头皮者的止损所在，如果形态依然有效，准备在该点位加仓。如果你在你认为的反转中买入，考虑允许市场创下更低的低点，然后在第二个入场点加仓。举例而言，在苹果（AAPL）这种可靠的股票上，如果你在你认为的行情低点附近买入，并且整体市场不处于下跌趋势日，那么考虑在这笔交易中承担两三美元的风险，在浮亏一两美元的时候加仓。不过，只有对自己解读价格走势图的能力十分自信并在解读错误时能够接受大额亏损的交易老手才能尝试。在大多数交易日，市场应该立即向你的方向运动，因此这不是问题。

波段交易者可以在建仓获得合理盈利后在每一个后续信号中加仓同样大小。整体仓位的止损就是最近一次加仓的止损，通常意味着他们将在之前的入场中获利，即便在最后一次入场中亏损。如果市场产生一个反方向的信号，他们也会在其追踪止损被触及之前离场。

所有人都想要非常高的赢率，但是极少数人获得持续在 70% 或更多的交易上盈利的能力。这就是为什么能够在 Emini 上刮头皮一两个点为生的人如此之少，尽管几乎所有人在出道时都尝试过一段时间。大多数交易者要想成功，需要学会接受更低的赢率，并培养耐心做波段交易，允许中途出现回调。即便是非常成功的刮头皮者，除非他们愿意偶尔做波段交易，否则他们通常无法把握一些持久趋势，其成功率经常为 60% 或更低。很多非常出色的交易者在这些时候安静观望，只是等待高胜率的刮头皮，经常错过大行情。这是一种可以接受的交易方式，因为交易的目标是赚钱，而不是不停地交易。

当 Emini 的日均区间为 10 至 15 点时，通常每天至少有一笔交易，交易者可以市价入场并用限价订单以四个点盈利离场。由于 99% 的交易日有至少为五个点的区间，理论上交易者可以用限价订单入场并赚取四个点，但是小型区间日里几乎没有人能持续做到。总体而言，交易者更容易发现用停损订单入场并用限价订单或追踪止损离场的建仓形态。90% 的交易日至少有一轮四个点的波段，在大约 10% 的交易日里有约 5 轮四个点的波段。大多数交易日都有一到三个交易者可以用停损入场赚取四个点的波段。如果交易者每天做 10 至 15 笔交易，那么大多数交易都是刮头皮。然而，强势刮头皮者知道一个建仓形态是否有足够的几率成为一个四至十个点的波段，并在这种情况下用四分之一至一半的仓位做波段交易。一旦他们平掉刮头皮仓位，如果在市场在向其波段方向前进的过程中出现另外的入场点，他们通常会在建仓形态形成时再次建立刮头皮仓位。

波段交易要比交易者在当日结束后看图的感觉难多了。波段的建仓形态或者不明确，或者明确但惊悚。大多数波段的建仓形态有 40% 至 50% 的几率引发一个波段触及交易者的盈利目标。在其他 50% 至 60% 的交易中，或者是因为交易者认为盈利目标不再合理而在其被触及之前离场，或者是其保护性止损被触发。大多数波段交易者在反转中入场，因为如果他们想要赚取四个点或更多就需要尽早入场。当一轮趋势尤为强劲时，他们可以在回调中入场，或者在强劲急速拉升中的一根 K 线收盘时入场，赚取四个点，但是这种情况一个星期只有几次。大多数波段交易者试图在某种双重底买入，在某种双重顶卖空，或者在当日最初几个小时内的一些可靠的开盘反转建仓形态中入场。他们经常需要多次在反转中入场才能遇到一个大波段，但是他们依然可以赚钱，在余额上，在未能达到四个点目标的交易上。这些交易成为刮头皮。举例而言，如果一位交易者在第一个小时内的双重底买入，然后六根 K 线之后市场形成一个合理的双重顶，交易者可能反水卖空，可能在多头交易上赚到一两个点。正如刮头皮者有时候做波段一样，大多数波段交易者都做很多刮头皮。一旦波段交易者认为其假设不再成立，他们就会离场，通常是以刮头皮的形式。

当波段交易者看到一个合理的建仓形态之后，他们需要做这笔交易。波段交易的建仓形态几乎总是看上去不如刮头皮的建仓形态确定，这种较低的胜率容易让交易者等待。当出现一根强劲的信号 K 线时，其通常是作为一个情绪高涨的反转的一部分，而交易新手依然认为旧趋势有效。交易新手通常对此没有准备。他们或许认为旧趋势依然有效，或许是在今日早期的几笔逆势交易中亏损而不想要继续输钱。其拒绝导致他们错过早期入场。在突破中入场或在突破 K 线收盘后入场很难，因为突破的急速行情经常很大，交易者需要快速决定承担比其平时高很多的风险。这就是为什么他们最后经常选择等待回调。即便他们降低仓位，使其风险与平时一样，亏损两至三倍跳点的想法依然吓到他们。在回调中入场很难，因为每一轮回调都始于一轮小型反转，他们担心回调或为深幅调整的开始。结果是他们等到当天几乎快结束，然后最终判定趋势明确，但是现在已经没有足够的时间来交易。趋势会尽其所能来让交易者踏空，这是让交易者整日追逐市场的唯一方法。当建仓形态简单明确时，行情通常是小而快的刮头皮。如果行情会持续很久，其需要模糊且难做，让交易者观望踏空，迫使他们追逐市场。

波段交易者总是好奇，是否应该早一点离场，在盈利目标被触及之前？一个有助于决策的方法是，想象一下你空仓，考虑是否应该用波段交易的仓位以市价入场并使用与波段交易者完全一样的保护性止损。如果你不会做这笔交易，那么你应该立即平掉你的波段仓位。这是因为持有你当前的波段交易在金钱上与在当前价位用同样仓位和止损发起新交易等同。

如果交易并不如预期般发展，大多数波段交易者会刮头皮离场，而大多数刮头皮者会在其最好的交易中用部分仓位做波段交易，因此两者的行为有很多交集。其根本不同在于，刮头皮者做很多交易，而大多数的交易的盈利不高，波段交易者则只做很可能至少有两腿的交易。没有哪一种方法优于另一种，交易者选择最适合自己个性的方法。

如在第 25 章的交易者方程内容中所探讨的，波段交易通常不如刮头皮确定。这意味着胜率较低。然而，做波段的交易者追求大额盈利，其盈利通常至少为风险的两倍。这种较大的潜在盈利补偿了较低的胜率，可以形成有利的交易者方程。最大的波段来自于区间突破和反转，而大多数反转形态是交易区间。这是不确定性最高的地方，其胜率经常为 50% 或更低。波段交易者需要寻找回报远远高于风险的建仓形态，以此来补偿其较低的胜率。刮头皮的确定性高很多，但是高水平的确定性意味着市场明显严重失衡，而严重的失衡很快就会让交易者发现并纠正。结果是市场很快回归混沌（交易区间）。刮头皮者需要快速决定下单和止盈，因为行情通常会在几根 K 线之内回到入场价。

波段因为不确定性而持续很长时间，这通常是任何持续多根 K 线并覆盖很多点数的交易的重要成分。这是经常在强劲的上涨趋势中所提及的忧虑之墙，其在强劲的下跌趋势中以相反的形式起作用。趋势始于小型或大型的急速行情，然后演变成小型或大型的通道。当突破较小的时候，交易者不确定其是否有后续。当其又大又强时，不确定性以一种不同的形式存在。交易者不确定留在交易中所需要承担的风险有多少，高风险下的交易者方程是否有利。他们看到大型的急速行情，意识到他们可能需要承担市场跌至急速行情另一边的风险。这种风险的提高导致仓位要小的多。然后他们在市场进入通道时追逐市场，因为他们的最初仓位小与其所想要的。然后通道有成为双边市场的不确定性。在交易日结束时，初学者将在图上看到一轮强劲的趋势，好奇自己为何错过。原因是所有的大行情在开展时不确定，这让交易者踏空最强劲的趋势。其经常还会让交易者陷入逆势交易之中，导致不断亏损。即便是一个初学者知道一点概率，感觉趋势是一个低概率的事件，其就是如此。最强劲的趋势一个月只出现几次，因此初学者知道一个交易日成为这些强劲趋势日的一天的概率很小。结果是他们拒不承认，或者踏空，或者对其对抗并不断亏损。他们应该学会接受并跟随市场。如果市场不停上涨，即便其看上去疲弱，他们也需要至少买入一个小仓位，用它做波段交易。

波段交易的交易管理与始终入场交易一样，不同之处是波段交易者倾向于在市场对其不利时分批离场。真正的始终入场交易者坚定持仓，直到出现反方向的信号，然后反手。对于大多数交易者，波段交易的入场和止损与趋势交易相同。一个重要的不同是，大多数波段交易者对待交易区间内的离场与趋势中不同。在趋势中，他们更有可能让部分仓位奔跑，直到出现反方向的信号，但是在交易区间中，他们更有可能在交易区间的极点附近平掉剩余仓位。那个时候，他们判断行情是足够疲弱和反转形态是否足够强劲，从而应该寻找反方向的波段，还是说波段足够强劲而应该等待回调并在最初反向的第二腿再次入场。

　　当 Emini 的日均区间为 10 至 15 点时，交易者通常可以使用两个点的保护性止损，大多数好的交易都不会被清扫出局，很多波段交易者会在盈利两至四个点的时候根据情况部分止盈。如果交易者认为市场处于交易区间，他们正在底部的反转上涨中买入，等距上涨的概率通常为 60% 或更高。由于他们承担两个点的风险，他们有 60% 的机率在止损被触及之前赚取两个点。这形成一个刚好可以接受的交易者方程，因此交易者可以在两个点时部分止盈。如果交易者相信交易区间足够高而能够让他们赚取三四个点，他们可能在那个价位部分或全部止盈。其他交易者会在阻力位对多仓部分止盈，如等距行情目标位处的小型反转，前期波段高点的上方，以及下降趋势线和上涨趋势通道线的过靶和反转（失败的突破）。他们将在类似的支撑位对空仓部分止盈。只要出现强劲的反转信号，所有的交易者都会平掉最后的仓位。记住，他们会在疲弱的反转信号前部分或全部平仓，但是通常不会反手。这是因为交易者离场与入场使用的标准不同。他们在入场前要求一个更加强劲的信号，但是会在与其仓位相反方向的较弱信号中部分或全部止盈。有很多方法可以波段交易获利，唯一的重大问题是交易者方程。只要数学合理，该方法就有利可图，因此也合理。

　　交易老手可能在交易 Emini 时主要刮头皮，追求两至四个点的盈利（日均区间约为 10 至 15 个点时），而在交易股票时则是波段交易者。如果你是这些能够在 80% 或以上的交易中盈利的极少数交易者之一，那么你可以在 Emini 上做一个点的刮头皮。在四个跳点的盈利之后用限价订单平掉部分或全部仓位，这通常要求行情在信号 K 线之外延伸六个跳点（入场点在信号 K 线外一个跳点处，然后你需要盈利四个跳点，你的限价平仓订单通常在市场越过你的目标一个跳点之前不会成交）。Emini 上的四个跳点等于一个点，相当于 SPY（ETF 合约）上的 10 美分（10 个跳点）行情。

　　那么初学者应该怎么做？如果刮头皮的盈利目标低于其风险，大多数交易者都会输钱，即便他们在 60% 的交易中盈利。初学者对他们认为的 60% 胜率建仓形态也经常判断错误。很多交易实际上最高只有 50% 的确定性，尽管交易时其胜率看上去要高很多。他们很可能会认为只需要多点经验将胜率提高至 70% 至 80%，这样就能在数学上获得优势。现实是他们永远都不可能变得那么厉害，因为只有极少数最厉害的交易者能够做到。这就是简单的现实。

　　另一个极端是波段交易的盈利至少为风险的两倍。此类建仓形态大多数只有 40% 至 50% 的确定性，但是这足以产生有利的交易者方程。在大多数交易日，一天内会有多个建仓形态，有时候甚至有五个或更多，并且大多数通常为重大趋势反转。如果交易者愿意做低胜率的交易（其回报需要至少为风险的两倍，如在第 25 章中所探讨的），他需要把握每一个合理的建仓形态，因为如果他精挑细选，数学将对其不利。一篮子此类交易的交易者方程为正，但是单笔交易大概率亏损，因为其胜率低于50%。胜率低是因为建仓形态看起来糟糕，入场之后依然弱势，通常在强劲趋势最终启动之前会有数轮回调。于是很多交易者选择等待趋势启动，这样胜率将达到60%或更高，尽管盈利降低。很多波段交易的建仓形态强劲，胜率为60%或更高。在这种情况下，每一笔交易都有正的交易者方程，精挑细选在数学上就可以接受。同时，数学对波段交易和刮头皮都有利。大多数交易者在出道时会实验波段交易和刮头皮交易，以及任何其他事情，如不同的时间框架和指标，看一下他们是否可以成功，以及一种特定风格是否更加适合其个性。没有一种最佳的方法，任何拥有正的交易者方程的方法都很好。很多交易者试图每天抓住5至10个可交易的波段，赚取至少与其风险一样大的盈利的概率为60%或更高。当他们这样做的时候，他们通常寻找微型双重顶卖空和微型双重底买入。如果交易者认为一个建仓形态强劲并很可能产生与其风险至少一样大的回报，那么其胜率至少为60%（第25章探讨等距行情的趋势概率的数学）。这使得交易者的止损可以和其盈利目标一样大，并依然有正的交易者方程。尽管这是大多数成功交易者所采用的风格，但是大多数初学者应该首先寻找强劲的波段交易建仓形态，即便其成功率通常只有50%至60%。这是因为当回报为风险的两至三倍时，交易者方程甚至更强，尽管其胜率更小。在Emini上，当日均区间约为10至15点时，寻找有很大机率有四个点（两倍于最初风险）或更多的波段，在盈利四个点的时候平掉部分或全部仓位。随着经验的丰富，交易者可以在两至四个点时平掉部分仓位，然后用剩余仓位做波段交易。如果他专注于这些建仓形态，他有不错的机会交易获利。如果交易者发现自己经常过早离场，他应该考虑设置OCO订单（一个订单在两至四个点时止盈，另一个订单在两个点或更少时止损），离开一个小时之后再回来。他可能会惊讶于自己瞬间成为一名成功的交易者。一旦趋势确立，在趋势方向加仓，大多数的交易是刮头皮，承担约两个点风险而赚取两个点，如果趋势非常强劲，则用部分仓位做波段。虽然听起来如此简单，但是交易从不简单，因为你是在零和游戏中与非常聪明的人竞争，收盘后看起来如此明显的形态通常在当时并不明显。需要很长时间才能学会交易获利，而且即便你做到了，你也需要保持敏锐，每天都遵守纪律。这充满挑战，但这是其魅力的一部分。如果你成功，财务回报可能巨大。

在股票上，盈利目标的弹性很大。对于一只500美元的股票，其日均区间为10美元，刮头皮赚取10美分将是愚蠢的做法，因为你很可能会承担约两美元的风险，而你的胜率需要超过95%。然而，刮头皮赚取10美分或许在QQQ上值得，尤其是当你交易10000股时。

对于平均区间为数美元的高成交量股票（每天至少交易 300 万股，但是最好为 700 万或更高），寻找波段相对较为容易。你想要最低的滑点，可靠的形态，以及至少每笔 1 美元的盈利。尝试刮头皮赚取 1 美元，然后在剩余仓位上使用盈亏平衡的止损，持仓至收盘，或者直到出现一个明确强劲的反向建仓形态。你或许能够每天关注约五只股票，有时候还能在一天的不同时间查看一下另外五只股票，但是你将很少会交易它们。

Emini 的刮头皮者很可能每天只能做几笔股票交易，因为 Emini 的日内交易耗费大量精力。同时，如果你在股票上只用线图，你可以在一个屏幕上查看六张图。选一只趋势最好的股票，然后在移动平均线附近寻找回调。如果之前出现强势趋势线突破，你看到趋势通道线过靶并反转，你也可以交易反转。如果 Emini 市场活跃，考虑只交易 15 分钟股票图，其要求的注意力较少。

当你预期一轮重大行情或新趋势时，或者当你在一轮强劲趋势中的回调中入场时，在获得相当于最初风险一两倍的刮头皮盈利时，平掉 25% 至 75% 的合约，然后在市场继续向你的方向运动的过程中分批平掉剩余合约。在你平掉刮头皮仓位后将保护性止损移至盈亏平衡附近。有时候，如果你强烈感觉交易依然良好，平仓再入场的价格会更差，你会想要在 Emini 上承担多达四至六个跳点的风险。好的交易不应该回到原地而让后知后觉者与在完美时机入场的聪明交易者拥有同样的成本。如果这笔交易出色，所有错过最初入场点的交易者现在都非常渴望介入，他们会愿意以更差的价格入场，并在比最初入场价差一两个跳点的价位设置现价入场订单，这使得最初交易者的盈亏平衡止损不会被触及。然而，有时候最好的交易回撤越过盈亏平衡止损位而让交易者踏空一轮大而快的趋势。当这种情况看起来有可能发生时，多承担几个跳点的风险。同时，如果市场拉回扫掉这些止损，然后立即恢复新趋势，那就在前一根 K 线外一个跳点处再次入场或对波段仓位进行加仓（在一轮新的上涨趋势，就是前一根 K 线的高点上方一个跳点处）。

如果市场触及盈利目标的限价订单但并未越过，而订单依然成交，这意味着趋势压力可能比图上所显示的更加强劲，市场将在接下来几根 K 线之内越过盈利目标的可能性提高。如果你做多，而市场愿意在行情的最高点处买回你的仓位（你用限价订单卖出止盈），说明买家激进，很可能会在回调中再现。寻机再次做多。

与之类似，如果市场触及你的盈利目标（举例而言，越过信号 K 线 9 个跳点），但是你的订单并未成交，这可能是失败。如果你做多，市场触及信号 K 线上方 9 个跳点而你并未成交，考虑将你的止损移至盈亏平衡处。一旦该 K 线收盘，如果大环境决定市场很可能反转，考虑在该 K 线下方一个跳点处设置订单卖空，因为这很可能是大多数剩余的多头刮头皮者的离场位置，这将提供抛压。同时，在更多价格行为展开之前，他们不会想要再次买入，导致市场缺失买家，提高了卖家推动市场下跌而让你刮头皮卖空获利的机会。五至九跳点的失败突破在一轮持久的趋势末端很常见，经常是反转的第一信号。

尽管所有的股票基本都是同样的交易方式，但是其中有一些细微的个性不同。举例而言，苹果（AAPL）在测试突破时非常尊重市场，而高盛（GS）倾向于扫止损，要求更宽的止损。

尽管从理论上说，在 Emini 上做一个点的刮头皮交易，承担 4 至 8 个跳点的风险，使用较小的时间框架图，如 1 分钟图或 1000 跳点图，交易为生是有可能的，但是这就像试图淘金为生，尝试收集谷物而不是淘金。这是非常难的工作，即便你做得很好，也只能获得最低程度的盈利，而且并不好玩。如果你追求更大的盈利并使用不高于盈利目标的止损，你获得成功并能够在多年里快乐交易的机会要高的多。

图 24.1　一轮强劲上涨回调后波段做多

如图 24.1 所示，百度（BIDU）于昨日晚期向上突破 15 分钟的趋势线，因此很可能至少出现两腿上涨。第二腿上涨有可能在 K 线 5 结束，但是市场今日开盘如此强劲，很可能在回调之后试图越过 K 线 5。跌至 K 线 7 的行情急剧，但是 K 线 7 是一根强劲的上涨反转 K 线，其反转了均线缺口、开盘跳空上涨和对 K 线 3 的高点测试（扫了其高点下方的止损并急剧上涨）。对于一只 300 美元的股票，你需要使用更宽的止损，因此交易更少股数来保持风险一致，但是在刮头皮交易上使用更大的盈利目标。两美元是一个合理的初始目标，然后将止损移至盈亏平衡处，并在收盘前离场。由于这是急速下挫与通道形态的上涨反转，因此市场甚至可能会测试下行通道的顶点 K 线 1。

对于非常成功的刮头皮者，如果他们认为胜率低于 70%，他们可能不会在至 K 线 7 的四 K 线急速下挫中卖空。对于专注于刮头皮的交易者，如果他们认为胜率不足以刮头皮，他们经常会在弱势急速行情中安静等待。结果是他们有时错过相对较大的波段行情。不过对于能够在 70% 或以上的交易中盈利的少数交易者而言，这依然是一种可以接受的交易方法。

图 24.2　波段上涨和下跌

今天（如图 24.2 所示）在两个方向上为波段交易者提供了众多机会。市场昨日下跌近 2%，但是处于一轮强劲的上涨趋势已有数月。这一轮抛售只是刺破日线图的移动平均线，是对 60 分钟图上的急速与通道形态的通道底部的回调测试。这意味着交易者将此看作支撑区域，认为昨日的急剧抛售可能只是一轮卖盘真空而非下跌趋势的开启。K 线 3 和 K 线

5 都是强劲的上涨趋势 K 线，两者都出现在市场试图测试昨日低点之后。今日的第一根 K 线顶部有长影线，意味着市场在 K 线收盘前抛售。然而，没有足够多的空头将市场压至昨日的强势下跌收盘下方，而多头如此强劲，他们并不允许低 1 卖空触发。K 线 4 的低 2（一些人将其看作低 1）触发，但是被 K 线 5 强势反转。交易者认为这可能是当日的低点，并在 K 线 5 的上方用停损订单买入来把握波段上涨。K 线 7 的双重顶从未触发，因为这是一个双 K 线反转，触发点在双 K 线的较低 K 线下方（K 线 7 前的上涨 K 线），而不是在下跌 K 线下方。一些多头在 K 线 6 和 7 的形成过程中部分止盈（两至三点，取决于其买入价格），多头清仓在 K 线顶部形成影线。双重顶之后是 K 线 8 上涨趋势 K 线，在上涨趋势中的均线上方形成一个高 2 买入信号，这是一个可靠的买入建仓形态。一些多头从此处入场后在上涨二、三或四点的时候部分止盈，其他人在三四个点的时候全部止盈。在市场于 K 线 10 处的双 K 线反转给出卖出信号之前，很多人不会离场。与很多波段交易一样，卖空建仓形态并不理想，因为从 K 线 8 开始的上涨动能强劲。这降低了波段卖空成功的概率。然而，如果这是一个交易区间日，空头有至少 50% 的机会看到市场测试当日区间的中点，其位于入场价下方 5 个点处。在承担约两个点风险的情况下，这是一个不错的交易者方程。

这是一个强劲下跌日之后的第二腿上涨，因此有可能是当日的高点。一些空头在此卖空，但是另一些交易者好奇在如此强劲的拉升之后是否还有一轮上涨。一旦市场在 K 线 11 前的下跌 K 线强势向下突破，交易者不再认为市场可能正在形成一轮至均线的牛旗形回调。很多交易者在这根大型下跌 K 线卖空，这就是其成为大型下跌突破 K 线的原因。其他人在 K 线 11 收盘卖空。它并没有以上涨收盘，确认了下行突破。依然有人追逐市场下跌并在其后面的下跌 K 线卖空。由于交易者知道市场可能在昨日的低点附近形成一个双重底，因此这一轮抛售可能是一轮卖盘真空而非下跌趋势。这使得很多交易者犹豫是否在今日和昨日的低点的支撑附近卖空。

K 线 12 是一根强劲的上涨反转 K 线，其低点略高于昨日的低点，因此是双重底做多的信号 K 线。其前面那根 K 线有当日最大的下跌实体，它是一轮衰竭性的抛售高潮和卖盘真空，而不是下跌趋势的开启。聪明的交易者在此止盈，但是很多人在入场后的二、三或四个点时部分止盈，料到市场形成双重底，预计当日成为一个交易区间日。其预期基于正确假设——80% 的上行或下行突破试图会失败，不管急速行情看上去如何强劲。强势多头也在卖盘真空中买入，建立新的多仓。想一下多头在至 K 线 10 的上涨有多强势，但事后来看这只是一轮买盘真空，而非新的上涨趋势。

在正在发展中的交易区间底部，K 线 13 的失败低 1 卖空之后出现了第二个多头入场，然后在 K 线 14 处形成一个上涨反转 K 线的更高低点。很多多头在此处再次做多来把握波段上涨。至 K 线 15 的急速拉升强劲，因此交易者预期市场在回调之后再次试图上涨。只要市场维持在急速拉升的底部上方，大多数交易者就会认为该假设依然有效。一些交易者将保护性止损设在 K 线 14 的下方，另一些人则使用 K 线 12 的低点。如果他们在急速拉升的顶部附近买入，因为风险大而需要使用小仓位。交易新手很难在 K 线 12 或 K 线 14 的上方买入，因为抛售如此剧烈。然而，当日似乎是一个交易区间日。因此，交易老手愿意在可能只有 40% 至 50% 成功率的建仓形态中买入，如 K 线 12 处，他们相信其有潜力赚取约 5 个点而承担约 2 个的风险。K 线 14 很可能有 60% 的成功率，但是那时候的回报略少一些。两个建仓形态均有正的交易者方程，尽管初学者很难把握。

激进的空头在 K 线 18 的双 K 线反转下方卖空，它是一个双重顶，也是当日的更低高点。其他交易者则等待买回调。

K 线 19 似乎是一个高 2 买入建仓形态，但是其前一根 K 线并不是好的买入信号 K 线，因此大多数交易者不会在 K 线 19 外包上涨的过程中买入。大多数人会等待回调后买入。一些人会在 K 线 19 的上方买入，因为它有一个强劲的上涨实体，向上突破其高点将是市场对其前一根 K 线的上行突破的确认信号。市场并未出现突破回调，而是向下突破。

K 线 21 是一根强劲的上涨反转 K 线和一个高 3 买入建仓形态。然而，由于市场依然处于始于 K 线 18 的下行通道，因此很多多头选择等待第二入场，其在 K 线 23 的高 4 双 K 线反转出现。一些人在高 4 买入，另一些人在 K 线 23 后的上涨 K 线的上方买入。他们将其看作 K 线 12 至 K 线 16 的急速拉升后的牛旗，预计市场出现第二腿上涨，或许是腿 1 等于腿 2 的等距上涨。一些在 K 线 21 上方买入的交易者知道市场可能在向上突破该 K 线顶部后形成更低低点回调，事实确实如此。正是因为有这种可能，很多人交易较小仓位并使用宽幅止损，可能将其设在 K 线 14 或 K 线 12 的下方，或者可能为三至五个点。然后这些交易者在 K 线 23 的双 K 线反转上方的第二入场点建立剩余多仓。一些多头在固定间距部分止盈，如二、三或四个点时，而其他人等待价格行为的盈利目标，如 K 线 26 的第二腿上涨下方或 K 线 28 的楔形（K 线 24、26 和 28 是三段上拉）上涨下方。

激进的空头在 K 线 28 的下方或其后面的下跌 K 线下方卖空，预计市场测试始于 K 线 23 的急速拉升后的 K 线 25 上行通道。他们在二、三或四个点时止盈，或者在 K 线 25 上行通道的低点及其上方和下方止盈，或者在当日收盘前一刻止盈。

第 25 章　交易的数学：我是否应该做这笔交易？我做这笔交易能否赚钱？

我有一位朋友交易超过 30 年，我认为他基本上每天都在 Emini 上赚取 10 个点或更多。他曾经告诉我，他相信一般新手应该能够每天至少赚 6 个点。我告诉他我不同意——大多数初学者能够持续每天赚到两个点就很高兴。交谈结束后我意识到，有些交易者长期极为成功，他们完全忘记了输家是什么样子。不过这次交谈也让我意识到，有了足够的经验，交易者的好习惯可以与其融为一体，交易实际上变得轻而易举。但是不管什么情况，数学依然是他们的行为基础。实际上，交易完全是数学，所有的成功交易者都精通概率和交易者方程。数学随市场的每一次跳动而改变，对不知道的人造成障碍，对知道的人形成巨大优势。

交易新手不断寻找完美的交易——清晰的建仓形态、高胜率、低风险和高回报。在一天结束后，他们好奇为什么找不到一个。这些交易当然存在，要不然大交易者如何致富？他们没有意识赚钱非常困难，因为市场中充满聪明人，他们都试图从彼此手中赢钱。这使得任何人都无法获得巨大优势。一旦完美的建仓形态开始形成，所有人都交易，其迅速消失，因为没有人愿意做对手方。错过完美建仓形态的交易者不想追逐市场，他只会在回调中入场。一旦市场未能前行很远就开始回调，认为自己完美入场的交易者现在都浮亏。他们快速清仓，完美交易反向运动。

作为交易者赚钱，你需要优势（Edge），它是一种数学优势（Advantage），基于风险和回报的规模，以及市场触及你的保护性止损之前先触及盈利目标的概率。优势通常不大，因此每当其中一个变量非常优异时，通常会被另外一个或两个变量的糟糕而抵消。举例而言，如果潜在回报远高于风险，意味着风险相对较小，胜率通常就较小。如果胜率高，回报小，风险经常很高。传统公司的优势在于，他们的交易量足够大，可以影响市场方向，并且他们同时运行很多交易系统，很多交易者独立交易，这平滑了净值曲线。他们的目标是小额回报，通常是每年盈利 10% 至 20%，风险相对较小，因此成功率较高（他们预计年末盈利的概率超过70%）。高频交易（HFT）公司的优势是，他们有一个高度可靠的统计优势（Advantage），其可能只有5%或更低（55%的赢率对50/50的纯运气系统就是5%的优势），但是他们每周应用数百万次。这赋予他们赌场优势。如果赌场只有一位顾客，他在单独一局下注10亿美元，赌场有47%的概率破产。然而，如果拥有巨量普通大小的下注，其优势导致持续盈利的概率就很高。高频交易公司也是如此。由于很多公司试图在每一笔交易上只赚一两个跳点，他们的回报微小，而其在每笔交易上的风险相对较大，但是他们的成功可靠性很高。其大多数很每天都赚钱的概率很可能超过90%，意味着胜率很高。日内交易者可以获得的优势是出色的读图能力，形成高胜率，可以达到70%或更高。在盈利目标至少与风险一样大的情况下，他们可以赚取非常高的回报率。世界上最出色的交易者大多为主观交易者，他们使用主观评估决策。一个可以发起对冲基金而自立门户的天皇巨星为什么要继续为高盛打工而分享业绩？很少人会，这就是为什么世界上最伟大的交易者都独立门户，这也深深吸引我们所有人。华尔街上的知名交易者通过主观交易每年赚取数十亿美元的案例多不胜数。一些人一次持仓数月或数年之久，如沃伦巴菲特；另一些人则是日内交易者，如"欧洲快手（Eurex flipper）"Paul Rotter。日内交易者在风险、回报和胜率的权衡中有多种选择，一些人愿意接受更低的胜率，如40%，来换取三倍于风险或更高的回报。

这里是一些交易者拥有优势的情形：

（1）胜率70%或更高（回报需要至少与风险的一半一样大才能盈亏平衡）：

刮头皮，但是由于大多数交易者无法持续选出具有70%胜率的交易，因此他们应该只在回报至少和风险一样大的时候才做刮头皮。举例而言，如果你相信在Emini上需要两个点的止损，那么只有在回报至少两个点时才做这笔交易。

（2）胜率60%或更高（回报需要至少与风险一样大才能盈亏平衡）：

1）在上涨趋势中的至均线的高2回调买入。

2）在下跌趋势中的至均线的低2回调卖空。

3）在上涨趋势中的楔形牛旗回调买入。

4）在下跌趋势中的楔形熊旗回调卖空。

5）在上涨趋势中的牛旗突破的突破回调买入。

6）在下跌趋势中的熊旗突破的突破回调卖空。

7）在上涨趋势中的强劲急速拉升中的高1回调买入，但是不能在买入高潮之后。

8）在下跌趋势中的强劲急速下挫中的低1回调卖空，但是不能在抛售高潮之后。

9）在交易区间的顶部卖空，尤其是当其为第二入场时。

10）在交易区间的底部买入，尤其是当其为第二入场时。

11）趋势反转：

在市场强劲突破趋势线后，在其测试趋势极点而形成一根良好的反转信号 K 线后寻找反转。交易者想要在底部的更高低点或更低低点买入，或者在顶部的更高高点或更低高点卖空。

强劲的最终旗形反转。

在一个下跌阶梯形态的第三轮或第四轮下跌中买入，预计市场测试前一轮下跌的低点。

在一个上涨阶梯形态的第三轮或第四轮上涨中卖空，预计市场测试前一轮上涨的高点。

用限价订单入场，这要求交易者拥有更加丰富的读图经验，因为交易者在逆市入场。不过，交易老手可以在下列建仓形态中熟练运用限价或市价订单：

1）在强劲上行突破的急速拉升中以市价买入或在 K 线收盘买入，或者用限价订单在前一根 K 线的低点或其下方买入（在急速行情中入场需要较宽的止损且行情迅猛，这种组合让很多交易者难以应付）。

2）在强劲下行突破中的急速下挫中以市价卖空或在 K 线收盘卖空，或者用限价订单在前一根 K 线的高点或其上方卖空（在急速下挫中入场需要较宽的止损且行情迅猛，这种组合让很多交易者难以应付）。

3）如果突破不是很强，在等距行情目标位附近的下行突破中买入——举例而言，如果 Emini 上的区间高约为 4 个点，在区间下方 4 个点处用限价订单买入，承担 4 个点的风险，预期市场测试突破点。只有交易老手才能考虑。

4）如果突破不是很强，在等距行情目标位附近的上行突破中卖空——举例而言，如果 Emini 上的区间高约为 4 个点，在区间上方 4 个点处用限价订单卖空，承担 4 个点的风险，预期市场测试突破点。只有交易老手才能考虑。

5）在强劲反转之后或在交易区间底部，用限价订单在一轮可能的新上涨趋势中的低 1 或 2 弱势信号 K 线中或其下方买入。

6）在强劲反转之后或在交易区间顶部，用限价订单在一轮可能的新下跌趋势中的高 1 或 2 弱势信号 K 线中或其上方买入。

7）在均线上的清淡牛旗中用限价订单在前一根 K 线的下方买入。

8）在均线上的清淡熊旗中用现价订单在前一根 K 线的上方卖空。

9）在向上突破牛旗的上涨 K 线下方买入，预计突破回调。

10）在向下突破熊旗的下跌 K 线上方卖空，预计突破回调。

（3）胜率约为 50%（回报必须至少比风险高 50% 才能盈亏平衡）：

1）在交易区间中分批建仓时的首次入场。

2）在窄幅交易区间中买入或卖空，预计突破将创造数倍于风险的盈利。

3）当趋势可能正在反转下跌时，在交易区间中的更低高点卖空；或者当趋势可能正在反转上涨时，在更高的低点买入。由于入场点位于交易区间的中间，其概率为 50%，但是回报通常是风险的两倍。

（4）胜率为 40% 或更低（回报需要至少为风险的两倍）：

在下跌趋势的底部买入，或者在上涨趋势的顶部卖空，反转交易可以用小额风险赚取非常大的回报——举例而言，在市场上涨至明显的阻力位时卖空，在阻力位下方一个跳点处用限价订单入场，将保护性止损设在其上放一两个跳点处。在"以限价订单入场"一章中有多个案例。

根据情况不同，胜率介于 40% 至 60%（当胜率只有 40% 时，回报需要至少为风险的两倍才能盈亏平衡）：

1）上涨趋势中，在突破测试的跌势中用限价订单买入；下跌趋势中，在突破测试的涨势中用限价订单卖空。

2）在一轮新的上涨趋势或交易区间底部时，用限价订单在低 1 或 2 信号 K 线的下方买入（潜在的更高低点），即便其并不弱；或者在一轮新的下跌趋势或交易区间顶部时，用限价订单在高 1 和或 2 信号 K 线的上方卖空（潜在的更低高点），即便其并不弱。举例而言，如果市场可能正在完成上涨趋势的楔形反转顶，并回撤了一根或几根 K 线，在高 1 和高 2 信号 K 线的上方卖空就是在你希望的新下跌波段中卖空。

3）淡出磁体，如在上涨趋势中的等距上涨目标位卖空，或在下跌趋势中的等距下跌目标位买入。

4）在一轮超卖的下跌趋势中，在支撑区域处的一根非同寻常的大型下跌 K 线收盘价附近的抛售高潮买入。

5）在一轮超买的上涨趋势中，在阻力区域处的一根非同寻常的大型上涨 K 线收盘价附近的买入高潮卖空。

交易新手很快发现交易趋势似乎是赚钱的绝佳方法。然而他们很快会发现交易趋势实际上与其他类型的交易一样难。他们要赚钱，就得有人要输钱。市场是一个零和游戏，参与双方有无数聪明人。这确保了交易者方程中的三个变量总是会让优势微小且难以评估。

一个交易者要想赚钱，他需要持续好于一半的交易者。由于大多数对手都是盈利的机构，因此交易者需要非常优秀才行。在趋势中，概率经常低于新手想要的，并且风险较大。在交易区间中，风险不大，但是胜率和回报也是。在反转中，尽管回报可以很大，但是风险经常也很大，并且胜率较小。在刮头皮中，胜率很高，但是回报相对于风险较小。

交易者方程

尽管大多数交易者不用数学术语来思考交易，但是所有的成功交易者都使用交易者方程，至少是在潜意识。你经常会听到电视上的专家在决定是否做一笔交易时讨论风险/回报比率。很不幸，这忽略了一个同样重要的变量——胜率。要做一笔交易，你必须相信其交易者方程有利，成功概率乘以回报需要大于失败概率乘以风险。当一位专家说一笔交易有好的风险/回报比率时，他的意思是如果你正确管理交易，其将有优势或数学优势。他的建议中的隐藏含义是这笔交易"很可能"会赢，意味着他相信有50%以上的概率你将赚钱。尽管他们并不这样看待自己的评论，但是如果他们是成功的交易者，这一定就是他们所认为的，因为不考虑这三个变量不可能成功。

在任何交易中，你设置回报和风险，因为潜在回报是与你的盈利目标之间的距离，风险是与你的止损位之间的距离。解这个方程的难处在于为其概率赋值，而其永远无法确知。总而言之，如果你不确定就假设自己有50%的概率赢或输，如果你确信信号看似不错，那就假设你有60%的概率赢和40%的概率输。甚至不要担心行情会走多远。只要评估建仓形态是否看似不错，如果是，假设上涨任意幅度的概率为60%或更高，下跌同等幅度的概率则为40%或更低。这是等距行情的概率（或方向性概率），在本章后面探讨。如果潜在回报是风险的很多倍，很多交易者也会考虑做不太可能会成功的交易。在这种情况下，他们应该假设其概率为40%。如果成功率比这低很多，极少数会考虑做这笔交易，不管其潜在回报有多大。

理解这些概率的影响很重要。否则对于交易新手来说，当市场出现其认为小概率或者不可能发生的情形时，他很容易难过。不管你感觉多么自信，市场经常会出现与你所想完全相反的情形。如果你有60%的把握认为市场将上涨，这意味着40%的时候其将下跌，你做这笔交易就会亏损。你不能无视这40%的概率，就像是有人拿枪在30尺外向你射击，但是只有40%的概率命中。40%非常现实且危险，因此总是要尊重与你持相反看法的交易者。

　　如果你拒绝你认为只有 50% 概率的交易，只做你认为有 60% 概率的交易，那么你将在一半的时候错过好的交易。这只是交易的一部分，是优势过小的结果，在零和游戏中有大量非常聪明的人，其中一半与另一半的观点完全相反。不要对市场的任何表现感到难过或困惑。万事皆有可能，即便你不知道其为何发生。没有人真正知道为什么，原因也从不重要。你用数学赚钱而不是用理由，因此如果有人只在交易者方程极为有利时才做交易，他很可能会稳定盈利。

　　如果你想要在多年交易获利，你需要呆在舒适区域。一些交易者喜欢做回报数倍于风险的交易，他们愿意只在 30% 至 40% 的交易上盈利。这种方法的交易者方程有利，但是大多数交易的回报只能达到与风险差不多大的水平。这意味着这些交易者会选择错过每天发生的大部分交易，因为他们不相信其回报足够大而弥补其低胜率。其他交易者只交易高胜率的建仓形态，愿意接受回报与风险一样大。然而，很多时候市场处于趋势，回调幅度小，其建仓形态的胜率经常低于 50%。举例而言，如果有一个疲弱的下行通道，其影线突出，在通道底部或许有卖空信号。市场看似很可能形成交易区间，但是愿意在底部卖空的空头寻求幅度为其风险两三倍的波段，他们会做得很好。只想要高胜率交易的交易者会观望，他们等待高胜率的反转建仓形态买入，或者在回调卖空，他们看着空头市场继续 10 或 20 根 K 线。这也是一种可以接受的交易方法。一些交易者对各种环境均游刃有余，根据市况而调整风格。这让他们整日交易获利，这也是所有交易者的目标。现实是大多数优秀的交易者都有其独特风格，他们等待符合其风格的建仓形态。

　　刮头皮者追求找相对于风险而较小的盈利（他们应该追求至少与其风险一样大的回报），需要高胜率来形成正的交易者方程。不要假设这意味着他们只交易旗形，因为很多人也交易强势突破。在强势突破中，止损理论上应该设在急速行情之外，可能离市价很远（举例而言，在一个四 K 线的急速拉升突破中，最初止损理论上应该设在第一根 K 线的低点下方，尽管大多数交易者不会承担如此高的风险）。然而，由于突破强劲，实现等距行情的概率为 60% 或更高。这意味着他们可以做高风险的交易，因为其回报同样高，并且胜率也高。为了保持其风险金额与其他交易相同，他们需要交易更小仓位。

　　交易者整日所做的最重要决策之一是，在前一根 K 线的高点或低点处多空双方谁将获胜。举例而言，如果有一根强劲的上涨趋势 K 线，在 K 线的收盘价和高点附近，会有更多空头卖空建仓和多头清仓止盈（大多使用市价和限价订单），还是有更多多头建仓和空头回补（大多使用停损订单）。与之类似，在低点处有更多买盘还是卖盘？交易者试图评估赚取足够利润弥补其所承担风险的概率。他们的目标长期赚钱，他们知道他们经常会输。

然而，他们要想在长期盈利，他们需要做交易者方程有利（正）的交易。

一旦你看到一个可行的建仓形态，你要做的第一件事就是判断你的保护性止损有多远。一旦你知道风险，你就可以判断可以交易的股票或合约数量，将总风险保持在通常范围之内。举例而言，如果你平时买股时承担 500 美元的风险，你认为你需要将保护性止损设在入场价下方约 1 美元处，那么你就可以交易 500 股。然后你判断交易的胜率为多少。如果你不知道，那就假设其为 50%。如果其为 50%，那么你的潜在回报至少应该是风险的两倍，这样才值得交易。如果不能指望赚到两美元，那就不要交易。如果胜率为 60%，那么你的回报需要至少与风险相等，如果 1 美元的盈利目标不现实，那就不要交易。如果你要做，确保使用至少 1 美元的盈利目标，因为这是在胜率为 60% 的情况下，承担 1 美元风险而获得正交易者方程所需要的最低目标。

每一笔交易都需要数学基础。假设你需要在 Emini 中承担两个点的风险，你现在正考虑一个卖空建仓形态。你是否有 60% 的把握在亏损两个点之前先赚取两个点？你是否有 70% 的几率赚取一个点，或 40% 的几率赚取四个点？如果以上问题的任意一个回答为是，那么做交易至少有数学依据。如果所有回答均为否，那么考虑做多的三个问题。如果三个问题有一个的回答为是，那就考虑做这笔交易。如果多空双方的回答均为否，那么现在以市价入场就不是好办法，市场状态未明。这意味着市场处于交易区间，交易老手可以用限价订单在 K 线上方卖空和 K 线下方买入。

交易者方程有三个变量，交易者可能会因其个性而关注其中一个多于其他两个。举例而言，需要高胜率才能在全天维持注意力的交易者倾向于寻找这种机会，因此他们会愿意接受相对较小的回报和更高的风险。当胜率高时，失衡明显，市场将快速中合。结果是行情通常只持续几根 K 线，因此其回报通常较小。因为好的刮头皮建仓形态通常胜率高且风险小，因此交易者做强势刮头皮时经常会使用最大仓位。另一个极端的交易者希望其回报远大于风险，为了达到目标，他们需要满足于只在约 40% 的交易上盈利。当胜率较低时，交易者经常交易较小仓位，一些人会在市场朝其方向运动时加仓。因此波段交易者经常比刮头皮交易者使用更小的初始仓位。还有人可能风险规避，希望在每笔交易上承担最小风险。为了达到目的，交易者需要接受更低回报和更低胜率的某种组合。还有一些交易者把握所有机会，并根据情况而合理交易。当胜率较高时，他们会更早止盈。当一笔交易的最重要特性是其提供的回报时，他们接受其胜率可能较低的现实，并且愿意将更大比例的仓位做波段交易，让该策略随时间而生效。很多交易介于两个极端之间，有约 50% 的成功率。每当交易者做这种交易时，他总是应该试图让回报达到风险的两倍，确保交易者方程为正。

即便低胜率交易的回报可以远高于风险，从而成为出色的交易，但是大多数交易者面临一个固有问题。由于波段交易有较大的回报，因此它们必然伴随相相对低胜率或高风险。具有高胜率和高盈亏比的交易不存在。为什么？记住你的交易需要有对手方，由于机构掌控市场，那么你需要相信有机构交易者愿意做你的对手方。如果你的胜率为80%，他的胜率就是20%。如果你的回报是6个点，那么他的风险就是6个点。如果你的风险是2个点，那么他的回报就是2个点。因此如果你相信你有80%的机率在承担两个点风险的情况下赚取6个点，那么你就是相信有机构交易者愿意做你的交易对手方，他们有20%的机率在承担6个点风险的情况下只赚取2个点。由于这在大型市场中几乎不可能存在，因此你需要假设你对变量的评估错误，这笔交易并不像你所认为的那样出色。没有一家机构必须要做你的对手方，但是包含所有机构的市场基本上就是一家大型机构，它必须这样做。因此某种机构组合一定会愿意做你的对手方，如果你的交易出色，他们的交易就糟糕，市场绝不会让其发展。确实会有很多天真的人愿意做你的对手方，因为他们读错了市场，但是被机构掌控的市场非常有效，他们绝不会让优势变得如此之大。你应该假设任何交易的双方实际上都是机构，或者是散户不做的话机构也会做。散户下很多单，但是他们无法影响市场，不管他们的订单有多蠢。他们的订单只有在机构愿意同样下单时才会成交。举例而言，如果 Emini 报价为1264，你持有多仓，保护性止损的卖单在1262，你的订单不会触发，除非有机构也愿意在1262卖空。几乎所有交易都是如此。如果市场正在强劲上涨，为什么还有机构愿意在市价之下卖空？因为很多机构在低很多的价位买入，他们找理由止盈。如果他们认为市场跌至1262是部分止盈的理由，他们就会在那里卖出。如果市场触及你的止损，并不是因为市场清扫小人物的止损，而是因为有机构认为在1262卖出在数学上明智。

在任何交易开始向高胜率、高回报和低风险的方向运动时，机构会迅速反应来把握机会，阻止了优势变为很大。同时，处于劣势的公司会迅速反应来提高其优势。市场会向盈利目标的方向以一根或多根大型趋势 K 线（急速行情）的形式快速运动并前行很远，在建仓形态变强之前大大提高风险（所需的止损幅度）。弱势信号或低胜率让大多数波段交易难以把握。没有人会送钱给你，交易总是会很难。如果你看到捡钱机会，那是你错误解读市场，很快就会发现自己给别人送钱。

大型市场中的90%或更多交易都是机构所做，意味着市场实际上是机构的集合。几乎所有的机构在长期都盈利，少数不盈利的很快就会破产。由于机构盈利并且他们是市场，你所做的每一笔交易都有一个盈利的交易者（机构集合的一部分）做你的对手方。如果没有一家机构愿意做交易的一方而另一家机构做另一方，没有交易会发生。70% 的成交量由计算机算法创造，散户交易者的小额成交量不足以妨碍程序交易。散户的小额交易只有在机构愿意做同一笔交易时才能实现。如果你想要在某一个价位买入，市场不会达到该价位，除非有一家或多家机构也愿意在该价位买入。你无法在某一价位卖空，除非有一家或多家机构愿意在那卖空，因为市场只会走向机构愿意买卖的价位。如果你交易 200 张 Emini 合约，那么你就是在交易机构的量，实际上相当于机构，有时候你能影响市场一两个跳点。然而大多数交易者无法影响市场，不管他们有多愿意鲁莽交易。市场不会扫你的止损。市场可能会测试你的保护性止损所在的价位，但是这跟你的止损完全无关。测试该价位只是因为有一家或多家机构相信在这里卖出有利可图而另一家机构相信在这里买入有钱可赚。每一个跳点，都有机构买卖，他们都有经过验证的系统，通过做这些交易赚钱。

每当交易者做刮头皮时，交易的对手方很可能是波段交易者。不过很多波段交易者也会做另一些波段交易者的对手方。优秀的刮头皮者无法做另一些优秀的刮头皮者的对手方，因为两个方向的风险和回报接近，只有一方可以获得高胜率。刮头皮者有高胜率，因此对手方为低胜率。由于他是机构交易者，因此你需要假设其方法有效并且能在长期盈利。如果你在零和游戏中与他对着干怎么可能还赚钱？因为你不是。你们的入场相反，但交易管理不是。假设你在 Emini 上使用两个点的盈利目标和两个点的止损，你在交易区间顶部的弱势高 1 买入信号 K 线上方卖空，正确地认为你有 60% 以上的胜率。机构交易者在你卖空的同时买入，他的风险可能也是两个点，即你的回报的反面（当你止盈时他被止损），但是他的回报远高于你的风险。你的保护性止损是两个点。这是你空头回补而止损的价位。然而这并非他卖出多仓的价位。他的目标很可能数倍于此，因此尽管他的胜率低，但是依然可以有正的交易者方程。他还可能使用非常宽的止损并分批建仓，两者均可以将其胜率提升至 60% 或更高，即便其最初入场的胜率仅为 40%。你想一下，低胜率的交易如果无法通过管理获得正的交易者方程就不会存在，因为没有机构会做这笔交易，它们根本就不会发生。只有在机构愿意做的时候其才可能发生，而除非有办法交易获利，否则机构就不会做。机构有多种方法管理交易来确保其拥有正的交易者方程，包括分批建仓和分批离场，使用宽幅止损，对冲以及波段交易追求远大于风险的回报，从而弥补其低胜率。

市场活动的范围从剧烈单边（如强劲趋势中的急速行情阶段）到极度双边（如极为紧凑的交易区间）。大多数时候介于两者之间，有时候更多为单边交易，有时候双边交易为主。这在交易区间中显而易见，趋势 K 线代表单边交易，反转 K 线和影线代表双边交易。当市场处于上涨趋势并向上越过前一根 K 线的高点时，其在突破，当其向下跌破前一根 K

线的低点时，其在回调。下跌趋势中的情况与之相反，突破是市场向下跌破前一根 K 线的低点，而回调是市场上涨越过前一根 K 线的高点。当市场处于极度单边时，如在强劲趋势中的急速行情阶段，回调大多数是因为获利回吐。举例而言，如果市场处于一轮由五根上涨趋势 K 线构成的强劲急速拉升中，然后其跌破第五根 K 线的低点，这是因为在较低价位买入的多头正卖出部分仓位来实现部分盈利。记住，每一笔交易都有一家机构做对手方，他这样做只是因为这是盈利策略的一部分。还有一轮卖盘真空将市场拉至 K 线下方。这是由所有渴望建仓或加仓的多头所致，他们一直在前一根 K 线的低点及其下方设置限价订单，希望以小幅折价介入市场。这些多头渴望入场，但是只想以更好的价位入场。如果前一根 K 线高为 6 个跳点，很多多头只会在该 K 线的高点下方 6 个跳点或更低处开始买入（换句话说，在 K 线的低点或低点下方）。这意味着在下面一至五个跳点处的买家相对缺乏，市场可能迅速被压低而寻找买家，其将在 K 线的低点附近成功找到。记住，止盈的多头卖出部分多仓，他们需要买家来做对手方。一旦获利回吐者决定部分止盈，他们需要愿意在有足够多的交易者愿意买入的价位卖出。一旦市场涨的足够高，唯一愿意买入的交易者将是那些等待市场跌破前一根 K 线低点的人。如果足够多的多头想要止盈，市场需要跌破前一根 K 线才能让其平掉部分多仓。其他多头只会在市场跌破前一根 K 线的低点时才会开始止盈，因此他们会在该 K 线下方一个跳点处用停损订单卖出。渴望买入的多头将是另一些止盈多头的对手方。

很少有空头在会该 K 线的低点下方卖空，因此下跌行情并非由准备波段做空的空头所致。尽管一些公司可能通过在前一根 K 线的下方用停损订单卖空来分批建仓，但是认为这是强劲急速拉升中的第一次回调的重大因素并不符合逻辑。当市场处于极度单边时，准备卖空的公司知道他们可能有 80% 或更高的概率可以在不久之后以更高价位卖空，因此现在卖空对他们来说没有意义。

由于强劲趋势中的小幅回调大多数是由获利回吐所致，通常没有好的方法让空头在强劲上涨趋势中的第一轮回调的形成过程中在前一根 K 线的低点下方卖空而获利，或者让多头在强劲下跌趋势中的第一轮回调中在前一根 K 线的高点上方买入而获利。然而，当市场在上涨趋势中向上突破前一根 K 线的高点时，或者在下跌趋势中向下突破前一根 K 线的低点时，有一种有利可图的方法来管理多头和空头交易。如果没有办法同时让多头和空头在强劲上涨趋势中的前一根 K 线的上方都获利，市场将不会在此处交易，因为只有在一家机构可以在这里买入而获利同时另一家机构卖空而获利时市场才会抵达此处。上方的卖盘是多头止盈和空头卖空的共同作用，随着市场越来越趋向于双边交易，空头的卖空占据更大部分的交易量。如果没有方法同时让多头和空头在市场跌破强劲下跌趋势中的前一根 K 线的低点时获利，市场将不会跌破该 K 线。为什么有机构会做输钱策略的交易？他们从不会。不管是买入的公司还是卖出的公司都不需要在每一笔交易上都盈利，但是每一笔交易都必须是盈利策略的一部分，否则他们不会做这些交易。

如果说机构聪明并盈利，对每一个跳点负责，为什么他们还会在上涨趋势中的最高跳点买入（或者在下跌趋势中的最低跳点卖空）？因为这就是他们的算法在一路上涨的过程中的获利方法，其中一些被设计为直到上涨趋势明确不再有效之前会一直做下去。他们在最后一次买入中亏损，但是在之前的交易中获利足够多而弥补亏损。记住，他们所有的系统都在 30% 至 70% 的时候亏损，而这就是其中之一。还有高频公司在上涨趋势的最高跳点之前都会刮头皮赚取一个跳点。高点总是出现在某个阻力位，对于很多高频交易公司而言，如果其系统显示这是一个盈利策略，他们就会在阻力下方一两个跳点处买入，试图捕捉最后一个跳点。其他机构的买入是作为其他市场对冲的一部分（股票、期权、债券、货币等），因为他们认为对冲后的风险 / 回报比率更好。成交量并非源于小散户，其在重大转折点时只占据低于 5% 的成交量。

市场越是双边，就越有可能在每一个突破和每一轮回调中多空双方的机构都在发起交易（而不仅仅是一方止盈，如在强劲急速拉升中的首次回调）。他们这样做是基于他们在长期测试并证明有利可图的策略。事关上亿美元的资金，因此所有事情都必须严格审查并需要有效。那些资金的所有人会要求其交易具有合理的数学基础，否则他们会把资金转到具备条件的公司。当市场主要为双边交易时，也就是大多数时候，每一个突破和每一轮回调都有买卖双方的入场。由于机构盈利，他们都在使用盈利策略，即便很多策略的胜率仅为 40% 或更低。

在强劲急速拉升中的单 K 线回调案例中，如果市场向上突破该 K 线的高点，其主要是因为急切的多头在加仓或建仓时的追涨。他们从愿意卖出的人手中买入，而这些卖家是低价买入而止盈的多头和开始卖空的激进空头的组合。最初，空头只是刮头皮者，只期待小幅回调。一些高频交易公司会刮头皮只赚取一两个跳点，经常会有高胜率的建仓形态允许他们这样做，甚至是在强劲趋势中的高 1 买入信号 K 线上方。很多机构使用基于跳点图的算法，其可以显示 5 分钟图上看不到的微小形态。随着市场变得更加双边，交易区间开始形成，空头将开始在上涨中卖空（一些人会在市场走高时分批入场），如在区间或通道顶部的弱势高 1 或高 2 买入信号 K 线的上方，准备持仓把握波段下跌。市场愈加双边，就有越多的空头开始波段交易，更多的多头停止波段交易并开始刮头皮。最终大多数波段多头都已获利了结，这时候大多数多头都将是刮头皮者。当买入信号变弱之后，刮头皮者丧失买入兴趣，因为胜率下降，而他们只做高胜率的交易。一旦刮头皮多头和大多数波段多头停止买入，而卖空主要由波段空头而非刮头皮空头所做，趋势就会反转。

即便当市场正进入交易区间时，依然有一些多头在低胜率（40%左右）的建仓形态买入，如区间顶部的弱势高 1 和高 2 信号 K 线。他们是运行算法的波段交易者，其算法已被证明可以做这些低胜率的波段交易而长期盈利。他们知道随着市场越加进入交易区间，胜率越在下降。然而，他们也知道其系统可以盈利，即便胜率为 40% 或更低。一些交易的盈利将是其止损的很多倍，弥补其在 60% 的交易上的亏损且有盈余。他们的程序还可以在市场走低时分批建仓，在较低位入场的交易仓位可以更大。如果他们认为其最初假设不再有效而想要退出交易，这能够让他们以盈亏平衡甚至小幅盈利离场。大多数时候，你通过在交易区间或弱势上行通道顶部的糟糕高 1 买入信号 K 线的高点卖空而获利。然而，每个月都会有这么几天，市场强劲趋势上涨，形成一系列低胜率的买入信号 K 线（如十字线或下跌趋势 K 线作为信号 K 线），每一个信号之后都是一轮大幅上涨，其回报为风险的很多倍。在这些交易日里，那些在低胜率建仓形态中买入的交易程序可以发财，远远超过其所有的小额亏损；另一方面，刮头皮者经常错过这些趋势的大部分，因为他们不愿意交易低胜率的建仓形态。当市场以强劲趋势上涨时，大多数刮头皮者看到其强势，避免在弱势买入信号 K 线的上方卖空。他们知道在上涨趋势的顶部卖空为高风险。"高风险"就是指交易者方程糟糕，逆势交易的风险在于，任何低胜率的顺势建仓形态都可能导致大行情。低胜率通常是高回报的硬币反面，正如高胜率通常意味着低回报（刮头皮）一样。因为他们看到上涨趋势，他们想要买入。然而，由于买入信号看上去疲弱，因此它们是相对低胜率的建仓形态。然后刮头皮者最终就没有买入，错过一段可以持续数个小时并覆盖很多点数的趋势。刮头皮者会等待更深幅度的回调买入，并且偶尔会在他认为将有一根后续 K 线的强劲突破中买入，但是在这种趋势日中，他所赚的钱要远少于波段交易者。优秀的刮头皮者在其他大多数交易日比波段交易者赚更多。记住，由于刮头皮者做高胜率交易，并且可以选择的建仓形态众多，因为他的盈利目标较小，理论上他的盈利交易要远远多于波段交易者，这意味着更为平滑的权益曲线和更多的盈利日。

每当你交易一个低胜率的系统时，该系统有正的交易者方程，但是任何单笔交易获胜的概率小。每一笔单独的交易都是低胜率，但是如果你做了所有的建仓形态，整体交易者方程就为正。这意味着你无法在低胜率的交易中精挑细选，不管其回报比风险大多少。人有一种选择不可思议的能力，选中所有的糟糕交易，经常错过弥补前期亏损所需的那一笔绝佳交易。最终他们说服自己放弃那些能够创造高额盈利的低胜率交易，而做了所有的亏损交易，其看上去总是更加容易，结果是他们输钱。交易低胜率的系统，你需要把握每一个强劲信号，因为如果你吹毛求疵，你将不可避免地选择错误的交易，经常会错过弥补前期亏损所需的那一笔绝佳交易。大多数交易者通常无法把握所有的交易。这将他们暴露在这种风险之下，使得低胜率的交易难以获利。

另一个极端是高胜率交易，交易者为了在每一笔交易上获得高胜率而牺牲回报。如果一个系统有 60% 或更高的胜率，回报至少与风险一样大，那么每一笔交易都有正的交易者方程。交易者并不需要用很多交易分摊而获利。每一笔交易都有正的交易者方程，因此交易者可以自由挑选而依然赚钱，连续错过 10 笔好交易也无所谓。如果交易者错过很多交易，但是成功把握少数高胜率交易，他盈利的几率依然不错。由于有这种无法每笔交易都做的自然倾向，如果交易者发现自己在波段交易中精挑细选，他们应该考虑大多数交易者应该专注于高胜率交易。实际上我有一位交易 10 年期美国债券期货的朋友，他想要在每一笔交易上承担尽可能小的风险。为了达到目的，他交易 50 跳点图，上面很多 K 线只有两个跳点高，他准备在每一笔交易上只承担三或四个跳点的风险。他试图在交易中赚取 8 个跳点或更多，由于他是一名出色的读图者，他在 90% 的交易中盈利，这是他告诉我的。我估计这意味着他并不一定在所有的交易中都盈利 8 个跳点，很多交易可能只有一两个跳点的利润。如果他认为在 10% 的交易中亏损就是在 90% 的交易中盈利的话，他甚至可能会将盈亏平衡的交易放在盈利一栏。不管哪一种情况，他强调的是风险，他假设如果精心选择交易，胜率和回报会水到渠成。

高频交易公司可能在数千支的股票上每天交易几十万次，其交易基于统计而非基本面。举例而言，如果一家公司发现，当一支股票连续下跌六个跳点时，在其反弹一个跳点时卖空赚取一个跳点并承担三个跳点的风险有利可图，他们或许会将其作为其程序之一。你认为他们的程序有多有效？他们有最聪明的数学家设计并测试程序，因此你会认为他们一定有 70% 或更高的胜率。不过我对此表示怀疑，因为他们的程序在与其他公司的算法竞争，如此大的优势只能持续很短的时间，然后其他公司会发现并消灭它。任何事情都有权衡，而他们的目标是拥有一个极为可靠的系统，几乎每天都赚钱。如果一家公司每天做 50 万笔交易，试图在每一笔交易上赚取一两个跳点，我怀疑其能否达到 70% 的交易胜率。我怀疑是因为优势弱小且转瞬即逝，他们能够每天发现 50 万笔胜率为 70% 的交易的可能性极小。我怀疑其胜率为 55% 或更低。记住，赌场的优势约为 3%，而赌场每天都赚钱。为什么能这样？如果你 99% 确定你的优势为真，而游戏每天进行数千次，那么数学对你极为有利。高频交易公司也是如此。它们接受小优势和相对较大的风险，换取持续盈利。高频交易公司交易具有 70% 胜算的建仓形态不是会赚更多吗？显然会，如果其能在数学上证明这些建仓形态具有 70% 的胜算。这意味它们做不到，但是并不意味这种建仓形态不存在。它们确实存在，但是依靠主观判断，显然很难编程。这种主观特性赋予个人交易者优势。如果他们开发了主观判断和少犯错误的能力，他们就有优势。有如此多的聪明人在交易，优势总是会很小并依赖主观判断，持续把握优势总是会很难，但是可以做到，这也是每一个交易者的目标。

　　你入场越早，你能赚到的利润就越高，但是你的胜率也越低。一些交易者倾向于选择更高的胜率，如果可以更加确定其交易会盈利，他们愿意晚一点入场。举例而言，如果市场可能正在反转上涨，交易者或许会买入。还有交易者可能会在买入之前先等待市场出现几根强劲的上涨趋势 K 线和明显的多头买入信号。交易更加确定，但是错过部分行情，能赚到的利润更少。交易者为了更高的胜率而支付了部分潜在盈利，他们认为这是一个不错的权衡。一些交易者更喜欢非常高的胜率，即便这意味着他们在交易中的盈利降低。其他交易者喜欢回报比风险高很多倍，即便这意味着他们可能只在 40% 的时候盈利。胜率越高，建仓形态就越明显。当一个建仓形态尤为明显时，很多聪明的交易者就会把握，失衡状态只能持续一两根 K 线。市场很快会达到预期目标，然后反转或进入交易区间。这就是为什么最好的刮头皮的盈利潜力有限但胜率很高。然而，由于大多数交易者无法持续选出高胜率的刮头皮，他们应该坚持做潜在盈利至少和风险一样大且胜率约为 60% 的交易。

　　任何时候，回报、风险和胜率都有无数种可能的组合，交易者需要有一个明确的计划。如果他们其实计划在一个点盈利时平仓，他们就不能使用承担两个点风险而赚取两个点的概率。这两笔交易在数学上所要求的最低胜率不一样，而交易者如果迫不及待想要交易，有时候会将这两种情形混淆。这是刚出道的交易者的一个常见问题，但是这确实是爆仓之路。你需要在好的交易中尽可能赚到最多，因为你总是会在糟糕的交易中亏损最大，你需要大额盈利来弥补这些亏损。

　　是否有胜率为 90% 或更高的情况？每一笔交易都有，这是盈利策略的一部分。举例而言，如果你做多，市场触及你的止盈限价订单但未成交，你依然会持有多仓，至少暂时的，因为你认为你的订单很快就会成交的机会很大。你的止损可能在前一根 K 线的低点下方，大约在六个跳点之外。你为了那一个跳点的额外盈利而继续持有多仓，同时承担六个跳点的风险，意味着你相信至少那个时候你有 90% 的胜率。如果你一直持仓，那就是你相信你的订单在止损被触发之前成交的机会更大。尽管大多数交易者从不考虑具体数学，但是除非成功率约为 90%，否则他们无法继续认为这笔交易有效。他们是对的，至少在那种情况下。如果市场迅速拉回三个跳点，你就是试图在限价订单上赚取三个跳点而承担三个跳点的风险，你不再是 90% 确定。

还有另一种情况交易者可以对行情有 90% 或更高的把握，但这并非明智的交易。举例而言，在一天的任意时间，市场很可能有 95% 的确定性在下跌 200 跳点之前先上涨 1 个跳点，有 95% 的确定性在上涨 200 个跳点之前先下跌 1 个跳点。然而，你永远不会承担 200 跳点的风险去赚取 1 个跳点，不论其胜率有多高。一次亏损就清光 200 次盈利，意味着你需要 99.5% 的胜率才能盈亏平衡，而你需要连续完美执行 200 次。

与之类似，是否有一种胜率只有 10% 但在数学上优异的策略？是的。举例而言，如果市场处于强劲的下跌趋势，并从一个更高低点处反弹上涨，现在又再次下跌，交易者可能会设置限价订单在前期低点上方一个跳点处买入，并在其下方一个跳点处设置保护性止损。胜率可能只有 10%，但是如果市场强劲反转上涨，他们可能在承担半个点风险的情况下赚取 10 个点。这意味着如果他们做 10 次交易，他们可能在 9 次失败交易中亏损 18 个跳点，而在一次成功交易中赚取 40 点，平均每一笔交易赚 2.2 个跳点。

记住，关于是否做一笔交易，你需要同时考虑胜率、风险和回报，而不仅仅是一两个变量。总体而言，每当一笔交易的胜率非常高时，你应该将大部分或全部交易都当作刮头皮。这是因为极高胜率的情形持续不超过一两根 K 线就会被市场纠正。如果什么事情看上去非常确定，你可以非常确定其不会持续很久而完成波段交易。胜率越低，回报相对于风险就要越大。最好的交易的胜率为 60% 或更高，回报至少和风险一样大，最好是其两倍。这类交易在大多数市场中每天都会出现，但是你需要在其形成之前预测它们，并且在其形成后把握并管理好。

一旦你发现一个建仓形态，下一步你必须决定是否做这笔交易。该决策基于数学计算，需要三个数据：风险、回报和胜率。不幸的是，人的天性是只考虑胜率。很多初学交易者看到一个建仓形态，认为其有 60% 的可能是一笔成功的刮头皮，他们或许正确，但是依然输钱。为什么会这样？因为决策不能仅仅基于胜率。你需要考虑你能赚多少，以及要承担多少风险才能赚这么多。记住，你需要成功概率乘以回报大于失败概率乘以风险。举例而言，如果你今天正在关注 Emini，在强劲熊市中的一条下降均线的略下方看到一个低 2，你根据经验判断，卖空有约 70% 的概率在两个点的止损被触及之前先触发两个点的止盈限价订单，那么你有 70% 的概率赚取两个点和 30% 的概率输掉两个点。如果这样的交易你做 10 次，你将赚 7*2=14 点，亏 3*2=6 点。10 笔交易的净盈利是 14–6=8 点，因此你的平均盈利是每笔 0.8 个点，或 40 美元。如果你有低佣金，一笔交易来回 5 美元，那么你的实际平均盈利约为每笔 35 美元。听上去可能没那么多，但是如果你每天能做两次并交易 25 张合约，这就是约 1700 美元每天，约 35 万美元每年。

反之，如果你使用两个点的止损和四个点的止盈，做一笔你认为胜率为 50/50 的交易，我们依然用 50% 胜率来计算。如果你做 10 笔交易，你将在 5 笔交易中每笔赚 4 点，共赚 20 个点。你将在其他 5 笔交易中每笔亏 2 点，共亏 10 个点。这样你的净盈利是 10 笔交易赚 10 个点，平均每笔交易赚 1 个点。如果你去掉 0.1 个点的佣金，你每笔交易约赚 45 美元。显然会有很多交易在止盈或止损被触及之前就离场，但是可以假设这些交易大体互相抵消，因此在交易选择中该公式依然有用。如果你对建仓形态非常挑剔，只做胜率为 70% 的交易，做 10 次将赚 7*4=28 点，亏 3*2=6 点。扣除佣金后的平均盈利约为每笔赚 2.1 个点。

尽管你可以尝试用市价订单离场，但是大多数交易者用限价订单在盈利目标离场，会在确切价格上成交。你可以通过选择保护性止损和盈利目标来控制风险和回报。如果你选择使用 10 个跳点的止损，那就是你在大多数时候的风险。有时候你会遭遇严重的滑点，尤其是在交投清淡的市场，你也需要考虑到这一点。举例而言，如果你在交易一支小市值股票，其通常在停损订单上有 10 美分的滑点，而你使用 50 美分的保护性止损，那么你的风险约为 60 美分加上佣金。如果你交易 Emini，并非在报告前入场，你通常不会遭受滑点，但是你依然有约 0.1 个点的佣金。

方程中最困难的部分是评估你的止盈限价订单在保护性止损被触及之前先成交的概率。尽管你知道风险和潜在回报，因为你选择的它们，但是概率永远无法确知。不过你经常可以做出合理猜测。如果你对猜测缺乏信心，那就使用 50%，因为不确定性意味着市场处于交易区间，上涨的概率与下跌的概率接近。

然而，如果你在强劲上涨趋势中的一轮至均线的两腿回调的顶部买入，你的胜率可能有 70%。反之，如果你在强劲下跌趋势中的均线略下方的交易区间顶部买入，你的胜率可能只有 30%。这意味着如果你做 10 笔交易，你将损失 7*2=14 点。由于你只有三笔交易盈利，这些交易需要平均盈利 5 点才能盈亏平衡，可能性非常小，你很少应该考虑这笔交易。

如果你做一笔交易是因为你相信自己有 60% 的机率在输掉 10 个跳点之前先赚取 10 个跳点，但是在接下来的几根 K 线里，市场进入窄幅交易区间，你的胜率现在降至 50% 左右。由于你现在承担 10 个跳点的风险赚取 10 个跳点，而胜率仅为 50%，因此是一种输钱策略，你应该尽可能以盈亏平衡离场。如果你走运，甚至还能赚到一两个跳点。这是交易管理的一部分。市场每一个跳点都在变化，如果一种成功策略突然变成一种输钱策略，那就离场而不要依赖希望。一旦你的假设不再有效，干脆离场而寻找另一笔交易。你需要交易现在的市场，而不是几分钟前的市场，也不是你希望在未来几分钟内形成的市场。希望在交易中没有一席之地。你在与计算机交易，它没有情绪且冷酷客观，这也是你要做的。

那么在 Emini 用停损订单入场刮头皮赚取一个点是什么情况？如果你承担两个点的风险赚取一个点，那么你需要盈利的时候比亏损时候多一倍才能盈亏平衡。如果你加入佣金，你需要在 70% 的时候盈利才能盈亏平衡。为了盈利，你需要在 80% 或更高的时候正确，即便是经验丰富的盈利交易者也无法在长期做到。然后你可以推断这不是一种盈利策略。如果你这样做，你几乎一定会在长期输钱，而你需要按照持续盈利的目标来交易，所以你就不能这样做。确实每天可能都有几笔交易在输掉两个点之前先赚取一个点的概率为 80%，如果你是一名非常优秀的读图者，非常遵守纪律，可以及时发现最好的建仓形态，将半个点的刮头皮交易严格限制在少数此类建仓形态中，那么理论上你可以赚很多钱。这可以是一种盈利策略，但是这么多的"如果"对大多数交易来说不可逾越。寻找只需要在 50% 至 60% 的时候正确就能赚钱的交易要好的多。其中一个问题是，在一个点的刮头皮中很容易做到 60% 的胜率，这种高胜率强化你的行为，使你相信你离成功如此接近。然而，80% 的要求对大多数交易者而言就是不可逾越的鸿沟，不管其有多接近。

胜率、风险和回报在每一个时间框架下的每一笔交易中的每一个跳点中都在变化。举例而言，如果交易者在 Emini 上的高 2 牛旗买入，认为其有 60% 的机会在输掉两个点之前赚取两个点，三个变量随着每一个跳点都变化。如果市场上冲六个跳点，所有回调都只有一两个跳点，其最初假设为正确的概率现在可能有 80%。由于他们只需要再刮头皮赚取 4 个跳点就能获得两个点的盈利，其回报现在为 4 个跳点。他们可能会将保护性止损提高至当前 K 线的低点下方，甚至在当前 K 线收盘之前，这可能只比其入场价低 3 个跳点。这将最初交易的风险降至 3 个跳点。他们现在可能有 80% 的机率在承担 3 个跳点风险的情况下赚取剩下的两个跳点，这是很好的交易者方程。然而，如果他们现在空仓而看到这种情况，他们不应该以市价买入，承担 3 个跳点的风险来赚取两个跳点。交易动能而支付微乎其微的佣金的机构可以做这笔交易而获利，但是个人交易者几乎一定会输钱，因为他们无法足够快速并准确地执行交易而让其有效。同时，佣金大大削弱了几乎所有回报低于一个点的交易的盈利性。任何时候都有持有多仓和空仓的交易者，他们的风险、回报和胜率组合应有尽有。尽管日内交易者关注每一个跳点，但是交易日线图或周线图的交易者会忽略小的行情，因为它们太小而不会对交易者方程产生任何重大影响。如果市场在你入场后没有立即上涨，而是下跌 4 个跳点，那么刮头皮者还剩下 4 个跳点的风险和 12 个跳点的回报，这是出色的风险／回报比率，但是胜率可能会大幅降至 35%。这依然是一个不错的策略，但是在长期盈利一般。因为其依然有正的交易者方程，因此交易者不应该过早离场，除非最初假设变化，其胜率变为 30% 或更低。

另一方面，如果交易者方程开始变得边缘，他应该尝试尽早以最大盈利离场。如果交易者方程变为负值，他应该立即离场，即便形成亏损。如果市场并未像预期一样表现，交易者时常会以较小盈利提早离场，这是正确的做法。然而，如果你发现自己在大多数交易上都过早离场，你很可能会输钱。为什么会这样？因为你用一个盈利目标解交易者方程，但它并不是你实际计划使用的盈利目标，如果你对自己诚实的话要承认。更小的盈利目标很可能导致交易者方程不太有利，很可能为负，这意味着你的方法会输钱。确实，以更小的盈利目标离场会有更高的胜率，但是当你开始使用小于风险的盈利目标时，你的胜率需要高到不切实际的水平。实际上你几乎一定无法维持，这意味着你将输钱。

每当交易者考虑做一笔交易时，他们需要找到一种胜率、风险和回报组合，形成正的交易者方程。举例而言，如果他们在 Emini 的上涨趋势中的回调买入，需要承担两个点的风险，那么他们需要考虑市场触及其盈利目标的概率。如果目标为一个点，他们需要 80% 的胜算，否则这笔交易将会长期输钱。如果他们认为两个点的盈利目标合理，他们需要有 60% 的胜算才能有正的交易者方程。如果他们认为上涨趋势非常强劲，他们可以赚到四个点，那么他们只需要 40% 的胜率就可以盈利。如果以上可能至少有一种有数学意义，他们就可以做这笔交易。一旦他们入场，每一个跳点都会改变三个变量。如果他们在入场时只有 40% 的把握市场将达到四个点，而不是有 60% 的把握赚取两个点或 80% 的把握赚取一个点，但是入场 K 线非常强劲，他们可以重新评估所有的潜在盈利目标。一旦入场 K 线收盘，如果它是一根强劲的上涨趋势 K 线，他们可以收紧止损，现在可能只比其入场价低四个跳点。他们现在或许会认为有 60% 的机会在承担 4 个跳点风险的情况下赚到两个点，这意味着在两个点盈利时刮头皮离场成为一个合理选择。如果他们认为现在赚取四个点的概率为 50%，这也是强劲的交易者方程，尤其是在其风险只有四个跳点的情况下，并且他们可以继续持仓追求四个点盈利。

尽管只做回报至少与风险一样大的交易很重要，但是成功的交易者实际上每天都会多次承担五倍于其潜在获利或更高的风险。所有试图用止盈限价订单离场的交易者在市场距离其订单几个跳点时都是刮头皮者，正如之前所讨论的。举例而言，如果交易者在 Emini 的多仓上设置限价订单在盈利 8 个跳点（两个点）时止盈，市场达到 6 或 7 个跳点，他们认为其订单会成交，他们会多持仓一会儿。然而他们很可能在下方 4 至 6 个跳点处设置保护性止损（或者是在最近 K 线的低点下方，或者是在盈亏平衡处），因此在市场差一个跳点成交其订单时，他们在承担约 5 个跳点的风险来赚取最后一个跳点。这实际上是一种极端的刮头皮，其是否优异？除非他们有约 90% 的胜率。如果没有，他们应该离场，至少在理论上。实践中，如果市场正在上涨，还差一个跳点成交其限价订单，此时该交易或许有 90% 的胜率，尤其是当动能强劲时。交易者通常会持仓看一下下一个跳点是上涨成交其订单还是下跌。持仓表明他们相信其胜率为 90%。他们很可能不会以数学术语来考虑，但是如果他们认为值得持仓，那这一定是他们所相信的。只有当其在数学上有意义时才会值得，其数学一定包括 90% 的胜率，因为这是当风险约为回报的 5 倍时保持交易者方程为正所需要的。如果市场下跌几个跳点，他们就是试图赚取 3 个跳点而承担市场跌至前一根 K 线低点或盈亏平衡处的风险，那时候约为 3 或 4 个跳点。此时的胜率很可能依然为 70% 或更高，让交易者方程依然为正，尽管并非很强。

程序员知道这一点，因此有算法会在市场进入符合逻辑的目标的一两个跳点范围之内后跌回几个跳点时买入。在这些情况下，他们很可能需要承担约 3 个点的风险来赚取 3 个跳点。他们的佣金非常低，以至于在决策中无需考虑。高频交易公司的算法很可能在明显的目标下方一两个跳点处买入，但是如果市场跌回几个跳点，他们很可能会离场。程序员知道如果风险为潜在回报的数倍，数学就很糟糕，他们不会让这种情况发生（除非他们分批入场）。所有这些程序形成买压，并提高了目标被触及的机率。

持有多仓的个人交易者在几分之一秒内承担 5 个跳点的风险去赚一个跳点，在那短暂的时间里他们押注他们有 90% 的概率在承担 5 个跳点风险的情况下赚取 1 个或更多跳点，他们很可能是对的，否则他们会离场。如果他们试图在盈利 7 个跳点时离场而不是 8 个跳点，市场距离新的止盈限价订单成交只差 1 个跳点，那一刻他们承担约 4 个点的风险来赚取一个点。他们需要约 80% 的胜率，否则他们应该离场。为什么不在盈利 6 个跳点时离场？其风险总是市场跌破前一根 K 线的低点，因此他们总是会承担约 4 至 6 个跳点的风险来赚取最后一个跳点。这种极度糟糕的交易者方程，风险数倍于回报的情况，只存在几分之一秒的时间。大多数交易者愿意承担这种短暂的风险，因为他们知道几秒钟后的交易者方程会好得多。或者是交易者获利而不再有风险，或者是市场跌回几个跳点，届时他们将承担约 3 个跳点的风险来赚取 3 个跳点，其胜率通常为 60% 或更高。

当市场差一个跳点完成信号 K 线上方的 10 跳点行情时，散户是否应该用限价订单在一两个跳点的回调中买入，承担市场跌破最近一根 K 线的低点的风险（大多数时候，市场需要从信号 K 线上涨 10 个跳点，交易者才能以 8 个跳点的盈利离场）？逻辑没有问题，但是这很可能是交易者所能获得的最小正交易者方程了，更明智的做法是寻找更好的交易。同时，佣金对微小刮头皮变得十分重要，使其几乎不可能让散户因此获利。这是否意味着在信号 K 线上方用停损订单入场的交易者应该在市场回调一两个跳点时立即离场？在数学上可能是明智的，但是大多数交易者会持有多仓，承担最高回到盈亏平衡的风险，给市场更多一点时间来成交其止盈限价订单。计算机不用面对情绪问题也不需要花费时间考虑，但是大多数算法很可能依然会持仓，短暂承担五个点左右的风险而试图赚取最后一两个跳点。

记住，一旦市场回调两个跳点，交易者试图从那开始赚 3 个跳点，可能只承担 3 个跳点的风险，其成功率很可能为 60% 或更高。那时候他们有正的交易者方程。此时空仓的交易者可能考虑买入，承担 3 个点的风险而赚取 3 个点，但是佣金占比很高。举例而言，他们可能支付 5 美元的双向佣金来赚取 37.50 美元（3 个跳点），将其净盈利降低至 32.50 美元，而同时承担 42.50 美元（3 个跳点加佣金）的风险，或者说比其潜在盈利高约 30%。极端情况下，如果交易者试图刮头皮赚取 1 个跳点，风险与回报一样大，即便其胜率为 80%，他们也会输钱。这是因为 5 美元的双向佣金使其风险（12.50 美元为一个跳点，加上 5 美元的佣金，总风险为 17.5 美元）远大于回报（12.50 美元为一个跳点，减去 5 美元的佣金，净盈利为 7.5 美元）。从现实角度来说，交易者应该坚持其最初计划并依靠止损。如果上涨至其限价订单的行情衰竭，他们或许会改变计划并试图以一个点盈利离场，但是大多数交易者无法如此迅速的解读市场，他们最好是依靠包围单（Bracket Order）。

当交易者方程显示一笔交易糟糕时，对于淡出该行情的交易者而言经常会是好事。举例而言，如果在低 1 卖空建仓形态用停损订单入场会导致输钱的交易者方程，那么交易者应该考虑在那根卖空信号 K 线的低点买入。如果在该低 1 信号 K 线下方卖空的交易者有约 50% 的概率在承担 8 个跳点风险的情况下赚到 4 个跳点，那么其策略将在长期输钱。如果另一位交易者在低 1 的低点买入，他们也会有约 50% 的概率看到市场在下跌 6 个跳点触及卖空交易者的止盈目标之前先上涨 7 个跳点触及其止损。如果他们承担 6 个跳点的风险，使用 6 个跳点的盈利目标，他们将有一个盈亏平衡的策略。如果他们选择一个看上去特别疲弱的低 1 建仓形态，如交易区间底部的一根十字线信号 K 线，其成功率可能为 70%，其策略将有利可图。这在第 28 章的限价订单中进一步探讨。

新手经常犯下的错误是，只考虑方程中的一个或两个变量，而拒绝考虑胜率，甚至欺骗自己，认为其风险比实际更小或回报比实际更大。举例而言，如果在 5 分钟的 Emini 图上有一轮强劲的上涨趋势，所有的买入建仓形态均在当前行情高点的几个跳点之内有入场点，交易者或许担心屏幕上方没有足够的空间让其在多仓上获利，因此他们不买入。他们看到图表下方有那么大的空间，认为卖空有更高的成功率。为了将风险最小化，他们在1分钟图上卖空。卖空之后，他们将保护性止损设在信号K线上方一个跳点处，承担约6跳点的风险来刮头皮赚取4个跳点，但是他们却持续输钱。风险这么小的情况下为什么还会这样？他们输钱是因为他们不理解市场的惯性和趋势反转失败的倾向，他们错误地假设其逆势交易的成功率高于50%。实际上，当趋势存在时，大多数反转试图会失败，其成功率很可能更接近于30%。有70%胜算的交易是做多，在上涨趋势的顶部附近买入。

这些交易者认为他们承担6个跳点的风险，而回报是市场跌至图表底部的40个跳点，因此即便其成功率只有30%，他们依然能赚钱。现实是，如果市场开始下跌，他们会在盈利4个跳点的时候刮头皮离场，永远不会持仓赢取40跳点。他们会在本能上感觉侥幸逃脱，会迅速了解其小额盈利，尤其是当刚刚在前三笔交易中亏损时。这意味着他们还错误地使用40跳点作为其方程中的回报，而实际上他们计划只赚取4个跳点的回报。同时，如果市场上涨而非下跌，他们可能会取消止损，并在最初入场点上方6个个跳点处再次卖空而加仓，认为在回调理应出现的情况下，第二入场更加可靠。其风险则为第一次入场的12个跳点和第二次入场的6个跳点。这意味着他们最初的6个跳点风险的假设也是错误的。其平均风险涨至9个跳点。他们现在想要在其最初入场价平掉两笔卖空交易。当市场开始下跌时，他们开始认为其不会触及目标，因此他们在其目标价上方两个跳点处平仓，在第二次入场中赚到2个跳点，而在第一次入场中亏损2个跳点。其净盈利为零，因此其平均盈利为零，意味着方程中的回报变量为零。因此并不是承担6个跳点的风险来赚取40个跳点，同时拥有30%的成功率，这可能是盈利策略，实际上他们承担9个跳点的风险来赚取零个跳点，且其成功率只有30%。这就是为什么其账户在缓慢消失。

交易者经常会欺骗自己做低胜率交易，告诉自己会使用远大于风险的回报，而这正是低胜率交易所需的，但实际上却会在小很多的盈利目标离场。举例而言，如果交易者在铁丝网的中间买入，需要承担市场跌破信号K线两个点的风险，他们有约50%的机会在止损被触发之前先赚取两个点。这是一种输钱策略。然而，他们知道如果持仓追求4个点盈利，其胜率可能会降至40%，但是这样他们会得到正的交易者方程。然后他们就做这笔交易，为自己对数学的深思熟虑而感到骄傲。然而，一旦他们获得一两个点的盈利，他们就会离场，担心大多数铁丝网的突破都不会走很远。他们乐意获得小额盈利，但是并未意识到如果他们交易这种策略10次，他们会输钱。他们可能会在下个月做10笔此类交易，以及一百笔其他交易，最终发现那个月竟然输钱。他们在回顾时会充满疑惑，记得所做过的所有聪明事，却忘记虽然做了很多正交易者方程的交易，但是并未正确管理，而将其变为负交易者方程的交易。交易者必须对自己诚实，这并不是做梦。钱很真实，当你输的时候，其就永远没了。如果你做一笔交易者方程为正的交易，你必须正确管理，让数学对你有利而非有害。

任何时候，买盘和卖盘都有某种数学优势，即便是在最强劲的急速行情中。为何如此？推理而知。大多数交易由机构的计算机完成，他们使用被证明能在长期盈利的算法。因此即便当市场处于自由落体运动时，依然有计算机在市场的崩溃中买入。每一笔卖空，不管有多大，都要有一个买家做交易的对手方。当成交量巨大时，买家需要是机构，因为没有足够的小型交易者能抵消如此巨量的卖空。一些程序买入是因为，程序员有统计证据表明有足够多的大型突破失败并急剧反转，因此他们在最强劲的下行突破中买入能盈利。其他程序则在买回其在高位的卖空。这些程序将快速下跌看作是在市场反转之前以出色价格锁定盈利的短暂机会。高频交易公司也在买入做小型刮头皮，还有公司买入来对冲其在其他市场的卖空。当市场并不处于一轮特别强劲的急速拉升或急速下挫时，每一个跳点都有机构买家和卖家，只有当其策略被证明有效时才可能出现这种情况。每一家公司在每一笔交易上都有其各自的风险、回报、胜率和预期时间的组合，很多公司会分批建仓和分批离场。除非有大量的大型参与者，否则市场不会存在，而其大多数需要在长期盈利。否则它们会破产，大型市场也将不复存在。这意味着其大多数都在交易符合逻辑的好策略，并且他们在赚钱，即便他们有时候在下跌趋势中买入或在上涨趋势中卖空。个人交易者没有深厚的钱包来运行复杂策略，但是交易老手有很多简单有效的策略能长期赚钱。

强势（即机构）多头要想成交，他们需要对手方有足够的交易量，其只能来自于强势空头。可以合理假设强势多头和空头均在长期赚钱，否则他们就不会有足够多的钱而被认为强势。有无数种可行策略，包括对冲和分批出入场，不同的强势多头和空头将使用任何可以想象的方法来赚钱。然而，即便没有复杂策略，数学优异的多空建仓形态同时存在也很常见。举例而言，如果有一轮强劲的上涨趋势持续过久而很可能回调，强势多头可以用市价买入并持仓熬过回调，然后在市场恢复上涨趋势并创下新高时止盈。在强势多头买入的同时，强势空头可能会卖空，在市场抛售至均线时赚钱。另一个案例是当市场处于窄幅交易区间时。假设 Emini 处于一个高仅为 5 个跳点的区间。上行突破和下行突破的概率均为 50% 左右。如果一个多头在区间中点买入或一个空头在区间中点卖空，双方只需要在小型突破中承担 3 个跳点的风险就能赚取 4 个跳点或更多。由于双方的回报均高于风险，且成功率约为 50%，其交易的数学优异，即便他们同时交易且互为对手。

　　数学可以骗人，单凭数学交易充满风险，除非你充分理解概率分布。举例而言，假设你测试过去 10 年的每一个交易日，看下任何给定日期的收盘价是否大概率高于开盘价。如果你发现在不远的未来的某一天，如 3 月 21 日，在过去 10 年里有 9 年收盘于开盘价之上，你或许会认为有一些市场力量在起作用，或许与当前季度的结束有关，使得这一天以上涨收盘如此频繁。不过这种结论是错的，因为你不知道其分布。如果你将一副牌抛向空中 10 次，然后记录哪些牌落地后正面向上，你会发现有一些牌在 10 次中有 9 次落地正面向上，或许红心 8 就是其中一个。你是否有 90% 的把握其将在第 11 次抛掷中以正面向上落地，还是怀疑其概率实际上为 50/50，一些牌在 10 次抛掷中有 8 次正面向上，而其他一些牌则只有一次、两次或三次向上，而这一切只是出于运气？如果你抛硬币 10 次，其有 8 次正面向上，你是否愿意给下一次抛掷的正面向上赋予一个概率，还是认为其只是运气？结论很明显。如果你在任何系统中测试足够多的思路或输入，你将发现有一些会在 10 次中 8 次灵验，而另一些则在 10 次中 8 次失败。这只是钟形曲线下的结果分布，与实际的可能性无关，这就是为什么有如此多的交易者设计了出色的回溯测试系统，但是在实际交易的时候输钱。他们所相信的 80% 可能性实际上只有 50/50，由于这是现实，他们需要比风险大很多的回报才能有机会赚钱。但是在 50/50 的市场，盈利目标几乎总是与风险相等，因此其最好情况就是亏损佣金而不赚钱。

　　大多数交易者应该寻找可以赚到波段利润的交易。当 Emini 的日均区间约为 10 至 15 点时，交易者通常可以在一笔交易中承担两个点的风险，波段交易赚取 4 个点或更高。尽管大部分此类交易的成功率通常仅有 40% 至 50%，但是这种类型的交易是大多数交易者交易为生的最大机会。通常每天有约 5 个建仓形态，交易者很可能每天要做三笔交易来确保至少抓住一次大盈利。如果他们耐心并遵守纪律，他们可以在无法获得 4 个点或更高盈利的交易上做到基本盈亏平衡。这些交易中一些将是一至三个点的盈利，其他的将是一至两个点的亏损。不过他们需要 4 个点的盈利来让整个系统盈利。想要在每天做更多交易的交易者需要接受更小的盈利目标，如两个点，因为一天内很少会出现 5 至 10 笔可以赚到 4 个点的交易。不过技术纯熟的交易者承担两个点风险而赚取两个点的交易通常有这么多。这些交易者则需要至少在 60% 的时候正确才能盈利。这更加困难，但是对于尤为擅长解读价格行为的交易者而言是一个合理目标。

　　在实际交易中，大多数成功的交易者都有流程，不需要在下单交易时考虑数学。举例而言，如果你每天只寻找几轮四个点的波段，总是使用两个点的止损，而你使用这种方法盈利数年，你很可能只会看一下建仓形态，问自己其是否看上去不错，而不会考虑概率。

从经验中你知道，用两个点的止损和四个点的盈利目标来把握这些特定的建仓形态会让你的账户在月末增长，你不需要考虑其他东西。作为一条整体原则，新手应该使用至少与其保护性止损一样大的盈利目标，因为这样他们只需要 50% 的胜率就可以盈亏平衡。没有人应该以在长期盈亏平衡的目标来做交易。然而，这是交易者盈利之前的必经之路。一旦达到这一点，他们就可以通过对建仓形态进一步选择来提高胜率，同时使用更大的盈利目标。这可能就是其稳定盈利所需的一切。

反转信号还有另一个要点。如果一个信号不明确，你不应该据此入场，但是你可以因此而平掉你目前持有的部分或全部仓位。举例而言，如果你做多，市场正试图反转，但是近期势头太强而不能考虑反手卖空，你可以考虑平掉部分或全部仓位。弱势反转信号是获利了结的好理由，但不是发起逆势交易的好理由。

在交易中，你需要考虑的越少，你就越有可能成功，因此有一些指导原则可以让交易更轻松一些。如果你相信一轮与其所需风险一样大或更大的行情的方向性概率至少为 60%，你可以使用你的风险或回报作为着手点。在一个你相信会成功且有后续的突破中，你通常需要至少有 60% 的胜算才能下此结论，因此如果你承担与你的预期回报相同或更低的风险，你就有一个盈利策略。举例而言，如果你在苹果（APPL）上的一轮 2 美元的强劲急速拉升顶部买入，合理的风险是至急速拉升的底部。由于你承担 2 美元的风险，急速拉升经常等距上涨，你可以在总盈利 2 美元或更高时部分或全部止盈。如果这超过你承担风险的舒适区域，那就交易更少的股数。你也可以等待在 50 美分的回调中买入，从而将风险降至 1.5 美元，而将潜在回报提高至 2.5 美元。

如果苹果（AAPL）上的 3 美元交易区间向上突破，而你认为突破将会成功，那么你可以承担市场跌至交易区间底部的风险，其可能是下方 4 美元，或者是突破的急速拉升底部下方，其可能为 2 美元。由于很可能出现基于交易区间高度的等距上涨，你可以在区间顶部上方的 3 美元处部分或全部止盈。

如果苹果（AAPL）向下突破一个高 3 美元的交易区间，而下方 3 美元处附近有一个支撑位，其也是基于交易区间高度的等距下跌目标，那么你可以在突破下方的 3 美元处买入，预计市场将上涨 3 美元而测试突破。如果下跌行情是 2 美元或 3 美元的强势急速下挫，并且其很可能形成下行通道形式的后续行情，你就不应该用限价订单买入，而是应该等待第二入场做多或回调卖空。然而，如果交易区间下方的抛售有两三根强劲的上涨趋势 K 线，很多重叠且具有影线的 K 线，以及两三条清晰的熊腿，你可以考虑在下方 3 美元处用限价订单买入并承担 3 美元的风险，因为测试上方 3 美元的突破的概率很可能至少为 60%。如果有第二入场的买入建仓形态，而信号 K 线只有 30 美分高，其低点在突破点下方 3 美元处，那么你只承担 32 美分的风险，你有约 60% 的机会在市场回涨至交易区间底部中赚取 2.7 美元。

趋势概率

交易者总是想要找到很可能会赚钱的交易。然而，有另一种概率可以帮助交易者选择交易。在任意时刻，下一个跳点的方向都有一个概率。其将升高还是降低？大多数时候，概率将在 50% 附近徘徊，意味着下一个跳点走高与走低的概率相等。这是一段等距行情的当前趋势概率，该行情的大小为一个跳点。实际上，在一天里的大多数时候，任何规模的向上或向下的等距行情的趋势概率都在 50% 附近。因此市场通常有约 50% 的概率在下跌 10 个跳点之前先上涨 10 个跳点，有约 50% 的概率在上涨 10 个跳点之前先下跌 10 个跳点。20 个跳点或 30 个跳点也一样。这并不重要，只要行情的规模相对于当前走势图不太大。同时，行情规模相对于最近 5 至 10 根 K 线的区间越小，概率就越准确。显然，如果你查看的股票报价 10 美元，下跌 20 美元的趋势概率就没有意义，因为你输掉 20 美元的概率为零。不过，对于处于合理区间的行情，所有的交易者在所有交易上都使用趋势概率，尽管大多数人从不用这些术语思考交易。交易者或许会在 IBM 回调至日线图上的均线时买入，因为他们相信其在下跌 3 美元之前先上涨 5 美元的概率更高。"概率更高"是指他们相信有远高于 50% 的机会达到目标，否则他们就不会做这笔交易。他们很有可能相信其概率为 60% 或更高。如果交易者极度看多，他们可能会相信 IBM 有 70% 的几率在下跌 3 美元之前先上涨 10 美元，如果他们判断正确，他们就做了一笔出色的交易。

最后一个观察重要且准确。如果 IBM 处于均线处的楔形牛旗回调，并且位于 5 分钟图上的强劲上涨趋势的上涨趋势线上，市场在出现 50 美分的抛售之前先出现 50 美分的上涨的趋势概率可能为 60%，但是在 50 美分之前的抛售之前先上涨 1 美元的概率可能仅仅略小一点，如 57%，这给交易者巨大优势，解释了为什么在回调中入场的策略如此之好。

与之类似，如果有人交易 Emini，在一个下跌波段的最终熊旗之后，在一条长期（或许 50 至 200 根 K 线）上涨趋势线处的强劲反转上涨中买入，这位交易者或许会相信市场在下跌两个点触及其保护性止损之前先上涨四个点而触及其止盈限价订单的概率为 60/40。如果交易者做 10 次这种交易，他有六次赚四个点共 24 点，有四次输两个点共 8 点，总体盈利为 16 点，或 1.6 点每笔。对于承担两个点风险的日内交易者来说，平均数据不错。

输钱的最常见原因之一是未能充分考虑交易的数学基础。

几乎所有的交易者都应该只做回报至少与风险一样大的交易，在做任何交易之前，考虑等距行情（回报与风险相等的行情）的趋势概率是好事。我是否能赚取和我的风险一样大的盈利？换句话说，是否有 60% 或更高的概率在 Emini 上的买入建仓形态中使用两个点的保护性止损而赚取两个点？是否有 60% 的概率使用 1 美元的保护性止损卖空苹果（AAPL）而赚取 1 美元？如果是，那么这笔交易有正的交易者方程，因此是一笔合理的交易。如果不是，那就不要做这笔交易。尽管有很多种风险、回报和胜率的组合可以形成正的交易者方程，但是从等距行情的趋势概率的角度思考有助于你快速准确地判断是否应该交易。在交易时，事情发生迅速且经常不明，因此有一个逻辑框架帮助你在有限时间里决策很有用。如果你可以对问题回答"是"，你就可以做这笔交易。你可能会希望等待回报大于风险时再行动，但是最低起点总是回报与风险相等。如果你看到任何建仓形态并迅速判断其出色，那么你很可能相信其赚取至少与风险一样大的盈利的概率为 60%，因此这笔交易有正的交易者方程，是一笔合理的交易。

当一段等距行情的趋势概率在 50% 左右时，这意味着如果 IBM 报价为 100 美元，你不用看图并全然无视其基本面和大市状况，只是买入 100 股 IBM，然后设置一个 OCO 订单在 101 美元以限价卖出订单离场，或者在 99 美元以停损卖出订单离场，看哪一个先触发，你将有约 50% 的概率赚 1 美元和 50% 的概率输 1 美元。反之，如果你最初卖空 100 股，也使用 OCO 1 美元的包围单（在下方 1 美元处以限价订单买入或在上方 1 美元处以停损订单买入），你依然有约 50% 的概率赚取 1 美元和 50% 的概率输掉 1 美元。上涨的概率略高一点，因为 IBM 是一家成长中的公司。如果其每年上涨约 8%，这相当于每天约 3.5 美分，只能略微提升上涨的概率，因此依然是约 50/50 的押注。

即便一段等距行情的趋势概率为 50%，通过分批入场或分批离场（在第 31 章中探讨），你依然可以通过买入或卖空赚钱。当一轮对你有利的大行情的趋势概率约为 50% 时，如果行情比风险大足够多，你同样可以赚钱。如果你能赚到的利润足够大，即便等距行情的趋势概率低于 50%，你依然可以赚钱。举例而言，如果你在交易区间的顶部买入，市场在下跌 10 个跳点之前先上涨 10 个跳点的趋势概率可能仅为 30%（记住，大多数突破交易区间的试图失败）。假设成功突破会让市场上涨至上方 60 个跳点处的磁体位置，而你只承担 10 个跳点的风险，成功率只有 30%。如果你做这笔交易 10 次，预计你会在 3 笔交易中赚到 60 跳点，共盈利 180 跳点；在 7 笔交易中亏损 10 跳点，共亏损 70 跳点。你的净盈利将是 110 跳点，或 11 跳点每笔。

对大多数交易者而言，最简单的是寻找等距行情的趋势概率高于50%的建仓形态，大多数交易者都应该专注于寻找这些转瞬即逝的建仓形态。转瞬即逝是因为市场会很快识别失衡，价格将快速运动让市场回归中性。失衡存在于趋势中的每一时刻，以及当市场处于交易区间的顶部或底部之时，这些时候有优势存在，大多数交易者都能看到并利用它交易获利。举例而言，假设你在一轮强劲的下跌趋势中的一轮均线回调中的低2卖空，在你入场之前，市场位于一个小型交易区间（所有回调均是小型交易区间）的顶部附近，有60%的趋势概率上涨而非下跌一段等距行情。假设信号K线高6个跳点，你在其低点下方一个跳点处以停损订单入场，而你的保护性止损在其上方一个跳点处，因此你的总风险为8个跳点。在突破期间，市场在触及你的保护性止损之前先下跌8个跳点触及你的盈利目标（如果这就是你的目标）的趋势概率可能为70%或更高。这意味着你有70%的几率在输掉8个跳点之前赚到8个跳点。如果在10笔交易中这样做，预计你将赚取56个跳点并输掉24个跳点，净盈利32个跳点，或者每笔交易赚3.2跳点，对于刮头皮者来说可以接受。

这如何帮助刚出道的交易者？这给他们一个逻辑基础来决定做哪一笔交易。他们总是应该从评估风险开始。如果苹果（AAPL）的信号K线为48美分，那么如果他们在该K线上方一个跳点处以停损订单入场并在其下方一个跳点处设置止损，那么其风险就是50美分。如果他们在交易Emini，K线高6个跳点，止损将设在入场价之外的8个跳点处，他们应该使用至少8个跳点的盈利目标。新手永远都不应该在预期盈利小于风险的情况下介入交易，因为他们会假设其在苹果（AAPL）交易上的盈利目标至少为50美分（Emini交易中为8个跳点）。他们在寻找等距行情（止损和盈利目标均为入场价外50美分）。最后，他们观看建仓形态。如果他们认为其出色，不管哪一种出色，他们都应该假设市场在触及其保护性止损之前先上涨而成交其止盈限价订单的概率至少为60%。只要他们在读图上比较擅长，建仓形态不错的观点就意味着他们认为其更可能盈利。如果其好到足以让他们坚持这种信念，其需要有50%以上的确定性。如果其只有55%的确定性，他们很可能不会有信心。如果他们自信，那么他们很可能会相信其有60%的确定性。他们有时候可能有58%的确定性，其他时候则有80%的确定性，但是平均至少为60%，因此他们可以在评估交易者方程时使用60%的确定性。由于其胜率至少为60%，并且其潜在回报至少与其风险一样大，因此交易者方程为正，他们可以做这笔交易。他们知道可能在多达40%的交易中输掉最高50美分（他们会在一些交易中使用追踪止损，在亏损达到50美分之前离场），但是其平均盈利将大于零。因为他们使用60%而非50%的确定性，所以他们依然很可能获利，即便在考虑滑点和佣金之后。

尽管交易区间以不确定性而著称，意味着多空双方都在积极交易，因为他们均相信在其入场价处存在价值，但是在市场测试极点时，等距行情的趋势概率可能在短期内远高于50%。举例而言，如果IBM处于5分钟图上的1美元交易区间，区间的顶部和底部经过反复测试，因此区间很明确，如果你在区间底部的小型上涨反转K线上方买入，市场在下跌50美元之前先上涨50美分的趋势概率很可能为60%或更高，如果在你入场之后市场急剧上涨，其概率可能短暂升高至70%。上涨至区间中部时，趋势概率迅速跌回50%，但是中部具体在哪无法事先得知。通常市场需要过靶才能让交易者判断其前行过远。市场花费长时间来确定那个50%的价位，但是当一个波段前行太远时，其很快就会识别。这个价格将是某个阻力区域，将成为交易区间的顶部。一旦交易者判定现在趋势概率明显偏向于空头，市场很可能处于该交易区间的顶部。随着IBM接近区间顶部，在回调50美分之前先上涨50美分的概率可能降至40%，意味着下跌50美分的可能性更大（实际上如果先上涨的概率为40%，其将是60%）。然后IBM会下跌，其经常会过靶中性区域，达到明显超卖的程度，并在上下波动中寻找不确定性和中性趋势概率。这种上下波动的行情持续，直到多空双方对某一价值区域取得认同。这时候波动变小，窄幅交易区间或者三角形的顶点形成，这最终将位于交易区间的中部。一旦多空双方认为一方的价值糟糕，市场将会突破并再次形成趋势，直到其找到一个新的价值区域。

当一个交易区间非常窄时，如IBM上的20美分区间，如果你在承担10美分风险时只能获利10美分，那么趋势概率短暂跳升至70%也没有用，因为滑点和佣金成为重要因素。这是糟糕的刮头皮。如果滑点和佣金共占4美分，那么你的10美分盈利实际上就只有6美分。即便你有60%的优势，如果你做这笔交易10次，你将赚到36美分而输掉40美分。由于你永远无法确切知道概率，并且高胜率的机会转瞬即逝，因此你做这笔交易会输钱。只有高频交易公司可以在这种情况下稳定盈利，因为其基础设施让他们可以迅速下单，其盈利目标仅为一个跳点。

如果突破很可能会引发大行情，那么窄幅交易区间有时候可以提供基于数学的出色波段交易机会。窄幅交易区间是一种突破模式，其突破通常会引发一轮数倍于区间高度的行情。由于向任意方向突破的概率约为50/50，如果你在区间底部的几个跳点之内买入而承担约5个跳点的风险，或者在区间顶部的几个跳点之内卖空而承担约5个跳点的风险，会出现什么情况？如果你持仓等待突破，使用15至20跳点的盈利目标，你就是承担5个跳点的风险来赚取20跳点，并且有50%的成功率。理论上是一笔好交易，因为如果你做10

次，你将在 5 笔交易中赚取 20 跳点，在 5 笔交易中输掉 5 跳点，净盈利 75 跳点，或每笔交易 7.5 跳点。然而，大多数交易者无法应对长期持有 50/50 交易的压力，看着市场不断向对其有利方向前进，但是却反转回到对其不利的方向。

如果你查看一个交易区间的市场轮廓（Market Profile），你会发现市场在区间的顶部和底部的逗留时间很短，这正是高胜率交易的所在之处，意味着你需要长期密切关注，然后在市场测试区间顶部和底部时迅速出手，这做起来要比听上去难多了。当市场测试区间顶部时，其通常是以一根或多根强劲上涨趋势 K 线的形式，它们有足够强的动能而让你考虑突破成功的可能性。同时，反转下跌通常伴随着一根大型信号 K 线，因此你的入场点接近于区间中部，其趋势概率接近于 50%。

当市场测试交易区间的顶部或底部并威胁突破时，反转的概率可能为 60% 或更高，但是如果突破发生，上涨或下跌 X 跳点的行情的趋势概率在接下来的数根 K 线里急剧变化。如果突破 K 线并非很大，其在趋势通道线或其他阻力区停顿，那么突破失败和反转的趋势概率可能短暂升至 65%。如果下一根 K 线是一根强劲的反转 K 线，其概率可能变为 70%。这意味着交易者有优势，但是优势总是转瞬即逝，通常也很小。一旦交易者相信对短期方向有 60% 或更高的胜算，所有人都会入场，市场迅速回到不确定区域，优势就会消失。当你相信有优势时，就有机会，你需要在其消失之前快速入场。

然而，如果突破 K 线看上去强劲，反转的概率可能降至 50%。如果在接下来的多根 K 线中有强劲后续，那么反转的趋势概率可能降至 30%，意味着向急速行情的方向运动 X 跳点的趋势概率将是 70%。因此，如果苹果（AAPL）上出现一轮三 K 线的急速拉升向上突破牛旗，急速拉升的当前高度为两美元，那么苹果（AAPL）有 70% 的几率在下跌两美元至急速拉升的底部之前再上涨两美元。如果急速拉升扩大至 4 美元，那么在急速拉升的底部被触及之前再上涨 4 美元的概率依然至少为 60%。在急速拉升为两美元时买入的交易者现在有两美元的盈利，承担市场跌至急速拉升底部的两美元风险，有 60% 的机会再赚取 4 美元。一旦你确信趋势概率对你非常有利（换句话说，一旦出现明显始终入场头寸），并且你相信其将在接下来的数根 K 线将继续对你有利，你应该立即入场。

这是作为交易者赚钱的最重要方法之一。当你看到图表上的过去五次突破试图均失败，而现在你又面临一个看似会成功的突破，实时决策充满压力。同时，你可能感到自满，袖手旁观形成惰性，很难转变心态而快速激进地行动。然而，如果你能训练自己做到这一点，你将掌握盈利最高的交易类型之一。记住，优势转瞬即逝。所有人都看到它们，市场快速消灭它们，因此你需要快速行动。如果你发现很难把握这些交易，那就使用非常小的仓位。

举例而言，如果你平时喜欢交易 500 股 SPY 并承担 20 美分的风险，但是这一轮突破急速行情要求你承担 40 美分的风险，那就以市价买入 100 股并设置 40 美分的保护性止损。这就像高台跳水。刚开始几秒钟你感到害怕，你绷紧身上的每一块肌肉，紧闭双眼，屏住呼吸并捏紧鼻子。但是数秒之内，动作完成，你感觉安全。当你做这些情绪化的突破交易时，情况与其类似，但是你必须学会起跳，相信很快就会完事，你将可以收紧止损。几根 K 线之内，你可能获得 40 美分的浮盈并设置平保，你完成了成当日的最佳交易。

你如何能相信一轮强劲急速行情中的等距行情的趋势概率实际上为 60% 或更高？回到那个苹果（AAPL）的上涨突破案例。一旦苹果（AAPL）在强劲的买入信号之后强劲急速拉升 2 美元，机构就会在急速拉升扩大的过程中买入。在 K 线的形成过程中，你能看到回调幅度很小。如果其收于高点，并且市场接二连三的形成上涨趋势 K 线，说明买方的机构比卖方的机构强大很多，市场很可能有更多后续行情。如果最初那轮 2 美元的急速拉升看上去足够强劲而让你认定始终入场头寸正在做多，那么你应该认定一轮等距行情的趋势概率至少为 60%。这是因为机构相信最初止损位于急速拉升的下方，而大多数急速行情至少持续一轮等距行情。如果急速拉升为 2 美元，他们承担 2 美元的风险来赚取 2 美元，如果其概率为 50/50，他们将无法获利。如果没有一定的容错空间，他们几乎一定不会做这笔交易，这意味着他们赚取 2 美元而非输掉 2 美元的概率至少为 60%。如果其概率低于 60%，你会做这笔交易吗？很可能不会，你应该认为他们也这么想。

在趋势中及早入场的一个优势是，一旦趋势向你的方向发展，你的交易的数学将大幅改善。如果急速行情扩大至 3 美元，你的风险依然是 2 美元，但是在急速行情底部被测试之前先完成等距上涨的概率依然为 60/40。如果急速拉升扩大至 4 美元，苹果（AAPL）依然有至少 60% 的概率在跌破急速拉升的底部之前先上涨 4 美元。这时候你有 2 美元的盈利，并且依然只承担 2 美元的风险，但是市场再上涨 4 美元的概率至少为 60%。这意味着你现在有 60% 的几率赚到总共 6 美元而只承担 2 美元的风险。此时，你很可能已经获利了结部分仓位，并可能将保护性止损移至盈亏平衡。这就是为什么在趋势中及早入场如此重要，即便其意味着在急速行情阶段入场而不是等待回调。这是机构所做的，你也应该如此。

尽管数学在每一天、每一个市场和每一个时间框架下都不同，并且其不可能事先得知，但是在大多数图上，大多数交易者将有 40% 至 60% 的成功率。"大多数"这个词同样模糊，其指的是大约 90% 的时候。这可能让人迷惑，但是对你的成功至关重要。如果你在任何时候以任何理由买入或卖出，你会有 90% 的把握赚取一定点数的几率与输掉同样点数的几率差不多。然而，另外 10% 的时候至关重要，因为如果你确信市场并不处于 40%

至 60% 的区间，那么你就有优势。举例而言，如果苹果（AAPL）处于 5 分钟图上的强劲急速下挫，卖空在输掉 1 美元之前先赚取 1 美元的几率可能为 70% 或更高。你对价格行为的理解越好，你识别这种短暂失衡的能力就越强。它们在每一天、每一张图和每一个时间框架上都出现，但是关键在于学会识别并耐心等待。一旦你熟练掌握，你就能交易赚钱。

趋势概率无法长期维持在 50% 之上，因为需要有一家机构做对手方，而它很快就会意识到自己的交易者方程为负并改变仓位。在强劲的急速行情中，趋势高度确定。举例而言，如果苹果（AAPL）在 5 分钟图上有一轮 3 美元的三 K 线强劲急速拉升，那么市场在下跌 3 美元之前再上涨 3 美元的概率可能为 60% 或更高。一旦急速拉升结束而通道开启，随着市场接近等距行情的目标位或者其他任何牵引市场的阻力位，其概率就会缓慢下降。在其前往目标的途中，其趋势概率降至 50% 左右，但是一旦其抵达目标，其趋势概率跌破 50%，现在实际上偏于下跌。为什么会这样？因为市场通常只有在前行过远之后，交易者才会意识到其已过靶中性区域。很容易知道市场是否过度反应，但是不容易知道市场是否反应到位。当市场实际上处于正在形成的交易区间的中间时，交易者并不确定，并且只有在形式非常明朗时，交易者才确定其处于区间顶部。通道顶部是下跌行情的起点和即将形成的交易区间的顶部。每当市场处于交易区间的顶部时，等距行情的趋势概率偏向于抛售，因为大多数突破试图失败并反转回到交易区间。因此，下跌行情的概率可能为 60%，一旦市场跌至正在形成的交易区间的中间，等距行情的趋势概率再次回到 50% 附近。如果向上的趋势非常强劲，市场在交易区间中点时的概率很可能略偏向于上涨，而如果市场滑落至区间底部，那么上涨的概率则进一步提升，因为此时市场处于一个不太可能向下突破的交易区间的底部。

在市场试图找到中性和不确定性区域的过程中，其经常在区间的中点上下震荡。这里是多空双方均认为有价值开新仓的地方。然而，到某一时刻，其中一方会判定这里不再有价值，这一方在此处建仓的交易者将大幅减少。然后市场将进入趋势，直到其找到一个多空双方均认为有价值的新价位，其将位于另一个交易区间。

一旦市场初次触及通道的顶部，如果其位于底部上方 3 美元处，市场现在有约 60% 的概率在上涨 3 美元之前先下跌 3 美元至通道底部。你可以选择任意数字，如两美元或一美元，这没有关系，只要其相对于屏幕上的图表不太大。市场有约 60% 的概率在上涨 1 美元之前先下跌 1 美元，反之亦然。通道底部是磁体，其通常会被测试，而其位于下方 3 美元处。由于测试通道底部的回调的动能通常比通道之前的急速行情小很多，因此测试通道底部后的上涨行情的趋势概率将低于市场处于急速行情时，其可能与上行通道中接近。

如果调整下跌的斜率较小，回调底部（因此也是正在形成的交易区间的底部）的等距行情的趋势概率有利于多头，可能为60%。你永远无法确知，但是熊腿是某种趋势，正如通道上涨是一种弱趋势。每当有趋势，其持续的趋势概率高于50%，直到其前行太远。一旦回调抵达支撑位，反方向（上涨）的趋势概率再次升至约60%。如果支撑看似疲弱，其概率较低，但是反弹的概率依然高于50%。举例而言，苹果（AAPL）可能有56%的几率在下跌1美元之前再上涨1美元。

在任何情况下，当概率接近于50%时，你的回报需要大于风险才能交易。当你的风险与回报一样大时，如果你能完美执行并忽略佣金，这笔交易在理论上会盈亏平衡。由于这两者你都无法做到，因此该系统会输钱。举例而言，如果你的盈利目标是1美元，你将止损提高至任意大小，如2美元，如果上涨1美元的概率与下跌1美元相等，你将输钱。为什么会这样？假设你这样做了四次。有两次你的止盈限价订单将被成交。然而在另外两次中，市场将在触及你的1美元盈利目标之前先下跌1美元。现在市场跌了1美元，在继续下跌1美元并触及2美元的止损之前先上涨1美元的概率依然为50%。这意味着在四笔交易中有一笔亏损2美元，有两笔赚1美元。剩下的那笔交易是市场下跌约1美元后又涨至盈亏平衡。这个时候，该过程再次开始，你有50%的概率赚取1美元，有25%的概率输掉2美元。你可以重复无数次而得到同样的结果，就是你赚取1美元的概率为输掉2美元的两倍。这意味着期望净盈利为零。一旦你减去佣金和人为失误造成的一些亏损，你会得出这是输钱策略的结论。你甚至可以使用更大的止损并再次计算，但是结果都是一样的。

为什么等距行情的目标如此精准？因为这是机构获得正交易者方程所需的最低限度，否则他们就不会做这笔交易。由于他们盈利，因此其所有交易在整体上有正的交易者方程，意味着对于他们所交易的每一美元，最小行情至少也是等距行情。否则其胜率就需要远高于60%，而这不太可能。结果是很多交易准确触及目标，因为很多公司在此止盈，他们知道这是让其一篮子交易盈利的最低要求。大多数目标失败，因为它们只是最低目标，而当市场强劲时，公司在止盈之前会拿稳仓位，直到市场越过目标很远。

关于交易的数学还有最后一点，我将引用数学家查尔斯·路特维奇·道奇（Charles Lutwidge Dodgson）——生活中很多东西并非其看上去那样。实际上道奇并非其看上去那样，他更以刘易斯·卡罗尔（Lewis Carroll）而为人所知。我们在爱丽丝梦游仙境的世界工作，那里没有东西是其表面那样。上并非总是上，下也并非总是下。看一下交易区间的最强劲突破——它们通常会失败，上实际上是下的开始，而下实际上只是上的一部分。同时，60%只是90%时候的60%，其他时候其可以是90%和10%。如果一个好的建仓形态是 60% 概率，你如何能在 80% 或更多时候获胜？市场在强劲趋势中回调至支撑位略上方，建仓形态可能在 60% 的时候有效，但是如果你使用更宽的止损，或者如果你能在市场下跌的过程中分批入场，尤其是当你的后续入场仓位更大时，你可能会发现你在这些 60% 概率的建仓形态中获胜 80% 或更多。由于 80% 的趋势反转试图失败并成为回调，这些回调经常有 80% 的概率在趋势方向的交易获利。同时，如果你使用非常宽的止损并愿意持仓熬过持续几个小时的大幅回撤，在 Emini 上输掉两个点之前赚取两个点的 60% 概率可能成为 90% 的概率在输掉 8 个点之前先赚到 4 个点。如果你能灵活运用，并且能够轻松应对不断变化的概率和多种概率共存的情况，那么你的成功机会将大幅提高。

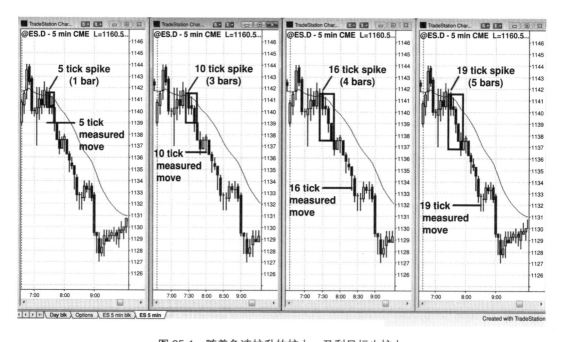

图 25.1　随着急速拉升的扩大，盈利目标也扩大

随着急速行情的扩大，盈利潜力也提高。尽管有一些交易者认为急速行情从第一根 K 线的高点开始到最后一根 K 线的低点结束，但是只看实体而不是影线通常更为可靠。如果一轮等距下跌跌破基于第一根 K 线开盘价至最后一根 K 线收盘价的目标，那么交易者应该看一下市场在基于第一根 K 线的高点至最后一根 K 线的低点的目标时如何表现。

在图 25.1 中的左边，当急速行情仅为一根实体高为 5 个跳点的下跌趋势 K 线时，下跌行情的投射目标为该 K 线收盘价下方 5 个跳点处。在图的右边，急速行情已经扩大至四根 K 线，第一根 K 线的开盘价比最后一根 K 线的收盘价高 19 个跳点。那么投射目标就是最后一根 K 线的收盘价下方 19 个跳点处。如果你在急速下挫刚开始时卖空，即便你的风险保持不变，因为你的止损维持在急速下挫的第一根 K 线的高点上方一个跳点处，你的潜在回报随着等距下跌目标的继续下降而提高。在市场出现一两根大型下跌趋势 K 线之后，你可以将你的风险降至盈亏平衡，甚至也可以将你的保护性止损移至其中一根 K 线的高点略上方。如果你这样做，你将至少锁定小部分盈利，同时依然有很机会赚取大额盈利。

图 25.2　寻找更高概率的短暂时机

尽管一轮等距上涨或下跌行情的趋势概率通常在 50% 左右，但是其在一天中会有多次短暂升高，交易者应该寻找这种情况下的交易。如图 25.2 所示，在强劲急速下挫至 K 线 15 的三根 K 线中的任意时刻卖空，市场可能有 70% 的概率在上涨 X 点之前先下跌同样点数。较不明显的是 K 线 20 处的底部。当天是一个趋势交易区间日，K 线 9 低点与 K 线 11 高点之间的上区间高约 4 个点。由于下区间通常会测试 K 线 9 的突破点，并且下区间很可能会和上区间一样高，因此在 K 线 9 下方四个点或更低的价位买入很可能有 60% 的机会在触及下方四个点处的止损之前先上涨四个点。在 K 线 15、16、17、K 线 19 后一根 K 线和 K 线 20 的上涨反转 K 线反复出现之后，其概率或已高达 70%。空头不断尝试将市场压至昨日收盘价之下，但是正在失败。每一次打压失败都代表买盘压力，其不断积累。一旦其达到临界质量，多头将取得掌控。在市场三番四次试图筑底之后，你可以在 K 线 9 下方 4 个点处以限价订单买入，承担 4 个点的风险，设置 OCO 限价订单在上方 4 个点处止盈。

在 K 线 14 下方卖空只有约 50% 的概率成为一笔出色的波段交易，因为其位于窄幅交易区间之内，这里出现任意方向的波段行情的概率仅为 50%。该建仓形态是 K 线 11 处的双 K 线急速下挫之后的小型楔形熊旗和更低高点。当日早期出现过强劲抛售，因此下行突破的概率或许略高于 50%。风险低于两个点，而回报是某种等距下跌行情，如基于 K 线 3 至 K 线 9 的腿 1= 腿 2 行情，或者是 K 线 5 至 K 线 9 的交易区间的高度。不管哪一种情况，交易者有 50% 的几率赚取约 4 个点而只承担约 2 个点的风险，有出色的交易者方程。一旦市场在强劲急速下挫至 K 线 15 中突破，交易者拿稳部分仓位，把握基于 K 线 14 至 K 线 15 的急速下挫高度的等距下跌。

这是一个趋势交易区间日，这个案例很好地说明了为什么要注意当天是什么类型的交易日。当日上半天的交易区间约为日均区间的一半大小。当市场在开盘一两个小时后突破时，其通常会完成一轮等距下跌，然后在形成下区间的过程中反弹。理解这一点的交易者更有信心在 K 线 16 和 20 之间买入，并且有很多交易者在最近的波段低点及其下方用限价订单买入。这就是为什么那里会有如此多具有下影线的 K 线。举例而言，在 K 线 19 反弹之后，激进的交易者在 K 线 19 的低点及其略上方和略下方设置限价订单或市价订单买入。很多人的保护性止损与最近 K 线的平均大小差不多。

一旦市场开始在 K 线 16 与 K 线 18 前一根 K 线之间形成强劲的上涨 K 线，买盘压力已经足够强大，交易者可以预期市场测试 K 线 9 下方的突破。他们将最近价位和 K 线 9 低点之间的间隙看作缺口，预计其将被填补。市场在 K 线 18 时与其仅差 3 个跳点，但是交易者通常预期测试将进入其两个跳点之内。在市场拥有今日这样多的买压的情况下，多数交易者相信市场将向上越过 K 线 9 的低点。一些人用限价订单在始于 K 线 9 低点的等距下跌的目标位买入，等距下跌的高度为 K 线 9 低点至 K 线 11 高点之间的交易区间高度（约为 4 个点）。还有人开始在前一根 K 线的低点下方或前期低点下方买入，如当市场跌破 K 线 19 的低点时。这些交易者可能使用了与其回报同样大的风险，预计有约 60% 的成功率。

如果下行突破强劲，交易者会做相反的事情。他们会在急速下挫的底部区域卖空，承担市场涨至急速下挫上方的风险，相信市场有 60% 的几率提供与其风险相等的回报。举例而言，一些人在 K 线 14 收盘时卖空，预计有 60% 的机会赚到与其风险一样大的回报（K 线 14 高点上方一个跳点至其入场价，或者约为 4 个点）。一旦市场开始在其止盈限价订单上方数个跳点处形成买压，他们就不再认为其假设有效。尽管他们收紧了保护性止损，但是他们不愿意在买压面前承担两至三个点的风险来赚取剩下的一个点，于是他们开始买回空仓，这加剧了买压。由于空头刚刚在一笔弱于预期的卖空交易中离场，因此直到市场继续形成多根上涨 K 线之前，他们不愿意再次卖空。他们只考虑在更高价位卖空，如 K 线 9 的低点，在有合理的卖空建仓形态出现的情况下。那时候市场处于窄幅上行通道，并且很可能继续走高，因此没有足够多的空头在此卖空而扭转市场，这导致市场以窄幅通道上涨至 K 线 23，在这里市场被真空拉升测试 K 线 12 的低点。

　　刮头皮者需要高胜率的交易来获得正的交易者方程，因为他的回报经常与风险差不多大。然而，一些趋势会在上行通道顶部形成一些弱势买入建仓形态（或下行通道底部处的弱势卖空建仓形态），因此为低胜率。很多波段交易者依然会做这些交易，并且经常赚到数倍于风险的盈利，但是大多数刮头皮者会错过可以持续 10 根 K 线或更多并覆盖很多点数的趋势。举例而言，刮头皮者可能不会在 K 线 21 后的下跌十字线或 K 线 22 后的下跌反转 K 线上方买入，最后发现自己错过至 K 线 23 的上涨行情。看着趋势上涨而不出现高概率回调的交易新手可能会感到受挫，但这是出色的决策。有了经验之后，他将看到有一些可以把握的高胜率建仓形态，如在 K 线 21 与 22 之间的上涨趋势 K 线收盘时买入，或者在 K 线 22 的低点买入，因为这一轮回调是一个强劲的上涨微型通道中的第一次。每个月都会有几天在上行通道的顶部出现一个低胜率的买入建仓形态或下行通道的底部出现一个弱势卖空建仓形态，其能引发大型趋势，波段交易者赚到足够多的利润来弥补其在大多数此类交易中的亏损。他们也做很多其他交易，其中一些也有高胜率。

　　如果刮头皮者的止损大于盈利目标，其是否还能赚钱？可以，但是这要求交易管理，大多数交易者都不应该尝试。举例而言，如果他使用一个点的盈利目标和两个点的止损，市场迅速成交其止盈限价订单而没有任何回调，那么他实际上只承担了几个跳点的风险来赚取 4 个跳点。如果市场在向其方向前进之前先回撤 7 个跳点，那么他就需要承担 8 个跳点的风险，然后他要将盈利目标至少提升至 8 个跳点，这是他获得正的交易者方程所需要的，因为其胜率很可能依然为 60% 左右。

图 25.3 当建仓形态并非高胜率时，刮头皮者经常错过趋势

刮头皮者的回报通常其风险大体相等，这要求建仓形态有至少 60% 的胜率。在一些趋势日中，很多建仓形态看上去不够可靠，结果是刮头皮者经常错过可以持续 10 根或更多 K 线并覆盖很多点数的趋势；另一方面，如果回报数倍于风险，波段交易者可以接受成功率只有 40% 或更低的建仓形态。

在刮头皮者看来，始于 K 线 18 的下跌行情中有多个建仓形态很可能并没有 60% 的成功率，这些刮头皮者会错过其大多数大型下跌 K 线。很多人在 K 线 18 至 K 线 25 之间的两个小时中会选择很少交易或不交易。波段交易者可以在 K 线 18 的均线缺口 K 线，K 线 21 的双 K 线反转和更低高点，或 K 线 28 的双重顶更低高点和熊旗的下方卖空，赚取足够多的点数来弥补其相对较低的胜率。他们可以在 K 线 31 的下方加仓，尽管它有上涨的实体，并且是一个楔形多头的入场 K 线（K 线 13、25 和 K 线 31 前的小型十字 K 线是三段下跌）。它是下跌趋势中的一个六 K 线的微型下行通道中的第一次回调，其在顶部有突出的影线，提高了市场下跌的几率。波段行情的概率依然相对较低，但是潜在回报非常大，因为市场可能正在向下突破楔形底，有望实现等距下跌，结果确实如此。

大多数刮头皮者不会在 K 线 18 的下方卖空，因为它有上涨的实体，并处于窄幅上行通道。尽管下一根 K 线有下跌实体，从而形成一个双 K 线反转，但是它有突出的影线，使其成为较低胜率的信号，尤其是在窄幅上行通道中的强劲上涨之后。

　　尽管 K 线 21 是一个更低的高点，但是在当日那个时候，大多数交易者在寻找 K 线 13 的强劲抛售高潮后的第二腿上涨，因此很多刮头皮者会犹豫是否在三角形（K 线 16 和 K 线 20 是前两段下跌，K 线 21 后的十字线可能成为第三段）或交易区间底部下方卖空，这总是一笔胜率相对较低的交易。

　　K 线 22 是一个突破回调卖空，但是它出现在一根小型十字线之后，而这可能是第二腿上涨的起点，很多交易者不会在这里卖空，因此它可能是第二腿上涨的底部。

　　K 线 23 至 25 之间的下跌 K 线都具有突出的影线，意味着交易者在这些 K 线的低点处买入，因此通道疲弱。刮头皮者不喜欢在弱势下行通道的底部卖空。

　　从 K 线 25 的潜在更低低点和抛物线通道底部（在至 K 线 13 的三 K 线急速下跌，K 线 20 的较小急速行情和 K 线 21 的两根 K 线后 K 线之后）至 K 线 26 的上涨中有四个上涨实体，包括一根大型上涨趋势 K 线。其足够强劲，很多交易者会认为市场已经反转为多头行情，并且倾向于寻找做多建仓形态而非卖空。K 线 27 是一根强劲的上涨反转 K 线和一个两条腿的更高低点。市场盘整或上涨的概率较大。K 线 28 有上涨实体，因此并非强劲的卖空信号 K 线。下一根 K 线有下跌实体，因此形成一个双 K 线反转，但是其低点距离 K 线 28 的低点太远，刮头皮者不愿意卖空，因为其与 K 线 27 的低点形成双重底的风险太大。

　　一旦市场强劲突破而跌至 K 线 29，刮头皮者可能在其收盘卖空，或者在下一根 K 线收盘卖空，其证实始终入场头寸转为空头。

　　K 线 31 是突破回调，但是其有上涨实体和突出的影线，这让刮头皮者怀疑市场是否正在进入小型交易区间。这种可能性够大，很多人不会在其低点下方卖空，但是有一些人会。一旦他们看到顶部的大型影线显示卖压，他们还可能在市场上涨至十字线 K 线上方和收盘时卖空。尽管有那么多对刮头皮者来说难做的建仓形态，尤其是在 K 线 18 的高点之后的卖空，但是依然有大量高胜率机会可以赚钱。他们可以在 K 线 2、4、6、12 和 21（一些人不会做这笔交易）的下方卖空，可以在 K 线 12 后一根 K 线、K 线 29、K 线 31 及其后一根卖空，用限价订单在 K 线 1、K 线 17、K 线 20 后一根 K 线、K 线 22 前一根 K 线和 K 线 30 后一根 K 线的上方卖空。他们可以在 K 线 3、K 线 5、K 线 13 后一根 K 线、K 线 25 后一根 K 线的收盘价或其后一根 K 线，以及 K 线 27 的上方买入。

第 26 章 做一笔交易需要两个理由

一些基本规则让交易更为简单，因为一旦满足规则，你可以毫不犹豫地行动。最重要的规则之一是：你需要两个理由来做一笔交易，任何两个理由都行。一旦有理由，那就下单入场，而一旦入场，那就遵循基本的盈利目标和保护性止损的规则，相信你将在当日收盘前盈利。需要重点注意的一点是，如果趋势陡峭，绝不要逆势交易，即便出现高/低2或4，除非之前有重大趋势线突破或趋势通道过靶并反转。同时，如果趋势线突破带有强劲动能而并不只是盘整游荡，那会好的多。记住数K线的建仓形态并非趋势反转形态。举例而言，高2是上涨趋势或交易区间底部的入场而不是在下跌趋势，因此如果有一轮陡峭的下跌趋势，你不应该寻找高2、高3或高4的买入建仓形态。

学会预测交易，这样你就可以随时下单。举例而言，如果市场向下突破一个重要的波段低点，然后形成两腿下跌，或者向下过靶趋势通道线，寻找反转上涨；如果一轮持续过久的行情中出现II突破，寻找反转。一旦你看到一根外包K线或铁丝网形态，在其极点位置寻找小型K线，把握可能的淡出交易。如果有一轮强劲趋势，准备迎接第一轮均线回调，任何至均线的两腿回调，以及第一个均线缺口回调。

只有少数情况下你只需要一个理由介入交易。首先，有强劲趋势时，你必须在每一轮回调中入场，只要其不是在高潮行情或最终旗形反转之后，即便回调只是强劲急速拉升中的高1或强劲急速下跌中的低1。同时，如果市场过靶趋势线并形成一根不错的反转K线，那么你可以淡出行情，预期趋势恢复。不管是在交易区间还是趋势中，其他只需要一个理由介入交易的时候就只有在出现第二入场时。根据定义，之前就有第一入场，因此第二入场是第二个理由。

这里是一些介入交易的可能理由（记住，你需要两个或更多）：

（1）好的信号K线形态，如好的反转K线、双K线反转或II。

（2）趋势中的均线回调，尤其当其为两条腿时（上涨趋势中的高2或下跌趋势中的低2）。

（3）突破回调。

（4）明显始终入场市场中（强劲趋势）的回调。

（5）对任何形式的阻力或支撑的测试，但是尤以趋势线、趋势通道线、突破测试和等距目标为甚。

（6）对决线。

（7）上涨趋势或交易区间底部的高2买入建仓形态（每当你看到一个双重底，它是一个高2买入建仓形态）。

（8）下跌趋势或交易区间顶部的低2卖空建仓形态（每一个双重顶都是低2卖空建仓形态）。

（9）大多数上涨反转（底部）来自于微型双重底、双重底或最终熊旗反转。

（10）大多数下跌反转（顶部）来自于微型双重顶、双重顶或最终牛旗反转。

（11）上涨趋势中的盘整下跌高3回调，它是一个楔形牛旗。

（12）下跌趋势中的盘整上涨低3回调，其是一个楔形熊旗。

（13）高4牛旗。

（14）低4熊旗。

（15）当你在寻求卖空时，交易区间顶部的弱势高1或高2信号K线。

（16）当你在寻求买入时，交易区间底部的弱势低1或低2信号K线。

（17）任何失败（市场运动未达预期就反转）：

（18）突破前高或前低。

（19）旗形突破。

（20）过靶趋势线或趋势通道线后的反转。

（21）未能触及盈利目标，如市场在Emini刮头皮交易中的5或9个跳点时反转。

图 26.1 至少要有两个理由来做一笔交易

如图 26.1 所示，K 线 2 强劲趋势中一轮至均线的两腿调整（双底都是高 2 买入建仓形态），这个理由足以做多。另一个理由是，市场大幅跳空高开形成开盘上涨趋势，它是 20 多根 K 线以来首次碰触均线。它也是第一次趋势线突破，因此回测高点在预期之内。

K 线 3 出现在市场第二次试图向上突破 K 线 1 而失败之后。第二根 K 线以下跌收盘而形成 II 建仓形态。它也是正在形成中的交易区间中的低 2，上涨至 K 线 1 的行情是第一腿上涨。

K 线 5 是一轮强劲的三 K 线急速下挫后的下跌波段中的均线低 2。市场很可能会在强势急速下挫之后形成下行通道。

K 线 6 过靶下行趋势通道线并反转，是对第一个小时的窄幅交易区间（一个三角形）的突破测试。然而，它位于一个三小时的下行通道的底部，而通道可以前行非常远，途中出现多次回调。逆势交易之前最好先等待通道的突破回调。第二入场出现在 K 线 7 的更高低点，它是市场向上突破从 K 线 5 开始的下降趋势线（未显示）后的回调。

尽管 K 线 6 是一根反转 K 线，但是其仅收于中点略上方，因此是一根弱势信号 K 线。

图 26.2　扩展三角形

　　如图 26.2 所示，昨日以市场上冲至 K 线 4 收盘，完成了正在形成中的扩展三角形中的四腿，三角形还需要一个新低来完成。如果你知道这种可能性，你会在市场跌破 K 线 3 时寻找做多入场。K 线 5 跌破 K 线 3，完成扩展三角形的底部，你只需要等待一个入场建仓形态，其出现在 K 线 6 的双 K 线反转和小型更高低点的上方一个跳点处。

图 26.3　两个理由做一笔交易

　　如图 26.3 所示，K 线 1 是市场测试昨日高点后的第二次卖空入场。上涨行情强劲，因此最好等待第二次入场。交易者可以在该 K 线跌破前一根 K 线的低点并成为一根外包下跌 K 线时卖空，或者他们可以在两根 K 线之前的下跌 K 线的低点下方卖空。总而言之，在强劲下跌 K 线的下方卖空总是更加可靠。

　　K 线 2 是一根大型十字孕线后的高 2，但是下跌的动能强劲。当一轮强劲的急速下挫之后形成一个窄幅下行通道时，最好是等待趋势线突破后再买入。正因为如此，K 线 3 是一个糟糕的二次做多入场点，因为它出现在一根强劲的下跌趋势 K 线之后，而你依然应该等待下跌趋势线突破后再买入。

　　K 线 4 是均线处的低 2，但是其前面有四根 K 线几乎完全重叠。在这样的窄幅交易区间中，在下列事件发生之前你不应该介入任何方向：一根大型趋势 K 线突破形态至少 3 个跳点，而你在等待该 K 线失败；或者在交易区间顶部或底部附近出现一根小型 K 线，你可以淡出。这是一个双 K 线反转，与至少另外一根 K 线交叠，而信号 K 线巨大，迫使交易者在交易区间的底部卖空。如在第一本书的第五章中所探讨的，这很可能是一个空头陷阱而非顺势建仓形态。交易老手不会在那里卖空，而激进地交易者会在其低点处设置限价订单买入。

　　像 K 线 2 和 3 的这种一个跳点的假突破，很多出现在 5 分钟图上的逆势入场 K 线的前一两分钟。发生在 K 线的最后一分钟的突破更加可靠，因为这样你正好在该 K 线收盘时拥有动能。相对于发生在四分钟之前并在此后回调的情况，其持续到下一根 K 线的机率更大。

　　做低胜率的交易会让你入不敷出。

图 26.4　均线回调卖空

　　当一只股票处于强劲趋势时，你可以用限价订单在最初几次均线测试中入场，或者你也可以在 1 分钟图上根据价格行为在均线处用停损订单入场。在图 26.4 中，5 分钟图是那张小图，1 分钟图上的均线是 5 分钟均线，但是画在 1 分钟图上。在苹果（AAPL）走势图的 K 线 1 和 K 线 2 处，1 分钟图上位于 5 分钟均线处的第二入场的风险约为 25 美分，5 分钟图（内嵌图）上的价格行为入场的风险约为 45 美分。你也可以在第一根收盘于均线上方的 5 分钟 K 线收盘时以市价卖空，使用约 20 美分的止损。这里，在 5 分钟图上的 K 线 1 和 K 线 2 处，市场在反转下跌之前仅仅从收盘价上涨 4 美分。总而言之，更好的选择是，等待 1 分钟图上的第二入场，或者在 5 分钟图上使用传统的价格行为入场（在测试加权移动平均线的那根 K 线下方使用停损订单入场），因为使用其他方法的收效甚微，仅仅是涉及更多思考，可能让你在更高时间框架图（如 5 分钟图）上的主要交易上分心。

图 26.5　通道紧凑时，等待第二入场

　　如图 26.5 所示，Emini 中的 K 线 1、5 和 7 形成一个楔形。由 K 线 2、5 和 7 形成的楔形是一个可靠性较低的反转建仓形态，因为通道太过陡峭。当出现窄幅通道时，最好是等待在更低高点卖空，如 K 线 10 处。

　　K 线 8 是一个双 K 线反转，因此入场点位于两根 K 线中较低的那根下方，即 K 线 8 的下方而不是 K 线 7 的下方。大多数交易者会等待在 K 线 10 的更高低点卖空，而不是在 K 线 8 跌破 K 线 7 时卖空。反转下跌也是始于 K 线 6 的小型最终旗形。楔形和最终旗形的顶部之后通常有至少两腿的盘整下跌调整，而楔形的高点通常在调整完成之前不会被越过。知道了这一点，在 K 线 9 的 III 形态上方一两个跳点处设置限价订单卖空就合理。保护性止损将位于 K 线 7 的高点上方，产生 6 个跳点的风险。当顶部出现一根强劲的下跌趋势 K 线时，在其下方卖空通常是一个好主意，即便入场出现在数根 K 线之后。因为 K 线 10 是一根如此强劲的下跌趋势 K 线，并且收盘于 K 线 8 的低点之下，这就是所发生的。

　　尽管图 26.6 所显示的价格行为是一轮强劲的急速下挫与通道下跌趋势，也是开盘下跌日的趋势，卖空可以赚到更多的钱，但是交易老手在每一个新低处买入，直到强劲趋势收盘。这不适合新手，因为在情绪上非常难做，除非你有足够的经验而对当前所发生的事情有信心。新手在这中明显的下跌趋势中只能卖空。

　　一种逆势交易的手法是用限价订单在前期波段低点半仓买入，在其下方两个点处用第二个限价订单加仓（你在尝试分批建立多仓）。如果你的一个点盈利目标在第二个买入订单成交之前就被触及，你就获利了结，取消另一个订单，寻找一个新的波段低点。举例而言，你将在 K 线 2 中恰好以 K 线 1 的低点价格成交，你可以以一个点的盈利刮头皮离场。你的第二个订单不会被成交，这时候你会取消它并准备在下一个波段低点买入。如果你在 K 线 4 中以限价订单在 K 线 3 的低点价格入场，你可以将你的第二个订单放在其下方两个点处，把整体仓位的止损设置在第二个入场的下方两点处。一旦市场上涨至你的最初入场点，你可以平掉整个仓位，在较低的入场中赚到两个点盈利，在第一次买入中盈亏平衡。

　　这种手法即便是在当日结束而市场进入强势下行趋势通道中时也有效。如果交易者在 K 线 8 中的 K 线 7 低点价位做多，然后在 K 线 9 中的下方两个点处加仓，他们可以在 K 线 10 中离场。K 线 10 的高点比 K 线 7 的低点高一个跳点，因此他们将在第二个入场中赚到两个点盈利，并在第一个入场中盈亏平衡。

图 26.6　在下跌趋势中的新低买入

第 27 章　以停损订单入场

　　价格行为为交易者找理由入场，而完成建仓形态的那根 K 线叫做信号 K 线。你实际入场的那根 K 线叫做入场 K 线。使用价格行为交易的最佳方法之一是用停损订单入场，因为你被市场动能带入交易,因此至少是在微小趋势(至少持续一个跳点)的方向顺势交易。这是最可靠的入场手法，新手在持续盈利之前应该严格恪守这种方法。举例而言，如果你在一轮下跌趋势中卖空，你可以设置订单在前一根 K 线的低点下方一个跳点处卖空，在你的订单成交之后其就成为你的信号 K 线。一个设置保护性止损的合理位置是信号 K 线的高点上方一个跳点处。在入场 K 线收盘之后，如果它有一个强劲的下跌实体，那就将止损收紧至入场 K 线上方一个跳点处。否则就将止损保留在信号 K 线的上方，直到市场开始向你的方向强劲运动之后。

图 27.1　需要六跳点的行情赚取四跳点

在 Emini 上，通常需要在信号 K 线之外有 6 个跳点的行情才能刮头皮净赚 4 个跳点，需要 10 个跳点的行情才能刮头皮净赚 8 个跳点。在图 27.1 中，停损买入的入场点位于 K 线 2 信号 K 线的高点上方 1 个跳点处的 A 线，你的订单将在这里成交。你刮头皮获利 4 跳点的限价卖出订单在其上方 4 个跳点的 B 线。除非市场越过其一个跳点，否则你的限价订单通常不会成交。这就是 C 线，其位于信号 K 线的高点上方 6 个跳点处。

第28章 以限价订单入场

交易老手会根据情况而使用市价或限价订单入场。当市场处于强劲趋势时，以市价入场是合理手法。当其处于通道时，他们更倾向于使用限价订单入场。举例而言，如果有一轮强势急速拉升，交易者会在K线上方以停损订单入场，在K线顶部附近以市价入场。一旦市场进入通道阶段，其依然处于上涨趋势，但是现在趋势更加疲弱，其可能随时停止并下测通道底部。最初交易者依然想要在高1和高2买入信号中用停损订单入场。在通道持续一段时间之后（或许为10根或更多K线），很多交易老手会从在前一根K线的高点上方用停损订单入场转为在前一根K线的低点及其下方用限价订单入场。一旦通道持续时间过久（或许20根K线）并接近阻力区域，交易者会停止买入，而是在前一跟K线的高点及其上方用限价订单卖出。他们卖出止盈，一些人分批建立空仓。一旦出现下行突破，该过程开始反转。如果下跌趋势强劲，他们会在K线下方用停损订单卖空，但是如果下跌行情疲弱，交易老手不会在低点附近卖空，而是会选择在回调中用停损订单卖空，如在均线附近的低1或低2建仓形态下方，并在前一根K线的高点及其上方用限价订单卖空。

在交易者稳定盈利之前，他们只应该用停损订单入场，因为这样市场在其入场时与其方向一致，这提高了他们交易盈利的机会。限价订单可以获得同样的成功率，但是建仓形态是否强劲更难判断，这需要经验。同时，入场后市场立即对你有利要比对你不利更容易接受，而用限价订单入场时经常会出现对你不利的情况。限价订单意味着你在押注市场即将转向。你可能正确，但是为时过早。因此很多用限价订单入场的交易者使用较小仓位。他们准备在市场对其不利时加仓，依然相信其将很快反转。

在下面一些情况中限价订单可能很有用（全部案例均来自于三本书中的相应章节）：

（1）如果你以几秒钟错过在最初入场价用停损订单入场，你试图以最初的价格入场，那就在最初价格或比其差一个跳点的价位设置限价订单。

（2）如果是强劲急速拉升中的强劲上涨趋势K线，用限价订单在前一根K线的收盘价买入。

（3）如果是强劲急速下挫中的强劲下跌趋势K线，用限价订单在前一根K线的收盘价卖空。

（4）在K线收盘之前，在强劲急速拉升中的小幅回调中买入，如在当前K线的高点下方两个跳点处设置限价订单买入。

（5）在K线收盘之前，在强劲急速下挫中的小幅回调中卖空，如在当前K线的低点上方两个跳点处设置限价订单卖空。

（6）当有一根突破K线可以形成微型缺口时，在突破K线前一根K线的高点略上方买入，这就是突破点。

（7）当有一根突破K线可以形成微型缺口时，在突破K线前一根K线的低点略下方卖空，这就是突破点。

（8）在强劲急速拉升中，在前一根K线的低点或其下方用限价订单买入。

（9）在强劲急速下挫中，在前一根K线的高点或其上方用限价订单卖空。

（10）在强劲上涨趋势中的Ⅱ形态底部上方一个跳点处用限价订单买入，承担两个跳点的风险赚取四个跳点或更多，因为其有约60%的胜率。

（11）在强劲下跌趋势中的Ⅱ形态顶部下方一个跳点处用限价订单卖空，承担两个跳点的风险赚取四个跳点或更多，因为其有约60%的胜率。

（12）当一根并非特别大的上涨趋势K线将市场反转为多头行情时，在该K线前一根K线的高点上方一个跳点处用限价订单买入，预计形成等距上涨（如果该K线并未跌破上涨突破K线前一根K线的高点则是强势信号）。

（13）当一根并非特别大的下跌趋势K线将市场反转为始终入场空头时，在该K线前一根K线的低点下方一个跳点处用限价订单卖空，预计形成等距下跌（如果该K线并未越过下跌突破K线前一根K线的低点则是强势信号）。

（14）在开盘区间的形成过程中，如果连续出现两根具有强劲实体的上涨趋势K线，在前一根K线的低点买入，预计急速拉升的低点至少能够支持一轮刮头皮上涨。

（15）在开盘区间的形成过程中，如果连续出现两根具有强劲实体的下跌趋势K线，在前一根K线的高点卖空，预计急速下挫的顶部至少能够支持一轮刮头皮下跌。

（16）在交易区间底部用市价订单或限价订单在急速下挫中买入。

（17）在交易区间顶部用市价订单或限价订单在急速拉升中卖空。

（18）当上涨趋势中出现一轮急速下挫时，空头需要下一根K线为下跌K线来确认始终入场交易转为空头，在急速下挫中的最后一根下跌K线收盘而后续K线形成之前买入，在该下跌趋势 K 线的低点及其下方买入，如果下一根 K 线没有下跌实体，在其收盘时买入（在其高点上方用停损订单买入）。回调比急速与通道的可能性更大。

（19）当下跌趋势中出现一轮急速拉升时，多头需要下一根 K 线为上涨 K 线来确认始终入场交易转为多头，在急速拉升中的最后一根上涨趋势 K 线收盘而后续 K 线形成之前卖空，在该上涨趋势 K 线的高点及其上方卖空，如果下一根 K 线没有上涨实体，在其收盘时卖空（在其低点下方用停损订单卖空）。回调比急速与通道的可能性更大。

（20）当有一根大型下跌趋势 K 线很可能是下跌趋势末端的抛售高潮或上涨趋势的回调时，在该 K 线的收盘价、低点下方和下一根 K 线的收盘价买入（在其高点上方用停损订单买入）

（21）当有一根大型上涨趋势 K 线很可能是上涨趋势末端的买入高潮或下跌趋势中的回调时，在该 K 线的收盘价、高点上方和下一根 K 线的收盘价卖空（在其低点下方用停损订单卖空）。

（22）当上涨趋势中的单 K 线急速拉升之后出现回调，在急速拉升的底部上方一两个跳点处用限价订单买入，预期突破回调而非突破失败。

（23）当下跌趋势中的单 K 线急速下挫之后出现回调，在急速下跌的顶部下方一两个跳点处用限价订单卖空，预期突破回调而非突破失败。

（24）当急速拉升后很可能出现第二腿上涨时，在最初的信号 K 线的高点上方一两个跳点处用限价订单买入，即便回测在多根 K 线之后才出现。

（25）当急速下挫之后很可能出现第二腿下跌时，在最初的信号 K 线的低点下方一两个跳点处用限价订单卖空，即便回测在多根 K 线之后才出现。

（26）在上行通道中的前一根 K 线的低点下方买入，尤其是当通道处于早期阶段时。

（27）在下行通道中的前一根 K 线的高点上方卖空，尤其是当通道处于早期阶段时。

（28）在下行通道晚期阶段的抛压积累之后，在前一根 K 线的低点下方或最近波段低点的下方买入。

（29）在上行通道晚期阶段的买压积累之后，在前一根 K 线的高点上方和最近波段高点的上方卖空。

（30）在上行微型通道中的前一根 K 线低点下方买入，预计第一次向下突破通道失败。

（31）在下行微型通道中的前一根 K 线高点上方卖空，预计第一次向上突破通道失败。

（32）当市场出现急速拉升与通道的上涨趋势，并以低动能回调至通道底部时，在测试通道底部时买入。

（33）当市场出现急速下挫与通道的下跌趋势，并以低动能回调至通道顶部时，在测试通道顶部时卖空。

（34）在一轮强劲上涨行情开启时，在至少几根强劲上涨趋势 K 线之后的一根下跌 K 线收盘买入。

（35）在一轮强劲下跌行情开启时，在至少几根强劲下跌趋势 K 线之后的一根上涨 K 线收盘卖空。

（36）在区间底部的前期波段低点或其下方买入。

（37）在区间顶部的前期波段高点或其上方卖空。

（38）在上涨平台（一个小型交易区间，其底部由两根或多根具有相同低点的 K 线构成）的底部上方一两个跳点处用限价订单买入。

（39）在下跌平台（一个小型交易区间，其顶部由两根或多根具有相同高点的 K 线构成）的顶部下方一两个跳点处用限价订单卖空。

（40）用限价订单在交易区间的底部或强势反转上涨后的新上涨趋势中的低 1 或 2 弱势信号 K 线或其下方买入。

（41）用限价订单在交易区间的顶部或强势反转下跌后的新下跌趋势中的高 1 或 2 弱势信号 K 线或其上方卖空。

在强劲的上涨趋势中，淡出卖空刮头皮，因为其大多数会失败。当一轮强劲的上涨趋势中出现一个卖空刮头皮的建仓形态时，在空头刮头皮者准备止盈的价位上方两三个跳点处用限价订单买入。举例而言，如果在 Emini 的强劲上涨趋势中出现一个卖空建仓形态，准备在空头信号 K 线下方约四个跳点的价位用限价订单买入，承担约 3 个跳点的风险，预计抛售行情无法达到空头刮头皮赚取一个点所需要的六个跳点。

在强劲的下跌趋势中，淡出做多刮头皮，因为其大多数会失败。当一轮强劲的上涨趋势中出现一个买入刮头皮的建仓形态时，在多头刮头皮者准备止盈的价位下方约四个跳点处用限价订单卖空。

在一轮非常强劲的上涨趋势中，如果市场尚未跌均线很多跳点，在第一根收盘于均线下方一两个跳点的小型下跌趋势 K 线的收盘价买入。

在一轮非常强劲的下跌趋势中，如果市场尚未越过均线很多跳点，在第一根收盘于均线上方一两个跳点的小型上涨趋势 K 线的收盘价卖空。

在均线处的平静牛旗中，用限价订单在前一根 K 线的低点或其下方买入。

在均线处的平静熊旗中，用限价订单在前一根 K 线的高点或其上方卖空。

在均线处的平静牛旗中的下跌 K 线收盘时买入。

在均线处的平静熊旗中的上涨 K 线收盘时买入。

在强劲上涨趋势中的均线回调中买入，如 20 缺口 K 线的买入建仓形态。

在强劲下跌趋势中的均线回调中卖空，如 20 缺口 K 线的卖空建仓形态。

在市场回调至一根陡峭上升的均线时买入，并在均线下方的固定间距中分批入场。

在市场回调至一条陡峭下降的均线时卖空，并在均线上方的固定间距中分批入场。

在向上突破牛旗的上涨 K 线下方买入，预期其为突破回调。

在向下突破熊旗的下跌 K 线上方买入，预期其为突破回调。

当试图在上涨趋势中把握波段行情时，在突破回调中买入或加仓，这是市场试图清扫在较早时候入场的多头的盈亏平衡止损。

当试图在下跌趋势中把握波段行情时，在突破回调中卖空或加仓，这是市场试图清扫在较早时候入场的空头的盈亏平衡止损。

当市场回调至一个可能的双重底牛旗时，在前期波段低点附近用限价订单买入。

当市场回调至一个可能的双重顶熊旗时，在前期波段高点附近用限价订单卖空。

在你相信基础坚实的交易中分批入场。

如果市场处于阶梯形态，在其回调至前一个阶梯时用限价订单入场。举例而言，如果 Emini 的日均区间约为 12 个点，今天处于一个下跌阶梯形态，考虑在前一个波段低点下方 4 个点处设置限价订单买入，把握市场上涨测试该波段低点的机会。

在趋势交易区间日，在极点位置设置限价订单，预期市场测试最近交易区间的另一边界。举例而言，在一个上涨趋势交易区间日，当卖压积累，考虑在等距行情目标位（基于较低交易区间的高度）下方一个跳点左右的位置设置限价订单卖空，把握市场测试上方区间底部或测试下区间的机会。

在交易区间日的区间顶部附近的急速拉升中，在一根下跌 K 线收盘时卖空，尤其是当其处于前一根 K 线的上半区间且是第二次试图反转下跌时。

在交易区间日的区间底部附近的急速下挫中，在一根上涨 K 线收盘时买入，尤其是当其处于前一根 K 线的下半区间且是第二次试图反转上涨时。

在上涨趋势交易区间日，在等距行情目标位附近的大型上涨趋势 K 线的收盘价和高点上方卖空，尤其是当该 K 线相对较大从而可能是一轮买入高潮且最近 5 至 10 根 K 线出现一些抛压时。

在下跌趋势交易区间日，在等距行情目标位附近的大型下跌趋势 K 线的收盘价和低点下方买入，尤其是当该 K 线相对较大从而可能是一轮抛售高潮且最近 5 至 10 根 K 线出现一些买压时。

在上涨趋势交易区间日中，当区间将约为 10 个点时，在较低区间的高点上方 4 至 6 个点处用限价订单卖空，把握市场测试突破的机会。

在下跌趋势交易区间日中，当区间将为约 10 个点时，在较高区间的低点下方 4 至 6 个点处用限价订单买入，把握市场测试突破的机会。

在强劲下行通道中，当市场正在形成双 K 线反转上涨时，在第二根 K 线涨至第一根 K 线的高点时卖空，承担几个跳点的风险，预计市场不会越过第二根 K 线并触发多头。

在强劲上行通道中，当市场正在形成双 K 线反转下跌时，在第二根 K 线跌至第一根 K 线的低点时买入，承担几个跳点的风险，预计市场不会跌破第二根 K 线并触发空头。

在上涨趋势中，在市场测试上涨趋势线时用限价订单买入（尽管在测试趋势线的上涨反转 K 线上方买入通常更好）。

在下跌趋势中，在市场测试下跌趋势线时用限价订单卖空（尽管在测试趋势线的下跌反转 K 线下方卖空通常更好）。

在上涨趋势或交易区间中，在市场测试下降楔形（楔形牛旗）的向下倾斜的趋势通道线时买入（尽管在测试趋势线的上涨反转 K 线上方买入通常更好）。

在下跌趋势或交易区间中，在市场测试上升楔形（楔形熊旗）的向上倾斜的趋势通道线时卖空（尽管在测试趋势线的下跌反转 K 线下方卖空通常更好）。

在上涨趋势中出现回调时，即一轮小型下跌趋势，在波段低点下方买入，预计突破至新低将失败并成为一个高 2 或楔形牛旗的买入信号。

在下跌趋势中出现回调时，即一轮小型上涨趋势，在波段高点上方卖空，预计突破至新高将失败并成为一个低 2 或楔形熊旗的卖空信号。

在上涨趋势中，在市场从当前高点回撤 60% 至 70% 时买入，承担市场跌至更低低点的风险，在市场创下新高或其上方止盈（回报约为风险两倍，胜率约为 60%）。

在下跌趋势中，当市场从当前低点回撤 60% 至 70% 时卖空，承担市场涨至更高高点的风险，在市场创下新低或其下方止盈（回报约为风险两倍，胜率约为 60%）。

总而言之，当市场处于上涨趋势时，多头会预期空头的所有尝试均会失败，因此每一次都准备买入。他们会在每一根下跌趋势 K 线的收盘价附近买入，即便该 K 线很大并收于低点。他们会在市场跌破前一根 K 线的低点、任何前期波段低点和任何支撑位（如趋势线）时买入。他们还会在市场每一次试图走高时买入，如上涨趋势 K 线的高点附近，或者在市场上涨越过前一根 K 线的高点或阻力线时。这与交易者在强劲下跌市场中的做法完全相反，那时候他们会在 K 线的上方和下方卖空，并在阻力与支撑的上方和下方卖空。他们在 K 线上方卖空（在任何类型的阻力附近），包括强劲的上涨趋势 K 线，因为他们将每一次上涨均看作反转趋势的试图，而大多数趋势反转试图会失败。他们在 K 线下方卖空（在任何类型的支撑附近），因为他们将每一次下跌均看作恢复下跌趋势的试图，并预计其大多数将成功。

市价订单只是限价订单的一种类型，这时交易者急切想要入场或出场而不在意省下一两个跳点。很多想要以市价交易的交易者只是在其价格梯图（Price Ladder）上设置限价订单，因此很多限价订单的意图实际上是以现价入场或离场。举例而言，如果纳百ETF（QQQ）报价为 51.10 并处于一轮急速拉升中，想要以市价做多的交易者经常会点击其价格梯图上设置上高于卖价（Offer）的价格限价买入，如 51.14，并在市价成交。鉴于此，对于倾向于使用市价订单的交易者而言，我所撰写的关于限价订单的大多数内容同样适应于市价订单。

每一次市场向上或向下突破前一根 K 线的高点或低点时都有一些非常重要的事情发生。市场正在突破前一根 K 线的区间，但是要意识到大多数突破试图都失败。不幸的是，交易新手陷入所有突破的情绪之中，假设市场处于一轮大行情的起点。他们不明白突破是一种测试。市场正在搜寻价值，而突破只是多头和空头之间的竞争，通常并非大行情的起点。市场在每一个时间框架下的每一张图表上的每一两根 K 线就出现一次这种测试。是用停损订单在每一根 K 线的高点上方买入并在每一根 K 线的低点下方卖空的交易者会输钱。为什么？因为用停损订单入场是突破交易，而大多数突破会失败。市场通常会拉回至交易区间，如前一根 K 线的实体内，然后再决定其接下来向哪里运动。尽管使用停损指令入场和离场是刚出道交易者的最佳选择，但是他们需要有所选择。

假设当前 K 线刚刚上涨至前一根 K 线的高点上方一个跳点处。大多数交易者或者会在前一根 K 线的高点上方一个跳点处用停损订单买入，或者会在前一根 K 线的高点处用限价订单卖空。如果突破成功，市场前行足够远而让多头获利，那么他们做出了正确决策。然而，如果上涨越过前一根 K 线的行情只是一轮买盘真空，那么市场很快会转为下跌，空头将获利。如果趋势为下，那么很多空头会等待反弹卖空，一个最受欢迎的建仓形态是市场上涨越过任何东西时，如下跌趋势线，前期的波段高点，或者仅仅只是前一根 K 线的高点。如果有足够多的强势空头等待在市场上涨越过某一东西时卖空，那么这种买盘真空就很容易导致市场突破前一根 K 线的高点一两个跳点。市场不会在那里遇到很多强势多头，而是会遇到很多强势空头，他们在等待市场走高一点再卖空，如向上越过前一根K线的高点时。

多头在上涨趋势的情况与此相反。他们想要买回调，如果有足够多的强势多头相信空头能够将市场压至当前K线的低点之下，当他们可以很快以更低价格买入时，为什么还要在其发生之前买入？他们就袖手旁观，设置限价订单在前一根K线的低点买入，等待空头将市场压至当前K线的低点下方。卖盘真空将市场拉至其买入区域，他们则激进买入，空头很快就需要买回空仓（对上涨火上浇油），市场快速反转上涨。

大多数时候，在前一根K线上方用停损订单买入或在前一根K线的高点用限价订单卖空的胜率均为50%左右，但是使用停损订单或限价订单经常会有60%或更高的胜率。经验丰富之后，交易者可以识别这些60%胜率的情况，在拥有优势的方向下单。由于大多数突破试图失败，成功的限价订单入场倾向于更加可靠，但是它们更难把握，因为你是押注在你的保护性止损被触发之前行情失败并反转为你的方向。在交易者拥有很多经验之前，等待市场反转的压力非常大。正如盲目介入所有的停损订单信号是一种输钱策略一样，盲目使用反方向的限价订单淡出每一个此类信号也是一种输钱策略。在任何给定的一天，可能会有10个合理的停损订单入场的加仓形态和20个或更多的限价订单的建仓形态，尽管很多对经验不足的交易者而言并不明显。因为有如此多可靠的限价订单建仓形态，交易者能够评估它们很重要。

当你试图用限价订单入场时，你是在尝试以比当前价格更好的价格入场。举例而言，如果你准备用限价订单买入，你的订单处于当前价格之下，价格下跌才会让你的订单成交。总体来说，以停损订单入场是一种更为安全的手法，因为在你入场的时候市场与你的方向一致，后续行情的几率更大。对于新手，这是最好的手法。不过在很多情况下你可以使用限价订单入场来取代停损订单。实际上如前所述，限价订单建仓形态的数量通常为停损入场建仓形态的两倍多，但是它们风险更大，通常也更难把握，因为它们至少与短期趋势相悖。举例而言，如果你刚刚在市场向上突破下降趋势线并出现一根强劲的上涨反转K线之后的回调中的第二入场建仓形态买入，而市场在接下来的一两根K线里恰好测试了入场K线的低点，考虑设置限价买入订单在入场K线的低点上方一个跳点处加倍仓位，承担仅两个跳点的风险（至最初的止损位，入场K线的略下方）。如果你试图在入场K线的低点用限价订单买入，你很可能不会成交，因为市场通常需要穿过限价订单的价格才能成交。所有人都知道在入场K线的低点下方一个跳点处有很多保护性止损——为什么聪明资金没有瞄准它？这是因为如果这些止损被触发，市场的特点将会改变。不再是一个强劲的第二入场，该图表现在有一个失败的第二入场，这是一个顺势建仓形态，很可能导致第二腿下跌。如果聪明资金在底部重仓，他们不会想要看到市场再下跌两腿，因此他们的做法和你完全一样：他们会继续收集多仓来捍卫底部。最终卖家会放弃并开始回补，当其这样做时，市场上涨远远超过刮头皮者的目标。

用限价订单入场至少是在做短期趋势的逆势交易，总体来说会产生不必要的焦虑，其可能干扰你在当日后期交易的能力。强劲的急速行情并不是用限价订单在回调中入场的充分理由。举例而言，如果 Emini 上有一轮强劲急速拉升至交易区间顶部，或者是上涨趋势末端的买盘高潮，交易者可能会将其看作强势迹象，并且可能在其下方一至四个点处分批建立多仓。然而，他们需要考虑急速拉升为衰竭性买盘高潮的可能性。当有任何疑虑时，交易者不应该在市场下跌的过程中用限价订单买入，因为抛售可能持续至少 10 根 K 线和两腿，可能是反转下跌的开端。强劲的急速拉升本身并非在回调中用限价订单买入的充分理由，交易者需要考虑急速拉升的背景。急速下挫与此相反。

此外，如果市场上涨数个小时，但是现在抛售了一个小时而没有见底迹象，你设置限价订单在斐波那契 62% 回撤位或布林带、Keltner 或任何其他类型的区间买入，当你入场的时候市场正在下跌，因此你的交易将与当前趋势相反，你是在希望之前的趋势回归。市场经常会在 62% 的回撤区域反弹，但是相对于用停损订单入场而言，其频率和强度不值得尝试。如果市场在 62% 回撤位附近反转上涨，那就等待 K 线收盘，看一下其是否为上涨。如果是，设置订单在其高点上方一个跳点处买入。这样市场在你入场的时候与你方向一致，多头将通过 K 线的上涨收盘和他们推动市场上涨越过前一根 K 线的高点的能力而展示力量。你依然有 62% 的回调对你有利。如果这笔交易出色，现在它更有可能成功。确实，通过等待用停损订单入场可能会错过几个跳点，但是你将避免很多亏损和大量不必要的压力。

有一些情况，用限价订单入场的胜率与停损订单接近。如果你因为某种原因而错过一笔好交易的停损订单入场，你能在数秒内在停损订单的价格或相差一两个跳点的价格设置限价订单，这可能有效。不过只有在非常强劲的交易中才使用这种方法，因为总体而言，你不希望介入一笔你已经错过最初入场却依然能够以好价格入场的交易。好交易很少给迟钝的交易者第二次机会。

在强劲的上涨趋势中，你不能在低 1 或低 2 卖空，尤其是当信号 K 线疲弱时。当出现一根停顿 K 线或弱势下跌 K 线时，很多交易者会袖手旁观，等待市场跌破该 K 线再买入。这形成小型卖盘真空。在该 K 线的低点或其下方买入通常是一笔好交易，预期高 1 或高 2 在数个跳点上方触发。其他交易者会在急速拉升高点下方的固定间隔买入，如下方一个点或两个点，其通常与那些低 1 和低 2 信号 K 线的低点一致。记住，在强劲的上涨趋势中，低 1 和低 2 信号并不存在，其只是陷阱。强劲上涨趋势中的顶部在约80%的案例中成为牛旗。强劲下跌趋势中的情况与此相反，在高 1 和高 2 信号 K 线的高点或其上方卖空经常是一个好策略。

如果你在做反转入场，尤其是在交易区间中，沿途中经常会出现回调，经常发生在入场后的一两根 K 线之内。如果你对自己解读价格行为的能力自信，你可以淡出这些回调。这些通常是你相信会失败的低 1 低 2 或高 1 高 2 的建仓形态。举例而言，如果在交易区间日出现一个楔形底而你在反转上涨中买入，你可以预计楔形的底部将守住。你相信现在趋势为上，因此你想要买回调。回调可以小至单独一根 K 线。由于很可能会出现两腿上涨，因此第一腿下跌应该不会走很远。那个低 1 卖空应该会失败并成为一轮新的上涨中的回调，因为接下来 10 根或更多 K 线的趋势已经转为上涨。低 1 卖空唯一可靠的时候是在强劲下跌趋势中的急速行情阶段，而绝不是在反转形态之后。该低 1 卖空入场很可能不会跌破楔形的底部，而是会在一轮两腿调整上涨中形成一个小型的更高低点。鉴于此，你可以设置限价订单在那个卖空信号 K 线的低点或其下方一至三个跳点处买入，预计形成一个小型的更高低点而非一个有利可图的低 1 卖空。在 Emini 中你通常可以承担小至四个跳点的风险。

随着反转上涨持续，你可能会认为低 2 卖空建仓形态可能会形成。然而，由于你相信趋势已经转为上涨趋势，你预计该低 2 也会失败，市场还会继续走高。你依然处于买回调的模式，其可以包括小型回调，如低 2。这里你可以再次设置限价订单在低 2 信号 K 线的低点或其下方买入，并在 Emini 上承担约四个跳点的风险。你预期该熊旗无法突破几个跳点，而是会继续形成上行通道。这是最终旗形的一种类型，因为它是下跌趋势的最后旗形。空头认为它是熊旗，但是当其无法向下突破下跌信号 K 线超过一两个跳点时，旗形将继续成长并向右发展，直到交易者意识到其已成为上行通道。在某一时刻，当足够多的交易者意识到正在发生什么，空头将会回补，通常会出现上行突破，然后是一轮等距上涨。一旦空头相信市场或者已经达到交易区间的顶部，或者上涨趋势处于反转下跌的过程之中，他们就会寻找高 1 和高 2 信号 K 线，设置限价订单在这些 K 线的高点或其略上方卖空。他们想要卖反弹，即便是像高 1 或高 2 这种很小的反弹。多头会在交易区间底部寻找低 1 和低 2 入场，当他们认为市场处于反转上涨的过程时，他们也会在下跌趋势的底部这样做。

大多数顶部是某种形式的双重顶，并且涉及失败的高 1、高 2 或三角形突破，而那个高 1、高 2 或三角形之后成为上涨行情的最终牛旗。当上涨行情和顶部很小时，双重顶就是一个微型双重顶。当交易者预期反转时，他们会在牛旗的信号 K 线及其上方设置卖空限价订单，预计其将失败。底部通常来自于失败的低 1、低 2 或三角形突破,形成下跌行情中的最终旗形。当双重顶在仅仅几根 K 线内形成时,其是微型双重底。预期旗形失败并将引发反转上涨的交易者会设置限价订单在卖空信号 K 线的低点及其下方买入。

回到那个楔形底的案例,如果它以一根大型上涨反转 K 线结束,然后出现第二根小影线的强劲上涨趋势 K 线,那么形成两腿上涨的概率较高。如果下一根 K 线是一根小型上涨 K 线或一根十字线,那么这在任何情况下都是低 1 卖空的弱势建仓形态,在一个可能的楔形底之后,其更加不太可能形成有利可图的卖空。最低限度,空头应该等待至少出现低 2,但是如果趋势已经反转,那也很可能会失败。聪明的多头会看到弱势低 1 建仓形态,预计其无法让空头刮头皮获利,因此他们会在该 K 线的低点或者几个跳点之下用限价订单买入,可能在 Emini 上承担六个跳点的风险。交易者一直都这么做,限价订单和保护止损的位置取决于市场。举例而言,假设谷歌(GOOG)最近的日均区间为 10 美元,如果五分钟图上出现一个下跌楔形的反转上涨,而最初几根 K 线脱离低点 3 美元,交易者可能设置限价订单在下方约 50% 处的第一腿顶点下方 1.5 美元处买入,或许在低 1 信号 K 线下方 50 美分甚至 1 美元处买入,然后承担另外 1.5 美元至 2 美元的风险,或者承担市场跌至楔形底部的风险。

在一些铁丝网形态和小型交易区间中,用限价订单入场可以很有效,这里的 K 线很大且多数重叠,形态基本为水平运动。这充满风险,要求快速决策,只有最出色和经验最丰富的交易者才能尝试。

交易者习惯性地用限价订单和市价订单淡出所有类型的通道,在顶部卖空,在底部反手做多。最安全的通道是具有明确支撑和阻力的交易区间,其经受过多次测试。由于假突破普遍,交易者在阻力线上方卖空或在支撑线下方买入,淡出市场对极点的测试,他们将保护性止损设在远离支撑与阻力线的位置,允许市场在转回他们的方向并测试区间另一边界之前出现假突破。交易者在趋势通道中也这样做。举例而言,如果有一个上升趋势通道,他们会在市场碰触或接近趋势通道线时用限价订单或市价订单卖空,并且他们会在通道中最近的波段高点上方卖空,并在市场走高的过程中分批入场。对于当日最后几个小时来说这并非一个好策略,因为经常时间不足而需要止损一个大型空仓。

多头会以市价买入,或者用限价订单在市场测试通道底部的趋势线时买入,他们会将保护性止损设在趋势线下方足够远的位置,允许市场小幅穿线。他们还会用限价订单在前一根 K 线的低点及其下方买入。由于他们在顺势交易,他们更可能用部分仓位把握波段上涨,并在后续建仓形态中加仓。在上行通道中,你不应该寻找低 1、2、3 和 4 的建仓形态,因为它们是下跌趋势和交易区间中的建仓形态。如果你在上涨趋势中看到它们，由于其大概率会失败并触及上方的保护性止损，做相反的交易更有意义。不是在前一根K线的低点下方卖空，而是设置限价订单在该K线或其下方买入。你将在这些空头卖空的位置买入，由于他们很可能会失败，因此你很可能会成功。

如果通道内有更大的波段，如在趋势通道或阶梯形态中，双边交易甚至更加强劲，因此淡出通道顶部和底部是更为可靠的交易。如果交易者交易足够小的仓位，可以在市场在与其相反的方向进一步前进时分批入场，所有的通道淡出交易都尤为可靠。举例而言，如果市场处于下行通道中，你可以用限价订单在每一个前期波段低点的下方买入，并准备在其略下方加仓，使用宽幅止损。如果市场在你首次入场后触及你的盈利目标，你就获利了结。反之，如果趋势持续，你的第二个限价订单成交，你可以在第一次入场的价位平掉全部仓位。这样你的第一次入场就以盈亏平衡离场，而第二次入场则以盈利离场。对于分批介入逆势交易的交易者而言，有一个重要警告是，你应该在市场第二次出现对你不利的行情时离场或转为顺势方向。这意味着如果你在上涨趋势中分批建立空仓，你要在高2离场或者反手做多，尤其是当其位于均线附近之时。与之类似，如果你在下跌趋势中分批建立多仓，而其形成一个低2，尤其是当其处于均线附近时，如果低2触发，离场或反手做空。

Emini上的刮头皮者通常需要在信号K线外六个跳点的行情来刮头皮赚取四个跳点的盈利。这是因为入场停损订单位于信号K线外一个跳点处，然后你还需要四个跳点作为你的盈利，而你的止盈限价订单通常在市场越过你的订单价格一个跳点之前不会成交。有时候你的订单不需要市场穿过它就能成交，但是当这种情况发生时，市场通常强劲，并很可能会在你的订单成交之后的几分钟内脱离该价位。与之类似，要在纳百ETF（QQQ）上刮头皮赚取10个跳点，你通常需要一轮12跳点的行情。

当一个建仓形态看上去弱势时，你最好不要做这笔交易，而是等待另一个机会。如果其弱势，其很可能会失败，你不应该承担不必要的风险。一个弱势建仓形态经常会有第二入场，这时候其成为强势建仓形态。

如果交易者相信突破强劲并预计测试会成功，他们也可以在市场回调至突破区时用限价订单入场。突破测试的存在是为了检验交易者是否会在其之前的入场价再次入场。举例而言，如果Emini的5分钟走势在下跌波段的最终旗形后以一根强劲的上涨反转K线反转上涨，且上涨行情持续数个小时，市场向下测试该上涨信号K线的高点附近一两个跳点很常见。交易者曾在该K线上方激进买入，现在市场回测该价位。如果上涨趋势强劲，买家会在同一价位回归，而上涨波段将恢复。很多机构习惯性地在该价位设置限价订单和市价订单，其为交易者提供了出色的风险 / 回报比。他们可能只需要承担四至六个跳点的风险，并且他们可能有超过 50% 的机率赚取四个或更多跳点。举例而言，参考第五章的失败突破、突破回调和突破测试。

　　尽管大多数交易都应该用停损订单入场，但是当有强劲趋势时，任何时候入场都安全，并且使用限价订单在移动平均线处入场对股票尤为合适，其倾向于表现规矩。这使得风险更小而潜在回报更大，而在赢率上并无根本变化。在上涨趋势中，交易者经常承担市场跌至最近的更高低点的风险，因此买回调意味着其保护性止损更小。与之类似，在下跌趋势中，交易者经常将其保护性止损放在最近的更低高点上方，并在回调中卖空。

图 28.1　限价订单入场

　　图 28.1 的走势图展示了数个用限价订单入场的交易案例。至 K 线 3 的上涨强劲，市场在均线的略下方停顿，它是一个磁体。市场处于均线的磁力范围之内。由于 K 线 3 是一根十字线，因此是市场强劲上涨之后的一个糟糕的卖空信号，在市场再次拉升测试均线之前，其不太可能下跌很多。激进的多头可以在 K 线 3 或其略下方用限价订单买入，把握市场测试均线的机会，可能承担六个跳点的风险。

　　在 K 线 5 测试均线之后，市场很可能会盘整下跌调整。敏锐的交易者看到多头无法连续形成强劲的上涨趋势 K 线。这使其卖空意愿提高。K 线 5 是对均线底部的下跌 K 线测试。由于它出现在第二轮买入高潮（由当日第一根和第三根 K 线构成，其为大型上涨趋势 K 线）之后，接下来很可能是两条腿的盘整下跌。因此，在 K 线 6 的高点或其上方一个跳点处用限价订单卖空是一笔风险 / 回报比出色的交易。然而，考虑到近期 K 线的双边交易特点，这是一种高风险的策略。其他交易者看到 K 线 5 以下跌收盘，预计均线处出现低 2 卖空信号。在 K 线 5 刚收盘时，他们以市价卖空，或者设置限价订单在 K 线 5 的收盘价卖空。

随着市场从均线崩溃下跌，交易者在三根大型趋势 K 线的收盘价卖空，他们在下跌 K 线的形成过程中的小幅回调中卖空。举例而言，许多人用限价订单在最近低点的上方一、二或三个跳点处卖空。

K 线 1 至 K 线 5 的开盘区间约为日均区间的一半大小，因此一旦市场向下突破 K 线 1，一些交易者就会等距行情的目标位寻找可能的当日低点。K 线 8 的低点恰好是从 K 线 1 的开盘价至 K 线 5 的高点的等距下跌目标。交易者知道当日的开盘价此时正好处于当日区间的中点，市场可能在测试收盘价之前先回测开盘价。这会在日线图上形成一根十字线，其开盘价和收盘价均处于当日中点。如果市场可以上涨回到高点，当日就成为一个上涨反转日。一些多头愿意在等距行情目标上方一个跳点处用限价订单做多，然后在市场测试开盘价的过程中持仓。成功测试当日开盘价的概率很可能为 30% 至 40%。他们或许可以使用几个点的保护性止损，然后他们可以等待观察发生什么。由于抛售正在丧失动能，有足够多的人获利了结而让市场在触及他们的保护性止损之前反弹的概率较高。如果市场跌破其入场价但并未触及其止损，并且他们认为其假设不再有效，他们可以在盈亏平衡处离场。一旦市场出现双 K 线反转上涨，他们可以将保护性止损移至盈亏平衡位，然后他们可以耐心等待，看下上涨行情是否出现，在这里如期而至。

至 K 线 8 的急速下挫有连续七根下跌趋势 K 线。将此看作强势迹象的交易者可以在其上方一至四个点的位置设置限价订单分批建立空仓。然而，他们需要考虑这一轮急速下挫是衰竭性抛售高潮的可能性。当有任何疑虑时，交易者不应该在市场上涨的过程中用限价订单卖空，因为上涨可能持续至少 10 根 K 线或两腿，并且它可能是反转上涨的起点，尤其是在当前的环境之下。单独一轮强劲的急速下挫并不是用限价订单在上涨中卖空的充分理由。交易者需要观察急速下挫的背景。

低点位置的窄幅交易区间是一个经典案例，让人理解交易的数学如何能形成出色的交易。该区间太窄而无法用停损订单刮头皮。当区间紧凑时，你无法在 K 线上方买入或 K 线下方卖空而指望刮头皮稳定盈利。然而，这是波段交易者的好机会。当日为趋势交易区间日，如果市场向上突破窄幅交易区间，其将有 70% 的概率测试 K 线 1 的低点处的上区间底部。一旦双重底牛旗被 K 线 11 上方的行情所确立，多头将捍卫其低点。因此，用限价订单在其上方一个跳点处买入并承担跌至其下方一两个跳点的风险是一笔风险／回报比出色的交易。你的限价订单将在 K 线 12 处成交，其再次精确测试 K 线 10 和 11 的双重底。你将承担约 3 个跳点的风险，赚取至 K 线 1 低点的至少四个点盈利，如果市场反转上涨并测试上区间的高点，你甚至将赚到 12 个点，这也是所发生的。由于你是在交易区间的底部买入，市场有 60% 的机率测试区间顶部。不过，你需要成功的上行突破，而窄幅交易区间里向任意方向突破的概率为 50/50。因此在你买入的时候，你有 50% 的机率赚取四个点或更多，而承担少于一个点的风险。这是一笔风险／回报比出色的交易，但是只有懂得其数学的交易者才能发现。

一旦市场开始在 K 线 13 和 14 形成更高的低点，你可以将你的保护性止损上移至最近的更高低点下方一个跳点处。在市场测试 K 线 13 和 14 并在 K 线 16 出现突破回调后，出现至少四个点的行情的概率可能从 50% 上升至 70%。这个时候，你已经锁定了几个跳点的盈利，并有 70% 的机率赚取至少四个点，或许市场还有 50% 的几率上涨至上区间的顶部。在五根上涨趋势 K 线从 K 线 16 开启突破之后，市场有 60% 的机会完成等距上涨，因为这是出现强劲急速行情突破时的典型情况。等距上涨将基于 K 线 16 下一根 K 线的开盘价至急速行情中第三根 K 线的收盘价，从第三根 K 线的收盘价向上投射。急速行情中最强劲的实体通常引发等距行情。这意味着你有 60% 的机会赚取另外约五个点。你会将保护性止损设在急速行情的底部，其将保护你的约两个点的持仓盈利。

K 线 17 是一轮强劲急速拉升中的下跌反转 K 线。多头预计市场将在一两根 K 线的回调后形成一个成功的高 1 买入建仓形态。然而，那根买入信号 K 线的高点很可能高于 K 线 17 卖空信号 K 线的低点，因此激进地多头在 K 线 17 的低点买入。K 线 17 的后一根 K 线是一根上涨 K 线，而上涨趋势强劲。如果其后面一根 K 线是下跌趋势 K 线（事实确实如此），其将形成一个双 K 线卖空。由于上涨趋势强劲，激进的多头会在上涨 K 线的低点设置买入限价订单。他们会预期，如果下跌 K 线跌破上涨 K 线的低点，双 K 线反转卖空将不会跌破双 K 线反转顶部的两根 K 线，其在 K 线 18 触发。

由于市场在至 K 线 17 的上涨中明显转为多头，并且 K 线 18 前一根下跌 K 线是市场第二次试图反转下跌，因此很多多头认为市场很快会恢复上涨。他们怀疑其是否有后续行情，一旦 K 线 18 开盘，他们就设置限价订单在前一根 K 线的收盘价买入。

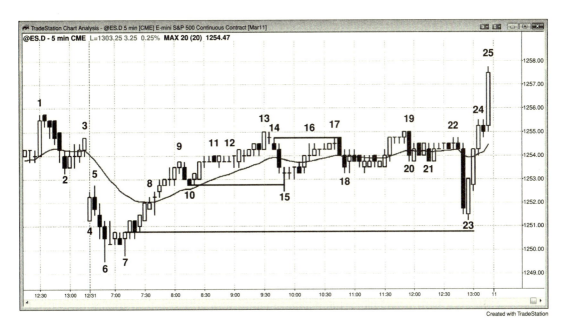

图 28.2　清淡交易日用限价订单入场

在 12 月末的清淡交易日中，用限价订单入场经常是最佳手法。在图 28.2 中，至 K 线 6 的抛售有买压迹象，如 K 线 4 的上涨 K 线和 K 线底部的影线越来越长。因此这并非一轮强势急速下挫，至 K 线 7 的低 1 突破也就很可能会失败。由于 K 线 6 也处于一个为期两天的扩展三角形底部并向下刺破持续两个星期的上升趋势线，因此交易者在寻找对决线买入建仓形态。激进的多头在 K 线 7 向下突破 III 形态的过程中买入，而大多数保守的交易者在其高点上方买入。

在 K 线 8 之前的上行突破 K 线结束之前，大多数交易者认为市场处于多头行情，因此他们准备买回调。由于上涨至 K 线 8 的行情处于一个微型上行通道之中，他们相信市场第一次向下突破前一根 K 线的低点会失败并成为空头陷阱，即便部分交易者将其看作均线附近的低 2 卖空。这些多头会设置限价订单在前一根 K 线的低点及其下方买入，他们会在 K 线 8 的后一根 K 线获得成交。

由于 K 线 8 前一根 K 线将市场转为多头，因此多头希望市场维持在 K 线 8 前一根 K 线的高点上方。一些人设置限价订单在那根 K 线的高点上方一个跳点处买入，他们将在 K 线 8 后的十字 K 线中成交。一些人只承担两个跳点的风险。其他人会使用更宽的保护性止损，还有一些人会在更低价位加仓。尽管使用两个跳点的止损的成功率可能只有 30% 至 40%，但是潜在回报是从该测量缺口开始的等距上涨，或至少六个跳点的盈利。最坏情形是六个跳点的盈利和 30% 的成功率，这是一个盈亏平衡的策略，而最好情况可能是 60% 的成功率和 10 至 12 跳点的盈利。这是出色的结果。因为实际结果很可能处于两者之间，因此其数学依然不错，这是一个合理的买入建仓形态。这段假日交易期间的日均区间只有五至六个点。由于市场在一年中只有几天的区间小于五个点，因此今日区间至少应该有这个幅度。

K 线 7 至 K 线 8 的行情是一个上行微型通道。由于第一次向下突破上行微型通道通常会失败，因此多头持续设置限价订单在前一根 K 线的低点买入。其订单在 K 线 8 后的 K 线成交。

微型通道持续上涨至 K 线 9，多头的订单在下一根 K 线跌破 K 线 9 的过程中再次成交。一些人会在多仓上承担四至八个跳点的风险，但是其他人会分批入场，在其首次入场的价位下方四至六个跳点处加仓。

尽管 K 线 11 是一个可能的最终旗形卖空和更高高点，但是大多数交易者假设上行动能足够强劲，形成熊腿的可能较小。市场或者会持续上涨，或者会略微下跌，形成一个交易区间，然后继续创下新高。因为市场走高的概率较大，他们愿意用限价订单在前一根 K 线的低点及其下方买入，其在 K 线 11 和 12 的下方成交。

对一些交易者而言，从 K 线 14 开始的双 K 线急速下挫可能已经让市场转为始终入场空头，但是大多数交易者希望在下一根 K 线看到强劲的后续行情来确认下行突破。一旦他们看到下一根 K 线以十字线收盘而不是强劲的下跌 K 线，他们用限价订单在其收盘价附近买入。

市场很可能会测试 K 线 7 至 K 线 9 的急速拉升后的上行通道的底部 K 线 10。在此之后，随着市场决定其下一步走势，形成小型交易区间的可能性较大。在这一轮始于 K 线 15 的上涨行情中，空头用停损订单在 K 线 14 的急速下挫顶部上方一个跳点处卖空。敏锐的空头设置限价订单在 K 线 14 的高点下方一个跳点处卖空，将保护性止损设在两个跳点之上。其在 K 线 17 成交。由于其风险只有两个跳点，并且他们在交易区间中卖空，出现等距行情的概率很可能至少为 50%，并且在其两个跳点的止损被触及之前先出现四个跳点的下跌行情的概率也很可能超过 50%。由于这是一个小幅波动日的交易区间，这些空头处于刮头皮模式，他们很乐意抓取一个点或四个跳点的盈利。他们的潜在回报是其风险的两倍，而其胜率至少为 50%，因此交易者方程强劲。

在 K 线 21 时，交易者将其看作一个交易区间日，他们预计突破试图会失败。尽管 K 线 22 后的强劲急速下跌令人印象深刻，但是没有后续抛售，下一根 K 线并非以下跌结束，其很可能是一个空头陷阱，而不是一轮引发通道的急速行情。激进的交易者在其结束时买入，同时在其低点用限价订单做多。他们也看到 K 线 23 测试当日的开盘价和 K 线 7 上方的最初多头。他们可能会承担约四个跳点的风险来把握上行波段的机会。即便其概率仅有30% 至 40%，但是其潜在回报可能为风险的四至五倍，因此值得考虑。更为保守的交易者在 K 线 23 的上涨反转 K 线上方买入，其证实了下行突破失败。他们在底部上方买入，因此其潜在回报较低而风险较大，但是大幅提高的成功率弥补了这些问题。

当交易者看到 K 线 23 后的入场 K 线以强势收盘，他们在其收盘时买入。其他人等到下一根 K 线开盘，然后立即设置限价订单在前一根 K 线的收盘价买入。当下一根 K 线也成为一根强劲的上涨趋势 K 线时，他们在 K 线 24 重复该过程。

到 K 线 24 结束时，市场处于一直在场多头，因此一些多头会想要在第一根以下跌结束的 K 线买入，其在下一根 K 线出现。然而，市场从未跌破该下跌 K 线的结束价，因此其大多数限价订单很可能不会成交。这是市场在收盘前急迫的迹象，机警的多头会设置停损订单在该下跌 K 线的上方做多，以为它是一个突破回调的买入建仓形态。很多人不够迅速，会在下一根 K 线中向上追逐市场，用限价订单在 K 线形成过程中的一两个点回调中买入。

在市场上涨至 K 线 13 的过程中，趋势明显为上。一些交易者设置限价订单在斐波那契 62% 回撤位买入，或者是在 60% 至 70% 之间的任何回调中买入，止损设在 K 线 6 的上涨 K 线低点下方。他们在回报是风险的约两倍或更多倍的价位寻求买入。在下跌约三分之二的时候买入来把握市场测试上涨高点的机会，承担约三分之一的风险，使其目标两倍于风险，这总是好事。在其下单的时候，趋势为上，因此在回调中买入至少有 60% 的机率出现等距行情（与其止损相等的上涨行情），并且可能有 60% 的概率创下新的上涨高点（回报两倍于风险）。通过在回调中入场来降低风险是很多交易者使用的手法，有很好的交易者方程。

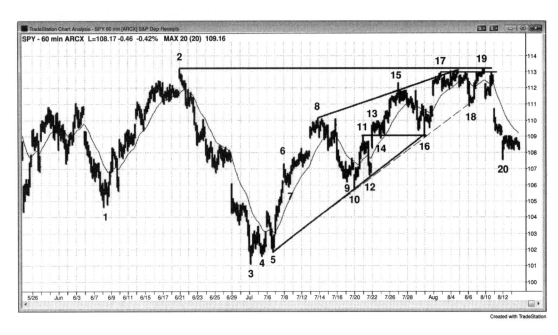

图 28.3　限价订单建仓形态

　　图 28.3 中所展示的 SPY 的 60 分走势图中显示了很多机构和交易者一定使用限价或市价订单入场的案例。K 线 3 是一个下行通道的高潮性底部，它是一个牛旗，并且可能是一个扩张三角形底部。K 线 1 是第二段下跌，而其前面的波段低点是第一段。在 K 线 3 的低点之后，交易者在市场下跌至 K 线 5 的过程中非常确信其将走高，因此他们在 K 线 4 的低点上方用市价和限价订单买入。每当双重底牛旗如此表现时，是因为多头害怕错过新趋势，从而将其订单设置在 K 线 4 的低点上方很多跳点处而非其低点或低点上方一个跳点处，这引发了市场急速拉升至 K 线 6，然后通道上涨至 K 线 8。交易者也可以在此区域用限价订单入场，承担市场跌至 K 线 4 低点下方约一个点的风险，并持仓等待市场在 105、108或 110 处测试通道中的交易区间顶部。每一个都是急速下挫后的通道下跌的起点，它们是磁体。交易者在承担一个点的风险来赚取三至七个点，其胜率至少为 40%，使其成为一笔符合逻辑的交易。另外，他们也可以用停损订单在 K 线 5 的高点上方入场。这使其成功概率提升至约 60%，因为他们现在是在一个确认的交易区间底部（双重底）买入。他们的风险是市场跌破信号 K 线，也就是约一个点，而其第一个盈利目标在上方两个点处，再次使其成为出色的策略。

　　K 线 6 是一轮强劲急速拉升的顶点，因此回调后形成更高高点的概率约为 70%。很多交易者因此在其低点下方买入。其他交易者在 K 线 7 的高 1 上方一个跳点处用停损订单买入。当市场再次测试那个价格区域时，他们在 K 线 9 买入一些，但是未能将市场拉升很多。不过，当市场跌破 K 线 7 的低点时，多头用限价订单和市价订单（及停损订单）激进买入。

K 线 14 是对 K 线 11 上方的突破的小型突破测试，并且很多交易者在那里用限价订单买入，拉升市场。

市场急速拉升至 K 线 13 后以通道上涨至 K 线 15，然后在 K 线 16 处测试通道的底部，市场在这里形成一个双重底牛旗，这在急速拉升和通道的上涨趋势中经常出现。买家使用限价订单在与其在 K 线 14 处买入的同一价位再次买入，这形成一个双重底牛旗。K 线 16 跌破从 K 线 5 至 K 线 10 划出的趋势线，很多交易者在这一轮测试中用市价订单和限价订单买入，然后他们重新画出趋势线，在 K 线 18 测试此处及下方时用市价订单和限价订单买入。买家在同一价位激进回归，他们在市场向上突破 K 线 1 时和回调至 K 线 14 时均在此价位买入。

K 线 17 是一个对决线卖空建仓形态，因为楔形顶上的通道趋势线处于 K 线 2 高点区域，而重要的波段高点总是阻力区域。交易者在接下来的数个交易日中不断在阻力线下方卖空，市场最终向下突破由 K 线 17 和 K 线 19 形成的小型双重顶，这一轮抛售也是从楔形顶和大型双重顶（K 线 2 和 K 线 19）开始的反转下跌。市场在 K 线 17 和 K 线 19 之间形成一个交易区间，交易者不断在市场测试区间顶部时卖空，很多人使用限价订单卖空。

至 K 线 8 的急速拉升和通道上涨如此强劲，市场很可能会继续走高。尽管一些交易者以市价买入，并在上涨过程中的微幅回调中一路买入，但是很多交易者只在回调中买入，如在 K 线 9 和 K 线 10 测试 K 线 7 的上行通道底部区域时。他们在市场下跌的过程中用限价订单买入，并在支撑区的前一根 K 线高点上方用停损订单买入。由于趋势向上，除非市场跌破 K 线 5 处的最近更高低点，或者跌破 K 线 3 的波段底部，在 K 线 8 的高点下方远处买入允许交易者使用较小的止损，降低其风险。在抛售至 K 线 9 或 K 线 10 的行情之后，趋势变得较不确定，波段做多而盈利的概率降低，但是至 K 线 8 的上涨强于至 K 线 9 的抛售，因此上涨的概率依然较大。一旦市场急剧上涨至 K 线 11，多头将止损移至 K 线 10 的低点下方。至 K 线 12 的抛售剧烈，但是市场维持在止损位上方。

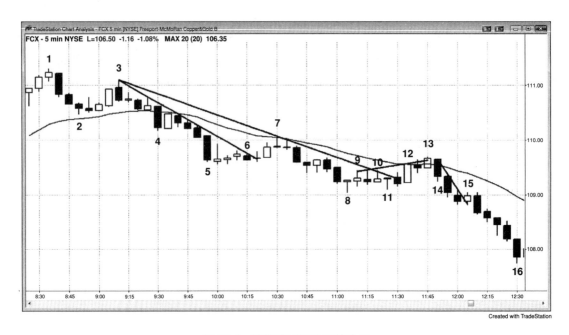

图 28.4　测线时用限价订单淡出

　　很多交易者淡出对趋势线和趋势通道线的测试，但是大多数交易者通过在市场反转离线之后用停损订单入场赚钱。权衡是用少一点的盈利换取大得多的确定性，这通常会导致更强的交易者方程。

　　如图 28.4 所示，K 线 6 是对 Freeport–McMoRan（FCX)的下跌趋势线的测试，一些交易者在市场测试趋势线时用限价订单卖空。这在 K 线 5 的抛售高潮后的三 K 线窄幅交易区间中是一种高风险策略，市场很可能会出现一轮两腿调整。市场处于均线的磁力范围之内，很可能进一步测试，更好的策略是在均线处的 K 线 7 低 2 的下方一个跳点处用停损订单卖空。

　　交易者还用限价订单在市场对 K 线 9 至 K 线 10 的下跌趋势线的测试中卖空。更好的策略是在低 2 信号 K 线下方卖空，如 K 线 11 后一根 K 线，但是该卖空从未触发。然后市场在均线上的 K 线 13 处形成一个楔形熊旗。交易者在均线和趋势通道线处用限价订单卖空，但是更好的策略是在 K 线 13 下方卖空，或者在一根下跌趋势 K 线下方卖空，如其前一根 K 线或 K 线 13 的后一根 K 线。当交易者看到 K 线 11 的更高低点时，他们预计任何对波段高点的上行突破都会失败。一些人在 K 线 10 的上方一个跳点处用限价订单卖空，他们相信还有空头在均线下方一个跳点处卖空，而那少数多头会在市场向上突破 K 线 10

的波段高点时买入，大多数反转下跌趋势的试图会失败并成为熊旗。这些激进的空头在熊旗的顶部卖空，相信这些高位无法长期维持。其他人在市场跌破 K 线 12 的上涨趋势 K 线时入场，预期剩余的多头会在此时清仓并助力市场下跌。考虑到空头短期掌控市场，在至少多根 K 线之内，这些多头不会轻易再次买入。

K 线 14 是三 K 线急速下挫中的第一根，它们形成了一个下跌微型通道。交易者可以在 K 线 15 向上突破趋势线的时候卖空。其他交易者在看到其将成为一根弱势上行突破 K 线时在其收盘时卖空。一旦 K 线 15 收盘，很多交易者便立即在其高点及其略上方和略下方设置限价订单。由于下一根 K 线并未越过 K 线 15，因此那些试图在 K 线 15 或其上方卖空的交易者的订单并未成交，然后他们追逐市场下跌，很多人在 K 线 15 的低点下方一个跳点处用停损订单卖空。这是最佳入场，因为交易者看到下跌微型通道，相信后面有更多抛售，他们也看到市场从未越过 K 线 15。这告诉他们，试图在那里卖空的交易者踏空，他们会渴望建立空仓，而下一个合理的入场是在 K 线 15 下方用停损订单入场。

图 28.5　趋势通道线将先行多头套在强势下跌趋势

在熊市中的趋势通道线买入，希望其形成楔形底，是一种输钱策略。每当你发现自己在市场下跌中不断画出趋势通道线，通常你完全错失了一轮强劲趋势，并在寻找相反方向的交易。

如图 28.5 所示，K 线 3 跌破从 K 线 1 至 K 线 2 划出的趋势通道线，在市场跌至通道线时买入的交易者立即发现自己被套。在市场处于强劲的始终入场空头时买入是一种输钱策略。交易者应该只寻找卖空交易，并试图用部分仓位做波段。在 K 线 6、8 和 9 的其他趋势通道线测试中买入的交易者很可能也会输钱。尽管交易者在 K 线 10 跌破趋势通道线时买入可能赚到钱，但是其风险大而胜率和潜在回报低，因此也是一个糟糕的策略。不过，在大型 K 线 10 的抛售高潮后的强劲上涨孕线的上方买入是一笔可以接受的多头交易，刮头皮把握市场涨至均线附近的机会。

之后是均线附近的 K 线 12 的楔形牛旗卖空。K 线 12 是第二入场，因为它是均线附近的下跌反转 K 线，是强劲下跌趋势中的一个尤为可靠的卖空建仓形态。

第29章　保护性止损和追踪止损

由于大多数交易最多只有60%的确定性，对于其他40%不如预期的交易，你总是要有一个计划。你不应该忽视那40%的时候，就像如果有人在30码之外向你射击而只有40%的概率命中，你不能熟视无睹。40%的概率非常现实也十分危险，因此总是要尊重与你观点相反的交易者。计划中最重要的部分是有保护性止损，防止市场向对你不利的方向发展。最好是在市场中设置止损，因为很多使用心理止损的交易者在其最需要止损的时候却找到太多理由来忽视它，他们不可以避免地让小额亏损不断扩大。有多种方法来设置止损，任何一种都可以。最重要的是你在市场中设置止损订单，而不仅是在脑子里。

保护性止损的两种主要类型是资金管理止损和价格行为止损。在资金管理止损中，你需承担一定跳点数或金额的风险；在价格行为止损中，如果市场越过一个特定的价格K线或价格水平时你就离场。根据情况不同，很多交易者使用这两种止损或其中一种。举例而言，对于一个在Emini上的大多数交易中使用两个点止损的交易者，如果K线大，他可能使用三个点的止损。刚刚做多的价格行为交易者最初可能在信号K线的低点下方一个跳点处设置保护性止损。然而，如果K线非同寻常的大，如六个跳点高，她可能交易较少合约，或转为使用约三个点的资金管理止损。总体而言，在大部分或全部时候使用一种方法最好，因为这样它就成为你的习惯，在你入场交易时总是设置保护性止损。这样当你需要专注于是否交易时，你就不会因为考虑在不同情况下使用哪种类型和大小的止损而分心。

对于大多数小额刮头皮，交易者不想要看到任何回调，他们经常会在其出现时离场。不过，如果他们相信市场进入趋势通道，他们通常会允许小幅回调。举例而言，如果当日是一个交易区间日，而市场刚从区间低点急速拉升，现在可能正在形成一个小型上行通道，市场可能测试区间的顶部，做多的交易者的盈利目标将有限，因此这笔交易将是刮头皮。由于市场处于上行通道，因此很可能会出现回调，这意味着一根K线可能跌破前一根K线的低点几个跳点，但是不会跌破通道内的最近波段低点。既然交易者怀疑市场进入通道而依然做多，他一定是愿意持仓熬过这些回调，将其保护性止损设在通道内的最近波段低点下方。激进的交易老手甚至可能会在前一根 K 线的低点买入加仓，因为他们知道通道中通常会出现一两根 K 线的回调，但是市场会继续走高。

如果交易者在买波段，那么他们是预期上涨趋势。由于上涨趋势是一系列的更高高点和更低高点，因此在市场创下新高后，有理由将保护性止损移至最近的波段低点下方，这叫追踪止损。如果市场上涨五或十根 K 线，回调至入场价下方，然后上涨至新的波段高点，交易者不想要市场跌破那一轮回调的低点，他们会将保护性止损移至其低点下方一个跳点处。很多交易者不想要其止损被第二次测试，他们直接将止损移至盈亏平衡位。

一旦交易者看到市场突破进入其认为的趋势交易区间日，在市场形成第二个交易区间时，他们需要做好准备改变风格。举例而言，如果有一个上行突破持续数根 K 线，之后是一轮单 K 线的回调，然后是较为疲弱的上涨，那么该回调的低点很可能会成为上交易区间的低点。由于市场通常回测进入突破缺口，经常行至下交易区间的顶部，因此跌破那根回调 K 线的低点的概率较大。所以多头不应该将止损移至该低点下方，因为他们会被止损出局。如果他们考虑在此设置保护性止损，还不如在接下来的数根 K 线里的一根上涨 K 线收盘时平仓，这样他们会在正在形成中的交易区间的顶部附近止盈而不是在其底部下方。一旦市场进入交易区间，交易者不应该继续像在强劲趋势中一样交易。

一些交易者会允许回调越过信号 K 线，只要他们相信其波段交易的假设依然有效。举例而言，如果他们在一轮上涨趋势中的高 2 回调买入，而信号 K 线约为两个点高，即便市场跌破信号 K 线的低点，他们可能也愿意继续持仓，认为市场将演变为高 3，也就是楔形牛旗的买入建仓形态。其他交易者会在市场跌破信号 K 线时离场，然后在强劲的高 3 买入建仓形态形成时重新买入。一些交易者甚至可能双倍买入，因为它们认为强劲的第二信号更加可靠，这些交易者如果认为第一个信号看上去并非特别好，很多人只会在高 2 买入信号中半仓买入。他们允许高 2 失败然后演变成一个楔形牛旗，其看上去可能更加强劲。如果这种情况发生，他们将更有信心交易平时的仓位大小。

其他交易者在看到有争议的信号时半仓交易，如果保护性止损被触发就离场，然后如果第二信号强劲就满仓交易。在市场对其不利时分批入场的交易者显然不会使用信号 K 线的极点作为最初的保护性止损，而且很多人恰恰准备在其他交易者的保护性止损触发时分批入场。一些人直接使用宽幅止损，举例而言，当 Emini 的日均区间约为 15 点时，趋势中的回调很少会超过 7 个点。一些交易者会认为趋势依然有效，除非市场下跌超过日均区间的 50%~75%。只要回调在其忍受范围之内，他们就会拿稳仓位并认为其假设正确。如果他们在上涨趋势的回调中买入，而其入场点位于当日高点下方三个点处，那么他们可能会承担 5 个点的风险。由于他们相信趋势依然有效，他们认为有 60% 或更高的机会形成等距行情。这意味着他们至少有 60% 的把握认为市场会在下跌 5 个点触发其保护性止损之前先上涨至少 5 个点，这形成一个有利可图的交易者方程。如果上涨回调中的最初买入信号出现在高点下方 5 个点处，那么他们可能只承担 3 个点的风险，并且他们会在市场测试高点时平仓。由于回调相对较大，趋势或许有一点疲弱，这可能让他们在市场测试趋势高点时止盈。他们会试图赚取至少与其所需要承担的风险一样大的盈利，但是如果他们担心市场可能正在转入交易区间或反转进入下跌趋势，他们或许愿意在前期高点的略下方离场。

一旦市场最终开始进入交易区间，交易者应该至少在区间高点附近部分止盈，而不是依赖其追踪止损。这是因为市场很可能会开始出现跌破前期波段低点的回调。一旦交易者相信其止损很可能会被触及，在其发生之前离场很明智，尤其是当其已经完成大部分盈利目标时。

大多数交易的最初价格行为止损位于信号 K 线外一个跳点处，直到入场 K 线收盘，如果其强势，止损收紧至入场 K 线外一两个跳点处。如果入场 K 线是一根十字线，那么就依靠你最初的止损位。记住十字线是单 K 线交易区间，如果你刚刚买入，你不想要在你认为的上涨趋势中的交易区间下方离场（卖出），或者如果你刚刚卖空，你不想要在一轮新下跌趋势中的交易区间上方买入。

实际上，交易老手可以考虑在一轮可能的新上涨趋势中的小型十字入场 K 线下方一两个跳点处加仓（或在一轮新下跌趋势中的十字入场 K 线上方），依靠最初的止损点设置加仓合约的止损。他们是在低 1 卖空信号 K 线下方买入，因为他们认为市场在上涨而非下跌。低 1 是下跌趋势中的强劲急速下跌底部或交易区间顶部附近的卖空建仓形态（在交易区间中，最好等待在低 2 卖空），而不是在交易区间的底部或新上涨趋势的底部。由于那里的卖空很可能会失败，两个点的保护性买入止损比设置在低 1 信号 K 线下方的六个跳点止盈限价订单更容易触及。这意味着在低 1 信号 K 线下方买入后，市场很可能会在下跌六个跳点之前先上涨至少两个点。由于交易者认为这是一轮新的上涨趋势，或者至少是一个交易区间，他们认为市场将至少上涨三至四个点，因此这是一笔符合逻辑的做多交易。

如果它是相反方向的 K 线，那么你需要做一个决策。举例而言，假设你刚在一轮强劲上涨趋势中的回调中买入，而信号 K 线是一轮至均线的两腿回调终点处的强劲上涨趋势 K 线。如果入场 K 线成为一根下跌反转 K 线，那么你通常应该将保护性止损维持在信号 K 线的下方。然而，如果你是在一轮强劲下跌趋势中的反转上涨中买入，如果市场跌破下跌入场 K 线，你通常应该离场。在某些情况下，如果条件合适，你甚至应该反手做空。总而言之，如果你相信失败的做多形态将是卖空建仓形态，你就不应该在强劲下跌趋势中买入。极少数交易者能够在这种情况下反手，如果下跌趋势依然足够强劲而在低 1 建仓形态中卖空合理，那么很可能不应该寻求做多。反之，多头应该等待市场出现一轮强劲上涨，然后在一个更高低点的回调中买入。在出现多头可以掌控市场的证据之前，在下跌趋势中买入是一种输钱策略。由于大多数上涨反转成为熊旗，卖空要比买入好得多，除非反转的建仓形态尤为强劲。

如果入场时的 K 线过大，更明智的做法是使用资金管理止损，如在 Emini 的 5 分钟图上使用 8 个跳点，或约 70% 回调（斐波那契 62% 回调外几个跳点）。举例而言，在一笔始于一根大型上涨信号 K 线的多头交易中，你会将保护性止损设在从信号 K 线底部至入场价之间的约 30% 距离处，资金管理止损的大小与 K 线大小成正比。在市场抵达首个盈利目标并锁定部分盈利之后，将保护性止损移至大体盈亏平衡处（入场价，位于信号 K 线极点外一个跳点处）。最好的交易不会触发盈亏平衡止损，在 5 分钟 Emini 图上也很少会越过入场点超过四个跳点（举例而言，做多之后达到信号 K 线高点下方三个跳点处）。

如果因为大型的强势反转 K 线和其他因素的综合作用，你对反转充满信心，你可以将止损设在该大型信号 K 线外，并允许在入场后出现回调，只要市场并不触及你的止损。你甚至可以将止损设在信号 K 线之外几个点处，但是如果你这样做，你要计算风险并降低仓位，将风险控制在平时水平。同时，如果你确信反转足够强劲而很可能出现两条腿的调整，如果市场在你刮头皮平掉部分仓位后回撤到你的最初入场价下方几个跳点，你可以持仓熬过回调并依赖你最初的止损，尽管会回撤数个跳点。否则（例如，在一笔新多头中），你将在盈亏平衡位平掉波段仓位，然后在扫你止损的 K 线的高点上方再次买入，放弃你认为是非常高概率的第二腿行情中的几个跳点或更多。

如果你在一轮你相信即将结束且 K 线较小的平静回调中入场，你可能会考虑使用通常的资金管理止损，即便这意味着你承担市场越过信号 K 线数个跳点的风险。举例而言，如果当日是一个下跌趋势日，以低动能的上行通道涨至均线，形成一个低 4 卖空建仓形态，而信号 K 线是一根三跳点高的十字 K 线，那么相信回调即将结束的交易者可能会承担其通常的 8 个跳点风险，即便此时止损将位于信号 K 线的上方四个跳点处。低 4 建仓形态经常在窄幅通道中形成，其入场就是向下突破窄幅通道。窄幅通道的突破通常有回调，有时候它们还越过信号 K 线。这里出现更高高点的突破回调并不会让人意外，只要交易者相信其假设依然有效，他们就可以允许交易有一定空间。另一种选择是，他们也可以在市场越过入场K线或信号K线时离场，然后在市场再次转跌时再次卖空，但是如果他们确信自己的分析，他们可以依靠最初的八跳点止损，忍受更高高点的回调。总而言之，如果你处于一笔亏损的交易，问一下自己如果空仓现在是否还会做这笔交易。如果回答为否，那就离场。如果你的假设不再有效，那就离场，即便亏损。

当你担心市场可能大幅波动并形成大型K线时，你应该只交易平时仓位的一小部分，把仓位降至一半或四分之一。如果你在买入，确信低点将会守住，但是做多交易需要比你平时使用的大很多的止损，你可以使用更大的止损，然后等待。如果市场在没有出现多少回调的情况下就触及你的盈利目标，那就获利了结。然而，如果市场只越过你的入场价一个跳点，几乎回调至你的止损位，然后再次涨至你的入场价上方，那就提高你的盈利目标。作为一条整体原则，市场将会上涨足够高，与你留在交易中所需要的止损大小相等。因此，如果市场在反转上涨之前先跌破你的入场价11个跳点，那么12个跳点的止损就有效，因此市场很可能会涨至你的入场价上方约12个跳点或更远。设置限价订单在该价位下方一两个跳点处止盈很明智，当市场接近目标时，将你的止损移至盈亏平衡处，等待观察你的止盈目标订单是否成交。举例而言，假设回调为11个跳点，你在信号K线外的止损未被触及（其可能是12个跳点或18个跳点），现在市场再次向你的方向前进，计算一下为了避免被止损出局而需要承担的风险的总跳点数。这时候，你需要承担12个跳点的风险（回调外一个跳点）。现在将你的盈利目标提高至比风险少一两个跳点，或11个跳点。这时候你也应该将保护性止损调整至回调外一个跳点处，因此你现在承担12个跳点的风险。

在你赚到刮头皮盈利之前保护性止损就被触发时，你陷入了一笔糟糕的交易，因此在止损位反手有时候是一个好策略，这取决于环境。举例而言，当你认为市场正在反转进入上涨趋势时，失败的低2卖空就是反手做多的好机会。然而，窄幅交易区间中的扫止损并非反转。在考虑做反方向的交易之前，花时间确保你正确解读图表。如果你没时间立即入场，等待下一个建仓形态，其总是不会很久。

在研究一个市场之后，你将知道合理的止损是多少。对于Emini的5分钟图，当日均区间为10~15点时，8个跳点的止损在大多数交易日都有效。不过要密切关注第一个小时所需要的最大止损额，因为这通常成为当日剩余时间的最佳止损。如果止损大于8个跳点，你很可能可以将盈利目标也提高。不过，除非K线尤为巨大，否则最多只能提供一点优势。

有两种建仓形态通常要求大止损，这意味着交易较小仓位。两者均涉及在趋势中的强劲急速行情终点附近入场，但是这两笔交易是相反方向。当趋势初期出现强劲急速行情时，有多根连续的趋势K线，交易者会在K线的形成过程中及其收盘时按趋势方向入场。举例而言，如果一个强劲的上行突破中有两根大型上涨趋势 K 线，多头会在第二根 K 线的收盘价及其高点上方买入。如果其后出现第三根、第四根和第五根连续的上涨趋势 K 线，多头会在急速拉升扩大的过程中不断买入。其所有入场的理论止损均位于急速拉升的底部下方，距离很远。如果交易者使用该价位做止损，他们需要交易非常小的仓位来将风险保持在舒适范围之内。现实中，大多数交易者在急速拉升晚期入场时考虑使用较大仓位刮头皮并使用较小止损，这是因为回调变得更有可能，他们有机会在更低价位以较小止损建立波段仓位，如在信号 K 线下方。

交易者在大型趋势 K 线中入场并需要大止损的第二种情况是在其逆市入场时。举例而言，如果出现第三轮连续抛售高潮而没有重大回调，而第三轮抛售高潮中出现了当日最大的下跌 K 线并收盘于低点附近，那么激进的多头会在该 K 线收盘时买入，预计其为波段低点或附近，他们还会预期之后出现强劲上涨。可靠的保护性止损在这种情况下永远无法确定，但是作为一条准则，由于交易者预计市场至少会涨至大型下跌 K 线的高点，他们对这笔交易有 60% 的把握，他们应该承担至少和下跌趋势 K 线一样大的风险。如果他们是经验非常丰富的交易者，这可以是一笔可靠的交易，这类情况下的成交量通常巨大，意味着机构也在大力买入。空头在对其空仓止盈，多头正在激进买入。双方经常会等待一根大型下跌趋势 K 线进入支撑位，将其作为衰竭迹象，然后激进买入。因为他们预计底部很快会形成，于是他们袖手旁观，停止在支撑位略上方买入，这形成了大型下跌趋势 K 线形式的卖盘真空。

还有很多其他的特殊情况，交易者可能会使用非同寻常的宽幅保护性止损。我有一位朋友，他寻找弱势通道并逆势分批入场，预期市场反转。举例而言，如果市场处于急速拉升后的上行通道，并且通道并非特别强势，他就设置限价订单在通道内的前一个波段高点卖空，使用平时四分之一大小的仓位，如果通道持续，在接下来的两至三个波段高点上方加仓。当 Emini 的日均区间约为 10~15 点时，他的最终止损大约在其首次入场的上方 8 个点处，他的目标是市场测试他的第一次入场。一旦反转形成，如果他认为其强劲，他经常会在其最初入场位下方用部分仓位做波段交易。

交易者可以在阶梯形态或趋势交易区间日的突破淡出中使用宽幅止损。如果 Emini 的日均区间为 10 至 15 个点，有一个突破运行约 5 个点，交易者可以淡出该突破，承担约 5 个点的风险来赚取 5 个点，预期市场测试突破。通常这笔交易有超过 60% 的成功率，因此有正的交易者方程。

交易者有时候在大型趋势终点的单 K 线最终旗形的大型趋势 K 线突破中淡出，预期这根趋势 K 线是衰竭性高潮。举例而言，如果有一轮上涨趋势已经持续 30 多根 K 线，期间只出现过小幅回调，然后形成一根大型上涨趋势 K 线，之后是一两根 K 线的回调，如果下一根 K 线又是一根大型上涨趋势 K 线，多空双方会在其收盘时卖出。多头卖出止盈，空头卖空建仓。空头将会承担市场涨至该 K 线高点的风险（如果该 K 线为 10 个跳点高，他们会使用 10 个跳点的止损），他们的最初盈利目标将是测试该 K 线的底部，下一个目标等距下跌。

我有另一位朋友在 Emini 的回调中入场时习惯使用 5 个点的止损。他认为自己无法持续预测回调的终点，而是在他认为趋势正在恢复时入场。他承认有时候过早入场，趋势恢复之前回调可能进一步扩大，而宽幅止损让他留在交易中。他的盈利目标是测试趋势的极点，其可能在三至五个点之外。如果趋势恢复强劲，他会用部分仓位做波段交易，准备再赚 5 个点或更多。尽管该手法有多种变体，但是其平均风险一般和平均回报一样大，由于这是一种顺势策略，其胜率至少为 60%。这意味着该策略有正的交易者方程。

每当交易者使用宽幅止损，一旦市场开始向其方向前进，他们通常能够收紧止损，大大降低风险。一旦一笔波段交易达到盈利目标的一半，很多交易者会将保护性止损移至盈亏平衡处。如果市场向其方向强势推进，其成功率提高，潜在回报可以保持不变，或者他们也可以将其提高，并降低风险。这加强了交易者方程，也是很多交易者选择等待市场能够走到这一步时再入场的原因。然而，如果反转非常疲弱，尽管交易者可以收紧止损并降低风险，但其成功率会降低，他们还可能会降低回报（收紧止盈现价订单）。如果交易者方程足够疲弱，他们或许会试图以小额盈利离场并等待另一笔交易。

你的目标是赚钱，这需要正的交易者方程。如果 K 线的大小要求宽止损，你就必须使用，但是你也必须调整盈利目标来保持正的交易者方程，你还应该降低仓位。

在大型市场，或许有 100 家机构在积极交易，每一家贡献约 1% 的总交易量。在其他 99% 的交易量中，只有 5% 来自散户。机构试图从其他机构的身上赚钱，而不是散户。因为机构占 94% 的市场，而散户只占 5%。机构对我们毫不在意，并没有扫我们的止损，试图吞噬小人物。如果你的止损被触发，其与你毫无关联。举例而言，如果你做多，保护性卖出止损被触发，你应该假设这是因为至少有一家机构也想要在那个价位卖出。极少数情况下会有足够多的小交易者同时做一件事情而提供足够高的交易量而吸引机构，因此最好是假设只有当机构愿意卖在那个价位买卖的时候，市场才会抵达那里。

图 29.1　最初止损位于信号 K 线外一点

如图 29.1 所示，最初止损位于信号 K 线外一个跳点处。一旦入场 K 线收盘，如果该 K 线强劲，将止损移至其外面一个跳点处。如果风险太大，使用资金管理止损，或者承担信号 K 线 60% 高度的风险。

如果你在 K 线 1 中市场向下突破下跌孕线时卖空，最初止损将位于信号 K 线的上方。K 线 1 入场 K 线在入场后立即反转上涨，但是并未越过信号 K 线的高点，因此这最终会是一笔盈利的卖空刮头皮。一旦入场 K 线收盘，如果它是上涨或下跌趋势 K 线而非十字线，将止损移至其高点上方一个跳点处。在本案例中，信号 K 线和入场 K 线有同样的高点，因此止损无须收紧。

K 线 3 后一根 K 线是开盘的三段下跌后的一根上涨反转 K 线。尽管在市场第一次突破窄幅下跌通道时买入并非一笔好交易，但是第一个小时内的反转通常可靠，尤其是在前一日强势收盘时（看一下昨日收盘前的陡峭均线）。K 线 3 入场 K 线立即被抛售，但是并未跌破信号 K 线的低点，或跌破其高度的 70%(如果你使用资金管理止损，认为该信号 K 线太大而不能在其低点下方使用价格行为止损）。一旦入场 K 线收盘，保护性止损应该移至其低点下方一个跳点处。如果市场跌破其低点，很多交易者会卖空，因为这是一个突破回调的卖空建仓形态。然而，由于这并非一轮强势急速下挫，因此它不是可靠的低 1 卖空。另外，交易者可以将止损保持在信号 K 线下方，但是在一轮强劲的下跌趋势底部抄底时，当市场跌破低 1 卖空信号 K 线这样的强劲下跌趋势 K 线时，持有多仓的风险很大。

两根 K 线之后，出现一根回调 K 线，但是其并未触及止损，其精确测试了入场 K 线的低点，形成一个双重底。由于这个楔形底很可能出现两腿上涨，因此交易老手可以持仓熬过入场后的两根 K 线后发生的回调并依赖入场 K 线下方的止损。否则，你将在 7 个点时被止损出局，然后你会在回调 K 线的高点上方买入来捕捉第二腿行情，这样你的入场价差了三个跳点，因此总体上你少赚 10 个跳点。

至均线的回调在 K 线 4 与 K 线 1 区域形成一个双重顶，并且它是一个小型楔形熊旗。其他交易者会将其看作均线处的低 2。K 线 4 低 2 卖空的最初保护性止损并未触发，尽管在入场后的两根 K 线之后出现一根回调 K 线。止损位于信号 K 线上方，在市场向你的方向运动至少四个跳点或出现一根强劲的下跌实体之前，你不应该将止损收紧至最近 K 线的高点上方，给这笔交易一些时间。同时，当入场 K 线为十字线时，允许一两个调点的回调通常是安全的。十字线是一个单 K 线的交易区间，在交易区间上方买入的风险很大，因此不要在那里回补空仓，依赖你的最初止损，直到市场向你的方向运动至少数个跳点。

K 线 5 的多头立即抛售测试信号 K 线的低点（这在 1 分钟图上明显，并未显示），形成一个微型双重底，然后是一笔成功的多头刮头皮，依赖你的止损而无视 1 分钟图。在使用 5 分钟图入场时，依赖 5 分钟图的止损，否则你将亏损太过频繁，当你试图减少每笔交易的风险时，会在太多好交易中被扫止损。

K 线 7 是一个强劲急速拉升后的高 2 多头。市场测试了信号 K 线下方的止损，但是与其相差一个跳点，然后测试了入场 K 线下方收紧后的止损，但是两个止损均未被触发。入场前的十字线提高了交易的风险，但是当市场从当日新低大涨后有六根 K 线收盘于均线上方时，这是一个可以接受的多头建仓形态，因为你需要预期第二腿上涨。

K 线 8 的 II 形态是一个高 1 买入建仓形态，但是它并非位于强劲上涨趋势中的强劲急速拉升顶部，因此并不是一笔好交易。实际上，它处于始于当日低点的急速拉升后的上行通道的顶部，它位于一个等距行情目标位附近，并且它可能正在与 K 线 4 形成双重顶。

由于大多数交易区间的突破试图会失败，因此有 60% 的可能市场下跌，只有 40% 的可能突破会成功。无法确知具体概率，但是对于交易区间的突破试图，60/40 是一个不错的起点。激进的交易者会用限价订单在 II 形态的高点卖空，预期其为多头陷阱。如果交易者在 K 线 8 的 II 形态上方买入，其保护性止损将在入场 K 线被触发，这将是一个出色的反转，正如大多数失败的 II 形态一样。

如果在这个交易区间日顶部附近的 K 线 11 波段高点卖空，你可以在测试均线的 K 线 12 反转 K 线处反手，或者在 K 线 11 卖空后的入场 K 线上方一个跳点处以停损订单买入。

从 K 线 13 的波段高点低 2 开始的卖空成为一个五跳点失败和失败低 2。你应该在 K 线 14 中的入场 K 线（K 线 13 信号 K 线后一根 K 线）上方一个跳点处反手做多，因为有空头被套，你应该预期至少还有两腿上涨。如果你没有在那里买入，你应该在 K 线 14 的后一根 K 线买入，因为 K 线 14 是双 K 线反转上涨，是一轮可能的上涨趋势中的均线上方的高 2 买入信号。每当交易者在摸顶时看到均线处有一个具有上涨信号 K 线的高 2 买入信号时，他们总是应该平掉空仓并反手做多。如果他们没有卖空，他们则应该做多，这不是一个好的建仓形态，因为它可能正在形成大型楔形牛旗突破的回调。两根 K 线之前的强劲上涨趋势 K 线是突破，三段下跌始于 K 线 7 附近的 K 线（三根 K 线之前是一个好选择），然后是 K 线 9 和 K 线 10 前一根 K 线。至 K 线 8 的上涨向上突破了前几个小时的下行通道，而 K 线 10 是向上突破下跌趋势线后的更高低点的第二入场。一些交易者在 K 线 10 买入，因为他们将其看作头肩底，其他交易者用限价订单在 K 线 13 的低 2 下方买入，因为他们认为这是上涨趋势而非交易区间，而上涨趋势中的低 2 是一个买入建仓形态。低 2 只有在交易区间或下跌趋势中才是卖空建仓形态。当市场处于上涨阶段时，交易者将低 2 看作空头陷阱，会在其下方买入来把握反转上涨。一些交易者会在低 2 入场 K 线的上方一个跳点处用停损订单买入，等待其将失败的确认。

从 K 线 12 开始波段做多的交易者会在市场创下新高后将止损追踪至最近波段低点下方一个跳点处。因此一旦市场升至 K 线 13 的波段高点上方，交易者会将保护性止损移至 K 线 14 的更高低点略下方。

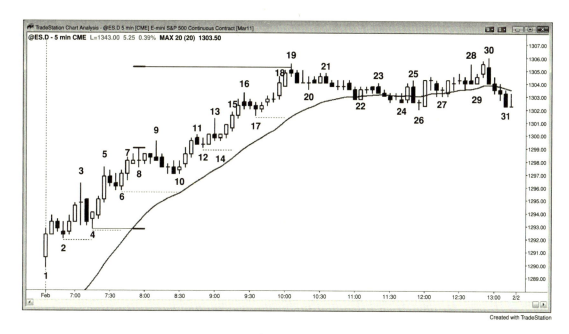

图 29.2　强劲上涨趋势中的追踪止损

　　在一轮强劲的上涨趋势中，交易者经常会在市场创下新的波段高点后将保护性止损移至最近的波段低点下方。一旦市场看起来像是要进入交易区间，交易者应该止盈部分仓位，并考虑刮头皮赚取较小的盈利。

　　如图 29.2 所示，今日开盘大幅跳空上涨，第一根 K 线是一根强劲的上涨趋势 K 线，因此今天有很大机会成为一个开盘上涨趋势日。如果交易者在 K 线 2 或 K 线 4 的上方买入，一旦 K 线 5 涨至 K 线 3 处的最近波段高点上方，交易者可以开始使用追踪止损。至 K 线 5 的三 K 线急速拉升让大多数交易者确信始终入场方向为多头且强势，因此很多交易者想要让利润奔跑。一旦 K 线 7 上涨至 K 线 5 的上方，他们可以将其保护性止损收紧至 K 线 6 的下方一个跳点处，而当市场上涨至 K 线 9 的上方时，他们可以将其收紧至 K 线 10 的下方一个跳点处。

　　交易者知道趋势通常会在某一时点出现较大的回调，当交易者相信一轮更为复杂的回调即将出现时，他们会止盈部分或全部仓位。等距行情目标经常是机构可能止盈的地方，意味着回调可以从那里开始。由于最初的强劲急速拉升始于 K 线 4 并结束于 K 线 8 附近，因此其等距行情的目标位很可能会是止盈目标。从 K 线 10 至 K 线 19 的上涨行情有三腿，而三腿行情是楔形的变体（即便其处于这样的陡峭通道中），后面可能出现较大回调。最初目标是移动平均线。K线18是一根强劲的上涨趋势K线，后面是另一根大型上涨趋势K线，这一轮双K线的买入高潮出现在一轮持久的趋势之后。当这种情况发生时，市场经常调整至少10根K线和两条腿，尤其是当其远离均线时，正如本例。当K线19成为一根下跌反转K线时，很多交易者获利了结，其他交易者认为第一轮回调之后至少还会出现一个新高，因此他们持仓熬过回调。然而，当市场上涨越过当日收盘价附近的K线19时，K线30出现了激进的获利了结，因此很多交易者在新高处和市场反转下跌时获利了结。

今天是一个非常强劲的上涨趋势日，在回调至均线之后，很可能测试高点。至K线24的下行通道是低动能并有小K线。在K线24上方买入的交易者可以考虑依赖通常的8跳点止损，以防突破下行通道（所有的下行通道均是牛旗）后出现更低低点的突破回调。市场强势向上突破，但是立即形成一个大型的双K线反转，这在一轮正回调至均线的强劲上涨趋势中并非一个可靠的卖空建仓形态。交易老手会依赖其止损，尽管其位于信号K线的下方七个跳点处。止损将不会被触及，交易者可以在当日高点附近平掉其多仓。另一种选择是，交易者可以在K线25的双K线反转下方离场，然后在K线26的微型通道突破回调上方再次买入。

在上涨至K线19的买盘高潮前的强劲上涨趋势中的任一时刻买入的交易者，理想的情况是将保护性止损设在最近波段低点的下方，这意味着承担超过两个点的风险并使用宽幅止损。一旦K线19的买盘高潮形成，市场很可能进入交易区间，交易者则需要转换为交易区间的交易风格，这意味着刮头皮而非波段交易。由于市场正在进入交易区间，其很可能跌破前期波段的低点，因此将保护性止损放在那里就不再有意义。一旦一个止损很可能因为交易区间正在形成而被触发，交易者应该在其发生之前就平掉多仓。敏锐的交易者会在可能正在形成交易区间的顶部的强势行情中离场，如在K线19下方。激进的交易者此时会开始卖空，准备在市场回调至均线的过程中刮头皮。

大多数交易者会将其保护性止损追踪至最近波段低点的下方。相对于让波段交易奔跑直到趋势结束，一些交易者倾向于使用盈利目标。一旦市场抵达其盈利目标的一半，这些交易者会将其保护性止损移至不小于盈亏平衡的价位。

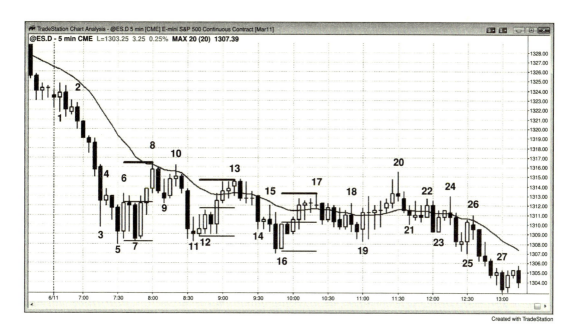

图 29.3　回报经常与风险相等

　　市场赏赐给交易者的回报通常与其迫使交易者承担的风险一样大。总体而言，在下跌趋势日中的大型信号 K 线上方买入的风险大，图 29.3 中的交易至少也是有所争议，但是它们阐述了一个观点。

　　如果交易者在 K 线 5 的上方买入，并认为它是第二轮连续的抛售高潮，也是一轮抛物线行情的底部，因此后面很可能出现一轮两腿上涨，他们的最初止损应该设在 K 线 5 的低点下方。K 线 7 测试了其低点，但是并非触发止损。不过一旦市场上涨越过 K 线 7，交易者会将其止损移至 K 线 7 的低点下方一个跳点处，其为入场价下方 16 个跳点处。然后市场恰好涨至 K 线 8 的高点，其位于入场价上方 16 个跳点处（并测试了均线，空头在此入场）。明白这种倾向的交易者会在其入场价上方 15 个跳点处设置止盈限价订单。由于他们在其认为将成为小型交易区间底部的地方买入，他们相信至少有 60% 的机会形成等距上涨，这是一笔勉强可以接受的交易。

　　同样的事情在 K 线 12 和 K 线 16 的强劲上涨趋势 K 线上方的多头交易中再次发生。一旦市场回调后再次回涨，交易者就看到市场迫使其承担多大的风险，他们可以在比其风险少一个跳点的位置设置止盈限价订单。

　　在 K 线 2 至 K 线 3 的急速下挫中的任一时刻卖空的交易者，以及计划做波段交易的交易者，他们会使用宽幅保护性止损，可能设在急速下挫的顶部上方。大多数交易者所承担的风险会小一些，但是他们也会承担两三倍于刮头皮交易的风险。

在 K 线 16，假设一位多头在第三段下跌的反转上涨中买入，期待最终旗形的趋势反转。由于从 K 线 13 开始的下行通道紧凑，如果交易者等待观察突破是否强劲，然后在后面的强劲急速拉升或回调中做多，成功的概率会更高。不过，为了方便阐述，假设交易者直接在 K 线 16 的上方买入，他可能假设市场有 50% 的概率向上突破 K 线 13 的高点并抵达等距上涨目标，使其回报远大于风险，即市场跌破 K 线 16 的买入信号 K 线。不过，他可能对至 K 线 17 十字线的上涨行情中的多头缺乏紧急感而担忧，并决定其假设已经改变。他可能会确信市场只是在下行通道中创下另一个更低低点而非趋势反转，然后就刮头皮平掉他的多仓。如果他认为市场正在筑顶，继续持有多仓就没有意义。如果他认为可能有第二腿上涨但并不触发盈亏平衡的止损，他可能会将其保护性止损移至盈亏平衡位。如果他认为市场可能跌破他的入场价但维持在信号 K 线的低点上方，并形成一个更高的低点，他可以保持其原始止损，或者可以离场，在突破回调至更高低点时买入。交易者不断做出这类决策，他们在这方面做得越好，他们就越能赚钱。如果他们总是坚持最初假设，甚至当市场并非像其预期一样发展时，他们会很难赚钱。他们的工作是跟随市场，如果市场并未向其所认为的方向发展，他们应该离场并寻找另一笔交易。

波段交易者允许回调，在趋势发展起来之前，他们耐心等待而不急于收紧止损。在 K 线 20 下方卖空的波段交易者，预计这将是市场对交易区间顶部的测试，导致从开盘开始的下跌趋势恢复，他们可能在寻找至少为其风险两倍大的回报。一旦他看到那根强劲的下跌入场 K 线，他可能会将止损收紧至其高点上方，或者他可能将其留在 K 线 20 信号 K 线的上方，直到市场从 K 线 24 的双重顶反转下跌。信号 K 线为三个点（12 跳点）高，因此他的最初止损是 14 个跳点。如果他的盈利目标为风险的两倍，他想要在其入场价下方 28 个跳点处止盈，或 1305.25，而他的止盈限价订单将在 K 线 27 的两根 K 线之前成交。K 线 24 上涨至 K 线 23 前一根强劲下跌趋势 K 线的上方一个跳点处，让缺乏耐心的空头踏空，但是其并未达到入场 K 线或信号 K 线上方。

图 29.4　止损大小通常由当日第一笔交易决定

如图 29.4 所示，市场上涨至昨日高点上方，然后反转下跌。在 K 线 1 下方卖空的交易者会将最初的保护性止损设置在 K 线 1 的上方。在市场于 K 线 2 下跌之后，他们可以计算出市场在向其方向前进之前向对其不利的方向前进了 8 个跳点。这意味着他们留在交易中所需要的最小初始保护性止损将是 9 个跳点，在当日剩下的时间里要记住这一点。

如果你在 K 线 3 的失败低 2 买入，并将最初止损设置在信号 K 线低点下方一个跳点处，你将承担 8 个跳点的风险。一个点的止损很普遍，在今天的早些时候你就知道需要 9 个跳点的止损，因此多承担一个跳点的风险是明智的。这并非一笔出色的买入，因为它在一个小型突破之后，并且最后七根 K 线主要为盘整，第二入场会更好。K 线 4 是一个高 2 买入建仓形态，两根 K 线之后的上涨孕线是一个突破回调的买入建仓形态（孕线是高 2 多头突破后的回调），两者均为较强的建仓形态。

一旦 K 线变小，你可以将止损调整为适合当前情况的大小。不过，在当日后期，市场经常会出现一笔要求较大止损的交易。不要担心你的止损被触及并实现亏损。通常这比整日调整止损、止盈和仓位并最终错过交易或犯错要好得多。

图 29.5　不要过早收紧止损

　　不要在入场后几根 K 线之内形成的小型十字 K 线后收紧保护性止损。它们是单 K 线的交易区间，市场经常在其外部一两个跳点处反转。在你的假设依然有效的情况下，你不希望被止损出局。

　　如果交易者在 K 线 2 下方卖空并看到其入场 K 线收为十字线，他们应该将其保护性止损维持在信号 K 线的高点上方，直到市场在其方向形成大行情。他们可以在 K 线 3 的暴跌中刮头皮平掉部分仓位，并且如果他们认为均线陡峭而存在上涨风险，他们可以将止损收紧至盈亏平衡处或 K 线 3 上方一根 K 线处。如果他们这样做，他们将在 K 线 4 被止损出局，但是这依然是一个明智的决策。然而，在一个大幅向上跳空的交易日中，当在均线附近出现回调时，通常会有第二腿下跌进一步测试均线，这通常形成当日低点，正如在 K 线 5 这里发生的一样。

　　如果交易者在 K 线 5 均线缺口 K 线的上方和高 2 及楔形牛旗测试中买入，一旦入场 K 线收盘并成为一根明显的强劲上涨趋势 K 线，他们可以将波段交易仓位的保护性止损移至盈亏平衡处，他们将不会在 K 线 6 十字线的低点下方离场。

　　如果他们在 K 线 16 上涨反转 K 线的上方买入，认为它是一个高 2 多头或楔形牛旗（K 线 8 或 K 线 10 形成第一段下跌），他们将不会在入场 K 线成为十字线后收紧止损。不过，一旦 K 线 18 成为一根强劲上涨趋势 K 线，他们应该将止损移至其低点下方。

第30章　止盈和盈利目标

所有的回调和反转均始于获利了结。交易老手在强势中离场，然后在回调中再次入场。举例而言，如果一轮上涨趋势刚刚启动且尤为强劲，多头会在市场向上突破最近的波段高点时加仓，然而，随着趋势成熟并发展出更多双边交易，他们不再继续用停损订单在最近的波段高点上方买入。反而随着涨势削弱，他们会在那个高点上方或其略下方了结部分盈利。如果大多数多头在前期高点附近止盈，而不是在突破时买入更多，市场将开始出现回调，这意味着多头宁愿以较低价格买入，他们相信会有回调给他们机会，因此他们不愿继续追逐市场，在前期高点的上方买入。如果获利盘沉重，并且不断有激进的卖盘，回调将演变成大型调整（交易区间），甚至反转。多头也想要在任何强势迹象中止盈，如在一根大型上涨趋势 K 线的收盘价及其略上方，或者在接下来一两根 K 线的收盘价，尤其是当其为小型 K 线或以下跌收盘时，他们会在下一根 K 线的低点下方止盈更多。这就是为什么有如此多的大型趋势 K 线（即突破试图）后跟随着小型 K 线和回调，也就是突破失败。交易者也会在前一根 K 线的低点下方，最近的更高低点下方，或盈亏平衡处设置止损。这是因为如果市场在抵达目标之前就强势反转，他们可能会觉得可以离场并以更好的价格买回。做空的空头看到同样的事情，通常会在新高处或强劲上涨趋势 K 线的收盘价附近卖空刮头皮。随着回调加深，他们会开始用部分仓位做波段交易。最初，他们的波段仓位经常会被止损出局，但是随着调整加深或趋势最终反转，他们最终会获得大额的波段盈利。

交易者在下跌趋势中表现类似。当趋势强劲时，空头会在波段低点下方卖空，但是当趋势削弱时，他们会在最低的波段低点下方及其附近买回空仓，然后准备在更高点位再次卖空。多头刮头皮者会在新低处买入，当市场小幅上涨时，在空头再次卖空的价位刮头皮离场。多头和空头都会等待一根相对较大的下跌趋势 K 线突破创下新低，这时候双方都会在其收盘价附近买入。随着熊市反弹越发强劲，多头会更加愿意用部分仓位做波段交易。在某一时刻，市场会演变为一轮大型上涨波段或趋势，反方向的过程将会开始。了解形成突破的趋势 K 线是交易者可以掌握的最重要技能之一。交易者需要能够评估突破是否很可能会成功，其是否会遭遇获利回吐并回调，或者其是否会引发反转（每一点都在三本书中的其他地方有详细探讨）。

当你进行一笔交易时，你的目标是让市场在触发你的保护性止损之前先触及你的盈利目标，与持仓时总应该设置保护性止损不同，盈利目标可以设在市场也可以记在脑中。举例而言，当你在一轮强劲趋势中波段交易时，你可能在沿途中止盈部分仓位（分批离场），并且在出现反方向的信号之前，你可能会拿稳部分仓位，一旦反方向的信号触发，你应该离场，极少数交易者有能力同时平掉盈利的波段仓位并介入相反方向的新交易。

刮头皮者经常在入场后就设置选择性订单（OCO）。举例而言，他们可能为100美分的刮头皮而买入苹果（AAPL），当他们在回调中买入时要承担50美分的风险，对这笔交易成功有60%或更高的把握。一旦他们入场，其最初订单可能会自动形成一个位于其入场价下方50美分的保护性卖出止损订单和一个位于其入场价上方100美分的卖出限价订单。由于这种包围单是选择性订单，一旦其中一头成交，另一头就会自动取消。不管你如何管理订单，你应该在每次入场或离场后检查账户，确保你的当前仓位和订单是你所认为的。你不想要在空仓（没有仓位）时依然有一个限价订单留在市场中，而你认为其应该已经被自动取消，永远不要假设你的经纪商软件会百分百符合预期，或者你正确交易和下单。任何事情都有一个无法逃避的失败率，因此当你相信一切就绪时，你总是应该去确认其万无一失。

所有的交易都应该基于交易者方程，交易新手应该寻找胜率为60%或更高的交易，并且其回报至少与其风险一样大，最好是其两倍，尽管交易者方程如此强的建仓形态通常一天只出现几次。举例而言，如果欧元外汇货币期货或欧元／美元最近的日均区间位100个跳点（通常被称为pips），并且每天出现几轮20跳点的行情，其中10跳点的保护性止损不会被触发，那么交易者可能想要在至均线的回调中介入趋势，这样其交易胜率很可能为60%或更高。这位精心挑选建仓形态的交易者有约60%的概率赚取20跳点，而只承担约10个跳点的风险，这是优异的交易者方程。在10年期美国国债期货中，如果日均区间约为32个跳点（一个点的16/32），并且很多信号K线高为4个跳点，交易者可以再次在至均线的回调中买入，承担约6个跳点的风险，并使用8个跳点的盈利目标，这也有强劲的交易者方程。

刮头皮的交易管理与波段交易不同。刮头皮的交易者认为其盈利潜力有限，或者是因为现在没有趋势，或者是他正在逆势交易。在交易区间中刮头皮可以是一种盈利策略，但是只有经验最为丰富的交易者才能考虑逆势交易。如果交易者可以耐心等待回调并顺势入场，而不是希望逆势交易将会成功，赚钱的概率将会高很多。一旦你相信存在趋势，你必须认可 80% 的反转试图会失败并演变成旗形，这使得所有交易者几乎都不可能用停损订单逆势交易并持续盈利。举例而言，如果你认为一轮强劲上涨趋势顶部的一根小型下跌反转 K 线后将出现一轮至均线的回调，你在该 K 线的低点下方一个跳点处用停损订单卖空，你必须意识到非常聪明的多头在该 K 线的低点处设置限价订单买入，并且他们获胜的概率较大。如果你在交易 Emini，你需要市场跌破该 K 线的低点 10 个跳点才能卖空赚到 8 个跳点，但是强劲上涨趋势中的大多数回调在发生这种情况之前会演变成高 1 或高 2 的买入建仓形态，而你将会输钱。如果你发现有一轮强劲趋势而你想要买回调，不要欺骗自己，认为自己有足够的天分能够在等待买入建仓形态形成时刮头皮卖空获利。不可避免的，你将在卖空刮头皮中输钱，并在买入建仓形态形成时错过。你会希望市场进一步下跌，拒绝承认回调即将结束，你将错过可能获利数点的做多交易。

在趋势演变成交易区间之后，逆势交易就不再真的逆势，因为趋势已经暂时结束。然而，很多交易者试图抓住上涨趋势的顶部或下跌趋势的底部，相信市场即将进入交易区间，并认为其风险很小，但是却看着账户慢慢消逝。

每当交易者进入任何交易，他们需要有一个止盈的计划，因为如果不这样做，市场最终会对其不利，其盈利将变为亏损。交易管理完全取决于交易者方程，任何能够持续盈利的风险、回报和胜率组合都是有效的策略。作为一条整体原则，大多数交易者应该限制自己只做风险最多与潜在回报一样大的高胜率交易。在理想情况下，交易者应该寻找胜率至少为 60% 且潜在回报约为风险两倍的建仓形态，但是通常他们需要将就回报与风险接近或略高一点的交易，这最常发生在趋势的回调中。

在强劲趋势中做波段交易时很容易过早止盈，因为很难相信一笔交易的盈利可以达到止损额的五倍甚至更多，不过当趋势强劲时确实可能发生。如果你相信趋势强劲，在市场向你的方向前进两倍于你的最初保护性止损的距离时，将约一半的仓位获利了结是合理的。举例而言，如果在 Emini 的初始止损是两个点，你在一轮强劲下跌趋势中卖空，你认为这里是一轮大型下跌波段的起点，在你的入场价下方四个点处用限价订单平仓一半，然后使用追踪止损。你可能在三倍于你的最初止损额的地方再平掉四分之一仓位，获利 6 个点，然后让剩下的四分之一仓位奔跑，只有在强劲的买入信号或当日收盘时才离场，看哪一种情况先发生。不过如果你不习惯分批平仓，在两倍于风险的价位全部平仓也是合理的方法，你总是可以在下一个信号再次入场。

每一笔交易的交易者方程都随着每一个跳点而改变。如果交易者方程依然有利，但是并不如其之前那样强劲，交易老手经常会收紧止损或以较小盈利离场。如果交易者方程变得边缘，交易者应该尽可能以最大盈利或最小亏损而尽快离场。如果其变为负值，他们应该立即以市价离场，即便这意味着实现亏损。判断你是否应该离场的一个方法是想象你现在并不持仓，然后看下市场，判断入场并使用保护性止损是否明智。如果你不会入场，那么你当前仓位的交易者方程就很弱或为负，你应该离场。

记住，盈利目标是保护性止损的硬币反面，其存在是为了保护你免受自己伤害，迫使你在交易者方程依然为正的时候止盈，防止你持仓过久，然后在市场一路回到你的入场价或更差而变为亏损时离场。正如大多数交易者最好总是使用真正入市的保护性止损一样，最好是使用一直在市的止盈限价订单。

图 30.1　回调在支撑汇聚点结束

有趋势时，在回调至均线时入场是一种可靠的手法，其成功率通常至少有 60%，并且潜在回报通常大于风险。如图 30.2 所示，从 K 线 6 开始的强劲四 K 线急速拉升后，市场大幅回调至均线，K 线 11 后的上涨孕线是一根合理的多头信号 K 线。由于该 K 线高 4 个跳点，因此初始风险为 6 个跳点。一些交易者将该建仓形态看作一个高 2，其他人将其看作一个紧凑楔形，其中 K 线 8 和 10 的低点为前两段下跌。斐波那契交易者将其看作 62% 回撤，其也是对 K 线 4 高点的突破测试，与盈亏平衡处的止损相差 1 个跳点。每当回调结束，回调的底部位置通常是多种数学逻辑的汇聚点。不同的公司有不同的逻辑，当有很多逻辑出现时，足够多的公司在该区域买入，他们压过空头，回调结束。

市场很可能在 K 线 9 的高点处受阻，空头将其看作从 K 线 7 至 K 线 8 低点的急速下挫后的下行通道起点。他们希望形成双重顶熊旗，很多人在等待市场测试 K 线 9 的高点后做空。空头的暂时离场提高了该价位被触及的可能，K 线 9 的高点恰好比信号 K 线的高点高 10 个跳点，这正好是多头用限价订单获利 8 个跳点（4/32 点）所需的最小行情。重大市场里的所有事情都是数学，因为大量交易由计算机完成，而它们依赖数学决策。

图 30.2　在上涨趋势中买回调

在欧元外汇货币期货（或者外汇现货的欧元/美元）的回调中买入是一种可靠的交易手法。在欧元上，如果交易者精心挑选建仓形态，他们经常可以找到获利目标约为止损额两倍的机会。注意图 30.2 中的 K 线 9 三角形突破毫不犹豫地拉升，小型上涨孕线是买入信号，其高点位于楔形底点的上方 8 个跳点处，因此风险为 10 个跳点。由于孕线是买入信号，因此在 K 线 9 向上越过它并成为外包 K 线时买入很合理。交易者可以在其入场价上方 20 个跳点处设置止盈限价订单，其将在 K 线 10 顶部的附近成交（在黑色的小型水平线）。

然后交易者可以在 K 线 14 的双重底买入（它也是一个高 2，K 线 12 为高 1，也是向上突破 K 线 12 的小型牛旗后的突破回调），在 K 线 15 处的 K 线 13 高点略上方以 20 个跳点的盈利离场。K 线 14 信号 K 线高为 14 个跳点，因此初始风险为 16 个跳点。由于这是趋势中的回调，其成功率应该至少有 60%。

K 线 19 是一根上涨反转 K 线，也是一轮强劲上涨趋势中的第一次回调至均线。该 K 线高为 8 个跳点，因此风险为 10 个跳点，交易者可以在 K 线 20 的顶部略下方离场，其正好位于信号 K 线的高点上方 22 个跳点处。由于限价订单位于信号 K 线高点上方 21 个跳点，多头可以以 20 个跳点的盈利离场。此时市场很可能处于交易区间，因为 K 线 16 是一轮急速下挫（十字线顶部是一轮急速拉升，然后一轮急速下挫，均发生在同一 K 线），并且下跌至 K 线 19 的行情位于通道之中。市场很可能会测试通道的顶部并形成一个双重顶，并且交易区间很可能会扩大，结果确实如此。鉴于此，在 K 线 19 上方刮头皮做多会更好。通道顶部下方有空间达到 20 个跳点的盈利目标，因此这是一个平掉全部多头刮头皮仓位的合理价位。

交易者可以在 K 线 21 的双 K 线反转上方再次买入，因为它与 K 线 19 构成双重底，并且是第一根均线缺口 K 线（趋势中第一根高点低于均线的 K 线）。其风险为 11 个跳点，交易者可以在 K 线 22 的高点略下方以 20 个跳点的盈利离场。

如果交易者在 K 线 9 的三角形突破中买入，一旦他们看到双 K 线急速拉升的强势，他们可以改变计划。原本计划在盈利 20 个跳点的时候全部平仓，现在他们可以平仓一半，然后可能设置限价订单在上方 10 或 20 个跳点处平掉另外四分之一仓位。然后他们可以让剩余仓位奔跑，直到当日收盘或出现明显的卖空信号。K 线 16 处的抛售高潮很可能引发市场回调至均线，交易者可以在 K 线 16 的下方（或者在其两根 K 线之后的下跌孕线下方）离场并在均线处再次买入。不过，如果他们一直在分批离场并只剩下四分之一仓位，他们也可以持仓至收盘，因为他们知道买家很可能会在均线处回归，他们或许能够在收盘前将市场推至新高。

K 线 21 的多头依然处于交易区间，但是其与 K 线 19 构成一个双重底牛旗，因此市场在收盘前创下新高有较大的概率。尽管交易者可以正确假设大多数交易区间的突破失败而在盈利 20 个跳点时分批平掉全部仓位，但是这一轮两条腿的调整有更大的机会导致成功突破，并且强劲上涨趋势日经常在当日收盘时上涨至新高。因此交易者可以用四分之一至一半的多头仓位做波段，以防万一。

第31章　分批建仓和平仓

分批建仓是指在你已经持仓时再次入场，而分批平仓是指当你平仓时，你只平掉部分仓位，并准备在之后平掉剩余仓位。大多数交易者更愿意分批平仓而不是分批建仓，实际上很多交易者经常分批离场。举例而言，如果你将部分仓位以刮头皮离场，然后将剩余仓位以波段交易离场，你就是在分批平仓。

分批建仓意味着你在加仓。共同基金这样的机构需要不断分批建仓和平仓，因为他们每天接收新资金和赎回请求。散户通常在趋势回调中顺势入场和在交易区间极点淡出时使用分批建仓。在潜在反转中分批建仓风险很大，通常在市场对你不利时离场并寻找第二入场比较好。

不管是交易向对你有利的方向发展还是向对你不利的方向发展，你都可以分批入场。如果你在已经有盈利的情况下分批入场，这也被称为加仓，或追涨杀跌（Press Trade）。举例而言，如果市场处于上行通道，多头会在市场走高过程中的每一轮回调中加仓，强劲急速拉升也是如此。随着急速行情快速扩大，很多交易者会迅速加仓，在每一根K线。强劲的急速拉升总是形成交易者方程极为优越的短暂机会，一些交易者在这种快速市场中追涨杀跌游刃有余。每一次加仓通常是在更高价位，其之前的所有入场均盈利。在上行通道中市场走高时卖空的空头在前一根K线的高点上方分批建仓，并随着市场继续走高而加仓。之前的每一次入场的亏损都在扩大，但是空头预计一旦市场反转，他们将整体获利。我有一位朋友是专家，他在Emini的通道中分批介入逆势交易，寻找反转，他寻找将会测试通道起点的市场，他在起点位置止盈。举例而言，如果Emini近期的日均区间为10至15点，而今天出现一轮急速与通道的上行趋势，有过几次拉升但并非很强，他会在最近的波段高点处开始卖空，并在通道内接下来的一两个新高处加仓，只要每一个新入场至少比前一次高两个点，他入场一至三次，每次约10张合约。多年前他做这些交易的时候我曾与他聊过，市场在反转并向其方向发展之前从未超过其第二或第三入场很多，因此在我们的聊天中止损从不是问题。不过，我估计其至少在最后的入场位之外几个点。根据我的计算，我相信他愿意在 30 张合约上承担约 5000 美元~10000 美元的风险。我讲述他的故事并非鼓吹他的风格，因为很少有交易者像他那样有经验地交易。不过他是一个有趣的真实案例：交易者专攻于某种类型的分批入场并以此为生。

在一段对你不利的行情中分批建仓的关键假设是，你相信市场很快会转为对你有力的方向，从而让你获利。除非你对大图景充满信心，否则你绝不应该在亏损的仓位上分批建仓，最好的情况是，你相信这是一轮始终入场方向明显的强劲趋势，你在其不断扩大的回调中分批建仓。大多数交易者从不在亏损的仓位上加仓，而是让其止损出局，然后在出现另一个信号时再次入场。不过大多数交易者认为他们无法确定一轮趋势或交易区间的确切顶底，但是确信市场接近反转，其中一些交易者做这种反转交易并使用宽止损，其他人使用紧止损，如果市场对其不利，他们止损出局，然后寻找另一个入场。分批建仓的交易者一开始使用很小的仓位，如果市场继续对其不利，他们会加仓，只要他们相信其假设依然有效。如果市场立即向其方向前进，很多人准备通过追涨来加满仓位。他们愿意以更好或更差的价格分批建仓。举例而言，如果他们在一个大型交易区间底部的反转上涨中买入，并且愿意在更低价位分批入场，但是市场立即向其方向前进，在市场继续向交易区间顶部前进的过程中，他们可能会在回调中加仓。其他交易者可能交易半仓，在更低价位加至全仓，然后准备在反转上涨中的盈亏平衡位平掉第一半仓位，然后在第二半仓位上使用盈亏平衡的止损做波段交易。如果你在一个亏损中的仓位上分批建仓，后来你判断大图景已经改变，你的假设不再有效，你必须平仓并承受亏损。即便市场开始转为你的方向，如果你认为你的最初目标不再现实，不要坚持仓位并希望你的假设会再次有效。你需要一直交易你眼前的市场，而不是你希望的市场或几根 K 线之前的市场。市场在每一个跳点都变化，如果你的最初目标现在已经不再现实，那就寻找一个新目标并平仓离场，即便这意味着你将承受损失。举例而言，如果你在始终入场牛市中分批建仓，然后其变为始终入场熊市，你应该离场并准备卖空，而不是希望始终入场牛市再次回归。希望从来都不是持仓的好理由，因为市场基于数学而非运气、公正、情绪、报应或宗教。

"永远不要在亏损的仓位上加仓。"这是华尔街的最基本原则之一。不过其有误导性，因为机构一直都这样做，并且它是很多盈利策略的一部分。这怎么可能？因为这条箴言指的是逆势交易，而机构是在顺势交易中分批建仓。每当机构认为市场上涨或下跌过多时，其看到的是反向交易的价值。因为没有人能够长期准确把握转折点，因此很多机构在多根 K 线中分批入场。他们并不关心是否在其早期入场浮亏时形成一些入场信号。只要他们看到价值，并且需要建立大型仓位，他们就会尽力以最佳价格成交，不管其位于早期入场价的上方还是下方，这与散户的摊平成本（Dollar Cost Averaging）类似。如果一位交易者有一些现金，他想要买股票，他可能在接下来的 10 个月里的每个月买入 10%，不管后面的入场价是否更低。摊平成本是一种成功手法，更多的时候要求投资者在亏损仓位上加仓。然而，这与认为很快就会出现反弹而在强劲急速下挫底部买入的交易者大为不同。当市场直线下跌两根 K 线时，他买入更多，试图摊低平均成本，然后在更低价位再次买入更多。很快，他会希望市场反弹至其平均入场价附近，从而能够以盈亏平衡离场。不可避免的，他的仓位变得如此之大，他决定需要在下一根下跌趋势 K 线离场。那根 K 线通常是一轮大型抛售高潮，他以大幅亏损离场，数倍于他试图从买入刮头皮中所赚取的最初盈利，并且他在市场底部平仓，刚好在一轮大幅上涨之前。

　　分批建仓和分批平仓有坚实的数学基础，但是很多交易者这样做只是因为他们发现其有效，他们并不在意原因。职业交易者一直在日线图和周线图上运用。其对日内交易者也有效，如果你在股票上做日内波段交易，而你不能整日一直追踪股票，你在解读价格行为上经验丰富并确信你的入场位于一个波段的起点附近，那么你可以使用宽幅保护性止损，并在市场继续对你不利时加仓。你的最初仓位可以是平时的三分之一或一半，在市场向对你不利的方向运动时，你可以分批加仓一次或两次。

　　分批建仓通常最适合始终入场（明显趋势）市场中不断扩大的回调，至少在更高时间框架下，以及在淡出交易区间极点时。交易者可以：

　　（1）在一轮强劲急速拉升中的小幅回调中分批建仓多仓（回调是一个小型逆势通道）。

　　（2）在一轮强劲急速下挫中的小幅回调中分批建仓空仓。

　　（3）在下行通道下降时分批建立多仓，或在上行通道上升时分批建立空仓。

　　（4）在回调（回调是小型趋势，因此处于通道）进一步下跌时分批建立多仓，或在熊市反弹中分批建立空仓。举例而言，如果均线陡峭上行，多头会在均线下方的回调中分批建立多仓。

　　（5）在任何强劲趋势的回调中的固定间隔处分批建立多仓，其大小基于之前回调和近期日均区间。

　　（6）在交易区间中分批建立多仓或空仓。

　　（7）如果市场很可能回调至突破点，那就在突破中分批建立逆势仓位，如在宽幅通道日、趋势交易区间日或阶梯形态中。

分批建仓或平仓有很多方法，因为有诸多变量，包括：

（1）你将会分批建仓的次数。你可以分批建仓一次或多次。

（2）你的仓位大小。如果你能接受在市场对你不利时分批入场，确保你的最初仓位足够小，从而使最终仓位处于你平时的忍受范围之内。

（3）在每一个价位买入的股票数量。你的首次入场可以是100股，第二次入场可以是200股，第三次可以是500股或任何数字，不过大多数交易者每次都入场同样的股数。

（4）不同入场的价位。不需要固定步伐，意味着你可以在首次入场下方20美分处分批建立多仓，在其下方30美分、70美分或任何数字处再次入场。另外，你可以在第一个反转信号入场，如果趋势持续，你可以在下一个反转信号分批入场，或许在其下一个信号中再次入场。

（5）风险。这是你的保护性止损与你的平均入场价之间的距离。

（6）回报。这是你的止盈限价订单与你的平均入场价之间的距离。

（7）胜率。永远无法确知，其根据风险、回报和平均入场价而不同。举例而言，赚取30美分而承担30美元风险的胜率大于赚取30美分而承担20美分风险的胜率，但是小于赚取30美分而承担40美分风险的胜率。

分批操作涉及到不确定性，这是通道和交易区间的内在特点，这里有双边交易。交易者在押注一轮短期行情正在结束且一轮更大的行情即将开始。即便在交易区间中也是如此，如交易者在一条小型熊腿中分批建立多仓，他相信大图景是交易区间而小型熊腿很可能无法将交易区间转为下跌趋势，能够让获胜几率乘以潜在回报大于亏损几率乘以风险的变量组合都是有效的策略。你总是知道风险和潜在回报，因为其在你设置保护性止损和止盈限价订单时而确定。你永远不知道确切胜率，但是你通常知道其何时为60%或更高，如果你不确定，那就假设为50%。

每当你逆势分批建仓时，一个总体原则是，当市场第二次对你不利时，你应该离场。这意味着如果你在下跌趋势中抄底而市场形成低2卖空，尤其是当其处于均线附近并形成一根下跌信号K线时，你应该平掉多仓，甚至考虑反手做空。如果你依然相信底部就在附近，你可以在更低价位再次分批建仓。同时，在交易日的最后一个小时中分批建仓有风险，因为你经常会发现自己持有巨大的亏损仓位而需要在收盘前回补，时间对你不利。最后，在任何强劲趋势中逆势分批建仓都充满风险。举例而言，如果你认为市场处于一轮强劲的下跌趋势，那么你一定认为其将很快走低。如果你相信其将很快走低，那么现在开始买入为时过早。当趋势强劲时，你只能考虑顺势加仓。

分批建仓和平仓有数学基础，但是这并意味着其就是最明智的资金使用方法。举例而言，假设你相信一只现价为 20 美元的股票跌至零的可能性为 1% 或更低，然后你买入 100 股，如果你在其每下跌 5 美元的时候分批买入，你将在其 15 美元时再次买入 100 股，在 10 美元时再买入 100 股，并在 5 美元时再买入 100 股。这样你将以均价 12.50 美元而做多 400 股。这只股票可能不会跌至零，但是你现在需要其上涨 150% 才能回到盈亏平衡，几乎可以确定，如果你以亏损平掉全部仓位并将资金用于购买处于强劲上涨趋势中的股票，你将赚得更多。

交易者也可以在盈利或亏损的交易中分批离场。在那个上行通道的案例中，那些在上行通道上涨过程中分批买入的多头会在某一时刻停止买入而开始获利了结。如果他们平掉部分仓位，他们就是在分批离场。空头可能会判定其所预期的反转不像其最初想象的那样强劲，他们可能会买回一些刚刚卖出的空仓。如果市场向对其不利的方向再前进 10 个跳点，他们可能会买回更多并准备在更高价位再次卖空。他们正在分批平掉亏损的仓位，尽管他们可能计划晚些时候再次分批建仓。

你可以用一个标准来判断在哪里设置第二个入场，那就是想一下如果不是在分批建仓，你的保护性止损将设在多远的地方。举例而言，如果你正在美国银行（BAC）的上涨趋势中的回调买入，并在考虑使用 30 美分的止损，你可能反而会在那个价位买入更多，并将整体仓位的保护性止损设在其下方 30 美分处，或第一个入场的下方 60 美分处。

在走势对你不利的市场中分批建仓的方法有很多，你可以分批入场任意次数。你可以在固定间隔或不同的阻力和支撑位或后面每一个反转建仓形态中分批建仓。你可以在每一次后续入场中都使用同样仓位，你可以让其更大或更小。最重要的是你让分批入场成为可能，你需要在开始时就有计划。如果你不习惯制定计划，那就不要在亏损的交易中分批建仓，即便你是在强劲上涨趋势中买回调或在强劲下跌趋势中卖反弹。你必须知道你的最终保护性止损在哪和你的平均入场价是多少，因为你需要将总风险保持在你的平常区间之内。如果你粗心大意，你可能会发现虽然自己持有平时的合约数量，但是止损位却与平均入场价相距甚远，你的风险比你平时的水平高出数倍。

如果交易者下定决心要尝试分批入场，风险最小的方法是，在其依然持仓且假设依然有效的情况下，在第二入场出现的时候入场。举例而言，假设他们在做多，市场盘整或小幅下跌但并未触及其保护性止损，或者市场小幅上涨但未能成交其止盈限价订单，如果市场出现另一个具有良好交易者方程的买入信号，交易者可以在此入场，并分别对待两次入场。它们可能有不同的止损和盈利目标，但是只要每一个入场都有正的交易者方程，那么交易者可以将其作为独立的交易看待，根据其各自的特点而管理。如果第三个好的信号出现，他们可以再次买入，但是到了一定时候，他们的仓位将变得太过复杂，不值得再次入场。由于只管理一笔交易的压力较小，大多数交易者不应该分批建仓，即便后续信号看上去不错。

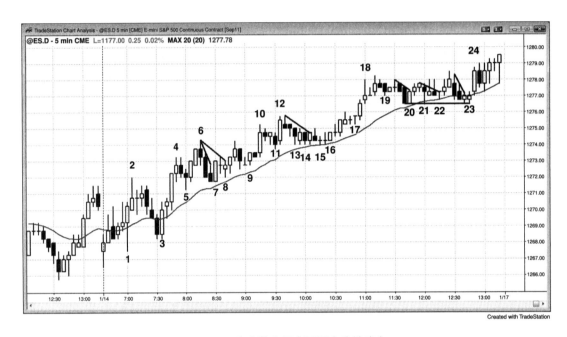

图 31.1　大多数交易者不适合分批建仓

　　交易新手不应该分批建仓，因为风险超出其舒适水平，任何错误都可能导致巨额亏损。不过，交易老手可以在一轮强劲趋势的回调中把握第二或第三入场，或者在一轮强劲急速行情中的每一根 K 线都加仓，如在 K 线 3 至 K 线 4 的上涨行情中。

　　在图 31.1 中的走势图中，截至 K 线 4 收盘，大多数交易者都认为市场处于强劲的多头行情，这是一轮四 K 线的急速拉升，其很少交叠且具有大实体，之前在开盘时和 K 线 1 处的双 K 线急速拉升中有买压。K 线 7 是一个有效的双 K 线反转和高 2 买入信号（K 线 5 为其高 1），其他交易者将 K 线 7 看作高 1 买入建仓形态。入场 K 线是 K 线 7 后的小型十字线，其构成对牛旗的突破，然后市场在 K 线 8 形成一个突破回调的买入建仓形态，这也是一个有效的信号。一些人认为其与 K 线 6 和 7 构成三角形，其入场价与 K 线 7 上方的多头一致。由于假设依然有效，并且 K 线 8 更加表明市场试图走高，因此交易者可以在该信号中买入第二个仓位。从那里开始的双 K 线上涨是一个 5 跳点的失败形态，很可能不会导致止盈限价订单成交，但是上涨趋势依然完整，保护性止损未被触发。但是上涨行情向上突破另一根小型下跌趋势线，因此是另一个牛旗突破。K线9是突破回调的买入建仓形态。由于趋势依然完整，这个新建仓形态也有出色的交易者方程，因此交易者可以在此处买入第三个仓位，并将其作为单独的交易管理，使用合适的保护性止损和盈利目标。交易者能够在K线10的急速拉升中以一个点的盈利分批平掉全部三个仓位。

K线14、15和16提供了类似机会，用三次单独入场来分批建立多仓。

K线20、21、22和23有四个有效的买入建仓形态，四次入场均可以在K线24的急速拉升中以1个点的盈利离场。

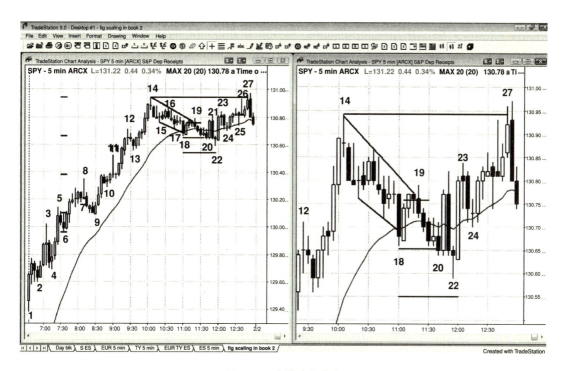

图31.2　分批建立多仓

如图31.2所示，SPY的5美分图处于一轮强劲的上涨趋势，多头可以在K线9至K线14前一根K线之间的急速拉升中或在始于K线14高点的复杂回调中分批建立多仓。右图是对左图的特写，不过只有与回调相关的K线有标记。多头可以在至均线的小型楔形牛旗回调中买入，目标是在旧的上涨高点（K线14）止盈，他们可以在K线18后的上涨孕线上方一个跳点处设置停损买入订单。另外，他们也可以在双K线反转的高点（K线18的高点）上方入场。如果他们在上涨孕线的上方买入200股，他们在130.76美元建立多仓。他们的保护性止损位于 K 线 18 的低点 130.66 美元下方，他们计划在当日的新高处用限价订单止盈，即 K 线 14 的高点 130.94 美元。他们用承担 11 美分的风险来赚取 18 美分，由于这是一个移动平均线处的牛旗，因此他们很可能有至少 60% 的成功率。在本案例中，当 K 线 20 跌破 K 线 18 时，他们会损失 11 美分，由于他们买入 200 股，他们损失 22 美元和佣金。

其他交易者可能对趋势强劲同样充满信心，认为市场能够在回调后创下当日新高，但是他们可能对至 K 线 18 的回调处于一个相对紧凑的通道而担忧。通道经常只是两腿行情的第一腿，有上涨趋势最终恢复之前有一定的风险出现第二腿盘整下跌。然而，如果趋势如此强劲，市场不应该跌破均线很多。鉴于这种不确定性，分批建仓的交易者可能在 K 线 18 后的上涨孕线上方买入一半仓位，与其在 K 线 18 的下方被止损出局，他们还不如在这里其第一次入场价的下方 10 美分处买入另一半仓位。然后他们可以将整体仓位的止损设在下方 11 美分处，是其最初保护性止损的两倍大小。他们会在 K 线 20 的 130.66 美元成交，将其 200 股的平均入场价降至 130.71 美元，风险则为 130.55 美元。他们用承担 16 美分的风险来赚取 23 美分，由于这是一个牛旗，他们有至少 60% 的成功率。市场在 K 线 20 后一根 K 线强劲反转上涨，但是很快反转进入一个双 K 线反转。新手此时可能以亏损离场，甚至可能会反手做空。然而，交易老手从不会在上涨趋势中的交易区间底部卖空，他们会依赖止损。市场在 K 线 23 的缺口 K 线买入建仓形态中再次反转上涨，然后升至当日新高。上涨行情中出现多次回调，显示多头并不强势，市场在新高反转下跌，明显为多头获利回吐，包括分批入场的交易者。

在当日早期买入的多头可以在趋势的进行过程中分批离场。有过多次买入良机，如在 K 线 2、4 和 6 处的高 1 建仓形态。我们假设一位多头在 K 线 6 的上方一个跳点处的 130.10 美元买入 400 股，他将保护性止损设在 129.96 美元的下方一个跳点处，承担 14 个跳点的风险。有多种止盈方法，一种流行的方法是在大约两倍于最初风险的价位，交易者可以在 28 美分的时候平仓 100 股，这发生在始于 K 线 9 的急速拉升越过 K 线 8 的过程中。其他交易者在固定间隔位止盈部分仓位，如每隔 20 美分。这样做的交易者会在 K 线 8 离场，其顶部有一根长影线，显示很多交易者在此处部分止盈。多头应该将其追踪止损设在最近的波段低点略下方，因此这个多头止损位依然低于 K 线 9。他可以在盈利达到最初风险四倍时平仓另外 100 股，也就是在市场向上越过 K 线 11 的过程中的 K 线 12 的两根 K 线之前的上涨 K 线的 130.52 美元处。K 线 11 的高点正好是 130.53 美元，因此很多交易者将其限价订单设在这个明显目标的下方一个跳点处。这是一种失败类型并经常引发更大的回调，但是这里其导致 K 线顶部出现获利了结的影线，然后只在趋势中形成一个小型的单 K 线停顿。交易者可以继续在入场价上方 72 美分和 96 美分处平仓 100 股（或以 60 和 80 美分的盈利），或者可以在第一个市场可能出现更大回调的信号中平仓第三个 100 股，如在 K 线 14 的下方一个跳点处。然后他可以在收盘前平掉最后 100 股，或许在回调后上涨至当日新高的行情中。最后一次平仓将在 K 线 27 的 130.94 美元，即最初入场价的上方 84 美分处。

图 31.3　机构在市场对其不利时分批入场

当机构在交易区间的底部买入时，他们会在每一次小幅下跌中买入更多，在反转市场的试图中保卫止损。

如图 31.3 所示，今天大幅跳空低开，因此今天很可能会趋势上涨或下跌。在 K 线 3 之后，市场强劲抛售进入较低区间，并且在 K 线 6 形成之时，当日是一个趋势交易区间日，在每一个区间的底部附近买入和顶部附近卖空通常是安全的。

K 线 5 向上突破一根陡峭的趋势线。K 线 4 和 6 是强劲的上涨反转 K 线，K 线 6 形成第二入场多头（向上突破微型通道的更低低点回调）。入场 K 线是一根下跌趋势 K 线，这是弱势的迹象。如果市场跌破其低点一个跳点，这可能会是一个失败形态，市场将很可能在另外一两腿行情中快速下跌（再一腿可以形成一个小型楔形底）。由于聪明的资金相信这是一个趋势交易区间日，并且他们在第二入场中买入，他们会在市场跌至入场 K 线低点的过程中一路买入而加仓，以此来捍卫该点位。他们不希望市场继续下跌一个跳点。在接下来的 15 分钟内，市场多次与这些保护性止损以一个跳点之差擦肩而过，耐心的多头获得回报。

这一天也可以被看作从开盘下跌趋势 K 线开始的趋势，小型回调下跌趋势或趋势恢复的下跌趋势，从美太平洋时间早上 8 点 ~11 点的交易区间向下倾斜，这是空头强势的表现。

图 31.4　在强势上行通道中，交易者一路分批买入

当多头确信市场正在走高并怀疑其是否很快会出现回调而让他们以低价买入时，他们开始以市价买入并在上涨的过程中持续买入。如图 31.4 所示，苹果（AAPL）大幅向上跳空，然后回调，再然后在 K 线 6 向上突破。当日成为上涨趋势日的概率较大，交易者相信即便其出现回调，市场也将很快创下新高。因此，开始以市价买入和在任何小幅回调（如 10 美分）中买入具有数学意义。交易者和机构继续不停买入，但是并非特别急迫或足够大量而形成大型上涨趋势 K 线和潜在的高潮反转。他们一路分批买入至 K 线 10，因为他们相信第一次回调的幅度不会很大，其将被激进买入，市场将被推至新高。

当趋势强劲时，你需要相信市场很快将更高。如果你相信其很快将更高，现在开始分批建立空仓就没有意义，因为如果你等待，你将可以在更高价位卖空，当通道强劲时，永远不要逆势分批入场。

市场在 K 线 13 出现一轮约 1 美元的急速与通道回调至均线，这里多头终于压制空头。他们将市场推至名义新高，即便是在 K 线 10 买入的交易者也可以在这里以盈亏平衡离场。这些交易者中很多人是动能交易者，在趋势改变之前会一直买入，他们很乐意在 K 线 13 的第一根均线缺口 K 线加仓。然后他们以盈亏平衡平掉其在 K 线 10 建立的多仓，以 60 美分的盈利平掉其在 K 线 13 建立的多仓。

多头也可以在抛售至 K 线 19 的行情中分批入场，相信上涨趋势非常强劲，回调后会测试高点。K 线 18 是一根强劲的上涨反转 K 线，多头可能在其高点上方买入。由于下行通道陡峭，这些多头知道市场可能进一步下跌，但是他们想要确保至少抓住他们认为的趋势恢复的部分行情。因为回调可能尚未结束，因此一些人只会半仓买入，准备在下方 50 美分处加仓。他们将在下跌至 K 线 19 的行情中成交，其他人则会寻找另一轮筑底试图，然后在信号 K 线的上方买入更多，如在 K 线 19 的高点上方。K 线 19 是一轮两条腿的盘整下跌调整，K 线 13 是其第一腿，其大约是 K 线 10 至 K 线 14 双重顶的等距下跌。尽管他们可能在市场测试其第一个入场 K 线 18 的高点时分批平掉部分仓位，但是大多数人会持仓追求更大盈利。他们可能在上涨至 K 线 20 的急速拉升后的停顿 K 线中平仓一半，然后将剩余仓位的保护性止损移至盈亏平衡处。

图 31.5　在回调中分批入场

当均线陡峭上行时，交易者会在市场回调至均线时买入，并在更低点位分批入场。在图 31.5 所展示的走势中，设置限价订单在市场触及均线时买入的交易者在 K 线 9 成交，但不幸的是，市场急速下挫。很多交易者会在更低价位分批买入，因为他们确信市场很快会涨回至均线，并且市场经常会一路回到其最初买入价。K 线 15 的高点正好是 K 线 19 的多头在市场回调至均线时买入的价格。为什么市场在 K 线 15 反转下跌？因为很多在抛售至 K 线 11 的行情中分批买入的交易者在其最初入场的盈亏平衡位清仓，也就是 K 线 9 碰触均线的地方。他们在较低的入场中赚钱，在第一个入场中盈亏平衡。他们的目标是根据陡峭上升的均线做多赚钱，一旦达到目标，他们就会清仓，不再有买家。

当市场可能反转时，很多交易者不会在其首次碰触均线时买入，而是会在均线下方买入。举例而言，在 K 线 9 买入的交易者可能每下跌一个点就买入一次，其他交易者可能在下方一个点、两个点或更低位开始买入，然后市场每下跌一个点就分批买入一次，可能一共买入两三次。他们可能会承担平均区间的一半的风险，或者其最初入场价下方约 5 个点。举例而言，如果他们在 1219 和 1218 买入，他们可以在最初买入价全部平仓，在第二个入场中赚一个点，在第一个入场中盈亏平衡。如果他们更加激进，他们可以在其较高入场的上方一个点处、移动平均线上或市场测试 K 线 9 的最初均线入场价时止盈。

图 31.6　在急速行情中分批入场

交易者可以在趋势中的急速行情阶段入场或分批建仓。如图31.6所示，今日跳空高开，但是前两根K线是十字线，显示高开存在不确定性。多头并没有激进买入，他们在两根K线的底部买入，形成影线，但是如果市场反转下跌，多头会在两次试图失败的情况下停止买入，强劲的K线2下跌趋势K线让多头相信市场正在下跌。交易者在其收盘价卖空，多头在其收盘价平仓，在当日第一根K线的下方止损。一旦下一根K线为强劲的下跌K线，空头确信急速下挫正在进行，至少会有一轮等距下跌。他们在K线3的收盘价卖空。由于最初30分钟内经常出现双K线的急速行情，并且后面经常有回调，因此一些空头会将其保护性止损设置在K线2的上方，允许市场形成更低的高点。其他交易者将K线3看作一根强劲的下跌趋势K线和入场K线（对于在K线2信号K线下方卖空的交易者而言），他们会将止损设置在K线3的上方。

下一根K线是一根强劲的上涨反转K线，但是由于在两根强劲的下跌趋势K线之后很可能形成更低的高点，因此大多数交易者会拿住空仓。市场向上越过该K线一个跳点，将弱势空头清扫出局并套住弱势多头，然后在K线4反转下跌。

一些交易者会在K线4下方用停损订单卖空，并且会在两根K线之后入场。入场K线以十字线收盘会让他们紧张，但是之后急速下挫开启。

K线5有一个强劲的下跌实体，因此部分交易者会在其收盘价卖空，其他人会在其低点下方卖空。

K线6是急速下挫中的第二根K线，并有一个大型下跌实体。这时候，很多交易者将其看作开盘区间的突破。多头最终放弃，空头开始非常确信当日的区间将向下扩展，达到近日的日均区间水平。交易者在其收盘价卖空，激进的交易者将一直在K线收盘时卖空，直到出现一根具有长影线或上涨实体的K线。即便如此，它是第一次停顿或回调，市场通常会在几根K线之内再次下跌，因此之前在K线收盘时卖空的交易者依然能够赚取刮头皮的盈利。一旦多根K线的急速行情之后形成停顿K线，大多数交易者会停止在K线收盘时入场。

市场上涨至K线16，交易者好奇其是否会形成一个更高低点，然后形成第二腿上涨。K线17的强劲下跌趋势K线向下突破任何可能的上涨旗形，让交易者认为当日可能创下新低。交易者在其收盘价和K线18的后续K线收盘价卖空。K线19是一根停顿K线，因此空头停止在其收盘价卖空。

K线23是一根可能的上涨反转K线，也是当日第三段下跌中的双K线反转，交易者将其看作可能的楔形底或更高时间框架的楔形牛旗。由于其低点远高于昨日的低点，因此很多交易者将今日的整轮抛售看作一个牛旗。一些交易者在其高点上方买入，其他交易者在 K 线 25 入场 K 线的收盘价买入。现在市场在一个良好的底部之后形成一轮双 K 线的急速拉升，交易者知道应该至少出现两腿上涨。

K 线 26 再一次以强劲上涨收盘，交易者在其收盘价买入。

K 线 28 在顶部有一根长影线，因此交易者停止在其收盘价买入。

K 线 31 处有一个楔形牛旗，多头认为这是第二腿上涨的起点。

市场向下突破 K 线 31 至 35 的上行通道，交易者认为第二腿上涨或已结束且下跌趋势可能正在恢复。一些交易者在 K 线 36 收盘时卖空，但是市场在 K 线 37 反转上涨进入双 K 线反转，空头会离场。他们会认为这是一个空头陷阱和上行通道的假突破，他们看到市场在一个更高低点（K 线 31 上方）处反转上涨，怀疑上涨趋势是否会恢复。

多头在 K 线 37 的双 K 线反转上方买入，又在 K 线 38 和 39 收盘时再次买入。下一根 K 线是一根停顿 K 线，因此他们停止在 K 线收盘时买入。在 K 线 39 收盘时买入的交易者在 K 线 41 的下跌 K 线中离场。他们为了刮头皮买入，而市场未能在下一根 K 线上涨，然后又再次失败，因此很可能会下跌。

那么这些急速行情与分批交易有什么关系？比如说你习惯交易两张合约，用一张合约刮头皮，用另一张合约做波段交易，直到趋势结束。如果你在 K 线 2、3 或 4 中的任何一个早期卖空入场中做空，你会在 K 线 5 中刮头皮平仓一张合约。在 K 线 5 收盘时，你可以接回你的刮头皮合约，再次做空两张合约。你可以在 K 线 8 中刮头皮平掉一张合约，然后在 K 线 8 收盘时加回。这取决于你的最初入场位，你可能在 K 线 12 全部平仓，或者如果你的最初卖空是在 K 线 3 附近，你可能拿稳空仓，设置盈亏平衡的止损。

在 K 线 5 收盘时加仓一张合约的另一种选择是，你可以在那里卖空两张合约，从而一共卖空三张合约，大于你平时的风险，但是在第一张合约上设置盈亏平衡的止损，这样你的总风险就与平时的总风险一样了。你可以在 K 线 7 收盘时和 K 线 8 收盘时再次重复此过程。那个时候你的波段仓位将是四张合约，但是你在三张合约上有盈亏平衡的止损。你将有一张刮头皮的合约，因此你的总仓位将是五张合约，但是你的总风险将与你平时交易两张合约时一样。

在当日的其他急速行情中你也可以使用同样的手法，只要不超过你平时交易两张合约时的风险水平，有时候你能持有五张或更多合约，赚取暴利。

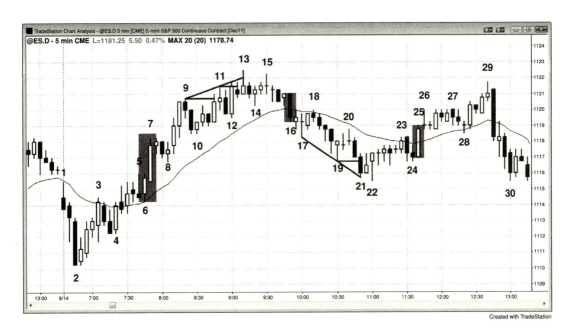

图 31.7　在通道中分批入场

当市场正在形成通道时，交易者会分批建立逆势仓位，但是只有在当日并非强劲的趋势日时这种方法才可靠。如图 31.7 所示，下跌至 K 线 2 的行情约为平均区间的一半，因此从 K 线 6 开始的上行突破可能引发一轮等距上涨，然后形成一个上区间，成为一个趋势交易区间日，然后市场很可能会回测 K 线 1 和 5 的突破点。明白这一点的交易者愿意在 K 线 9 的高点上方卖空，并在更高点位分批入场。他们可以在其他的波段高点上方加仓，如在 K 线 9 上方，也可以在固定间隔位加仓，如上方一个点和两个点处。他们在通道的顶部附近卖空，这是理想的卖空位置，他们可以在至 K 线 21 的急速下挫中的突破测试止盈。

在市场强劲急速拉升至 K 线 7 后，多头会在前一根 K 线的低点下方分批入场。他们会在 K 线 7 后的孕线下方买入，并在 K 线 9 和 11 的下方买入，或许还会在 K 线 13 的下方买入。由于 K 线 13 是通道内第三段上涨，而通道在三轮上涨后经常会调整至少 10 根 K 线，因此很多多头会在此时止盈而不是分批入场。同时，正如他们会在一路上涨中的 K 线下方分批买入一样，他们也会在前期 K 线高点的上方、波段高点上方和强劲上涨趋势 K 线收盘时部分或全部止盈。以上所有均将发生在通道顶部附近，多头倾向于在此处离场而空头倾向于入场。

多头将上涨至 K 线 13 的行情看作强势迹象，因此他们可能愿意在下跌至 K 线 22 的下行通道中分批入场。他们可能首先在 K 线 19 上涨反转 K 线的上方买入，然后在市场试图与上行通道的底部 K 线 8 形成双重底时，再在 K 线 22 上方的第二信号加仓。另外，他们也可以在固定间隔位分批入场，如在 K 线 19 上方的最初多头入场位下方一个点和两个点处。他们可以在其最初入场价分批平掉部分仓位，然后在 K 线 26 测试通道顶部 K 线 18 时平掉剩余仓位，或者他们可以在固定间隔位分批平仓，如在盈亏平衡处平掉部分仓位，然后在上方一个点和两个点的位置平掉更多仓位。

图 31.8　在弱势交易者离场时入场

市场经常恰好触发明显的保护性止损，然后反转。如果交易者只是寻求一天内的几次重大反转，他们需要愿意使用宽幅止损，因为市场经常恰好触发位于入场价外两个、三个、四个或五个点的整数价位保护性止损，然后反转。如果交易者在图 31.8 中的 K 线 3 下方卖空并使用三个点的止损，其将在 K 线 9 的高点被精确触发。然而，如果交易者愿意分批入场，他可能恰好在弱势交易者被止损出局的地方设置订单卖空更多。三个点的止损在这里符合逻辑，这个大小符合近期的价格行为，且其位于当日的新高处，因此准备分批入场的敏锐交易者会设置限价订单在其第一入场的上方 11 个跳点、三个点的止损的下方 1 个跳点处卖空更多。

在 K 线 13 的更低低点和 K 线 20 的第二次反转上涨中买入的交易者与使用三个点止

损有同样的体验，其将被精确止损，另一种选择是在明显的止损位略上方分批入场。

最初的交易区间约为日均区间的一半大小，因此当交易者看到市场向下突破跌至 K 线 11 时，他们就知道这将是一个趋势交易区间日的概率有 60% 甚至更高，市场会测试 K 线 4 的突破点。交易者可以使用限价订单在 K 线 4 下方两个点、三个点和四个点处买入。他们的订单中只有第一个会成交，他们可以在上涨至 K 线 12 的行情中以两个点的盈利离场，这一轮行情向上越过 K 线 4 的突破点几个跳点。

看到趋势通道的交易者意识到，市场突破创下新低后就会回调至旧低上方。鉴于此，他们可以计划在每一个低点的下方分批入场。K 线 13 比 K 线 11 低 5 个跳点，因此交易者会认为下一个新低将比 K 线 13 低 5 个跳点。有时候下一个突破要小一点，而市场转变为收缩的阶梯形态。他们可以设置限价订单在 K 线 13 的低点下方约 3 个跳点处买入，并设置订单在其下方一个点处分批入场，然后在其下方一个点处再次入场。他们的分批加仓订单不会成交，他们将能够在其第一个入场中赚到一两个点。如果他们分批入场，他们能够在第一次入场的价格平掉全部仓位，在第一次入场中盈亏平衡，而在第二次入场中赚到一个点的盈利。另外，他们也可以持仓追求更大盈利，在第一次入场中赚到一两个点，在第二次入场中赚到两三个点。

他们可以在市场跌破 K 线 15 的过程中重复该过程。他们的第二次入场有可能成交也可能不会成交，因为 K 线 21 的低点恰好处于订单的限价价格，即 K 线 15 低点下方 8 个跳点处。

如果交易者认为 K 线 11 至 K 线 17 的交易区间将守住，他们可能会愿意在抛售中分批入场，第一次入场在 K 线 18 附近。然而，一旦 K 线 20 后的低 2 形成，最好是离场或反手做空，然后准备在低位再次买入。

第 32 章 被套或踏空

停损入场订单会让你陷入一笔糟糕的交易，而保护性止损可以让你踏空一笔好交易。如果大多数交易量由机构的计算机订单产生，那么为何会发生这样的事情？机构计算机怎么会经常搞错？这些程序经常很复杂，所有的机构都使用不同的方法。一些扫止损是由于对冲或部分止盈，还可能是因为分批建仓，而大多数都与五分钟图毫不相干。认为它们犯错而被停损订单套牢，或者扫止损是因为散户那相对较小的交易量，这就太单纯了。在图 32.1 所显示的是大量根据大量不同不可知原因决策的交易者的混合产物（Distilled Product）。结果是散户有时被套或踏空。大多数机构并非每个跳点都交易，他们不在意这些小幅波动，因为他们知道自己的模型背后有坚实的数学。他们并不将这些波动看作陷阱，很可能大多数机构根本就没注意，而是依赖模型和其客户希望他们执行的订单，不过，高频交易公司试图把握任何小幅波动。

图 32.1　被套的交易者

如图 32.1 所示，今天到处都是让交易者被套或踏空的建仓形态，但是如果你仔细解读价格行为，你就可以通过设置限价订单押注相反方向而在其每一个陷阱中都盈利。

K 线 2 是开盘跳空中的下跌趋势 K 线，也可能是当日的高点，但是 K 线 1 如此强劲，卖空之前最好是先等待更多信息。一旦卖空触发，敏锐的交易者将会在 K 线 2 上方用停损订单买入，一方面因为有空头被套，另一方面是因为市场在开盘跳空上涨的交易日中向上越过一根强劲的上涨趋势 K 线，而这一天可能成为开盘上涨趋势日。

K 线 5 可能是从当日高点开始的急速下挫中的第三根下跌 K 线，因此即便市场越过其高点，它依然很可能会形成更低的高点和第二腿下跌至均线。交易者可以设置卖出限价订单在 K 线 5 的高点卖空，在当日的高点处或 K 线 4 卖空信号后的下跌入场 K 线上方设置保护性止损。

跌至 K 线 7 的下行通道陡峭，因此即便它是均线高 2 回调和上涨趋势 K 线，多头的明智做法是依然是在做多之前等待突破回调，激进的交易者会用限价订单在 K 线 7 的高点卖空刮头皮。

下跌至 K 线 9 的行情非常强劲，因此在市场第一次试图上涨时买入是一笔糟糕的交易。交易者可以设置限价订单在 K 线 9 的高点卖空，预期几根 K 线之内出现新低。

　　K 线 12 是一根大型趋势 K 线，因此是一轮抛售高潮，其发生在跌至 K 线 9 的抛售高潮之后。K 线 11 处的低 2 可能是下跌趋势出现较大调整之前的最终旗形。K 线 13 是第一个低 1 卖空建仓形态，但是鉴于市场不再处于强劲的急速下挫，因此这是一个糟糕的卖空。交易者可以设置限价订单在 K 线 13 的低点买入刮头皮。

　　K 线 14 是一个疲弱的低 2 卖空，因为在连续抛售高潮之后很可能出现至少持续 10 根 K 线的调整。多头可以在 K 线 14 的低点买入，预期出现失败的低 2 和上行突破。K 线 15 成为一根外包上涨 K 线，将空头套在低 2 卖空。由于该 K 线的形成如此之快，因此很多多头还没时间弄清楚发生了什么，他们就踏空并被迫追逐市场。

　　K 线 16 是五根上涨趋势 K 线后的低 1 卖空建仓形态，因此很可能会失败，多头会在该 K 线的低点买入。

　　K 线 17 是一个高 1 多头建仓形态，但是急速拉升中有些 K 线的实体小且具有影线。这并非一个轮强劲的急速拉升，因此高 1 会失败，空头用限价订单在 K 线 17 的高点卖空。

　　K 线 18 是一个低 2 卖空建仓形态，但是市场依然处于强劲的上行通道，现在盘整了六根 K 线。这个低 2 很可能会失败，因此多头在其低点买入刮头皮。

　　K 线 19 是一个失败的低 2，因此是一个买入建仓形态，但是市场开始进入盘整并形成小型 K 线，这会形成第三段上涨。空头在其高点处卖空。

　　K 线 23 是一个高 1 买入建仓形态，但是急速拉升并不强势，因此空头在其高点卖空。

　　K 线 27 是一个高 1 买入建仓形态，但是急速拉升依然不强。K 线较小且影线突出。空头在其高点卖空。

　　K 线 28 是一个高 1，也是交易区间中点的更高低点，其前面是一根强劲的下跌反转 K 线。空头在其高点卖空。

　　K 线 30 是一根大型下跌反转十字线和一个高 2 买入建仓形态，但是其处于交易区间的中点，大型信号 K 线迫使交易者在区间顶部附近买入，这绝不是好事。十字线是弱势信号 K 线。空头在其高点卖空。

所有这些术语都是从实际交易的角度去定义的，力求有助于交易者的操盘，与技术分析师通常从理论角度所作出的表述可能有所出入。

始终入场（Always In） 如果你必须时刻在市场当中，无论多空，该术语就是指你当前的头寸（始终做多或始终做空）。如果在某个时间点你被迫就开立多头或空头头寸做出决定，并且对自己的选择充满信心，那么这个时刻的市场就处于"始终入场"模式。几乎所有此类交易都需要价格沿着趋势的方向出现急速运动，让交易者具有信心。

铁丝网（Barbwire） 指由 3 根或以上 K 线组成的交易区间。这些 K 线大致重叠，其中有 1 根或以上是十字星（Doji）。这是一种窄幅盘整区间，包含很长的影线，以及通常相对较长的 K 线实体。

K 线回调（Bar Pullback） 在上涨行情中，K 线回调是指一根 K 线的低点低于前一根 K 线的低点；在下跌行情中，是指一根 K 线的高点高于前一根的高点。

空头反转（Bear Reversal） 指趋势从上涨转为下跌（空头趋势）。

爆仓（Blown Account） 指亏损使你的账户余额低于经纪商所设定的最低保证金要求，除非续存资金，否则你将无法进行交易。

突破（Breakout） 指当前 K 线的高点或低点超过某个重要的前期价位，比如摆动高点或低点、任何前期 K 线的高点或低点、趋势线或趋势通道。

突破 K 线或 K 线突破（Breakout Bar or Bar Breakout） 指造成突破的 K 线，通常是一根强趋势 K 线。

突破模式（Breakout Mode） 指接下来可能向上或向下突破的形态。

突破回调（Breakout Pullback） 指突破之后的小幅回调，通常包含 1~5 根左右的 K 线，且幅度并未超出此前数根 K 线的范围。既然将其视为回调，你显然预计突破行情还将继续，回调为捕捉后续行情提供了入场机会。相反，如果你认为突破将会失败，就不会使用"回调"一词，而是将回调视为一次假突破。举例而言，如果市场走出一波包含 5 根 K 线的对下降趋势线的突破，但你认为下跌趋势还会继续，那么你可能会考虑做空这个熊旗（Bear Flag），而不是在它向下突破熊旗的时候将其视为突破回调而买入。

突破回测（Breakout Yest） 突破回调的一种，价格回撤到最初进场价位附近，测试设在盈亏平衡点的止损。略微向上或向下过度回调的情况也是有的。它可能发生在入场点一两根 K 线之后，也可能是运行很长一段之后，甚至 20 根或以上 K 线之后。

多头反转（Bull Reversal） 指趋势从下降趋势变为上升趋势（多头趋势）。

买压（Buying Pressure） 指强势多头发力，他们的买入行为造成多头趋势 K 线、K 线下影线，以及双 K 线多头反转。其效应是累积的，通常最终导致价格走高。

蜡烛线（Candle） 表示价格行为的一种图形，开盘价与收盘价中间的部分被称之为实体。如果收盘价高于开盘价，就是一根多头蜡烛，以白色表示。如果收盘低于开盘，就是空头蜡烛，以黑色表示。实体上方和下方的线被称之为上下影线。

走势图类型（Chart Type） 指 K 线图、柱状图、蜡烛图、成交量、tick 图或其他种类的图形。

高潮（Climax） 指幅度过大和速度过快、现在已经反转进入区间震荡或反向趋势的价格行为。大部分高潮运动最终都会造成趋势通道线过靶（Trend Channel Line Overshoot）和行情反转，但大部分此类反转都会进入交易区间而非开启相反趋势的运动。

逆势（Countertrend） 指与当前趋势（当前的"始终入场"方向）反向相反的交易或建仓形态。这对大部分交易者而言都是亏钱的策略，因为风险通常至少与回报一样高，而成功率又很难高到让交易者等式（Trader's Equation）有利的地步。

逆势刮头皮（Countertrend Scalp） 指你相信趋势还未完结但可能即将出现小幅回撤，于是在小幅回撤开始形成的时候逆势进场，以赚取微小利润。这通常是一种错误做法，应该避免。

日内交易（Day Trade） 指在入场当天就打算出场的交易。

方向概率（Directional Probability） 指市场上涨或下跌任意点数以达到相反方向特定点数的概率。如果你看一段等距的上涨和下跌，那么方向概率大部分时候都在 50% 左右，即市场在下跌 X 点之前上涨 X 点的概率为 50%，同样，市场在上涨 X 点之前下跌 X 点的概率也是 50%。

十字星（**Doji**） 指实体很小或没有实体的蜡烛线。在 5 分钟图上，其实体可能只是 1~2 个最小报价单位（Tick），但在日线图上，实体可能是 10 个或以上最小报价单位，不过看起来依然近乎无存。十字星说明多头和空头势均力敌。任何一根 K 线，要么是趋势 K 线，要么是无趋势 K 线。无趋势 K 线就叫十字星。

双底（**Double Bottom**） 指当前 K 线低点与前期摆动低点位置相当的价格形态。这里的前期低点可以指上一根 K 线，也可以指 20 根或以上之前的 K 线。双底不一定要位于当天行情的底部，也经常出现在牛旗（Bull Flag）当中（双底牛旗）。

双底牛旗（**Double Bottom Bull Flag**） 指上升途中的小憩或牛旗出现两次快速下跌至大约同一价位的运动然后恢复升势。

双顶（**Double Top**） 指当前 K 线高点与前期摆动高点位置相当的价格形态。这里的前期高点可以指上一根 K 线，也可以指 20 根或以上之前的 K 线。双顶不一定要位于当天行情的顶部，也经常出现在熊旗（bear flag）当中（双顶熊旗）。

双顶熊旗（**Double Top Bear Flag**） 指下降途中的小憩或熊旗出现两次快速上涨至大约同一价位的运动然后恢复跌势。

双顶回撤（**Double Top Pullback**） 这是一种做空形态，由一个双顶和之后的深度回撤组成。回撤形成高点下降（lower high）。

先行多头（**Early Longs**） 指那些在多头信号 K 线形成过程中买进的交易者。他们不等到 K 线走完，而是在其高点上方 1 个最小报价单位的地方挂止损单追高买进（Buy Stop）。

先行空头（**Darly Shorts**） 指那些在空头信号 K 线形成过程中卖出的交易者。他们不等到 K 线走完，而是在低点下方 1 个最小报价单位的地方挂止损单追低卖出（Sell Stop）。

先机（**Edge**）指让交易者获得有利的交易者等式的交易机会。如果交易者执行该交易，将获得数学意义上的优势。不过先机通常小而易逝，因为它们需要对手方。市场中充满着聪明的交易者，他们不会允许存在大而持久的先机。

EMA 见指数平滑移动平均线。

入场 K 线（**Entry Bar**） 指交易开仓时的那根 K 线。

指数平滑移动平均线（**Exponential Moving Average, EMA**） 本书图上所用的均为 20EMA，但其他类型的均线同样是有用的。

逆势交易（**Fade**） 指按照与趋势方向相反的方向进行交易。比如，当市场向上突破的时候，你预计可能是假突破并且趋势将逆转向下，从而逆势做空。

失败的假突破（**Failed Failure**） 所谓失败的假突破，是指原以为是假突破，结果不是，价格恢复原先突破的方向，因此失败的假突破也就是一次"突破回调"。由于它是一个二次信号，所以可靠性更强。比如说，如果价格突破交易区间，而突破之后的第二根 K 线是一根空头反转 K 线，此时如果价格跌至这根 K 线低点之下，那么突破就失败了。但是，如果市场在随后几根 K 线运行过程中涨至前一根 K 线的高点之上，那么此时就形成"失败的突破失败"，突破走势得以延续。这意味着此前的假突破演变成了一个小型的牛旗，仅构成一次突破回调。

失败走势（Failure, A Failed Move） 指交易者尚未锁定刮头皮利润或尚未达到目标价格之前即被扫掉保护性止损的价格行为。由于被套的交易者被迫止损出局，通常会导致反向的价格运动。目前，一个刮头皮者要从标普 500 迷你股指期货合约（Emini）获得 4 个最小报价单位的利润，需要 6 个单位的行情，而纳斯达克 100 指数基金（QQQQ，现代码更改为 QQQ）要获得 10 个单位的利润，需要 12 美分的行情。

假的（False） 即失败的，失败。

5 单位失败（Five-tick Failure） 指在 Emini 交易中从信号 K 线起出现了 5 个最小报价单位的行情然后反转。比如说，价格突破一个牛旗之后涨了 5 个单位的幅度，在这根 K 线收盘之后，下一根 K 线出现低点低于上一根 K 线低点的情况。大部分想要赚取 1 个点利润（Emini 的 1 个点包含 4 个单位）的止盈限价单（limit order）将不会被执行，因为通常情况下，价格需要高于限价挂单位置 1 个单位，才会发生成交。"5 单位失败"通常是开立相反方向头寸的交易机会。

空仓者（Flat） 指当前不持有任何头寸的交易者。

后续行情（Follow-through） 指经过最初的走势之后，比如突破，使走势延续的一根或数根 K 线。交易者希望在下一根 K 线和随后的数根 K 线看到后续行情，这样他们所坚守的趋势就能够带来更多利润。

后续 K 线（Follow-through Bar） 指在建仓 K 线之后制造后续行情的 K 线，通常是下一根 K 线，有时候也会出现在数根 K 线之后。

分形（Fractal） 任何形态都是更高一个时间级别走势图形态的分形。也就是说，任何形态在更高一个时间级别上都是一个微缩形态（micro pattern），而任何一个微缩形态在更低一个时间级别上则是一个标准形态。

缺口（Gap） 指图形上两根 K 线之间的空间。一种常见的缺口是开盘缺口，即今天第一根 K 线的开盘价超过前一根 K 线（即昨天的最后一根 K 线）或整个昨天行情的最高价或最低价。均线缺口是指一根 K 线的低点高于一根处于走平或下降状态的移动平均线，或 K 线的高点低于处于走平或上升状态的均线。日线上传统的缺口（突破缺口、测量缺口、竭尽缺口）在盘中图形上相当于各种形式的趋势 K 线。

缺口 K 线（Gap Bar） 参见均线缺口 K 线。

缺口反转（Gap Reversal） 指当前 K 线朝缺口方向超越前一根 K 线 1 个最小报价单位，构成对缺口的回补。比如，如果某个交易日市场跳空高开，而第二根 K 线的低点低于第一根 K 线的低点 1 个最小报价单位，这就属于缺口反转。

HFT 见高频交易。

高点更高（Higher High） 指一个摆动高点高于前一个摆动高点。

低点更高（Higher Low） 指一个摆动低点高于前一个摆动低点。

更高时间级别（Higher Time Frame, HTF） 指与当前图形涵括的时间跨度相同、但 K 线数量更少的图形。以 Emini 为例，相对于一个常规交易日行情的 5 分钟图，更高的时间级别包括 15 分钟图、每根 K 线包含 2.5 万笔交易的 tick 图、每根柱线包括 10 万份合约的成交量图（这几种走势图通常平均一天要少于 30 根 K 线，相比之下 5 分钟图为 81 根。）

高频交易（High–frequency Trading, HFT） 也叫算法交易或黑盒交易，是程序化交易的一种，机构通过计算机每天对数千只股票下达数百万个交易指令，从中赚取小到 1 美分的利润。这种交易都是基于量化分析而非基本面。

高 / 低 1 或 2（High/Low 1 or 2） 指高 1 或高 2，以及低 1 或低 2。

高 1/2/3/4（High 1, 2, 3, or 4） 高 1 是指在牛旗中或接近交易区间底部情况下高点高于前一根 K 线高点的 K 线。如果接下来出现一根高点下降的 K 线（可能在一根或数根 K 线之后），在这一调整之后，下一根高点高于前一根 K 线高点的 K 线就是高 2。第三次和第四次发生就是高 3 和高 4。高 3 是楔形牛旗的变体。

HTF 见更高时间级别。

双内包（II） 连续两根内包 K 线，即后一根 K 线完全被前一根 K 线所涵括。在一波行情的末端，它是一种突破模式入场形态，可以成为一个旗形或者反转形态。它还有一个可靠性略微差一点的变体，就是"实体 ii"，也就是说忽略上下影线，只是实体部分形成内包，即第三根 K 线的实体被第二根 K 线的实体所涵括，第二根 K 线的实体又被第一根 K 线的实体所涵括。

三内包（III） 连续 3 根内包 K 线，比两内包的可靠性要稍微高一点。

内包 K 线（Inside Bar） 指一根 K 线的高点低于前一根 K 线的高点或与之相当，低点高于前一根 K 线的低点或与之相当。

机构（Institution） 又称为聪明钱（Smart Money），包括养老基金、对冲基金、保险公司、银行、券商、个人交易者中的大户，或任何其交易量足以对市场产生影响的实体。市场的运行是众多机构交易行为累积的结果，通常单独一家机构不足以在很长时间内推动一个大体量的市场。传统的机构根据基本面来做出交易，过去它们是决定市场方向的唯一力量。但现在情况不同了，高频交易公司对日内价格走势影响非常大，因为目前它们的交易量占到市场全天总交易量的一大部分。高频交易公司是一种特殊的机构，它们的交易完全基于数理统计而不是基本面。可以说，传统的机构决定市场的方向和目标价，但量化交易机构决定市场到达那里的路径。

内外内（Ioi） 内包—外包—内包——指在连续 3 根 K 线中，第二根 K 线是一根外包 K 线，第三根 K 线是一根内包 K 线。它通常是一种突破形态，交易者往往在内包 K 线的高点上方买进或在其下方卖出。

窄架（Ledge） 分为看涨窄架和看跌窄架。看涨窄架是指一个很小的交易区间，其底部由低点位置相同的两根或以上的 K 线所构成；看跌窄架是指顶部由高点位置相当的两根或以上 K 线所构成的窄幅区间。

波段（Leg） 指突破任何规模趋势线的一小段趋势行情。该术语仅用于走势图上至少出现两段行情的情况。它可以指作为较大级别趋势一部分的任何较小趋势，可以是回撤（逆势运动）、趋势行情或盘整行情中的一次摆动，以及发生在一波趋势行情两次回撤之间的顺势运动。

可能（Likely） 至少有 60% 的确定性。

多头（Long） 指在市场中买入头寸的人或指实际头寸本身。

份（Lot） 指市场中可交易的最小头寸规模。对于股票而言就是 1 股，对于 Emini 或其他期货而言就是 1 份合约。

高点下降（Lower High） 指低于前一个摆动高点的摆动高点。

低点下降（Lower Low） 指低于前一个摆动低点的摆动低点。

低 1/2/3/4（Low 1, 2, 3, or 4） 低 1 是指在熊旗中或接近交易区间顶部情况下低点低于前一根 K 线低点的 K 线。如果接下来出现了一根低点抬高的 K 线（可能在一根或数根 K 线之后），在这一调整之后，下一根低点低于前一根 K 线低点的 K 线就是低 2。第三次和第四次发生就是低 3 和低 4。低 3 是楔形熊旗的变体。

主要趋势线（Major Trend Line） 指可以涵括屏幕上大部分价格走势的趋势线，通常连接点之间至少相距 10 根 K 线。

重大趋势反转（**Major Trend Reversal**）指趋势从多头反转为空头或空头反转为多头。重大趋势反转形态要求在突破趋势线之后必须回测先前趋势的极端位置。

崩溃（**Meltdown**）指急速下跌行情或窄幅下跌通道，下跌过程中未能出现较大的回撤，而且幅度超出基本面所能够解释的程度。

飙升（**Melt-up**）指急速上涨行情或窄幅上升通道，上涨过程中未能出现较大的回撤，而且幅度超出基本面所能够解释的程度。

微缩形态（**Micro**）任何传统形态都可以在1~5根左右的K线中形成且依然有效，不过很容易被忽略。当其形成之时，就属于传统形态的微缩版。任何微缩形态都是传统形态在较小时间级别上的呈现，而任何传统形态都是微缩形态在较高时间级别上的呈现。

微型通道（**Micro Channel**）指非常窄的通道，大部分K线的高点和低点都落在趋势线上，通常也落在趋势通道线上。它是窄幅通道最极端的情形，没有回撤或只有一两次极小的回撤。

微型双底（**Micro Double Bottom**）指低点几乎处于同一价位的连续和近乎连续的K线。

微型双顶（**Micro Double Top**）指高点几乎处于同一价位的连续和近乎连续的K线。

微型测量缺口（**Micro Measuring Gap**）当一根强趋势K线的前一根K线与后一根K线没有发生重叠，二者的间距就构成一个微型测量缺口。这种形态属于强势信号，往往会引发等距运动（Measured Move）。举例来说，如果市场出现一根强多头趋势K线，其后一根K线的低点处于或高于其前一根K线的高点位置，那么这个低点与这个高点中间的距离就是一个微型测量缺口。

微型趋势通道线（**Micro Trend Channel Line**）指通过连接3~5根连续K线的高点或低点所划出来的趋势通道线。

微型趋势线突破（**Micro Trend Line Breakout**）指在任何级别图形上对2~10根左右的K线划趋势线，大部分K线都触到或接近趋势线的位置，然后其中一根K线对趋势线发生一次假突破，就属于微型趋势线突破。这种假突破将带来顺势入场机会。如果在1~2根K线内，微型趋势线（假）突破所带来的顺势入场点失败，此时通常转而带来逆势交易机会。

金额止损（**Money Stop**）指根据固定金额或点数来设置止损，比如对Emini头寸设置2个点的止损，或对某只股票设置1美元的止损。

均线（**Moving Average**）本书图上所采用的均为20EMA，但其他类型的均线同样是有用的。

均线缺口 K 线 / 缺口 K 线（Moving Average Gap Bar/Gap Bar） 指没有触碰到均线的 K 线，K 线与均线之间的空间就是缺口。强趋势行情的第一次回调如果产生均线缺口 K 线，接下来通常会测试趋势极端价位。举例而言，现在有一轮强劲的上升趋势，然后出现回调并且最终有一根 K 线的高点低于均线位置，那么这通常是一个做多建仓形态，价格可能会测试趋势的前高。

嵌套（Nesting） 有时候某种形态会有一个类似的、规模较小的形态"嵌套"在里面。举例而言，一种比较常见的情况是一个头肩顶的右肩可能是一个小型的头肩顶或者双顶。

新闻（News） 指媒体纯粹为了卖更多广告和为媒体公司赚钱而制造的大量无用信息。它们与交易无关，在实际交易中也无法利用其做出评估，应该坚决忽略。

外内外（Oio） 外包—内包—外包，指一根外包 K 线跟随一根内包 K 线，然后再跟随一根外包 K 线。

双外包（OO） 外包—外包，指一根外包 K 线跟随一根更大的外包 K 线。

开盘反转（Opening Reversal） 指当天开盘后大约第一个小时内发生反转。

外包 K 线（Outside Bar） 指一根 K 线的高点高于或处于前一根 K 线的高点位置，低点低于前一根 K 线的低点位置；或一根 K 线的低点低于或处于前一根 K 线的低点位置，高点高于前一根 K 线的高点位置。

外包阴线（Outside Down Bar） 指收盘价低于开盘价的外包 K 线。

外包阳线（Outside Up Bar） 指收盘价高于开盘价的外包 K 线。

过靶（Overshoot） 指市场越过重要的前期价位，比如摆动高点或趋势线。

暂停 K 线（Pause Bar） 指没有延续原有趋势的 K 线。在上升趋势中，一根暂停 K 线的高点处于或低于前一根 K 线的高点，或者当前一根 K 线为强多头趋势 K 线时，它只是一根很小的 K 线，高点仅比前一根 K 线的高点高出 1 个最小报价单位左右。它属于回调的一种。

点（Pip） 指外汇市场的最小变动单位。不过有些数据商会在小数点后多报一位数，应该忽略它。

追涨（Pressing Their Longs） 在上升趋势中，随着市场出现急速上涨以及突破至新高，多头会增加多头仓位，因为他们预计还会有新一轮大约等距的上涨行情。

杀跌（Pressing Their Shorts） 在下跌趋势中，随着市场出现急速下挫以及破位至新低，空头会增加空头仓位，因为他们预计还会有新一轮大约等距的下跌行情。

价格行为（Price Action） 指任何走势图类型或任何时间级别上的任何价格变动。

概率（Probability） 指成功的机会。比如说，某个交易者整理某种建仓形态最近100次的实际交易结果，发现其中60次交易获利，这意味着这种形态有大约60%的成功概率。由于总存在许多变量无法充分检验，因此概率只是一个近似，有些时候甚至可能产生严重误导。

可能（Probably） 至少有60%的确定性。

回调（Pullback） 指短暂的休整或逆势运动，属于一段趋势、摆动或波段的一部分，回撤幅度不会超过趋势、摆动或波段的起点。它是一个小的交易区间，交易者往往预判趋势很快恢复。举例而言，跌势回调是指在一段下跌趋势、摆动或波段之内出现的横向或向上的运动，回调结束之后市场至少要测试前期低点。回调可以非常小，比如仅仅比前一根K线的高点高出1个最小报价单位，甚至可能是一根暂停K线，比如内包K线。

回调K线（Pullback Bar） 指逆转前一根K线运动至少1个最小报价单位的K线。在上升趋势中，回调K线是指低点低于前一根K线低点的K线。

合理的（Reasonable） 指产生有利的交易者等式的建仓机会。

反转（Reversal） 指价格行为模式转向对立面。大部分技术分析师用这个术语来描述上升趋势转为下跌趋势或下跌趋势转为上升趋势。不过，交易区间的行为模式与趋势运动的行为模式相反，所以当趋势转为交易区间，我们同样可以将其称之为反转。当交易区间转为趋势，也属于反转，只不过通常情况下我们称之为突破。

反转K线（Reversal Bar） 朝趋势相反方向运行的一根趋势K线。当一波下跌行情反转向上，多头反转K线就是一根多头趋势K线，其典型特征包括有一根下影线、收盘高于开盘并收在高点附近。空头反转K线是一波上涨行情后出现的一根空头趋势K线，典型特征包括出现上影线、收盘低于开盘并收在低点附近。

回报（Reward） 指交易者期望从一笔交易赚到的利润。比如说，如果某交易者在利润目标位设置限价单来出场，其回报就是入场价位与利润目标之间的差额。

风险（Risk） 指交易者入场价与保护性止损的差额。这是交易失败可能给交易者带来的最小损失（由于滑点和其他因素的存在，实际风险可能高于理论上的风险）。

风险规避（Risk Off） 当交易者认为股市将要下跌，他们会变成风险厌恶者，卖出高波动的股票和货币，转入避险投资品种，比如强生（JNJ）、奥驰亚集团（MO）、宝洁（PG）、美元和瑞士法郎。

风险偏好（Risk On） 当交易者认为股市强劲，他们会愿意承担更多风险，投资于那些有可能比大盘上涨更快的股票以及高波动的货币，比如澳元或瑞典克朗。

高风险（Risky） 当某笔交易的交易者等式不明确或谈不上有利的时候，交易便属于高风险。它也可以指一笔交易的成功概率为 50% 或更低，而不论风险与潜在回报的大小。

刮头皮（Scalp） 指一笔交易在赚取小额利润后离场，通常在发生任何回调之前。就 Emini 而言，当日均波幅为 10~15 个点的时候，任何利润目标低于 4 个点的交易都可以称之为刮头皮。对于标普 500 指数基金（SPY）或个股而言，可能是 10~30 美分的利润。对于高价股而言，可能是 1~2 美元利润。由于刮头皮交易的利润通常小于风险，交易者必须有 70% 的成功率，而这对于大部分交易者而言都是不现实的。除非经验和技术非常老到娴熟，交易者应该只在潜在回报至少与风险相当的情况下才参与交易。

刮头皮者（Scalper） 指主要从事刮头皮赚取小利、通常使用小止损的交易者。

刮头皮者的利润（Scalper's Profit） 指刮头皮者所追逐的典型数量的利润。

持平交易（Scratch） 指接近盈亏平衡点、盈利或亏损都很小的交易。

二次入场点（Second Entry） 指在出现第一次入场点数根 K 线后再次出现的入场 K 线，而且逻辑与第一次入场点一致。举例而言，如果一次突破楔形牛旗的走势失败、价格回撤并形成双底牛旗，那么这次回撤就是此前楔形牛旗的一个二次买入信号。

二次均线缺口 K 线建仓形态（Second Moving Average Gap Bar Setup） 如果市场出现第一次均线缺口 K 线建仓形态，但朝向均线的反转走势未能达到均线，而是远离均线的价格运动得以持续，那么下一次朝向均线的反转运动就是二次均线缺口 K 线建仓形态。

二次信号（Second Signal） 指第一次信号出现后数根 K 线内出现的第二次信号，且基于与第一次信号相同的逻辑。

抛压（Selling Pressure） 指强势空头发力，他们的抛盘制造出空头趋势 K 线、带上影线的 K 线，以及双 K 线空头反转形态。其效应是累积性的，通常最终导致价格进一步走低。

建仓形态（Setup） 指由 1 根或以上 K 线组成的、交易者将其作为建仓下单依据的形态。如果一个建仓指令得到执行，那么建仓形态的最后一根 K 线就成了信号 K 线。大多数建仓形态只是一根单独的 K 线。

光 K 线（Shaved Body） 指一端或两端都没有影线的 K 线。光头是没有上影线的 K 线，光脚是没有下影线的 K 线。

做空 / 空头（Short） 作为动词，它是指卖出股票或期货合约来开立新头寸（而不是退出先前所买入的头寸）。作为名词，它是指卖空的人或实际头寸本身。

缩梯（Shrinking Stairs） 指最近一次突破幅度小于上一次突破的楼梯形态。它是 3 个或以上的趋势性高点（上升趋势中）或低点（下跌趋势中），每一次突破至新极端的幅度都要小于上一次突破，预示着动能逐渐减弱。它可以是三连推（Three-push）形态，但不一定具有楔形的外观，而且可以是趋势中任何形式的一系列宽幅摆动。

信号 K 线（Signal Bar） 指入场 K 线（建仓单被执行）之前的那一根 K 线。它是一个建仓形态的最后一根 K 线。

更低时间级别（Smaller Time Frame, STF） 指与当前走势图涵括的时间跨度相同、但 K 线数量更多的图形。以 Emini 为例，相对于常规交易日行情的 5 分钟图，更低的时间级别包括 1 分钟图、每根 K 线包含 500 笔交易的 tick 图、每根柱线包括 1000 份合约的成交量图（这几种图形通常平均一天要多于 200 根 K 线，相比之下 5 分钟图为 81 根。）

聪明交易者（Smart Traders） 指那些能够持续盈利的交易者。他们往往交易大规模头寸，通常站在市场正确的一方。

急速与通道（Spike And Channel） 指市场强势突破进入趋势，然后以通道形式延续趋势行情。市场在通道性上涨中动能有所下降，双向交易活动频繁。

楼梯形态（Stair） 指在趋势性交易区间或宽幅趋势通道内（所谓宽幅趋势通道，是指 3 波或以上一系列趋势性摆动构成一个倾斜的交易区间并大致被包含在一个通道之内）出现的创出新高或新低的推动行情。突破之后将发生一次突破回踩，至少略微回撤到先前的交易区间之内（这一点对于其他类型的趋势性交易区间并非必要条件）。双向交易正在发生，但由于具有斜率，说明一方略微掌握较多控制权。

STF 参见更低时间级别。

强势多头与强势空头（Strong Bulls and Bears） 指机构投资者，他们的累积买入和卖出决定着市场的方向。

成功（Success） 指交易者达成交易目的，即利润目标在保护性止损被扫掉之前达到。

摆动（Swing） 指突破任何规模趋势线的小型趋势。该术语仅用于走势图上存在至少两波此类运动的情况下。摆动可以发生在一个更大级别的趋势之内，或者震荡行情当中。

摆动高点（Swing High） 指在图形上看起来类似急速上涨的 K 线，其高度超越周围的 K 线。其高点处于或高于其前一根 K 线和后一根 K 线的高点。

摆动低点（Swing Low） 指在图形上看起来类似急速下跌的 K 线，其下探超越周围的 K 线。其低点处于或低于其前一根 K 线和后一根 K 线的低点。

摆动点（Swing Point） 指摆动高点或者摆动低点。

摆动交易（Swing Trade） 对于根据短期日内图形（比如 5 分钟图）进行交易的日内交易者而言，摆动交易可以指任何比刮头皮交易持续时间更长的交易，交易者愿意忍受一次或以上的回撤。对于使用更高时间级别图形进行交易的交易者，摆动交易是指持仓数小时到数天的交易。一般而言，摆动交易至少有一部分头寸是没有利润目标的，交易者希望"让利润奔跑"。对于这种交易，潜在回报通常至少与风险相当。许多交易者也将小的摆动交易称之为刮头皮。以 Emini 为例，当日均波幅为 10~15 点，摆动交易通常指所有利润目标为 4 个点或以上的交易。

测试（Test） 指市场接近一个重要的前期价位，可能向上或向下越过这一目标。对于"失败的测试"（Failed Test）这一术语，不同的交易者有着截然相反的用法。大部分交易者认为，如果市场从关键价位反转，那么测试就是成功的；反之，如果未能反转而是继续朝测试区域运动，那么测试就是失败的，从而形成突破。

三连推（Three Push） 指 3 个摆动高点，通常一个比一个高；或 3 个摆动低点，通常一个比一个低。它与楔形原理一样，应该被视为楔形的变体。当其出现在旗形当中，价格运动可以是大致水平的，即每次摆动不一定要超越前一次摆动。举例来说，在楔形牛旗或任何类型的三角形中，第二次向下推动 K 线的低点可以处于、高于或低于第一次向下推动的低点，第三次向下推动的低点可以处于、高于或低于第二次或第一次或二者兼之。

最小报价单位（Tick） 指价格运动的最小单位。对于大部分股票而言，它是 1 美分；对于 10 年期美国国债期货而言，它是 1/64 个点；对于 Emini，它是 0.25 个点。在 Tick 图和成交明细表上，1 个 Tick 就是指发生的一笔交易，而无论手数大小，以及价格是否发生变化。在成交明细上，你会发现 Trade Station 行情软件的 Tick 图把每一笔交易都计为 1 个 Tick。

窄幅通道（Tight Channel） 指趋势线和趋势通道线距离非常近的通道，其回撤很小、仅持续 1~3 根 K 线。

窄幅交易区间（Tight Trading Range） 指 2 根或以上 K 线组成的交易区间，K 线之间存在大量重叠，其中大部分反转幅度都很小，以至于无法通过上方挂单买入或下方挂单卖出的方式获得利润。多头和空头势均力敌。

时间级别（Time Frame） 指走势图上一根 K 线所包含的时间长度，比如 5 分钟时间级别是由每 5 分钟收盘的 K 线所组成。它还可以指不按时间计算的 K 线，而是按照成交量或交易笔数计算。

可交易的（Tradable） 指你认为有一定概率至少可以带来刮头皮利润的交易机会。

交易者等式（Trader's Equation） 要做出一笔交易，你必须相信成功的概率乘以潜在收益要高于失败的概率乘以风险。收益与风险是由你设定的，潜在收益就是入场价与利润目标之间的距离，风险就是入场价与止损之间的距离。解决这个等式的麻烦之处在于概率的赋值，因为我们永远不可能知道成功与失败的确切概率。一个简单的方法是，如果你不确定，那么可以假定成功或失败的概率都是 50%；如果你感觉有信心，可以假定成功的概率为 60%、失败的概率为 40%。

交易区间（Trading Range） 最低要求是一根 K 线的波动区间与前一根 K 线基本重叠。它是一种横向运动，无论多头还是空头都不掌握控制权，只不过通常会有一方略微占据优势。交易区间通常是趋势中的一次调整，而且这种调整持续时间足够长，使得趋势失去大部分确定性。换句话说，交易者对市场短期突破的方向感到不确定，市场不断地尝试向上和向下突破并且失败。交易区间通常情况下最终会朝趋势的方向突破，从更高时间级别图形上看它就是一次回调。

跟踪止损（Trailing A Stop） 随着交易的浮盈不断扩大，交易者往往会连续移动保护性止损来锁定更多浮盈。举例而言，如果交易者在一段上升趋势中做多，每次当市场创出新高，他可能将保护性止损提高到最近一个抬升低点下方一点点。

套住（Trap） 指入场后连刮头皮利润都尚未达到市场就立即转向，使交易者被套在新头寸中，最终迫使其认亏平仓。它也可能使交易者在恐慌中放弃一笔原本非常好的交易。

被套的交易（Trapped In A Trade） 指交易者的一笔交易在达到刮头皮利润之前即出现亏损。如果市场回撤幅度超过入场 K 线或信号 K 线，交易者可能会认亏离场。

被震仓的交易（Trapped Out of A Trade） 指交易者在市场回撤中因为恐慌而退出一笔交易，但随后回撤走势出现失败，价格迅速朝交易的方向恢复运行，使得交易者从心理上很难接受在当前可获得的比最初入场点更糟糕的价位重新入场。一般情况下交易者最终可能还是会选择追高买入或追低卖出。

趋势（Trend） 指一系列的价格变动，要么主要是上涨的（上升趋势），要么主要是下跌的（下降趋势）。还有 3 个定义较为宽松的小规模版本：摆动、波段和回调。一张图上一般只出现一两个主要趋势，如果数量较多，那么用其他词汇来描述就更恰当。

趋势 K 线（Trend Bar） 指带实体的 K 线，即收盘价高于或低于开盘价。它说明市场至少出现了一小段价格运动。

趋势通道线（Trend Channel Line） 它是沿着趋势方向的一根直线，但相对于趋势线它的位置处于 K 线的另一侧。一根上升趋势通道线画在高点上方、倾斜向上，一根下降趋势通道线画在低点下方、倾斜向下。

趋势通道线过靶（Trend Channel Line Overshoot） 指 1 根或以上的 K 线刺穿趋势通道线。

趋势通道线不及靶（Trend Channel Line Undershoot） 指 K 线逼近趋势通道线但市场在其尚未到达或刺穿之前就掉头而去。

始于开盘的趋势（Trend From the Open） 指从交易日的第一根或前几根 K 线开始的趋势，且趋势持续多根 K 线而没有发生回撤。趋势的始点一直是当天大部分时间甚至全天的一个极端价位。

趋势性收盘（Trending Closes） 指 3 根或以上 K 线的收盘价形成趋势。在上升趋势中，每一次收盘都高于前一次收盘；在下降趋势中，每一次收盘都更低。如果这一形态持续多根 K 线，其中一两根 K 线的收盘不在趋势当中也无大碍。

趋势性高点或低点（Trending Highs or Lows） 与趋势性收盘一样，只不过是依据 K 线的高点或低点。

趋势性摆动（Trending Swings） 指 3 段或以上的摆动行情，摆动高点和低点均高于此前的摆动高点和低点（趋势性上升摆动），或均低于此前的摆高点和低点（趋势性下降摆动）。

趋势性交易区间（Trending Trading Ranges） 指被突破走势隔离开的两个或以上的交易区间。

趋势线（Trend Line） 指沿着趋势方向所画的线。在上升趋势中它是倾斜向上的，画在 K 线下方；在下降趋势中它是倾斜向下的，画在 K 线上方。在大多数情况下，它是沿着摆动高点或摆动低点画出来的，但也可以根据线性回归或单纯的目测来画。

趋势反转（Trend Reversal） 指趋势从上升转为下跌或下跌转为上升，或从趋势行情转为交易区间行情。

20 根均线缺口 K 线（20 Moving Average Gap Bars） 指连续 20 根或以上 K 线一直没有触碰到均线。一旦市场最终触到均线，通常制造出一波测试趋势极端价位行情的入场机会。

不及靶（Undershoot） 指市场接近但未能到达一个重要的前期价位，比如摆动高低点或趋势线。

不太可能（Unlikely） 指最多有 40% 的确定性。

不合理的（Unreasonable） 指产生不利的交易者等式的交易形态。

通常（Usually） 指至少有 60% 的确定性。

真空（Vacuum） 买入真空发生在这种情况下：强势空头（大空头）认为价格马上会走高，所以他们先按兵不动，直到价格到达上方某个具有吸附力的价位再开始做空。其结果是造成一段真空，使得市场以 1 根或以上的多头趋势 K 线迅速涨至吸附价位。一旦到位之后，这些强势空头便大量卖出，使市场由升转跌。卖出真空发生在这种情况下：强势多头（大多头）认为价格马上会下跌，所以他们先按兵不动，直到价格到达下方某个具有吸附力的价位再开始买进。其结果是造成一段真空，使得市场以 1 根或以上的空头趋势 K 线迅速跌至吸附价位。一旦到位之后，这些强势多头便大量买进，使市场由跌转升。

楔形（Wedge）　从传统上来讲，楔形是指三连推价格运动的每次推动都进一步延伸，趋势线和趋势通道线至少有某种程度的聚拢现象，从而造成一个楔子形状的上升或下降三角形。对于交易者而言，楔形的外观可以提高交易成功的概率，但所有三连推形态都仿似楔形，应该被视为楔形的一种。楔形可以是反转形态，也可以是趋势中的回调（牛旗或熊旗）。

楔形旗（Wedge Flag）　指一段趋势中的楔形状或三连推式回调，比如上升趋势中的高 3（典型的牛旗）或下跌趋势中的低 3（典型的熊旗）。由于它是一种顺势交易形态，可以在第一个信号出现时入场。

楔形反转（Wedge Reversal）　指将上升趋势反转为下降趋势或将下降趋势反转为上升趋势的楔形。由于它是逆势的，除非强势反转，否则最好在二次信号入场。举例而言，假如市场现在处于下跌趋势并且出现一个下降楔形，那么我们应该等它突破这个潜在的楔形底部，然后尝试在回调至抬升低点时买进。

顺势（With Trend）　指与占主导趋势方向一致的交易或建仓形态。一般而言，最近的 5 分钟图信号的方向应该被视为趋势的方向；而且，如果过去 10~20 根 K 线大部分都位于均线上方，那么趋势形态和交易应该倾向于多头。

价格行为学（PA）鼻祖
阿尔·布鲁克斯 4 件套

◎ 阿尔·布鲁克斯，PA 交易的鼻祖级人物，华尔街最受敬仰的技术分析大师之一。他最擅长价格行为（裸 K）分析，并在此领域做出了开创性贡献，在美国期货交易界拥有极大的影响力。

◎ 他的理论的厉害之处在于：系统性地讲明白了市场参与者构成、价格波动原理，价格运动状态分类、演变及规律。

《高级反转技术分析·上册》
《高级反转技术分析·下册》

《高级趋势技术分析》　《高级波段技术分析》

华尔街追捧的威科夫交易分析法
如何让你也能赚到钱

◎ 理查德·威科夫，20 世纪初华尔街实战三巨头之一，基于其本人 45 年交易经验并融合同时代主要交易大师的交易精华，铸就的操盘秘籍，是华尔街大型对冲基金经理和专业机构驾驭市场的量价分析宝典，是接近于市场本质的行为学理论系统，详尽解读了竹线图、点数图、波线图等威科夫操盘工具，学习并熟练掌握这些威科夫操盘方法，有效识别市场主力行为，逐步从公众的羊群思维转变成聪明钱的思维，散户也能成长为稳定盈利的职业投资者或者机构操盘手。